莫嫌老圃秋容淡 猶有黃花晚節香

鍾長多有韻 與證同芳芽

KENNETH LO
DAS GROSSE BUCH DER CHINESISCHEN KOCHKUNST

KENNETH LO

DAS GROSSE BUCH DER CHINESISCHEN KOCHKUNST

ECON VERLAG
DÜSSELDORF · WIEN

Aus dem Englischen übersetzt von Martina Meuth
Redaktion: Erika Ifang und Gerhard Juckoff

Titel der im Verlag Collins, Sydney & London erschienenen
Originalausgabe: The Chinese Cookery Encyclopedia.
Copyright © by Kenneth Lo, 1977

Alle Fotos dieses Werkes sind von Rex Bamber und Robert Golden
Chinesische Kalligraphie von Hsiao-Ying Chinnery

1. Auflage 1980
Copyright © 1980 by Econ Verlag GmbH, Düsseldorf und Wien.
Alle Rechte der Verbreitung, auch durch Film, Funk und
Fernsehen, fotomechanische Wiedergabe, Tonträger jeder Art,
auszugsweisen Nachdruck oder Einspeicherung und
Rückgewinnung in Datenverarbeitungsanlagen aller Art, sind
vorbehalten.
Gesetzt aus der Times der Linotype GmbH
Satz: Dörlemann-Satz, Lemförde
Druck und Bindearbeiten: Richterdruck, Würzburg
Printed in Germany
ISBN 3 430 16135 5

Inhaltsübersicht

Geleitwort des Autors ——————— 9

Vorwort zur deutschen Ausgabe ————— 13

Einführung ————————————— 17
Was ist Chinesische Küche? 19 · Kreativität 22 · Anerkannte Garmethoden 24 · Bedeutung der Eßstäbchen, Zuschneiden der Zutaten 36 · Textur der Nahrungsmittel, Namen der Gerichte 40 · Chinesische Zutaten und Gewürze 43 · Saucen, Marinaden, Salatsaucen 50 · Tischwürzen, Dips und Würzmischungen 63

Suppen ——————————————— 71
Verschiedene bekannte Suppenspezialitäten 89

Reis ———————————————— 93
Gekochter Reis mit verschiedenen Zutaten 99 · Reisbrei (Congee) 102

Nudeln —————————————— 105
Nudel-Grundrezepte 109 · Suppennudeln 110 · Lu Mein 112 · Chow Mein 115 · Wo Mein 120

Gemüse- und vegetarische Gerichte ——— 121

Schweinefleisch —————————— 139
Schweinerippchen 156 · Pfannengerührte Schweinefleischgerichte 160 · Schnelle Bratgerichte mit Schweinefleischstreifen 166 · Gerichte aus Schweinehackfleisch 169 · Schweinefleisch-Spezialitäten 172 · Schinkengerichte 177

Rindfleisch ————————————— 181
Gedämpftes Rindfleisch 186 · Pfannengerührte Rindfleischstreifen, -scheibchen 189

Lamm und Hammel ————————— 199

Huhn ——————————————— 209
Gewürfeltes Hühnerfleisch 226 · In Stücke gehacktes Huhn 228 · In Scheibchen geschnittenes Hühnerfleisch 235 · Streifig geschnittenes Hühnerfleisch 242 · Gerichte aus gehacktem Hühnerfleisch 246 · Huhn-Spezialitäten 249

Ente, Täubchen, Puter und Frösche ——— 253
Ente 256 · Täubchen 269 · Puter 272 · Frösche (»Ackerhühner«) 273

Fisch ——————————————— 277
Süßsaurer rotgekochter Fisch 284 · Pfannenrühren, Dämpfen und Garziehen von Fisch 294

Meeresfrüchte und Krustentiere ———— 299
Abalone 302 · Bêche-de-Mer (Seegurke) 304 · Herzmuscheln (Clams) 306 · Taschenkrebse 308 · Hummer 311 · Austerngerichte 315 · Jakobsmuscheln 317 · Tintenfisch 320 · Haifischflossen 322 · Shrimps (Krabben) und Garnelen 324

Eier ———————————————— 333
Chinesische Omeletts 339 · Gedämpfte Eier 343

Süßigkeiten und Snacks ——————— 347
Snacks 355 · Süße Teigtäschchen 358 · Dampfbrötchen 360 · Ping (Pfannkuchen) 362

Die Auswahl der Speisen ——————— 365

Anhang —————————————— 371
Glossar 373 · Bezugsquellennachweis 383 · Abbildungsverzeichnis 384 · Register 385

Dank an Anne,
Robert, Michael, Vivienne und Jennifer
für Musik und Tee

Geleitwort des Autors

Die Tatsache, daß Chinesische Küche in die westliche Welt eingeführt wurde und einen so plötzlichen und nachhaltigen Erfolg während der Nachkriegszeit erleben konnte, muß jeden überraschen, der an die Worte Kiplings glaubt: »Osten ist Osten, Westen ist Westen, und niemals werden die beiden sich treffen.«

Es gibt verschiedene Gründe für den phantastischen Erfolg Chinesischer Küche, einer Kultur, die sich nunmehr über so viele Grenzen ausbreitet – über die Pyrenäen, die Dolomiten, die Alpen, Anden und die Rocky Mountains hinweg. Zweifellos haben politische und soziale Faktoren zu der raschen Ausbreitung beigetragen – beispielsweise die Bevölkerungsexplosion im Hongkong nach 1950 und das Entstehen einer Überflußgesellschaft im Westen. Beides hat die kulinarische Neugier einer nun mobileren Gesellschaft ausgelöst. Allerdings glaube ich, als wichtigsten Grund gibt es einen fundamentalen Faktor, der Chinesische Küche im Schwange hält: die geschmackliche Fülle, die chinesisches Essen für den menschlichen Gaumen so angenehm macht.

Jeder, der die letzten Dekaden im Westen verbracht hat, wird festgestellt haben, wie sehr das Bedürfnis nach Sinnesgenüssen gewachsen ist. Man benutzt einfach seine fünf Sinne freier und ausgiebiger als bisher. Farben, Strukturen, Bewegung, Essen, Trinken und Rockmusik – all dies ist heutzutage mehr als jemals zuvor Bestandteil des normalen Durchschnittslebens geworden. Und so sind diese gesteigerte Sinnesfreude und die Lust zum Durchbrechen westlicher Traditionen, in Verbindung mit dem chinesischen Essen innewohnenden Konzept, die Geschmacksknospen rasch zu befriedigen, wohl die Wurzel der so überaus schnellen und umfassenden Verbreitung Chinesischer Küche in der Welt.

Was sind nun die Elemente, die chinesischem Essen so viel Geschmacksfülle geben, daß es für Menschen aus allen Teilen der Welt attraktiv ist – ein Essen, das eine liebevolle Zubereitung erfordert und auch mit entsprechender Hingabe verzehrt werden sollte?

Erstens ißt man chinesisch ausschließlich in Gesellschaft. Und Mahlzeiten, die zu mehreren eingenommen werden, müssen immer üppiger und abwechslungsreicher sein als normale Speisen und sind deshalb auch viel verführerischer in ihrer optischen Wirkung.

Der exotische Reiz, der in Umfang und Variationsbreite liegt, wird noch dadurch gesteigert, daß die Chinesen Hitze als geschmackliches Element gebrauchen – Hitze soll die verborgenen Wünsche des Appetits anregen, entzünden, ja sogar in lodernde Flammen versetzen. Daher wird auch der Zeitraum von dem Moment, da das Essen die heiße Pfanne auf dem Herd verläßt, bis zu dem Moment, da es auf den Tisch kommt, bei einem wohlservierten chinesischen Menü nicht in Minuten, sondern in Sekunden gerechnet.

Zweitens besteht ein chinesisches Menü immer aus vielen Gängen und sorgt so für die Folge der unterschiedlichsten Gerichte. Diese Folge soll durch ein Kaleidoskop wechselnder Verführungen den Appetit anregen: Falls man das eine Gericht nicht besonders schätzt, so wird bestimmt das nächste begeistern!

Der dritte Punkt, warum chinesisches Essen so begehrt ist: Häufig wird mit dem Wechsel unterschiedlicher Strukturen gearbeitet; Harmonie und Kontrast werden ausgenutzt und betont. Man glaubt, daß es größeren Genuß bringt, wenn beispielsweise Weiches auf krachend Knuspriges stößt, daß die Ehe zwischen der Knackigkeit frischer Gemüse und dem Aroma getrockneter Zutaten dazu beiträgt, ein vollkommenes Eßgemälde zu gestalten.

Viertens verhilft die Menge Reis, die ein Kenner der Chinesischen Küche im Laufe einer Mahlzeit zu sich nimmt, zu jenem angenehmen Sättigungszustand, aus dem heraus man sich schließlich rundum wohl fühlt. Dieses Gefühl wird noch vertieft durch verschiedene Suppen, die zu strategisch günstigen Zeiten während der Mahlzeit gereicht werden und mit denen Reis und andere Gerichte heiß »heruntergespült« werden. Genau das macht chinesisches Essen mitreißender im Geschmack als jede andere Art von Küche, die nur eine einzige Suppe während eines Menüs vorsieht.

Schließlich sind die Chinesen in der Lage, ihr Essen außerordentlich würzig zu halten, ohne eine große Auswahl exotischer Gewürze zu gebrauchen. Denn sie haben entdeckt, daß mit Sojabohnen und den daraus hergestellten Produkten (Sojasauce, Sojapaste, Sojakäse, Sojaquark usw.) die Geschmacksnerven angeregt werden wie durch kaum ein anderes Produkt.

All diese Charakteristika Chinesischer Küche zusammengenommen – und es sind gleichsam die Charakteristika einer verführerischen Frau – sind der Grund dafür, daß die westliche Welt ihrem Geschmack und ihrem Charme erlegen ist. Chinesisches Essen regt Wünsche und Bedürfnisse an, die für unsere Zeit typisch sind – nach mehr Wärme beispielsweise, nach größerer Freiheit, menschlicher Nähe und der Möglichkeit, gemeinsam zu erleben und zu genießen.

Ein Chinese hat eine völlig andere Beziehung zum Essen und was damit zusammenhängt als jeder Europäer. Zum Beispiel: Wenn ein Europäer in ein Restaurant geht, bittet er um den schönsten Tisch, an dem er sehen, aber auch gesehen werden kann. Er geht also nicht nur zum Essen in ein Restaurant, sondern um an einem gesellschaftlichen Ereignis teilzunehmen.

Wenn indessen ein Chinese in China ein Restaurant betritt, so bittet er um einen kleinen privaten Speiseraum, zumindest aber um ein durch Vorhänge abgetrenntes Abteil, dessen trostlose Wände eher an den Wartesaal eines Provinzbahnhofs erinnern. Hier kann er weder Interessantes sehen noch von anderen gesehen werden, ausgenommen selbstverständlich von seiner Begleitung. Sobald er angekommen ist, wird er sich unverzüglich seines Jackets entledigen, und wenn es ein warmer Tag sein sollte, die Ärmel heraufkrempeln. Dann erst ist er (wie seine Freunde) bereit fürs Geschäft: in diesem Fall fürs Essen. Essen wird in diesem Moment ganz groß geschrieben.

Diese vollständige Hingabe – in allen Ehren, versteht sich – ist jedoch nur möglich, weil der Gast die sinnliche Befriedigung erwarten darf, die ein wohlgesetztes chinesisches Menü verspricht. Und was kann es Schöneres geben?

Dieses Buch handelt hauptsächlich vom Reiz der Chinesischen Küche, von dem, was ihren Charme ausmacht, von den nötigen Zutaten und den Handgriffen, die bei ihrer Zubereitung nötig sind. Ein zweites Ziel dieses Buches soll sein, das Geheimnis zu lüften, das diese Küche immer noch umgibt, und zu zeigen, daß gerade im Westen, wo man an guten Zutaten wahrlich Überfluß hat, es ein leichtes ist, original chinesisch zu kochen, wenn man sich nur ein bißchen Mühe gibt und mit Herz und Hand bei der Sache ist.

Jeder Leser und jede Leserin, die gerne in diese nicht wenig aufregende Welt Chinesischer Küche eindringen möchten und sich sinnliche und ästhetische Freuden gönnen wollen, werden hier gangbare Wege zu diesem Ziel finden. Aber: Sie sollten zuvor unbedingt die Einleitungskapitel lesen; sie werden Ihnen auf der Reise durch das Unbekannte helfen, selbst wenn Sie keine umfassende Tour unternehmen, sondern nur eine kleine kulinarische Safari durch zwei, drei originale Gerichte planen.

Mir bleibt nur, Ihnen viel Glück und viel Spaß beim Kochen zu wünschen!

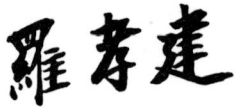

K. H. C. Lo

Vorwort zur deutschen Ausgabe

China ist dem Westen ein gutes Stück nähergerückt, und das Interesse an der Chinesischen Küche ist in eine ganz neue Phase getreten. Aber chinesisch essen in Deutschland – das ist immer noch ein Problem. Nicht so sehr wegen der Zutaten. Die unterscheiden sich im Großen und Ganzen gar nicht so gewaltig von dem, was man auch hierzulande ißt. Und original chinesische Ingredienzen, wie echte Sojasauce, getrocknete Pilze und Meeresfrüchte, spezielle Nudeln oder Gewürze bekommt man heutzutage in gut sortierten Warenhäusern, Feinkostgeschäften oder Chinaläden (von Chinesen geführt, zum Teil auf Versandhandel eingerichtet – Adressen im Anhang des Buches).
Nein, Chinesische Küche ist keineswegs wegen der Zutaten schwierig. Sondern vielmehr wegen der hiesigen chinesischen Restaurants – so paradox dies klingen mag. Denn leider – man muß es in aller Deutlichkeit sagen – hat das, was in bundesdeutschen China-Restaurants angeboten wird, mit Chinesischer Küche nicht sehr viel zu tun. Wer jemals durch Asien gereist ist, in London, Paris oder New York (Städten, in denen viele Chinesen leben) chinesisch essen war, hat den Unterschied bereits geschmeckt. Und falls Sie noch nicht das Vergnügen hatten, werden Sie spätestens, wenn Sie nach den Rezepten in diesem Buch kochen, merken: Chinesische Küche, das ist nicht jenes Geschnipsel und Gemengsel aus zerkleinertem Fleisch und Gemüse in undefinierbarer Sauce, das man hier in China-Restaurants auf dem Teller findet, sondern hochzivilisierte Kochkultur.
Sie werden in diesem Buch vergeblich nach angeblich »chinesischen« Rezepten suchen, die Sie aus deutsch-chinesischen Gasthäusern kennen: zum Beispiel nach dem international bekannten Chop Suey – einem Gericht, das in Amerika entwickelt wurde, weil die kulinarisch nicht sehr experimentierfreudigen Amerikaner von der original Chinesischen Küche nicht gern kosten wollten. Dieses Chop Suey findet man heute tatsächlich auf den Speisekarten chinesischer Restaurants in aller Welt. Aber nur dort, wo Nicht-Chinesen zu speisen pflegen. Ein Chinese würde sich diesen Mischmasch niemals widerspruchslos vorsetzen lassen.
Die Chinesische Küche gilt neben der französischen als die feinste, phantasievollste und intelligenteste.

Wer die Rezepte von Kenneth Lo aufmerksam liest und nachkocht, wird verstehen, warum. Er wird feststellen, daß ihr möglicherweise sogar der Vorrang vor der französischen Haute Cuisine gebührt, denn die Franzosen haben den Chinesen eine Menge abgeschaut und kurzerhand als eigene Erfindung ausgegeben.
Knappe Garzeiten, angeblich eine Errungenschaft der modernen Küche, sind in China bereits seit Tausenden von Jahren bekannt. Kontrast als kulinarisches Stilmittel, von heutigen Küchenchefs als größte Neuigkeit propagiert, wenn sie die feste Konsistenz von knackigem Gemüse gegen die Sanftheit von zartem Fleisch setzen, wurde von den Chinesen schon immer geschätzt. Und das heutzutage so gerühmte *à-la-minute*-Kochen ist in der Chinesischen Küche schon seit jeher Bedingung.
Es ist deshalb wahrlich keine Übertreibung, wenn man nicht nur sagt, die chinesische Kochkunst sei die älteste der Welt, sondern auch behauptet, sie sei diejenige von höchstem Raffinement.
Aber keine Angst, sie ist keineswegs eine komplizierte Küche. Man kann sie in jedem deutschen Durchschnittshaushalt nachvollziehen. Vorausgesetzt, man macht sich eines klar: Es genügt nicht, die Zutaten klitzeklein zu schneiden und sie mit allerlei exotischen Gewürzen in der Pfanne zu braten. Viel wichtiger als jedes fremdartige Gewürz ist das Wissen um die Bedeutung der einzelnen Handgriffe, der Garmethoden und des Zuschneidens. Und genau dies erklärt Kenneth Lo in einfacher, verständlicher Sprache. Nicht nur in der langen Einleitung, die Sie aufmerksam lesen sollten, sondern auch bei den einzelnen Kapiteln. Überblättern Sie diese Texte bitte nicht, denn sie enthalten die notwendigen Erläuterungen, die gerade wir Europäer brauchen, wenn wir die chinesische Kochkunst verstehen wollen.
Kenneth Lo lebt seit mehr als vierzig Jahren in London, verheiratet mit einer Engländerin. Seine Kinder sind in Europa groß geworden. Er kennt die Bedingungen, unter denen man in einer europäischen Küche arbeiten muß.
So hat er beispielsweise in seinem Buch von vornherein darauf verzichtet, als einzig richtiges Kochgeschirr den chinesischen *Wok* zu empfehlen. Der Wok ist eine

tiefe Pfanne, meist aus Eisen, deren gewölbter Boden es ermöglicht, daß die Zutaten beim Pfannenrühren gleichmäßig herumgewirbelt werden und nur teilweise mit der vergleichsweise kleinen Bodenfläche in Berührung kommen, wo sie bei scharfer Hitze braten, während der andere Teil der Ingredienzen an den kühleren Seitenwänden garen kann. Ein solcher Wok, so formschön er ist, wäre indes in einer modern ausgestatteten Küche mit Elektroherd völlig fehl am Platz: Auf den planen Heizplatten fände er keinen Halt. Und selbst auf einem Gasherd würde er nicht ausreichend heiß. Denn unsere TÜV-geprüften Geräte sind so gedrosselt, daß sie mit der starken Feuerstelle eines chinesischen Haushalts oder gar einer Restaurantküche nicht mithalten können.

Sparen Sie sich also das Geld für dieses chinesische Küchenutensil und investieren Sie es lieber in einer soliden, großen Pfanne, mit hochgezogenen Wänden und – das ist das wichtigste – mit dickem Boden aus leitfähigem Metall. (Am besten ist eine Edelstahlpfanne mit Kupferkernboden geeignet oder eine schwere Eisenpfanne.)

Wenn Sie einen Gasherd besitzen, haben Sie es gerade beim chinesisch Kochen allemal leichter als mit einem Elektroherd. Eine Gasflamme läßt sich viel direkter und schneller regulieren als eine elektrische Herdplatte. Wenn große Hitze vorgeschrieben ist, dann muß das Öl in der Pfanne rauchen! Soll anschließend sanft geköchelt werden, ist die Gasflamme im Nu kleingestellt.

Eine auf volle Leistung geschaltete Herdplatte hingegen braucht nicht nur lange, bis sie die höchste Hitzestufe erreicht hat, sondern auch danach geraume Zeit, bis sie wieder auf milde Hitze abgekühlt ist. Der Trick, wie man sich in diesem Fall behelfen kann, ist nicht sehr energiebewußt, aber wirksam: Arbeiten Sie auf zwei Platten. Zum Anbraten stellen Sie die Pfanne auf die fast glühend heiße Platte. Zum sanften Köcheln schieben Sie sie auf die zweite, auf kleinste Stufe eingestellte Kochstelle.

Noch eins: Wenn Sie sich in die Rezepte vertiefen, werden Ihnen die oft lächerlich geringen Mengen auffallen, die Sie von manchen Zutaten brauchen. 50 Gramm Champignons, 100 Gramm Wirsing und 75 Gramm Salatblätter können Sie natürlich nicht kaufen. Den heiligen Zorn sämtlicher Marktfrauen würden Sie mit einem solchen Wunsch auf sich laden. Da hilft nur eins: öfter chinesisch kochen! Was bei der Zubereitung der einen Mahlzeit übrigbleibt, ist bereits die Grundlage für die nächste. Bereiten Sie nicht verwendetes Fleisch und Gemüse fix und fertig vor, schneiden Sie es in Scheiben, Streifen oder blättrig und packen Sie es in Alu- oder Klarsichtfolie. Im Kühlschrank bleibt so alles bis zum nächsten Tag frisch. Und: Sie haben dann die zeitraubende Vorbereitung bereits hinter sich. Wenn Sie so Ihre Küche nur ein wenig umorganisieren, werden Sie feststellen: chinesisch Kochen ist unendlich praktisch. Schneller und zugleich wohlschmeckender können Sie sonst kaum ein Essen auf den Tisch bringen!

München, im Sommer 1980   Martina Meuth

Was ist Chinesische Küche?

Mit das aufregendste beim Schreiben über Chinesische Küche ist das Bewußtsein, sich mit einem Thema zu beschäftigen, das zweifellos einer der wichtigsten Beiträge Chinas zur Zivilisation der übrigen Welt bedeutet. Wenn es vielleicht auch nicht *der* wichtigste Beitrag ist, so ist es sicherlich der lebendigste, der weitreichendste und der befriedigendste. Und deshalb ist sein Einfluß geradezu unermeßlich.

Nur wenige Dinge im Leben sind so positiv wie Essen oder werden zumindest von jedem einzelnen so persönlich genommen. Man kann zum Beispiel Musik hören, aber bei manchen gehen die Töne zum einen Ohr hinein und zum anderen wieder hinaus. Man kann einem Vortrag oder einer Unterhaltung lauschen, währenddessen jedoch durchaus mit den Gedanken woanders sein. Oder man kann sich mit beruflichen Dingen beschäftigen, aber mit dem Herzen gar nicht bei der Sache sein. Bei all diesen Beschäftigungen kann man sich langweilen und völlig unbeteiligt sein.

Das ist beim Essen jedoch nicht möglich. Wie kann man einer Sache gegenüber unbeteiligt sein, die man seinem Körper zuführt und die dann schließlich Teil davon wird? Wie kann man sich nicht dafür interessieren, was einem zu physischer und psychischer Kraft verhilft und was zum Wohlbefinden beiträgt?

Natürlich kann der Antrieb zum Essen auch von so grundlegenden Bedürfnissen wie zum Beispiel quälendem Hunger gesteuert werden oder durch die schlichte Tatsache, daß der Körper sein Recht verlangt, denn Essen und Trinken sind zur Erhaltung jeder menschlichen Existenz unbedingt nötig.

Vor diesem Hintergrund möchte ich deshalb das Thema »chinesisch Essen und Trinken« sehen. Durch die Jahrhunderte hindurch ist es einfach ein unabdingbarer Bestandteil chinesischer Lebensart geworden, und es sieht ganz so aus, als würde es bald auch einen Siegeszug um die übrige Welt antreten.

Denn Chinesische Küche ist mittlerweile – zunächst vielleicht ganz unmerklich, während der letzten ein, zwei Jahrzehnte jedoch ganz deutlich – zu der Küche avanciert, die in der ganzen Welt als eine der besten gepriesen wird. Möglicherweise dauert es nicht mehr lange, bis jeder, vorausgesetzt, er kann es sich leisten, sich sogar mehrmals in der Woche mit Heißhunger über chinesisches Essen hermacht. Aber bevor wir diesen Punkt erreichen, sollten Sie sich noch ein bißchen mit Chinesischer Küche und Eßphilosophie beschäftigen, um zu begreifen, woher ihre Kraft kommt und was sie für eine Bedeutung hat, statt sie lediglich als exotisch zu bewundern.

Ich habe viele Vorträge und Unterrichtsstunden über Chinesische Küche gehalten. Und immer habe ich ihnen den Titel vorangestellt: »Die Quellen und die Kraft des chinesischen gastronomischen Imperialismus«. Wenn wir uns mit diesem Thema beschäftigen, müssen wir herausfinden, ob diese Kraft von den verwendeten Zutaten herrührt, von der Art zu kochen oder von der Komposition des fertigen Gerichts.

Die Welt wird jeden Tag kleiner, und eines Tages lebt jeder von uns aus des anderen Tasche. Deshalb werden schon bald die Eigenarten der verschiedenen Länder und Völker miteinander verschmelzen und fremde Traditionen mit den eigenen verwachsen. Was wird dann unser aller geistiges Erbe, was das Vermächtnis Chinas im Bereich Essen und Trinken sein, das wir antreten und schließlich als Bestandteil ureigener Lebensart ansehen? In welcher Weise wird es einst zur Bereicherung unseres täglichen Lebens beitragen? Um diese Frage zu beantworten, müssen wir die Sachlage zunächst im kleinen Ausschnitt betrachten, bevor wir sie im Zusammenhang sehen.

Erstens kocht man Lebensmittel, um sie genießbar zu machen, und zweitens, um sie mit Vergnügen verspeisen zu können. Um diese beiden Ziele zu erreichen, bedient man sich hauptsächlich zweier Methoden: des Erhitzens und Würzens. So machen es fast alle Menschen der Welt. Der Unterschied zweier Küchen – sofern einer besteht – kann also nur darin begründet sein, bis zu welchem Grad Raffinesse und Können der einen der anderen überlegen sind.

Wenn Raffinement Akkuratesse in der Anordnung bedeutet, die Feinfühligkeit, mit der erhitzt und gewürzt wird, und die Erkenntnis und Beherrschung all der zahllosen Möglichkeiten, durch Kombinieren der verschiedensten Zutaten den gewünschten Effekt zu erreichen, dann muß die Chinesische Küche als eine der raffiniertesten und besten der Welt gelten! Denn gerade für äußerstes Raffinement und Kultiviertheit – dies für die Nichtkenner – ist die Chinesische Küche sprichwörtlich bekannt.

Das ist nicht weiter verwunderlich, denn Raffinement und Kultiviertheit sind schon von jeher Stil und Ausdruck chinesischen künstlerischen Verständnisses in vielen Bereichen der Kultur und Zivilisation gewesen. Man kann getrost Chinesische Küche mit chinesischer Malerei oder Kalligraphie vergleichen: auch hier ist das erklärte Ziel, einen sehr hohen Grad von Vollkommenheit und Feinheit zu erreichen, und zwar stets innerhalb des traditionellen und manchmal hochstilisierten Rahmens, dabei aber niemals das Charakteristische, die Qualität und die tiefere Bedeutung aus den Augen zu lassen – die Basis für jeglichen künstlerischen Ausdruck.

Sicherlich folgt die Chinesische Küche in Art und Stil ganz und gar den Neigungen und künstlerischen Traditionen der Chinesen.

Nehmen wir einmal das Erhitzen von Lebensmitteln: Es gibt hier nur eine begrenzte Anzahl von Möglichkeiten, wie Erhitzen durch Luft (beim Braten und Backen), Erhitzen durch Strahlung (beim Grillen), Erhitzen durch das Medium Wasser (dämpfen, kochen, schmoren), Erhitzen durch Öl (beim Braten in der Pfanne) oder durch Kontakthitze (Erhitzen auf oder an einer trockenen heißen Fläche, einem Stein zum Beispiel oder einer flachen Pfanne).

Dadurch, daß wir diese verschiedenen Methoden kombinieren, indem wir entweder die Hitze schrittweise zuführen (wir Chinesen nennen dies die Feuerkraft), die Dauer dieser Behandlung in unterschiedlicher Weise steuern oder die Lebensmittel einfach in Bewegung versetzen, während sie erhitzt werden, haben wir Chinesen etwa vierzig verschiedene Methoden zur Verfügung, Lebensmittel zu garen, und jede einzelne hat einen präzise beschreibenden, sinnbezogenen Namen und eine ganz eigene Bedeutung. Wir benutzen die verschiedenen Fachausdrücke etwa genauso wie ein Ballettensemble seine Fachsprache, um genau anzuzeigen, was wie und warum gemacht wird. Diese Begriffe kennt jeder, und jeder weiß, was er darunter zu verstehen hat.

Was indes den Bereich des Würzens angeht, so sind die Chinesen darin womöglich noch größere Meister als im Bereich des Garens. Das hängt wohl damit zusammen, daß sie daran gewöhnt sind, die unterschiedlichsten Zutaten miteinander zu verarbeiten. Es ergibt sich eine weite Skala von Aromen, die aus dem Mischen der verschiedenen Grundzutaten hervorgehen.

Auch wenn nicht alle chinesischen Gerichte »Mischspeisen« sind – manche bestehen nur aus einer einzigen Zutat, die in einfachster Weise zubereitet wird, zum Beispiel sehr langsam, bei äußerst milder Hitze, sanft geköchelt –, werden doch die meisten aus gemischten Zutaten hergestellt. Meist gibt eine vorherrschende Zutat dem Gericht das Volumen und den Charakter, dann werden zwei begleitende Zutaten hinzugefügt, durch wenige Geschmackszutaten in kleinen Mengen unterstützt, und alles zuletzt angereichert durch eine Auswahl von Gewürzen und Würzsaucen. Diese Gewürze und Würzsaucen werden oft erst im Endstadium der Zubereitung zugegeben, wenn die Hitze allmählich – gleichsam im Crescendo – ihren Höhepunkt erreicht hat und sich dadurch ein Zustand »orchestraler Dynamik« ergibt.

So wird in der Chinesischen Küche durch einen vielschichtigen Prozeß das Würzen der Speisen erreicht: durch den Gebrauch ergänzender Zutaten beim gleichzeitigen Garen unterschiedlicher Zutaten (um Vielfalt und Unterschiede in Material und Struktur zu haben), durch Verwendung der verschiedensten würzigen Zutaten, Gewürze und Würzsaucen (um Aroma und Geschmack noch zu verfeinern) und schließlich dadurch, daß man diese Würzmittel auch auf den Tisch stellt, damit sich jeder seine Speiseportion individuell nachwürzen und ihr den eigenen Stempel aufdrücken kann.

Man kann nicht behaupten, daß diese Vielschichtigkeit im Würzen der Speisen nun genau festgelegt sei – selbst in den einzelnen Stadien gibt es fließende Übergänge –, dennoch sollte ein chinesischer Koch stets das Grundkonzept der verschiedenen Stufen des Garens und Würzens klar vor Augen haben. Es macht jedenfalls mehr Spaß und ist auch interessanter, chinesisch zu kochen, wenn man die Arten und Stadien des Würzens, die zu den unterschiedlichen Kochmethoden gehören, begreift.

Mit anderen Worten: Wenn die vielerlei Möglichkeiten des Würzens mit den zahlreichen Arten des Erhitzens oder Garens in der ganzen Variationsbreite, die darin steckt, kombiniert werden, entstehen Gerichte von einer geradezu unvorstellbaren Vielfalt. Manchmal sogar ganz abstruse: Dann ist der Punkt erreicht, an dem die Chinesische Küche eine Art Puzzlespiel wird.

Damit nun aber niemand in Verwirrung gerät, wird normalerweise in der Chinesischen Küche die Arbeit in zwei klar voneinander getrennte Bereiche unterteilt – in die Vorbereitung und die eigentliche Kocharbeit an Herd oder Gaskocher. Hier ist das chinesische Küchenkonzept der Arbeitsweise westlicher Künstler ganz ähnlich: Zuerst legt man säuberlich alle Farben nebeneinander aus, mischt sie auf der Palette, bereitet die Leinwand und die Staffelei vor, und dann erst beginnt man mit dem Malen.

In chinesischen Restaurants sind deshalb die Aufgabe des Vorbereitens und die des Kochens zwei verschiedenen Personen anvertraut. Das Vorbereiten und Portionieren der verschiedenen Zutaten erledigt gewöhnlich ein Gehilfe, während der Küchenchef das Feuer überprüft und alle Arbeiten am Herd übernimmt, natürlich einschließlich des Würzens und Abschmeckens. Der Erstgenannte ist der Fachmann fürs Zurechtschneiden, Gemüseputzen und Zusammenstellen der Mengen für die einzelnen Portionen. Der zweite, der Küchenchef, ist der Ausführende, der dem Gericht Feingeschmack und letzten Schliff verleiht und es schließlich dekorativ anrichtet. Er ist wahrlich die höchste Instanz, ein Dirigent an seinem Pult – dem Herd. Er bestimmt, wie das Gericht aussehen und schmecken wird!

Zu Hause muß die Hausfrau diese Arbeiten meist allein erledigen. Aber wenn sie sich alles, was sie zum Kochen benötigt, rechtzeitig griffbereit hinstellt, viele der Vorbereitungen schon lange zuvor trifft, möglicherweise auch auf Reste vorangegangener Mahlzeiten zurückgreifen kann, ist es bei weitem keine so unermeßliche Mühe, ein chinesisches Essen zu bereiten, wie man sich das gemeinhin vorstellt. Man ist stets von neuem überrascht, mit welcher Geschwindigkeit ein fünfgängiges chinesisches Menü (bestehend aus fünf verschiedenen Gerichten) aus der Küche kommt – oft dauert es nicht länger als eine halbe Stunde –, und es handelt sich dann fast immer um Gerichte von erlesener Qualität, was Aussehen und Wohlgeschmack angeht, wie man sie nur in erstklassigen Restaurants erwartet.

Tatsächlich gewährt die Chinesische Küche einer Hausfrau einen großen Spielraum, in dem sie ihre Kreativität und ihr Talent üben kann, und in der Sorge für das leibliche Wohl der Ihren findet sie schöpferische Freude und Selbstbestätigung.

Kreativität in der Chinesischen Küche

Die Beschreibung und Aufschlüsselung der Chinesischen Küche auf den vorangegangenen Seiten mag den Eindruck erwecken, als handle es sich dabei um eine Art chemischen Prozeß, der komplizierter scheint, als er ist, weil dem Koch während der Zubereitung so unendlich viele Möglichkeiten offenstehen. Doch weit gefehlt!

Es existiert keinerlei Formel oder gar Gleichung, die Chinesische Küche der Chemie vergleichbar machen könnte, ja es gibt nicht einmal ein Rezeptbuch, das durch die Jahrhunderte hindurch von einer Generation auf die andere überliefert worden wäre – und das, obwohl es Chinesische Küche über Jahrtausende als durchaus eigenständige Küche gegeben hat. Intellektuelle oder praktische Erkenntnisse aber, die nie schriftlich festgehalten oder in Buchform zusammengefaßt wurden, können wohl kaum mit wissenschaftlichen Fachausdrücken belegt werden, schon gar nicht mit dem Terminus »Chemie«.

Dennoch haben ganze Heerscharen chinesischer Schreiber, Dichter und Bürokraten, die genügend Zeit hatten, sich ihren eigenen Gedanken zu widmen, ausführlich über Essen und Trinken geschrieben. Aus der Yuan- oder Mongolen-Dynastie existiert ein Buch mit Namen »Die Richtlinien des Essens und Trinkens«, das der Kaiser dieser Zeit höchstpersönlich geschrieben hat. Es handelt hauptsächlich von dem, was er Hygiene nannte. Aber leider gab es niemals auch nur ein einziges Kochbuch, in dem man Rezepte nachlesen konnte. Die meisten Bücher dieser Art enthalten fast nur philosophische Abhandlungen, dichterische Höhenflüge und Übungen für perfekte Wortwahl, aber keine Angaben über Lebensmittel, Zutaten und Gewürze. Es ging mehr um literarische Übungen als um Anleitungen zur Verarbeitung von Lebensmitteln. Wie man sieht, sind wir in China zwar Erben einer großen Tradition in Geist und Philosophie des Essens, vor allem auch in der Freude am Essen, während wir vielleicht recht wenig von Lebensmittelkunde verstehen.

Das mag der Grund sein – eben daß uns keine Anleitungen überliefert wurden –, warum wir mit soviel schöpferischer Freiheit an die Essenbereitung gehen. Deshalb ist wohl auch chinesisch Kochen immer eine Herausforderung für den künstlerischen und kreativen Menschen.

Was wir über den Umgang mit Lebensmitteln wissen, ist uns über Generationen hinweg überliefert worden, meist mündlich, vom Lehrer zum Schüler, von den Eltern zu den Kindern – so ähnlich wie Anleitungen zum Violinespielen oder Malen.

Die philosophischen Texte übers Essen aus dem Alten China erinnern stark an Schriften über Malerei aus der Feder von Kunstkritikern unserer Tage. Sie können einen ganzen Sonntagnachmittag lang in Kunstgalerien umherwandern und sich eifrig für die Bilder interessieren, sich mit deren Thematik, Geist, Stil und Konzeption eingehend beschäftigen, aber Sie werden nicht tiefer in das Wesen der Malerei eindringen. Und doch, die Herausforderung bleibt, und wenn eine solche künstlerische Herausforderung einmal da ist, wird sie oft zum Antrieb für das eigene schöpferische Handeln.

Man kann vielleicht sagen, daß chinesische Schriftsteller der Vergangenheit die Kreation von Speisen wie ein Kunstwerk gesehen haben: die Aromen sind die Farben, das genaue Timing bei der Zubereitung sind die klar gezeichneten Linien, und Feuer und Erhitzen sind wie Wärme und Gefühl, die einem Bild Sinn und Einheit geben. Solange man sich von Thema, Konzeption und Geist einer Sache angesprochen fühlt, bleibt man in ihrem Bann und nimmt die Herausforderung an, auch wenn man ungeübt ist und nicht viel Ahnung hat.

So jedenfalls war es zu allen Zeiten. Denn die Herausforderung ist von einer Art, die kaum zu übergehen ist – schließlich knurrt irgendwann der Magen unüberhörbar. Geht man auf diese Herausforderung ein ohne genauere Instruktionen, wie man die Aufgabe bewältigen könne (wie das wohl bei allen Künsten der Fall ist), muß man sich ganz auf seine eigene Kreativität und auf den eigenen Instinkt verlassen. Je mehr man diese inneren Kräfte trainiert und ihnen freien Lauf läßt, desto sicherer wird man.

Schöpferisches Gestalten wird dann nicht länger das Ergebnis angestrengter Bemühungen sein, sondern allmählich alle Lebensbereiche durchdringen; diese Lebensauffassung ist in China zu einer großen Tradition geworden. Die Chinesen können sich über Essen genauso kultiviert unterhalten wie wir im Westen über Kunst oder Tennis.

Da viele kulinarische Schöpfungen sich ohnehin nicht in Formeln und Regeln festhalten lassen, muß man die Chinesische Küche eigentlich zu den freien Künsten zählen. Zwar gibt es mittlerweile sogar Rezept- und Kochbücher – fast immer nach europäischem Vorbild geschrieben –, aber am besten benutzt man sie lediglich als Anhaltspunkt. Oft werden für ein einziges Gericht so viele verschiedene Zutaten angegeben, daß man die Hauptsache doch der Phantasie des einzelnen überlassen muß, seiner Eigeninitiative und Vorstellungskraft. Weil es immer wieder andere Möglichkeiten gibt, existiert kein absolutes »Muß« in der Chinesischen Küche. Und so kommt es, daß ein guter Koch auch mit einem Minimum an Zutaten ein hervorragendes chinesisches Essen zaubern kann, manchmal sogar ohne eine einzige chinesische Zutat! Was der Koch vor allem braucht, ist Einfühlungsvermögen und Phantasie.

Andererseits ist natürlich auch das Gegenteil möglich: Ein unfähiger Koch, der keine klare Vorstellung von dem hat, was er machen möchte, die Zusammenstellung eines Gerichts nicht begreift, nicht weiß, wie ein spezielles Aroma hervorgehoben werden kann, wird aus den besten Zutaten der Welt einen scheußlichen Mischmasch bereiten. Wie bei allen Künsten kann auch hier ohne klares Konzept keine Komposition entstehen.

Vielleicht wurde die Kreativität der Chinesischen Küche aus glücklichem Zufall dadurch erhalten und bewahrt, daß man Kochen stets als Lebenskunst betrachtet hat; Unternehmungsgeist und Einfallsgabe mußten tagtäglich von neuem darauf konzentriert werden, einfach um mit dem Lebensgefühl Schritt zu halten. Möglicherweise war es auch ein Glück, daß in der Zeit der Großen Weisen – der wohl produktivsten und schäumendsten Zeit chinesischer Geschichte – keine Bibel der Chinesischen Küche von einer Art »Koch-Konfuzius« geschrieben wurde, denn dann wäre sicherlich das Wachstum der kulinarischen Kunst Chinas mit dem Beginn des Christentums beendet gewesen. Der starke unterdrückende Einfluß konfuzianischer Tradition war verantwortlich dafür, daß die technologische Entwicklung Chinas aufgehalten wurde – trotz der vielen bedeutenden technischen Entdeckungen, die während des langen, buntgescheckten Laufes chinesischer Geschichte gemacht wurden. (Die klassische chinesische Sprache war stets dieselbe, von Konfuzius' Zeiten bis 1919!)

Nun, die Entwicklung der Chinesischen Küche schritt einfach ganz munter fort, nahm hier eine Anregung, dort eine Idee auf, behauptete sich allem gegenüber, mit dem sie in Berührung kam, machte sich aber auch zu eigen, was immer andere Küchen zu bieten hatten. Es ist sicher bis zum heutigen Tag richtig, wenn man sagt, daß jede Küche des östlichen Asiens, gleich ob die japanische, mongolische, koreanische, vietnamesische, burmesische, malayische oder indonesische, durch die Chinesische Küche beeinflußt wurde. Natürlich gingen diese Strömungen in beide Richtungen; da aber China in seiner Gesamtheit das weitaus größte Land war, gingen mehr Impulse von ihm aus, als Einflüsse von draußen hereinkamen.

Das bedeutet allerdings nicht, daß die Chinesische Küche übermäßig traditionell sei. Aber ihre Tradition ist eben so umfassend, daß sie durchaus imstande ist, neue Elemente, die von außen herangebracht werden, kompromißlos zu akzeptieren. Freiheit und Unbekümmertheit erwachsen fast immer aus dem Gefühl der Sicherheit.

Die Chinesische Küche hat inzwischen so viele fremde Einflüsse aufgenommen, daß es schwer ist, die Herkunft der Gerichte näher zu bestimmen. Die *Pekingente* beispielsweise stammt ursprünglich aus der Mongolei, wird jedoch heutzutage in Peking mit größerer Leidenschaft gegessen als in Ulan Bator.

Die Begegnung der westlichen Küche mit der Chinesischen ist zweifellos ein Markstein in der kulinarischen Geschichte der Welt. Die Nachwirkungen dieses Ereignisses werden weitreichend sein. Welche Küche wird sich wohl mehr von der anderen beeinflussen lassen?

Wenn die Mischung aus reinstem Marxismus und konfuzianischer Ethik die Kulturrevolution in China hervorbringen konnte, was wird wohl die Mixtur aus *Süßsaurer Sauce* und Sauce Béchamel ergeben? Wenn eine bayrische Ente, mit einem elektrischen Haarföhn getrocknet, in einem Münchner Backofen gebraten, eine ebenso knusprige und perfekte *Pekingente* wird (auf viel einfachere Weise!) wie in Peking, was wird dann die moderne Technik aus der Chinesischen Küche machen? Denn westliche wie Chinesische Küche müssen sich nicht nur miteinander befassen, sondern auch mit den technischen Neuerungen des letzten Viertels des zwanzigsten Jahrhunderts. Das sind aufregende Fragen – Pfeffer für die Probleme Chinesischer Küche von heute.

Um ihre eigene Schöpferkraft lebendig zu erhalten, muß die Chinesische Küche nunmehr ihre volle Aufmerksamkeit auf die kulinarischen Künste aller westlichen Kochschulen lenken wie auch auf neue Wege und Möglichkeiten, die die moderne Technik eröffnet. Das ist weitaus wichtiger, als in die Klassik zurückzuschauen, deren große Zeit nun einmal vorbei ist. Die Anbetung des Vergangenen ist vielleicht gut für Konfuzianer, aber nichts für uns, die wir doch alle einem Himmel voller Leckerbissen entgegengehen (wie ich hoffe!). Und Konfuzius selbst hat gesagt, daß man nur in die Vergangenheit blicken solle, um das Neue zu verstehen und in die Zukunft zu schauen. Deshalb sollten wir ruhig die klassische Küche studieren und meistern, aber unseren Blick dabei in die Zukunft richten.

Nur wenn die Chinesische Küche für die Zukunft offen ist und sich ihre lebendige Kreativität bewahrt, die ja in ihrer Natur liegt und eine uralte Tradition hat, kann sie für die gesamte kulinarische Welt nützlich sein und attraktiv bleiben.

Europäer aber müssen zuerst einmal die Chinesische Küche näher kennenlernen, sich in ihr Wesen, ihren Geist, in die neuen und die klassischen Verfahren vertiefen – und sich mit so vielen Gerichten und Kochweisen wie nur möglich vertraut machen, nicht zuletzt auch mit den Eßgewohnheiten, denn der wahre Kern einer Speise enthüllt sich erst beim Essen – wie angenehm für uns!

Anerkannte Garmethoden in der Chinesischen Küche

Wenn man sämtliche regionalen Variationen auch noch zählen würde, käme man sicherlich auf mehr als die doppelte Menge von Bezeichnungen für die verschiedenen Garmethoden, als ich im folgenden aufführe. Die Tatsache, daß sogar diese eher kurze Liste mehr als drei Dutzend Fachausdrücke aufweist – wovon jeder eine klar abgegrenzte eigene Bedeutung hat –, sollte ausreichend Beweis dafür sein, welchen Wert die Chinesen auf die Kunst des sachgerechten Garens legen. Man kann dies am besten mit dem Wort »kontrollierte Hitzezufuhr« beschreiben.

He Hou 火候 ist der chinesische Oberbegriff für alle Arten des Garens.

In der westlichen Küche ist die Qualität der verwendeten Rohstoffe meist die Hauptsache. In der Chinesischen Küche hingegen haben drei Faktoren denselben Stellenwert: die Rohstoffe, die »kontrollierte Hitzezufuhr« und das Abschmecken.

Diese »kontrollierte Hitzezufuhr« ist in der Chinesischen Küche zum einen deshalb so überaus wichtig, weil wir den Garprozeß oft in mehreren Stufen vollziehen, zum anderen, weil beispielsweise beim »Rasch-in-der-Pfanne-Braten«, dem *Pfannenrühren*, die Temperatur so hoch ist, daß es beim Timing auf Sekunden ankommt. Die letztgenannte Garmethode könnte man auch anschaulich »Fast-Verbrennen-in-wenig-Öl« nennen. Europäer, die in der Lage sind, chinesische Kochbücher im Original zu lesen, werden sich sicher erst einmal über die immer wiederkehrende Anweisung wundern: »die Pfanne erhitzen, bis sie glüht«. Bei solchen Kochanleitungen wird klar, daß die Garzeit in Sekunden berechnet werden *muß!*

Chinesische Küche ist mit der Photographie vergleichbar: Die Belichtungszeit ist variabel und kann verkürzt oder beliebig verlängert werden. Beim Pfannenrühren, dem blitzschnellen Braten auf größter Hitze, vollzieht sich das Mischen der Aromen und Geschmackskomponenten bei einer derart hohen Temperatur, daß die Hitze selbst Teil der Würze wird. Heiß vermischte Speisen sollten *sofort* gegessen werden, dann schmecken sie am besten.

Auch dem altmodischen Eisenschmieden ist die Chinesische Küche in gewisser Hinsicht ähnlich: Bis ein Eisenstück wirklich heiß genug ist, dauert es geraume Zeit. Man kann es aber erst dann hämmern und bearbeiten, wenn es rot glüht. Und auch dann muß man sich sputen, denn es bleibt nur kurze Zeit rotglühend. Ebenso währt der Moment, in dem sich beim Pfannenrühren die Geschmäcker vermischen, nur ganz kurz, schon allein deswegen, weil die Zutaten, blieben sie längere Zeit mit dieser starken Hitze in Berührung, entweder verbrennen oder aber zu weich würden. Andererseits könnten sich die Aromen ohne die hohe Temperatur nicht vereinigen. Ein chinesischer Koch ist wie ein Musiker – am Herd kann er seine ganze Virtuosität entfalten.

Chinesische Küche macht so viel Spaß, weil sie der individuellen Gestaltungskraft, dem Geschick und dem Fingerspitzengefühl des Kochs Raum gibt. Dabei spielen der Gar- wie auch der Würzprozeß eine wichtige Rolle: Hier kann die Hitze gedrosselt werden, dort etwas angehoben; von dieser Würze wird eine Prise mehr, von jener eine weniger zugegeben; oder es wird ein neues Gewürz, eine weitere Zutat, eine andere Geschmackskomponente zu Beginn, im Verlauf des Kochens oder auch zum Schluß zugefügt. Der Koch muß nur einen genauen Plan im Sinn haben und wissen, was er erreichen will. Die Chinesische Küche ist spannend – eine kunstvolle Chemie –, und die präzise Hitzekontrolle ist ein wesentlicher Bestandteil dieser Alchimie.

Betrachtet man die Chinesische Küche als chemischen Prozeß, ist die Hitze derart wichtig für die Aromenbildung, daß es undenkbar wäre, sie außer acht zu lassen. Sobald man weiß, wie man mit Hitze umgehen muß, kann man auch würzen und abschmecken, und dann hat man die größte Hürde der Kochkunst schon genommen.

1. Chu

Mit dem Wort *Chu* bezeichnet die chinesische Sprache das Kochen im allgemeinen. Genauer bedeutet es »In-Wasser-Kochen«. Dieser kulinarische Prozeß muß genau kontrolliert und zeitlich präzise abgepaßt sein. Man darf nichts zu lange kochen, weil sonst viele Geschmacksstoffe und Säfte ins Wasser übergehen; genausowenig aber sollte man Nahrungsmittel zu kurz kochen. In der Chinesischen Küche kontrolliert man die Temperatur einer Flüssigkeit, indem man sie auf starkem Feuer sprudelnd aufwallen läßt und dann so wenig kaltes Wasser (oder eine andere Flüssigkeit) zufügt oder die Hitze so reguliert, daß es nur noch leise köchelt.

Häufig kocht man Fleisch und Geflügel auf diese Weise. Das gegarte Fleisch wird danach in dünne Scheiben oder mundgerechte Stücke geschnitten und mit verschiedenen Dipsaucen serviert. Solche Dips kann man aus verschiedensten Zutaten und Saucen herstellen, zum Beispiel unter Verwendung von feingehacktem Ingwer, Schnittlauch, Schalotten, Sojasauce, Chili, Sherry, Senf, Pflaumensauce, Tomatenpüree usw. Man kann Fleischstücke oder -scheiben auch in einer trockenen Gewürzmischung wenden, zum Beispiel einer Mischung aus Salz, Pfeffer, Cayennpfeffer und Fünf-Gewürz-Pulver (diese Gewürzmischung besteht aus feingemahlenem Anis, Zimt, Nelken, Fenchelsamen und Sternanis zu gleichen Teilen und ist im Handel erhältlich).

Kochen in Flüssigkeit ist eine sehr beliebte Garmethode, weil dadurch der Eigengeschmack der Zutaten unverfälscht erhalten bleibt. Mit den kräftig gewürzten Dips und Gewürzmischungen kann später jeder einzelne sich seine Portion nach Belieben abschmecken.

2. T'ang oder T'ang P'ao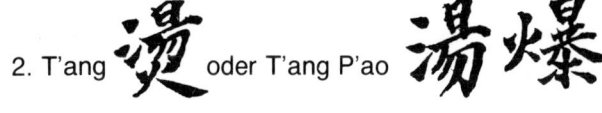

Diese Methode könnte man vielleicht als »Schnell-Kochen« bezeichnen. Sie ist eine Variante des bereits beschriebenen *Chu*. Man bringt Wasser, Brühe oder

Suppe zum heftigen Aufwallen und taucht ganz kurz die zu garenden Zutaten hinein, die normalerweise in Scheiben, Streifen oder kleine Stücke geschnitten sind. Noch einfacher ist es, die vorbereiteten rohen Zutaten in einer Schüssel anzurichten und die brodelnd kochende Flüssigkeit darüberzugießen. Durch die Hitze werden die Zutaten »versiegelt« (das heißt, die Poren schließen sich) und augenblicklich gar. Dann werden sie in Dips und Würzmischungen gestippt und verzehrt. Man nennt diese Garmethode auch manchmal *He*.

3. Shuan 涮 焓

Wird der eben beschriebene Vorgang nicht in der Küche, sondern auf dem Tisch zelebriert und die Flüssigkeit dazu auf einem Stövchen oder Rechaud erhitzt (was sich vor allem an kalten Winterabenden empfiehlt), nennt man das *Shuan*.

Auf diese Weise bereitet man meistens in sehr feine Scheiben geschnittenes Fleisch zu, zum Beispiel Rind, Lamm, Nieren, Leber oder auch Hühnchen. Das bekannteste Gericht dieser Art ist der *Mongolische Feuertopf aus Peking mit Lammfleisch*. Er stammt aus den weitläufigen Prärien Zentralasiens.

4. Ch'in 浸

Ch'in bedeutet »Bei-langsam-nachlassender-Temperatur-in-Wasser-Kochen«. Man kontrolliert die Hitzezufuhr, indem man zur rechten Zeit den Topf vom Feuer zieht. Zunächst bringt man die Flüssigkeit (meistens Wasser) zum Kochen, fügt das Gargut zu und schaltet nach kurzem Aufwallen die Hitze aus, so daß der eigentliche Garprozeß durch die Speicherwärme geschieht. Natürlich richtet sich das nochmalige Aufkochen nach der jeweiligen Garzeit des Nahrungsmittels, es sollte jedoch nie länger als etwa eine Minute dauern.

In China kombiniert man diese Garmethode häufig mit anderen, bis das Gericht schließlich vollendet ist. Das heißt, man wendet für viele Speisen zuerst diese Methode an, gart aber dann auf andere Weise fertig, denn sie eignet sich nur für sehr zarte, junge Gemüse und Fleischstücke. Ein gutes Beispiel hierfür ist das *Kristallhühnchen*: Man gibt ein junges Huhn in heftig wallendes Wasser, läßt es eine Minute darin kochen und dann neben dem Feuer langsam in der Flüssigkeit abkühlen. Danach löst man das Fleisch von den Knochen, schneidet es in mundgerechte Stücke und serviert es mit verschiedenen Dips. Man kann das unzerteilte Hühnchen auch in Wein, Alkohol, Salz, gehacktem Schnittlauch, Ingwer und Knoblauch marinieren und ohne weiteres Garen als *Betrunkenes Hühnchen* reichen – es schmeckt vorzüglich als Vorspeise.

Ein großer Vorteil der *Ch'in*-Methode: Durch das Eintauchen in kochende Flüssigkeit schließen sich sofort alle Poren, und Saft, Aroma und Würzstoffe bleiben erhalten (vorausgesetzt, die Zutaten sind von bester Qualität!). Zarte Zutaten brauchen nun nicht mehr länger zu kochen, es genügt, wenn sie die nächsten 10 bis 20 Minuten in der langsam abkühlenden Flüssigkeit ziehen.

Frisches Gemüse und junges Geflügel schmeckt viel aromatischer und würziger, wenn es auf diese Art gegart wird, statt in der üblichen Weise gekocht.

Ch'in ist nicht nur eine Methode, in Wasser zu garen, sondern auch in Brühe oder Öl. Man spricht dann vom »Kochen-bei-schwindender-Brühehitze« oder »Kochen-bei-schwindender-Ölhitze«.

5. Ch'uan 川

Ch'uan ist eine weitere Art, in Wasser oder Brühe zu garen, die mit *Ch'in* verwandt ist. Dabei nimmt man das wiederholte Aufkochen als Maß für die Länge der Garzeit.

Man läßt Brühe oder Wasser heftig aufwallen, gibt das Gargut hinein und läßt erneut aufkochen. Dann nimmt man den Topf eben vom Feuer, schiebt ihn wieder auf die Flamme und läßt die Flüssigkeit noch einmal brodeln. Jetzt (oder spätestens nach dem dritten Aufkochen) ist das Essen gar und fertig.

Auch für diese Methode sollte man nur junges, zartes Gemüse, Geflügel oder Fleisch von bester Qualität verwenden. Bei größeren Fleischstücken kann ein viertes Aufkochen nötig sein, bis sie wirklich durch und durch zart sind. Diese Garmethode wendet man ebenfalls meist in Verbindung mit anderen an. In China bereitet man oft Gemüse und Fleisch zunächst auf die *Ch'uan*-Weise vor, um sie danach pfannenzurühren, in Fett auszubacken oder zu dämpfen. In der europäischen Küche nennt man diesen Prozeß manchmal »vorkochen«.

Allerdings ist *Ch'uan* eine viel raffiniertere, weitergehende Methode, weil die Kochzeit genauestens überwacht wird und im Unterschied zu »Vorgekochtem« das Essen nunmehr servierfertig ist.

6. Pao I

Pao bedeutet »In-reichlich-Wasser-Garen« und ist das Gegenstück zum »Schwimmend-in-Fett-Ausbakken«. Man nimmt mindestens drei bis vier Teile Wasser auf ein Teil Gemüse oder Fleisch. In der Regel arbeitet man mit sehr sanfter Hitze – eine längere Angelegenheit. Hier sollte man vielleicht anmerken, daß die Chinesen zwar für das Garen bei größter Hitze berühmt sind, wie zum Beispiel beim *Chow* (Pfannenrühren), *Cha* (Schwimmend-Ausbacken) und *Pao II* (Auf-allerhöchster-Hitze-Pfannenrühren), aber ebenso viele Kochweisen mit sehr geringer Wärmezufuhr kennen.

7. Men

Men ist dem Schmoren in der westlichen Küche sehr ähnlich. Man brät die Zutaten samt allen Gewürzen zunächst in etwas Öl rundum an. Dann löscht man mit etwas Flüssigkeit ab, bringt das Ganze zum Kochen und läßt es nun zugedeckt auf kleiner Flamme sehr langsam schmoren.

Der Unterschied zwischen chinesischem *Men* und westlichem Schmoren liegt darin, daß in China bei noch niedrigeren Temperaturen gegart wird und entsprechend länger. Deswegen bekommt alles, was nach *Men* zubereitet wird, eine fast geleeartige Konsistenz, und Sojasauce tut noch das ihrige dazu – obwohl man immer glaubt, die Sojasauce habe keine große Wirkung.

Ein weiterer Unterschied zum westlichen Schmoren ist die Tatsache, daß man auf die *Men*-Weise ausschließlich Fleisch gart. Rindfleisch (am besten Haxe, Beinfleisch oder Wade), Hammel, Schweinefleisch (Haxe und Vorderhaxe) geraten auf diese Art vorzüglich.

Würde man Gemüse derart lange mit dem Fleisch zusammen schmoren, wäre es am Ende total verkocht und ohne Aroma, denn dieser Prozeß dauert mindestens 3 bis 5 Stunden. Wenn man überhaupt Gemüse wünscht, gibt man es erst in den letzten 20 bis 40 Minuten in den Schmortopf.

Die häufigsten Arten, à la *Men* zu garen, sind »Braunschmoren« und »Rotschmoren«, wobei man braunen Zucker, rote Bohnenpaste oder eine Paste aus dem Bodensatz von Rotwein zufügt, natürlich zusätzlich zur Sojasauce.

8. Shao

Shao ist einer der am meisten gebrauchten chinesischen Küchenbegriffe. Diese Methode ist dem vorhergegangenen *Men* ähnlich, weil zunächst auch in etwas Öl rundum angebraten, dann mit etwas Flüssigkeit aufgegossen und langsam geschmort wird.

Der Unterschied liegt in der zweiten Phase des Garprozesses: jetzt läßt man nämlich die Flüssigkeit einkochen (wie man das aus der französischen Küche kennt). Man fügt immer wieder kleine Mengen frischer Zutaten und Gewürze hinzu, so daß zum Schluß nur ein wenig Sauce zum Fleisch übrig ist. Bei der *Men*-Methode hat man meistens mehr Sauce.

9. Kantonesisches Cha Shao

Bei dieser Garmethode (»Am-Spieß-Braten«) findet nicht nur die zuvor beschriebene Reduktion der Flüssigkeit statt, sondern das Fleisch wird anschließend noch auf einen Spieß gesteckt und im Ofen oder über Holzkohlenglut gebraten. Häufig wird dazu das Fleisch (meistens Schweinefleisch) in Streifen geschnitten und gründlich mariniert, bevor man es an den Spieß hängt und im Ofen brät. Dabei bestreicht man die Fleischstreifen immer wieder mit der Spezialmarinade, bis sie gar sind.

Die berühmte *Kantonesische Bratente* wird zum Beispiel erst nach der Methode *Shao* mit den Gewürzen vorgegart und dann erst im Ofen gegrillt oder gebraten.

10. Lu

Lu bezeichnet eine Methode, bei der man Nahrungsmittel (normalerweise Fleisch, Leber, Nieren und andere Innereien, Geflügel, Eier und manchmal auch Fisch) in einer kräftigen, aromatischen, mit Soja gewürzten Brühe gart. Eine solche Brühe wird angesetzt mit Fleisch, Kandiszucker, Sojasauce, Sherry, getrockneter Orangenschale, Ingwer, Knoblauch und Fünf-Gewürze-Pulver. Diesen ersten Sud nennt man Originalbrühe. Je mehr Fleisch oder Gemüse nun darin gegart wird, desto eher verdient die Brühe den Namen *Meistersauce*.

Die Meistersauce wird immer wieder verwendet, aber ungefähr nach dem dritten bis vierten Gebrauch müssen frische Gewürze zugefügt und mitgekocht werden. Je nach Geschmack oder Verwendungszweck kann das Aroma der Sauce beliebig verändert werden.

Die Meistersauce wird durch frische Zutaten nicht nur immer wieder angereichert, sondern auch erneuert. Solange man sie regelmäßig aufkocht und mit neuen Gewürzen kräftigt, hält sie praktisch ewig. Manche Meistersaucen existieren schon seit Urzeiten!

11. Ch'eng

Ch'eng ist eine Art des Dämpfens. In China sind zwei Arten des Dämpfens bekannt: das »Offen-Dämpfen« und das »Verschlossen-Dämpfen«.

Unter *Ch'eng* versteht man das »Offen-Dämpfen«. Man setzt hierfür eine Schüssel oder einen Teller auf einen Bambus- oder Drahtrost und stellt beides in einen ausreichend großen Topf, in dem etwa 2 Finger hoch Wasser sprudelnd kocht. Oder man dämpft in speziellen Bambuskörbchen, die genau aufeinanderpassen, und placiert diesen Turm als Deckel auf dem Reistopf. Auf diese Weise können sämtliche Dämpfgerichte zugleich garen, während unten der Reis ausquillt.

Bei der *Ch'eng*-Methode mariniert, würzt und garniert man das Gargut meist schon fix und fertig, bevor man es auf den Dämpftopf setzt. Man bedient sich dieser Garmethode meistens dann, wenn nur eine kurze Garzeit nötig ist, und oft genug reicht ein kurzer, starker Dampfstrom bereits aus.

Kurzzeitige Dampfhitze benützt man für bestimmte Fleisch- und Gemüsesorten, damit natürliche Frische, Eigengeschmack, Aroma und Saft erhalten bleiben. Vor allem Fisch wird so besonders zart. Weil wir Chinesen »Offen-Dämpfen« so häufig anwenden und zur Meisterschaft gebracht haben, gelten wir als Experten im Zubereiten von Fisch und Meeresfrüchten.

12. Tun

Im Gegensatz zum *Ch'eng* ist *Tun* das »Verschlossen-Dämpfen«, das heißt Dämpfen in einem fest verschlossenen Gefäß. In China wird die Öffnung des Gefäßes sogar regelrecht mit Papier versiegelt, das angedrückt oder festgeklebt wird. In der westlichen Küche kann man den Topf einfach gut mit Alufolie verschließen. Meist genügt es auch schon, einen fest sitzenden Deckel aufzulegen.

Nach der *Tun*-Methode taucht man zuerst die Zutaten für 1 bis 2 Minuten in kochendes Wasser und schreckt sie anschließend kurz mit kaltem Wasser ab. Dadurch werden etwaige Keime abgetötet, und außerdem schließen sich die Poren, so daß der Saft erhalten bleibt. Auch hier sollte das Gericht fertig gewürzt, mit allen Zutaten versehen und bereits dekorativ angerichtet sein, bevor der Garprozeß beginnt. Doch werden bei der *Tun*-Methode der Hauptzutat – meist Fleisch – nur wenige Beigaben zugefügt, so daß das fertige Gericht durch ein vollendet reines Aroma besticht.

Gerade weil die Chinesische Küche traditionsgemäß soviel Wert auf Reinheit des Geschmacks legt, kocht man nach *Tun* besonders gern, wenn man Kranke beköstigen muß. Denn nebenbei bewirkt das langsame Dämpfen, daß Fleisch oder Gemüse extrem zart wird.

Leichtes Essen mit reinem Geschmack aber ist für Kranke, Alte oder Rekonvaleszenten besonders gut geeignet.

Ein weiterer Unterschied zur *Ch'uan*-Methode: *Tun* ist ein langwieriger Garprozeß. Er kann von mindestens 30 bis 40 Minuten bis zu 3 bis 6 Stunden dauern. Es gibt noch eine andere Garmethode, *Kao*, nach der man ebenfalls Nahrungsmittel bei sehr milder Hitze über einen langen Zeitraum hinweg köcheln läßt. Sie bringt ganz ähnliche Ergebnisse. Auch hier muß man vor dem eigentlichen Garen – wie bei *Tun* – die Zutaten blanchieren (in kochendes Wasser geben und anschließend kalt abschrecken).

13. P'eng 烹

Hier werden die Zutaten zunächst auf beiden Seiten angebraten, dann mit einer geringen Menge Flüssigkeit (meistens Brühe) abgelöscht und auf kleiner Flamme so lange geköchelt, bis die Flüssigkeit vollständig verdampft ist. Im Grunde ganz ähnlich dem kantonesischen *Cha Shao*, mit dem Unterschied, daß dort Fleisch, Geflügel oder was auch immer zum endgültigen Trocknen im Ofen geröstet wird.

14. Hui

Man kann *Hui* in etwa verdeutschen mit »Bei-Hitze-Zusammengeben-in-dicker-Suppe« (diese Suppe wird gewöhnlich mit Maisstärke oder Wasserkastanienmehl gedickt).

Zutaten, die auf diese Weise gegart werden sollen, schneidet man zuvor in lange schmale Streifen oder feine Stückchen. Man verwendet auch gerne Glasnudeln, wenn möglich aus Erbsmehl. Die unterschiedlichsten Zutaten und Gemüse werden miteinander kombiniert, rohe, gekochte oder kurz blanchierte. Fleisch und härtere Zutaten werden gewöhnlich erst einmal in wenig Öl angebraten, damit sich die Poren schließen. Noch ein paar Gewürze dazu, und die erste Würzphase ist abgeschlossen. Nun gießt man mit Suppe auf und achtet darauf, daß man nicht mehr Flüssigkeit als feste Bestandteile verwendet.

Das Ganze wird jetzt eine kurze Zeit geköchelt, wobei man nach und nach weitere Zutaten zufügt, darunter auch verschiedene Gewürze und vielleicht einen Schuß Wein – das wäre dann die zweite Phase des Würzens. Alles zusammen läßt man nun nochmals brodelnd aufkochen, rührt ein wenig und fügt zuletzt die Maisstärke und etwas Glutamat zu, um die bislang klare Brühe anzudicken.

Sobald die Glasnudeln die ganze Flüssigkeit aufgesogen haben, entsteht das, was wir als »Dicke Sauce« bezeichnen. Dies ist vielleicht die beste Art von chinesischem Gemüsegericht mit feinem Fleischgeschmack und einer Sauce, die man nicht verschütten kann.

Das Tüpfelchen auf dem i bringen hier 1 oder 2 Tropfen Sesamöl, die man zum Schluß über das fertige Gericht träufelt. Sie verleihen dem Gericht ein wärmendes, erdiges Aroma. Das berühmte Gericht *Gemischtes Gemüse nach Art chinesischer Mönche (Lo-Han Chai)* wird nach dieser Methode zubereitet, allerdings sind alle Zutaten rein vegetarisch.

15. Pan 拌

Pan kann man am ehesten erklären mit den Worten »Bei-Hitze-Mischen-und-Rühren«. Ausnahme: wenn ausdrücklich im Rezept »kalt« angegeben wird, um beispielsweise ein Gericht zuzubereiten, das man in etwa »Heißer Salat« nennen könnte.

Pan ist so ähnlich wie *Hui*. Im Gegensatz zu *Hui* wird nach *Pan* trocken gegart, das heißt, nicht mit Flüssigkeit aufgegossen. Die Zutaten werden rasch in aromatisiertem Öl gerührt und geschwenkt und dadurch schon leicht gewürzt.

Außerdem müssen bei der *Pan*-Methode sämtliche Zutaten in lange streichholzförmige Streifen geschnitten sein, während für *Hui* nur einige Streifenform zu haben brauchen. Ein dritter Unterschied: Für die *Hui*-Methode nimmt man meistens Glasnudeln, für *Pan* Weizennudeln.

Von Idee wie von Verwendungsart her sind allerdings die beiden chinesischen Garmethoden sehr verschieden von der italienischen Nudelküche, denn man fügt eine weitaus größere Zahl von Zutaten hinzu. Man kann diese Zutaten in zwei Kategorien teilen: in gekochte und in rohe (oder frische). Durch diese Zusammenstellung und Verbindung von Rohem und Gekochtem und ihre sehr unterschiedlichen vorherigen Behandlungsprozesse entsteht eine Art »Heißer Salat«, der einen ganz eigenen Reiz hat. Was nach der *Hui*-Methode zubereitet wurde, wird vor dem Servieren meist mit einigen Tropfen Sesamöl parfümiert.

16. Cha 炸

Cha, das »Schwimmend-in-Fett-Ausbacken« (Fritieren), wird in China praktisch genau wie im Westen gehandhabt: Die Zutaten werden in Teig gehüllt und in heißem Fett gegart.

Nur ist *Cha* in China sehr häufig Teil von mehreren Garprozessen, die Nahrungsmittel durchlaufen müssen, bevor man sie serviert. Die *Knusprige wohlriechende Ente* zum Beispiel wird erst mariniert, dann gedämpft und endlich schwimmend ausgebacken, damit sie krachend-knusprig wird. Und die knusprigen *Han Tan*, deren köstliche Fleischfüllung von einem hauchdünnen Teigmantel umgeben ist, werden zuerst gedämpft oder in Brühe gar gezogen, bevor man sie in heißem Fett knusprig ausbäckt.

Andererseits werden manchmal auch die Zutaten in heißem Fett nur vorgegart, dann in eine aromatisierende Marinade eingelegt und erst kurz vor dem Servieren nochmals ins aufschäumende Fett gegeben (das hierfür meist knapp bemessen ist), damit sie dampfendheiß auf den Tisch kommen. *Feingeschnittenes Fleisch in Sojagelee* oder *Hühnerfleischwürfel in süßsaurer Sauce* werden so zubereitet.

Im allgemeinen rechnet man bei der chinesischen Methode des Ausbackens mit drei Garstufen, wobei die Zutaten bis zu dreimal ins heiße Öl gegeben und wieder herausgehoben werden. Dabei hat das Fett drei verschiedene Hitzegrade: »heißes Öl«, »sehr heißes Öl« und »glühendheißes Öl«. In vielen Fällen ist es einfach notwendig, den Fritierprozeß öfters zu unterbrechen, weil das Gargut sonst leicht verbrennt. Außerdem kann man, wenn man Fleisch, Fisch oder Gemüse aus dem Fett gehoben hat, um es kurz in seiner eigenen Hitze ziehen zu lassen, die Gelegenheit nutzen, es mit weiteren Zutaten zu würzen.

Das Ausbacken unterteilt man in der Chinesischen Küche gemeinhin in drei Kategorien: »Einfach-Ausbacken«, wenn man das Gargut naturell ins Fett gibt; »Sanft-Ausbacken«, wenn man die Zutaten zuvor oder auch während des Ausbackvorgangs (in den kurzen Pausen zwischendurch) mit Marinaden oder Saucen würzt; und »Trocken-Ausbacken«, wenn man sie vor dem Fritieren mit Weizenmehl oder Maisstärke paniert oder in Ausbackteig taucht.

17. Yung 永

Yung bedeutet »Langsames-Ausbacken-bei-milder-Hitze«. Das Öl hat hierbei den Hitzegrad »eben heiß«. Es darf nur ganz leise schäumen, wenn man das Gargut hineingleiten läßt; so können die Zutaten 10 bis 15 Minuten darin garen, ohne zu verbrennen. Beim Ausbacken à la *Yung* muß bereits vorher fix und fertig gewürzt werden.

18. Chow (oder Ch'ao) 炒

Chow ist im Unterschied zu *Cha* eine Art von Pfannenrühren, wobei nur wenig Öl verwendet wird, das als »Gleitmittel« dient. Deshalb müssen die Zutaten während des Bratens unermüdlich in Bewegung gehalten werden. Man verwendet dazu einen Metalllöffel oder ein Paar Stäbchen (Chopsticks).

Die Zutaten sind meistens in schmale Streifen oder kleine Stückchen geschnitten, damit sie von möglichst vielen Seiten Kontakt mit dem Pfannenboden haben. *Chow* ist eine außergewöhnlich rasche Garmethode, man spricht deshalb auch vom »Rasch-Braten«, und sicherlich kann man nach dieser Methode mit am schnellsten ein wohlschmeckendes Gericht fertigstellen. Sie nimmt selten mehr als 2 bis 3 Minuten in Anspruch – häufig sogar nur Sekunden.

19. Pao II

Hier steht *Pao* für ein anderes Schriftzeichen als bei Nr. 6 und heißt »Bei-großer-Hitze-schnell-Garen«, entweder in Öl oder in Brühe. *Yiu Pao* ist »Schnell-Kochen-in-Öl«, *Tang Pao* »Schnell-Kochen-in-Brühe«.

Verwendet man Öl, so unterscheidet sich diese Methode von dem vorher beschriebenen *Chow* oder dem üblichen Pfannenrühren dadurch, daß in noch kürzerer Zeit und bei höheren Temperaturen gegart wird. *Pao* ist, nebenbei gesagt, stets die letzte Phase, wenn man den Garprozeß in mehreren Schritten durchführt, während das Raschbraten *Chow* (oder *Cha*-Ausbakken) bereits in früheren Stadien angewendet werden kann. Für *Pao* sind die Zutaten im allgemeinen bereits gewürzt oder wurden vorgegart. *Pao* dauert nur sehr kurze Zeit. Man kann diesen Prozeß (sofern mit Öl gearbeitet wird) auch »Im-Crescendo-Braten« nennen.

In der chinesischen Sprache bedeutet das Wort *Pao* auch »Explosion«. Deshalb könnte man diese Garmethode auch mit »Explosiv-Braten« oder »Explosiv-Kochen« erklären. Das »Schnell-Kochen-in-Brühe« besteht darin, daß man feine Fleisch- oder Gemüsescheibchen in sprudelnd kochende Brühe oder Wasser taucht.

Gerichte, die nach einer der beiden *Pao*-Arten zubereitet wurden, sollten in der Regel kochendheiß gegessen werden – die Hitze gehört unbedingt mit zum Aroma.

Ein bekanntes Beispiel für *Pao* ist *Raschgebratenes Hühnerfleisch in Sojapaste*: Das Fleisch wird zuerst einmal in Würfel geschnitten und schwimmend gebakken, bis es fast gar ist. Darauf folgt abschließend für die kurze Zeitspanne von etwa 15 Sekunden bis 1 Minute die Phase des »Explosiv-Bratens« in einer heißen Marinade aus Sojapaste mit Zucker, Wein und Essig.

20. Chien

Chien ist ein Garprozeß, bei dem nur wenig Öl verwendet wird. Er nimmt eine längere Zeit in Anspruch (meist länger als *Chow* und wesentlich länger als *Pao*). Man schneidet die Zutaten hierfür in größere Stücke als für die beiden erwähnten Garmethoden, deshalb brauchen sie auch länger, um gar zu werden. Ein typisches *Chien*-Beispiel aus der westlichen Küche ist geröstetes Brot. *Chien* kann *eine* Phase in einem stufenweisen Garprozeß sein. Die Sauce für ein Gericht à la *Chien* kann man separat zubereiten und anschließend darübergießen.

21. Ling

Diesen Prozeß könnte man mit »Durch-Benetzen-Braten« übersetzen. Mit anderen Worten: Die Zutaten werden zum Garen nicht in das Fett getaucht, sondern darübergehängt und mit Hilfe eines Schöpflöffels immer wieder mit dem heißen Öl begossen (»benetzt«), das wieder herabtropft und in der darunter befindlichen Pfanne aufgefangen wird.

Ein sehr bekanntes nach dieser Methode zubereitetes Gericht ist *Yiu Ling Chi (Durch Benetzen gebratenes Hühnchen)*. Hierfür setzt man das Hühnchen in einen Drahtkorb über eine Pfanne voll siedendem Öl und beschöpft es unermüdlich damit, bis es goldbraun und gar ist. Da die Hitze (in diesem Fall das heiße Öl) mit der Hand zugeführt wird, hat man sie besonders gut unter Kontrolle. Dieses Hühnchen ist eine größere Delikatesse als das normale *Fritierte Hühnchen* und wird gern bei großen Anlässen serviert. Man würzt das Hühnchen ganz nach Belieben vor oder während des Garvorgangs, indem man es in einer Marinade ziehen läßt, mit einer Mischung aus Salz, Pfeffer und Ingwer einreibt oder auf andere Weise vorbereitet.

Auf jeden Fall ist ein so zubereitetes Hühnchen ein wahres Kunstwerk, der sichtbare Beweis für die große Geschicklichkeit und Meisterschaft des Kochs.

22. Liu

Liu ist eine Art »In-Sauce-Braten«, wobei etwa nach der halben Garzeit oder später eine dicke Sauce (deren Grundbestandteile immer Maisstärke, Zucker und Essig sind) in der Pfanne hergestellt oder zugegossen wird.

Es geht längst nicht so rasch wie bei *Chow* oder *Pao*: die Zutaten werden nicht geschwinde bewegt oder gerührt. Aus diesem Grunde benutzt man für *Liu* statt des gewölbten Woks lieber eine große Pfanne mit flachem Boden, weil dann mehr Zutaten Kontakthitze bekommen, ohne daß man sie deshalb unermüdlich rühren und in Bewegung halten müßte. Man beschränkt sich darauf, die Zutaten nur vorsichtig und ohne Hast zu wenden.

Die Saucenmischung für *Liu* wird meistens schon vorher in einer separaten Schüssel angerührt und erst in die Pfanne gegossen, wenn alle Zutaten rundum angebraten sind, oder aber in der Endphase des Bratvorgangs. Man bereitet gerne Fisch nach dieser Methode zu, indem man Fischscheiben zunächst rasch in Öl mit Knoblauch, Ingwer und Zwiebeln anbrät und dann mit einer Saucenmischung aufgießt, die mit etwas Wein oder anderem Alkohol aromatisiert ist.

In Kanton wird der gleiche Prozeß oft *Hua* genannt. *Liu* und *Hua* sind beides Ausdrücke für »Schlittschuhlaufen«, das Gleiten auf dem Eis; ebenso anschaulich beschreiben sie in der Kochkunst die sanft-fließende Gleitbewegung des Pfanneninhalts nach dem Zugeben der Sauce in der letzten Garphase.

23. T'ieh

T'ieh erinnert an *Chien:* dabei wird ohne viel Umrühren in wenig Öl gebraten. Im Unterschied zu *Chien* brät man im allgemeinen das Nahrungsmittel nur auf einer Seite, es wird nicht umgedreht (wie zum Beispiel Brot). Man beträufelt sogar häufig die nach oben gekehrte Fläche mit Wasser oder Brühe, um sie weich zu halten. So erreicht man beispielsweise bei *Kuo T'ieh*, den *Pekinger Topf-Teigtäschchen*, daß sie zwar ein knuspriges »Füßchen« haben, andererseits die Oberfläche weich und die Füllung saftig ist (man legt eine Zeitlang einen Deckel auf die Pfanne).

T'ieh kann allerdings auch heißen, große Fleisch- und Gemüsescheiben auf beiden Seiten zu braten (wie zum Beispiel Fleischmedaillons) und erst vor dem Servieren in kleinere Stücke zu zerteilen.

24. Pien

Pien wird meist beim Garen von Gemüsen angewandt. Die Ölmenge, die man dazu braucht, sollte etwa 10 bis 15 Prozent des Gewichtes der zu garenden Gemüse entsprechen.

Zunächst röstet man in diesem Öl etwas feingehackten Knoblauch, Ingwer und Zwiebeln an, damit es einen stark aromatischen Geschmack bekommt. Dann fügt man das Hauptgemüse hinzu und brät es darin an, so daß es ein wenig von diesem Geschmack annimmt. Nach etwa 2 bis 3 Minuten unermüdlichen Rührens sollte alles von einem dünnen Ölfilm überzogen sein. Nun kann man mit etwas Brühe oder Wasser auffüllen. Dadurch wird verhindert, daß das Gemüse anbrennt, und gleichzeitig wird der Prozeß des »Schnell-Dämpfens« bewirkt. Verwenden Sie eine kräftige Brühe dazu, das gibt zusätzliche Würze!

Das Ergebnis ist überaus zartes, glänzendes Gemüse, das vorwiegend im eigenen Saft gegart wurde. Falls Sie einige Gewürze (wie Sojasauce, Glutamat, Sesamöl, Hühnerschmalz, Wein oder Zucker) zufügen, wird aus einem simplen Gemüsegericht eine köstliche Gaumenfreude.

Nach *Pien* werden in der Chinesischen Küche die meisten Gemüse zubereitet.

25. Ao

Ao ist eine komprimierte Art von *Pien*. Man beginnt ebenfalls damit, die Gemüse in einer kleinen Menge Öl zu braten, gibt aber noch Gewürze und andere Zutaten hinzu. Sobald alles von einem dünnen Ölfilm überzogen und halb gar ist, gießt man mit etwas Wasser oder Brühe auf. Nun wird das Gericht fertiggestellt durch eine Art von »Stark-Kochen« oder »Stark-Braten«, einen Vorgang, den man teils als Braten, teils als Dämpfen bezeichnen könnte. Der Dampf, der sich dabei entwickelt, ist stark aromatisch und hat besondere Eigenschaften.

So ist *Ao* eine Garmethode, bei der rasch angebraten und dann auf höchster Hitze kurz gekocht beziehungsweise gedämpft wird. Man bereitet auf diese Weise häufig Schalentiere zu, die durch den hocharomatischen Dampf, dem sie ausgesetzt waren, unvergleichlich gut schmecken.

26. Wen

Sowohl in der Dauer der Garzeit wie auch in der Garweise entspricht *Wen* wohl am ehesten dem in der westlichen Küche üblichen Dünsten. Die Zutaten werden zunächst mit Gewürzen in etwas Öl angebraten, dann mit einer kleinen Menge Wasser oder Brühe aufgegossen und 10 bis 15 Minuten bei geringer Hitze unter sanftem Rühren geköchelt. Kurz vor dem Auftragen kann man die Sauce noch mit etwas Maisstärke und einer Prise Glutamat (die mit Wasser und Wein verrührt wurden) durch kurzes Aufkochen binden.

27. Chüeh

Chüeh ist eine Variante zu *Wen*: Man röstet zunächst kleingehackte Zwiebeln oder Chilischoten, Knoblauch und Ingwer zum Würzen des Öls an und gibt dann erst die Hauptzutaten hinzu. Erst wenn diese gebräunt sind, schmeckt man das Gericht mit Gewürzen ab, gießt mit Brühe auf und läßt es bei milder Hitze 10 bis 20 Minuten sanft dünsten. Dann hebt man mit einem Schaumlöffel die Fleisch- oder Gemüsestücke heraus und richtet sie auf einer gut vorgewärmten Platte an, um die Sauce fertigzustellen. Man gibt etwas mit Wasser verquirlte Maisstärke, eine Prise Glutamat und einen Schuß Wein zum Kochsud, der nochmals für 1 Minute erhitzt wird, und gießt die fertige Sauce über die angerichteten Zutaten. Der einzige Unterschied zwischen *Chüeh* und *Ao* ist der, daß hier die Sauce im letzten Moment getrennt zubereitet wird.

28. Chü

Chü ist eine weitere Variation zum Thema Dünsten. Man brät wiederum Haupt- und Würzzutaten bei großer Hitze in etwas Öl rundum kräftig an, gibt dann noch weitere Zutaten hinzu und füllt mit Wasser, Brühe oder Wein auf. Nunmehr wird alles entweder auf sehr kleiner Flamme über längere Zeit geköchelt oder bei mittelstarker Hitze gedünstet, bis die Flüssigkeit auf die gewünschte Menge und Beschaffenheit eingekocht ist.

Chü ist aber auch das Dünsten oder Schmoren mit sehr wenig Flüssigkeit.

29. Ts'ang

Bei der *Ts'ang*-Methode (Braten und Dünsten) werden alle Zutaten einfach pfannengerührt und auf einer Platte angerichtet. Dazu bereitet man aus einer zuvor angerührten Mischung eine Sauce, mit der man den Bratensatz ablöscht, und gießt sie über die Zutaten. Nun läßt man das Gericht abkühlen und serviert es kalt.

Ts'ang nennt man aber auch das »Kalt-Vermischen« und das dazugehörige Vorbereiten, Marinieren und Würzen der Zutaten, eine Art Salat also. Auch hier werden die üblichen Würzmittel verwendet: Sesamöl, Essig, Sojasauce, kräftige Brühe, gehackte Frühlingszwiebeln, Ingwer und Knoblauch. Salat ist in der Chinesischen Küche keineswegs ein vegetarisches Gericht, sondern ein Nudelgericht mit vielerlei rohen, gekochten und sonstigen Zutaten, die alle zusammen oder einzeln gewürzt und mariniert werden und schließlich »kalt-vermischt« auf den Tisch kommen.

30. T'a

T'a bedeutet, etwas in Teig zu hüllen und schwimmend in Fett auszubacken, gut abtropfen zu lassen und mit den verschiedensten Zutaten zusammen gar zu dünsten. Es kann aber auch heißen, Fleisch oder Gemüse zunächst kurz in Dampf vorzugaren, dann schwimmend auszubacken und zuletzt zu dünsten.

31. K'ao

K'ao ist nichts anderes als das in der westlichen Küche übliche Braten (im Ofen). Allerdings ist die Hitzekontrolle in China, wo man keine modernen Herde kennt, äußerst schwierig. Dort gehört viel Geschick dazu, die Feuerhitze und den Zeitablauf richtig einzustellen.

Normalerweise verbrennt man zunächst einen großen Stapel Holz im Ofen, bis die Glut zusammensinkt. Diese Holzkohlenglut wird verteilt und zu beiden Seiten aufgehäuft. Jetzt erst wird das Bratgut an einem Eisenhaken in die Mitte des Ofens gehängt – wie zum Beispiel die berühmte *Pekingente*.

Anmerkung der Übersetzerin: Ein chinesischer Ofen hat keinerlei Ähnlichkeit mit dem, was wir in unseren Küchen täglich benutzen. Es ist vielmehr ein etwa mannshohes Metallfaß, das nach oben offen und dort mit einem schweren Deckel versehen ist. Die Holzkohlenglut darin strahlt eine so starke Hitze aus, daß man es kaum in Ofennähe aushalten kann, vor allem dann nicht, wenn der Deckel geöffnet wird, um etwas (z. B. die Pekingenten) hineinzuhängen.
Bei solchen Temperaturen wundert es nicht, daß die Enten in höchstens 20 bis 30 Minuten gar und rundum gleichmäßig braun sind. Gleichmäßig braun werden sie vor allem deshalb, weil sie nicht – wie bei uns üblich – zum Braten auf einen Rost gelegt werden, der sich meist auf der Unterseite abzeichnet, sondern eben aufgehängt werden. Damit die Gluthitze auch tatsächlich von allen Seiten mit der gleichen Intensität auf die Enten einwirkt, wird alle 5 Minuten der Ofendeckel gelüftet, so daß sämtliche im Ofen befindliche Enten in eine andere Richtung gedreht werden können.
Klar, daß ein solches Ungetüm von Ofen nur in großen Restaurantküchen installiert werden kann. Deshalb käme auch kein Chinese auf die Idee, eine Pekingente zu Hause zuzubereiten – dafür geht er ins Restaurant.

Der Unterschied zwischen *K'ao* und *Shao* (beide Worte bedeuten »Braten«) ist der, daß bei *Shao* die Hitze ausschließlich von unten zugeführt wird (wie in der Pfanne, auf dem Holzkohlengrill oder am Grillspieß über Holzkohlenglut), während bei *K'ao* der Garprozeß durch Rundumhitze (Konvektion) bewirkt wird.

32. Hung

Hung ist das Braten oder Grillen. Die rohen Zutaten werden am Spieß über offenem Feuer gedreht. *Shao* hat zwar oft dieselbe Bedeutung, aber *Hung* ist der korrektere Ausdruck für das Garen durch Strahlhitze.

33. Wei

Bei *Wei* vergräbt man das Bratgut in glühender Holzkohle, glimmender Kohle, heißem Sand, zwischen heißen Steinen oder in heißem Salz. Man bereitet auf diese Weise im allgemeinen Nahrungsmittel zu, die von Natur aus eine dicke Kruste oder Schale haben, oder solche, die man leicht in eine schützende Verpackung – zum Beispiel Lotosblätter, Lehm oder Speckscheiben – hüllen kann. (Ein ganz typisches Beispiel sind gebackene Bataten, die unter heißer Kohle und Erde vergraben garen.)
Weil wir keine modernen Backöfen haben, backen wir natürlich viel häufiger à la *Wei* als Köche im Westen. Das *Chiao Hua-Hühnchen* aus Amoy beispielsweise gart in einer Kalkpackung, die mit Wasser begossen wird.

34. Hsün

Hsün ist Räuchern. Beim Räuchern auf chinesische Art werden die Zutaten meistens vorher gegart. Man würzt sie mit Salz, Wein, Zwiebeln und Ingwer und legt sie auf ein Drahtgestell, das in eine dicht schließende Deckelpfanne mit ein paar rotglühenden Kohle- oder Holzkohlestückchen gesetzt wird.
Nun bedeckt man die glühende Kohle mit etwas Sägemehl, Zucker oder trockenen Teeblättern; sofort entsteht starker Rauch. Die Pfanne wird dann mit dem Deckel verschlossen und das Räuchergut 15 bis 20 Minuten darin belassen. Die Zeitdauer richtet sich danach, wie stark man den Räuchergeschmack wünscht.
In der kantonesischen Küche nennt man das Räuchern mit Teeblättern *Hsüng*, das mit Sägemehl heißt dagegen *Yen*.

35. K'ou

K'ou ist ein zweifacher Garprozeß – normalerweise wird erst gebraten, dann gedämpft und das Gericht danach auf einen Teller gestürzt.
Die Hauptzutat wird zunächst angebraten, danach in kleinere Stücke geschnitten. Dann schichtet man sie mit verschiedenen anderen Zutaten und Gewürzen in eine passende feuerfeste Form oder einen Dämpfeinsatz und setzt diese in einen Dämpftopf. Darin wird das Gericht längere Zeit schonend gegart. Vor dem Auftragen stürzt man es auf einen Teller.
Das Wort *K'ou* bedeutet im Chinesischen »Stürzen«: Das Ergebnis ist meist ganz einfach ein »Fleischpudding«.

36. Pa

Pa ist genau das Gegenteil von *K'ou:* zuerst wird das Essen gedämpft, dann gebraten. Üblicherweise fügt man Gewürze und begleitende Zutaten erst beim Braten zu. Dadurch wird das Aroma des Gerichtes besonders vertieft.

37. Tsui

Tsui heißt, rohes oder gegartes Fleisch oder Gemüse in Wein oder anderem Alkohol zu marinieren, bevor man es aufträgt; das ergibt den sogenannten »Effekt des Betrunkenseins« wie beispielsweise beim *Betrunkenen Hühnchen*. So behandelt man hauptsächlich Zutaten, die auf eine besonders schonende Weise zubereitet wurden (z. B. nach der Methode *Chien*).
Man läßt sie in einer Mischung aus Wein, Schnaps, Frühlingszwiebeln, Ingwer und Knoblauch ziehen. Fleisch, Fisch und Schalentiere lassen sich gut auf diese Art zubereiten.
Als Fleisch nimmt man allerdings vorwiegend das von Geflügel. Meistens läßt man die Zutaten nur eine kurze Zeit in der Marinade ziehen (obwohl eine Zeitdauer von einigen Tagen durchaus normal ist).

38. Chiang  und Chiaow

Diese beiden Garmethoden sind sehr eng mit *Tsui* verwandt. Der Unterschied liegt hauptsächlich darin, daß man für die Marinade andere Zutaten verwendet. Wie bereits bei *Tsui* erläutert, nimmt man als Grundzutat für die Marinade entweder Wein oder Schnaps. Für *Chiang* wird als Hauptzutat Sojasauce oder Sojapaste verwendet. Und bei *Chiaow* bevorzugt man eine Paste, die aus den Ablagerungen in Weinfässern gemacht wird; man nennt sie Weinsatzpaste. Es gibt diese Pasten in verschiedenen Farben, in Rot, Purpur, Braun und Rahmweiß. Marinaden aus diesen Grundbestandteilen würzt man oft zusätzlich mit etwas gemahlenem Ingwer und Salz.
Die Zutaten werden erst leicht vorgegart, in einen Tontopf geschichtet und dann mit der Marinade übergossen, in der sie Tage, manchmal auch Wochen, ziehen dürfen.

39. Yien

Yien ist der Oberbegriff für Marinieren und Einsalzen, bezeichnet aber auch ganz speziell das Einsalzen mit grobem Salz.
Fleischstücke oder Gemüse werden rundum kräftig mit grobem Salz und etwas Salpeter eingerieben und in einen Tonkrug geschichtet. Alle 3 Tage muß man sie umdrehen und wenden. Nach 9 Tagen legt man ein schweres Gewicht obenauf, um alle Flüssigkeit herauszupressen (meist einen sauberen Stein). So behandeltes Fleisch hält sich eine ganze Weile, und Fleisch von minderer Qualität bekommt dadurch sogar noch ein annehmbares Aroma. Meist werden die Zutaten vor oder auch nach dem Einsalzen noch in irgendeiner Weise erhitzt.

40. Feng

Feng ist wie der oben beschriebene Prozeß, nur werden Fleisch oder Fisch nicht in einen Tonkrug gelegt, sondern an der Luft getrocknet. Auch wenn auf diese Weise haltbar gemachte Nahrungsmittel durchaus ohne weitere Zutat genießbar sind und einen ganz eigenen Geschmack haben, den viele schätzen, serviert man sie doch meist mit frischen Beilagen, denen sie ihr ausgeprägtes Aroma mitteilen. So reicht man beispielsweise eingesalzenen Fisch am liebsten knusprig gebraten zum Reis. Oder man kocht ihn mit Fleisch zusammen; davon bekommt das Gericht einen angenehmen Geschmack, der an Anchovis erinnert. In jedem Fall ist das Einsalzen, Trocknen und spätere Zubereiten so vorbehandelter Lebensmittel jeweils nur ein Schritt in einem längeren Garprozeß von mehreren Phasen.

Die Chinesische Küche kennt weitaus mehr Fachausdrücke für die verschiedenen Garmethoden als die hier beschriebenen 40. Jede Region, jede Provinz hat eigene Namen und Besonderheiten entwickelt; manche Bezeichnungen leiten sich auch von den verwendeten Zutaten ab.
Aber 40 ist eine runde Zahl – und all die vielen lokalen Abweichungen, die es noch gibt, sind im Grunde nur Variationen zu den hier erläuterten Grundthemen.

Die Bedeutung der Eßstäbchen und des Zuschneidens der Zutaten in der Chinesischen Küche

Ich weiß nicht, wo die Eßstäbchen eigentlich herkommen und wann sie zum ersten Mal in der chinesischen Geschichte auftauchen. In einer alten Sage heißt es, wir seien einst von den Bäumen herabgestiegen und hätten entdeckt, daß durch Erhitzen auf Feuer Nahrungsmittel genießbarer wurden; weil aber das Gebratene zu heiß war, um es mit den Fingern zu essen, hätten wir Äste und Zweige abgebrochen, um es damit festzuhalten.
In der chinesischen Frühgeschichte (3000 bis 100 v. Chr.) waren Kochgeschirre meist solide Eisengefäße auf drei Beinen (man kann sie heute noch im Museum bewundern). Diese Töpfe stellte man einfach über das Feuer. Es sieht ganz so aus, als ob die gierigen Damen und Herren, die Zeuge dieses appetitanregenden Schauspiels waren, nicht warten konnten, bis der Topfinhalt genügend ausgekühlt war (was bei schweren Eisentöpfen ein, zwei Stunden dauert!) und sie hineinlangen konnten. So versuchten sie eben, mit Stäbchen die besten Stücke für sich herauszufischen. Es klingt durchaus wahrscheinlich, daß solche Umstände zur Erfindung der Eßstäbchen geführt haben mögen.
Die Einführung der Stäbchen in die zivilisierte Gesellschaft aber hat sicherlich etwas mit der erklärten Abscheu des Konfuzius zu tun, der keine Schlachtwerkzeuge (wie Messer und Gabel) an einer Speisetafel sehen wollte. Konfuzius bemerkte dazu, kein »ehrenwerter und aufrechter Mann« könne ein totes Tier ansehen, wenn er es zuvor lebendig gekannt hat. Und wenn er die Geräusche und Schreie beim Schlachten gehört hätte, würde er davor zurückschrecken, von diesem Fleisch zu essen. Weiterhin sagte er, der »aufrechte und ehrenwerte Mann« solle sich stets von Küchen und Schlachthäusern fernhalten.
Diese Worte gelten als Beweis dafür, daß der große Weise keine Messer und Gabeln – Schlachtgeräte –

auf gedeckten Tischen sehen und noch weniger das Geräusch des Messerwetzens bei Tisch hören wollte – eine Tätigkeit, die heutzutage als meisterliches Ritual und Inbegriff männlichen Stolzes an den elegantesten Tischen in anderen Teilen der Welt aufgefaßt wird!

Heute ist das Essen mit Stäbchen eine der zwei zivilisierten Arten, sich Speisen zum Munde zu führen. Stäbchen haben aber auch einen viel größeren Einfluß auf die Chinesische Küche, als man sich gemeinhin vorstellt.

Seit Stäbchen als Besteck akzeptiert sind, wird zwangsläufig die Beschaffenheit der Speisen darauf abgestimmt. Das heißt, alles muß so gegart sein, daß es zart genug ist, um mit Hilfe von Stäbchen zerteilt zu werden; es muß in mundgerechte Stücke geschnitten sein (so groß wie ein Zuckerwürfel oder höchstens so groß wie eine Streichholzschachtel), die man gut aufnehmen und zierlich verspeisen kann; oder die Zutaten müssen schmal und lang sein (wie zum Beispiel Nudeln), so daß man sie aufsaugen kann – eine echter Genuß für Kenner!

Damit man Körnergerichte (Reis etc.) erfolgreich mit Stäbchen essen kann, muß man sie in eine Schale füllen, die man zum Mund hebt; nun ist es ein leichtes, das Getreide mit den Stäbchen hineinzuschieben – die Chinesen beherrschen das meisterhaft. Jeder Europäer wird sich dazu überwinden müssen, so »schlechte Manieren« zu zeigen!

Weil Garmethoden, die große Stücke nach langer, langer Schmorzeit butterzart machen, zuviel Brennstoff verbrauchen, bereitet man die meisten chinesischen Gerichte aus bereits kleingeschnittenen Zutaten zu. Und Europäer haben fast immer recht, wenn sie meinen, die Chinesische Küche bestehe vor allem aus Hacken, Hacken, Hacken. Das Zerkleinern der Lebensmittel auf mundgerechte Größe hatte folgende weitreichende Auswirkungen auf die Chinesische Küche:

1. Man konnte Lebensmittel mit unterschiedlichsten Garzeiten zusammen verarbeiten und erreichte so eine Vielzahl von Rezepten und Möglichkeiten. Deshalb kennt die Chinesische Küche wohl mehr Gerichte als jede andere Art von Küche.

2. Das Pfannenrühren entwickelte sich. Dabei werden kleingeschnittene Zutaten viel rascher gar und nehmen außerdem durch mehr Oberfläche auch mehr Würze auf. Durch die kurze Garzeit spart man eine Menge Energie. Dies ist zum Beispiel in einer Restaurantküche wichtig, wo man Wert darauf legt, Speisen für jeden Gast ganz individuell zuzubereiten. Und es ist genauso wichtig im Haushalt, wo die Hausfrau oft wenig Zeit hat und obendrein noch sparen muß.

3. Weil bereits alles klein geschnitten ist, lassen sich Reste viel einfacher weiterverarbeiten und unter ein neues Gericht mischen, ohne daß die Qualität darunter leidet. So wird jedes Nahrungsmittel viel besser ausgenützt, und das ist für uns alle schließlich ein wichtiger Faktor.

Bedenkt man all diese wirtschaftlichen und kulinarischen Vorzüge und den angeborenen Fleiß der Chinesen, dann ist es kein Wunder, zu sehen, wie die Chinesische Küche einen wahren Triumphzug um die Welt macht.

Fast alles Chinesische ist auf Konfuzius zurückzuführen, und da mag es sein, daß er durch seine Fürsprache, die Stäbchen als Besteck zu wählen, und durch sein Beharren darauf, daß eine Mahlzeit stets mit Würde und Anstand eingenommen werden sollte, einer der wichtigsten Begründer für die Stärke chinesischer Eßkultur ist.

Wie man mit Stäbchen umgeht

Einer der häufigsten Fehler beim Gebrauch von Eßstäbchen ist der, die beiden Stäbchen wie eine Schere über Kreuz zu halten und mit den Fingern zu versuchen, die oberen Enden zusammenzudrücken, um damit einen Bissen aufzunehmen. So machen es die chinesischen Babys, wenn sie zum ersten Mal (mit zweieinhalb Jahren) mit Stäbchen essen sollen; selten hat man mit dieser Methode Erfolg.

Die richtige Art, mit Stäbchen essen zu lernen, ist diese: Das obere Stäbchen wird mit den Spitzen des Zeigefingers, des Daumens und des Mittelfingers festgehalten; dabei rutscht der Mittelfinger ein wenig (etwa 1 cm) unter das Stäbchen. Sobald Sie dieses Stäbchen fest zwischen den Fingern haben, probieren Sie, es locker nach oben und unten zu bewegen.

Legen Sie nun das zweite Stäbchen unter das erste zwischen Daumen und Hand und führen Sie dabei den

Ring- und den kleinen Finger in Richtung Daumen, so daß dieses Stäbchen fest auf ihnen aufliegen kann. Dieses Stäbchen muß während des ganzen Essens dort festliegen, es wird nicht bewegt. Nur das erste, das obere Stäbchen, wird geführt. Wenn Sie nun einen Bissen aufheben wollen, nehmen Sie ihn zwischen die Stäbchen und pressen das obere gegen das untere, das ganz fest zwischen Daumenbeuge und den beiden kleinsten Fingern liegt (siehe Zeichnung).

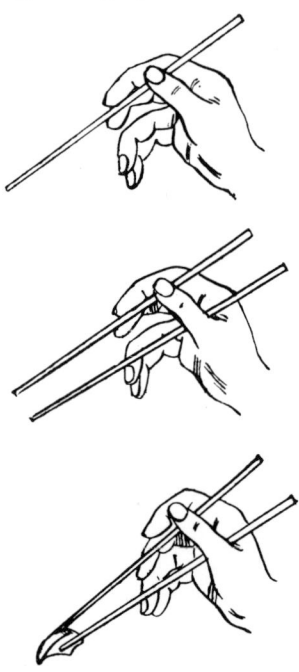

Sobald Sie gelernt haben, die Stäbchen richtig zu halten und zu bewegen, sollten Sie das nächstwichtige lernen: Entspannen Sie sich. Dann vergessen Sie, daß Sie Stäbchen in den Fingern halten und keine Gabel. Und mit zuckerwürfel- oder streichholzgroßen Stückchen können Sie üben und bald Meister sein. Nach einem einzigen Essen mit Stäbchen werden Sie schon Gefallen an einer der ältesten Eßgewohnheiten der Menschheit finden und vergessen, daß Sie zuvor noch nie Stäbchen in der Hand hatten.

Das Zerschneiden der Zutaten

Über das Schneiden und Tranchieren in der Chinesischen Küche sind schon viele große Worte gemacht worden. Nun aber das Zerschneiden mit Geheimnis zu umweben, würde sicherlich viele interessierte Menschen davon abschrecken, diesen eigentlich sehr einfachen und logischen Vorgang nachzuvollziehen. Die Chinesische Küche hat es wahrhaftig nicht nötig, sich in mystischen Nebel zu hüllen.

Dennoch muß hier einiges über das Schneiden gesagt werden, denn es spielt in der Chinesischen Küche eine viel größere Rolle als in der westlichen. Ein großer Teil des Zerkleinerns von Nahrungsmitteln wird im Westen am Tisch besorgt, zum Beispiel das Aufschneiden des Bratens. Bei uns in China hingegen werden sämtliche Schneidearbeiten in der Küche erledigt. Das ist nötig, weil, wie bereits mehrfach erwähnt, die Chinesen mit Stäbchen essen und weil die häufigste Garmethode das sogenannte Pfannenrühren ist, wobei es unbedingt erforderlich ist, alle Zutaten vorher in kleine Stückchen zu zerteilen.

Man schneidet die Zutaten im allgemeinen in folgende Größen und Formen: in Stücke, Scheiben, Streifen, feine Schnitzel oder Spalten und Würfel. Ferner kann man sie grob- oder feinhacken.

Stücke sind kleine *Rechtecke* (in der Größe von Dominosteinen), *Dreiecke* (Wasserkastanien vergleichbar) und winzige *Medaillons* (Spare ribs z. B. werden in Stücke von etwa 2,5 cm Länge geschnitten).

Scheiben werden eingeteilt in Herbstblätter-Scheiben (sehr fein), Weidenblatt-Scheiben (schmal und länglich), längliche Plättchen, länglich-rechteckige Scheiben (etwa 7 cm lang und ziemlich dick) und hauchdünne Scheiben (letztere zum raschen Garen durch Eintauchen in kochende Brühe).

Streifen sind normalerweise streichholzgroß, manchmal auch bis zu doppelt so lang. *Schnitzel (Spalten, Stifte)* müssen wirklich hauchfein sein.

Würfel haben unterschiedliche Größe, von genauso bis etwa halb so groß wie ein Stück Zucker.

Grobgehacktes hat etwa die Größe von Reiskörnern. *Feingehacktes* entspricht in der Konsistenz etwa dem, was nach dem Durchdrehen aus einem Fleischwolf (bei feiner Vorsatzscheibe) kommt. Wir Chinesen benutzen jedoch niemals einen solchen Wolf oder gar ein elektrisches Hackgerät, denn wir glauben, daß dadurch die Fasern zerquetscht werden und aller Saft verloren geht. Wir ziehen es vor, mit dem *scharfen* Küchenbeil regelrecht zu hacken!

Um richtig auf chinesische Art schneiden und hacken zu können, braucht man unbedingt ein Hackbrett aus Hartholz von mindestens 15 cm Dicke und etwa 35 cm Durchmesser. Das chinesische Küchenbeil ist geradezu rasiermesserscharf und erfordert eine solide Arbeitsunterlage.

Auch wenn man mit nur *einem* Küchenbeil alle anfallenden Schneidearbeiten in der Küche perfekt erledigen kann, verwenden die Chinesen doch drei verschiedene Messertypen: ein *leichtes dünnes*, ein *schweres* und ein *Messer zum Aushacken der Knochen*. Mit dem dünnschneidigen Messer schneidet man in Scheiben, Streifen, Stifte und Würfel. Es wird am häufigsten benutzt. Mit dem dicken schweren Messer hackt man grob oder fein. Bei diesem Messer benutzt man auch den Rücken und die flachen Seiten zum Klopfen, Flachhauen und Zerdrücken. Dafür ist es dank seines Gewichtes besonders gut geeignet.

Das »Knochenbeil« wird, wie der Name schon sagt, zum Knochendurchhacken gebraucht. Diese Arbeit ist in der Chinesischen Küche viel öfter notwendig als in der westlichen. Ganz gleich ob Hühnchen, Enten oder Spare ribs, die in 1,5 bis 3,5 cm lange Stücke zerteilt werden, es wird viele Male durch den Knochen gehackt, schon beim Zubereiten eines einzigen Gerichts.

Ein westliches Sprichwort lautet: »Je näher dem Knochen, desto süßer das Fleisch«, aber nur die Chinesen leben danach – sie essen Fleisch mit den Knochen. Übrigens nimmt man das Knochenmesser auch zum Ausbeinen, worin die Chinesen unbestrittene Meister sind.

All diese Messer – ob dünn, schwer oder für Knochen – haben die gleiche Form: Sie sehen aus wie ein rechteckiges Beil. Natürlich benutzen die Chinesen diese Messer auch zum Einschneiden oder -kerben von Lebensmitteln. Das ist zum Beispiel nötig, wenn größere Stücke Fleisch oder Fisch gegart werden sollen, vor allem, wenn man sie pfannenrühren möchte, etwa Nieren und andere Innereien: dann erst können die Hitze und das heiße Öl die Stücke gleichmäßig durchdringen, und sie bekommen durch und durch die gleiche Konsistenz. In diesem Fall ist es sehr wichtig, daß die Einschnitte genau gleich tief und in gleichen Abständen voneinander entfernt sind. Nur so kann die Hitze gleichmäßig wirken und das Fleisch saftig und zart erhalten.

Zum Schluß noch ein paar wichtige Hinweise: Es wird immer wieder über das Schneiden mit oder gegen die Faser gesprochen; wir Chinesen beachten die Regel, stets quer zur Faser zu schneiden, jedoch nur beim Rindfleisch. Schweinefleisch, das etwa 60 Prozent aller chinesischen Fleischgerichte ausmacht, schneiden wir normalerweise längs der Faser, weil die Muskeln und Stränge im Schweinefleisch sehr viel schwächer und weicher sind als beim Rindfleisch; schnitte man es quer zur Faser, es zerfiele nach spätestens 30 bis 35 Minuten Schmoren in seine Bestandteile, und das Gericht bestünde nur noch aus allen möglichen Fasern und Stücken. Ähnliches gilt für Hühnerfleisch – es gibt eigentlich nie so große Stücke, die man quer zur Faser schneiden könnte.

Wenn man Fleisch vom Schwein oder Geflügel würfelt, muß man zwangsläufig mal mit, mal gegen die Faser schneiden. Da es jedoch stets mit kleingeschnittenem Gemüse zusammen zubereitet wird, kann die Garzeit nie länger dauern als 10 Minuten: Meist ist das Gericht in weniger als fünf Minuten fertig, so daß keine Gefahr besteht, daß das Fleisch zerfällt.

Als Regel kann man sich merken, daß Form und Zuschnitt aller Zutaten sich nach Form und Zuschnitt der Hauptzutaten richten. In Würfel geschnittenes Schweine- oder Geflügelfleisch wird stets mit gewürfeltem Gemüse zubereitet; in schmale Streifen geschnittenes Rindfleisch wird immer nur mit feinen Gemüsestreifen oder Sojabohnenkeimen angerichtet; und zu Nudeln gehören lange Fleisch- oder Gemüsestreifen. Nur ganz selten serviert man unterschiedlich geschnittene Haupt- und Nebenzutaten miteinander – eine Ausnahme, die die Regel bestätigt.

Die beschriebenen Schneideregeln werden eigentlich nur aufgehoben, wenn man mehrere Zutaten mit sehr unterschiedlichen Garzeiten zusammen verarbeiten will. In diesem Fall werden die Zutaten mit kurzen Garzeiten in dicke Stücke geschnitten, damit sie trotz langer Kochzeit gleichzeitig mit den anderen, extra fein geschnittenen Zutaten gar sind. Wie Sie sehen, ist alles nur eine Frage der durchdachten Planung und der Harmonie.

Die Textur chinesischer Nahrungsmittel und die Namen der chinesischen Gerichte

In der Regel enthält die Bezeichnung für ein chinesisches Gericht den Namen der Hauptzutat und den Fachausdruck der Hauptzubereitungsweise. Manchmal werden auch die wichtigste Nebenzutat und die Schneideart erwähnt. Folgende Beispiele sollen das erläutern: *Naturell gedämpfte Brasse; Rotgekochte Schweinefüße; Pfannengerührte Schweinefleischscheibchen mit Bambussprossen; Pfannengerührte Entenstreifen mit Ingwer.*

Alle diese Rezepttitel erklären genau, was den Gast erwartet. Nur selten sind sie so phantasievoll wie zum Beispiel *Die vier großen Knusprigen* (Peking), *Löwenköpfe im Topf* (Peking), *Langsam geköchelte Schlangen aus dem Süden* (Aale; Kanton), *Rindfleisch mit dreifachem Winter* (Kanton), *Schweinefleisch der »vier Glückseligkeiten«* (typisch für die Großstädte Chinas), *Die sagenhafte Brut von Phönix und Drache* (ebenfalls ein großstädtisches Gericht).

Nicht selten werden die Gerichte auch nach ihrem Erfinder benannt. Das berühmteste Beispiel dafür ist *Tung-Po-Schweinefleisch*, ein Gericht, das den Namen des berühmten Dichters trägt, der es erfunden haben soll.

Häufiger jedoch erfährt man aus den Rezepttiteln die geographische Herkunft, wie zum Beispiel *Kantonesisch gebratene Nudeln; Gebratener Reis à la Yangchow; Pekingente; Süßsaurer Karpfen vom Gelben Fluß.* Und in mehr als der Hälfte aller Fälle ist im Rezeptnamen die entsprechende Garmethode enthalten. Schon aus diesem Grunde ist es sehr nützlich, die vierzig verschiedenen Grundbegriffe zu kennen und eine Vorstellung davon zu haben, wie ein Gericht aussehen mag. Wenn Sie sich also ein wenig in dieses Kapitel vertiefen, werden Sie bald einen Einblick in die kulinarische Geographie Chinas bekommen und sich darin heimisch fühlen.

Die Textur von Nahrungsmitteln

Auch im Westen spricht man heutzutage von der »Textur«, der Beschaffenheit von Zutaten. Aber besonders in der Chinesischen Küche kommt ihr eine ganz spezielle Bedeutung zu. Dafür gibt es Gründe: Ein chinesisches Menü besteht immer aus vielen verschiedenen Gerichten, die man entweder alle zugleich aufträgt (zu Hause) oder nacheinander serviert (bei einem festlichen Bankett); da ist es besonders wichtig, daß sich Gerichte von unterschiedlicher Struktur abwechseln und Kontraste bilden. Nur während eines chinesischen Essens ist es möglich, zwei oder drei Suppen serviert zu bekommen, zwei bis drei Schmorgerichte, Gedünstetes und Gedämpftes, verschiedene suppenartige Speisen, drei, vier oder sogar sechs Pfannengerichte (davon ein oder zwei »trockene« und im Kontrast dazu ein »sauciges«) und eine ganze Reihe kalter Vorspeisen. Vielleicht gibt es obendrein noch zwei oder drei Süßspeisen – darunter möglicherweise eine süße Suppe.

Viele wundern sich, warum die Chinesen so gerne süße Suppen essen. Ganz einfach: Nach einer Speisenfolge von einem halben Dutzend und mehr verschiedenster sehr würziger Gerichte braucht man einfach eine kühle Erfrischung, die Zunge und Geschmacksnerven neu belebt und die in Geschmack und Textur vollkommen anders ist als alles, was man zuvor bekommen hat.

Pikante Suppen indessen reicht man während des Essens, nach den ersten trockenen pfannengerührten oder ausgebackenen Gerichten, um all die Leckerbissen in den Magen hinunterzuspülen, wie man das im Westen mit Tafelwasser tut.

Dieselbe Aufgabe haben alle Speisen, die eintopfähnlich sind – zum Beispiel Gerichte, die lange bei milder Hitze geköchelt oder gedämpft werden, mit butterzartem Fleisch oder Geflügel in glasklarer Brühe zwischen ein paar erlesenen Gemüsen. Hierbei liegt der besondere Reiz in der Klarheit und Reinheit, mit der die Zutaten geschmacklich und optisch hervortreten. Solche Gerichte bilden einen angenehmen Kontrast zu den pfannengerührten Speisen, die den Hauptanteil aller Gerichte in der Chinesischen Küche ausmachen.

Innerhalb der pfannengerührten Gerichte entstehen Kontraste durch die unterschiedliche Textur von Haupt- und Nebenzutaten und durch die verschiedenen Arten, sie zu schneiden oder zu formen – man schneidet in Würfel, streichholzgroße Streifen, hauchfeine Stifte, läßt sie in größeren Stücken oder formt kleine Bällchen daraus (wie für ausgebackene *Shrimp-* oder *Fleischbällchen*).

Nach einem Gericht mit viel Sauce *(Lsu)* sollte stets eines ohne Sauce folgen (wir nennen das *Gan Shao*). Geschmack und Struktur dieser beiden Gerichte sind vollkommen unterschiedlich: Das saucige Gericht ist sanft und weich und schmilzt auf der Zunge; das andere ist meistens scharf, würzig und knusprig und muß viel länger gekaut werden, bevor man es herunterschlucken kann. Beide Speisen passen übrigens vorzüglich zu Wein oder mildem, einfach gekochtem Reis.

Was man außerdem sehr gut nach *Lsu* reichen kann, sind würzige knusprige Speisen wie zum Beispiel *knusprige wohlriechende Ente* oder *Die vier großen Knusprigen*, Gerichte, die schön kroß und aromatisch sind, um sich gegen die Sanftheit eines *Lsu*-Gerichts abzusetzen.

Oft serviert man Gewürfeltes, wie beispielsweise *Kung-Po-Hühnchen* (ein scharfes, rosarotes Gericht aus kleingewürfelter Hühnerbrust) nach *Rindfleischstreifen mit grünem Paprika*. Dabei kontrastieren einmal die verschiedenen Geschmackskomponenten, und zum andern können sich die Augen an den gegensätzlichen Farben und Formen weiden.

Es gibt noch weitere weiche oder dickflüssige chinesische Gerichte, zum Beispiel *Fließendes Eigelb (Liu Huan T'sai* aus Peking) oder *Würziger Sesam-Bohnenquark (Ma Po Dou-Fu'* aus Szechuan), die wir sehr gerne zum Reis essen. Dabei handelt es sich um heiße cremige oder breiige Speisen, die wie delikate »Lava« in den Reis fließen.

Glasnudeln (meist aus Erbsmehl) haben eine ganz eigene Textur. Einer ihrer größten Vorzüge: Sie können sich mit bis zu viermal mehr Sauce vollsaugen, als ihr eigenes Gewicht ausmacht, wenn man sie mit Fleisch zusammen gart. Dieses saucige Nudelgericht, das nie zu weich oder gar matschig gerät, ganz gleich, wie lange man es kocht, hat eine ganz eigene Konsistenz, und ich nenne es oft Chinas »feste Sauce«. Man verarbeitet Glasnudeln hauptsächlich mit Gemüsen, die in schmale Streifen geschnitten wurden: Eine solche Zusammenstellung ist sehr reizvoll und eine der tragenden Säulen der vegetarischen Küche Chinas.

Knackigkeit ist ein weiterer wichtiger Faktor im chinesischen Essen. Ich habe den Verdacht, daß Bambussprossen fast ausschließlich ihrer knackigen Konsistenz wegen so häufig Verwendung in der Chinesischen Küche finden, denn sie haben kaum einen ausgeprägten Geschmack. Dennoch sind sie in ihrer knackigen Frische in Suppen, Schmorgerichten oder gebratenen Speisen unersetzlich – sie behalten ihren besonderen Reiz einfach immer; deshalb verarbeitet man sie auch so gerne in allen Gerichten mit vielen unterschiedlichen Zutaten.

Natürliche Knackigkeit ist das erklärte Ziel vieler chinesischer Gerichte, darum verwendet man gerne rohe Gemüse wie zum Beispiel Gurken, Frühlingszwiebeln, Möhren, Rübchen oder Stangensellerie. Man schneidet sie entweder in streichholzfeine Streifen oder in kleine Würfel, blanchiert sie kurz oder mischt sie als begleitende Zutaten unter Pfannengerührtes. Ein Beispiel dafür ist das sehr bekannte Gericht aus dem Norden Chinas: *Raschgebratene feine Lammfleischscheiben mit Frühlingszwiebeln*, das vom einfachen Kuli bis zum Kaiser allseits beliebt war. Hier werden die rohen Frühlingszwiebeln nur ganz zum Schluß mit Lammfleisch und Sauce vermengt.

Das Prinzip der unterschiedlichen Textur im Essen liegt nicht nur darin, daß jeweils verschiedengeartete Gerichte einander abwechseln sollten, sondern im gleichzeitigen Bemühen, solche Verschiedenheiten bereits in einem einzigen Gericht zu Tage treten zu lassen. Dank der chinesischen Sitte, stets die unterschiedlichsten Zutaten miteinander zu verarbeiten, hat der Strukturkontrast eine Bedeutung und ein Gewicht wie in keiner anderen Küche der Welt.

Nehmen Sie zum Beispiel Wasserkastanien, die ungewöhnlich knackig sind. Man mischt sie genau wegen dieser Eigenschaft unter gemahlene oder feingehackte Zutaten in den Teig für *Shrimp-* oder *Fleischbällchen*, um gegen die weiche Grundmasse den Kontrast der Knackigkeit zu setzen. Ebensogern gibt man sie in die Füllung von Teigtäschchen, Dampfbrötchen oder

Klößchen. Und deshalb sind chinesische Fleisch- oder Krabbenbällchen so angenehm zu kauen – bei der westlichen Küche fehlt dieses Kontrastelement oft. Ähnliches läßt sich von den chinesischen Nudeln sagen, die der italienischen Pasta entsprechen: Aber während man in Italien die Spaghetti meistens mit Tomaten- oder Fleischsauce serviert, kennt man in der Chinesischen Küche weitaus mehr Möglichkeiten. Man brät oder kocht Nudeln mit jeder Art von Fleisch, sogar mit Hummer, Austern, Langusten und Krabben. Auch Nudelgerichte werden stets mit Zutaten unterschiedlichster Textur zubereitet, mit streichholzförmig zugeschnittenen Bambussprossen, feinen Streifen von rohen Gemüsen (Schnittlauch, Frühlingszwiebeln, Stangensellerie, Chicorée und Gurke, die man vor Gebrauch in einer würzigen Marinade ziehen läßt) oder mit getrockneten Zutaten wie zum Beispiel Pilzen oder Lilienknospen.

Alle diese Zutaten haben einen starken Eigengeschmack, und man verwendet sie nur in sparsamen Mengen. Meist mischt man sie mit ein oder zwei Sorten von gekochtem oder geräuchertem Fleisch, wie beispielsweise in Streifen geschnittenem Hühnerfleisch, geräucherter Ente oder auch Schinken. Da jede einzelne dieser Zutaten über eine ausgeprägte Eigenstruktur verfügt, besonders, wenn sie zuvor auf die eine oder andere Weise gegart oder vorbereitet wurde, ergibt sich aus ihrer Verbindung ein strukturelles Muster, das alle Kontraste in vollendeter Harmonie vereint.

In solchen Fällen gießt man eigentlich nie eine Sauce über das Gericht: Sie könnte diese kunstvolle Komposition verderben. Statt dessen brät oder pfannenrührt man alles rasch in Pflanzenöl und würzt zum Schluß mit einigen Tropfen (bis zu 1 Teelöffel) Sesamöl, die das Ganze verbinden und trotzdem die Eigenheit jeder einzelnen Zutat hervorheben.

Dieser kurze Exkurs über die Bedeutung der unterschiedlichen Texturen hat hoffentlich einen kleinen Bereich der Chinesischen Küche erhellt oder wenigstens einige der verschlungenen Wege durch das weite Feld chinesischen Kochens gangbar gemacht. Leider müssen sich ja die meisten Europäer ihr Bild von der Chinesischen Küche an Hand der in Europa ansässigen chinesischen Restaurants machen, die nur selten den Prinzipien so folgen, wie es wünschenswert wäre. Aber glücklicherweise scheint sich doch ganz allmählich die Qualität chinesischen Essens im Westen zu bessern, wenn es auch in manchen Weltgegenden offensichtlich noch lange nicht so weit ist.

Chinesische Zutaten und Gewürze
Abb. 2

Die chinesische Kunst des Würzens ist auf fünf Grundmöglichkeiten zurückzuführen, die je nach Gericht in den verschiedenen Phasen des Zubereitens oder Essens ausgenutzt werden. Das Zusammenspiel zwischen den Garprozessen, die oft in mehreren Stufen ablaufen, und den verschiedenen Würzphasen macht das Geheimnis und die hohe Kultur Chinesischer Küche aus.

Aus folgenden fünf Grundbestandteilen setzt sich der Geschmack eines chinesischen Gerichts zusammen:

1. *Die Hauptzutat:* Sie bestimmt den Charakter des Gerichts. Häufig geht es nur darum, ihren Eigengeschmack besonders hervorzuheben.

2. *Die begleitenden Zutaten:* Sie werden mit der Hauptzutat gegart oder vermischt. Sie haben in der Chinesischen Küche häufig so viel Gewicht, daß sich manchmal schwerlich sagen läßt, was nun Hauptzutat und was Begleitung und Unterstützung ist. In diesem Fall unterstützen und beeinflussen die verschiedenen Aromen der begleitenden Zutaten nicht nur den Geschmack, sondern verleihen dem Gericht noch zusätzliche Fülle.

3. *Die würzenden Zutaten:* Sie werden in geringen Mengen zugefügt: frisch, getrocknet und auf andere Weise zubereitet oder konserviert. Sie haben aromaverändernde oder -unterstützende Funktion. Wir Chinesen würzen nicht so häufig mit Kräutern wie westliche Köche (obwohl manchmal Heilkräuter ihren Weg ins Essen finden), aber wir haben eine Vielzahl getrockneter und eingelegter Zutaten, die ausschließlich diesen Zweck erfüllen.

4. *Die Gewürze und die Saucen:* Wir verwenden durchweg die gebräuchlichsten Gewürze. Chinesische Saucen aber sind im Grunde sehr einfach, längst nicht so elaboriert wie beispielsweise die französischen. Man könnte sie »natürliche Saucen« nennen, denn sie ergeben sich meist ganz natürlich aus dem Garprozeß.

Normalerweise werden sie in der letzten Garphase bereitet, beim letzten kurzen Erhitzen, mit etwas kräftiger, aber neutraler *Hühnerbrühe* und kleinen Mengen würzender Zutaten.

5. *Die Tafelsaucen und andere Würzmittel bei Tisch:* Sie spielen beim chinesischen Essen eine viel größere Rolle als in jeder anderen Küche. Oft werden sie nach alten Rezepten angerührt und sind ein wichtiger Teil der Gerichte, die sie begleiten. Man stellt sie meistens kurz vor dem Essen her und verteilt sie in kleinen Schälchen und Schüsselchen – nie in Flaschen! – an wohlbedachten Plätzen auf dem Tisch.

Nach allem, was bisher gesagt wurde, muß man annehmen, daß sämtliche chinesische Speisen die fünf Würzphasen durchlaufen, bevor sie auf die Tafel kommen. Es gibt aber Speisen, die nahezu ungewürzt auf den Tisch gestellt werden. Manche von ihnen werden zwar mit frischen Zutaten angereichert, aber praktisch kaum gewürzt; sie müssen von jedem Tischgast selbst nach eigenem Belieben abgeschmeckt werden.

Andere Gerichte wieder entbehren aller würzenden Zutaten überhaupt und brauchen unbedingt ein Finish mit Gewürzen oder Tafelsaucen. Man fügt diese gleich nach dem Auftragen hinzu und muß dann nicht mehr nachwürzen. Wieder andere Gerichte werden »au naturel« gegart und erst gegen Ende der Garzeit mit Würzmitteln abgeschmeckt. Und dann gibt es noch solche mit nur wenigen würzenden Zutaten, die gleich zu Beginn des Garprozesses zugefügt werden, so daß sich ihre Aromen im Garmedium (z. B. Fett, Dampf) aufschließen und zur Wirkung kommen können.

Außerdem gibt es Gerichte, die während jeder Stufe des Garprozesses von neuem mit Würzsauce oder -mischungen versehen werden müssen. Häufig hängt die Art des Würzens sehr eng mit der Garmethode zusammen. Die Kombinationen aus all diesen Grundmöglichkeiten sind so zahlreich und vielfältig, daß sie wahrlich ein gründliches Würzstudium rechtfertigen sollten!

Die Hauptzutaten

Einer der Gründe, warum man auch im Westen einfach chinesisch kochen kann, ist die Tatsache, daß in

China wie hier in etwa die gleichen Zutaten Verwendung finden. Eine Ausnahme sind Milchprodukte, die in der Chinesischen Küche äußerst selten sind.

In China gibt es den gleichen Fisch, das gleiche Fleisch oder Geflügel und die gleiche Auswahl Gemüse – vielleicht ein paar Sorten mehr. Falls es da überhaupt einen Unterschied gibt, so liegt er hauptsächlich in unterschiedlicher Bewertung. Wir essen zum Beispiel viel mehr Schweinefleisch als jede andere Fleischsorte – möglicherweise, weil ein Schwein zu nichts anderem zu gebrauchen ist (zum Beispiel als Lasttier). Wir essen außerdem lieber Süß- als Salzwasserfisch (außer an der Küste), weil China hauptsächlich ein kontinentales Land ist und weil chinesische Bauern stets auch Fischzüchter sind. Unser Land ist durchzogen von zahllosen Flüßchen, Bächlein und Seen mit großem Fischreichtum.

Zwar sind Enten in der Chinesischen Küche äußerst beliebt, doch werden weitaus mehr Hühnchen verzehrt. Sie stellen neben dem Schweinefleisch den Hauptanteil des Fleischverbrauchs, und das schon in Zeiten, als es noch keine industriell gezüchteten Hühnchen gab. Auch heutzutage sind Batteriehühner in China noch relativ unbekannt. Ein chinesisches Geflügelgericht, für das in kleinbäuerlichen Betrieben gezüchtete Hühner oder Hähnchen verwendet werden, schmeckt natürlich mit Sicherheit besser als das gleiche mit westlichem Industrie-Geflügelfleisch. In den besseren China-Restaurants von New York kosten Hühnergerichte etwa doppelt soviel wie in anderen Speiselokalen, weil ein rechter chinesischer Koch sich weigert, massenproduziertes Geflügel zu verarbeiten. Leider kann man das nicht von allen chinesischen Restaurants in der westlichen Welt behaupten, obwohl es eigentlich gerade bei Geflügelgerichten unerläßlich ist, Fleisch von makelloser Qualität zu verwenden, denn sie werden meist auf sehr schlichte Art mit wenigen würzenden Zutaten zubereitet. In kräftig gewürzten Gerichten wie zum Beispiel dem *Curryhuhn* ist die Qualität nicht so entscheidend, weil der starke Currygeschmack das feine Geflügelaroma übertönt.

Man kann aber – im Osten wie im Westen – nur dann ein wohlschmeckendes Gericht, das durch den Eigengeschmack der Hauptzutat wirken soll, herstellen, wenn man gute Grundprodukte zur Verfügung hat. Dann ist das Kochen nur noch eine Frage des sachkundigen Garens. Die Küche der chinesischen Moslems hält sich an diesen Grundsatz; Beispiele dafür sind die berühmte *Pekingente* und viele andere Gerichte, die über eine lange Zeit hinweg langsam gegart werden.

Das Besondere an diesen Gerichten ist einmal die raffinierte Garmethode und zum andern die Art und Weise, wie sie serviert und verspeist werden. Von der Pekingente ißt man Stücke der krachend knusprigen Haut (die Ente wird über Nacht an der Luft getrocknet, damit sie so besonders knusprig wird) zusammen mit etwas Fleisch und Streifen von knackigem Gemüse (wie Gurke und Frühlingszwiebeln), indem man alles reichlich mit Pflaumensauce oder verrührter Sojapaste beträufelt und in einen *Pfannkuchen* einwickelt. So vereinigt der Pfannkuchen in sich alles auf einmal: Knackigkeit, Knusprigkeit, Schärfe und vollen Fleischgeschmack.

Pekingente und viele andere langsam gegarte Gerichte sind typische Beispiele dafür, wie man die Hauptzutat, wenn sie von höchster Qualität ist, auf einfachste Weise zur Geltung bringt.

Viel häufiger jedoch werden in der Chinesischen Küche die Zutaten nicht im Ganzen verarbeitet (wie bei der Pekingente), sondern gehackt, gewürfelt oder in Scheibchen geschnitten, damit man sie besser mit Stäbchen essen kann. Deshalb kann man mit Gewürzen und Würzzutaten während der verschiedenen Garstufen sehr freizügig umgehen. Gerichte dieser Art werden meistens pfannengerührt, so daß Gar- und Würzprozeß nahezu im selben Augenblick stattfinden. Dadurch spart man Zeit und Energie, und auch harte oder zähe Zutaten werden, wenn sie vorher in streichholzgroße Streifen geschnitten wurden, einigermaßen zart.

Ein zähes, sehniges Steak ist ungenießbar; verarbeitet man dasselbe Stück Fleisch hingegen zu *Pfannengerührten Rindfleischstreifen mit Zwiebeln*, ist es zart und köstlich. Typische Beispiele für Gerichte, bei denen die Grundzutaten in kleine Stückchen geschnitten und mit nur wenigen begleitenden Zutaten gegart werden, sind *Gewürfeltes Schweinefleisch* (oder Geflügel), *Schnellgebratenes Hühnchen in Sojapaste, Süßsaure*

Hühnerwürfel oder auch das berühmte *Süßsaure Schweinefleisch*. Zwar verwenden chinesische Köche am liebsten nur Zutaten bester Qualität, aber sie können auch aus Zutaten nur minderer Qualität durchaus noch etwas Wohlschmeckendes zubereiten.

Das Dämpfen ist eine Garmethode, die meist zusammen mit dem Marinieren angewendet wird. Sämtliche Zutaten, die man dämpfen möchte, werden zuvor fix und fertig vorbereitet, das heißt in eine Marinade eingelegt und gewürzt, bevor man sie in den Dämpfkorb setzt.

Es gibt jedoch noch eine andere Methode, bei der die Zutaten zunächst im Dampf gegart und erst anschließend mit einer Marinade übergegossen werden, in der sie ziehen dürfen, bis man sie zu Tisch bringt. Eine ganze Reihe der herrlichsten Gerichte werden auf diese Weise zubereitet; man bezeichnet sie als »betrunken«, weil die Marinaden sich meist aus Wein und anderem Alkohol zusammensetzen. Zum Beispiel gibt es *Betrunkenes Hühnchen, Betrunkene Shrimps* und *Betrunkene Krebse*.

Bis jetzt habe ich hier fast nur über die Art und Weise geschrieben, wie man die Hauptzutaten in der Chinesischen Küche zubereitet und schneidet. Das liegt vor allem daran, daß sich – wie schon gesagt – diese Zutaten kaum von denen in der westlichen Küche unterscheiden.

Als Fleisch finden bei uns Rind, Schwein, Schinken, Speck, Lamm, Huhn, Ente, Täubchen, Puter und Wild Verwendung. Von den Fischen kommen in Frage: Aal, Abalone (Tiefseemuschel), Alse (Maifisch), Auster, Barsch, Flunder, Forelle, Flußbarsch, Garnele, Haifisch(-flossen), Heilbutt, Hering, Herzmuschel, Hummer, Karpfen, Meerbarbe, Meerbrasse, Makrele, Kabeljau, Lachs, Qualle, Schellfisch, Seegurke, Seezunge, Shrimps, Steinbutt, Stör, Taschenkrebs, Tintenfisch, Thunfisch, Weißfisch und Zander.

Als Gemüse kennen wir: Auberginen, Bambussprossen, Bittermelone, Blumenkohl, Brokkoli, Champignons, Erbsen, Gurken, Kartoffeln, Lattich, Lauch, Lilienknospen, Lotuswurzel, Mais, Melone, Möhren, Paprikaschoten, Petersilie, Rettich, Rübchen (weiße), Schnittlauch, Senfkohl, Sojabohnen (und -produkte), Sojabohnenkeime (Bohnensprossen), Spargel, Spinat, Squash (Sommerkürbis), Stangenbohnen, Stangensellerie, Tomaten, Wasserkastanien, Wasserkresse, Zuckererbsen (Mange Tout), Zwiebeln.

Daneben kommen noch eine ganze Menge anderer Zutaten in unserer Küche vor. Im Westen herrscht Überfluß an guten Sachen, und man braucht sich nicht so sehr darum zu kümmern, ausgefallene Zutaten aufzutreiben, sondern kann sich ganz darauf konzentrieren, sie in der richtigen Weise zu verarbeiten. Der Unterschied zwischen Chinesischer und westlicher Küche liegt nicht in den Zutaten – das ganze Geheimnis, das die Andersartigkeit ausmacht, sind unsere raffinierten Garmethoden, die Vermischung der verschiedensten Zutaten und die Kunst des Würzens.

Das kulinarische Beiwerk

Begleitende, stützende Zutaten spielen in der Chinesischen Küche eine weitaus größere Rolle als in der westlichen, weil wir in Struktur und Wesen Unterschiedliches miteinander mischen. Wie bereits gesagt, ist das Verhältnis der verschiedenen Zutaten so ausgewogen, daß man zum Schluß kaum mehr entscheiden kann, was Hauptzutat und was Beiwerk ist.

In der Regel bestimmt die Hauptzutat den Charakter des Gerichts, und alles andere, was dann hinzugefügt wird, um Aromen, Farbe oder Textur in ein ausgewogenes oder kontrastreiches Verhältnis zueinander zu bringen, gilt als *Beiwerk*. Haifischflossen zum Beispiel werden stets nur in ganz kleinen Mengen verarbeitet, aber weil sie die Eigenart des Gerichts ausmachen, gelten sie als Hauptzutat.

Theoretisch könnte alles, was nur kleingeschnitten oder feingehackt wurde, miteinander vermischt werden; aber das stimmt nicht ganz. Immerhin besteht die Möglichkeit, eine Vielzahl von Zutaten zu vermischen, und wenn man bedenkt, daß viele durch entsprechende Vorbereitung noch besondere Eigenschaften gewinnen, so ergibt sich eine schier endlose Liste chinesischer Gerichte.

Was kann man nun womit kombinieren? Bei dieser Überlegung kommt es nicht nur auf den Geschmack der Zutaten an, sondern auch auf ihre Form, Größe, Textur und Garzeit.

Nehmen wir zum Beispiel Schweinefleisch, das besonders vielseitig ist. Will man daraus das *Rotgekochte*

Schmorgericht machen oder es langsam dämpfen oder auf milder Hitze weich köcheln, dann kann man es mit Möhren, Rübchen, Chinakohl, getrockneten Lilienknospen, Bambussprossen, Kastanien, Walnüssen, aber auch mit Abalone, Glasnudeln usw. verarbeiten – alles Zutaten, die eine lange Garzeit vertragen.

Schneidet man jedoch dasselbe Schweinefleisch in feine Streifen, kann man im Handumdrehen zusammen mit Champignons, Frühlingszwiebeln, Stangensellerie, Bohnensprossen, Grünen Erbsen, in Streifchen geschnittenen Paprikaschoten, Bambussprossen, Gurke, Blumenkohl oder Spinat ein Pfannengericht zaubern: auf hoher Temperatur rasch unter stetem Rühren so lange braten, bis alles von einem hauchfeinen Ölfilm überzogen ist, der sowohl würzt als auch die Hitze gleichmäßig verteilt.

Sehr fein gehacktes Schweinefleisch indessen kombiniert man am besten mit Wasserkastanien, die der weichen Masse Knackigkeit verleihen, und mit gehackter Zwiebel, die beim Braten ihr Aroma hineinmischt; oder man fügt gesalzenen Fisch oder getrocknete Shrimps hinzu.

Größere Scheiben Schweinefleisch bereitet man gern mit Leber oder Nieren zu, um ihren Geschmack zu verändern und abzurunden. Das gleiche gilt für das ebenfalls vielseitig verwendbare Hühnerfleisch. Gart man ein Hühnchen sehr langsam, so fügt man Gemüse wie Walnüsse oder Bambussprossen zu, die diese lange Garzeit vertragen. Möhren oder Rübchen gelten als zu streng und kräftig und werden deshalb nie mit Geflügel gekocht.

Aber für pfannengerührte Hühnchengerichte steht eine große Auswahl von Gemüse zur Verfügung, die nur eine kurze Garzeit erfordern – oder auch vorbehandelte und fertige Zutaten wie Schinken, getrocknete Pilze und Baumpilze.

Nudeln werden in verschiedenen Formen und Längen angeboten. Will man sie mit Gemüse oder Fleisch zusammen zubereiten, kürzt man sie im allgemeinen auf Streichholzgröße wie die übrigen Zutaten. Nur dann kann man alles so gründlich vermischen, daß Textur, Farben und Aromen der Beigaben eine harmonische Verbindung mit der Grundzutat eingehen – kein Wunder, wenn einem nun das Wasser im Munde zusammenläuft!

Forscht man nach, warum die begleitenden Zutaten so wichtig sind, dann trifft man auf zwei Gründe: Eine aromareiche Hauptzutat (zum Beispiel Fleisch oder Fisch) vermögen sie zu betonen; und einem eher neutral schmeckenden Grundstoff (wie Nudeln oder Reis) verleihen erst sie Wohlgeschmack und Aroma. Wahrscheinlich ist der zweite Grund der wichtigere, denn in einem wirtschaftlich unterentwickelten Land, wo man Fisch oder Fleisch nicht im Überfluß zur Verfügung hat, ist man darauf angewiesen, aus wenig viel zu machen. Genau das ist wohl das Hauptanliegen chinesischer Kochkunst, und darin hat sie es zur Meisterschaft gebracht: Sie ist wirtschaftlich und rentabel!

Um diesem Anspruch noch besser gerecht zu werden, geht die Chinesische Küche einen Schritt weiter, vom *kulinarischen Beiwerk* zu frischen und getrockneten Würzzutaten.

Die Würzzutaten

In der chinesischen Fisch- und Gemüseküche verwendet man die begleitenden Zutaten, wenn überhaupt, nur zum Garnieren. Man bereitet Fisch und Gemüse lieber mit verschiedenen Gewürzen zu, die ihr Aroma verstärken oder unerwünschten Beigeschmack (zum Beispiel das »Fischige« am Fisch) übertönen sollen – oder beides. Natürlich sind es dieselben Gewürze, die man auch beim Zubereiten von Fleisch, Reis oder Nudeln anwendet.

Die Gewürze in der Chinesischen Küche kann man in zwei große Gruppen einteilen: frische, stark aromatische Kräuter und Gemüse einerseits und getrocknete, eingelegte und eingesalzene Zutaten andererseits. Die frischen Würzmittel kennt man im Westen auch: Zwiebeln, Schnittlauch, Knoblauch, Ingwer und Koriandergrün (Cilantro). Bei den getrockneten und eingesalzenen oder eingelegten scheinen wir Chinesen jedoch über eine größere Vielfalt zu verfügen.

Es ist eine bekannte Tatsache, daß viele Nahrungsmittel sehr viel intensiver schmecken, wenn sie getrocknet werden, und sie verlieren diese Aromakraft auch durch Einweichen in Wasser nicht. Im Gegenteil, chinesische Trockenpilze schmecken nach dem Einweichen stärker und würziger als frische. In der Chinesischen Küche werden eingeweichte Trockenzutaten gerne vor dem eigentlichen Pfannenrühren mit frischen zusammen geröstet, damit ihr Aroma ins Öl zieht, wovon wiederum alle anderen Zutaten profitieren, die später darin gebraten werden.

Die beliebtesten *getrockneten oder eingesalzenen Würzzutaten* tierischen Ursprungs sind getrocknete Shrimps, Jakobsmuscheln (ohne Corail), Austern und Muscheln, getrockneter Tintenfisch, getrocknete Abalone und Herzmuscheln, eingesalzene Ente (oder Entenfüße und Entenleber), eingesalzene Eier, eingesalzener Fisch, geräucherter Schinken, kleine kantonesische Würstchen und Fleischwolle aus Fukien.

Die *Würzmittel pflanzlicher Herkunft* sind natürlich noch viel zahlreicher. Die beliebtesten sind: getrocknete Pilze, getrocknete Baumpilze (Wolkenohren – man schätzt sie eher ihrer Konsistenz als des Geschmacks wegen), getrocknete Orangenschale, getrocknete Lilienknospen (Goldene Nadeln), eine ganze Auswahl verschiedenster konservierter Kohlarten (zum Beispiel Szechuan-Kohl, Schanghai-Kohl oder Winterkohl), eingelegte Rübchen und Petersilienwurzeln, getrocknete Chilis, eingelegte Senfsprossen, Lotussamen, Lotuswurzeln, Melonenkerne, getrocknete Lychees oder Longans, getrocknete Kumquats (winzige ovale Orangen), getrocknete Datteln, Zimtstange, schwarze Bohnen (fermentiert und eingesalzen), Anis, Sternanis und Fünf-Gewürz-Pulver (zerstoßener Anis, Sternanis, Fenchelsamen, Nelken und Zimt – wird häufig in der Fleischküche verwendet, besonders in Rindfleischgerichten).

All diese verschiedenen Würzzutaten, ob frische, getrocknete oder eingesalzene, ob tierischen oder pflanzlichen Ursprungs, eröffnen hunderterlei Möglichkeiten für zahllose immer neue Geschmackskompositionen.

Vielleicht ist das der Grund, warum ein französischer Wissenschaftler einmal zu mir sagte, die Chinesische Küche habe mehr mit Chemie als mit Kochkunst gemeinsam!

Die Gewürze und Saucen

Chinesische Gewürze und Saucen können je nach Verwendungszweck in Marinaden, Gewürzmischungen, Würzsaucen, Salatsaucen und Tischwürzen in Form von Dips und Saucen unterteilt werden.

In einer chinesischen Restaurantküche sind die verschiedenen Zubereitungsaufgaben genau festgelegt und verteilt. Wenn auch die Hauptarbeit aller Vorbereitungen vom Sous-Chef (dem Assistenten des Küchenchefs) erledigt wird, so wacht doch der Küchenchef über alles: die Garvorgänge, die Hitzezufuhr und das Würzen und Abschmecken. Selbst wenn er seine Aufgaben mit Schwung und großer Geste erfüllt, wird er doch dem Würzen seine ganz besondere Aufmerksamkeit schenken und das rechte Maß finden.

Im Grunde sind die in der Chinesischen Küche verwendeten Gewürze denen der westlichen Küche gleich: hauptsächlich nimmt man Salz, Pfeffer, Essig, Senf und Chili (Chili fast immer noch als getrocknete Schoten oder Chili-Öl statt in Pulverform). Ein wesentlicher Unterschied: in der Chinesischen Küche wird großzügig mit Zucker hantiert!

Des weiteren wird – abweichend von westlichen Kochgebräuchen – in der Chinesischen Küche viel mit Sojabohnen und zahllosen daraus hergestellten Produkten gearbeitet. Eines der – mittlerweile auch im Westen – bekanntesten Erzeugnisse ist die Sojasauce, die in der Farbe von hell bis dunkel variiert und in der Konsistenz von leicht bis schwerflüssig.

Dann gibt es noch Würzpasten aus *fermentierten eingesalzenen schwarzen Bohnen, Sojabohnenpaste* (sie wird aus zerdrückten braunen Sojabohnen hergestellt, die mit Salz, Zucker, Knoblauch und Sojasauce zu einem cremigen Brei gerührt werden) und *Sojabohnenquark* (oder *-käse*).

Wenn man unterschiedliche Mengen dieser Bohnenprodukte mit entsprechenden Mengen Wein, Zucker und Glutamat vermischt, entsteht eine Würzsauce, die nahezu jedem Gericht ein unvergleichliches Aroma verleiht. Ich nenne diese Mischung deshalb auch gern das Schießpulver der Chinesischen Küche.

Ein bedeutender französischer Impfarzt fand heraus, daß Sojabohnen einen Stoff enthalten, der den Menschen besonders empfänglich für kulinarische Reize macht. Er meint, wir Chinesen hätten da zufällig etwas entdeckt, das unbedingt weiter erforscht und ausgenützt werden müsse.

Aber was immer auch in Sojabohnen stecken mag –

wir haben es sicherlich längst erforscht und uns zu Nutze gemacht. Doch ist die Nutzung der Sojabohne und der daraus hergestellten Produkte wohl der wesentlichste Unterschied zwischen Chinesischer und westlicher Küche.

Neben Sojabohnen verwenden wir in der Chinesischen Küche auch noch Austern- und Fischsauce sowie die bereits erwähnte rote Weinsatzpaste (die es in verschiedenen Farben gibt). Außerdem gehören Sesamöl und Sesampaste zu unserem Würzsortiment, die beide den Speisen einen erdhaften, vollen Geschmack verleihen. Sesampaste kennt man übrigens auch in der Küche des Mittleren Ostens, was lange Zeit von den Franzosen gar nicht beachtet wurde. Und als letztes sind noch die Würzsaucen auf Fruchtbasis zu erwähnen, zum Beispiel die Pflaumensauce und die Hoisinsauce.

Außer der Fischsauce, der Weinsatzpaste und den fermentierten schwarzen Sojabohnen, die man ausschließlich während des Kochens zufügen darf, kann man alle anderen Gewürze und Würzsaucen zum Schluß an die Speisen geben, sie für Marinaden verwenden oder als Dips und Saucen auf den Tisch stellen.

Die folgenden Saucen finden in der Chinesischen Küche am häufigsten Verwendung; natürlich sind hier nicht solche angeführt, die während des Kochens von selbst entstehen oder die extra für ein ganz bestimmtes Gericht angerührt werden.

Die Saucen

Alles in allem versuchen wir Chinesen gar nicht erst, die Saucenkunst der Franzosen in Frage zu stellen: bei uns gibt es da keine Geheimnisse.

Normalerweise entstehen in der Chinesischen Küche die Saucen während des Garprozesses, indem man das Kochgut mit Brühe (Hühner-, Knochen- oder Fleischbrühe) ablöscht; meist geschieht das in der letzten Garphase. Gleichzeitig fügt man dem Gericht die Gewürze, die Stärkemittel zum Binden (Maisstärke oder Wasserkastanienmehl) oder auch etwas Wein hinzu.

Ein chinesischer Koch bereitet seine Sauce zu, ohne überhaupt einen Gedanken daran zu verschwenden. Für ihn ist sie nur ein winziges Rädchen im großen Getriebe des Kochens. Er glaubt, daß einer, der die Kunst des Schneidens, des Bemessens der Zutaten und Gewürze und der Hitzekontrolle beherrscht, auch in der Lage ist, eine Sauce herzustellen, die ja schließlich nur einen kleinen Teil des großen Ganzen darstellt.

Saucen gehören weniger zu ohnehin suppen- oder eintopfartigen Gerichten wie Schmortöpfen oder Gedämpftem und lange Geköcheltem, sondern hauptsächlich zu einfach gegarten, ausgebackenen oder pfannengerührten Speisen und zu Reis- oder Nudelgerichten, die zusätzliche Geschmackskomponenten brauchen.

Da jedoch in der Chinesischen Küche viel häufiger pfannengerührt als auf andere Weise gegart wird, spielen Saucen bei dieser Garmethode eine große Rolle. Unzählige (vielleicht Hunderte) entstehen im Lauf der Zeit beim chinesischen Kochen, aber sie hängen so eng mit den verwendeten Zutaten zusammen, daß sie keinen besonderen Namen haben – man schenkt ihnen keine besondere Aufmerksamkeit. Sie sind so sehr Teil des gesamten Gerichts, daß man ihnen Eigenständigkeit absprechen muß. Und deshalb haben wir Chinesen viel weniger Probleme mit Saucen als die Franzosen. Wahrscheinlich gibt es in unserer Küche genauso viele verschiedene Saucen wie in der französischen (höchstwahrscheinlich sogar noch mehr). Bei uns gilt eben noch das alte Sprichwort: »Wir haben es, aber wir reden nicht darüber.«

Auf *einem* Gebiet jedoch sind uns die Franzosen überlegen: sie kennen sehr viel mehr kalte Saucen – Mayonnaisen, Vinaigrettes und Salatsaucen. Das liegt wohl daran, daß es bei uns kaum kalte Gerichte gibt. Wir haben eine panische Angst davor, uns unseren Magen zu verkühlen!

Auch wenn wir beide, Chinesen wie Franzosen, als Ausgangsprodukt stets eine gute Brühe verwenden, gibt es doch einen grundlegenden Unterschied beim Saucenmachen: Wir Chinesen legen Wert darauf, kontrastierende Zutaten zu verwenden, wenn wir für ein bestimmtes Gericht die Sauce bereiten. Niemals würde ein Chinese auf die Idee kommen, ein Fischgericht mit Fischsauce zu vollenden – dies würde den Fisch nur »fischiger« machen. Wir nähmen in diesem Fall eine Eier-, Geflügel- oder gar Fleischsauce, die

1 **Kochgeräte** *(von links nach rechts und oben nach unten)*: Feuertopf, Bambus-Dämpfkörbchen; Eßstäbchen, Mörser; Ausbacksieb, Wok, Reisbesen (zum Säubern des Wok); runder Holzspachtel; Küchenbeil und Hackbrett, Küchenschere, irdener Schmortopf

wir mit Zwiebeln, Ingwer, Knoblauch, Chili, Zucker, Wein und eingesalzenen oder eingelegten Würzzutaten anreichern würden. Hier wird wieder das Konzept der Chinesen klar, durch Kontraste eine besondere Wirkung zu erzielen.

Nach dem gleichen Prinzip werden Saucen für Fleischgerichte aus fermentierter Bohnenpaste, Bohnenquark, feingehacktem eingesalzenem Gemüse, Weinsatzpaste, Essig, Obstsäften, kleingeschnittenem Gemüse und eigentlich immer etwas Zucker hergestellt. Zusätzlich aromatisieren wir noch mit grobgemahlenem Reis (goldbraun geröstet), Sesamsamen, Sesamöl und Sesampaste.

Ein rascher Überblick über die kulinarische Landschaft Chinas zeigt, daß das übliche Durcheinanderkochen unterschiedlicher Zutaten meistens die »natürliche« Saucenbildung bewirkt und das Herstellen einer zusätzlichen Sauce überflüssig macht.

Mit Wein, Essig und Ingwer verfeinerte natürliche Saucen kontrastieren und harmonieren gut mit Fisch, und solche mit der pikanten Würze von fermentierten Bohnen oder eingelegten Zutaten geben Fleischgerichten das feinste Aroma. In der Hauptsache bestehen chinesische Saucen aus den natürlichen Säften der Zutaten, die beim Kochvorgang austreten, und etwas Brühe, Gewürzen und anderen Würzzutaten.

Aber wir kennen auch Saucen, die speziell für bestimmte Gerichte angerührt werden, meist für einfach gekochtes Fleisch oder Geflügel, für Ausgebackenes, für Eier- oder *Fu-Yung*-Gerichte und für einige Fischgerichte, bei denen es auf eine kontrastierende Garnitur ankommt.

Natürlich passen diese Saucen am allerbesten zu neutral gekochten Reis- oder Nudelgerichten, vor allem zu Nudeln, die man in China hauptsächlich in vier Formen serviert: gebraten, in Brühe, mit gehackten Schalotten, Knoblauch, Bohnenpaste und Sesamöl (beziehungsweise Sesampaste) oder mit einer Sauce. Viele Arten der Saucenzubereitung kennen wir allerdings nicht – die wichtigsten Rezepte können Sie im folgenden Kapitel nachlesen.

Aber gemäß der chinesischen Tradition haben wir ungezählte Möglichkeiten, unsere Saucen durch Mischen – natürliche mit natürlichen Saucen, natürliche mit speziell hergestellten Saucen usw. – unendlich zu variieren und zu aromatisieren. Chinesische Saucen haben den Charakter von würzigen Cocktails: Wie viele Türen zur Saucenküche tun sich da auf!

Die folgenden Rezepte für Saucen, Dressings und Dips sind für 4 bis 8 Personen berechnet, je nachdem, wieviel andere Würzmittel noch zusätzlich gereicht werden.

2 **Zutaten** *(von links nach rechts und oben nach unten)*: Sojasauce, Erdnüsse, weißer und roter Sojabohnenquark, Algenhaar; Kandiszucker, fermentierte Sojabohnen, knusprige Schweineschwarte, Wolkenohrpilze; Agar-Agar; Reisschrot, Lotusnüsse, Hoisinsauce, schwarze Bohnen; Eiernudeln, getrocknete Shrimps, Tausendjährige Eier, getrocknete Chilischoten, Mixed Pickles, Mungoerbsen; Reis und rote Bohnen, getrockneter Fisch

Saucen für Reis und Nudeln

Man kann diese Saucen gut zu Nudeln wie auch zu Reis essen – die Chinesen mögen ihren Reis lieber ohne!

Einfache Schweinefleischsauce
(für Nudeln)

Zutaten: 200 g durchwachsenes Schweinefleisch, 2 EL Erdnuß- oder Maiskeimöl, 2 EL gehackte Zwiebeln oder Frühlingszwiebeln, $1/2$ TL Salz, 2 EL Sojasauce, $1/8$ l Brühe, 1 TL Zucker, $1/4$ TL Glutamat, $1/2$ EL Maisstärke

Vorbereitung: Das Schweinefleisch grobhacken.

Zubereitung: Das Öl in einer Pfanne erhitzen. Das Schweinefleisch und die Zwiebeln zufügen und auf mittlerer Hitze etwa 4 bis 5 Minuten unter stetem Rühren braten, dabei salzen. Mit Sojasauce und Brühe aufgießen, den Zucker und das Glutamat hineinstreuen. Das Ganze weitere 4 bis 5 Minuten köcheln lassen. Die Maisstärke mit 4 Eßlöffeln Wasser verrühren und an die Flüssigkeit geben. So lange rühren, bis die Sauce dicklich wird.

Servieren: Über Nudeln gießen, die in Portionsschalen angerichtet sind.

Feine Schweinefleischsauce
(für Nudeln)

Zutaten: 200 g durchwachsenes Schweinefleisch, 50 g getrocknete chinesische Champignons (Tongu-Pilze), 75 g Stangensellerie, 50 g Zwiebeln oder Schalotten, 1 Knoblauchzehe, 1 Scheibe Ingwerwurzel, 2 EL Pflanzenöl, $1/2$ TL Salz, 2 EL Sojasauce, 1 TL Zucker, $1/8$ l *Hühnerbrühe*, 2 EL Sherry, $1/3$ TL Glutamat, $1/2$ EL Maisstärke

Vorbereitung: Das Schweinefleisch sehr fein hacken. Die chinesischen Champignons mit kochendem Wasser überbrühen und 15 Minuten einweichen, dann in streichholzgroße Streifen schneiden. Den Stangensellerie putzen und in Stücke von 2,5 cm Länge schneiden. Zwiebeln oder Schalotten, Knoblauchzehe und Ingwerwurzel schälen. Die Zwiebeln feinhacken, den Knoblauch durch die Presse drücken und den Ingwer in hauchfeine Scheibchen schneiden.

Zubereitung: Schweinefleisch und Zwiebeln in heißem Öl auf großer Flamme etwa 3 Minuten unter ständigem Rühren braten. Dann Salz, Knoblauch, Ingwer, Sellerie und die Pilze hinzufügen und alles zusammen weitere 3 Minuten pfannenrühren. Sojasauce, Zucker, Brühe, Sherry und Glutamat in einem Schälchen verrühren und in die Pfanne gießen. Fleisch und Gemüse darin auf mittlerer Hitze etwa 3 Minuten köcheln. Die Maisstärke mit 4 Eßlöffeln Wasser verquirlen, ebenfalls zugeben und weiterrühren, bis die Sauce dicklich wird.

Servieren: Die Sauce über Nudeln gießen, die in Portionsschalen angerichtet sind.

Rindfleischsauce mit Tomaten
(für Nudeln)

Zutaten: 150 g Rindfleisch, 50 g Zwiebeln, 2 Scheiben Ingwerwurzel, 1 Knoblauchzehe, 4 mittelgroße Tomaten, 2 EL Pflanzenöl, $1/2$ TL Salz, 2 EL Sojasauce, $1 1/2$ TL Zucker, 1 EL Sherry, $1/8$ l Brühe, $1/2$ EL Maisstärke

Vorbereitung: Das Rindfleisch, die Zwiebeln und die Ingwerwurzeln in feine Streifchen schneiden. Den Knoblauch durch die Presse drücken. Die Tomaten mit kochendem Wasser überbrühen, häuten und in Viertel teilen, dabei den Stielansatz und die Kerne entfernen.

Zubereitung: Zwiebeln, Knoblauch und Ingwer in heißem Öl 30 Sekunden pfannenrühren. Das Rindfleisch und die Tomaten zufügen und bei mittlerer Hitze 3 Minuten unter stetem Rühren braten, dabei salzen. Sojasauce, Zucker, Sherry und Brühe zufügen. Alles aufkochen und weitere 3 Minuten sanft köcheln. Die Maisstärke mit 4 Eßlöffeln Wasser verquirlen, dazugießen und so lange weiterrühren, bis die Sauce dicklich wird.

Servieren: Die Sauce über Nudeln geben, die in Portionsschalen angerichtet sind.

Schinkensauce
(für Nudeln)

Zutaten: 100 g roher Schinken, 1 mittelgroße Zwiebeln, 50 g Stangensellerie, 1 Scheibe Ingwerwurzel, 2 EL Pflanzenöl, $1/2$ TL Salz, $1/2$ EL Sojasauce, $1/8$ l *Hühnerbrühe*, $1/2$ TL Glutamat, etwas Pfeffer aus der Mühle, 1 Ei, $1/2$ EL Maisstärke, $1 1/2$ EL feingehackte Petersilie (oder Koriandergrün)

Vorbereitung: Den Schinken grob-, die Zwiebel feinhacken. Den Stangensellerie in 1 cm lange Stücke schneiden. Den Ingwer sehr fein hacken.

Zubereitung: Schinken, Zwiebel, Sellerie und Ingwer in heißem Öl etwa 2 Minuten auf mittlerer Flamme pfannenrühren. Salz, Sojasauce, Hühnerbrühe, Glutamat und Pfeffer zufügen, alles 3 Minuten sanft köcheln. Das Ei leicht verschlagen, mit der Maisstärke und 4 Eßlöffeln Wasser verquirlen und in dünnem Strahl in die Pfanne laufen lassen. Sobald die Sauce dicklich wird, die gehackte Petersilie oder das Koriandergrün darüberstreuen.

Servieren: Über Nudeln gießen, die in Portionsschalen angerichtet sind.

Gemüsesauce
(für Nudeln)

Zutaten: 50 g getrocknete chinesische Champignons (Tongu-Pilze), 6 goldene Nadeln (Lilienknospen), 1 EL Wolkenohrpilze, 75 g Bambussprossen, 50 g Lotuswurzeln, 50 g Frühlingszwiebeln, 2 Scheiben Ingwerwurzel, 1 Knoblauchzehe, 75 g Blattspinat, 3 EL Pflanzenöl, $1/2$ TL Salz, $1/8$ l *Gemüsebrühe*, 1 EL Sojasauce, 1 TL Zucker, $1/2$ TL Glutamat, 1 EL Maisstärke, 1 EL Sesamöl

Vorbereitung: Tongu-Pilze, Lilienknospen und Wolkenohrpilze getrennt in warmem Wasser einweichen. 4 Eßlöffel des Pilz-Einweichwassers aufbewahren. Die Tongu-Pilze in streichholzfeine Streifen schneiden, die Lilienknospen in zentimeterlange Stücke teilen, die Wolkenohrpilze gründlich ausspülen. Die Bambussprossen ebenfalls streichholzfein zuschneiden. Die Lotuswurzeln in dünne Scheibchen, die Frühlingszwiebeln in 2,5 cm lange Stücke schneiden. Ingwer und Knoblauch sehr fein hacken. Den Spinat sorgfältig waschen.

Zubereitung: Alle Gemüse mit dem Salz in heißem Pflanzenöl unter stetem Rühren 3 Minuten braten; Brühe, Sojasauce, Einweichwasser, Zucker und Glutamat zufügen und alles zusammen 5 Minuten sanft köcheln lassen.
Die Maisstärke mit 4 Eßlöffeln Wasser verschlagen und in die Pfanne gießen. So lange rühren, bis die Sauce dicklich wird.

Servieren: Einige Tropfen Sesamöl über jede Nudelportion träufeln, die Sauce darübergießen, und das Gemüse gefällig obenauf verteilen.

Einfache Hühnersauce
(für Nudeln)

Zutaten: $1/2$ l *Hühnerbrühe*, $1 1/2$ EL Maisstärke, 1 TL Salz, Pfeffer nach Geschmack, $1/2$ TL Glutamat, $1 1/2$ EL Pflanzenöl (oder Schmalz)

Zubereitung: Die Hühnerbrühe mit Maisstärke, Salz, Pfeffer und Glutamat verquirlen. Öl oder Schmalz in einem Saucentopf erhitzen und die Brühe angießen. So lange unter Rühren erhitzen, bis die Sauce dicklich und glatt ist. Gleich servieren.

Pilzsauce
(für Nudeln oder Reis)

Zutaten: 75 g getrocknete chinesische Champignons (Tongu-Pilze), 100 bis 200 g frische Champignons, 2 EL Pflanzenöl, $1/2$ TL Salz, Pfeffer aus der Mühle, $1/2$ TL Zucker, $1/8$ l *Hühnerbrühe*, $1/2$ TL Glutamat, $1/2$ TL Maisstärke, 1 EL Sojasauce, 1 EL Sherry

Vorbereitung: Die getrockneten Pilze in warmem Wasser 20 Minuten einweichen, dann die Stiele herausschneiden und die Hüte in schmale Streifen teilen. Die Champignons putzen und blättrig schneiden.

Zubereitung: Beide Pilzsorten in heißem Öl $2\,1/2$ Minuten rasch braten, salzen und pfeffern, Zucker und Glutamat darüberstreuen, mit Hühnerbrühe auffüllen und 3 Minuten sanft köcheln. Die Maisstärke erst mit 4 Eßlöffeln Wasser, dann mit der Sojasauce und dem Sherry verquirlen und vorsichtig in die Sauce rühren, bis die Flüssigkeit gebunden ist.

Servieren: Die Pilzsauce über gekochten Reis oder Nudeln gießen.

Pekinger sojawürzige Fleischsauce
Abb. 3

Zutaten: 200 g mageres Schweinefleisch, 1 EL Sherry, 50 g Frühlingszwiebeln, 2 Knoblauchzehen, 2 EL Pflanzenöl, 2 EL braune Bohnenpaste, 1 EL Hoisinsauce, 2 EL Sojasauce, 1 TL Maisstärke

Vorbereitung: Das Schweinefleisch feinhacken, mit dem Sherry beträufeln und 15 Minuten damit marinieren. Die Frühlingszwiebeln hacken, den Knoblauch zerdrücken.

Zubereitung: Das Öl in einer Pfanne erhitzen. Frühlingszwiebeln, Knoblauch und Schweinefleisch zufügen und bei großer Hitze 4 Minuten pfannenrühren. Die Bohnenpaste mit Hoisin- und Sojasauce zu einem glatten Brei verrühren, in die Pfanne geben, und alles zusammen weitere 3 Minuten unter Rühren sanft braten. Die Maisstärke mit 6 Eßlöffeln Wasser verquirlen und gut mit dem Pfanneninhalt verrühren. Die Sauce noch $1\,1/2$ bis 2 Minuten leicht köcheln lassen, bis sie gebunden ist.

Servieren: Diese Sauce nicht über die Nudeln gießen, sondern in einer Schüssel anrichten, damit sich jeder Gast ein, zwei Löffel davon über seine Nudelportion schöpfen kann.

Im allgemeinen ißt man diese Sauce zusammen mit verschiedenen rohen Gemüsen wie Radieschen, Gurke, Frühlingszwiebeln, kurz blanchierten Bohnensprossen (Sojabohnenkeime) und Spinat. Sie ist ein typisches Gericht aus Peking.

Meistersauce

In China bezeichnet man alles, was in Meistersauce gekocht oder gedünstet wurde, mit dem Ausdruck *Lu*.

Zutaten: (für knapp 1 l Sauce): 400 g Hühner- oder Rindfleisch zum Kochen, $1/8$ l Sojasauce, $1/8$ l Rotwein (oder Sherry), 1 kleine feingehackte Zwiebel, 1 sehr fein gehackte Knoblauchzehe, 4 EL Kandiszucker, 1 TL Salz, 1 kleines Stück Mandarinenschale (oder Orangenschale), je 1 Prise Anis und Fünf-Gewürz-Pulver, 1 Stückchen Sternanis

Zubereitung: Das Geflügel- oder Rindfleisch mit den übrigen Zutaten zusammen in knapp 1 Liter Wasser 1 Stunde köcheln.
Alle Innereien, wie Herz, Leber, Nieren oder Kutteln, die man in dieser Sauce garen will, sollte man noch 30 Minuten bis $1\,1/2$ Stunden darin köcheln lassen. Sobald das Fleisch gar ist, herausnehmen und nach dem Abkühlen fein aufschneiden. Auf einer dekorativen Platte hübsch anrichten und als Vorspeise servieren.

Hartgekochte Eier, die man in Meistersauce ziehen läßt, sind als Soja-Eier bekannt. Auch sie werden kalt in Scheiben geschnitten und mit anderen *Lu*-Gerichten zusammen aufgetragen.

Meistersauce hält sich ewig, wenn man sie täglich mit Wasser und frischem Fleisch aufkocht und alle 2 oder 3 Tage die Gewürze ergänzt.

Saucen für Fischgerichte

Einfache Sauce
(für Fisch)

Zutaten: 3 Scheiben Ingwerwurzel, 3 EL gehackte Frühlingszwiebeln, 1 EL Pflanzenöl, 2 EL Sojasauce, 1 $\frac{1}{2}$ TL Zucker, 3 TL Essig, 6 EL Wasser (oder Brühe), 2 TL Maisstärke

Vorbereitung: Die Ingwerwurzelscheiben in sehr feine Streifen schneiden.

Zubereitung: Ingwer und Frühlingszwiebeln im Öl bei mäßiger Hitze 1 Minute pfannenrühren. Sojasauce, Zucker, Essig und Wasser oder Brühe zufügen, und alles auf kleiner Flamme 1 Minute sanft köcheln. Die Maisstärke mit 2 Eßlöffeln Wasser verquirlen und in die Pfanne rühren. Weiterrühren, bis die Sauce andickt.

Servieren: Über gebratenen oder ausgebackenen Fisch geben.

Feine Fleisch-und-Gemüsesauce
(für Fisch)

Zutaten: 75 g mageres Schweinefleisch, 50 g getrocknete chinesische Champignons (Tongu-Pilze), 6 Lilienknospen, 50 g Bambussprossen, 3 Scheiben Ingwerwurzel, 75 g Lauch, $\frac{1}{4}$ TL Salz, 2 EL Pflanzenöl, 6 EL Wasser, 1 TL Zucker, 1 EL Sojasauce, 1 EL Sherry, 2 TL Maisstärke

Vorbereitung: Pilze und Lilienknospen getrennt in heißem Wasser 20 Minuten lang einweichen. Dann die Pilze in streichholzfeine Streifen, die Lilienknospen in 2,5 cm lange Stücke schneiden. Das Schweinefleisch, Bambussprossen und Ingwer in feine Streifchen, den Lauch in 2,5 cm dicke Stücke schneiden.

Zubereitung: Schweinefleisch, Lauch, Ingwer, Bambussprossen und Pilze im heißen Öl 3 Minuten pfannenrühren, dabei salzen. Die Lilienknospen, Wasser, Zucker, Sojasauce und Sherry zufügen und alles 5 Minuten köcheln. Die Maisstärke mit 2 Eßlöffeln Wasser verquirlen, zugießen und rühren, bis die Sauce gebunden ist.

Servieren: Die Sauce über gedämpften oder ausgebackenen Fisch geben, und das Gericht mit dem Gemüse verzieren.

Fünf-Weiden-Sauce
(für Fisch)

Zutaten: 50 g grüne Paprikaschote, 75 g Gurke, 50 g Möhren, 2 mittelgroße Tomaten, 2 Knoblauchzehen, 2 Frühlingszwiebeln, 2 Scheiben Ingwerwurzel, 2 EL Pflanzenöl, 1 EL süße Mixed Pickles (chinesische Pickles), $^{1}/_{2}$ TL Salz, 1 EL Zucker, 2 EL Essig, 1 EL Sojasauce, 1 $^{1}/_{2}$ EL Sherry, 5 EL Wasser, 1 EL Maisstärke

Vorbereitung: Paprika, Gurke und Möhren in feine Stifte schneiden. Die Tomaten überbrühen, häuten und in Scheiben schneiden. Den Knoblauch zerdrücken. Die Frühlingszwiebeln in 1 cm lange Stücke schneiden.

Zubereitung: Ingwer, Knoblauch und Frühlingszwiebeln 1 Minute im heißen Öl unter Rühren auf mittlerer Flamme braten. Die vorbereiteten Gemüse und die Pickles zufügen und alles bei großer Hitze 2 Minuten pfannenrühren, dabei salzen. Unter Rühren Zukker, Essig, Sojasauce, Sherry und das Wasser zufügen. Sobald die Flüssigkeit aufkocht, die mit 6 Eßlöffeln Wasser verquirlte Stärke zugießen und weiterrühren, bis die Sauce dicklich wird.

Servieren: Den Fisch mit der Sauce begießen und mit dem Gemüse garnieren.

Scharfe Fünf-Weiden-Sauce
(für Fisch)

Zubereitung: Wie bei obigem Rezept vorgehen, jedoch zu Beginn 1 Eßlöffel feingehackte frische rote Chilischoten oder 1 Teelöffel Chilipulver beim Anbraten von Ingwer, Knoblauch und Frühlingszwiebeln zufügen.

Eiersauce
(für Hummer, Taschenkrebse oder Hummerkrabben)

Zutaten: 3 TL fermentierte schwarze Bohnen, 1 Knoblauchzehe, 2 Scheiben Ingwerwurzel, 2 Frühlingszwiebeln, 1 EL Sojasauce, 1 TL Zucker, 1 EL Sherry, 6 EL Wasser oder Brühe, 2 Eier, 1 $^{1}/_{2}$ EL Pflanzenöl, 3 EL feingehacktes mageres Schweinefleisch, $^{1}/_{2}$ EL Maisstärke

Vorbereitung: Die Bohnen einweichen und zu Mus zerdrücken. Knoblauch und Ingwer sehr fein hacken. Die Frühlingszwiebeln in 2,5 cm lange Stücke schneiden. Das Bohnenmus, den Knoblauch und den Ingwer miteinander mischen. Sojasauce, Zucker, Sherry und Wasser oder Brühe in einem Schüsselchen verrühren und die Frühlingszwiebeln hinzufügen. Die Eier verquirlen.

Zubereitung: Das Öl in einer Pfanne erhitzen, die Bohnenmasse zufügen und 30 Sekunden pfannenrühren, dann das Schweinefleisch zugeben und 2 Minuten unter Rühren braten. Mit der Sojasaucenmischung ablöschen, rasch aufkochen und 2 Minuten köcheln lassen. Die Maisstärke mit 2 Eßlöffeln Wasser glattrühren und in die Pfanne geben. Nun die verquirlten Eier in dünnem Strahl von den Zinken einer Gabel in die Sauce fließen lassen und vorsichtig darunterrühren.

Servieren: Über Hummer, Taschenkrebse oder Hummerkrabben geben und sofort auftragen.

Saucen für fritiertes Huhn

Soja-Selleriesauce

Zutaten: 3 Stengel Sellerie (Bleich- oder Staudensellerie), 3 Frühlingszwiebeln, 2 EL Pflanzenöl, 1 $^1/_2$ EL Sojasauce, 2 TL Sherry, 6 EL kräftige *Hühnerbrühe*, 1 Prise Pfeffer, $^1/_2$ TL Maisstärke

Vorbereitung: Den Sellerie und die Frühlingszwiebeln in 5 mm dicke Stücke schneiden.

Zubereitung: Das Öl in einer Pfanne erhitzen und Sellerie sowie Frühlingszwiebeln darin auf mittlerer Hitze 3 Minuten pfannenrühren. Sojasauce, Sherry, Pfeffer und die Brühe zufügen, aufkochen lassen und 3 Minuten köcheln. Die mit 3 Eßlöffeln Wasser verquirlte Maisstärke zugießen und sanft weiterrühren, bis die Sauce gebunden ist.

Servieren: Diese Sauce über fritierte Stücke Hühnerfleisch gießen, die auf einer vorgewärmten Platte angerichtet sind. Gleich auftragen.

Pikante sojawürzige Sauce

Zutaten: 2 Frühlingszwiebeln, 2 Scheiben Ingwerwurzel, 2 EL Pflanzenöl, $^1/_8$ l kräftige *Hühnerbrühe*, 2 EL Sojasauce, $^1/_2$ EL Sherry, Pfeffer aus der Mühle, $^1/_4$ TL Glutamat, $^1/_2$ EL Maisstärke

Vorbereitung: Die Frühlingszwiebeln und die Ingwerwurzelscheiben feinhacken.

Zubereitung: Frühlingszwiebeln und Ingwer in heißem Öl 1 Minute auf mittlerer Flamme pfannenrühren. Brühe, Sojasauce, Sherry, Pfeffer und Glutamat zufügen, alles aufkochen und 2 Minuten köcheln lassen.

Die Maisstärke mit 3 Eßlöffeln Wasser verquirlen, in die Pfanne gießen und weiterrühren, bis die Sauce dicklich wird.

Servieren: Die Sauce über fritierte Hühnerteile gießen, die auf einer vorgewärmten Platte angerichtet sind.

Soja-Essig-Sauce

Zutaten: 2 Frühlingszwiebeln, 1 Knoblauchzehe, 1 Scheibe Ingwerwurzel, 1 EL Pflanzenöl, 2 EL Sojasauce, 2 EL Essig, 4 EL Wasser, $^1/_2$ EL Zucker

Vorbereitung: Die Frühlingszwiebeln hacken, den Knoblauch zerdrücken und den Ingwer stifteln.

Zubereitung: Frühlingszwiebeln, Knoblauch und Ingwer im heißen Öl auf mittlerer Hitze 1 Minute pfannenrühren. Sojasauce, Essig, Wasser und Zucker zufügen und alles zusammen 2 Minuten sanft köcheln lassen.

Servieren: Über fritierte Hühnerteile geben und sofort auftragen.

Soja-Gemüse-Sauce

Zutaten: 4 große getrocknete chinesische Champignons (Tongu-Pilze), 50 g Bambussprossen, 2 Scheiben Ingwerwurzel, 2 Frühlingszwiebeln, 2 Lauchstangen, 2 Wasserkastanien, 2 EL Pflanzenöl, 4 EL *Hühnerbrühe*, 1 $^1/_2$ EL Sojasauce, 1 TL Zucker, $^1/_2$ TL Salz, 2 TL Sherry, $^1/_2$ EL Maisstärke

Vorbereitung: Die chinesischen Champignons in warmem Wasser 20 Minuten einweichen, die Stiele entfernen und die Hüte in Streifen schneiden. Bambussprossen und Ingwer in feine Stifte schneiden. Die Frühlingszwiebeln und den Lauch in 1 cm dicke Stückchen, die Wasserkastanien in Scheibchen schneiden.

Zubereitung: In einer Kasserolle das Öl erhitzen und alle Gemüse darin 2 Minuten pfannenrühren. Brühe, Sojasauce, Zucker, Salz und Sherry zufügen und alles 2 Minuten sanft köcheln. Die Maisstärke mit 3 Eßlöffeln Wasser verquirlen und in die Kasserolle geben. Weiterrühren, bis die Sauce dicklich geworden ist.

Servieren: Über fritierte Hühnerteile auf einer vorgewärmten Platte gießen.

Saucen für gekochtes oder gedämpftes Huhn

Sojawürzige Sauce

Zutaten: 1 EL Sojasauce, 6 EL kräftige Brühe, $^1/_4$ TL Salz, 1 TL Sherry, $^1/_4$ TL Glutamat, $^1/_2$ EL Maisstärke

Vorbereitung: Sojasauce, Brühe, Salz, Sherry und Glutamat in einem Schüsselchen verrühren.

Zubereitung: Diese Mischung in einer kleinen Kasserolle aufkochen. Die Maisstärke mit 3 Eßlöffeln Wasser verquirlen und in den Topf gießen. Die Sauce so lange köcheln, bis sie gebunden ist.

Servieren: Über Stücke oder Scheiben von gekochtem Hühnerfleisch gießen, die auf einer Platte angerichtet sind.

Eiersauce

Zutaten: 2 Frühlingszwiebeln, 2 Eier, 7 EL Wasser, $^1/_2$ EL Maisstärke, 1$^1/_2$ EL Pflanzenöl, $^1/_2$ TL Salz, 1 EL Sherry

Vorbereitung: Die Frühlingszwiebeln in 2,5 cm lange Stücke schneiden. Die Eier leicht mit 4 Eßlöffeln Wasser verschlagen. Die Maisstärke mit dem restlichen Wasser anrühren.

Zubereitung: In einem kleinen Saucentopf das Öl erhitzen und die Frühlingszwiebeln darin 30 Sekunden pfannenrühren. Die angerührte Maisstärke, Salz und Sherry zufügen. So lange rühren, bis die Sauce glatt ist und Blasen schlägt. Langsam die verquirlten Eier über die Zinken einer Gabel in die Sauce laufen lassen. Vorsichtig rühren (nicht mehr kochen), bis die Sauce cremig ist.

Servieren: Über gekochtes, in Würfel geschnittenes Hühnerfleisch gießen, das auf einer heißen Platte angerichtet ist.

Weiße Sauce

Zutaten: 6 EL *Hühnerbrühe*, ⅛ l Milch, 1 TL Salz, 2 TL Schweine- oder Hühnerschmalz, ¼ TL Glutamat, 1 TL Sherry, Pfeffer nach Geschmack, ½ EL Maisstärke

Zubereitung: Die Hühnerbrühe in einer Kasserolle erhitzen, dann Milch, Salz, Schweine- oder Hühnerschmalz, Glutamat, Sherry und Pfeffer zufügen. Sobald die Flüssigkeit aufkocht, die mit 3 Eßlöffeln Wasser verschlagene Maisstärke hineinrühren. Auf milder Hitze weiterrühren, bis die Sauce glatt und cremig geworden ist.

Servieren: Über gekochtes, in Stücke geschnittenes Hühnerfleisch gießen, das auf einer vorgewärmten Platte angerichtet ist.

Sauce für Eiergerichte

Feine Pilzsauce

Zutaten: 2 große getrocknete chinesische Champignons, 50 g Bambussprossen, 1 EL Pflanzenöl, 2 EL frische grüne Erbsen, 5 EL Brühe, 1 EL Sojasauce, 2 TL Sherry, ¼ TL Glutamat, ½ EL Maisstärke

Vorbereitung: Die Pilze einweichen, die Stiele entfernen und die Hüte in streichholzfeine Streifen schneiden. Auch die Bambussprossen in streichholzgroße Stifte schneiden.

Zubereitung: In einer kleinen Bratpfanne das Öl auf mittlerem Feuer erhitzen. Die in Streifen geschnittenen Gemüse sowie die Erbsen zufügen und 1 Minute pfannenrühren. Brühe, Sojasauce, Sherry und Glutamat zufügen, das Ganze aufkochen und 2 Minuten sanft köcheln lassen. Nun die mit 3 Eßlöffeln Wasser verschlagene Maisstärke zugießen und weiterrühren, bis die Sauce glatt und cremig ist.

Servieren: Über Eiergerichte geben. Besonders gut paßt diese Sauce zu *Chinesischen Omeletts* (Seite 339).

Süßsaure Saucen

Einfache süßsaure Sauce

Sie ist genau die Sauce, die man im Westen so sehr schätzt. In China ist sie im Süden wie im Norden gleichermaßen beliebt, wenn auch mit leichten Abwandlungen.

Zutaten: 4 EL Wasser, 1 EL Zucker, 1 EL Sojasauce, 1 EL Tomatenpüree (oder -mark), 1 ½ EL Essig, ¾ EL Maisstärke

Zubereitung: Das Wasser in einer kleinen Kasserole erhitzen, Zucker, Sojasauce und Tomatenpüree hineingeben und so lange rühren, bis sich der Zucker aufgelöst hat; dann den Essig zufügen. Zum Schluß die Stärke mit 3 Eßlöffeln Wasser anrühren und die Sauce damit andicken.

Feine süßsaure Sauce

Zutaten: 2 Knoblauchzehen, 2 Scheiben Ingwerwurzel, 1 EL Pflanzenöl, 1 EL gehackte Frühlingszwiebeln, 2 EL Zucker, 2 EL Essig, 2 EL Tomatenpüree (oder -mark), 2 EL Sojasauce, 2 EL Sherry, 4 EL Orangensaft, 4 EL Wasser, 1 EL Maisstärke

Vorbereitung: Den Knoblauch zerdrücken und den Ingwer feinhacken.

Zubereitung: In einem kleinen Saucentopf das Öl erhitzen und Knoblauch, Ingwer und Frühlingszwiebeln darin auf mittlerer Hitze 1 ½ Minuten rösten. Zucker, Essig und Tomatenpüree (oder -mark), Sojasauce, Sherry, Orangensaft und Wasser zufügen. So lange rühren, bis die Mischung glatt ist und der Zucker sich aufgelöst hat. Die Hitze etwas verstärken. Nun unter Rühren die in 4 Eßlöffeln Wasser aufgelöste Maisstärke zugießen und die Sauce damit binden.

Kantonesische süßsaure Sauce

Sie ist die südliche Version der süßsauren Saucen.

Zubereitung: Genau wie im vorhergehenden Rezept. Rühren Sie jedoch noch 2 Eßlöffel Mandarinen- oder Lycheesaft an das Zucker-Essig-Gemisch. Wenn Sie wünschen, können Sie auch alle beide Fruchtsäfte auf einmal zur Sauce geben.

Süßsaure Sauce für Fisch

Zubereitung: Halten Sie sich an das Rezept für *Feine süßsaure Sauce* (siehe oben), verdoppeln Sie aber die Menge von Ingwer, Frühlingszwiebeln und Sherry, und fügen Sie außerdem noch etwas feingehacktes essigsaures Gemüse hinzu. Verlängern Sie die Kochzeit um 30 Sekunden.

Süßsaure Sauce für Schweinerippchen

Zubereitung: Wie beim Rezept für *Feine süßsaure Sauce* (siehe oben), nur werden 4 Eßlöffel in feine Ringe geschnittene grüne Paprikaschoten, etwas Zwiebel und 1 Teelöffel eingeweichte, abgetropfte schwarze Bohnen hinzugefügt, außerdem noch ½ Eßlöffel Sojasauce mehr und ½ Eßlöffel Hoisinsauce. Erhitzen Sie die Sauce 30 Sekunden länger.

Süßsaure Sauce für Geflügel

Zubereitung: Wieder wie im Rezept für *Feine süßsaure Sauce* (siehe oben). Diesmal werden 2 Eßlöffel in dünne Scheiben geschnittene Bambussprossen, ½ Teelöffel Salz und ½ Teelöffel feingehackte Mixed Pickles zugegeben.

Scharfe süßsaure Sauce

Zubereitung: Folgen Sie dem Rezept für *Feine süßsaure Sauce* (Seite 58); fügen Sie jedoch 1 oder 2 feingehackte frische Chilischoten (oder 1 Teelöffel getrocknete) hinzu. Oder rühren Sie 2 Teelöffel Chilisauce in die Zucker-Essig-Lösung.

Süßsaure Sauce für ein chinesisches Omelett

Zutaten: 2 TL Maisstärke, 1 EL Zucker, $1/2$ EL Sojasauce, $1/4$ TL Glutamat, 1 EL Essig, 1 TL Sherry

Vorbereitung: Die Stärke mit 2 Eßlöffeln Wasser anrühren.

Zubereitung: Alle Zutaten in einer passenden Kasserolle mischen und auf mittlerer Hitze unter Rühren erhitzen, bis eine dickliche Sauce entsteht.

Servieren: Über ein Omelett gießen und gleich auftragen.

Süßsaure Sauce für Gemüse

Zutaten: 1 EL feingehacktes essigsaures Gemüse, 1 EL feingehackte Zwiebeln, $1/4$ TL Salz, 1 EL Pflanzenöl, $1 1/2$ EL Zucker, 4 EL Brühe, 2 TL Maisstärke, $1 1/2$ EL Essig, 1 EL Sojasauce, $1/4$ TL Glutamat

Zubereitung: Eingelegtes Gemüse, Zwiebeln und Salz $1 1/2$ Minuten im heißen Öl pfannenrühren. Alle anderen Zutaten mit 4 Eßlöffeln Wasser vermischen und in die Kasserolle gießen. So lange rühren, bis sich der Zucker aufgelöst hat und die Sauce gebunden und glatt ist.

Servieren: Über blanchiertes oder gekochtes Gemüse geben.

Die Marinaden

In der Chinesischen Küche läßt man fast alles, was gedämpft, ausgebacken oder pfannengerührt werden soll, zuvor in einer Marinade ziehen. Bei Dampfgerichten muß die Grundzutat bereits fertig gewürzt und abgeschmeckt sein, bevor der Garprozeß beginnt. Und weil man beim Ausbacken dem heißen Fett keinerlei Gewürze zufügen kann, muß dies ebenfalls vor dem Fritieren geschehen. Was rasch gebratene Gerichte angeht, ist es wichtig, daß die Aromen der verschiedenen Zutaten sich möglichst klar voneinander abheben.
Gibt man Gewürze und Würzsaucen gleich zu Anfang hinzu, so kann es sein, daß sie durch das abschließende Pfannenrühren bei großer Hitze in ihrer Wirkung beeinträchtigt werden – alle Zutaten nehmen womöglich den gleichen Geschmack an und sind nicht mehr zu unterscheiden. Das Ergebnis sind charakterlose, langweilige Gerichte.
Um das zu verhindern, legt man die verschiedenen Zutaten getrennt in aromatische Marinaden – erst beim Braten auf großer Hitze dürfen sich dann die unterschiedlichen Aromen einander mitteilen.
Die Angaben für die hier folgenden Marinaden lassen Raum für individuelle Veränderungen, man kann sie mit den verschiedensten Pürees, Würzsaucen und Obstsäften geschmacklich abrunden.
Obstsäfte werden übrigens im Süden Chinas viel häufiger verwendet als im Norden.

Einfache Marinade für Schweinefleisch
(für Schweinebraten, Grillbraten vom Schwein, Rippchen oder Fisch)

Zutaten: 75 g Frühlingszwiebeln, 1 EL Sojabohnenpaste, 4 EL Sojasauce, $1 1/2$ EL Zucker, 4 EL Sherry, $1/2$ TL Glutamat, Pfeffer aus der Mühle

Zubereitung: Die Frühlingszwiebeln in 1 bis 2 cm lange Stücke schneiden und mit allen übrigen Zutaten vermischen. Schweinefleisch, Schweinerippchen oder Fisch mit dieser Marinade einreiben und 1 bis 2 Stunden damit ziehen lassen. Mit der restlichen Marinade das Fleisch während des Bratens oder Grillens immer wieder einpinseln.
Statt der Sojabohnenpaste kann man auch $^1/_2$ Eßlöffel fermentierte schwarze Bohnen nehmen. Man muß sie zuvor 30 Minuten einweichen und dann gründlich abtropfen lassen.

Ingwer-Knoblauch-Marinade

Zubereitung: Wie im Rezept für die *Einfache Marinade* (Seite 59), fügen Sie jedoch 4 bis 5 Scheiben grobgehackte Ingwerwurzel und 2 zerdrückte Knoblauchzehen hinzu. Besonders gut für Fisch.

Pikante Marinade

Zubereitung: Würzen Sie die *Einfache Marinade* (Seite 59) zusätzlich mit $^1/_4$ TL Zimt, $^1/_4$ TL gemahlenen Nelken, $^1/_4$ TL gemahlenem Anis, 4 bis 5 Scheiben grobgehacktem Ingwer und 2 zerdrückten Knoblauchzehen.

Chili-Marinade

Zubereitung: Zur *Einfachen Marinade* (Seite 59) 1 Eßlöffel Chilisauce oder feingehackte frische Chilischoten geben; oder $^1/_2$ Eßlöffel getrocknete Chilischote in 2$^1/_2$ Eßlöffeln Pflanzenöl 1 Minute rösten und mit dem Öl in die Einfache Marinade gießen.

Feine Marinade
(für Schweinefleisch)

Zutaten: 2 EL Hoisinsauce, 1$^1/_2$ EL Sherry, $^1/_6$ TL Fünf-Gewürz-Pulver, 2 EL Sojasauce, 1 EL Zucker oder Honig

Zubereitung: Alle Zutaten gründlich miteinander verrühren. Das Schweinefleisch damit einreiben und 1 bis 1$^1/_2$ Stunden marinieren.
Variationen: 2 zerdrückte Knoblauchzehen und 50 g in 1 cm dicke Scheiben geschnittene Frühlingszwiebeln zufügen oder 1 Eßlöffel Chilisauce unterrühren. (Statt der Chilisauce kann man auch 2 getrocknete Chilischoten feinhacken, in 1$^1/_2$ Eßlöffel Pflanzenöl anrösten und mit dem Öl an die Marinade geben.)

Braune-Bohnen-Marinade
(für Schweinefleisch, Rippchen oder Fisch)

Zutaten: 2 Scheiben Ingwerwurzel, 2 Knoblauchzehen, 1$^1/_2$ EL fermentierte braune Bohnen, 1 EL Sojasauce, $^1/_2$ TL Salz, $^1/_2$ EL Zucker, 5 EL Brühe, 1 EL Sherry

Zubereitung: Den Ingwer feinhacken, den Knoblauch zerdrücken. Die Bohnen zu Mus zerquetschen und mit Ingwer, Knoblauch, Sojasauce, Salz, Zucker und Brühe auf milder Hitze unter Rühren langsam zum Kochen bringen. Kurz bevor der Siedepunkt erreicht ist, den Sherry zugießen.
Schweinefleisch und -rippchen (Spare ribs) damit übergießen und 1 bis 2 Stunden lang ziehen lassen. Fisch 30 Minuten bis 1 Stunde darin marinieren. Mit der restlichen Marinade Fleisch oder Fisch während des Bratens oder Grillens immer wieder bestreichen.

Honigmarinade
(für Schweinefleisch und Rippchen)

Zutaten: 2 Scheiben Ingwerwurzel, 2 Knoblauchzehen, 2 TL Salz, 2 TL Zucker, 2 EL Sojasauce, 2 EL Sherry, 2 EL Honig

Zubereitung: Ingwer und Knoblauch feinhacken. Das Fleisch oder die Rippchen rundum mit Salz, Ingwer und Zucker einreiben und 1 Stunde lang liegen lassen. Sojasauce, Sherry, Honig und Knoblauch verrühren, und das Fleisch in dieser Marinade 30 Minuten bis 1 Stunde ziehen lassen, dabei öfters wenden.

Rote-Bohnenkäse-Marinade mit Sojasauce
(für Schweinefleisch und -rippchen)

Zutaten: 1 Knoblauchzehe, 1 EL roter Bohnenkäse, 2 EL Sojasauce, 1 TL Salz, 1 TL Zucker, 1 EL Sherry

Zubereitung: Den Knoblauch zerdrücken und gründlich mit dem Bohnenkäse mischen. Sojasauce, Salz, Zucker und Sherry darunterrühren. Diese Marinade in das Schweinefleisch oder die Rippchen einmassieren und 1 Stunde durchziehen lassen.

Mandarinenschalen-Marinade
(für Bratente)

Zutaten: Die Schale von 2 getrockneten Mandarinen, 2 Knoblauchzehen, 8 EL heiße Brühe, 3 EL Sojasauce, $^{1}/_{2}$ TL Salz, Pfeffer aus der Mühle

Zubereitung: Die Mandarinenschalen 30 Minuten in Wasser einweichen, dann feinhacken. Den Knoblauch zerdrücken und mit den feingehackten Mandarinenschalen mischen. Die heiße Brühe sowie die restlichen Zutaten zufügen und alles gründlich verrühren. Die Ente in eine passende Form legen, mit der Marinade übergießen und 2 Stunden lang ziehen lassen, dabei alle 30 Minuten umwenden.

Salatsaucen

Die Chinesen haben panische Angst, sie könnten sich durch kalte Gerichte den Magen verkühlen, deshalb spielen Salate und Salatsaucen in der Chinesischen Küche eine nur geringe Rolle. Diese Furcht wird verständlich, wenn man sich klar macht, daß ungegarte Lebensmittel tatsächlich nicht ungefährlich sind in einem Land, wo es kein sauberes Leitungswasser gibt. Früher waren bei uns vor allem im Sommer seuchenartige Krankheiten weit verbreitet, die durch Erreger im Wasser hervorgerufen wurden. Natürlich hat sich mit den Jahren dieser Mißstand gebessert, aber durch Tradition überkommene Angewohnheiten lassen sich nur sehr langsam ändern.

Man brauchte Salatsaucen eigentlich nur für gekochte, geräucherte oder zumindest blanchierte, eingeweichte oder vorgekochte Zutaten. Mit anderen Worten: Man reichte sie mit kalten, aber *gegarten* Zutaten, zum Beispiel in Form von verschiedenen »betrunkenen« Gerichten und Vorspeisen.

Chinesische Vorspeisen werden meist äußerst dekorativ angerichtet und leisten in visueller wie kulinarischer Hinsicht ihren Beitrag zur Welt der »Kalten Küche«.

Die chinesischen Würzmittel wie Wein, Reisschnaps, Sesamöl, Sesampaste und Weinsatzpaste eröffnen viele neue Möglichkeiten und erheben die Zubereitung kalter Speisen zu einer Kunst.

Chinesische Salatsaucen passen auch vorzüglich zu *westlichen* Salaten und kalten Platten – nachfolgend eine Auswahl von geeigneten Rezepten.

Soja-Essig-Dressing I

Zutaten: 2 EL Sojasauce, 2 EL Essig, $^{1}/_{2}$ EL geriebener frischer Ingwer, 2 EL kräftige *Hühnerbrühe*, $1^{1}/_{2}$ TL Zucker, 2 EL Pflanzenöl

Zubereitung: Sojasauce, Essig, Ingwer, Hühnerbrühe, Zucker und Öl gründlich miteinander verrühren. Über vorbereitetes Gemüse geben.

Soja-Essig-Dressing II

Zubereitung: 1 $\frac{1}{2}$ Eßlöffel gehackte Frühlingszwiebeln, 1 Eßlöffel Sherry, $\frac{1}{2}$ Teelöffel Glutamat und 2 zerdrückte Knoblauchzehen zur einfachen Sauce (siehe oben) geben. Die Zutaten untermischen, bevor das Öl in die Sauce gerührt wird.
Mit dieser Sauce bekommt jeder Durchschnittssalat ein sehr interessantes Aroma.

Soja-Sesam-Dressing

Zutaten: 2 $\frac{1}{2}$ EL Sojasauce, 2 TL Sesamöl, 1 EL Sesampaste, 1 EL Pflanzenöl, 2 EL Hühner- oder Fleischbrühe

Zubereitung: Alle Zutaten in einer Schüssel verrühren. Diese Sauce paßt zu jeder Art von kaltem Fleisch oder Fisch und zu kalten Nudeln mit blanchiertem Gemüse und kaltem, in schmale Streifen geschnittenem Fleisch.

Soja-Dressing
(scharf)

Zutaten: 2 frische rote Chilischoten, 1 Scheibe Ingwerwurzel, 2 EL Pflanzenöl, 3 EL Sojasauce, 1 $\frac{1}{2}$ EL Essig, 3 EL Hühner- oder Fleischbrühe

Vorbereitung: Die Chilischoten sorgfältig entkernen, dabei den Stielansatz entfernen, und feinhacken. Den Ingwer ebenfalls feinhacken.

Zubereitung: Die Chilistückchen in heißem Öl pfannenrühren, bis sie anfangen, sich schwarz zu färben. Den Ingwer zufügen und kurz mitrösten. Sojasauce, Essig und Brühe zugießen und alles gründlich mischen. Abkühlen lassen.

Servieren: Mit der kalten Sauce Fleisch, kalten gekochten Fisch oder Gemüse anmachen.

Soja-Zwiebel-Dressing

Zutaten: 50 g Frühlingszwiebeln, 1 Knoblauchzehe, 2 Scheiben Ingwerwurzel, 4 EL Pflanzenöl, 2 EL Sojasauce, 2 EL Brühe, $\frac{1}{2}$ TL Salz, 1 TL Sherry, 1 TL Zucker, $\frac{1}{4}$ TL Glutamat

Vorbereitung: Die Frühlingszwiebeln in 5 mm dicke Scheiben schneiden. Den Knoblauch zerdrücken und den Ingwer feinhacken.

Zubereitung: Frühlingszwiebeln, Knoblauch und Ingwer im Öl auf mittlerer Hitze 2 Minuten pfannenrühren. Die übrigen Zutaten hinzufügen, alles gut vermischen, und abkühlen lassen. Zu gekochtem kalten Fleisch, Fisch oder Gemüse reichen.

Sesam-Essig-Dressing

Zutaten: 4 EL Sesampaste oder Erdnußbutter, 1 $\frac{1}{2}$ TL Sesamöl, 2 EL Essig, 1 EL Sojasauce, 1 TL Zucker, $\frac{1}{2}$ TL Salz, 2 EL Wasser

Zubereitung: Alle Zutaten gründlich miteinander verrühren. Über gekochtes kaltes Fleisch, Fisch oder Gemüse geben.

Senf-Dressing

Zutaten: 1 EL Senfpulver, 2 EL Sojasauce, 2 EL Wasser, $\frac{1}{6}$ TL Pfeffer aus der Mühle, 1 EL Essig, 1 TL Zucker, 1 EL Pflanzenöl, 1 EL Sherry

Zubereitung: Alle Zutaten in einem Schüsselchen gründlich verrühren und 2 Stunden im Kühlschrank ziehen lassen. Für kaltes Fleisch, Geflügel oder blanchiertes Gemüse.

Eier-Dressing
(chinesische Variante der Mayonnaise)

Zutaten: 3 Eier, 1 Knoblauchzehe, 2 Scheiben Ingwerwurzel, 1 EL Sojasauce, $^1/_4$ TL Glutamat, 3 EL Hühner- oder Fleischbrühe, $^1/_2$ TL Salz, 2 EL Sherry, 1 Prise Pfeffer, 4 EL Pflanzenöl

Zubereitung: Die Eier 8 bis 10 Minuten lang hartkochen. Den Knoblauch zerdrücken und den Ingwer reiben. Die Eier mit einer Gabel zerdrücken und mit Knoblauch, Ingwer und allen anderen Zutaten gründlich verrühren.
Für rohe und gekochte (blanchierte) Gemüse.

Tischwürzen, Dips und Würzmischungen

Tischwürzen, Dips und Würzmischungen bilden die letzte der verschiedenen Phasen beim chinesischen Würzen. Wie auch in der europäischen Küche stellt man diese Dips und Gewürze auf den Eßtisch, damit sich jeder selbst davon bedienen kann. Aber es gibt zwei wesentliche Unterschiede zwischen West und Ost:
In China füllt man die Tafelsaucen und -würzen normalerweise in flache Schälchen, in die jeder Bissen eingetunkt wird. Niemals gießt man aus einer *Flasche* über die eigene Portion!
Der zweite Unterschied besteht darin, daß wir Chinesen würzende Grundzutaten zusammenmischen und so für nahezu jedes Gericht eine eigene Würztunke haben. Deshalb stehen auf einer chinesischen Tafel so viele verschiedene Saucen und Dips. Es liegt in der chinesischen Art, unterschiedliche Aromen gegeneinanderzusetzen oder sie zu mischen und damit ungezählte neue Möglichkeiten zu eröffnen.
Wie beim Kochen gilt auch beim Würzen am Tisch keine feste Regel; man kann vielmehr tun und lassen, was man will.
Wenn es auch für manche traditionellen Gerichte ganz spezielle Saucen gibt, ist es doch durchaus erlaubt, andere Saucen und Dips zu nehmen. Darum findet man auf einer chinesischen Tafel meistens eine ganze Reihe von Würzmitteln: Sojasauce, Hoisinsauce, scharfe Chilisauce, Senf, Tomatensauce sowie Salz- und Pfeffermischungen, und darüber hinaus Saucen und Mischungen, die eigens für spezielle Gerichte angerührt werden. All diese Würzen in ihrer Farbenpracht sorgen dafür, daß der gedeckte Tisch schön und appetitlich aussieht, und das müßten wir eigentlich in unserer farbenbewußten Zeit besonders schätzen!
Bestellt man in einem typischen Peking-Restaurant beispielsweise *Mongolisches Grillfleisch*, werden an jeden Platz zwei leere Schälchen gestellt: In dem einen

wird ein Ei verquirlt, das andere dient jedem Gast dazu, sich seine eigene Sauce anzurühren aus den vielen Saucen, Dips und Würzmischungen, die auf dem Tisch bereitstehen. Es macht großen Spaß, sich seine spezielle Sauce zu mischen, wenn man sich am Tisch niedergelassen hat. Und wenn in die Mitte des Tisches die große glühendheiße Steinplatte gesetzt wird, auf der sich jeder seine Fleischstücke braten wird, bekommt man auch gleich einen Vorgeschmack auf das Grillvergnügen.

Ein solches Essen in einem Pekinger Restaurant gehört sicherlich zu den interessantesten kulinarischen Erlebnissen der Welt!

Um unnötige Arbeit oder Verwirrung bei der Vorbereitung zu vermeiden, habe ich einige der wichtigsten Tischwürzen und Dipsaucen aufgeschrieben und nach ihrer Verwendung geordnet: Dips für Geflügelgerichte, Dips für Schweinefleischgerichte, Dips für Meeresfrüchte. Diese drei Fleischsorten schmecken nämlich viel besser, wenn man die richtigen Saucen dazu serviert.

Die wichtigsten Würzzutaten

Die wichtigsten Würzzutaten in der Chinesischen Küche sind fast die gleichen wie in der europäischen Küche: Salz, Pfeffer, Essig, Senf und Tomatensauce. Außerdem finden bei uns noch Sojasauce, *Pflaumensauce*, Sesampaste, *Austernsauce*, Shrimpsauce, *Chili-Öl* und Hoisinsauce (eine dunkle Sauce aus verschiedenen pflanzlichen Stoffen, die in Dosen und Flaschen erhältlich ist) Verwendung.

Sojasauce und Hoisinsauce kauft man fertig. Kein Chinese käme je auf die Idee, sie selbst herzustellen. Die meisten übrigen Saucen werden des öfteren im Hause gemacht. Im Westen wird man sie häufiger selber zubereiten müssen, weil es nicht überall Geschäfte gibt, die chinesische Lebensmittel führen. Soja- wie Hoisinsauce haben Eigenschaften, die sie auch in der westlichen Fleisch- und Gemüseküche unentbehrlich machen sollten.

Sojasauce

Sojasauce gibt es in vielen verschiedenen Stärken, vor allem in den Landstrichen, in denen sie produziert wird, wie zum Beispiel in Foochow, wo ich aufgewachsen bin. Normalerweise aber sind drei Sorten erhältlich: helle, dunkle und starke Sojasauce. Starke Sojasauce nimmt man für kräftiges Fleisch wie Rind oder Schweinerippchen, die eine vollmundige, aromatische Sauce brauchen. Sie paßt aber auch gut in Dips für weißgekochtes Fleisch. Starke Sojasauce von guter Qualität hat einen kräftigen Eigengeschmack und läßt sich in etwa mit konzentrierten Hefeextrakten vergleichen. Sie ist vielseitig verwendbar, besonders aber für Speisen, die keinen hohen Eigengehalt an Würze oder Salzen haben. Den Geschmack dieser Sojasauce könnte man vielleicht als den »Inbegriff des Würzig-Salzigen« bezeichnen.

Die hellen bis dunklen Sojasaucen nimmt man meistens für Zutaten, die schon von Natur aus würzig und salzig sind, oder zum Mischen mit anderen Würzmitteln, weil sie in ihrer Konsistenz leicht sind.

Auch sind diese leichteren Sorten feiner im Aroma und deshalb besser geeignet für Dips und Würzsaucen. Man schmeckt mit ihnen Suppen, eintopfartige Speisen und zahllose Gemüsegerichte ab, oft nur deshalb, weil sie würzen, ohne die Farbe des Gerichts zu beeinträchtigen. Auch Shrimpsauce findet meist in Speisen Verwendung, die zu einem Großteil aus Flüssigkeit bestehen (Suppen usw.).

Anmerkung der Übersetzerin: Sojasauce wird mittlerweile auch von deutschen Firmen hergestellt, allerdings nicht nach chinesischem Rezept. Deshalb sollten Sie beim Einkauf darauf achten, daß Sie tatsächlich nur chinesische Produkte kaufen.

Die hier beschriebene Auswahl werden Sie allerdings nur in gut sortierten Chinaläden finden (eine Liste mit Adressen von Geschäften und Versandfirmen für chinesische Spezialitäten finden Sie im Anhang des Buches). Ganz wichtig: in vielen Supermärkten wird *japanische* Sojasauce angeboten. Das ist nicht dasselbe wie chinesische Sojasauce! Genausowenig sollten Sie die (im Westen hergestellte) *indonesische* Sojasauce als Ersatz verwenden!

3 Pekinger sojawürzige Fleischsauce (S. 52) mit Nudeln und feinen Gemüsen; Gegrilltes Schweinefleisch nach kantonesischer Art (S. 147)

Hoisinsauce

Hoisinsauce ist meist in der Konsistenz viel dicker als Sojasauce, fast wie Mus oder Creme, und von braunroter Farbe und scharf-süßlich-würzigem Geschmack. Sie wird aus Sojabohnen, Knoblauch, Chili und Gewürzen hergestellt und sieht ein bißchen wie Himbeermarmelade aus. Man verwendet sie zu Schalentieren, Schweinerippchen (Spare ribs), Schweinefleisch, Ente, Huhn und Gemüse oder nimmt sie als Tafelsauce für Gekochtes (z. B. Schweine- oder Geflügelfleisch), aber auch für Gebratenes oder Fritiertes. Hoisinsauce wird auch »rote Gemüsesauce« oder »süße Gemüsepaste« genannt.

Ich finde, man kann vorzüglich Gemüse damit braten oder sie als Dip anstelle von Pflaumensauce nehmen. Sie sagt bestimmt auch dem westlichen Gaumen zu und könnte fast wie Tomatenketchup benutzt werden, allerdings sparsamer, denn sie ist viel stärker.

Chili-Öl

Dieses Öl ist einer der Grundbestandteile für alle scharfen Saucen in der Chinesischen Küche und kann deshalb als eine der wichtigsten scharfen Würzzutaten bezeichnet werden, wenn man es auch fast ausschließlich in der Küche und nicht am Tisch verwendet. Die rote Farbe aller *Kung-Po*-Gerichte und eines Großteils der scharfen Szechuan-Gerichte stammt vom reichlichen Gebrauch des Chili-Öls.

Zutaten: 8 bis 10 frische rote Chilischoten (oder 2 EL getrocknete), 6 EL Erdnußbutter (oder Maiskeimöl)

Vorbereitung: Sämtliche Kerne sorgfältig aus den Schoten entfernen.

Zubereitung: In einer kleinen Kasserolle das Öl erhitzen. Die Chilis zufügen und auf milder Hitze unter gelegentlichem Rühren sanft rösten, bis das Öl dunkelrot geworden ist. Abkühlen lassen und durch ein feines Sieb filtern. Nur in kleinen Mengen verwenden, es ist extrem scharf!

Anmerkung der Übersetzerin: Waschen Sie sich unbedingt sehr sorgfältig die Hände, wenn Sie mit Chilischoten gearbeitet haben. Reiben Sie sich auf keinen Fall die Augen, fassen Sie nicht Ihr Gesicht oder gar Ihr Baby an! In den Schoten stecken beizende ätherische Öle, die die Schleimhäute angreifen. Sie wirken selbst nach mehreren Stunden und öfterem Händewaschen noch.

Pflaumensauce

Zutaten: 200 g frische Pflaumen. 2 EL braune Bohnenpaste, 3 EL Chutney (Mango-Chutney o. ä.), 3 EL Apfelmus, 2 EL Sojasauce, 4 EL Zucker, $1/8$ l Wasser, 2 EL Essig, 1 TL Salz

Vorbereitung: Die Pflaumen mit kochendem Wasser überbrühen und das Fleisch im Mixer mit allen übrigen Zutaten 30 Sekunden pürieren.

Zubereitung: Das Pflaumenpüree in eine Kasserolle füllen und zugedeckt auf milder Hitze 30 Minuten ganz sanft köcheln, dabei gelegentlich umrühren. Die fertige Sauce in ein sauberes, verschließbares Glas füllen und 1 Monat durchziehen lassen.

Servieren: Zur *Pekingente* reichen (zum Bestreichen der *Pfannkuchen*) oder zu gebratenem Schweinefleisch.

Anmerkung der Übersetzerin: Füllen Sie die Pflaumensauce in sorgfältig ausgespülte Twist-off-Gläser und bewahren Sie sie im Kühlschrank auf, dann hält sie sich bis zu einem halben Jahr.

Austernsauce

Die Austernsauce ist vor allem in der kantonesischen (der südchinesischen) Küche sehr beliebt. Man verwendet sie gerne zu Rindfleisch- und schnellen Bratgerichten. In Chinaläden kann man sie auch fertig kaufen.

4 Eierblumensuppe mit Rindfleischscheibchen und Tomaten (S. 82); Scharfsaure Suppe (S. 89)

Zutaten: 12 große Austern, 6 EL Hühner- oder Fleischbrühe, 2 EL Sherry, 3 EL Sojasauce, 1 EL Hoisinsauce, 1 TL Zucker, 1 1/2 EL Pflanzenöl

Vorbereitung: Die Austern aus ihrer Schale lösen, in ein Sieb geben und den austretenden Saft auffangen.

Zubereitung: Die Austern, ihren Saft, die Brühe und den Sherry in einer kleinen Kasserolle erhitzen und 10 Minuten ganz sanft köcheln lassen. Sojasauce, Hoisinsauce, Zucker und Öl zufügen und unter stetem, vorsichtigen Rühren weitere 5 Minuten köcheln. Abkühlen lassen, durch ein Sieb streichen und an einem kühlen Ort aufbewahren.

Anmerkung der Übersetzerin: Am einfachsten ist es, wenn Sie die fertige Sauce im Mixer bei hoher Geschwindigkeit zu einem glatten Mus pürieren.

Scharfe Senfsauce

Zutaten: 1/2 TL Salz, 1 TL Chilisauce, 1 TL Essig, 6 EL Wasser, 1 EL Senfpulver

Zubereitung: Wasser, Salz, Chilisauce und Essig in einer kleinen Kasserolle 1 Minute kochen, dann abkühlen lassen. Diese Flüssigkeit ganz langsam zu dem Senfpulver gießen, dabei unermüdlich rühren, bis die Mischung glatt und cremig ist.
Die Senfsauce verwendet man in der Chinesischen Küche in ähnlicher Weise wie Senf in der westlichen.

Salz-und-Pfeffer-Mischung
Abb. 18

Zutaten: 2 EL Salz, 2 TL frisch gemahlener Pfeffer

Zubereitung: Salz und Pfeffer in einer kleinen trockenen Pfanne auf milder Hitze 3 bis 4 Minuten rösten, dabei ständig rühren. Die Mischung ist fertig, sobald sich ein starker Pfefferduft bemerkbar macht.
Diese Mischung bereitet man am besten jedesmal frisch zu; andernfalls muß man sie in einem gut schließenden Glas aufbewahren. Sie wird sehr häufig als Dip für viele fritierte Gerichte und zu Gebratenem wie Garnelenbällchen, knusprigem Hühnchen oder auch einfachem fritierten Hühnchen gebraucht.

Salz-Zimt-Mischung

Zutaten: 2 EL Salz, 1 TL gemahlener Zimt, 1 Prise Fünf-Gewürz-Pulver

Zubereitung: Das Salz in einer trockenen Pfanne auf milder Hitze so lange rösten, bis es zu bräunen beginnt. Etwas abkühlen lassen, dann den Zimt und das Fünf-Gewürz-Pulver untermischen.
Auch diese Würzmischung ist am besten, wenn man sie frisch zubereitet, sonst muß man sie in einem gut schließenden Glas aufbewahren. Sie wird in der gleichen Weise verwendet wie die *Salz-und-Pfeffer-Mischung*.

Verschiedene Dips für Hühnergerichte

Die folgenden Dip- oder Würzsaucen stellt man auf den Tisch, so daß sich jeder nach Geschmack davon bedienen kann. Man kann sich aus mehreren Dips einen eigenen Spezialdip zusammenrühren oder jeden Bissen in eine andere Sauce tauchen. *Salz-und-Pfeffer-Mischung, Scharfe Senfsauce,* Sojasauce, Tomatensauce, Shrimpsauce, *Soja-Öl-Dip, Soja-Öl-Dip mit Knoblauch, Soja-Dip mit Knoblauch und Ingwer* und *Soja-Sherry-Dip* sollten alle auf dem Tisch stehen. Eine solche Auswahl würden sogar Kenner befriedigt zur Kenntnis nehmen!

Soja-Öl-Dip
(für Hühnchen)

Zutaten: 3 EL Sojasauce, 2 EL Pflanzenöl

Zubereitung: Das Öl erhitzen, bis es eben anfängt zu rauchen, abkühlen lassen und dann die Sojasauce hineinrühren.

Durch diesen Dip schmeckt weißgekochtes Hühnerfleisch noch zarter. Wir Chinesen geben häufig einige Tropfen Öl über langsam gekochte Speisen, um sie noch schmelzender in Aroma und Konsistenz zu machen. Röstet man zuvor Gewürze oder andere Würzzutaten in diesem Öl, teilt sich deren Geschmack den Speisen mit.

Soja-Öl-Dip mit Knoblauch

Zutaten: 3 Knoblauchzehen, 6 EL Sojasauce, 3 EL Erdnuß- oder Maiskeimöl, $\frac{1}{4}$ TL Zucker

Zubereitung: Den Knoblauch durch die Presse drücken. Mit den übrigen Zutaten im elektrischen Mixer gründlich vermischen.

Anmerkung der Übersetzerin: Falls Ihr Mixer eine so kleine Menge nicht schafft, vermischen Sie alles in einem Mörser.

Dieser Dip paßt vor allem zu in klarer Brühe weißgekochtem Hühnerfleisch oder Brathuhn. Wenn Sie statt des Öls 3 Eßlöffel Essig untermischen, können Sie ihn auch zu gekochtem Schweinefleisch servieren (Schweinefleisch ist fetter als Hühnerfleisch und bedarf keiner weiteren Fettzugabe). Die hier angegebene Menge läßt sich auf 3 bis 4 Saucenschälchen verteilen und reicht für etwa 10 Personen.

Soja-Öl-Dip mit Ingwer

Zutaten: 3 Schreiben Ingwerwurzel, 6 EL Sojasauce, 3 EL Pflanzenöl, $\frac{1}{2}$ TL Essig

Zubereitung: Den Ingwer sehr fein hacken. Alle Zutaten im Mixer (oder Mörser) gut vermischen.
Diese Tunke paßt zu weißgekochtem oder in klarer Brühe gegartem Hühnerfleisch und zu Brathuhn. Will man sie zu Schweinefleisch servieren, ersetzt man das Öl durch Essig.

Soja-Dip mit Knoblauch und Ingwer

Zutaten: $1\frac{1}{2}$ Knoblauchzehen, $1\frac{1}{2}$ Scheiben Ingwerwurzel, 12 EL Sojasauce, 6 EL Erdnuß- oder Maiskeimöl, $\frac{1}{4}$ TL Zucker, $\frac{1}{2}$ EL Essig

Zubereitung: Den Knoblauch durch die Presse drücken. Den geschälten Ingwer sehr fein hacken. Alle Zutaten im Mixer (oder im Mörser) gründlich mischen. Zu Hühner- oder Schweinefleischgerichten reichen.

Soja-Öl-Dip mit Zwiebeln

Zutaten: 3 Frühlingszwiebeln, 6 EL Sojasauce, 3 EL Pflanzenöl, $\frac{1}{2}$ TL Essig

Zubereitung: Die Frühlingszwiebeln sehr fein hacken und mit den übrigen Zutaten im Mixer (oder Mörser) sehr gut vermischen.

Servieren: Die Tunke in 3 Saucenschälchen verteilen. Zu Hühnergerichten reichen (auch zu Schweinefleisch – dann das Öl durch Essig ersetzen).

Soja-Senf-Dip

Zutaten: 3 EL Sojasauce, 1 EL Senfpulver, 2 EL Brühe, $\frac{1}{2}$ TL Salz, $\frac{1}{2}$ TL Sesamöl

Zubereitung: Alle Zutaten gründlich miteinander verrühren, am besten im elektrischen Mixer.
Zu weißgekochtem oder gebratenem Hühner- oder Schweinefleisch reichen.

Soja-Chili-Dip

Zubereitung: Jeweils 1 Teelöffel *Chili-Öl* (Seite 65) auf 3 Eßlöffel Sojasauce rechnen und mit jedem beliebigen Soja-Öl-Dip mischen.
Paßt zu Huhn und Schweinefleisch.

Soja-Sherry-Dip

Zutaten: 3 EL Sojasauce, 3 EL Sherry, 1 TL Zucker, 1 TL Salz

Zubereitung: Alle Zutaten gut vermischen. Auf zwei Saucenschälchen oder Untertassen verteilen und zu *Fritiertem Hühnchen* oder zu *Knusprigem Schweinebraten* reichen.

Hoisin- oder Pflaumensauce
(für Schweinefleisch)

Dieser Dip wird denen schmecken, die den Kontrast zwischen der Süße der Sauce und dem Fett des Schweinefleisches mögen.
Er ist mit dem Preiselbeerkompott zu vergleichen, das in Europa oft zu Fleisch gereicht wird, allerdings ist die chinesische Tunke etwas pikanter.

Zutaten: 8 EL Hoisin- oder Pflaumensauce, 1 bis 2 TL Sesamöl

Zubereitung: Hoisin- oder Pflaumensauce mit dem Sesamöl verrühren. Zu weißgekochtem oder gebratenem Schweinefleisch servieren.

Pflaumen-Dip
(für Ente)

Zutaten: 4 EL *Pflaumensauce*, 2 EL Sojasauce, 2 TL *Chili-Öl*

Zubereitung: Alle Zutaten gründlich mischen; in 3 Saucenschälchen verteilen.

Soja-Sesam-Dip
(für Schweinefleisch)

Zutaten: 4 EL Sojasauce, 2 TL Sesamöl, 2 EL Sesampaste (oder Erdnußbutter), 1 EL Pflanzenöl, 1 EL Sherry, 2 TL feingehackte Ingwerwurzel

Zubereitung: Alle Zutaten 15 Sekunden im Mixer mischen; in 2 Saucenschälchen verteilen.

Verschiedene Dips für Schweinefleisch

Stellen Sie folgende Würzsaucen und -mischungen auf den Tisch: einfache und starke Sojasauce, Hoisinsauce, *Scharfe Senfsauce,* Chilisauce, Tomatensauce, *Salz-und-Pfeffer-Mischung.* Dazu können Sie noch *Essig-Knoblauch-Dip* (2 Teelöffel zerdrückter Knoblauch mit 3 Eßlöffeln Essig) und *Essig-Ingwer-Dip* (3 Teelöffel feingehackter Ingwer mit 3 Eßlöffeln Essig) servieren. Jeder Gast kann sich dann nach Belieben bedienen.

Dip für Meeresfrüchte

Zutaten: 4 Scheiben Ingwerwurzel, 4 EL Essig, 2 EL Sojasauce

Zubereitung: Den Ingwer reiben oder sehr fein hacken und mit allen übrigen Zutaten gründlich mischen. In 3 Saucenschälchen verteilen.

Dip für Taschenkrebse
Abb. 24

Zubereitung: Wie im vorigen Rezept, aber mit der doppelten Menge Sojasauce.
Da Taschenkrebse meist nur mit einer leichten Sauce in Dampf gegart, gekocht oder gebraten werden, ist später eine schwerere und salzigere Tunke von kräftigem Aroma sehr angebracht. Deshalb gibt man mehr Sojasauce zu als im vorigen Rezept angegeben.

Dip für Hummerkrabben

Zutaten: 2 Knoblauchzehen, 2 Scheiben Ingwerwurzel, 4 EL Sojasauce, 2 EL Sherry, 1 EL Hoisinsauce, 1 EL Tomatenpüree. 1 TL *Chili-Öl*

Zubereitung: Knoblauch und Ingwer sehr fein hacken und mit den übrigen Zutaten gründlich vermengen. In 4 Saucenschälchen verteilen.

Dip für fritierte Hummerkrabben

Nehmen Sie hierfür die *Salz-und-Pfeffer-Mischung* (Seite 66).

Dip für fritierte Hummerkrabbenbällchen

Zutaten: 1 Knoblauchzehe, 1 EL Hoisinsauce, 1 EL Honig, 1 EL Sherry, 2 EL Sojasauce, Pfeffer aus der Mühle

Zubereitung: Die Knoblauchzehe durch die Presse drücken und mit den übrigen Zutaten gut verrühren. In 2 Saucenschälchen verteilen. Die Menge reicht aus für eine große Platte Hummerkrabbenbällchen.

Verschiedene Dips für Hummerkrabben

Stellen Sie folgende Dips auf den Tisch: Sojasauce, Hoisinsauce, *Scharfe Senfsauce, Chili-Öl, Salz-und-Pfeffer-Mischung, Dip für Meeresfrüchte* und Tomatensauce.
Bei dieser großen Auswahl kann jeder Gast seine Hummerkrabben in die verschiedensten Saucen tunken und hat den doppelten Genuß davon.
Es ist in China allgemein üblich, stets eine größere Anzahl von Saucen und Dips auf den Tisch zu bringen.

Dip für Herzmuscheln

Zutaten: 3 Scheiben Ingwerwurzel, 2 Frühlingszwiebeln, 2 EL Sojasauce, 1 EL Sherry, 1 EL Essig, 1 EL Tomatensauce, 1 EL Pflanzenöl, 1 TL Sesamöl

Zubereitung: Den Ingwer und die Frühlingszwiebeln feinhacken und mit den übrigen Zutaten sehr gründlich mischen. In 3 Saucenschälchen verteilen.

Dip für fritierten Sojabohnenquark

Zutaten: 2 EL Sojasauce, 2 EL Erdnußbutter, 2 TL Sesamöl, 2 EL Pflanzenöl, $1/2$ TL *Chili-Öl,* 2 EL *Hühnerbrühe*

Zubereitung: Alle Zutaten im Mixer gut vermischen. In 3 oder 4 Saucenschälchen verteilen.

Wie in der westlichen Küche kennt man auch bei uns hauptsächlich dicke, gebundene und klare Suppen. Für dicksämige Suppen haben wir nicht so viele Rezepte, dafür aber um so mehr für klare – eine Riesenauswahl!

Das liegt wohl an der bereits mehrfach erwähnten Lust der Chinesen, Unterschiedliches zu mischen. Unsere klaren Suppen sind den im Westen üblichen Consommés nur zum Teil ähnlich, denn sie haben immer Gemüseeinlagen, die, in allerlei kunstvolle Formen geschnitten, darin verteilt sind oder obenauf schwimmen. In den Augen der Chinesen gilt eine Suppe, auch wenn vielerlei Einlagen darin herumschwimmen, dennoch als klar, solange die Brühe kristallklar ist.

Einige chinesische Suppen sind also in Wahrheit reichhaltige Gerichte. Dennoch sind sie niemals mächtig oder schwer, weil die Einlagen nur den reizvollen Kontrast zur leichten klaren Brühe bilden. Man hat eher die Vorstellung von einem klaren tiefen Bergsee, dem erst die faszinierende Fauna und Flora Leben und Farbe gibt.

Die Grundbrühe für chinesische Suppen besteht meist aus Hühner-, Fleisch- oder Knochenbrühe oder aus einer (variablen) Mischung von zwei oder auch allen drei Arten. Unterschiedliche Aromen, Farben, Strukturen oder Formen ergeben sich einzig aus den verschiedenen Einlagen. Da man frische, rohe oder gekochte, getrocknete, eingesalzene, würzige oder milde Gemüse-, Fleisch- oder Fischsorten verwenden kann, wächst die Zahl der Möglichkeiten quasi ins Unendliche.

Nehmen wir zum Beispiel *Hühnerbrühe*. Gibt man ein paar Scheiben Abalone, geräucherten Schinken, getrocknete Pilze oder Muscheln, einige Stückchen fleischige Schweinerippchen oder ein, zwei Eßlöffel ausgelöste Garnelenschwänze hinein, wandelt sie sich nach kurzem Köcheln zu einer Suppe mit einem ganz eigenen Geschmack, ohne daß man sie noch zusätzlich mit Gewürzen oder würzenden Zutaten verfeinern müßte. Fügt man noch weitere Zutaten hinzu, während der verschiedenen Stufen des Kochvorgangs etwa, so geschieht mit dieser Suppe noch mehr: Sie bekommt ein wunderbares und unnachahmliches Aroma.

Auf solche Weise werden in China Aroma und Geschmack einer Grundbrühe allmählich verbessert und abgerundet – meist schrittweise, bis jede Suppe ihren ganz speziellen Charakter hat. Diesem kunstvollen Mischen von *Aromen* wenden die Chinesen ihre volle Aufmerksamkeit zu, wenn sie das Wesen ihrer Suppen offenbaren wollen.

Natürlich spielt auch bei chinesischen Suppen die Struktur wieder eine bedeutende Rolle. Dabei kommt es nicht so sehr auf die Grundzutat an – deren Struktur ist selbstverständlich immer gleich –, sondern auf die unterschiedliche Textur und Form der Einlagen.

Da gibt es zum Beispiel die berühmte *Dreierlei-Streifen-Suppe*. Sie besteht aus einer guten Brühe mit Schinken, Hühnerfleisch und Bambussprossen, die jeweils in streichholzfeine Streifen geschnitten sind. Wenn man die Einlagen nicht zu lange in der Brühe kochen läßt, bewahren sie ihre eigene Struktur und Farbe und geben gleichzeitig ihr Aroma an die Brühe weiter; die Bambussprossen sollten hell, elfenbeinfarben und knackig sein, der Schinken rosa und salzig und das Hühnerfleisch weiß und aromatisch.

Diese Dreierkombination verleiht der Suppe ihren einzigartigen Charakter, und obwohl sie nicht gerade überwältigend ist, hat sie doch für einen Chinesen immer den Reiz des Besonderen, wenn sie gut gemacht ist. Wie beim Tee ist auch hier Qualität immer eine Frage der sorgfältigen Zubereitung.

Zwei Zutaten werden in chinesischen Suppen oft und gern verwendet: Nieren und Hühnermägen sowie gekochtes Schweine- und Hühnerblut. Zuerst kocht man die Zutaten meist ganz kurz, schneidet sie dann in feine Scheiben, die man eben in kochendes Wasser taucht, und läßt sie zum Schluß noch einen Augenblick in der schwach siedenden Brühe ziehen. Diese Suppeneinlagen tragen nicht nur zur Vollendung des Aromas bei, sondern beeinflussen in ihrer fleischigen Knackigkeit auch die Stofflichkeit des Gerichtes (sofern man sie nicht zu weich kocht).

Hauchdünne Scheiben Fleisch, die man als Einlage in eine Brühe geben möchte, salzt man zuvor und wälzt sie in Maisstärke. Dadurch bekommt das Fleisch, wenn man es einige Minuten garziehen läßt, eine besonders zarte und sanfte Konsistenz.

Eine andere Zutat, die in chinesischen Suppen häufig Verwendung findet, ist Sojabohnenquark. Er hat eine gewisse Ähnlichkeit mit Eierstich. Bohnenquark kann sehr viele Aromen aus seiner Umgebung aufnehmen und gibt so der Suppe Körper. Deshalb schneidet man ihn zum Beispiel gern in die *Scharfsaure Suppe*.

Ein wichtiger Aspekt chinesischer Suppen ist die *Form,* die ästhetische Wirkung (sie hat in der westlichen Küche kaum diese Bedeutung). Form und Farbe nimmt eine Suppe durch die in Zuschnitt, Größe, Textur und Farbe verschiedenartigen Einlagen an. Sie bekommt durch ein ganzes Hühnchen oder eine Ente eine andere Gestalt als durch kleine, braungebratene Stückchen von Geflügelfleisch; dunkelbraune Fleischstückchen hinwiederum kontrastieren gut mit gelbgrünen Chinakohlherzen und Grüngemüsen oder krausen (kurz blanchierten) Brokkoliröschen, durchsichtigen Glasnudelsträngen, weißen kugelrunden Fischbällchen oder dunkelgrünem Korianderkraut; und wie reizvoll wirken dazu vielleicht noch rote Schinkenstückchen und rosige Krabben oder Garnelenschwänze, die wie Blütenblätter auf diesem klaren, dampfenden Teich schwimmen! Wahrlich, eine große Terrine mit klarer chinesischer Suppe ist einem kunstvoll angelegten Garten vergleichbar!

Im Grunde ist es nicht so schwer, ein solches Kunstwerk zu schaffen, wenn man zwei Grundregeln in der letzten Phase der Suppenbereitung beherzigt:

1. Man arrangiert die verschiedenen Einlagen (ein paar rohe, ein paar gekochte, ein paar getrocknete in Stifte oder Stücke geschnittene Zutaten) gefällig in einer großen Suppenterrine oder Schüssel, füllt vorsichtig mit der gewünschten Menge kristallklarer Brühe auf, stellt das Gefäß in den Dämpftopf und läßt die Suppe etwa eine halbe Stunde im Dampf ziehen. Dann wird die Terrine dampfheiß aufgetragen, und die Einlagen liegen noch genauso dekorativ darin wie zuvor.

2. Methode: Man gibt Einlagen und würzende Zutaten in Portionsschalen und gießt die brodelnd kochende Brühe darüber.

Eine der einfachsten chinesischen Suppen, die *Göttersuppe,* bereitet man folgendermaßen zu: Man gibt in eine Suppenschüssel 1 $^1/_2$ Teelöffel Glutamat, 1 $^1/_2$ Teelöffel Sesamöl, 1 Teelöffel Pflanzenöl und 1 Eßlöffel hauchfeine Frühlingszwiebelringe und füllt mit $^3/_4$ Liter kochendem Wasser auf! Zu einer Mahlzeit mit mehreren festen Speisen ist diese Suppe recht angenehm, und sie ist buchstäblich in einer halben Minute hergestellt, vorausgesetzt, man hat kochendes Wasser parat.

Da wir Chinesen keine Milch verwenden, gibt es kaum Cremesuppen in unserer Küche. Eine chinesische Erbsensuppe ist allerdings der westlichen Variante gar nicht mal so unähnlich.

Wir können fast alle Fleischsorten mit den meisten Gemüsearten in einer Suppe vereinigen und natürlich auch umgekehrt fast alle Gemüsesorten mit nahezu jeder Art von Fleisch.

Der Möglichkeiten sind unendlich viele, denn die beiden Arten von Brühe, die sich daraus ergeben, kann man noch phantasievoll mit Meeresfrüchten, eingesalzenen, getrockneten und eingelegten Zutaten kombinieren und vollenden.

Doch ehe man einen Mißklang von Aromen zusammenbraut, schaut man sich besser an, wie die bereits ausgetretenen Pfade chinesischer Suppenzubereitung verlaufen. Denn Suppenrezepte wurden – wie alle anderen Rezepturen – über die Jahrhunderte hinweg an die Nachkommen weitergegeben, seien es nun klassische Rezepte, regionale Varianten oder Familienrezepte.

Zum Schluß wäre noch zu sagen, daß es bei chinesischen Suppen nicht nur auf Farbenpracht ankommt (wie manche Suppenhersteller meinen), sondern auf das harmonische Zusammenspiel von Farben, Aromen und Strukturen aller Zutaten.

Feine Brühe

Diese traditionelle Brühe wird in China immer in großen Mengen hergestellt, in einem lange währenden, genau festgelegten Prozeß. In einem Pekinger Restaurant ist es üblich, daß man sich ein Schälchen *Feine Brühe* bestellen kann, ohne daß etwas dafür berechnet wird.

Eine etwas vereinfachte Methode, die *Feine Brühe* herzustellen, ist folgende: Brustfleisch und Keulen eines etwa 2 $^1/_2$ Pfund schweren Hühnchens auslösen und beiseite stellen. Das Knochengerüst mit Flügeln, Hals, Haut und noch anhaftendem Fleisch 15 Minuten lang mit je 1 kg Schweinefleisch, Schweinerippchen und Schweineknochen, 400 g Schinkenknochen und 400 g rohem Schinken in 4 $1/2$ Litern Wasser kochen, dabei aufsteigenden Schaum und Unreinheiten mit einem Schaumlöffel abschöpfen. Dann nacheinander alle Fleisch- und Knochenstücke herausheben, in eine große Schüssel mit 1 $1/2$ Litern kaltem Wasser geben und darin rundum schwenken und ausspülen.

Nach einiger Zeit die Hälfte des Wassers in den Suppentopf gießen; dadurch wird die bislang köchelnde Brühe abgeschreckt, und weitere Unreinheiten setzen sich an der Oberfläche ab, so daß man sie leicht abschöpfen kann. Nunmehr ein Viertel dieser Brühe abmessen und in einem Topf zum Abkühlen beiseite stellen. Fleisch und Knochen wieder in den Suppentopf geben, zum Kochen bringen und 1 Stunde sanft sieden.

Die beiseite gestellte, kalte Brühe soll nun denselben Zweck erfüllen wie zuvor das klare Wasser: Sie dient zum Kühlen und Ausspülen der Fleisch- und Knochenstücke und dann zum Ablöschen der im Suppentopf kochenden Brühe, damit sich nochmals Unreinheiten lösen und von der Oberfläche abgeschöpft werden können. Wieder ein Viertel der heißen Brühe abmessen und zum Abkühlen beiseite stellen... diesen Vorgang noch zweimal wiederholen, während die Brühe weitere 3 Stunden kocht. Danach wird sie viel aromatischer und klarer sein.

Nun wird mit etwas Ingwer, Zwiebel und Sojasauce nach Geschmack gewürzt. Zum endgültigen Klären nimmt man Hühnerbrust und -keulen, die man zuvor beiseite gelegt hatte. Brustfleisch und von den Knochen gelöstes (von allen Sehnen befreites) Keulenfleisch getrennt voneinander sehr fein hacken, und nun das feingeschabte Keulenfleisch in die Brühe rühren. Diese langsam bis knapp vor dem Siedepunkt erhitzen – sie darf auf keinen Fall aufwallen – und 10 bis 12 Minuten bei dieser Temperatur halten; danach durchseihen. Jetzt das Brustfleisch zum endgültigen Klären der Brühe in den Topf geben und ebenfalls 10 Minuten ziehen (nicht kochen) lassen. Die Brühe zuletzt durch ein feines Sieb filtern und abkühlen lassen.

Will man noch größere Mengen *Feine Brühe* herstellen, kann man zusätzlich zum Fleisch von jeweils 2 Hühnern das von 1 Ente zufügen. Zum Klären der Brühe sollte man jedoch ausschließlich Hühnerfleisch nehmen. Noch leichtere, feinere Brühe kann man aus Frosch- und Hühnerfleisch (im Verhältnis 1:2) zubereiten.

In Restaurants hat man zum Klären von Brühen eine ebenso faszinierende wie wirksame Methode entwickelt: Man stellt den großen Suppentopf nur zu einem Viertel auf das offene Feuer und hängt ein Sieb so auf die andere Seite des Topfes, daß es ganz knapp unter der Oberfläche der Brühe liegt. Wenn nun die Brühe auf der Feuerseite aufbrodelt, quillt der Schaum mit allen Verunreinigungen nach oben und zur Seite und wird im Filter aufgefangen. Durch diesen Prozeß eines kreisförmigen Strömens wird die Brühe nach und nach klarer. Nach 10 bis 12 Minuten, wenn das Sieb herausgehoben wird, ist sie glasklar.

Die *Feine Brühe* ist die unabdingbare Grundlage für alle Suppen und Saucen, wenn sie von erlesener Qualität sein sollen. Man gewinnt aus etwa 4 bis 5 kg Fleisch und Knochen (vom Huhn und Schwein sowie Schinkenknochen) ungefähr 5 bis 6 Liter Brühe.

Klare Brühe

Manchmal wird zwar auch die *Feine Brühe* so genannt, aber meist versteht man darunter eine Brühe, die aus weniger Knochen gekocht wird; man nimmt etwa die gleiche Menge Schweine- und Schinkenknochen wie Hühnerfleisch und -knochen (Verhältnis 1:1), statt dem Verhältnis 2:1 zu folgen wie bei der *Feinen Brühe*.

Hühnerbrühe

Hühnerbrühe ist leicht und klar und wird beispielsweise für *Vogelnestersuppe* und *Haifischflossensuppe* und natürlich zur Saucenherstellung gebraucht. Man bereitet sie ausschließlich aus Hühnerfleisch und -knochen zu, ohne Schweinefleisch; höchstens darf noch ein Stückchen Schinken mit ausgekocht werden. Diese Brühe wird auf die gleiche Weise geklärt wie oben beschrieben (mit feingehacktem Hühnerfleisch als Klärmittel).

Einfache Brühe

Sie wird nur aus Knochen im Verhältnis 2:2:1 hergestellt, nämlich aus 2 Teilen Hühnerknochen und 2 Teilen Schweineknochen auf 1 Teil Schinkenknochen. Diese mit der doppelten Menge Wasser bedecken und $3\frac{1}{2}$ bis 4 Stunden langsam köcheln lassen. Hühner- oder Entenhälse können beigefügt werden.

Weiße Brühe

Sie wird aus den Fleisch- und Knochenresten hergestellt, die beim Kochen von der *Feinen Brühe* übrigbleiben, nur gibt man noch etwa ein Viertel ihres Gewichts an frischen Knochen hinzu. Man kocht alles bei mittelstarker Hitze etwa 2 Stunden lang gründlich aus, bis sich die Flüssigkeitsmenge um etwa die Hälfte reduziert hat. Dann ist die Brühe milchig; jetzt braucht man sie nur noch durch ein feines Sieb zu filtern.

Anmerkung der Übersetzerin: Niemals mit etwas anderem arbeiten als mit solchen selbstgekochten Brühen. Man kann sie im Kühlschrank bis zu einer Woche frisch halten, wenn man sie täglich einmal aufkocht. Oder man füllt sie in Portionsbehälter und friert sie ein. So hat man sie bei Bedarf immer zur Hand.

Eine Unzahl von chinesischen Suppen lassen sich auf den oben angeführten Brühen aufbauen, aber was noch besser ist: Viele können ohne große Mühe einfach mit schlichtem *Wasser* hergestellt werden. Natürlich ist eine kräftige, gute Brühe dem Wasser immer vorzuziehen. Und wenn die Suppe besonders gut schmecken soll, dann empfiehlt es sich, dafür *Feine Brühe* oder *Hühnerbrühe* zu nehmen statt *Einfache Brühe,* damit sie als eigenständiges Gericht wirkt und nicht lediglich dazu dient, bei opulenten Mahlzeiten das Essen hinunterzuspülen.

Die folgenden Rezepte gründen sich darauf, daß entweder die *Feine Brühe* oder zumindest die *Einfache Brühe* vorrätig ist. Wenn Sie aber mal keine Brühe zur Hand haben sollten, dann geben Sie auf je $\frac{1}{2}$ Liter Wasser 1 Eßlöffel helle Sojasauce, etwas Pfeffer aus der Mühle und $\frac{1}{2}$ bis 1 Teelöffel Glutamat (oder 1 Würfel Hühnerbrühe) – das ist ein ganz annehmbarer Ersatz.

Merkwürdigerweise macht es bei manchen Suppen, die aus vielen verschiedenen Zutaten hergestellt werden, tatsächlich kaum etwas aus, ob man Brühe oder Wasser dazu nimmt. Beim Suppenkochen sind wir Chinesen eben Optimisten!

Suppentopf mit Chinakohl

Zutaten (für 4 bis 6 Personen – vorausgesetzt, es werden noch weitere Gerichte serviert): 1000 g Chinakohl (oder Wirsing), 50 g Glasnudeln, 1 EL getrocknete Shrimps, 100 g mageres Schweinefleisch, 2 TL Salz, 2 TL Maisstärke, 2 Scheiben Ingwerwurzel, 1 EL Schweineschmalz, $1\frac{1}{2}$ EL helle Sojasauce, $\frac{3}{4}$ l Brühe (oder Wasser), 2 EL Weißwein (oder Sherry), $\frac{1}{2}$ TL Glutamat (oder 1 Würfel Hühnerbrühe)

Vorbereitung: Den Kohl putzen, in 5 cm lange Stücke schneiden. Nudeln und getrocknete Shrimps in warmem Wasser 15 Minuten einweichen, dann abgießen. Das Schweinefleisch in hauchdünne Scheiben von etwa 2,5 cm Breite und 3,5 cm Länge schneiden und mit der Hälfte des Salzes und der gesamten Maisstärke gut einreiben. Den Ingwer feinhacken.

Zubereitung: Das Schmalz in einer ausreichend großen Kasserolle erhitzen. Das Schweinefleisch, die gewässerten Shrimps und den Ingwer darin auf mittlerem Feuer 2 Minuten lang pfannenrühren. Den Chinakohl und die Sojasauce zufügen und das Ganze weitere 2 Minuten unter stetem Rühren braten, dann die Glasnudeln zugeben. Mit der Brühe auffüllen. Sobald sie zu kochen beginnt, das restliche Salz, den Wein und das Glutamat hineinrühren. Den Topf mit einem Deckel verschließen und für 30 Minuten in den auf 190 Grad vorgeheizten Ofen stellen. In der Kasserolle sofort auftragen.

Für die Chinesen ist das wichtigste an dieser Suppe ihre Reinheit und das dominierende Aroma des Chinakohls, darum kann in diesem Fall statt der Brühe ruhig auch Wasser genommen werden.

Schweinerippchensuppe mit Chinakohl

Zutaten (für 4 bis 6 Personen – vorausgesetzt, es werden noch weitere Gerichte gereicht): 400 g fleischige Schweinerippchen, 600 g Chinakohl (oder Wirsing), 1 reichlicher Liter *Feine* oder *Einfache Brühe* (oder Wasser), 2 TL Salz, Pfeffer aus der Mühle, 2 EL Sherry, $1/2$ TL Glutamat (oder 1 Würfel Hühnerbrühe)

Vorbereitung: Die Schweinerippchen von allem überflüssigen Fett säubern und in 5 cm lange Stücke hakken. Für 5 Minuten in kochendes Wasser werfen, dann abgießen. Den Chinakohl putzen und in 5 cm lange Spalten schneiden.

Zubereitung: Die Schweinerippchen in einen ausreichend großen Topf geben, mit Brühe (oder Wasser) auffüllen, aufkochen und auf milder Hitze 30 Minuten köcheln. Den Chinakohl zufügen, salzen, pfeffern und mit Sherry und Glutamat würzen. Auf kleiner Flamme weitere 20 bis 25 Minuten leise sieden lassen; dann in eine große Terrine umfüllen und gleich servieren. Nach den 50 Minuten Garzeit ist das Fleisch der Rippchen so zart geworden, daß es sich leicht von den Knochen lösen läßt und am Tisch in verschiedene Dips und Würzmischungen getunkt werden kann.

Schweinerippchensuppe mit Bohnensprossen

Ausreichend für 4 bis 6 Personen (sofern noch weitere Gerichte serviert werden).
Nach dem Rezept für *Schweinerippchensuppe mit Chinakohl* vorgehen, jedoch statt des Chinakohls 300 g Sojabohnensprossen zugeben. Die Schweinerippchen erst 50 Minuten köcheln, dann für weitere 5 Minuten Bohnensprossen und Gewürze hinzufügen.

Schweinerippchensuppe mit Gurkenstreifen

Ausreichend für 4 bis 6 Personen (sofern noch weitere Gerichte serviert werden).
Zubereitung wie im Rezept oben, aber statt der Bohnensprossen 400 g Gurke verwenden. Die Gurke in etwa 5 bis 7 cm lange Stücke, diese vertikal in feine Scheiben und dann in streichholzgroße Streifen schneiden.
Die Gurkenstreifen erst ganz zum Schluß in die heiße Suppe geben. Sie sind im Handumdrehen gar.

Chinakohlsuppe mit Fleischbällchen

Zutaten (für 4 bis 6 Personen, sofern noch weitere Gerichte serviert werden): 125 bis 150 g durchwachsenes Schweinefleisch, 1 mittelgroße Zwiebel, 2 EL Wasserkastanien (Dose), 1 Eiweiß, 2 EL Maisstärke, $1/2$ EL Sojasauce, 1 mittelgroßer Chinakohl (oder Wirsing), $3/4$ l kräftige Brühe, 2 TL Salz, 2 EL Sherry, $1/2$ TL Glutamat (oder 1 Würfel Hühnerbrühe), Pfeffer aus der Mühle

Vorbereitung: Das Schweinefleisch, die Zwiebel und die Wasserkastanien sehr fein hacken und in einer Schüssel mit dem Eiweiß, der Maisstärke und der Sojasauce gründlich vermengen. Aus diesem Fleischteig walnußgroße Bällchen formen. Den Chinakohl putzen und in 5 cm lange Stücke schneiden.

Zubereitung: Den Kohl 3 Minuten in sprudelnd kochendem Wasser blanchieren, abgießen und in eine feuerfeste Kasserolle geben. Darauf die Fleischbällchen verteilen. Nun mit der Brühe auffüllen und die Gewürze zufügen. Die Kasserolle verschließen und für 30 Minuten in den auf 190 Grad vorgeheizten Ofen stellen.

Servieren: Aus dem Ofen nehmen, prüfen, ob die Fleischbällchen auch gar sind, nochmals abschmecken und sofort in der Kasserolle auftragen.

Langsam gekochte Schweinerippchensuppe mit Möhren

Zutaten (für 4 bis 6 Personen – vorausgesetzt, es werden noch weitere Gerichte serviert): 400 g Schweinerippchen, 400 g Möhren, 2 Tomaten, $1 1/2$ l Wasser, 2 TL Salz, Pfeffer aus der Mühle, 3 EL Weißwein

Vorbereitung: Die Schweinerippchen von allem überflüssigen Fett säubern und in Stücke von 3,5 cm Länge hacken; die Möhren schräg in Stücke von etwa der gleichen Länge schneiden. Die Tomaten vierteln.

Zubereitung: Die Schweinerippchen mit dem Wasser zum Kochen bringen und auf mittlerem Feuer etwa 30 Minuten köcheln, dabei aufsteigende Unreinheiten mit dem Schaumlöffel abschöpfen. Möhren, Tomaten, Salz und Pfeffer zufügen, nochmals aufkochen und weitere 1¼ Stunden ganz sanft köcheln lassen. Zum Schluß den Wein unterrühren, abschmecken und gleich auftragen.

Dieses Rezept stammt aus der Zeit, als die chinesische Kulturrevolution auf ihrem Höhepunkt war. Haben Sie bemerkt, daß weder Brühe noch Glutamat verwendet werden?

Klare Suppe mit Nierenscheibchen

Zutaten: (für 4 bis 6 Personen, sofern auch andere Gerichte serviert werden): 50 g getrocknete Bambussprossen, 200 g Bambussprossen (Dose), 2 Schweinenieren, 1½ TL Salz, 1½ EL Sojasauce, 1½ EL Essig, 1½ EL Sherry, ¾ l *Feine Brühe*

Vorbereitung: Die getrockneten Bambussprossen in warmem Wasser 1 Stunde einweichen, dann abgießen. Die Nieren putzen. Nieren und beide Sorten Bambussprossen in hauchdünne Scheiben schneiden. Aus einem Drittel der angegebenen Gewürze eine Marinade rühren, die Nierenscheiben damit einreiben und durchziehen lassen.

Zubereitung: Die Brühe in einem Topf aufkochen, die Bambussprossen (beide Sorten) zufügen und etwa ½ Stunde sanft köcheln lassen. Dann die übrigen zwei Drittel der Gewürze in die Brühe rühren. Sobald die Suppe wieder aufzuwallen beginnt, die Nierenscheiben mitsamt ihrer Marinade einlegen und 30 Sekunden ziehen lassen (nicht kochen!). Sofort servieren.

Anmerkung: Diese äußerst kurze Garzeit garantiert, daß die Nieren saftig bleiben.

Klare Gemüse-und-Schweineleber-Suppe

Zutaten (für 4 bis 6 Personen – vorausgesetzt, es werden noch weitere Gerichte serviert): 150 g Schweineleber, 100 g Frühlingszwiebeln, 100 g Stangensellerie, 1 mittelgroße Zwiebel, 25 g eingelegtes Szechuan-Gemüse, 3 große getrocknete chinesische Champignons, 1 reichlicher Liter gute Brühe, 1½ TL Salz, ½ TL Glutamat (oder 1 Würfel Hühnerbrühe), 2 TL Sesamöl

Vorbereitung: Die Leber in 10 bis 12 dünne Scheiben schneiden, 3 Minuten in kochendes Wasser geben und abgießen. Die Frühlingszwiebeln und den Stangensellerie in 3,5 cm lange Stücke schneiden. Die Zwiebel in feine Scheiben, das eingelegte Szechuan-Gemüse in Streifen schneiden. Die Pilze in warmem Wasser 30 Minuten einweichen, die Stiele entfernen und die Hüte ebenfalls streifig schneiden.

Zubereitung: Frühlingszwiebeln und Zwiebelscheiben in einen Topf mit ¾ Liter Wasser geben, aufkochen und 3 Minuten blanchieren, dann herausnehmen. Alle anderen Zutaten bis auf das Sesamöl nunmehr in diesen Topf geben und 15 Minuten sanft köcheln. Zum Schluß die Zwiebeln wieder zufügen, das Sesamöl hineinträufeln und abschmecken.

Klare Schweinefleisch-und-Rübchen-Suppe

Zutaten (für 4 bis 6 Personen – vorausgesetzt, es werden noch weitere Gerichte serviert): 150 g mageres Schweinefleisch (oder Lammfleisch), ½ TL Salz, 1 EL Maisstärke, 250 g weiße Rübchen, 1 mittelgroße Zwiebel, ¾ l *Feine Brühe*, 3 EL Sojasauce, 1 EL Essig, 2 Scheiben Ingwerwurzel, 2 EL Sherry, 2 TL Sesamöl

Vorbereitung: Das Fleisch in dünne Scheibchen von 2,5 mal 5 cm Größe schneiden und mit Salz und Maisstärke gründlich einreiben. Die Rübchen und die Zwiebel in 3,5 cm lange keilförmige Stücke schneiden, 5 Minuten in kochendem Wasser blanchieren und abgießen.

Zubereitung: Die Brühe in einem schweren Topf aufkochen. Rübchen- und Zwiebelschnitzel zufügen und 15 Minuten köcheln. Das Fleisch und alle anderen Zutaten bis auf den Sherry und das Sesamöl in den Topf geben. Alles zusammen weitere 15 Minuten sanft sieden lassen. Mit Sherry und Sesamöl beträufeln und servieren.

Klare Suppe mit Schweinefleisch und Pilzen

Zutaten (für 4 bis 6 Personen – vorausgesetzt, es werden noch andere Gerichte serviert): 200 g durchwachsenes Schweinefleisch, 1 TL Salz, 1 EL Maisstärke, 200 g frische Champignons, $^3/_4$ l Brühe, 2 EL Sojasauce, Pfeffer aus der Mühle, $^1/_2$ TL Glutamat

Vorbereitung: Das Schweinefleisch in dünne Scheiben von 3,5 mal 2,5 cm Größe schneiden. Mit dem Salz und der Maisstärke einreiben, überschüssige Stärke abschütteln. Die Pilze sorgfältig putzen, die Stiele herauslösen und blättrig schneiden.

Zubereitung: Die Brühe in einem Topf aufkochen, das Fleisch und die Pilze zufügen und 10 Minuten schwach sieden lassen. Mit Sojasauce, Pfeffer und Glutamat würzen und weitere 5 bis 6 Minuten köcheln. Nochmals abschmecken und sofort servieren.

Eierblumensuppe mit Schweinefleisch

Zutaten (für 4 bis 6 Personen – vorausgesetzt, es werden noch weitere Gerichte gereicht): 200 g durchwachsenes Schweinefleisch, 1 TL Salz, 1 EL Maisstärke, 2 Eier, 1 reichlicher Liter Brühe, 2 EL Sojasauce, Pfeffer aus der Mühle, $^1/_2$ TL Glutamat, 1 TL Sesamöl, $^1/_2$ EL gehackter Schnittlauch (oder Frühlingszwiebelringe)

Vorbereitung: Das Schweinefleisch in dünne Scheiben von 2,5 mal 3,5 cm Größe schneiden und mit Salz und Maisstärke einreiben. Die Eier in einem Schälchen etwa 10 Sekunden lang leicht verschlagen.

Zubereitung: Die Brühe in einem Topf aufkochen, das Fleisch zufügen und 15 Minuten leise köcheln. Die verquirlten Eier in dünnem Faden vorsichtig über den Gabelrücken in die Suppe laufen lassen. Mit Sojasauce, Pfeffer und Glutamat würzen, sanft umrühren und in eine Terrine umfüllen. Mit Sesamöl beträufeln und mit gehacktem Schnittlauch (oder Frühlingszwiebelringen) bestreuen.

Klare Suppe mit Schweinefleisch und Bohnenquark

Zutaten (für 4 bis 6 Personen – vorausgesetzt, es werden noch weitere Gerichte gereicht): 200 g durchwachsenes Schweinefleisch, 1 TL Salz, 1 EL Maisstärke, 2 Stücke Bohnenquark, 25 g getrocknete chinesische Champignons, 1 reichlicher Liter Brühe, 2 EL Sojasauce, 1 TL Glutamat, 2 EL Sherry, Pfeffer aus der Mühle, 1 TL Sesamöl

Vorbereitung: Das Schweinefleisch wie auch im vorherigen Rezept in hauchdünne Scheiben schneiden und mit Salz und Maisstärke einreiben. Jedes Bohnenquarkstück in 14 bis 16 gleich große Würfel schneiden. Die Pilze in 1 Tasse warmem Wasser 20 Minuten einweichen, durchseihen und das Einweichwasser aufbewahren. Die Pilzstiele entfernen und die Hüte in schmale Streifen schneiden.

Zubereitung: Die Brühe in einem passenden Topf aufkochen. Das Fleisch und die Pilze mit dem Einweichwasser zufügen und 15 Minuten sanft köcheln. Bohnenquarkwürfel, Sojasauce und das Glutamat zufügen und alles zusammen weitere 10 Minuten sieden lassen. Zuletzt mit Sherry, Pfeffer und Sesamöl würzen. Sofort servieren.

Bohnenquark hat eine ähnliche Konsistenz wie fester Joghurt. Er hat die Fähigkeit, besonders gut die Aromen anderer Zutaten aufzunehmen. Durch die getrockneten Pilze bekommt die Suppe einen sehr würzigen, köstlichen Geschmack, der noch gesteigert wird, wenn man zum Schluß etwas Sherry und Sesamöl hinzufügt.

Frische Erbsensuppe mit Kutteln

Zutaten (für 4 bis 6 Personen – vorausgesetzt, es werden noch weitere Gerichte serviert): 200 g Schweinekutteln (vom Metzger bereits vorgekocht und gesäubert), 1 mittelgroße Zwiebel, 3 TL Salz, 200 g grüne Erbsen (frisch oder tiefgekühlt), 1 ½ EL Maisstärke, 3 EL Wasser, 1 EL Hühner- oder Schweineschmalz, ¾ l *Feine Brühe*, 1 EL feingehackter Schnittlauch, ½ TL Glutamat, 2 EL Sherry, 1 TL Chilisauce

Vorbereitung: Die Zwiebel feinhacken; die Kutteln in 4 bis 6 Stücke zerschneiden und mit den Zwiebeln und 2 Teelöffeln Salz in ½ Liter Wasser 30 Minuten kochen, abgießen und abkühlen lassen. Die Zwiebeln entfernen. Die Kutteln in hauchfeine Streifen schneiden. Die Erbsen pahlen (tiefgekühlte auftauen) und im Mixer zu einem glatten Püree zerkleinern (frische Erbsen zuvor in kochendem Wasser blanchieren). Die Maisstärke mit dem Wasser anrühren.

Zubereitung: Das Schmalz in einem Saucentopf erhitzen, das Erbsenpüree zufügen und auf mittlerer Hitze 2 Minuten sanft pfannenrühren. Die Brühe und das restliche Salz hinzugeben und aufkochen. Kutteln und Schnittlauch zufügen und 10 Minuten köcheln. Glutamat, die angerührte Stärke, den Sherry und die Chilisauce in die Suppe mischen. Nochmals abschmecken, und weitere 5 Minuten ziehen lassen. Sofort servieren.
Die zarten Kutteln passen sehr gut zur weichen Cremigkeit dieser Suppe.

Doppelt-knackige Suppe

Zutaten (für 4 bis 6 Personen, wenn noch andere Gerichte gereicht werden): 100 g Kutteln, 75 g Hühnernieren, ¾ l kräftige Brühe, 3 Scheiben Ingwerwurzel, 3 TL Salz, 2 EL helle Sojasauce, 1 EL Essig, ½ EL feingehackter Schnittlauch, ½ TL Glutamat, 2 EL Sherry, ½ TL *Chili-Öl*, Pfeffer nach Geschmack

Vorbereitung: Kutteln und Hühnernieren in ¼ Liter Wasser zusammen mit Ingwerscheiben und Salz 30 Minuten lang wässern. Abgießen und die Ingwerstücke wegwerfen. Die Kutteln in Scheiben von 3,5 mal 1 cm Größe schneiden. Jede Scheibe sechsmal bis zur Mitte einschneiden, so daß sie aussieht wie ein Kamm. Die Nierchen in 4 gleich dicke Scheibchen und weiter wie die Kutteln schneiden.

Zubereitung: Die vorbereiteten Kuttelstücke und Nierenscheibchen für genau 1 Minute in kochendes Wasser werfen, abseihen, kalt abspülen und in eine Suppenterrine legen. Sojasauce, Essig, Schnittlauch, Glutamat, Sherry, Chili-Öl sowie Pfeffer zufügen und gut unter die Innereien mischen. Die Brühe aufkochen und sofort in die Terrine gießen.
Wir Chinesen schätzen knackige Zutaten in Suppen ganz besonders. Dank der extrem kurzen Garzeit behalten Kutteln und Nierchen ihre natürliche Knackigkeit und sind für Kenner ein wahrer Leckerbissen.

Anmerkung der Übersetzerin: Hühnernierchen kann man natürlich nirgendwo gesondert kaufen. Sie stecken bei frischen Hühnern unterhalb des Rückgrats in der Bauchhöhle. Auch wenn der Geflügelhändler das Tier bereits ausgenommen hat, sind sie meistens noch vorhanden. Da ein Huhn nur zwei Nieren hat (wie jedes Lebewesen) und diese nicht sehr groß und schwer sind, müßte man eine ganze Menge Hühner sammeln, bis man sich diese Suppe zubereiten kann. (In Restaurants ist das natürlich anders: dort werden tagtäglich so viele Hühner verarbeitet, daß man die Suppe häufiger auf die Speisekarte setzen könnte.) Aber verzagen Sie nicht: Sie können statt dessen auch ein Stückchen von einer Kalbsniere verwenden. Auch damit schmeckt die Suppe köstlich!

Rinderbrühe
(Grundrezept)

Die Chinesen glauben, daß Rinderbrühe besonders nahrhaft und deshalb ideal als Krankenkost geeignet ist. Die traditionelle Zubereitungsweise ist folgendermaßen:
1400 g durchwachsenes Rindfleisch (am besten Halsfleisch oder Bauchrippe) und 400 g Beinfleisch in

Würfel von 3 cm Kantenlänge schneiden, in 1 ½ Liter Wasser 2 Stunden wässern, abgießen und in 3 gleich große Portionen einteilen.
1 Portion mit 1 ½ Liter Wasser zum Kochen bringen und 2 Stunden ganz sanft wallen lassen (am besten eine Asbestplatte unter den Topf legen oder im Wasserbad weiterköcheln), dabei mit dem Schaumlöffel alle sich oben absetzenden Unreinheiten abschöpfen.
Die zweite Rindfleischportion in einen kleinen Topf füllen und in ½ Liter Wasser 3 Minuten lang heftig kochen. Abgießen, das Fleisch in den großen Suppentopf zu der ersten Portion geben, und alles zusammen weitere 30 Minuten köcheln.
Genauso mit der dritten Rindfleischportion verfahren, aber diesmal 3 Scheiben Ingwerwurzel und 1 ½ Teelöffel Salz mit in den Suppentopf geben. Wenn die Kochzeit (insgesamt 3 Stunden) um ist, wird die Brühe durch ein Sieb gefiltert; auf dieser Basis kann man eine ganze Reihe von Rindfleischsuppen herstellen. Hier eine kleine Auswahl:

Rinderbrühe mit Frühlingszwiebeln

Für 4 bis 6 Personen – vorausgesetzt, es werden noch weitere Gerichte gereicht.
3 Frühlingszwiebeln putzen, vierteln und 3 Minuten in kochendem Wasser blanchieren. Abschrecken, mit 1 Liter *Rinderbrühe* in einen Topf geben und 20 Minuten köcheln. 1 Teelöffel zerlassenes Schweineschmalz, 1 ½ Teelöffel Salz und ½ Teelöffel Glutamat zufügen. Umrühren und auftragen.

Rinderbrühe mit Rübchen

Für 4 bis 6 Personen – vorausgesetzt, es werden noch weitere Gerichte gereicht.
300 g weiße Rübchen putzen und in dünne, etwa 2,5 cm lange keilförmige Stifte schneiden, 5 Minuten in kochendem Wasser blanchieren, abschrecken und in einen Topf mit ¾ Liter *Rinderbrühe* füllen. 1 TL zerlassenes Schweineschmalz, 1 TL Salz, 1 EL Sojasauce und ½ TL Glutamat zufügen. Das Ganze 30 Minuten leise köcheln lassen. Mit Pfeffer abschmecken, nachwürzen und servieren.

Rinderbrühe mit Möhren

Für 4 bis 6 Personen – vorausgesetzt, es werden noch weitere Gerichte gereicht.
Zutaten und Mengen wie beim vorigen Rezept, nur statt Rübchen Möhren verwenden. Diese ebenfalls keilförmig zuschneiden und mit den Gewürzen zusammen 30 Minuten köcheln lassen.

Rinderbrühe mit Kürbis

Für 4 bis 6 Personen – vorausgesetzt, es werden noch weitere Gerichte gereicht.
1 Stück Kürbis von etwa 400 g schälen und in 2 cm dicke, 5 cm lange Stücke schneiden, dabei die Kerne entfernen. In einem Topf 1 reichlichen Liter *Rinderbrühe* erhitzen, 1 EL getrocknete Shrimps zufügen und 10 Minuten köcheln. Die Kürbisstücke und 50 g Bohnensprossen zugeben und alles etwa 7 Minuten leise wallend kochen lassen. Wie üblich mit zerlassenem Schweineschmalz, Salz, Sojasauce, Glutamat und Pfeffer abschmecken.
Häufig gibt man in solche Brühsuppen auch einige Scheibchen Fleisch. Man schneidet dafür Filet in hauchfeine Scheiben von etwa 2,5 mal 1,5 cm Größe, reibt sie mit etwas Salz und Speisestärke gründlich ein und fügt sie erst 2 Minuten vor dem Auftragen hinzu. Die folgenden Rezepte sind ein Beispiel dafür:

Rinderbrühe mit Filetstreifen und Gurke

Zutaten (für 4 bis 6 Personen – vorausgesetzt, es werden noch weitere Gerichte gereicht): 1 Stück Salatgurke (ca. 15 cm lang), 75 g Rinderfilet, 1 TL Salz, 1 EL Maisstärke, 1 reichlicher Liter *Rinderbrühe*, 1 TL Schweineschmalz, 1 EL Sojasauce, ½ TL Glutamat (oder 1 Würfel Hühnerbrühe), Pfeffer aus der Mühle

Vorbereitung: Die Gurke waschen, nicht schälen, längs in 1 cm dicke Scheiben und diese in Stücke von 2,5 cm Länge und 1 cm Breite schneiden. Das Fleisch in ebensolche Streifen schneiden und gut mit Salz und Maisstärke einreiben (überschüssige Stärke abschütteln!).

Zubereitung: Die Brühe aufkochen, Fleisch- und Gurkenstücke zufügen und nach erneutem Aufwallen 3 Minuten ziehen lassen. Mit Schweineschmalz, Sojasauce, Glutamat und Pfeffer abschmecken und servieren.

Rinderbrühe mit Filetstreifen und scharfem Szechuan-Gemüse

Das gleiche Rezept wie zuvor, statt der Gurke jedoch 25 bis 50 g scharf eingelegtes Szechuan-Gemüse verwenden.
Nach Wunsch können auch zwei gehäutete, entkernte und in Scheiben geschnittene Tomaten zugefügt werden.
Wer gerne scharf ißt, wird diese Suppe schätzen, denn die Schärfe hebt ihr Aroma hervor.

Anmerkung: Scharf eingelegtes *Szechuan-Gemüse* kann man in Chinaläden kaufen. Es wird dort meist in Dosen angeboten. Seine durchdringende Schärfe ist aber nicht jedermanns Geschmack.

Eierblumensuppe mit Rindfleischscheibchen und Tomaten
Abb. 4

Zutaten (für 4 bis 6 Personen – vorausgesetzt, es werden noch weitere Gerichte gereicht): 4 bis 5 Tomaten, 100 bis 125 g Rinderfilet, 1 TL Salz, 1 $1/2$ EL Maisstärke, 1 Ei, gut 1 l *Rinderbrühe*, 1 EL Sojasauce, Pfeffer aus der Mühle, $1/2$ TL Glutamat, 1 TL Schweineschmalz, 2 TL feingehackter Schnittlauch oder Frühlingszwiebelringe

Vorbereitung: Die Tomaten überbrühen, häuten und in Viertel teilen. Das Rinderfilet in dünne Scheibchen von 2,5 mal 1 cm Größe schneiden und mit dem Salz und der Stärke einreiben. Das Ei in einer Schüssel 10 Sekunden lang leicht verquirlen.

Zubereitung: Die Brühe in einem Topf aufkochen. Tomaten und Sojasauce zufügen und 6 bis 7 Minuten köcheln. Das Fleisch in die Brühe geben und 3 Minuten ziehen lassen. Nun das Ei über einen Gabelrücken hineinfließen lassen. Die Suppe mit Pfeffer, Glutamat und Schweineschmalz würzen und abschmecken. Mit Schnittlauch oder Frühlingszwiebelringen bestreuen und sofort auftragen.

Eine besonders farbenfrohe Suppe: das Gelb der »Eierblumen«, das Rot der Tomaten und das Braun des Fleisches sind ein hübscher Kontrast.

Rinderbrühe mit Filetscheibchen und Wasserkresse

Zutaten (für 4 bis 6 Personen, wenn noch andere Gerichte dazu gereicht werden): 1 Bund Wasserkresse, 2 Frühlingszwiebeln, 100 bis 125 g Rinderfilet, 1 TL Salz, 1 EL Maisstärke, $3/4$ l *Rinderbrühe*, 1 EL Sojasauce, $1/2$ TL Glutamat (oder 1 Würfel Hühnerbrühe), 1 TL Schweineschmalz, Pfeffer aus der Mühle

Vorbereitung: Die Kresse waschen, putzen und in Abständen von etwa 2,5 cm zerschneiden, die Frühlingszwiebeln (mit Grün) ebenso. Das Rinderfilet in hauchdünne Streifen von 2,5 mal 1 cm Größe schneiden und gründlich mit dem Salz und der Stärke einreiben.

Zubereitung: Die Brühe in einem Topf aufkochen. Sojasauce, Kresse sowie Fleischscheibchen zufügen und 2 Minuten leicht köcheln. Die Frühlingszwiebeln, das Glutamat, das Schmalz und den Pfeffer zugeben, alles 1 weitere Minute schwach sieden lassen. Sofort servieren.

Weiße Wolkenohrpilze in Kristallsuppe

Diese süßliche Suppe stammt aus der Provinz Szechuan und wird meist am Ende eines großen Menüs gereicht, manchmal auch zwischendurch, um die Abfolge von besonders würzigen Gerichten zu unterbrechen.

Zutaten (für 6 bis 8 Personen – vorausgesetzt, es werden noch weitere Gerichte gereicht): 50 g weiße Wolkenohrpilze, 1 Eiweiß, 2 EL Wasser, 200 g Kandiszucker, 3 EL frisch gepreßter Orangensaft

Vorbereitung: Die Wolkenohrpilze 1 Stunde in warmem Wasser einweichen, dabei das Wasser dreimal wechseln. Die Pilze anschließend gründlich unter kaltem Wasser ausspülen. Das Eiweiß gut mit dem Wasser verquirlen.

Zubereitung: Den Kandiszucker mit $^3/_4$ Liter Wasser in einen Topf geben und auf mildem Feuer so lange erhitzen, bis er sich aufgelöst hat. Erst den Orangensaft zugießen, dann das Eiweiß in dünnem Strahl in die Zuckerlösung laufen lassen. Wenn das Eiweiß geronnen ist, die Suppe durch ein feines Sieb filtern. Die nunmehr kristallklare Flüssigkeit mit den Pilzen in eine vollkommen saubere Schüssel füllen, die in einen Dämpftopf gesetzt wird. Darin läßt man die Suppe $1^1/_2$ Stunden im Dampf ziehen.

Servieren: Am schönsten ist es, wenn man diese Suppe in einer hitzebeständigen Glasschüssel aufträgt, damit man ihre Klarheit genießen kann.

Shao Shing-Suppe
(aus der Provinz Kiangsu)

Zutaten (für 6 bis 8 Personen – vorausgesetzt, es werden noch weitere Gerichte gereicht): 150 g frische Shrimps, 50 g Bambussprossen, 50 g Salatgurke, 50 g Wasserkresse, $^3/_4$ l *Hühnerbrühe*, 1 Scheibe Ingwerwurzel, 1 TL Salz, 2 TL zerlassenes Schweineschmalz, $^1/_2$ Tasse *Shao Shing*-Wein (oder 4 EL trockener Sherry), $^1/_2$ TL Glutamat

Vorbereitung: Die Shrimps aus der Schale lösen, dabei den Kopf entfernen. Die Bambussprossen und die Gurke in dünne kleine Dreiecke schneiden. Die Wasserkresse gründlich waschen und putzen.

Zubereitung: Die Brühe in einem Topf aufkochen und die Bambussprossen sowie den Ingwer hineingeben. Nach 2 Minuten Gurkenscheibchen, Wasserkresse, Salz und Shrimps hinzufügen und 1 Minute sanft köcheln lassen, dann mit einem Schaumlöffel die Rückstände abschöpfen. Zuletzt das zerlassene Schmalz, Wein oder Sherry und Glutamat einrühren. Sofort servieren.

Cremesuppe mit Kutteln

Zutaten (für 6 bis 8 Personen – vorausgesetzt, es werden noch weitere Gerichte gereicht): 150 g gekochte Kutteln, 100 g Brokkoli, 1 große Zwiebel, 4 kleine Scheiben (etwa 50 g) roher Schinken, $1^1/_2$ EL Schweineschmalz, $^1/_2$ l *Weiße Brühe*, $^1/_8$ l Sahne, $1^1/_2$ TL Salz, 75 g Bambussprossen, $^1/_2$ TL Glutamat, $1^1/_2$ EL Maisstärke, 3 EL Wasser

Vorbereitung: Die Kutteln in reichlich kochendes Wasser geben, 5 Minuten sieden, dann abgießen und $^1/_2$ Stunde kalt wässern; danach in streichholzfeine Streifen schneiden. Den Brokkoli in 6 bis 8 Röschen (mit Stielen) teilen, 3 Minuten blanchieren und abschrecken. Die Zwiebel in 8 bis 10 Scheiben schneiden, den Schinken feinhacken, die Bambussprossen feinschneiden.

Zubereitung: Das Schmalz in einem Topf erhitzen. Die Zwiebelstückchen darin 3 bis 4 Minuten unter Rühren braten, dann entfernen. Das heiße Fett mit Brühe und Sahne ablöschen; Salz, feingeschnittene Bambussprossen, Brokkoli, Schinken, Kutteln und Glutamat zufügen und alles zusammen 5 bis 6 Minuten leise köcheln lassen. Die Stärke mit dem Wasser verquirlen, in die Suppe gießen und so lange rühren, bis diese gebunden ist.
Die Sahne ist natürlich eindeutig auf westlichen Einfluß zurückzuführen. Aber wie schon an anderer Stelle

betont, liebt man in der Chinesischen Küche die Abwechslung und ist durchaus bereit, auch von anderen zu lernen.

Knisternde Fischcremesuppe
(aus Peking)

Zutaten (für 6 bis 8 Personen, bei einer größeren Speisenfolge): 25 g getrocknete chinesische Champignons, 50 g Weißbrot (oder chinesische *Dampfbrötchen*), 100 g Fischfilet (Kabeljau, Goldbarsch, Seezunge, Steinbutt, Karpfen oder Brasse), 1 Tomate, 1 TL zerlassenes Hühnerschmalz, 1 TL Sesamöl, $\frac{1}{2}$ l *Weiße Brühe*, 25 g grüne Erbsen, 3 EL Weißwein, 1 $\frac{1}{2}$ TL Salz, Pfeffer aus der Mühle, $\frac{1}{8}$ l Sahne, 1 $\frac{1}{2}$ EL Maisstärke, 4 bis 5 EL kalte *Hühnerbrühe*, Öl zum Fritieren

Vorbereitung: Die Pilze in warmem Wasser 30 Minuten einweichen, abgießen, die Stiele entfernen und die Hüte in erbsengroße Würfel schneiden. Das Brot in 5 mm große Würfel schneiden. Das Fischfilet kurz in kochendes Wasser geben, dann im Mixer pürieren oder durch den Wolf drehen. Die Tomate überbrühen, häuten, entkernen und grobhacken. Das Hühnerschmalz mit dem Sesamöl vermischen.

Zubereitung: Die Brühe in einem Topf aufkochen. Fischpüree, Tomate, Pilze, Erbsen, Wein, Salz und Pfeffer zufügen und alles 2 Minuten köcheln. Nun die Sahne, die mit der kalten Hühnerbrühe verquirlte Maisstärke und die Sesam-Schmalz-Mischung dazugeben. Rühren, bis die Suppe aufwallt, dann die Hitze zurücknehmen. Die Brotwürfel in dem sehr heißen Fritieröl goldbraun ausbacken und *sofort* auf dem Boden einer vorgewärmten Terrine verteilen. Gleich die sanft köchelnde Suppe darüberfüllen – und nun knakken und knistern die Brotwürfel leise darin. Deshalb unverzüglich auftragen! Die Brotwürfel sollen noch knusprig sein, wenn man die Suppe verspeist.

Fünf-gewürfelte-Zutaten-Suppe
(aus Peking)

Zutaten (für 8 bis 10 Personen, in einer Speisenfolge von mehreren Gängen): 100 g getrocknete Seegurke, 75 g getrocknete chinesische Champignons, 100 g Schweinefleisch (mariniert und gebraten; siehe Methode *Cha Shao*, Seite 27), 100 g gebratene Hühnerbrust, 100 g Bambussprossen, 2 EL Koriandergrün, gut 1 l *Hühnerbrühe*, 1 TL Salz, 1 $\frac{1}{2}$ EL Sojasauce, 2 EL Essig, 2 EL Sherry, $\frac{3}{4}$ TL Glutamat, 2 EL Maisstärke, Pfeffer aus der Mühle, $\frac{1}{4}$ EL zerlassenes Hühnerschmalz mit $\frac{1}{4}$ EL Sesamöl vermischt

Vorbereitung: Die getrocknete Seegurke über Nacht in warmem Wasser einweichen, dann $\frac{1}{2}$ Stunde kochen und erneut 3 bis 4 Stunden in kaltem Wasser einweichen. Die Pilze in warmem Wasser 30 Minuten einweichen, abgießen und die Stiele entfernen. Seegurke, Pilze, Schweinefleisch, Hühnerbrust und Bambussprossen in 5 mm große Würfel schneiden. Das Koriandergrün feinhacken.

Zubereitung: Die Brühe in einem Topf aufkochen. Alle gewürfelten Zutaten, Salz, Sojasauce, Essig, Sherry und Glutamat zufügen und 5 Minuten auf mildem Feuer köcheln. Die Stärke mit 4 Eßlöffeln Wasser anrühren und in die Suppe geben. Weiterköcheln, bis die Suppe dicklich wird. Mit Pfeffer würzen und die Hühnerschmalz-Sesamöl-Mischung einrühren. Das Koriandergrün in eine vorgewärmte Terrine streuen. Die Suppe nochmals aufkochen und darübergießen. Sofort servieren.
Diese Suppe sieht sehr arbeitsaufwendig aus, aber wenn die Seegurke vorschriftsmäßig eingeweicht ist, kann man sie in wenigen Minuten zubereiten.

Anmerkung der Übersetzerin: Bei dem auf *Cha Shao*-Art gebratenen Schweinefleisch sollte es sich selbstverständlich um einen Rest handeln. Im übrigen gilt Seegurke bei den Chinesen als Delikatesse. Für unseren Gaumen erinnert sie jedoch in Konsistenz und auch Geschmack eher an gut durchgekochte Autoreifen. Kaufen können Sie getrocknete Seegurken in Chinaläden (Adressen im Anhang des Buches).

Shrimpschalen-Lauch-und-Zwiebel-Suppe

Diese Suppe stammt aus Kanton und ist wieder ein Beweis für die Sparsamkeit der Chinesen: Sie verstehen es, aus den Schalen von Shrimps oder Krabben noch ein schmackhaftes Gericht zu zaubern.

Zutaten (für 6 bis 8 Personen, in einer Speisenfolge von mehreren Gängen): 100 bis 125 g Shrimpschalen, gut 1 l *Einfache Brühe*, 100 bis 125 g Lauch, 1 mittelgroße Zwiebel, 1 TL Salz, Pfeffer aus der Mühle, 1 TL zerlassenes Schweineschmalz, 2 EL Sherry, 1 EL Sojasauce, $^1/_2$ TL Glutamat

Vor- und Zubereitung: Die Shrimpschalen in der Brühe 20 Minuten kochen, abseihen und die Brühe in den Topf zurückgießen. Den Lauch und die Zwiebel in feine Scheiben schneiden und mit dem Salz, etwas Pfeffer und dem Schmalz in die Suppe rühren. 10 Minuten köcheln, mit Sherry, Sojasauce und Glutamat würzen und sofort servieren.

Purpurtangsuppe mit Glasnudeln

Man kennt in China zwei Sorten von Meeresgemüse: den sogenannten roten *Purpurtang*, der in Form von papierartigen, trockenen, etwa 18 cm langen Blättern, die zusammengebündelt sind, angeboten wird. Diese Blätter vor Gebrauch in warmem Wasser einweichen und abseihen. Purpurtang wird meist als Suppeneinlage verwendet und gilt als äußerst nährstoffreich. Die zweite Sorte nennt man *Algenhaar*, weil sie tatsächlich wie ein Büschel schwarzes strähniges Haar aussieht. Algenhaar ist mild im Geschmack und wird eher in eintopfartigen Gerichten als in Suppen verarbeitet. Im folgenden Rezept kommt der rote Purpurtang vor.

Zutaten (für 8 bis 10 Personen, in einer Speisenfolge von mehreren Gängen): 100 bis 125 g Purpurtang, 2 EL getrocknete Jakobsmuscheln, 100 bis 125 g Glasnudeln, 2 Frühlingszwiebeln, eingesalzener Kohl, 50 g gekochter Schinken, $1^1/_2$ EL Schweineschmalz, 1 l Brühe, 1 TL Salz, Pfeffer aus der Mühle, 1 EL Sojasauce, 1 EL Essig

Vorbereitung: Den Purpurtang in warmem Wasser 1 Stunde einweichen, dabei das Wasser zweimal wechseln, und abtropfen lassen.
Die getrockneten Jakobsmuscheln in warmem Wasser 1 Stunde einweichen, dann jede in 6 Stücke schneiden. Die Glasnudeln 10 Minuten in Wasser einweichen und gut abtropfen lassen. Die Frühlingszwiebeln in 5 cm lange Stücke hacken. Das eingesalzene Gemüse und den Schinken in schmale Streifen schneiden.

Zubereitung: Das Schmalz in einem großen Topf erhitzen. Die Frühlingszwiebeln, das eingesalzene Gemüse und die Jakobsmuscheln darin auf mittlerer Hitze 2 Minuten pfannenrühren. Mit der Brühe auffüllen, salzen, pfeffern, den Purpurtang und die Glasnudeln zufügen. 20 Minuten auf mildem Feuer köcheln, dabei gelegentlich umrühren. Die Sojasauce, den Essig und zum Schluß den Schinken in die Suppe geben. Nochmals abschmecken und in einer großen Suppenterrine auftragen.

Algenhaarsuppe

Für diese Suppe verwendet man *Algenhaar*.

Zutaten (für 10 bis 12 Personen, in einer Speisenfolge von mehreren Gängen): 75 g Algenhaar, 50 g getrocknete Bambussprossen, 50 g getrocknete Bohnenquarkstreifen, 2 Scheiben getrocknete Lotuswurzeln, 50 g getrocknete chinesische Champignons (Tongu-Pilze), 50 g Lilienknospen, 25 g Wolkenohrpilze, 100 g Stangensellerie, 2 EL Sesamöl, $^3/_4$ l *Hühnerbrühe*, 2 EL roter Bohnenkäse, 50 g Zuckererbsen, 100 g Glasnudeln, 2 EL Sojasauce, 2 EL Sherry, Salz und Pfeffer nach Geschmack

Vorbereitung: Das Algenhaar 30 Minuten einweichen, dabei das Wasser zweimal wechseln. Bohnenquarkstreifen, Bambussprossen und Lotuswurzeln in warmem Wasser ebenfalls 30 Minuten einweichen, abgießen und in dünne Streifen schneiden. Die Tongu-Pilze ebenso 30 Minuten in warmem Wasser einweichen, abgießen, jedoch 6 Eßlöffel Einweichwasser zurückbehalten; die Stiele entfernen. Lilienknospen und Wolkenohrpilze 15 Minuten einweichen und gründlich ausspülen. Den Stangensellerie in 5 cm lange Stücke schneiden.

Zubereitung: 1 ½ Eßlöffel Öl in einem großen Topf erhitzen und Bambussprossen, Bohnenquarkstreifen, Lotuswurzeln und Pilze auf milder Hitze 3 Minuten unter Rühren andünsten. Mit ¼ Liter Brühe aufgießen, das Pilzeinweichwasser zufügen, Bohnenkäse und Algenhaar einrühren. Aufkochen, dann Sellerie, Zuckererbsen, Glasnudeln, Wolkenohrpilze und die Lilienknospen in die Suppe geben. So lange rühren, bis fast alle Flüssigkeit aufgesogen ist, mit einem weiteren ¼ Liter Brühe auffüllen und 10 Minuten unter gelegentlichem Rühren köcheln.
Nun die Sojasauce, den Sherry, Salz und Pfeffer zufügen, die restliche Brühe hineingießen und das Ganze weitere 10 Minuten leicht sieden lassen. Mit dem Sesamöl beträufeln, in eine vorgewärmte Terrine umfüllen und sofort servieren.
Dies ist ein Beispiel für ein eintopfartiges Gericht. Die Betonung liegt hier eindeutig bei den getrockneten Zutaten, unter anderem dem Algenhaar.

Chinesischer Feuertopf

Zutaten (für 10 bis 12 Personen, mit weiteren Gerichten): 100 g Seegurke (Bêche-de-Mer), 50 g getrocknete chinesische Champignons (Tongu-Pilze), 400 g Chinakohl, 1 kleiner Blumenkohl, 200 g roher Schinken (am Stück), 1000 bis 1125 g Schweinehaxen, 400 bis 600 g Hühnerfleisch, 400 bis 600 g ausgelöstes Entenfleisch, 2 Scheiben Ingwerwurzel, 4 hartgekochte Eier, 6 EL Weißwein, Salz

Vorbereitung: Die Seegurke über Nacht einweichen und abtropfen lassen. Die Tongu-Pilze in warmem Wasser 30 Minuten einweichen, abseihen, die Stiele entfernen. Den Chinakohl putzen und längs vierteln. Den Blumenkohl putzen und in einzelne Röschen zerteilen. Den Schinken und die Schweinehaxen mit Wasser bedeckt 40 Minuten kochen. Das Hühner- und Entenfleisch in mundgerechte Stücke teilen und in 2 ½ Litern Wasser 40 Minuten sanft kochen, mit einem Schaumlöffel herausheben und in eine passende feuerfeste Schüssel legen. Die Brühe durch ein Sieb filtern; sie sollte ganz klar sein.

Zubereitung: Chinakohl, Blumenkohl, Pilze, Schinken, Schweinehaxen und Seegurke mit den Eiern und Ingwerscheiben zu Hühner- und Entenfleisch in die Schüssel geben. Diese Schüssel in einen Dämpftopf setzen, und alles 30 Minuten im Dampf garen. Danach den Schüsselinhalt in das Becken eines Feuertopfes umfüllen. Die Brühe und den Wein zufügen. Nach Geschmack salzen. Den Feuertopf in Gang setzen: einige glühende Holzkohlestückchen in den Schornstein werfen, ständig mit einem Blasebalg Luft zufächeln, bis auch die kalten Kohlestückchen, die zuunterst im Kamin liegen, zu glühen beginnen und die Suppe kocht. 5 bis 6 Minuten kochen lassen.

Servieren: Den Feuertopf vorsichtig zu Tisch bringen. Dort wird man ihn vor allem im Winter begeistert empfangen!

Anmerkung der Übersetzerin: Diese speziellen Feuertöpfe kann man mittlerweile auch bei uns kaufen. Nicht nur in Chinaläden, sondern auch in Cook-Shops oder Geschäften, die sich auf hübsche Kleinigkeiten für Küche und Wohnung spezialisiert haben. Es gibt aufwendige aus Messing und schlichtere aus Aluminium. Je nach Material kosten sie zwischen 85 und 180 Mark.
Ein solcher Feuertopf besteht aus einer Wanne, die um einen sich nach oben verjüngenden Schornstein angebracht ist. In diesen Schornstein füllt man zuerst kalte, dann glühende Holzkohle und fächelt so lange Luft zu, bis alles rot glüht und die Suppe in der Wanne kocht. Bei Tisch garen die Zutaten noch in der heißen Brühe nach. Man fischt sich mit seinen Eßstäbchen die gewünschten Brocken heraus und ißt sie mit verschiedenen Dips (ähnlich wie unser Fondue). Zum Schluß füllt man die Brühe in kleine Schälchen und reicht sie den Gästen zum Trinken.

Fisch-Feuertopf
(aus der Provinz Szechuan)

Zutaten (für 8 bis 12 Personen, je nachdem, wie viele Gerichte zusätzlich geplant sind): 300 g Fisch (Kabeljau, Seezunge, Karpfen usw.), 2 mittelgroße Zwiebeln, 2 Scheiben Ingwerwurzel, 1 l Wasser, 1 ½ TL Salz, 25 g Glasnudeln, 50 g Schweinenieren, 50 g Hühnerleber, 75 g Herzteile von Frühlingszwiebeln, 50 g Spinat, 50 g Bohnensprossen, 100 g Hühnerfleisch, 100 g Schweinefleisch, 200 g Schweineknochen, ½ l *Feine Brühe*, 25 g Erdnüsse, 3 EL Weißwein, 25 g Koriandergrün (oder Petersilie)

Vorbereitung: Den Fisch sorgfältig entgräten, wenn nötig häuten, und in hauchdünne Scheibchen schneiden. Die verschiedenen Fleischsorten ebenso fein zerschneiden. Die Zwiebeln hacken. Die Fischgräten, -haut und, falls vorhanden, -köpfe und die Schweineknochen mit Ingwer und Zwiebeln in dem Wasser 45 Minuten auskochen. Die Brühe durch ein Sieb filtern und salzen. Die Glasnudeln indessen in Wasser 10 Minuten einweichen und abgießen.
Schweinenieren und Hühnchenleber 10 Minuten kochen. Die Herzteile der Frühlingszwiebeln in Stücke schneiden, 3 Minuten blanchieren und abschrecken. Den Spinat und die Bohnensprossen gründlich waschen und abtropfen lassen.

Zubereitung und Servieren: Die vorbereiteten Gemüse und die Glasnudeln im Feuertopf verteilen. Die in feine Scheiben geschnittenen Nieren und die Hühnerleber, Fischscheiben, Hühner- und Schweinefleisch darüberschichten. Mit Erdnüssen bestreuen und mit der Feinen Brühe, der Fischbrühe und dem Weißwein auffüllen. Den Feuertopf anzünden, die Suppe 5 bis 6 Minuten köcheln lassen, zuletzt mit feingehacktem Koriandergrün oder Petersilie garnieren und auftragen.

Anmerkung der Übersetzerin: Falls Sie keinen solchen Feuertopf haben (und die Ausgabe lohnt wirklich erst, wenn Sie ihn öfter verwenden wollen), dann können Sie sich ganz leicht behelfen: Nehmen Sie eine metallene Guglhupfform (aus Aluminiumblech oder Kupfer) und setzen Sie sie auf ein gewöhnliches Rechaud, wie Sie es auch für Fondue benutzen. Durch den »Schornstein in der Mitte entsteht derselbe Effekt (vorausgesetzt natürlich, die Form hat oben ein Loch; sonst ist sie ungeeignet).

Schwalbennestersuppe

Schwalbennester haben einen kaum wahrnehmbaren Hauch von Eigengeschmack und verdanken ihre Beliebtheit nur dem überfeinerten Geschmackssinn der Chinesen. Das Hauptaroma dieser Suppe stammt von der Grundsubstanz *Hühnerbrühe* und -fleisch. Deshalb muß vor allem die Brühe von allerbester Qualität sein. Schwalbennester werden meist als kleine poröse Bröckchen in Tüten oder Schachteln in Chinaläden angeboten. Es handelt sich dabei übrigens nicht um die Zweige und Ästchen, aus denen sich normalerweise Vögel ihre Nester bauen, sondern vielmehr um das, was die jungen Vögel im Nest an Ausscheidungen hinterlassen haben, bevor sie flügge geworden sind. Man sammelt hauptsächlich die von einer bestimmten Seeschwalbenart, die im Südchinesischen Meer zu Hause ist. Manchmal gibt es sie auch tatsächlich in Form von kleinen Nestern. Man nennt sie dann *Drachenzähne*. Sie sind jedoch sehr selten und teuer.

Zutaten (für 6 bis 8 Personen, bei einer Speisenfolge von mehreren Gängen): 100 g Schwalbennester, ½ l Wasser, 50 g Hühnerbrust, 2 Eiweiß, ¾ l allerbeste frisch gekochte *Hühnerbrühe*, 1 TL Salz, ½ TL Glutamat, 1 EL Speisestärke (von Mais oder Wasserkastanien), 2 EL feingehackter roher Schinken

Vorbereitung: Das Schwalbennest mit dem Wasser bedeckt 1 Stunde auf milder Hitze köcheln. (Falls Sie Drachenzähne verwenden, müssen Sie sie zuvor eine Nacht einweichen.) Abkühlen lassen und abgießen. Das Hühnerfleisch feinhacken. Die Eiweiß mit einer Gabel leicht verschlagen.

Zubereitung: Die Hühnerbrühe in einer schweren Kasserolle erhitzen und die Hälfte des Hühnerfleisches darin 10 Minuten ziehen lassen. Das Schwalbennest und das restliche Hühnerfleisch zufügen und weitere 15 Minuten köcheln. Dann Salz und Glutamat einrühren. Die Stärke mit 3 Eßlöffeln Wasser verquirlen und gleichfalls an die Suppe geben. Langsam das Eiweiß über einen Gabelrücken so in den Topf fließen lassen, daß es nach dem Gerinnen wie eine weiße Wolke wirkt. Die fertige Suppe mit dem gehackten Schinken bestreuen und in einer edlen Terrine auftragen.

Haifischflossensuppe mit Krebseiern

Zutaten (für 8 bis 10 Personen, wenn noch andere Gerichte serviert werden): 150 g Haifischflosse, $1/2$ l Wasser, 2 Scheiben Ingwerwurzel, 50 g getrocknete chinesische Champignons (Tongu-Pilze), 100 g Hühnerbrust, 100 g Chinakohl, 3 Frühlingszwiebeln, 3 EL Schweineschmalz, $3/4$ l *Hühnerbrühe* bester Qualität, 1 TL Zucker, 1 TL Salz, 4 EL gehacktes Krebsfleisch, $1\,1/2$ EL Maisstärke, 3 EL Wasser, 4 EL Krebseier, 3 EL Wein

Vorbereitung: Die Haifischflosse über Nacht einweichen und mit dem $1/2$ Liter Wasser und dem Ingwer 1 Stunde köcheln. Mehrmals in kaltem Wasser ausspülen. Nochmals 1 Stunde köcheln, abermals gut ausspülen und in 8 gleich große Stücke schneiden.
Die Pilze 30 Minuten in warmem Wasser einweichen, die Stiele entfernen, die Hüte blättrig schneiden. Das Hühnerfleisch in dünne Scheiben, den Chinakohl und die Frühlingszwiebeln in 3 cm lange Stücke schneiden.

Zubereitung: Die Frühlingszwiebeln in etwa 2 Eßlöffeln Schmalz auf mittlerer Hitze 2 Minuten anbraten. Mit der Brühe auffüllen, den Zucker zufügen, und sanft aufwallen lassen. Dann Hühnerfleisch, Salz, Haifischflosse, Krebsfleisch, Pilze und Kohl zugeben und alles zusammen 25 Minuten leise köcheln lassen. Die Stärke mit dem Wasser verquirlen, und die Suppe damit andicken. Nun die Krebseier, den Wein und das restliche Schmalz in die Suppe rühren und noch 5 Minuten ziehen lassen. Sofort auftragen.

Anmerkung der Übersetzerin: Bei diesem Rezept wird die Schwierigkeit weniger sein, Haifischflossen zu bekommen – die gibt's in jedem gut sortierten Chinaladen –, sondern vielmehr den frischen Taschenkrebs. Denn selbstverständlich ist hier kein Krebsfleisch aus der Dose gemeint, auch nicht das Fleisch von Flußkrebsen. Schließlich schwimmt ein Hai im Meer, deshalb soll sich ihm in dieser Suppe sein Meeresnachbar, der Taschenkrebs, zugesellen. Nur ein frisches weibliches Exemplar verfügt über den hier verlangten Rogen, dem die Suppe ihre sanfte, cremige Konsistenz verdankt.

Ochsenschwanzsuppe aus Szechuan

Zutaten (für 8 bis 10 Personen, wenn auch andere Gerichte gereicht werden): 2 bis $2\,1/2$ kg Ochsenschwanz, 1 kochfertiges Hähnchen (ca. 1000 g), 6 Scheiben Ingwerwurzel, 1 TL Pfefferkörner, 2 TL Salz, 1 TL Glutamat (oder $1\,1/2$ Würfel Hühnerbrühe), 1 TL zerlassenes Schweineschmalz

Vorbereitung: Den Ochsenschwanz (vom Metzger bereits in Stücke gehackt) 1 Stunde lang wässern.

Zubereitung: Die Ochsenschwanzstücke mit $4\,1/2$ Litern Wasser zum Kochen bringen. Nach 15 Minuten Fett und Unreinheiten abschöpfen; weiter auf kleiner Flamme (möglichst in einem schweren Topf) 1 Stunde ganz sanft köcheln lassen. Das Hähnchen, den Ingwer und die Pfefferkörner zufügen und alles nochmals 2 Stunden sieden. Ingwerscheiben und Pfefferkörner herausfischen und wegwerfen, erneut Unreinheiten abschöpfen. Eine Asbestplatte unterlegen; die Suppe auf ganz kleiner Flamme weitere 2 Stunden mehr ziehen als kochen lassen. Salz, Glutamat und Schmalz zufügen, abschmecken und sofort auftragen.
Dies ist eine sehr konzentrierte Suppe. Wir nennen sie auch »Beef-Tee mit Hähnchen«.

Verschiedene bekannte Suppenspezialitäten

Scharfsaure Suppe
Abb. 4

Diese ziemlich dicke Suppe ist im Norden Chinas beliebter als im Süden. Man kann sie praktisch aus allem herstellen, was man gerade zufällig im Hause hat. Das klassische Rezept allerdings verlangt gekochtes, angedicktes Hühnerblut. Das läßt sich jedoch ganz gut durch Bohnenquark ersetzen. Chinesische Champignons (Tongu-Pilze) aber gehören unbedingt hinein, und die Grundlage muß auf jeden Fall eine kräftige Brühe sein.

Zutaten (für 8 bis 12 Personen, in einer Speisenfolge von mehreren Gängen): 50 g getrocknete chinesische Champignons, 100 g mageres Schweinefleisch, 25 g Bambussprossen, 2 Stücke Bohnenquark, 2 Eier, 1 EL getrocknete Garnelen (oder 2 EL geschälte frische Garnelen), 1 l *Feine Brühe*, $\frac{1}{2}$ TL Glutamat (oder 1 Würfel Hühnerbrühe)

Für die scharfsäuerliche Mischung: 2 EL Sojasauce, 2 EL Essig, 2 EL Maisstärke (mit 4 EL kalter Brühe verquirlt), $\frac{1}{4}$ TL schwarzer Pfeffer

Vorbereitung: Die Pilze 30 Minuten in warmem Wasser einweichen und abgießen. 3 Eßlöffel Einweichwasser zurückbehalten. Das Schweinefleisch in streichholzfeine Streifen, die Bambussprossen in Scheiben von 2,5 mal 5 cm Größe schneiden. Den Bohnenquark in 1 cm große Würfel teilen. Die Zutaten für die scharfsäuerliche Mischung verrühren. Die Eier 10 Sekunden leicht verquirlen.

Zubereitung: Schweinefleisch, Pilze, Garnelen und Bambussprossen in der Brühe 30 Minuten leise sieden lassen, dann den Bohnenquark, das Pilzwasser und etwas Glutamat zufügen. 5 weitere Minuten köcheln. Die scharfsäuerliche Mischung in die Suppe rühren, so daß diese andickt. Zum Schluß die Eier über einen Gabelrücken hineinlaufen lassen. Sie gerinnen sofort und bilden ein wolkiges Muster. Jetzt ist die Suppe servierfertig. Sie ist so schön heiß und nahrhaft, daß sie bevorzugt im Winter gegessen wird.

Suppe mit einem ganzen Huhn

Zutaten (für 10 bis 12 Personen, in einer Speisenfolge von mehreren Gängen): 1 Poularde (ca. 2 kg), 6 Frühlingszwiebeln, 3 $\frac{1}{2}$ l Wasser, 3 TL Salz, 2 Scheiben Ingwerwurzel, 100 g roher Schinken, 100 g Abalone, 400 g Chinakohl, 4 EL Sherry

Vorbereitung: Die Poularde innen mit Küchenpapier auswischen (die Innereien für ein anderes Rezept vorsehen). Die Frühlingszwiebeln in 5 bis 7 cm lange Stücke schneiden und mit der unzerteilten Poularde in einen gußeisernen oder schweren irdenen Topf geben. Mit dem Wasser auffüllen und langsam zum Kochen bringen. Nach 8 Minuten mit einer Schaumkelle alle aufsteigenden Unreinheiten abschöpfen und $\frac{1}{4}$ Liter Flüssigkeit von oben abgießen. Salz, Ingwer und Schinken zufügen. Weitere 5 Minuten köcheln, danach wieder abschäumen. Den Schinken herausnehmen, wie die Abalone in hauchfeine Scheibchen schneiden und wieder in den Suppentopf geben. Den Chinakohl in 3 cm große Stücke zerschneiden.

Zubereitung: Unter den Topf eine Asbestplatte legen. Die Hitze zurücknehmen. Die Poularde auf mildestem Feuer 2 Stunden ziehen lassen. Den Kohl so zufügen, daß er unter die Poularde zu liegen kommt. 30 Minuten leise köcheln, dann die Abalone und den Sherry in den Topf geben. Alles 5 Minuten schwach sieden.
Diese Suppe ist beides: gehaltvoll und erfrischend (letzteres dank des knackigen Chinakohls). Das Hühnerfleisch ist nunmehr so zart und weich geworden, daß man es mit den Eßstäbchen auslösen kann. Dieses Gericht entweder als Herzstück eines üppigen Menüs zu Hause oder als einen der wichtigeren Gänge während eines offiziellen Banketts servieren.

Anmerkung der Übersetzerin: Statt auf eine Asbestmatte können Sie den Suppentopf auch in den auf etwa 140 Grad vorgeheizten Backofen stellen. Dort kann die Hitze gleichmäßiger wirken, und es setzt garantiert nichts an.

Suppe mit einer ganzen Ente

Dieses Rezept ist dem vorhergehenden ganz ähnlich. Weil jedoch Enten generell fetter sind als Hühnchen oder Poularden, muß man die Ente zuvor etwas länger kochen, um alles Fett herauszuziehen. Abalone findet diesmal keine Verwendung, dafür benötigt man aber mehr Schinken und Frühlingszwiebeln.

Zutaten (für 10 bis 12 Personen, in einer Speisenfolge von mehreren Gängen): 1 Ente (etwa 2 kg), 3 l Wasser, 100 g getrocknete chinesische Champignons (Tongu-Pilze), 150 g Bambussprossen, 200 g Frühlingszwiebeln, 2 Scheiben Ingwerwurzel, 2 TL Salz, 400 g Chinakohl, 200 g roher Schinken (am Stück)

Vorbereitung: Die Ente gründlich sauber wischen, loses Fett und den Pürzel entfernen. Mit dem Wasser in einen schweren Topf geben und langsam zum Kochen bringen. Nach 10 Minuten die aufsteigenden Unreinheiten abschöpfen. 10 weitere Minuten köcheln und wieder abschäumen.
Die Pilze in warmem Wasser 30 Minuten einweichen, abgießen, die Stiele entfernen und die Hüte in schmale Streifen schneiden.
Die Bambussprossen in hauchdünne Scheiben, die Frühlingszwiebeln in 5 cm lange Stücke schneiden.
Die Ente mit den Bambussprossen, Frühlingszwiebeln und dem Ingwer füllen und zurück in den Suppentopf geben. Die Suppe salzen. Den Kohl in 3 cm dicke Scheiben, den Schinken in feine Streifen schneiden.

Zubereitung: Eine Asbestplatte unter den Topf legen. Die Suppe auf mildester Hitze 2 Stunden sieden lassen. Den Kohl unter die Ente in den Topf breiten, den Schinken und die Pilze obenauf legen. Weitere 30 Minuten köcheln und in einer großen Terrine rasch auftragen.

Der Chinakohl soll überschüssiges Entenfett aufsaugen und außerdem für Frische sorgen. Das Schwarz der Pilze und das Rosa des Schinkens machen aus der Suppe eine Augenweide, zumal die Brühe dank der langen Kochzeit kristallklar ist.

Dreierlei-Streifen-Suppe

Zutaten (für 6 bis 8 Personen, in einer Speisenfolge von mehreren Gängen): 25 g getrocknete chinesische Champignons (Tongu-Pilze), 50 g gegarte Hühnerbrust, 25 g Abalone, 1 l *Hühnerbrühe*, Salz und Pfeffer nach Geschmack

Vorbereitung: Die Pilze in $1/8$ l warmem Wasser 30 Minuten einweichen. Die Stiele entfernen. Die Hüte in feine Streifen schneiden. Das Einweichwasser aufbewahren. Hühnerbrust und Abalone ebenfalls in feine Streifen teilen.

Zubereitung: Pilze, Hühnerfleisch, Abalone, Brühe und Einweichwasser in einem großen Topf aufkochen. Salzen und pfeffern, nochmals aufwallen und 10 Sekunden ziehen lassen.

Servieren: Den Anweisungen zur *Gemalten Suppe* folgen.

Gemalte Suppe
Abb. 32

Diese Suppe ist gelegentlich bei größeren Banketten und offiziellen Anlässen auf der Tafel zu finden, vor allem dann, wenn der Küchenchef ein Künstler ist und etwas Besonderes kreieren möchte. »Suppe malen«, das bedeutet jedoch nicht, daß auf der *flüssigen* Oberfläche gemalt wird! Man schafft zunächst für das Bild, das entstehen soll, eine solide Unterlage aus Eiweiß. Dazu schlägt man 2 bis 3 Eiweiß sehr steif und verteilt den Eischnee auf der fertig in einer Terrine oder Suppenschüssel angerichteten Suppe. (Diese Schüssel sollte höchstens zu 2 Dritteln gefüllt sein.) Das Eiweiß mit einem Spachtel gleichmäßig verstreichen.

Nun kann man alle möglichen Ornamente und Garnituren darauf anbringen. Ein chinesischer Kochkünstler wird ländliche Szenen abbilden, wobei die bräunlichen Lilienknospen Baumstämme oder Äste vorstellen, grüne Gemüse als Blätter dienen und eine runde Möhrenscheibe, die rundum hübsch eingezackt wurde, als Sonne erstrahlt. Aus dünn abgeschälter Tomatenhaut lassen sich Blüten formen. All diese Garnituren werden leicht in die Eiweißoberfläche gedrückt.

Ein engagierter Koch aber wird sich nicht mit ländlichen Szenen begnügen, sondern auch Bilder von Menschen und Tieren darzustellen versuchen.

Normalerweise ist die eigentliche Suppenbasis, aus der eine *Gemalte Suppe* entsteht, die *Dreierlei-Streifen-Suppe* (Seite 90), die vergleichsweise leicht herzustellen ist. Wenn die *Gemalte Suppe* aufgetragen wird, nimmt der Gastgeber (oder die Gastgeberin) eine Kelle, durchstößt damit vorsichtig die Bildfläche und teilt jedem Gast ein möglichst unversehrtes Bildstück in seine Suppenschale aus.

Reis ist das wichtigste Grundnahrungsmittel in China und wird dort in der gleichen Weise gegessen wie im Westen Brot oder Kartoffeln. Reis ißt man zu jeder Mahlzeit: *Reisbrei* (oder *Congee*) zum Frühstück am Morgen, *gekochten* oder *gedämpften Reis* zum Mittag- und Abendessen. Die einzige Gelegenheit, bei der man keinen Reis ißt, wäre ein großes offizielles Diner oder Bankett, denn zu solchen Essen werden so viele verschiedene Gänge und Gerichte aufgetragen, daß man auf den sättigenden Reis verzichten kann. Im Gegenteil, er würde das Vergnügen schmälern, müßte man doch andere erlesene Leckerbissen auslassen. Aber häufig werden am Ende eines solchen großen Diners vier einfachere Gerichte mit Reis serviert, um den Magen zu beruhigen.

In China kann man also dem Reis nicht entrinnen. Er macht als Bindeglied zwischen den einzelnen Gängen aus einem Menü eine Einheit. Weil er weich und saugfähig ist, paßt er zu trockenen, krachigen, knusprigen Gerichten ebensogut wie zu Speisen mit viel oder wenig Sauce. Weil er neutral schmeckt, kann er sehr würzige, scharfe Gerichte mildern, die ja gern und häufig während eines chinesischen Menüs gereicht werden. Und bei frischen, leichten Gerichten wirkt Reis unterstützend – der Gaumen bekommt mehr Zeit, alles auszukosten.

Reis hat also eine Menge wichtiger Funktionen in der Chinesischen Küche, ganz abgesehen davon, daß auch seine Farbe eine bedeutende Rolle spielt. Deshalb servieren wir fast nie *Gebratenen Reis* während eines Menüs, das hauptsächlich aus würzigen, kräftigen Gerichten besteht. (Man ißt überhaupt Gebratenen Reis nur als kleinen Snack zwischendurch, wenn nichts anderes angeboten wird oder erwartet werden darf.) Manche Kenner mögen Reis sogar ohne alles: Gegen Ende eines großen Essens genießen sie noch einige Bissen Reis abwechselnd mit ein paar Stückchen Fleisch oder Gemüse.

In den chinesischen Restaurants in Europa sieht man die Europäer oft größere Mengen Sojasauce über ihren Reis gießen, um ihn würziger zu machen. Das sollte man niemals tun, weil der Reis dadurch seinen Charakter und seine Neutralität verliert und damit seinen Sinn. Ein chinesisches Essen besteht aus so vielen verschiedenen würzigen, kräftigen Gerichten mit aromatischen Saucen, durch die der Reis ein eigenes Aroma und neuen Geschmack bekommt, daß man keine pure Sojasauce über ihn ausleeren muß. Reis schmeckt am besten, wenn er ohne jede Garnierung serviert wird.

Auch wenn wir immer sagen, daß Reis als Beilage zu verschiedenen Gerichten serviert werden sollte, sind doch in Wahrheit eine ganze Reihe von Gerichten die Beilage zum Reis. Ohne Reis würden sie viel von ihrer Eigenständigkeit und ihrem Charakter verlieren. Hunderte von Gerichten gehören in diese Kategorie; nur vergessen wir Chinesen gern, welche wichtige kulinarische Rolle der Reis spielt, weil wir so sehr daran gewöhnt sind, ihn dauernd zu essen.

Ein gutes Beispiel für ein Gericht, das den Reis begleitet (und nicht umgekehrt) ist *Rotgekochte Schweinehaxe*. Wer nicht gewohnt ist, große Mengen Reis zu essen, müßte ihn durch *Dampfbrötchen* oder getoastetes Brot ersetzen, weil dieses Gericht sonst einfach viel zu schwer wäre.

Lenken wir nun unsere Aufmerksamkeit auf die Zubereitung der verschiedenen chinesischen Reisgerichte. Die Mehrzahl davon ist relativ einfach. In China wird Reis entweder gekocht oder gedämpft. Nur selten bereitet man ihn »europäisch« zu (wie beispielsweise bei der spanischen Paella: zuerst anrösten, dann mit Wasser oder Brühe auffüllen). Außerdem kocht man in China stets große Portionen Reis, nicht nur für eine einzige Mahlzeit. Was übrig bleibt, wird gebraten, schwimmend in Fett ausgebacken (Knusperreis) oder zu Reisbrei (Congee) gekocht. Natürlich kann man ihn auch einfach wieder erwärmen und zur nächsten Mahlzeit als Beilage reichen.

Reisdämpfen dauert etwa zwei- bis dreimal so lange wie *Reiskochen*. Da das Endprodukt fast das gleiche ist (gedämpfter Reis ist etwas lockerer), kocht man den Reis meistens. Vor allem im Westen wird man sich lieber dieser Garmethode bedienen.

Gekochter Reis *(Abb. 11)*

Die Schwierigkeit beim Reiskochen ist, daß der Reis leicht zu wäßrig wird oder, falls man zuwenig Wasser hinzufügt, anbrennt. Reis sollte trocken, locker und gar sein – deshalb sollte man beim Reiskochen äußerst sorgsam vorgehen. Es gibt viele Methoden, zu diesem Ergebnis zu gelangen. Im folgenden beschreibe ich die einfachste, sozusagen idiotensichere, die ich viele hundert Male selbst ausprobiert habe.

Menge: Für Europäer dürfte knapp 1 Pfund Reis (etwa 450 g) für 6 bis 8 Personen ausreichend sein. Man kocht Reis immer in ungefähr der eineinhalbfachen Menge Wasser: Auf 1 Tasse oder 1 Schälchen Reis nimmt man $1\,^1/_2$ Tassen (Schälchen) Wasser.

Waschen: Bevor Sie den Reis aufsetzen, sollten Sie ihn waschen, bis das Wasser klar bleibt. Dadurch wird die Stärke herausgespült, und der Reis wird körnig und locker.

Kochen: Halten Sie in einem Wasserkessel kochendes Wasser für später bereit. Füllen Sie den Reis in einen schweren Topf, gießen Sie die entsprechende Menge Wasser hinzu und bringen Sie ihn zum Kochen. Nach 2 Minuten die Hitze reduzieren, und den Reis *zugedeckt* 7 bis 8 Minuten ganz leise köcheln lassen. Nun sollte die Reisoberfläche trocken sein (falls nicht, ohne Deckel kurz trocknen lassen).
Jetzt so viel kochendes Wasser zugießen, daß es etwa 5 mm hoch über der Reisoberfläche steht. Den Deckel wieder aufsetzen, unter den Topf eine Asbestplatte legen. Den Reis 5 Minuten auf milder Hitze ziehen lassen, dann auf dem ausgeschalteten Herd im *verschlossenen* Topf noch 7 bis 8 Minuten in seiner eigenen Hitze nachgaren und trocknen lassen. Nach dieser Zeit (insgesamt etwa 20 Minuten) ist der Reis so gar, locker und flockig, wie er sein soll.

Übriggebliebenen Reis kann man ganz einfach wieder aufwärmen, mit verschiedenen anderen Zutaten zusammen braten oder durch erneutes Kochen in Wasser zu weichem *Reisbrei (Congee)* verarbeiten.
Damit der Reisrest nicht austrocknet und fest wird, sollten Sie ihn aus dem Topf in eine Schüssel umfüllen und dabei größere Klumpen zerteilen. Lockeren Reis kann man leicht wieder erwärmen, indem man ihn mit etwas Wasser (etwa 2 Eßlöffel pro Tasse Reis) in einem sauberen Topf zugedeckt langsam erhitzt.

Gedämpfter Reis

Es gibt zwei traditionelle Methoden, Reis zu dämpfen. In beiden Fällen kocht man ihn zuerst 5 Minuten lang in reichlich Wasser und gießt ihn dann durch ein Sieb.

1. Den vorgekochten Reis in so viele Portionen teilen, wie Gäste erwartet werden. Jede Portion in ein feuerfestes Schälchen füllen und mit so viel heißem Wasser aufgießen, daß der Reis $^1/_2$ cm hoch davon bedeckt ist. (Nehmen Sie Schälchen, die groß genug sind: die Reismenge muß sich darin verdoppeln können.) Die gefüllten Schälchen nun für 1 Stunde in den Dämpftopf stellen.
Falls Sie keinen speziellen Dämpftopf haben, setzen Sie die Schälchen auf einem Rost in einen ausreichend großen Topf, der 3 bis 5 cm hoch mit kochendem Wasser gefüllt ist. Falls nötig, gießen Sie während des Dämpfens immer wieder etwas kochendes Wasser nach.
Man bedient sich dieser Methode besonders gern in Restaurants, weil der Reis in den heißen Schälchen länger warm bleibt.
2. Die zweite Dämpfmethode wird eher im Haushalt angewendet: Man nimmt einen flachen Dämpfkorb aus Bambus, der genau auf einen Topf paßt und dessen Deckel nicht nur den Korb, sondern auch die Topföffnung genau abdeckt. Wenn nun das Wasser im Topf kocht, steigt der Dampf durch den Bambuskorb nach oben – man kann auch gleich mehrere solcher Körbe übereinander in Betrieb nehmen. Den Boden des Dämpfkorbes deckt man mit einem sauberen Tuch ab und breitet den vorgekochten, abgetropften Reis darauf aus; die Schicht sollte höchstens 3 cm dick sein. Nun sticht man sie mit den Eßstäbchen an mehreren Stellen ein, damit der Dampf ungehindert hindurchströmen kann. Das Dämpfen dauert knapp 1 Stunde. Danach ist der Reis locker und gar. Man kann Reis auch in Lotusblätter eingewickelt dämpfen. *(Abb. 31)*

Der Vorteil vom Dämpfen ist der, daß der Reis nicht anbrennen kann. Der Nachteil: Man benötigt eine Reihe hierzulande nur schwierig aufzutreibender Utensilien. Deshalb empfiehlt sich für die westliche Küche, den Reis zu kochen.

Anmerkung der Übersetzerin: Diese Bambuskörbe gibt es bei uns nur selten, in Chinaläden oder auch in Cook-Shops. Wenn Sie jedoch mal in Paris oder London sind, bringen Sie sich von dort welche mit. Dort gibt es sie in allen Größen. Solche Körbchen sind für alle Arten von gedämpften Gerichten außerordentlich nützlich.

Man kann sich aber auch ohne sie behelfen, indem man in einen ausreichend großen Topf, den man mit der entsprechenden Menge Wasser gefüllt hat, eine umgestülpte Tasse stellt und den Reis oder das Dämpfgut auf einem Teller darauf setzt. Wichtig: Der Topf muß mit einem gut schließenden Deckel versehen sein, damit der aufsteigende Dampf nicht entweichen kann.

Reisbrei *(Congee)*

Man unterscheidet in China zwei Arten von Reisbrei:
1. *Dicken Reisbrei* von der Konsistenz sämig gekochten Haferbreis, den vorwiegend die ärmeren Leute essen. Sie fügen mehr Wasser hinzu, um dadurch eine größere Menge aus vergleichsweise wenig Reis zu erhalten. Man kocht dafür den Reis in der doppelten Menge Wasser einfach dreimal so lange wie normalerweise, also etwa 45 statt 15 bis 20 Minuten.
In China kochen die Armen, die sich Reis als alleiniges Grundnahrungsmittel nicht leisten können, feine Streifen von getrockneten Süßkartoffeln mit. So wird aus wenig Reis mehr.
2. Ein eher *flüssiger Reisbrei*, genannt *Congee*, wird in China von arm und reich gegessen. Congee reicht man vor allem zum Frühstück, oder als späten Abendimbiß mit würzigen Beilagen wie gesalzenen Eiern, *Tausendjährigen Eiern*, eingelegtem Gemüse, gesalzenem Fisch, gerösteten, gesalzenen Erdnüssen, chinesischen Würstchen, eingesalzenen Rübchen, Bohnenkäse, kaltem Braten und Geflügelmägen, die in einer *Meisterbrühe* weichgekocht wurden.

Für flüssigen Reisbrei läßt man übriggebliebenen Reis in 8 bis 10 Mal der gleichen Menge Wasser $1^{1}/_{2}$ bis 2 Stunden köcheln. Es entsteht dann ein cremiger, weicher, suppenartiger Brei. Dieser Brei schmeckt morgens ausgezeichnet, und im Winter wärmt er durchfrorene Geister wieder auf – wie eine heiße Tasse Tee.

Gebratener Reis

Reis ist bekanntlich kein eigenständiges Gericht (wie Brot und Kartoffeln), sondern nur im Zusammenhang mit anderen Zutaten oder Gerichten denkbar, und das vorwiegend in gekochter Form. Mischt und brät man nun gekochten Reis mit anderen Zutaten und Gewürzen zusammen, entsteht der sogenannte *Gebratene Reis,* eine Art Imbiß oder ein Gericht, das eine Tafel erweitert, die nicht so reichlich gedeckt ist.

Gebratener Reis wird niemals bei einem großen Menü oder gar bei einem offiziellen Bankett aufgetragen (wie man auch niemals Bratkartoffeln zu einem Festessen servieren würde).

Es gibt keine festen Regeln dafür, mit welchen Zutaten man Gebratenen Reis herstellen sollte. Man kann dazu eigentlich alles verwenden, was sich braten läßt. Doch gibt es auch hier wieder ein paar traditionelle Zusammenstellungen, die auf eine Vielzahl von Möglichkeiten schließen lassen.

Grundsätzlich bei der Zubereitung zu beachten:
1. Aroma – im Hinblick darauf werden zu Anfang immer Zwiebeln angedünstet.
2. Geschmack.
    a) Als Kontrast zum neutralen Reis wird häufig ein wenig gehackter roher Schinken oder Speck verwendet.
    b) Für Kontrast in Struktur und Geschmack sorgen feingehacktes gekochtes Schweinefleisch, Geflügel- oder Rindfleisch, Hummer, Shrimps oder Garnelen.
3. Abwechslung in Textur und Farben – sie kommt zustande durch Untermischen von kurz gegarten (gebratenen), feingeschnittenen Gemüsen wie Stangensellerie, Gurke, Erbsen oder Bambussprossen.
4. Verbunden und zu einem Ganzen vereint werden all diese Ingredienzen durch verquirlte Eier, die man immer erst in der Pfanne unter Rühren stokken lassen sollte, bevor man den Reis zugibt, denn sonst wird das Ganze eine matschige Pampe.

Einer der schlimmsten Fehler ist der, für Gebratenen Reis sämtliche Zutaten in eine Pfanne zu werfen und einfach zu vermengen. Schließlich sollen die einzelnen Geschmäcker und Strukturen klar erhalten bleiben. *Gebratener Reis* ist ein *trockenes* Gericht und darf weder breiig sein noch in Sauce schwimmen. Wenn man etwas Sojasauce hinzufügen möchte, dann nur in ganz kleinen Mengen.

Gerade weil der Gebratene Reis ein trockenes Gericht ist, sollte man stets eine kräftige Suppe dazu reichen – auch wenn er nur als kleiner Imbiß gedacht ist.

Die nachfolgenden Rezepte bieten Ihnen eine kleine Auswahl von eher traditionellen Gerichten dieser Art.

Gebratener Reis
(Grundrezept) Abb. 32

Zutaten (für 4 Personen): 1 mittelgroße Zwiebel, 75 g roher Schinken (oder Speck), 3 Eier, 1 TL Salz, 4 EL Pflanzenöl, 4 EL gehackter Stangensellerie, Gurke oder Frühlingszwiebeln, 4 EL frische grüne Erbsen (evtl. tiefgekühlte), 200 bis 300 g gekochter Reis, 1 EL Sojasauce

Vorbereitung: Die Zwiebel feinhacken. Den Schinken oder Speck kleinschneiden. Stangensellerie (Gurke oder Frühlingszwiebeln) in erbsengroße Würfel schneiden. Tiefkühlerbsen auftauen, frische aus den Schoten lösen. Die Eier mit $1/2$ Teelöffel Salz leicht verquirlen.

Zubereitung: Das Öl in einer großen Pfanne oder in einem geeigneten Topf erhitzen. Die Zwiebel und den Schinken darin auf höchster Hitze $1\,1/2$ Minuten pfannenrühren und salzen. Die Hitze zurücknehmen, dann die Eier in die Pfanne gießen und unter Rühren (wie bei Rührei) stocken lassen. Erbsen und Sellerie (Gurke oder Frühlingszwiebeln) zufügen und 1 Minute pfannenrühren. Den Reis zufügen und 2 Minuten unter stetem Rühren braten. Mit Sojasauce beträufeln, nochmals gründlich mischen und sofort servieren.

Servieren: Gebratener Reis sollte unverzüglich aus der Pfanne auf den Tisch gelangen. Er verliert sonst rasch sein Aroma und wird talgig.

Gebratener Reis mit Hühnerfleisch

Für 4 Personen.

Dieses Gericht wird besonders gern in Restaurants serviert, denn hier finden die vielen kleinen Stückchen, die beim Ausbeinen von Geflügel anfallen, eine sinnvolle Verwendung. Nehmen Sie alle Stückchen und Fetzen, die beim Entbeinen eines gegarten Hühnchens abfallen.

Gehen Sie vor, wie im vorherigen Rezept angegeben, mit einer Abweichung: 100 bis 150 g gegartes Hühnerfleisch wird 30 Sekunden nach der Zwiebel in die Pfanne gegeben und mitgebraten. Außerdem benötigt man etwa $1/2$ Teelöffel mehr Salz.

Gebratener Reis mit Shrimps, Garnelen oder Hummer

Für 4 Personen.

Meeresfrüchte wie Shrimps, Garnelen oder Hummer zu Gebratenem Reis schätzt man in China besonders, weil ihr zart-würziger Geschmack so gut dazu paßt. Hummer- und Garnelenfleisch wird hierfür in etwa erbsengroße Stückchen geschnitten. 1 oder 2 zerdrückte Knoblauchzehen werden mit der feingehackten Zwiebel zunächst in der Pfanne angebraten. Dadurch bekommt das Gericht ein stärkeres Aroma. Falls Sie frischen Ingwer zur Hand haben, so können Sie 1 bis 2 hauchdünne, feingehackte Scheibchen ebenfalls mitbraten. Das überdeckt etwa vorhandenen Fischgeruch. Ansonsten genauso arbeiten wie im *Grundrezept* angegeben.

Gebratener Reis in verschiedenen Variationen

Gekochter Reis kann mit allen möglichen Zutaten gemischt und gebraten werden. Im folgenden einige Vorschläge:

Getrocknete chinesische Champignons 20 bis 30 Minuten in warmem Wasser einweichen, abgießen, die Stiele entfernen, die Hüte in kleine Würfel schneiden. Das Einweichwasser nicht verwenden, es gibt dem Gericht eine zu dunkle Farbe.

Frische Champignons zufügen. Möglichst nur sehr kleine, feste Exemplare verwenden (evtl. auch aus der Dose).

Frühlingszwiebeln in 2 cm lange Stücke hacken und zum Schluß in die Pfanne geben.

Bambussprossen in kleine Würfel schneiden. Sie bilden einen angenehm knackigen Kontrast.

Möhren und Wirsing in kleine Würfel schneiden und in die Pfanne geben.

Kleine Mengen gehackte Mandeln oder Walnüsse zufügen.

Eingeweichte Rosinen zufügen. Man verwendet sie in China selten, im Westen um so häufiger.

All diese Zutaten können Sie einzeln oder zusammen ganz nach Belieben und eigenem Geschmack verwenden.

Gekochter Reis mit verschiedenen Zutaten

Man kann Reis mit vielerlei Zutaten zusammen kochen, aber das ist westliche, nicht chinesische Art. Ein Beispiel dafür ist die spanische *Paella* oder der italienische *Risotto*. In China hat man lieber Reis und begleitende Gemüse oder Zutaten getrennt voneinander auf dem Tisch und mischt dann selbst nach Wunsch, anstatt eine bereits fertige Mischung vorgesetzt zu bekommen.

Folgende Rezepte sind jedoch ein Beispiel dafür, wie man auch in der Chinesischen Küche den Reis mit anderen Zutaten zusammen gart.

Gemüsereis
(ein Gericht aus Schanghai) Abb. 14

Zutaten (für 6 bis 8 Personen): 400 g Reis, 400 g Mangold (oder junger Wirsing), 2 EL Schweineschmalz, 1 EL Butter, 2 TL Salz

Vorbereitung: Den Reis unter fließendem Wasser ausspülen. Mangold oder Wirsing putzen, dabei welke und beschädigte Blätter entfernen, und in streichholzschachtelgroße Stücke schneiden.

Zubereitung: Schmalz und Butter in einem Topf erhitzen, Gemüse und Salz zufügen und 3 Minuten auf mittlerer Hitze pfannenrühren. Den Reis und $^3/_4$ Liter Wasser zufügen. Rasch aufkochen. Dann die Hitze stark zurücknehmen und unter den Topf eine Asbestplatte legen. Den Reis zugedeckt 15 Minuten sanft köcheln. Nunmehr den Herd ausschalten. Den Topf weitere 15 Minuten zugedeckt lassen und so den Reis und das Gemüse im eigenen Dampf noch 15 Minuten fertig garen lassen.

Servieren: Auf eine gut vorgeheizte Platte geben und sofort auftragen.

Der Reis muß gar und locker sein und das Gemüsearoma in sich aufgenommen haben. Man ißt ihn mit einem oder mehreren würzigen Gerichten zusammen. Häufig reicht man ihn zu rotgekochten Fleischspeisen. Als Variation kann man statt des Mangolds oder des jungen Wirsings auch jede andere Art von zartem rohen oder gekochtem Gemüse verwenden.

Reis mit verlorenen Eiern

Für eine oder mehrere Personen.

Man verwendet für dieses Rezept keinen gekochten, sondern *gedämpften Reis*. Sobald er in einem Portionsschälchen im Dampf trocken und fast gar ist, drückt man mit einem Löffel in die Mitte der Oberfläche eine kleine Vertiefung. Darein gibt man zunächst 1 bis 2 Teelöffel Schmalz oder Butter und schlägt dann vorsichtig 1 Ei hinein.

Nunmehr wird das Schälchen zurück in den Dämpftopf gestellt und der Reis 3 Minuten gedämpft. Dadurch stockt das Eiweiß, das Eigelb indes bleibt weich. Die Eioberfläche mit 1 Teelöffel Soja-, Austern- oder Shrimpsauce beträufeln. Sofort servieren.

Dieses Reisgericht gibt man Kindern, Alten oder Kranken zu essen oder serviert es, wenn nicht allzu viele verschiedene Beilagen geplant sind. Es ist ein eher ländliches Gericht.

Reis mit grünen Erbsen

Für 6 bis 8 Personen.

Dieses Rezept ist dem für *Gemüsereis* sehr ähnlich. 200 g Erbsen (tiefgekühlte vorher auftauen) mit 400 g Reis in einen Topf füllen und mit knapp $^3/_4$ Liter Wasser zum Kochen bringen. Nach 2 Minuten 1 bis 2 Teelöffel Salz, 1 Eßlöffel Schweineschmalz und 1 Eßlöffel Butter hineinrühren und auf nunmehr milder Hitze 7 bis 8 Minuten köcheln. Mit etwas kochendem Wasser auffüllen und weitere 5 Minuten quellen lassen, dann auf ausgeschaltetem Herd im eigenen Dampf nochmals 7 bis 8 Minuten nachziehen lassen.

Auch dieses Gericht sollte nur mit Beilagen zusammen aufgetragen werden. Die leuchtend grünen Erbsen kontrastieren farblich hübsch mit dem Reis und verleihen ihm ein frisches Aroma, Schmalz und Butter machen ihn sanft in der Konsistenz.

Reis mit chinesischen Würstchen
Abb. 5

Dieses Gericht ist angeblich feiner als *Reis mit verlorenen Eiern*. Man ißt es vorwiegend zu Hause, seltener in Restaurants. Chinesische Würstchen sind in Aussehen und Geschmack der Salami sehr ähnlich: salzig, kräftig und würzig. Sie passen besonders gut zu neutral schmeckendem *gedämpftem Reis*. Man ißt sie deshalb gern dazu; häufig kocht man beides auch zusammen, jedoch fügt man dann die Würstchen erst hinzu, wenn der Reis bereits etwas trocken geworden ist.

Man drückt die Wurstscheiben so tief wie möglich in den Reis und dämpft alles miteinander nochmals 15 bis 20 Minuten, damit das Wurstaroma den Reis durchdringen kann. Der daraus entstehende Geschmack ist typisch chinesisch, und jeder, der einmal chinesisches Essen genossen hat, wird ihn wiedererkennen. Diesen Würstchenreis kann man zu allerlei kräftigen Gerichten reichen. Das Rot der Wurststückchen bildet einen reizvollen Kontrast zum weißen Reis.

Garnierter Reis

Reis, der mit allerlei Zutaten garniert ist, wird nicht sehr häufig in China gegessen, weil er portionsweise – immer nur für eine Person – zubereitet wird. Und da ein chinesisches Essen immer in Gemeinschaft eingenommen wird, stellt man die verschiedenen Beilagen lieber auf den Tisch, und alle Gäste bedienen sich davon.

Heutzutage jedoch, da wir alle mobiler geworden sind, steigt die Zahl derer, die ein Essen allein einnehmen müssen. Obendrein sind im Ausland mittlerweile die chinesischen Restaurants wie Pilze aus dem Boden gewachsen. Das Leben dort ist viel individueller als in

China, daher ist die Nachfrage nach Portionen, wie sie von einem einzelnen Gast verzehrt werden, immer größer geworden. Man serviert deshalb immer öfter Reis, der mit einer passenden begleitenden Speise garniert ist.

Natürlich kann man nahezu alle chinesischen Gerichte auf Reis servieren, besonders solche, die viel Sauce enthalten. Eine wohlausgewogene Reisgarnitur sollte jedoch Gemüse *und* Fleisch enthalten, und beides darf nicht zu einer Masse zusammengekocht sein, sondern muß sich deutlich in Konsistenz und Geschmack voneinander abheben. Deshalb gibt man zu einer »trokkenen« Garnitur wie gebratenem Schweine-, Hühner- oder Entenfleisch stets ein Gemüse, das in Sauce zubereitet wurde. Die Reisportion kann aber auch mit einem der vielen chinesischen Gerichte gekrönt werden, in denen Fleisch und Gemüse bereits miteinander gegart wurden. Die folgende Liste soll nur eine kleine Auswahl vorstellen:

Pfannengerührte Lammscheibchen mit Frühlingszwiebeln (Seite 202)
Pfannengerührte Lammstreifchen mit Ingwer und Lauch (Seite 202)

Pfannengerührte Rindfleischstreifen mit Stangensellerie (Seite 192)
Pfannengerührte Rindfleischscheibchen mit grünem und rotem Paprika (Seite 192)

Pfannengerührte Rindfleischstreifen mit Glasnudeln und grünen Bohnen (Seite 194)
Rotgekochtes Rindfleisch mit Tomaten (Seite 184)

Gedämpfte Rindfleischbällchen mit Austernsauce (Seite 188)
Gewürfeltes Hühnerfleisch in Sojapaste (Seite 227)

Hühnerfleischscheibchen mit geräuchertem und gesalzenem Fisch (Seite 239)
Gespaltenes Hühnerfleisch mit Spargel (Seite 243)

Süßsaures Schweinefleisch (Seite 149)
Gedünstetes Curry-Schweinefleisch mit Kartoffeln (Seite 153)

Pfannengerührte Schweinefleischscheibchen mit Bambussprossen (Seite 162)
Pfannengerührtes gebratenes Schweinefleisch mit Bohnenquark (Seite 164)

Der Reis für ein solches Gericht sollte frisch gekocht und dampfend aus dem Topf geschöpft, die Garnitur gleich aus der Pfanne darübergegeben werden. Notfalls kann man auch den Reisteller fertigstellen und dann im Dämpftopf nochmals schonend erwärmen – es ist unbedingt nötig, daß dieses Gericht so heiß wie nur möglich auf den Tisch gelangt.

Zwar handelt es sich hier nicht um ein typisch chinesisches Gericht, doch sollte es wenigstens makellos zubereitet sein, damit es seine wenigen chinesischen Eigenschaften nicht noch verliert.

Reisbrei (Congee)

Reisbrei oder *Congee* ist, im Gegensatz zum *Garnierten Reis*, ein ganz typisches Gericht der Chinesischen Küche. Im ganzen Land ißt man ihn zum Frühstück, als Mitternachtsimbiß oder reicht ihn als Krankenkost. Gewöhnlich serviert man ihn zusammen mit kalten, eingesalzenen oder eingelegten Zutaten, die stark vorschmecken.
Besonders gut paßt zum Reisbrei die sogenannte *Fleischwolle* (Seite 175), und dazu gehört Sojasauce der besten Qualität. Übrigens kann man mit Reisbrei die Qualität einer Sojasauce leicht erproben, denn seine Weichheit und sein neutraler Geschmack betonen den Kontrast zur milden Salzigkeit und Würze einer guten Sojasauce; ihr einzigartiger Geschmack läßt sich nämlich durch nichts ersetzen.
Reisbrei (Congee) schmeckt beim ersten Versuch kaum einem Europäer, wahrscheinlich, weil er der westlichen Zunge so ungewohnt ist. (Niemand käme schließlich in Europa auf die Idee, kalten Haferbrei zusammen mit salzigen Zutaten zu sich zu nehmen.) Und doch wird ein Europäer, wenn er dieses Gericht nur einige Male probiert, seinen Reiz erkennen und schätzen lernen.
Würziger Reisbrei kommt der europäischen Zunge eher entgegen als der einfache ungewürzte, weil er mehr wie eine dicke, konzentrierte Suppe wirkt. Für einen Chinesen indes ist er nur *eine* unter vielen Varianten von einfachem Reisbrei, die man zu bestimmten Gelegenheiten ißt.

Einfacher Reisbrei (Congee)
Abb. 30

Zutaten (für 10 Personen): 300 g Langkornreis, 100 g Klebereis, gut 4 l Wasser

Zubereitung: Die beiden Reissorten unter fließendem Wasser ausspülen. Mit dem Wasser in einen großen Topf füllen, aufkochen (Vorsicht: es kocht leicht über), sofort auf mildeste Hitze zurückschalten und eine Asbestplatte unterlegen. Den Reis auf kleinster Stufe $1\frac{1}{2}$ Stunden quellen lassen, dabei gelegentlich umrühren, damit nichts ansetzt. Wenn der Reisbrei zu dick wird, mit etwas kochendem Wasser verdünnen und dann weitere 30 Minuten köcheln.

Reisbrei sollte etwa halb so dick wie Reispudding sein. Man schätzt ihn zum *Frühstück* als leichte, wärmende Mahlzeit. Zum *Abendessen* wirkt er beruhigend und für die Verdauung förderlich. Außerdem hält er den Körper die Nacht hindurch warm, wie eine innerliche Wärmflasche.
Man kann nun verschiedene Fleischsorten mit dem Reis kochen, um einen *Würzigen Reisbrei* zu bekommen. Häufig legt man das Fleisch zuvor in eine Marinade und fügt es erst gegen Ende der Garzeit hinzu. Einige Tropfen Sesamöl verleihen dem Gericht zusätzliche Würze und ein erdiges Aroma. Die folgenden Rezepte sind eine kleine Auswahl der vielen, die es für Reisbrei gibt. Manche werden auch gern in ausländischen chinesischen Restaurants angeboten.

Reisbrei mit Hühnerfleisch

Zutaten (für 6 bis 10 Personen): 250 g Hühnerfleisch mit Knochen (oder 200 g entbeintes Hühnerfleisch), 1 TL Salz, 2 EL Sojasauce, $\frac{1}{2}$ EL Sherry, 2 Scheiben gehackte Ingwerwurzel, 2 Frühlingszwiebeln (in 1 cm dicke Scheibchen geschnitten), Pfeffer aus der Mühle, 1 EL Hoisinsauce, 300 g Langkornreis, 100 g Klebereis, gut 4 l Wasser, 1 TL gekörnte Hühnerbrühe, 1 TL Sesamöl, Sojasauce als Dip

Vorbereitung: Das Hühnerfleisch quer zum Knochen in 3 bis 5 cm große Würfel hacken (oder, falls Sie lieber entbeintes Geflügel nehmen, das ausgelöste Fleisch ebenso würfeln). Aus Sojasauce, Sherry, Ingwer, Frühlingszwiebeln, Pfeffer, Salz und Hoisinsauce eine Marinade rühren. Das Fleisch darin 1 Stunde lang ziehen lassen.

Zubereitung: Wie im Grundrezept angegeben, den Reis im Wasser 1 $\frac{1}{4}$ Stunden köcheln. Danach das Hühnerfleisch mit der Marinade einrühren (den Ingwer entfernen). Die gekörnte Hühnerbrühe in der Suppe auflösen. Alles zusammen weitere 30 bis 45 Minuten ziehen lassen. 3 Minuten vor dem Auftragen das Sesamöl darüberträufeln.

Servieren: Alles in 6 bis 10 Portionsschälchen verteilen. Man ißt dieses Gericht mit Stäbchen. Die Hühnerfleischstückchen fischt man heraus und stippt sie in Sojasauce, bevor man sie verspeist.

Reisbrei mit Schweinerippchen

Für 6 bis 10 Personen.
Das gleiche Rezept wie für *Reisbrei mit Hühnerfleisch*. Statt des Hühnerfleisches jedoch 300 bis 400 g in 3 cm lange Stücke gehackte Schweinerippchen verwenden. Diese Rippchen sind auch von Europäern leicht zu essen, deshalb wird es sich erübrigen, das Fleisch von den Knochen zu lösen. Reis und Schweinerippchen müssen zusammen etwa 45 Minuten köcheln.

Reisbrei mit gebratener Ente oder gebratenem Schweinefleisch

Für 6 bis 10 Personen.
Gebratene Ente oder *Cha Shao*-Schweinebraten sind in einer chinesischen Küche oftmals fertig vorrätig und werden deshalb häufig unter Reisbrei gemischt.

Anmerkung der Übersetzerin: Leider gibt es gebratene Enten oder gebratenes Schweinefleisch bei uns nirgendwo fertig zu kaufen wie in Paris, London und im Fernen Osten, wo die leuchtend roten (mit Speisefarben gefärbten) Vögel und Fleischstücke appetitanregend in den Schaufenstern der chinesischen Restaurants oder Supermärkte hängen. Hierzulande muß man sie für dieses Gericht selbst zubereiten.

Das Rezept für *Einfachen Reisbrei* (Seite 102) als Grundlage nehmen. 250 bis 400 g gebratenes Enten- oder Schweinefleisch in mundgerechte Würfel schneiden und 15 bis 20 Minuten vor dem Servieren zufügen. Zugleich 2 bis 3 Frühlingszwiebeln, in 3 cm lange Stückchen gehackt, 2 Scheiben Ingwerwurzel, 1 Teelöffel Salz und 1 Teelöffel Sesamöl in den Topf geben. Die Ingwerscheiben vor dem Auftragen entfernen.

Reisbrei mit Rindfleisch

Für 6 bis 10 Personen.
Dieses Gericht wird einem Europäer noch am ehesten gefallen, weil keinerlei Knochen darin enthalten sind. 200 bis 300 g mageres Rindfleisch (Lende oder Filet) in hauchfeine etwa 3 mal 4 cm große Scheibchen schneiden und genau wie im Rezept für *Reisbrei mit Hühnerfleisch* (Seite 102) angegeben marinieren. $\frac{1}{2}$ Stunde vor dem Auftragen 1 Teelöffel gekörnte Hühnerbrühe und 100 g frische Erbsen in den Brei rühren und die Fleischscheibchen die letzten 10 bis 12 Minuten darin ziehen lassen. Umrühren und servieren.

Sampan-Reisbrei

Bei diesem typisch kantonesischen Gericht spielen Fische die Hauptrolle (Sampan heißt zu deutsch »Flußboot«). Man kann hierfür fast alle Fischsorten (Süß- oder Salzwasserfische) verwenden, ausgenommen solche, die viele Gräten haben, und alle Arten von Schalentieren. Der entgrätete und in mundgerechte Stücke geschnittene Fisch wird zuvor in Sojasauce, Hoisinsauce, Salz, Ingwer, gehackter Zwiebel, Knoblauch und etwas Pflanzenöl oder geschmolzenem Schweineschmalz mariniert. Das Ingwerstück vor der weiteren Zubereitung herausfischen und wegwerfen. Den Reisbrei vor dem Auftragen mit gehacktem Schnittlauch oder Petersilie bestreuen und mit 1 Teelöffel Sesamöl beträufeln.
Fisch, den man in kleine Stücke oder in feine Scheibchen geschnitten und mariniert hat, braucht nur noch eine sehr kurze Garzeit. Man legt deshalb manchmal die Portionsschälchen mit dem marinierten Fisch aus und füllt mit dem kochenden Reisbrei auf, streut

1 Teelöffel feine Frühlingszwiebelringe (oder Schnittlauch) darüber und beträufelt das Ganze mit wenigen Tropfen Sesamöl und 1 Teelöffel allerbester Sojasauce. Noch 5 Minuten ziehen lassen – fertig. Heiß und dampfend auftragen. Da der kochende Reisbrei heißer ist (bzw. seine Hitze länger hält) als kochendes Wasser, ist der Fisch jetzt gar.

Knisterreis

Knisternden Reis stellt man aus der zusammengeklebten Kruste her, die am Reistopfboden haften bleibt, besonders wenn man größere Reismengen kocht. Diese Stücke vorsichtig vom Topfboden lösen und trocknen lassen, in große Vierecke von etwa 4 mal 5 cm Größe teilen. Kurz vor dem Servieren in ein Drahtsieb legen und in heißem Fett schwimmend ausbacken. Nach 2 bis 3 Minuten sind sie goldbraun. Kurz abtropfen lassen und in gut vorgewärmte Suppenschälchen legen. Sobald nun ein heißes sauciges Gericht aus Shrimps, Garnelen, Fleisch oder Gemüse darübergegeben wird, knistern und knacken die Reisstückchen hörbar.

Man kann Knisterreis auch statt *Croûtons* auf eine Suppe geben. Das muß aber sofort nach dem Fritieren geschehen, damit sie nicht auskühlen und aufweichen.

Nach Reis gelten Nudeln (neben *Dampfbrötchen*, die unter dem Namen *Man Tou* bekannt sind, oder ungefülltem gedämpften chinesischen Brot) als Hauptnahrungsmittel. Gedämpfte Hefebrötchen ißt man im Norden Chinas, während Nudeln sowohl im Norden wie im Süden zu allen Tageszeiten (außer zum Frühstück) verzehrt werden. So haben Nudeln die Dampfbrötchen und -brote deutlich geschlagen.

Man sagt, daß die italienische *Pasta* ihren Ursprung in den chinesischen Nudeln habe. Niemand anders als Marco Polo soll sie im vierzehnten Jahrhundert nach Europa eingeführt haben. Inzwischen kennt man in Europa eine Fülle der verschiedensten Nudelformen – Spaghetti, Makkaroni, Fadennudeln usw. Der Hauptunterschied zwischen italienischer Pasta und chinesischen Nudeln liegt nicht in ihrer Form oder ihrer Substanz – darin sind sie einander sehr ähnlich –, sondern vielmehr in der Art und Weise, wie man sie kocht und zubereitet.

Aufgrund der chinesischen Sitte, alle möglichen Zutaten, die durchaus gegensätzlich sind, miteinander zu verarbeiten, dank der Freude am Mischen von Formen, Aromen und Strukturen und dank der Möglichkeiten, Nudeln mit fast jeder Art von Fleisch, Gemüse oder Meeresfrüchten zu kombinieren, gibt es sicherlich weitaus mehr verschiedene chinesische Nudelgerichte als italienische.

Schier unendlich ist die Zahl der Nudelgerichte, und die meisten sagen dem europäischen Geschmack bestimmt zu.

Hauptsächlich kann man chinesische Nudelgerichte in folgende Kategorien unterteilen:
1. Suppennudeln
2. Nudeln in Sauce *(Lu Mein)*
3. Topfgekochte Nudeln *(Wo Mein)*
4. Gebratene Nudeln: weiche und knusprige Nudeln *(Chow Mein)*
5. Garnierte Nudeln: heiß oder kalt (chinesischer Salat, *Pan Mein*)
6. Glasnudeln

Suppennudeln reicht man meistens als Appetitanreger, zum Beispiel um ein größeres Menü einzuleiten. Man serviert sie nicht bei Tisch, sondern bereits im Empfangsraum den eintreffenden Gästen. Wenn in China ein Geburtstag, eine Hochzeit oder ein Begräbnis begangen wird, gibt man häufig eine klare Hühnerbrühe mit Nudeln, mit einigen feinen Schinken- oder Geflügelstreifen garniert. Dieses Gericht soll die Bereitschaft zur Kommunikation erhöhen, aber nicht den Magen so sehr belasten, daß man auf das folgende Bankett keinen Appetit mehr hat.

Bei Geburtstagen schätzt man indes auch sehr eine Art Nudelsuppe *(Lu Mein)*, die mit Speisestärke angedickt wurde. Es gibt in dieser Richtung eine ganze Reihe der schönsten und aromatischsten Suppen oder saucigen Gerichte. In jedem Fall werden Nudeln, Fleischsauce und Garnitur separat zubereitet und erst zum Schluß im Servierschälchen vermischt.

Bereitet man Nudeln mit Sauce und anderen Zutaten zusammen in einer großen Pfanne zu und serviert sie, rcichlich garniert, in einer tiefen Schüssel, nennt man das *Topfgekochte Nudeln* oder *Wo Mein*. Man serviert *Wo Mein* sehr oft in großen Restaurants, wo man ohnehin stets eine Menge der verschiedensten Zutaten zur Verfügung hat und die Gäste beeindrucken will. In Kanton nimmt man Meeresfrüchte wie Shrimps oder Garnelen als Garnitur.

Gebratene Nudeln oder *Chow Mein* sind den Europäern am geläufigsten. Für *Chow Mein* werden Nudeln zunächst gekocht, dann in etwas Öl auf sanfter Hitze pfannengerührt und zuletzt mit allen übrigen Zutaten wie zum Beispiel in Streifen geschnittenem Fleisch, Fisch oder Gemüse garniert. Ein wenig Sauce entsteht dabei praktisch von selbst, wenn beim Braten der Zutaten Saft austritt.

In Kanton schafft man eine Variation zu dieser Art von Nudelgerichten, indem man die Nudeln mit den übrigen Zutaten flach auf den Pfannenboden drückt. Dieser »Pfannkuchen« wird nach dem Bräunen gewendet und auf der zweiten Seite fertig gebraten. Man braucht in diesem Fall etwa 4 bis 5 Eßlöffel mehr Öl als sonst. Diese Art von Nudelgericht ist jedoch in anderen Teilen Chinas längst nicht so bekannt wie im Süden. Dafür bekommt man sie aber um so häufiger in europäischen und amerikanischen Chinarestaurants, weil die meisten dieser Speiselokale von Kantonesen geführt werden.

Für *Garnierte Nudeln* (chinesischer Salat, *Pan Mein*) kocht man die Nudeln, läßt sie abtropfen und verteilt sie in Portionsschälchen. Jeder Gast nimmt sich nun nach eigenem Gutdünken Fleischsauce, Sojasauce, feingeschnittene Gurke, Radieschen, Frühlingszwiebeln und Bohnenkeime und mischt sich alles gut durch. Dazu passen einige Tropfen Essig und Sesamöl. Diese Art, Nudeln anzurichten, entspricht vielleicht noch am ehesten der italienischen Tradition, Nudeln mit Tomaten- oder Fleischsauce zu servieren.

Wenn man zum Beispiel die Nudeln mit einer Fleischsauce aus Hackfleisch, das mit Sojapaste zusammen in Öl pfannengerührt wurde, vermengt, erhält man sozusagen die chinesische Version von italienischen *Spaghetti Bolognese* oder *Milanese* (natürlich gibt die Sojabohnenpaste ein typisch chinesisches Aroma).

Die Knackigkeit der zugefügten Gemüse wie Gurke, Radieschen oder Bohnensprossen ist ein angenehmer Kontrast zu den weichen Nudeln.

Sehr gut schmecken auch kalte Nudeln, die man mit feinen Fleischstreifen (meistens gebratenem Hühner- oder Entenfleisch) vermischt. Man würzt das Fleisch zuvor mit Sojasauce, Salz, Pfeffer, Senf und Glutamat. Dann mengt man noch gestiftelte oder gehobelte rohe Gemüse, Sesamöl und Essig unter Nudeln und Fleisch, und schon verbinden sich unterschiedliche Aromen und Charakteristika zu dem, was man im Westen allgemein Salat nennt. Solche Salate bekommen ein angenehm scharfes Aroma, wenn man sie mit einigen Tropfen *Chili-Öl* parfümiert.

Chinesischer Nudelsalat ist eine hübsche und appetitanregende Vorspeise. Im Sommer kann man ihn auch als eigenständige kleine Mahlzeit servieren, vielleicht mit erfrischenden grünen Salaten zusammen – ein besonderes Vergnügen, wenn man im Freien ißt.

Die wichtigsten Nudelsorten, die in der Chinesischen Küche verwendet werden, sind Weizennudeln, Eiernudeln, Reismehlnudeln und Glasnudeln. Letztere sind in erster Linie Suppennudeln, oder man gart und mischt sie mit Fleisch und Gemüse. Sie ersetzen aber niemals Grundnahrungsmittel (wie Reis etc.).

Reismehlnudeln sind meist lang und dünn wie Stäbchen – man nennt sie deshalb auch häufig Stäbchennudeln – und werden hauptsächlich im Süden Chinas gegessen, wo viel Reis wächst. Am liebsten bereitet man sie mit Meeresfrüchten und Fleisch zu. Sie bekommen dann ein wundervolles Aroma.

Eiernudeln sind in gepreßter Form (als Block) im Handel. Sie werden fast immer bereits vorgekocht und dann getrocknet, so daß sie schon nach 3 bis 5 Minuten gar sind. Aus diesen Nudeln läßt sich im Handumdrehen ein herrliches Essen zubereiten.

Nudel-Grundrezepte

Alle Nudelsorten müssen erst gekocht oder gedämpft werden, bevor man sie weiterverarbeitet. Man kann kaum eine exakte Zeit angeben, die sie brauchen, bis sie gar sind, denn teils hängt dies von der Nudelqualität ab, teils davon, wie lange sie nach dem Vorkochen noch mit anderen Zutaten weitergegart werden.
Als Grundregel gilt, daß Nudeln niemals so lange gekocht werden dürfen, bis sie weich und matschig sind oder sich sogar auflösen. Vielmehr sollten sie außen weich sein, innen jedoch noch einen festen Kern aufweisen. Wann dieser Punkt erreicht ist, kann man prüfen, indem man von Zeit zu Zeit eine Nudel abbeißt oder zwischen Daumen und Zeigefinger zerdrückt. Dann können sie ruhig noch eine kurze Garzeit in Suppen, Pfannengerichten und dergleichen vertragen.

Gekochte Nudeln

Zutaten (für 8 Personen, bei einer Speisenfolge von mehreren Gängen): $1\,^1/_2$ l Wasser, 2 TL Salz, 400 g Weizennudeln (oder italienische Spaghetti), 2 TL Pflanzenöl

Zubereitung: Das Wasser in einem großen Topf aufkochen, salzen und die Nudeln hineinlegen. Immer wieder umrühren. Das Wasser sollte mit leichtem Sprudeln kochen. Chinesische Nudeln brauchen 12 bis 14, italienische etwa 18 Minuten Garzeit.
Wenn sie (nach einigen Stichproben) die richtige Konsistenz haben, durch ein Sieb abgießen, mit kaltem Wasser kurz abschrecken und eben abtropfen lassen. Zurück in den Topf füllen, mit dem Öl beträufeln und so lange drehen und mengen, bis alle von einem hauchzarten Ölfilm überzogen sind, der verhindert, daß sie aneinanderkleben. Auf einer vorgewärmten Platte oder in einer heißen Schüssel anrichten.

Frische selbstgemachte Nudeln sind in kürzerer Zeit gar, vorgekochte chinesische Eiernudeln sogar noch schneller.

Gedämpfte Nudeln

Zutaten (für 8 Personen, zusammen mit weiteren Gerichten): $1\,^1/_2$ l Wasser, 400 g Weizennudeln, 2 TL Pflanzenöl

Zubereitung: Die Nudeln, wie im vorherigen Rezept angegeben, 5 Minuten kochen, abgießen, mit dem Öl vermischen und auf einem großen Dämpfsieb auseinanderbreiten. Das Dämpfsieb in einen passenden Topf setzen, der etwa 5 cm hoch mit Wasser gefüllt sein sollte. Den Topf mit einem Deckel fest verschließen und auf starkes Feuer stellen. Die Nudeln im entstehenden Dampf 15 Minuten garen.

Vor allem frische Nudeln schmecken am besten, wenn sie gedämpft wurden. Man braucht sie nicht einmal vorzukochen, sondern muß sie nur mit Öl beträufeln und gut vermengen. Bereits nach 15 Minuten sind sie gar. Der Vorteil des Dämpfens liegt auf der Hand: Die Nudeln werden nicht so leicht zu weich und bewahren ihren Geschmack sehr viel besser.

Suppennudeln

Man reicht Suppennudeln gern als sogenannte »Gelegenheits-Gerichte«, wenn in der Familie irgendein Ereignis (Gelegenheit) gefeiert wird und eine große Runde hungriger Gäste und Freunde beköstigt werden muß. Sie sind jedoch auch hochwillkommen, wenn man zwischen den eigentlichen Mahlzeiten nur eine Kleinigkeit zu sich nehmen möchte oder wenn man keine Lust hat, ein größeres Essen zuzubereiten, und es rasch gehen soll. Da die Mengen der Nudeln, der begleitenden Zutaten sowie der Garnituren vom Verwendungszweck abhängen, können natürlich keine allgemein gültigen Angaben gemacht werden.

Es ist immer wieder beeindruckend, in China Leute zu beobachten, die vor gewaltigen Suppenschalen oder Terrinen sitzen und sie mit großem Genuß ganz allein leeressen.

Die Grundlage für Suppennudeln ist meist Fleisch- oder Geflügelbrühe, die traditionelle *Feine Brühe* oder die (billigere) *Einfache Brühe*. Falls Einfache Brühe verwendet wird, empfiehlt es sich, $\frac{1}{2}$ Teelöffel Glutamat zuzufügen, um den Eigengeschmack der Nudeln zu verstärken. Da dieser nicht sehr ausgeprägt ist, muß die Brühe um so kräftiger sein. In der westlich orientierten Küche kann man eine einfache Rinder- oder Hühnerbrühe aus Fleisch und Knochen mit ein wenig gekörnter Hühnerbrühe (1 Teelöffel oder Würfel auf 1 Liter Brühe) anreichern.

Die Garnitur für eine solche Nudelsuppe besteht meist aus dünnen Scheiben Fleisch (Schweine- Rind-, Hühner- oder Entenfleisch), aber auch jeder Art von Meeresfrüchten, oder feingeschnittenem Gemüse. Getrocknete chinesische Champignons (Tongu-Pilze, vorher einweichen!) und Wolkenohrpilze passen ebenfalls sehr gut hinein. Die getrockneten Pilze geben der Suppe dank ihres ausgeprägten Aromas einen besonders würzigen Geschmack.

Die Menge der Zutaten bleibt der Vorliebe des Kochs überlassen. Der Feinschmecker wird jedoch stets darauf achten, daß die Suppennudeln nicht mit Garnituren überladen werden, damit sie gut zur Geltung kommen und die Gesamtwirkung des Gerichtes nicht beeinträchtigt wird.

Suppennudeln mit Cha Shao-gegrilltem Schweinefleisch und Spinat

Zutaten (für 4 bis 5 Personen): 400 g Weizennudeln, 200 g frischer Spinat, 200 g *Gegrilltes Schweinefleisch nach kantonesischer Art* (Seite 147), 1 kleine Zwiebel, 2 EL Pflanzenöl, 1 TL Zucker, $1\frac{1}{2}$ EL Sojasauce, $\frac{1}{4}$ l Brühe, $\frac{1}{2}$ TL Salz, $\frac{1}{2}$ TL Glutamat, 2 EL Sherry

Vorbereitung: Die Nudeln in sprudelnd kochendem Wasser 11 bis 12 Minuten garen, abgießen und in 4 oder 5 Portionsschälchen verteilen. Den Spinat gründlich waschen (harte Stiele entfernen!) und abtropfen lassen. Das gegrillte Schweinefleisch und die Zwiebel in feine Scheibchen schneiden.

Zubereitung: In einer großen Pfanne das Öl erhitzen. Zwiebel und Spinat darin auf größter Hitze 1 Minute pfannenrühren. Den Zucker hineinstreuen, die Sojasauce darüberträufeln und 1 weitere Minute pfannenrühren. Das Schweinefleisch obenauf legen und alles nochmals 1 Minute braten.

Die Brühe in einem Topf aufkochen, Salz sowie Glutamat einstreuen und den Sherry zufügen. Erneut aufwallen lassen und gleichmäßig in die Suppenschälchen verteilen.

Servieren: Den Spinat auf die Nudeln in den Suppenschälchen füllen und die Fleischscheibchen darübergeben. Ein einfaches, aber äußerst wohlschmeckendes Gericht, das durchaus eine ausgewogene Mahlzeit ergibt.

Suppennudeln mit Hühnerfleisch und Schinken

Man serviert diesen leichten Nudelimbiß gern bei größeren Empfängen und ähnlichen Anlässen.

Zutaten (für 4 bis 5 Personen): 200 g Eiernudeln, 100 g gekochte Hühnerbrust, 100 g gekochter Schinken, 1 l *Feine Brühe*, 1 TL Salz, 1/2 TL Glutamat, 1 Scheibe Ingwerwurzel

Vorbereitung: Die Nudeln, falls es sich um vorgekochte handelt, 5 bis 6 Minuten, sonst 12 bis 14 Minuten kochen. Abgießen und in 4 oder 5 Portionsschälchen verteilen. Hühnerfleisch und Schinken in hauchfeine Streifen schneiden und über die Nudeln streuen.

Zubereitung und Servieren: Die Brühe in einem Topf aufkochen, und Salz, Glutamat sowie Ingwer einrühren. 4 bis 5 Minuten leise köcheln lassen und gleichmäßig in die Nudelschalen verteilen. Diese auf eine Untertasse stellen und mit einem Paar Eßstäbchen unverzüglich auftragen.

Suppennudeln mit Hühnerfleisch und Gemüse

Zutaten (für 4 bis 5 Personen): 4 große getrocknete chinesische Champignons (Tongu-Pilze), 25 g Wolkenohrpilze, 400 g Weizennudeln, 100 g Hühnerfleisch, 50 g Bambussprossen, 2 Frühlingszwiebeln, 150 g Chinakohl (oder Stangensellerie), 1 1/2 EL Pflanzenöl, 1 EL Sojasauce, 1 TL Zucker, Pfeffer aus der Mühle, 1 l *Feine Brühe* (oder *Hühnerbrühe*), 1 TL Salz, 1/2 TL Glutamat, 1/2 EL Shrimpsauce

Vorbereitung: Die chinesischen Champignons und die Wolkenohrpilze in warmem Wasser 20 Minuten einweichen und abseihen. Von den Tongu-Pilzen die Stiele entfernen. 4 Eßlöffel vom Einweichwasser aufbewahren. Die Nudeln 11 bis 12 Minuten kochen, abgießen und in 4 bis 5 Portionsschalen verteilen. Das Hühnerfleisch und die Bambussprossen in hauchdünne Scheiben, die Frühlingszwiebeln und den Chinakohl in 5 cm lange Stücke schneiden.

Zubereitung: Das Öl in einer Pfanne erhitzen, Hühnerfleisch, Frühlingszwiebeln und Bambussprossen zufügen und auf mittlerer Hitze 1 Minute pfannenrühren. Dann die Tongu-Pilze, die Wolkenohrpilze, Sojasauce, Zucker und Pfeffer (nach Geschmack) in die Pfanne geben und alles zusammen 1 weitere Minute unter Rühren braten. Den Chinakohl oder Stangensellerie und das Pilzwasser zufügen und zugedeckt 3 Minuten ziehen lassen. Alle Zutaten vorsichtig mischen und wenden.

Die Brühe in einem Topf erhitzen, salzen, mit Glutamat und Shrimpsauce würzen, einmal aufkochen und über die Nudeln in die Schalen gießen.

Servieren: Den Pfanneninhalt gleichmäßig über die Nudeln verteilen. Sofort auftragen.

Diese Suppe ist sehr viel gehaltvoller als die vorherige und kann durchaus als eigenständige Mahlzeit gereicht werden.

Suppennudeln mit rotgekochtem Rind- oder Schweinefleisch

Für 4 bis 5 Personen

Die Nudeln und die Brühe wie im letzten Rezept angegeben vorbereiten. Man kann hier alle Arten von rotgekochtem Fleisch (Rind, Schwein, Lamm etc.) verwenden. Im Gegensatz zum Rezept *Suppennudeln mit Cha Shao-gegrilltem Schweinefleisch und Spinat*, wo man das Fleisch in hauchfeine Scheibchen oder Streifen teilt, schneidet man es nun in größere, mundgerechte Stücke. Damit die Suppe gehaltvoller wird, fügt man pro Schale etwa 50 g kurz gegartes Gemüse hinzu.

Das Fleisch kann übrigens kalt oder warm sein. Die Gemüse – Spinat, Wirsing, Blumenkohl, Lauch, Paprikaschote, Stangensellerie usw. – sollten in etwa 5 cm lange Stücke geschnitten (bzw. in Röschen zerteilt) sein und ein paar Minuten in 1 1/2 bis 2 Eßlöffeln Pflanzenöl auf mittlerer Hitze pfannengerührt werden; Salzen und Pfeffern nicht vergessen!

Dann mit 2 bis 3 Eßlöffeln Brühe aufgießen, etwas Glutamat und 2 Eßlöffel Sud vom rotgekochten Fleisch zufügen. Auf starker Hitze 2 Minuten unter stetem Wenden und sanftem Rühren braten und gleichmäßig über die Nudeln in den Suppenschalen verteilen.

Die Fleischwürfel gefällig auf dem Gemüse anrichten, mit der heißen Brühe übergießen und mit einigen Tropfen chinesischen gelben Weins oder Sherry beträufeln (das gibt ein spezielles Aroma).

Sogar die chinesischen Bauern fügen gerne noch einige Tropfen Wein hinzu, oder sie schlagen ein Ei hinein, um den Nährwert der Suppe noch zu erhöhen, wenn gerade kein Fleisch vorhanden ist.

Lu Mein (Nudeln in Sauce)

Lu bedeutet im Chinesischen Sauce oder Kräutersauce. *Lu Mein* heißt also »Saucennudeln«. Man serviert sie vor allem gern an Geburtstagen. Unter *Lu Mein* versteht man ein Gericht, das aus etwa gleich viel Nudeln wie Sauce besteht und in *einer* Portionsschale gereicht wird.

Die Sauce kann in Konsistenz und Aroma sehr unterschiedlich sein. Sogar fertig käufliche Fischsauce (die manchmal sehr lecker ist) kann man zur Saucenherstellung verwenden.

Oft gibt man dann noch ein Stück rotgekochten Fisch und einige Stengel feingehackten Schnittlauch oder Frühlingszwiebelgrün darüber. Die Sauce für *Lu Mein* dickt man meist mit Maisstärke oder Wasserkastanienmehl an.

Dieses appetitliche Nudelgericht mit reichlich Sauce ist besonders angenehm an kalten Wintertagen, wenn man sich innerlich aufwärmen möchte.

Nudeln in Fleischsauce

Zutaten (für 4 bis 6 Personen): 75 g getrocknete chinesische Champignons (Tongu-Pilze), 25 g Wolkenohrpilze, 400 g Weizen- oder Eiernudeln, 200 g durchwachsenes Schweinefleisch, 1 Scheibe Ingwerwurzel, 2 Frühlingszwiebeln, 75 g Bambussprossen, $\frac{1}{2}$ l *Hühnerbrühe* (oder *Feine Brühe*), 2 EL Sojasauce, $\frac{3}{4}$ TL Glutamat, 2 EL Sherry, 2 EL Maisstärke, $\frac{1}{8}$ l kalte Brühe, 1 $\frac{1}{2}$ EL Pflanzenöl, 4 EL *Meistersauce* von rotgekochtem Fleisch, $\frac{1}{2}$ TL Salz

Vorbereitung: Tongu-Pilze und Wolkenohrpilze in warmem Wasser 30 Minuten einweichen, dann abgießen und dabei 4 Eßlöffel Einweichwasser auffangen. Die Stiele der Tongu-Pilze entfernen. Die Nudeln wie in den vorhergehenden Rezepten vorkochen. Das

Fleisch in fette und magere Streifen schneiden. Die Ingwerwurzel feinhacken. Die Frühlingszwiebeln in 5 cm lange Stücke, die Bambussprossen in feine Scheiben schneiden.

Zubereitung: Die Brühe in einem Topf aufkochen. Sojasauce, Glutamat, Sherry und die mit der kalten Brühe verquirlte Maisstärke hineinrühren. Alles so lange köcheln, bis die Sauce dicklich zu werden beginnt.
In einer Pfanne das Öl erhitzen und das Fleisch mit dem Ingwer darin auf starker Hitze 3 bis 4 Minuten pfannenrühren. Nun Tongu-Pilze, Wolkenohrpilze, Bambussprossen und Frühlingszwiebeln in die Pfanne geben. 2 weitere Minuten alles miteinander unter Rühren braten. Die Meistersauce hineingießen, salzen und das Pilzwasser zufügen. Erneut 3 Minuten pfannenrühren.

Servieren: Die Nudeln in sechs Portionsschälchen verteilen, mit der angedickten Brühe auffüllen und den Pfanneninhalt gleichmäßig daraufgeben.

Long-Life-Nudeln in Eiersauce

Zutaten (für 4 bis 5 Personen): 300 g Eiernudeln, 50 bis 75 g gekochter Schinken, 2 Eier, $^1/_2$ l *Feine Brühe*, $^1/_8$ l *Meistersauce* (von rotgekochtem Schweinefleisch), 1 $^1/_2$ EL Sojasauce, 2 EL Sherry, $^1/_2$ TL Glutamat, 2 EL Maisstärke, Pfeffer aus der Mühle

Vorbereitung: Die Nudeln 5 bis 6 Minuten kochen, abgießen und in 4 oder 5 Portionsschalen verteilen. Den Schinken in feine Streifen schneiden. Die Eier mit einer Gabel etwa 10 Sekunden leicht verschlagen.

Zubereitung: Die Brühe in einem Topf aufkochen. Meistersauce, Sojasauce und Sherry zufügen. Glutamat und Stärke mit 4 Eßlöffeln Wasser verquirlen, in die Brühe gießen und diese so lange köcheln, bis eine dickliche Sauce entstanden ist.
Die Eier über den Rücken einer Gabel in dünnem Faden langsam in die Sauce laufen lassen. Sobald sie gerinnen – was ganz schnell geschieht – ein-, zweimal umrühren. Mit Pfeffer abschmecken.

Servieren: Die heiße Sauce über die Nudeln gießen und die Schinkenstreifen darüberstreuen. Sofort servieren.

In China sind Eier das Sinnbild für langes Leben (Long Life). Hier haben wir Eiernudeln in Eiersauce: Kein Wunder, daß dieses Gericht Long-Life-Nudeln heißt und man es gern an Geburtstagen aufträgt.

Nudeln in Shrimp- oder Garnelensauce

Zutaten (für 4 bis 6 Personen): 75 g Tongu-Pilze, 300 g Eiernudeln, 125 g mageres Schweinefleisch, 75 g gekochter Schinken, 3 Frühlingszwiebeln, 1 Knoblauchzehe, $^3/_4$ TL Glutamat, 2 EL Maisstärke, 6 EL Wasser, 1 $^1/_2$ EL Pflanzenöl, 2 Scheiben Ingwerwurzel, $^1/_2$ TL Salz, 125 g frisches Shrimp- oder Garnelenfleisch, 2 EL Sojasauce, 2 EL Sherry, 1 l *Feine Brühe*

Vorbereitung: Die Pilze in warmem Wasser 30 Minuten einweichen, abgießen, dabei 6 EL Einweichwasser auffangen. Die Stiele entfernen, die Hüte in streichholzfeine Streifen schneiden. Die Nudeln wie im vorherigen Rezept kochen. Das Schweinefleisch und den Schinken in hauchfeine Scheibchen schneiden. Die Frühlingszwiebeln in 1 cm große Stücke hacken. Den Knoblauch zerdrücken. Glutamat und Stärke mit dem Wasser verquirlen.

Zubereitung: Das Öl in einem großen Topf erhitzen. Knoblauch, Ingwer und Schweinefleisch zufügen und 2 Minuten auf starker Hitze unter Rühren braten, dabei salzen. Die Frühlingszwiebeln und die Pilze zugeben, weitere 2 Minuten pfannenrühren.
Das Shrimp- oder Garnelenfleisch in den Topf füllen. Mit dem Pilzwasser, Sojasauce, Sherry und Brühe aufgießen, alles zum Kochen bringen, dann die Hitze herunterschalten und das Ganze 5 Minuten köcheln. Die verquirlte Stärke hineingießen. So lange köcheln lassen, bis eine dickliche Sauce entstanden ist.

6 Geschmorte Nudeln mit Austern (S. 114); Gebratene Nudeln mit Schweinefleisch und Gemüse (S. 115)

Servieren: Die Nudeln in 4 bis 6 Portionsschalen geben. Die vorbereitete Sauce darübergießen, dabei die Fleischstücke gleichmäßig verteilen. Den zerkleinerten Schinken darüberstreuen. Servieren.

Geschmorte Nudeln mit Austern
Abb. 5

Zutaten (für 4 bis 6 Personen): 25 g Lilienknospen, 6 Tongu-Pilze, 25 g Wolkenohrpilze, 300 g Hartweizen- (Spaghetti) oder Reisnudeln, 100 g mageres Schweinefleisch, 2 Frühlingszwiebeln, 100 bis 125 g Lauch, 10 bis 12 Austern, ½ TL Salz, 2 EL Pflanzenöl, 2 Scheiben Ingwerwurzel, ½ l *Feine Brühe*, 1 EL Sojasauce, 2 EL Sherry, 1 ½ EL Maisstärke, ½ TL Glutamat, 1 EL Sesamöl

Vorbereitung: Tongu- und Wolkenohrpilze getrennt in warmem Wasser 30 Minuten, die Lilienknospen 20 Minuten einweichen. Beim Abgießen 6 Eßlöffel Pilzwasser auffangen. Aus den Tongu-Pilzen die Stiele herausschneiden, die Hüte in streichholzfeine Streifen schneiden. Die Nudeln 10 Minuten kochen, abgießen, kalt abschrecken und beiseite stellen.
Das Schweinefleisch in hauchfeine Streifen, Frühlingszwiebeln und Lilienknospen in 3 cm lange Stücke und den Lauch in 2 cm dicke Scheiben schneiden. Die Austern vorsichtig aus der Schale lösen, dabei den Saft auffangen, und mit Salz bestreuen.

Zubereitung: Das Öl in einem Topf erhitzen. Frühlingszwiebeln, Ingwer und Schweinefleisch zufügen und auf mittlerer Hitze 2 Minuten pfannenrühren. Wolkenohrpilze, Lilienknospen, Tongu-Pilze und den Lauch in die Pfanne geben; weitere 2 Minuten unter Rühren braten. Mit der Hälfte der Brühe, Sojasauce und dem Austernwasser aufgießen. Alles 5 Minuten köcheln, dann die Austern hineingleiten lassen und den Sherry zufügen. 2 Minuten ziehen lassen.
Unterdessen die Maisstärke mit der restlichen Brühe und dem Glutamat verquirlen und ebenfalls zugießen. Das Ganze unter Rühren 3 Minuten köcheln, bis die Flüssigkeit gebunden ist.
In einem zweiten Topf das Sesamöl erhitzen und die Nudeln darin auf kleiner Flamme 2 bis 3 Minuten schwenken, bis sie gleichmäßig von einem zarten Ölfilm überzogen sind. Mit der Sauce und etwa der Hälfte der festen Zutaten auffüllen und 5 Minuten darin schmoren lassen. Die restlichen Fleisch- und Pilzstücke nochmals erhitzen und zum Schluß über die Nudeln geben.

Servieren: Entweder in 4 bis 6 Portionsschalen verteilen oder in einer großen Terrine servieren.

In China ißt man dieses Gericht gern als Nachmittags- oder Mitternachtsimbiß. Im Süden bereitet man es fast immer mit Reisnudeln zu.

Chow Mein

Chow Mein ist wohl das im Westen bekannteste chinesische Nudelgericht, dabei lecker und im Handumdrehen hergestellt – ein Koch kann es jederzeit auf den Tisch bringen, auch wenn sein Lokal bis zum letzten Platz besetzt ist, und er weiß, daß niemand sich beschweren wird, denn bei aller Geschwindigkeit ist es *à la minute* gekocht.

Chow Mein zeigt den wesentlichsten Unterschied zwischen chinesischer und italienischer Nudelküche auf: Ein chinesisches Nudelgericht wird zumeist in zwei Stufen zubereitet – die Nudeln bekommen ihr Aroma, indem sie in Öl geschwenkt und mit Sauce überzogen werden, und sie erhalten ihre Garnitur durch eine Mischung der verschiedensten Zutaten. Dies wiederum bewirkt die Vielfalt in Struktur, Aromen und Farben. Kurz gesagt, die chinesische Version wird viel großzügiger mit unterschiedlichen Beigaben kombiniert und angereichert.

Chow Mein bedeutet also Pfannenrühren in zwei Phasen, ganz abgesehen vom Kochen der Nudeln, was selbstverständlich vorher geschehen muß. Die Zutaten für die Garnitur werden auf sehr starker Hitze rasch pfannengerührt und dann beiseite gestellt. Nunmehr schwenkt man in derselben Pfanne die gekochten Nudeln im heißen Öl und der würzigen Sauce, um ihnen Geschmack zu verleihen. Je nachdem, wieviel Öl man zum Anbraten verwendet oder wieviel Sauce zum Schwenken, geraten die Nudeln knuspriger oder würziger. Man mischt zunächst die Hälfte der Garnitur unter die Nudeln und richtet sie dann auf einer Platte an. Die restliche Garnitur brät man nochmals unter Rühren, bis sie dampfend heiß ist, und nach einem letzten Abschmecken (mit etwas mehr Sherry oder Glutamat) breitet man sie über die Nudeln.

Ein geschickter Koch, der alle nötigen Zutaten zur Hand hat, wird für dieses Gericht nicht mehr als 3 Minuten brauchen: 1 $\frac{1}{2}$ Minuten, um die Garnitur pfannenzurühren; 1 Minute für das Schwenken der Nudeln; und 30 Sekunden, um die restliche Garnitur nochmals zu erhitzen.

In den folgenden Rezepten gehen wir jedoch ein wenig langsamer vor.

Gebratene Nudeln mit Schweinefleisch und Gemüse
Abb. 6

Zutaten (für 5 bis 6 Personen): 6 Tongu-Pilze, 50 g Lilienknospen, 400 g Weizennudeln, 3 Frühlingszwiebeln, 200 g durchwachsenes Schweinefleisch, 3 EL Pflanzenöl, 75 g Bohnensprossen, $\frac{1}{2}$ TL Salz, 2 $\frac{1}{2}$ EL Sojasauce, 2 EL Sherry, 1 TL Zucker, Pfeffer aus der Mühle

Vorbereitung: Pilze und Lilienknospen getrennt in warmem Wasser 30 Minuten einweichen. Abgießen und aus den Pilzen die Stiele herausschneiden. Die Hüte in streichholzfeine Streifen hacken. Die Nudeln wie im Rezept für *Gekochte Nudeln* (Seite 109) angegeben kochen. Lilienknospen und Frühlingszwiebeln in 5 cm lange Stücke, das Schweinefleisch in hauchfeine Streifen schneiden.

Zubereitung: 1 $\frac{1}{2}$ Eßlöffel Öl in einer großen Pfanne erhitzen. Das Schweinefleisch und die Lilienknospen zufügen und 3 Minuten auf starker Hitze pfannenrühren, dabei salzen. Pilze, Frühlingszwiebeln und Bohnensprossen in die Pfanne geben und 1 $\frac{1}{2}$ Minuten unter Rühren braten. Die Hälfte der Sojasauce und den Sherry darüberträufeln, Zucker und Pfeffer zugeben. Alles weitere 1 $\frac{1}{2}$ Minuten pfannenrühren. Dann die Gemüsestücke aus der Pfanne nehmen und warm stellen.

Das restliche Öl und die Sojasauce in die Pfanne geben, die Nudeln hineingeben und auf mittlerer Hitze 1 $\frac{1}{2}$ Minuten unter stetem Wenden braten, bis sie gut durchgewärmt sind. Ein Viertel des gebratenen Gemüses daruntermischen. Nach 1 $\frac{1}{2}$ Minuten alles herausheben und auf einer vorgewärmten Platte anrichten.

Das restliche Gemüse zurück in die Pfanne geben, noch etwas Öl, Sojasauce oder Sherry zufügen (falls nötig), 30 Sekunden auf stärkster Hitze pfannenrühren und über die Nudeln füllen.

Dies ist ein recht brauchbares Standardrezept für *Chow Mein*. Sie können das Schweinefleisch durch jede andere Art von Fleisch ersetzen und natürlich auch vielerlei andere Gemüse zufügen, zum Beispiel Lauch, Wirsing, Brokkoli, Stangensellerie. Auf jeden Fall gehören aber Tongu-Pilze und Frühlingszwiebeln unbedingt hinein.

Gebratene Nudeln mit Hühnerfleisch und Gemüse

Für 4 bis 6 Personen.
Das gleiche Rezept wie zuvor. Statt des Schweinefleisches 100 bis 125 g Hühnerbrust, und 50 g Wolkenohrpilze statt der Lilienknospen verwenden.

Gebratene Nudeln mit gegrilltem Enten- oder Hühnerfleisch und Gemüse

Für 4 bis 6 Personen.
In diesem Rezept wird gegartes Fleisch verwendet, so daß die Zubereitungszeit noch kürzer ist. Das Fleisch in feine Streifen schneiden, dabei sämtliche Knochen entfernen. Ente ist intensiver im Geschmack als Huhn, deshalb kann sie mit den gleichen Zutaten verarbeitet werden wie Rindfleisch (siehe das folgende Rezept *gebratene Nudeln mit Rindfleischstreifen und Gemüse*).
Hühnerfleisch hingegen harmoniert besser mit den Zutaten, die im vorherigen Rezept *(Gebratene Nudeln mit Schweinefleisch und Gemüse)* angegeben sind. In beiden Fällen kann man das Fleisch gleich mit dem Gemüse in die Pfanne geben oder es sogar erst nach ein paar Minuten hinzufügen.

Wichtig: In den 4 folgenden Rezepten können Sie beim letzten Pfannenrühren noch 1 zusätzlichen Eßlöffel Sherry und 1 Teelöffel Sesamöl in die Pfanne geben. Das macht das Gericht noch würziger und aromatischer.

Gebratene Nudeln mit Rindfleischstreifen und Gemüse

Für 4 bis 6 Personen.
Dasselbe Rezept wie für *Gebratene Nudeln mit Schweinefleisch und Gemüse*, nur statt des Schweinefleischs die gleiche Menge Rinderfilet oder -lende verwenden; statt der Bohnensprossen 75 bis 100 g Stangensellerie und 50 g Lauch nehmen und in 2 cm lange Stücke hacken.
Alles zusammen mit 1 Scheibe Ingwerwurzel pfannenrühren. Den Ingwer entfernen, Fleisch und Gemüse beiseite stellen. Ein Viertel des Gemüses in die Pfanne zurückgeben und unter Rühren mit den Nudeln braten. Den Rest zum Schluß nochmals auf starkem Feuer rasch erhitzen und erst dann über die Nudeln füllen.

Gebratene Nudeln mit frischen Shrimps (oder Garnelen) und Gemüse

In der Chinesischen Küche mischt man gerne Fleisch mit Meeresfrüchten. Aber wenn man auch manchmal beides regelrecht miteinander mischt, so bereitet man doch meist beide getrennt zu und verbindet sie erst zu einem späteren Zeitpunkt im Garprozeß. Man mag bekanntlich in der Chinesischen Küche kein planloses Durcheinander, sondern strebt danach, die unterschiedlichen Geschmäcker und Aromen zu erhalten und hervorzuheben.
Dieses Gericht ist ganz einfach herzustellen, wenn man sich an die vorangegangenen Rezepte hält und die Fleischmenge dabei um die Hälfte reduziert, statt dessen aber etwas mehr als diese Fleischmenge frisches Shrimp-, Garnelen- oder Taschenkrebsfleisch zufügt.
Man kann zwar Fleisch und Meeresfrüchte durchaus miteinander pfannenrühren, besser ist jedoch, beides getrennt rasch in der Pfanne zu braten. Fügen Sie jeweils die gleiche Menge Gemüse zu beidem hinzu. Den Meeresfrüchten tun auch 2 Scheibchen Ingwerwurzel und 1 zerdrückte Knoblauchzehe gut.
Sobald beides getrennt voneinander pfannengerührt ist, jeweils einen Teil davon unter die Nudeln mischen

und rasch braten. Den Rest unmittelbar vor dem Servieren nochmals stark erhitzen und zuletzt über die Nudeln verteilen.

Natürlich muß man das Fleisch der Meeresfrüchte erst aus seiner Schale oder seinem Panzer lösen und in mundgerechte Stücke teilen.

Variationen zu gebratenen Nudeln

Sie können eine Menge anderer Gemüsesorten zusätzlich oder statt der in den vorigen Rezepten angegebenen verwenden, beispielsweise Spinat, Erbsen, feine grüne Bohnen, Buschbohnen, Zuckererbsen (Mange Tout), frische Champignons, Blumenkohl, Brokkoli und Möhren.

Denken Sie jedoch immer daran, daß die Gemüse die gleiche Garzeit haben oder entsprechend vorgekocht sein sollten. Und: Gemüse mit längerer Garzeit immer *zuerst* in die Pfanne geben! Außerdem sollten Sie Gemüse, das zusammen mit Nudeln angerichtet werden soll, stets vorher nudelähnlich in feine Streifen schneiden.

Falls Sie das Gemüse nicht zuvor blanchieren wollen, können Sie es ruhig 2 oder 3 Minuten länger pfannenrühren (daran denken: *zuerst* in die Pfanne geben!) und dabei eine kleine Menge Brühe zufügen. Im rasch entstehenden Dampf wird das Gemüse schnell weich. *Brühe* und *Meistersauce* sollten für die Chinesische Küche immer vorhanden sein!

Es ist nicht nötig, daß Sie sich immer nur auf eine Sorte Fleisch beschränken. Hühner- und Schweinefleisch sind so wandlungsfähig, daß man sie unbesorgt mit Schinken, eingesalzenem Rindfleisch, Nieren, Leber, Kutteln, Speck oder Meeresfrüchten kombinieren kann. Damit das Gericht noch würziger und kräftiger schmeckt, können Sie auch eingelegtes Gemüse (Pickles) oder Chutneys zufügen. Man gebraucht zum Beispiel sehr gerne eingeweichtes getrocknetes Gemüse zusammen mit frischem, weil es das Aroma verstärkt. Aus allen diesen Zutaten können Sie eine Vielzahl der unterschiedlichsten Nudelgerichte zaubern.

Heiße Nudeln mit Sojapaste und rohem Gemüse

Zutaten (für 4 bis 6 Personen): 400 g Weizennudeln, 100 g Rettich, 100 g Gurke, 6 Frühlingszwiebeln, 100 g Bohnensprossen, 5 EL Sojapaste, 2 EL Sojasauce, 2 EL Sherry, 1 TL Zucker, 3 EL Pflanzenöl, 100 g feingehacktes (durchgedrehtes) Schweinefleisch, $1/2$ TL Salz, 1 Scheibe Ingwerwurzel

Vorbereitung: Die Nudeln in 12 bis 14 Minuten weichkochen, abgießen und warm halten. Den Rettich und die Gurke schälen und in streichholzfeine Streifen schneiden. Die Frühlingszwiebeln in 5 cm lange Stücke hacken. Die Bohnensprossen in kochendes Wasser tauchen, sofort abgießen und kalt abschrecken. Die Gemüse jeweils in ein Schälchen füllen. Sojapaste, Sojasauce, Sherry, Zucker und 4 Eßlöffel Wasser verrühren.

Zubereitung: Das Öl in einer kleinen Pfanne erhitzen und Schweinefleisch, Salz und Ingwer darin auf starker Hitze 2 Minuten pfannenrühren. Die Hitze zurücknehmen. Das Ingwerstück herausfischen und wegwerfen. Mit der Sojapastenmixtur aufgießen, 2 Minuten pfannenrühren. Dann alles 2 Minuten leise köcheln lassen. Den Pfanneninhalt in eine Servierschüssel füllen und in die Mitte der Tafel stellen.

Servieren: Die Nudeln auf 4 bis 6 Schalen verteilen. Jeder Gast nimmt sich nun 1 bis 2 Löffel Fleischsauce und bedient sich von dem kleingeschnittenen rohen Gemüse.

Dieses Gericht schätzt man besonders im Norden Chinas. Es ist einfach, aber überaus wohlschmeckend. Man kann zusätzlich verschiedene Dips und Chutneys auf den Tisch stellen. Jetzt dürfte es jedem Tischgast Spaß machen, sich seine Nudeln ganz nach Geschmack mit begleitenden Zutaten und Würzmitteln selbst zu mischen!

Heiße Nudeln mit Sesampaste oder Erdnußbutter und rohem Gemüse

Eine Variation zum vorhergehenden Rezept: Statt Sojapaste wird Sesampaste oder Erdnußbutter verwendet. Sesampaste hat ein stark nussiges Aroma und kann deshalb sehr gut durch die im Westen leichter erhältliche Erdnußbutter ersetzt werden. Da Sesampaste äußerst trocken ist, muß man sie mit einer entsprechenden Menge Pflanzenöl oder irgendeiner anderen Flüssigkeit geschmeidig machen. Nehmen Sie zu folgendem Rezept die gleiche Menge Nudeln und rohes Gemüse, wie im vorhergehenden Rezept angegeben.

Zutaten (für 4 bis 6 Personen): $2\frac{1}{2}$ EL Sesampaste (oder 3 EL Erdnußbutter), 2 EL Pflanzenöl, 1 EL Hoisinsauce, 2 EL Sojasauce, 2 EL Sherry, 3 EL konzentrierte *Hühnerbrühe*, 1 TL Chilisauce, 1 TL Zucker

Zubereitung: Alle Zutaten in einer Schüssel gründlich verquirlen und in die Mitte des Tisches stellen. Jeder Gast nimmt sich davon und mischt diese Sauce unter seine Nudelportion. Natürlich sollte auch das feingeschnittene Gemüse sowie verschiedene Pickles oder Chutneys zur Selbstbedienung bereitstehen.

Dieses vegetarische Gericht wird vor allem von der ärmeren Bevölkerung Chinas bevorzugt, sowohl im Süden wie im Norden des Landes.

Glasnudeln mit geschmortem Fleisch und Gemüse

Glasnudeln serviert man anders als alle anderen Nudelsorten. Sie sind nicht Grundbestandteil einer Mahlzeit, sondern werden mit aromatischen Zutaten und sehr viel Sauce vermischt. Man ißt sie dann mit Reis. Glasnudeln werden durchs Kochen niemals zu weich oder gar matschig. Da sie obendrein die Fähigkeit haben, viel Sauce und viele Aromen aufzunehmen, läßt man sie gern zusammen mit Fleisch oder auch Gemüse eine Weile köcheln.
Feinschmecker schätzen eine weitere besondere Eigenschaft: Glasnudeln erleichtern den Verzehr von Reis – sie machen ihn saftig u[nd geben ein leich]ches Aroma – wieder ein kuli[narisches Meisterstück] der Chinesischen Küche.

Zutaten (für 6 bis 8 Personen)[: 75 g getrocknete Ton-]gu-Pilze, 100 g Glasnudeln, 2 E[L getrocknete Garne-]len, 200 g Brokkoli, 200 g rotgekochtes Sch[weine-]oder Rindfleisch (siehe Register), $\frac{1}{2}$ l *Feine Brühe*, $\frac{1}{2}$ TL Glutamat, 1 EL Sojasauce, 2 EL Sherry

Vorbereitung: Die Pilze, die Glasnudeln und die getrockneten Garnelen jeweils getrennt in warmem Wasser 30 Minuten einweichen. Abgießen, dabei das Pilzwasser auffangen. Die Pilzstiele entfernen, die Hüte in streichholzfeine Streifen schneiden. Den Brokkoli in Röschen teilen (Stiele in 2 cm lange Stücke hacken), in kochendes Wasser werfen, nach 2 Minuten abgießen und unter kaltem Wasser abschrecken. Das Fleisch in 3 cm große Würfel schneiden.

Zubereitung: Die Brühe in einem Topf aufkochen. Brokkoli, Pilze, Garnelen, Glutamat, Sojasauce und Pilzwasser zufügen und 5 bis 6 Minuten köcheln. Die Nudeln zufügen und vorsichtig umrühren. Weitere 7 bis 8 Minuten schwach sieden lassen. Alles in eine große feuerfeste Terrine oder Schüssel umfüllen. Die Fleischwürfel samt Sauce obenauf geben, das Ganze mit Sherry beträufeln, und die Terrine in einen Dämpftopf setzen. Das Gericht 15 Minuten dämpfen, dann sofort servieren.

Nudeln in Hummersauce

Zutaten (für 4 bis 6 Personen): 75 g getrocknete Tongu-Pilze, 300 g Eiernudeln, 125 g mageres Schweinefleisch, 75 g gekochter Schinken, 3 Frühlingszwiebeln, 1 Knoblauchzehe, $\frac{3}{4}$ TL Glutamat, 2 EL Maisstärke, 6 EL Wasser, $1\frac{1}{2}$ EL Pflanzenöl, 2 Scheiben Ingwerwurzel, 125 g Hummerfleisch, $\frac{1}{2}$ TL Salz, $1\frac{1}{2}$ EL Sojasauce, $1\frac{1}{2}$ EL trockener Sherry, knapp 1 l *Feine Brühe*

Vorbereitung: Die Pilze in einer Tasse warmem Wasser 30 Minuten einweichen, abgießen, dabei das Wasser auffangen. Die Stiele entfernen, die Hüte in streichholzfeine Streifen schneiden. Die Nudeln wie im Rezept für *Long-Life-Nudeln in Eiersauce* angegeben kochen. Schweinefleisch und Schinken in sehr feine Streifen schneiden. Die Frühlingszwiebeln in 1 cm dicke Stücke hacken. Den Knoblauch zerdrücken. Das Glutamat und die Stärke mit dem Wasser verquirlen.

Zubereitung und Servieren: Das Öl in einem großen Topf erhitzen. Knoblauch, Ingwer und Schweinefleisch zufügen und 2 Minuten pfannenrühren. Frühlingszwiebeln und Pilze hineingeben und das Ganze weitere 2 Minuten unter Rühren braten. Dann erst das Hummerfleisch mitbraten, alles salzen, mit Pilzwasser, Sojasauce, Sherry und schließlich der Brühe auffüllen und aufkochen. 5 Minuten leise köcheln lassen. Zuletzt mit der Stärke andicken.
Die Nudeln in 4 bis 6 Schalen geben. Die Hummersauce gleichmäßig darüber verteilen, mit dem zerkleinerten Schinken bestreuen und sofort auftragen.

Feuertopf mit zehnerlei Zutaten

Zutaten (für 10 bis 12 Personen, bei einer Speisenfolge von mehreren Gängen): 75 g Seegurke, 50 g Glasnudeln, 75 g Tongu-Pilze, 25 g Lilienknospen, 75 bis 110 g gekochter Schinken, 125 bis 150 g rotgekochte gebratene Ente, 125 bis 150 g *Gegrilltes Schweinefleisch nach kantonesischer Art* (Seite 147), 125 bis 150 g *Rotgekochtes Huhn*, 75 g Zuckererbsen (Mange Tout), 75 g Stangensellerie, 75 g Bambussprossen, 75 g Brokkoli, 75 g Blumenkohl, 1 Stück Bohnenquark, Öl zum Ausbacken, 2 TL Salz, $1/2$ TL Glutamat, 4 EL Sherry, 1 l *Feine Brühe*

Vorbereitung: Die Seegurke über Nacht einweichen, dann in 2 cm große Stücke schneiden. Glasnudeln, Tongu-Pilze und Lilienknospen getrennt in warmem Wasser 30 Minuten einweichen. Die Pilzstiele entfernen. Die Lilienknospen in 3 Stücke schneiden. Fleisch und Schinken in mundgerechte Würfel teilen. Die Gemüse ebenso kleinschneiden, je nach Garzeit kurz in kochendes Wasser werfen, anschließend unter kaltem Wasser abschrecken. Den Bohnenquark in 1 cm große Würfel zerkleinern, 3 Minuten schwimmend in heißem Fett ausbacken und abtropfen lassen. Sämtliche Zutaten in einen großen Feuertopf schichten: zunächst den Sellerie, dann die Glasnudeln, die Bambussprossen, Brokkoli, Blumenkohl, Lilienknospen, den Bohnenquark, die Erbsen mit dem Hühner- und Entenfleisch, dem Schinken, der Seegurke und dem Schweinefleisch – und zuoberst die Pilze.

Zubereitung und Servieren: Die Brühe mit Salz, Glutamat und Sherry zum Kochen bringen, dann vorsichtig über Fleisch und Gemüse im Feuertopf gießen. Alles zusammen 20 Minuten sanft köcheln lassen, danach den Topf zu Tisch bringen.

Sie müssen nicht unbedingt die Zahl der Zutaten auf 10 begrenzen, auch wenn dieses Gericht *Feuertopf mit zehnerlei Zutaten* heißt.

Wo Mein (topfgekochte Nudeln)

Topfgekochte Nudeln sind im Grunde lediglich eine Variante zu *Nudeln in Sauce (Lu Mein).* Da sie aber tatsächlich mit Zutaten in einem Topf fertig gekocht und nicht, wie sonst, in ein Schüsselchen gefüllt und mit Sauce und allerlei Zutaten garniert werden, nennt man sie *Wo Mein* (»Wo« ist das kantonesische Wort für »Topf«).

Man serviert dieses Gericht vorzugsweise in Restaurants, weil dort viele verschiedene Zutaten fertig zur Verfügung stehen. Aufgetragen wird es stets in einer großen Terrine, die Garnitur hoch über den Nudeln aufgetürmt. *Wo Mein* ist feiner als *Lu Mein:* die Suppe (oder Sauce), in der man die Nudeln reicht, ist dünner, außerdem schmeckt alles auch sehr viel aromatischer, weil sämtliche Zutaten in einem Topf zusammen gegart werden. In kantonesischen Restaurants fügt man gern Meeresfrüchte wie frische Shrimps, Garnelen, Taschenkrebse oder Hummer hinzu.

Wo Mein wirkt stets üppiger als andere Nudelgerichte, und man hat immer das Gefühl, eine besonders köstliche und reichhaltige Mahlzeit zu sich zu nehmen.

Anmerkung der Übersetzerin: In unseren Augen gelten eigentlich alle Gerichte mit Meeresgetier als besonders prächtig. Man darf dabei nicht vergessen, daß es im Südchinesischen Meer von all diesen Köstlichkeiten wimmelt und die Kantonesen von solchem Angebot natürlich sehr verwöhnt sind, wohingegen die Nordchinesen meist auch nur begehrlich davon träumen können. Vielleicht werden Sie zögern, eine so teure Zutat wie Hummer oder Garnelen in einem Nudelgericht zu verarbeiten. Aber *einmal* sollten Sie sich diesen Luxus doch gönnen! Es schmeckt ganz fremd, aber wundervoll!

GEMÜSE- UND VEGETARISCHE GERICHTE

蔬菜

Gemüse- und vegetarische Gerichte

Es sind mehrere Faktoren, die der chinesischen Gemüse- oder vegetarischen Küche Kraft, Tradition und Vielfalt geben.

Dazu gehört nicht zuletzt der extensive Gebrauch von *Sojabohnen* und allen daraus entstehenden Produkten. Wir haben ja bereits gesehen, daß gerade sie bei der chinesischen Fleischküche wie auch in allen anderen Küchenbereichen eine wichtige Rolle spielen. Zudem sollte man die ungeheure Bedeutung erkennen, die Sojaquarkprodukte für die chinesische Ernährung haben – es gibt wohl kaum eine andere Zutat, die so vielseitig, so wandlungsfähig und so nahrhaft ist.

Die Rezepte für Gemüse- und vegetarische Gerichte sind aus den Küchentraditionen buddhistischer Mönche entstanden. In vielen Klöstern und Tempeln mit ihren großen Mönchsgemeinschaften, die an strenger hierarchischer Ordnung und jahrhundertealten Überlieferungen festhielten (ähnlich dem Vatikan), entwickelten sich die Küchen zu selbständigen Institutionen mit eigenen Traditionen und Methoden, auf die manche Schloßküche stolz sein könnte. Dort wurde die vegetarische Küche »erfunden« und vervollkommnet (wie zum Beispiel bei den Benediktinern die Likörherstellung).

Die Vielfalt der chinesischen Gemüse- und vegetarischen Küche hängt natürlich wieder mit dem Zusammen-Kochen und -mischen unterschiedlichster Zutaten zusammen, deren Aromen und Geschmäcker sich dadurch immer neu harmonisch verbinden.

Sicherlich haben Sie schon, bevor Sie zu diesem Kapitel gelangt sind, bemerkt, daß Gemüse in der Mehrzahl aller Gerichte von tragender Bedeutung ist. In nahezu sämtlichen Fleisch-, Geflügel- oder Fischgerichten verwendet man Gemüse als Aromageber, zur Unterstützung des Geschmacks oder vielleicht auch zum Mildern von allzu starkem Fleisch- oder Fischgeschmack. So sind schon zwischen den vorhergegangenen Rezepten eine Reihe Gemüserezepte, wenn man sie auch nicht rein vegetarisch nennen kann.

Bei Gerichten aus Fleisch *und* Gemüse kommt es lediglich auf die Zielsetzung an: Wünscht man eher ein Gemüsegericht, so legt man alle Betonung auf das Gemüse. Man verwendet einfach eine größere Vielzahl von Gemüsen und geht mit ihnen besonders sorgfältig und aufmerksam um.

Chinesische Gemüsegerichte unterscheiden sich von Fleischgerichten nicht so sehr in der Art der Zubereitung, sondern mehr in dem Rang, den sie einnehmen. Außerdem verwischen sich hier die Grenzen, weil in der Chinesischen Küche Fleischbrühe als Geschmacksträger so wichtig ist. Und wenn wir bedenken, was für ein starkes Bindeglied zwischen Fleisch und Gemüse Sojabohnen und ihre Nebenprodukte (Sojasauce, Sojapaste, Bohnenquark, Bohnenkäse, eingesalzene, fermentierte Sojabohnen usw.) sind, und wir ferner nicht vergessen, daß es alter chinesischer Brauch ist, zu allem und jedem Fleisch- oder Fischsaucen zu verwenden, dann wird klar, daß man die Fleisch- und die Gemüseküche so strikt gar nicht trennen kann.

Auch in der vegetarischen Küche muß man natürlich stets des »Durcheinandermischens« der unterschiedlichsten Strukturen und Aromen gewärtig sein. Es werden eingesalzene, essigsaure und getrocknete Zutaten mit frischen kombiniert, so daß frische Gemüse in ihrem Eigengeschmack betont und herausgestellt werden. Hierbei sind Zugaben von Fleisch oder Fleischwürzen völlig überflüssig.

Gemüse wird meist pfannengerührt. Man gibt zuerst die kräftigeren Gemüse in die Pfanne (Knoblauch, Ingwer, Zwiebeln usw.) und aromatisiert damit das Öl, in dem dann die feineren Gemüse gebraten werden sollen. Streut man zu Beginn eine Prise Salz in das Bratöl, so wird die Farbintensität grüner Gemüse gesteigert. Natürlich kann dies nur ein erster Schritt des Würzens sein, dem noch viele weitere folgen.

Auch in der vegetarischen Küche macht man sich das Zusammenspiel von unterschiedlicher Textur und Konsistenz durch das Mischen von Rohem und Gekochtem, Weichem und Hartem, Trockenem und Saftigem usw. zunutze. Diese Experimentierfreudigkeit der Chinesen führt die chinesische vegetarische Küche zu neuen Höhen. Sie ist mit ein Grund dafür, daß man Gemüsegerichte auch ganz ohne Fleischbeilagen als reizvolle, äußerst würzige Mahlzeit genießt. Wenn sie nicht nur als Beilage, sondern als eigenständiger Hauptgang serviert werden sollen, müssen sie natürlich mit Sachkenntnis und Meisterschaft zubereitet werden – dann erreichen sie einen sehr hohen Grad von kulinarischer Vollendung. Früher war es in China durchaus nicht ungewöhnlich, daß Feinschmecker ihre vertrauten Fleischtöpfe stehen ließen und sich in die Abgeschiedenheit der alten Klöster begaben, um gleichzeitig die Reinheit vegetarischer Küche und die Freuden der Kontemplation zu genießen.

Wenn man die chinesische Gemüseküche betrachtet, muß man klar unterscheiden zwischen normalen Gemüsegerichten, die immer etwas Fleisch enthalten, und den rein vegetarischen Gerichten. Da wir in den vorherigen Kapiteln dieses Buches schon eine Reihe »normaler« Gemüserezepte gezeigt haben, wollen wir uns im folgenden hauptsächlich auf die wirklich fleischlosen Gerichte beschränken.

Es ist wohl das beste, dieses Kapitel mit dem Rezept für eine Gemüsebrühe zu beginnen, der wichtigsten Zutat für alle vegetarischen Rezepte.

Gemüsebrühe
(Grundrezept)

Zutaten: 200 g frische Champignons, 50 g getrocknete Tongu-Pilze (chinesische Champignons), 50 g Stiele von Tongu-Pilzen, 400 g frische Champignonstiele, 750 g gelbe Bohnen, $4\frac{1}{2}$ l Wasser, 2 TL Glutamat

Zubereitung: Die geputzten frischen und getrockneten Pilze sowie die Pilzstiele mit den gelben Bohnen in einen ausreichend großen Topf mit dem Wasser 3 Stunden lang auskochen. Was dabei an Flüssigkeit verdampft, immer wieder nachgießen. 5 Minuten, bevor die Brühe fertig ist, das Glutamat zufügen.
Man verwendet diese Brühe genauso wie in der normalen Küche die *Feine Brühe*.

Anmerkung der Übersetzerin: Statt der Pilzstiele können Sie natürlich auch ganze Pilze nehmen, denn in Ihrer Küche wird davon nicht soviel anfallen, wie in einer großen chinesischen. Gelbe Bohnen sind eine Sojabohnenart und in Chinaläden erhältlich.

Pao T'Sai
(scharf eingelegter Weißkohl)

Dieses eingelegte Gemüse schätzt man in China vor allem zu *Reisbrei*. Man verwendet es jedoch auch gern mit anderen Gemüsen zusammen in chinesischen Salaten.

Zutaten (für 3 Halblitergläser): 1 mittelgroßer Weißkohl (oder Chinakohl), 2 junge Möhren, 1 weiße Rübe, 50 g Radieschen, 3 EL Salz, 3 EL Gin, 2 getrocknete Chilischoten

Zubereitung: Den Kohlkopf putzen, dabei beschädigte äußere Blätter entfernen. Die inneren Blätter in 3 bis 5 cm große Stücke schneiden, waschen, in einem Sieb gut abtropfen und an einem luftigen Ort 1 Tag lang trocknen lassen. Die Möhren und die Rübchen schälen und in dünne Scheibchen schneiden. Die Radieschen putzen, dabei Wurzel und Grün entfernen, vierteln und gut abtrocknen. Die entkernten Chilischoten zerkleinern.
Das Salz in $1\frac{1}{2}$ Liter kochendem Wasser auflösen. Die Flüssigkeit abkühlen lassen, Gin und alle vorbereiteten Gemüse samt Chilis zufügen. Das Kohlgemisch in 3 Einmachgläser füllen, fest verschließen und 1 Woche an einem warmen Ort ziehen lassen.
Danach ist das Gemüse angenehm scharf, salzig und sehr knackig.

Anmerkung der Übersetzerin: Füllen Sie die Pickles mitsamt dem Wasser am besten in französische Haushaltsgläser (Le Parfait), die es in Kaufhäusern und Cook-Shops zu kaufen gibt. Es werden übrigens eine Menge Würste, Fleischwaren und Marmeladen in diesen Gläsern angeboten, so daß Sie sie nur zu sammeln brauchen.
Falls Sie keine Möglichkeit haben, den Kohl an der Luft trocknen zu lassen, so breiten Sie ihn auf einem trockenen Küchentuch aus und stellen einen (natürlich kalt eingestellten) Föhn davor. Nach 1 Stunde können Sie schon weiterarbeiten.

Drei-Feen-Salat

Zutaten (für 4 bis 6 Personen, wenn noch weitere Gerichte vorgesehen sind): 1 großer Chinakohl (oder Wirsing), 75 g Radieschen, 2 TL Salz, 25 g Wasserkresse, 2 Zwiebeln, 2 frische Chilischoten, 3 EL Pflanzenöl, 2 EL *Pao T'Sai*, 1 TL Sesamöl

Vorbereitung: Den Kohl putzen, die Blätter in 5 cm breite Stücke schneiden und längs halbieren. Die Radieschen in feine Streifchen schneiden und in einer Schüssel mit dem Kohl mischen, dabei das Salz darüberstreuen und gut hineinreiben. In einem großen Sieb 4 Stunden lang Saft ziehen und abtropfen lassen. Die Wasserkresse putzen, dabei dicke Stiele und Wurzeln entfernen. Die Zwiebeln in hauchfeine Ringe schneiden. Die Chilischoten sorgfältig entkernen und das Fruchtfleisch feinhacken.

Zubereitung: Zwiebel- und Chilistückchen im heißen Öl 3 Minuten pfannenrühren.

Servieren: Chinakohl, Radieschen, Wasserkresse und *Pao T'Sai* in einer Salatschüssel vermengen. Das von Zwiebeln und Chili aromatisierte Öl darüberträufeln. Mit Sesamöl besprenkeln, gut mischen und gleich auftragen.

Senfkohl

Zutaten (für 4 bis 8 Personen, mit anderen Gerichten zusammen): 750 bis 1200 g Chinakohl (oder Wirsing), 1 ½ EL Senfpulver, 2 EL Wasser, 2 EL Sojasauce, 1 TL Salz, 1 EL Weinessig

Vorbereitung: Den Chinakohl putzen, äußere beschädigte Blätter entfernen. Die intakten Blätter quer in etwa 12 gleich große Stücke hacken. Das Senfpulver mit dem Wasser verrühren.

Zubereitung: Den Chinakohl in einen Topf mit kochendem Wasser werfen, 20 Sekunden wallend kochen lassen und abgießen. Den *heißen* Kohl rasch mit den übrigen Zutaten mischen, in einen Topf füllen und auf mittlerer Hitze 45 Sekunden erhitzen. 2 Stunden lang abkühlen lassen.
Den fertigen Senfkohl entweder als Vorspeise reichen oder für Fleischgerichte verwenden.

Chinakohl mit Garnelen und grünem Paprika

Zutaten (für 4 bis 8 Personen, zusammen mit anderen Gerichten): 1200 g Chinakohl (oder junger Stangensellerie oder zarter Wirsing), 1 EL getrocknete Garnelen, 1 grüne Paprikaschote, 3 TL Maisstärke, $^1/_8$ l Milch, 3 EL Pflanzenöl, 1 Scheibe Ingwerwurzel, $^3/_8$ l *Feine Brühe* (oder *Hühnerbrühe*), 1 ½ TL Salz, 1 TL Glutamat, 1 EL gehackter geräucherter Schinken

Vorbereitung: Die Garnelen 1 Stunde in warmem Wasser einweichen. Den Kohl putzen, dabei äußere welke und beschädigte Blätter entfernen, und quer halbieren. Jede Hälfte vierteln. Die Paprikaschote halbieren, sämtliche Kerne herausstreifen. Die Stärke und die Milch in einem Schälchen verschlagen.

Zubereitung: Das Öl in einem großen Topf erhitzen. Den Ingwer und die Paprikahälften zufügen, auf mittlerer Hitze 1 Minute pfannenrühren und entfernen. Nun die Kohlstücke zufügen und 3 Minuten lang im Öl drehen und wenden, bis sie rundum von einem dünnen Ölfilm überzogen sind. Mit der Brühe auffüllen. Salzen, eingeweichte Garnelen und Glutamat zufügen. Zuletzt die Stärke-Mischung einrühren. Alles 3 Minuten köcheln, bis die Flüssigkeit dicklich zu werden beginnt.

Servieren: Die Kohlstückchen mit einem Schaumlöffel herausheben und in einer tiefen vorgewärmten Schüssel anrichten. Wenn möglich, dabei die ursprüngliche Form des Chinakohls wieder herstellen. Mit etwas Sauce beträufeln und mit dem gehackten Schinken bestreuen.

Anmerkung der Übersetzerin: Die Paprikaschote soll nur ihr Aroma dem Öl mitteilen. Sie können Sie dafür natürlich auch in feine Streifen oder Würfel teilen; durch die so vergrößerte Oberfläche wirkt sie noch stärker würzend. Sie brauchen Sie jedoch anschließend nicht wegzuwerfen. Sie können Sie mit einigen Fleischstreifen, etwas Ingwer, Knoblauch und 1 Tasse Brühe, gewürzt mit Sojasauce, Sherry und einigen Tropfen Sesamöl, rasch zu einem sehr wohlschmeckenden Gericht weiterverarbeiten.

Chinesischer Möhrensalat

Zutaten (für 6 bis 8 Personen): 10 junge Möhren, 3 TL Salz, Pfeffer aus der Mühle, 3 EL Essig, 1 EL Zucker, 1 ½ EL Sojasauce, 3 TL Sesamöl, 2 EL Sherry

Vor- und Zubereitung: Die Möhren schaben und schräg in hauchdünne Scheibchen schneiden. In kaltem Wasser 15 Minuten einweichen, abgießen, gut abtropfen lassen und mit Salz und Pfeffer einreiben. 2 Stunden beiseite stellen und Saft ziehen lassen, dann abgießen. Mit Essig, Zucker, Sojasauce, Sesamöl und Sherry mischen. Sofort auftragen.

Heißer Salat »Acht Kostbarkeiten«
(vegetarisch)

Man kann diesen Salat auch wunderbar kalt essen.

Zutaten (für 6 bis 8 Personen): 4 Lilienknospen, 25 g Wolkenohrpilze (Mu-Err), 50 g getrocknete Bohnenquarkstreifen, 4 große getrocknete Tongu-Pilze, 50 g Möhren, 40 g weiße Rübchen, 75 g Bambussprossen, 100 g Stangensellerie, 100 g Bohnensprossen, 4 EL Pflanzenöl, 1 ½ TL Salz, 3 EL *Gemüsebrühe* (Seite 124), 2 EL Sesamöl, 1 ½ EL Sojasauce, 1 EL Essig, 1 TL Glutamat

Vorbereitung: Die Lilienknospen 1 Stunde lang in heißem Wasser einweichen, abgießen und in 5 cm lange Stücke hacken. Die Wolkenohrpilze ebenfalls 1 Stunde in warmem Wasser einweichen, dabei das Wasser zweimal wechseln. Die Bohnenquarkstreifen 1 Stunde in warmem Wasser einweichen, dann gleichfalls in 5 cm lange Stücke schneiden. Die Tongu-Pilze 30 Minuten einweichen, die Stiele herausschneiden, die Hüte in feine Streifen schneiden. Ebenso Möhren, Rübchen, Bambussprossen und Sellerie stifteln.

Zubereitung: Möhren, Rübchen und Bohnensprossen in 2 Eßlöffeln heißem Öl auf stärkster Hitze 2 Minuten lang pfannenrühren. Dann die Hitze vermindern und 2 weitere Minuten pfannenrühren, dabei 1 Teelöffel Salz zufügen. In einer zweiten Pfanne im restlichen Öl mit Salz Pilze, Sellerie, Bohnenquarkstreifen, Bambussprossen und Lilienknospen auf mittlerer Hitze 3 Minuten unter ständigem Rühren braten. Die beiden Pfanneninhalte zusammengeben, mit Brühe, Sesamöl, Sojasauce, Essig und Glutamat würzen und auf stärkstem Feuer 1 ½ Minuten gründlich vermischen. Sofort servieren.

Großer Lo-Han-Gemüsesalat
(vegetarisch)

Die *Lo-Hans* sind die untergeordneten Götter, die in buddhistischen Tempeln in Reih und Glied nebeneinander stehen. Da sie sehr zahlreich sind, muß natürlich auch dieses Gericht zu ihren Ehren üppig sein.

Zutaten (für 6 bis 8 Personen, zusammen mit anderen Gerichten): Die gleichen Zutaten wie im vorhergehenden Rezept zuzüglich 100 g Glasnudeln, 50 g getrockneten Bambussprossen, ⅜ l *Gemüsebrühe* (Seite 124), 1 EL Sojasauce, ½ TL Glutamat, 2 EL Sherry

Vor- und Zubereitung: Genau wie im vorigen Rezept angegeben verfahren, außerdem Glasnudeln und Bambussprossen jeweils getrennt 20 Minuten einweichen und in der Brühe mit Sojasauce, Glutamat und Sherry 10 Minuten schwach sieden lassen. Den *Heißen Salat* dazugeben und 3 Minuten mitköcheln. Alles zusammen in einer großen vorgewärmten Schüssel (die eines solchen klösterlichen Gerichtes würdig sein sollte) servieren.

Kalter Gemüsesalat
(vegetarisch)

Zutaten (für 6 bis 8 Personen, zusammen mit weiteren Gerichten): 100 g Wirsing, 100 g Römischer Salat (Romana), 3 junge Möhren, 50 g Radieschen, 3 mittelgroße Tomaten, 3 Frühlingszwiebeln, 1 große Zwiebel, 2 Knoblauchzehen, 4 EL Pflanzenöl, 2 Scheiben Ingwerwurzel, 100 g Bohnensprossen, 1 TL Salz, 2 EL Sojasauce, 2 EL Weinessig, $^{1}/_{2}$ TL *Chili-Öl*, 1 TL Glutamat, 3 TL Sesamöl, 1 EL gehackter Schnittlauch, 1 EL gehacktes Koriandergrün

Vorbereitung: Wirsing, Salat, Möhren und Radieschen feinschnitzeln. Die Tomaten überbrühen, häuten, entkernen und vierteln. Die Frühlingszwiebeln in 2 cm lange Stücke hacken. Die Zwiebel in feine Ringe teilen. Die Knoblauchzehen zerdrücken.

Zubereitung: In einer Pfanne das Öl erhitzen. Frühlingszwiebeln, Zwiebelringe, Ingwer und Knoblauch darin auf mittlerer Hitze unter dauerndem Rühren 3 Minuten braten, dann entfernen. Das Öl abkühlen lassen. Die Bohnensprossen putzen, abspülen, kurz blanchieren und abschrecken.

Servieren: Alle Gemüse in einer großen Salatschüssel anrichten. Mit dem aromatisierten Öl, Salz, Sojasauce, Essig und Chili-Öl würzen und alles gut mischen. Zuletzt mit Glutamat, Sesamöl, Schnittlauch und Koriandergrün anrichten. Sofort servieren.

Gebratener Spinat mit Gemüsebrühe
(vegetarisch)

Zutaten (für 6 bis 8 Personen, zusammen mit anderen vegetarischen Gerichten): 600 g frischer Spinat, 2 mittelgroße Zwiebeln, 2 Knoblauchzehen, 5 EL Pflanzenöl, 2 Scheiben Ingwerwurzel, $^{1}/_{2}$ TL Salz, 1 $^{1}/_{2}$ EL Sojasauce, 4 EL *Gemüsebrühe* (Seite 124), 1 EL Sherry, $^{1}/_{2}$ TL Glutamat

Vorbereitung: Den Spinat gründlich waschen, alle beschädigten Blätter aussortieren, die Stiele abknipsen. Die Zwiebeln in hauchfeine Scheiben schneiden. Die Knoblauchzehen zerdrücken.

Zubereitung: Das Öl in einer großen Pfanne erhitzen. Ingwer, Knoblauch und Zwiebeln darin auf höchster Hitze 2 Minuten pfannenrühren, dann herausfischen und wegwerfen. Nun den Spinat in die Pfanne geben und ebenfalls auf starker Hitze 2 Minuten pfannenrühren, bis die Blätter gleichmäßig von einem feinen Ölfilm überzogen sind. Salz, Sojasauce und Gemüsebrühe zufügen, und alles zusammen noch 1 Minute unter Rühren braten. Mit Sherry beträufeln, mit Glutamat bestreuen und weitere 30 Sekunden rühren, dann gleich servieren und vor allem *sofort* verspeisen. Während des ganzen Garprozesses die Hitze auf höchster Stufe lassen. Dadurch bleibt der Spinat leuchtend grün und glänzend.

Pfannengerührter Spinat mit Hühnerfleisch und Schinken

Für 4 bis 6 Personen (zusammen mit anderen Gerichten).

Das obige Rezept wiederholen, allerdings 50 g in Streifen geschnittenes Hühnerfleisch und 50 g gleichfalls streifig geschnittenen rohen Schinken gleich zu Beginn mit dem Ingwer, der Zwiebel und dem Knoblauch in die Pfanne geben.

Durch Benetzen gebratene Bohnensprossen
(vegetarisch) Abb. 8

Dieser Salat muß heiß aufgetragen werden. Eine der charakteristischen Eigenschaften von Bohnensprossen ist ihre Knackigkeit. Durch das Benetzend-Braten wird diese Knackigkeit noch verstärkt und hervorgehoben. Allerdings muß man sehr sorgfältig dabei arbeiten.

Zutaten (für 4 bis 6 Personen, mit anderen Gerichten): 200 g Bohnensprossen, 25 g Schnittlauch, Pflanzenöl (Fritieröl), 1 TL Salz, 2 TL Sesamöl

Vorbereitung: Die Bambussprossen nach Größe sortieren – sie sollten alle etwa gleich lang sein –, dann in einer ebenen Schicht in einem Drahtkorb auslegen. Den Schnittlauch mit einer Schere auf die Bohnensprossenlänge kürzen und so auf der Sprossenschicht verteilen, daß er mit den Sprossen in gleicher Längsrichtung liegt.

Zubereitung: Den Korb über eine mit siedendem Öl gefüllte Pfanne halten. Mit einem langstieligen Schöpflöffel das heiße Öl langsam über Sprossen und Schnittlauch gießen und immer wieder ebenso gemächlich abtropfen lassen. Diesen Vorgang etwa 18mal wiederholen. Dann Sprossen und Schnittlauch in eine feuerfeste Schale geben, mit Salz und Sesamöl besprenkeln und gut vermischen.
Diesen Salat unbedingt sofort verspeisen, solange er noch heiß ist.
Das leuchtende Grün des Schnittlauchs und das silbrige Weiß der Bohnensprossen bewirken einen sehr hübschen Farbkontrast.

Doppelt gebratene Bambussprossen
(vegetarisch)

Für dieses Rezept benötigt man chinesische Pickles (Rot-im-Schnee), die man in Chinaläden fertig kaufen kann.

Zutaten (für 6 bis 8 Personen): 600 g frische Bambussprossen (möglichst Wintersprossen), 75 g chinesische Pickles, 8 EL Pflanzenöl, 1 TL brauner Zucker, 1 EL Sherry, 2 EL Sojasauce, $^1/_2$ TL Glutamat, 2 EL *Gemüsebrühe* (Seite 124)

Vorbereitung: Die Bambussprossen waschen. Die weicheren, inneren Teile schräg in dünne 2,5 cm große Scheiben schneiden. Die chinesischen Pickles grobhacken, in heißem Wasser ausspülen und abtropfen lassen.

Zubereitung: 2 Eßlöffel Öl in einer Pfanne erhitzen. Die chinesischen Pickles darin auf stärkster Hitze 3 Minuten pfannenrühren, bis sie knusprig sind.

Durchseihen und das Öl weggießen. Nun das restliche Öl in der Pfanne erhitzen. Die Bambussprossen darin auf mittlerer Hitze 2 Minuten unter sanftem Rühren braten, bis alle Stücke von einem dünnen Ölfilm überzogen sind, dann 5 Minuten bei sanfter Hitze weiterbraten, dabei gelegentlich wenden, bis sie goldbraun sind. Danach das Öl so gut wie möglich abgießen.
Die Pickles zurück in die Pfanne geben und Zucker, Sherry, Sojasauce, Glutamat und Gemüsebrühe zufügen. Auf stärkster Hitze rasch eine weitere Minute pfannenrühren. Sofort servieren.
Dieses Gericht ist ein Leckerbissen und sollte in einer schlichten, aber schönen Schale aufgetragen werden – zum Beispiel in einer solchen aus der Sung-Dynastie (nicht aus der Ming- oder Ching-Zeit), es darf auch eine Imitation sein.

Anmerkung der Übersetzerin: Frische Bambussprossen kann man bei uns leider nirgendwo finden, Sie werden sich mit solchen aus der Dose behelfen müssen. Damit können Sie allerdings nicht den klaren und reinen Geschmack erzielen, der dieses Gericht auszeichnet, denn natürlich kann man die konservierten Bambussprossen nicht mit den frischen vergleichen. Wenn Sie jedoch die Gelegenheit haben, sich aus London, Paris oder gar aus Asien frische Sprossen mitzubringen, dann sollten Sie dieses Rezept unbedingt noch einmal probieren!
Normalerweise kocht man frische Bambussprossen 15 Minuten vor, nachdem man die dunklen äußeren Blätter abgelöst hat. In diesem Fall jedoch werden sie roh verwendet, denn das erste Pfannenrühren ersetzt diesen Prozeß. Daher auch der Name des Gerichts: *Doppelt gebratene Bambussprossen.*

Rotgekochte Bambussprossen nach Szechuan-Art

Zutaten (für 6 bis 8 Personen, zusammen mit anderen Gerichten): 4 schöne getrocknete Tongu-Pilze (chinesische Champignons), 75 g Schweinebauch, 2 Frühlingszwiebeln, 75 g Bohnensprossen, 600 g Bambussprossen, 4 EL Schweineschmalz, 1 EL Sojasauce, 1 TL Chilisauce, 1 TL Zucker, 3 EL *Meistersauce* (Seite 52), 1 EL Maisstärke, 4 EL *Hühnerbrühe*

7 **Gemüsezutaten** *im Korb (von links nach rechts und oben nach unten):* Chinakohl, Stangensellerie, Spinat, eingesalzenes Gemüse, rote und grüne Paprikaschoten; *außerdem:* Bohnenkeime, Ingwerwurzeln, Lilienknospen, Lotuswurzeln, Bambussprossen, Lotusblätter, grüne Chilischoten, getrocknete chinesische Champignons, Knoblauch

Vorbereitung: Die Pilze 30 Minuten in warmem Wasser einweichen, die Stiele entfernen, die Hüte in feine Streifen schneiden. Das Schweinefleisch von Schwarte und überflüssigem Fett säubern und sehr fein hacken. Frühlingszwiebeln und Bohnensprossen in kurze Stückchen teilen. Die Bambussprossen putzen, dabei das Wurzelende abschneiden und die äußeren Blätter entfernen. Nur die weicheren, inneren Kegel verwenden und schräg in dünne, etwa 3 cm lange Scheiben schneiden.

Zubereitung: Das Schmalz in einer großen Pfanne erhitzen. Die Bambussprossen darin auf mittlerer Hitze 4 Minuten sanft pfannenrühren. Alles Fett abgießen, die Bambussprossen warm stellen. Nun das Schweinefleisch in die Pfanne geben und auf stärkstem Feuer 1 Minute unter kräftigem Rühren braten.
Zwiebeln, Bohnensprossen und Pilze zufügen. Nach 30 Sekunden die Bambussprossen wieder in die Pfanne geben und Sojasauce, Chilisauce, Zucker und Meistersauce darüberträufeln. Alles zusammen auf mittlerer Hitze 3 Minuten behutsam pfannenrühren. Die Stärke in der Brühe auflösen und in die Pfanne rühren. Nach weiteren 3 Minuten Köcheln ist das Gericht fertig. Sofort servieren.

Süßsaurer Chinakohl
(vegetarisch)

Zutaten (für 4 bis 6 Personen, zusammen mit anderen Gerichten): 600 g Chinakohl (*oder* Wirsing *oder* junger Stangensellerie), 1 getrocknete rote Chilischote, 2 EL Essig, 1 EL Sojasauce, 2 EL Sherry, 1½ EL Zucker, ½ TL Glutamat, 3 EL frisch gepreßter Orangensaft, 1 EL Maisstärke, 3 EL Wasser, 3 EL Pflanzenöl, 4 EL *Gemüsebrühe* (Seite 124), ½ TL Salz

Vorbereitung: Den Kohl putzen, äußere schlechte Blätter und den Strunk entfernen, die inneren Blätter kreuz und quer in 3 cm große Stücke schneiden. Die Chilischote entstielen und von sämtlichen Kernen befreien. Essig, Sojasauce, Sherry, Zucker, Glutamat und Orangensaft verquirlen und die mit dem Wasser angerührte Speisestärke daruntermischen.

Zubereitung: Die Chilistückchen im heißen Öl 1 Minute anrösten, dann herausfischen und wegwerfen. Nun den Kohl in das aromatisierte Öl geben und auf stärkster Hitze 2 Minuten unter Rühren braten. Mit der Brühe besprenkeln, salzen und auf nunmehr milder Hitze 5 Minuten leise köcheln lassen. Die Essig-Mischung in die Pfanne gießen, noch 1 bis 2 Minuten köcheln, alles in eine tiefe Schale oder Schüssel füllen und sofort servieren.
Dieses süßsaure Gericht paßt besonders gut zu schwereren Speisen. In Peking ist es überaus beliebt!

Rotgekochter Chinakohl
(vegetarisch) Abb. 9

Auch wenn Chinakohl ein eher schlichtes Gemüse ist, so zählt doch diese Zubereitung zu den Spitzengerichten in Pekinger Familienküchen.

Zutaten (für 4 bis 10 Personen, zusammen mit anderen Gerichten): 3 getrocknete Tongu-Pilze (chinesische Champignons), 1200 g Chinakohl (*oder* Wirsing *oder* junger Stangensellerie), 2½ EL Sojasauce, 2 TL Zucker, ½ TL Salz, 3 EL Sherry, 1 TL Glutamat, 4 EL *Gemüsebrühe* (Seite 124), 1 getrocknete Chilischote, 2 Frühlingszwiebeln, 4 EL Pflanzenöl

Vorbereitung: Die Pilze 30 Minuten in warmem Wasser einweichen, die Stiele entfernen, die Hüte in feine Streifen teilen. Den Kohl putzen, beschädigte äußere Blätter entfernen. Die inneren kreuzweise in 4 cm große Stücke hacken, waschen und gut abtropfen lassen.
Sojasauce, Zucker, Salz und Sherry verrühren. In einem zweiten Schälchen das Glutamat mit der Gemüsebrühe mischen. Die Chilischote sorgfältig entkernen. Die Frühlingszwiebeln in 2 cm lange Stücke schneiden.

Zubereitung: Das Öl in einer großen Pfanne auf mittlerem Feuer erhitzen. Chilis und Frühlingszwiebeln darin 1 bis 2 Minuten rösten, dann die Chilischote entfernen. Den Kohl und die Pilze zufügen und auf mittlerer Hitze 5 Minuten pfannenrühren. Die Sojasau-

8 Durch Benetzen gebratene Bohnensprossen (S. 127)

cenmischung hineingießen und 1 Minute unter sanftem Rühren aufkochen. Nun die Hitze reduzieren und alles 10 Minuten köcheln lassen, dabei den Kohl immer wieder umwenden. Die Gemüsebrühe zufügen, kurz aufkochen und einige Male umrühren. Das Gemüse in eine große vorgewärmte Schale füllen. Dieses Gericht kann man jeden Tag essen.

Weißgedünsteter Chinakohl
Abb. 9

Zutaten (für 4 bis 10 Personen, zusammen mit anderen Gerichten): 1200 g Chinakohl (*oder* Wirsing *oder* junger Staudensellerie), 4 EL Pflanzenöl, 2 Scheiben Ingwerwurzel, $1/8$ l *Hühnerbrühe*, 2 TL Salz, 2 TL Zucker, 1 EL geschälte Shrimps, 3 EL Weißwein, 1 TL Glutamat, 3 TL Maisstärke, $1/8$ l Milch, Pfeffer aus der Mühle

Vorbereitung: Den Chinakohl oder Wirsing putzen, dabei äußere schlechte Blätter entfernen. Die weißen (oder gelben) inneren Blätter quer halbieren und jede Hälfte nochmals vierteln.

Zubereitung: Das Öl in einem großen Topf erhitzen. Den Kohl mit der Ingwerwurzel darin 4 Minuten sanft pfannenrühren. Den Ingwer herausfischen und wegwerfen. Brühe, Salz, Zucker, Shrimps, Wein und Glutamat zufügen, aufkochen, und zugedeckt auf kleinem Feuer 10 Minuten köcheln. Danach den Deckel abnehmen, den Kohl einige Male umwenden und dann wieder zugedeckt weitere 5 Minuten dünsten.
Die Maisstärke mit der Milch verrühren und zugießen. Das Ganze so lange köcheln, bis die Flüssigkeit angedickt ist. Zuletzt mit Pfeffer bestreuen. In einer vorgewärmten Schüssel oder Terrine servieren.

Korallenkohl
(vegetarisch)   *Abb. 9*

Dieses Gericht ist eine Variante des *Süßsauren Chinakohls* und stammt aus der Provinz Schantung, wo man würzige und deftige Speisen liebt.

Zutaten (für 4 bis 8 Personen): 1000 g Chinakohl (*oder* junger Staudensellerie *oder* Wirsing), 75 g Bambussprossen, 1 rote Paprikaschote, 1 getrocknete rote Chilischote, $1\,3/4$ l Wasser, 1 EL Salz, 2 EL Pflanzenöl, 2 EL Sojasauce, $1\,1/2$ EL Zucker, 2 EL Essig, 2 EL Tomatenpüree (oder -mark), $1/2$ EL Maisstärke, 2 TL Sesamöl

Vorbereitung: Den Kohl putzen, äußere welke Blätter entfernen. Das Herz längs vierteln, dann in 3 bis 5 cm lange Stücke hacken. Die Bambussprossen und die entkernte Paprikaschote in streichholzfeine Streifen schneiden. Die Chilischote vierteln, dabei den Stiel und die Kerne entfernen.

Zubereitung: Das Wasser mit dem Salz aufkochen. Den Kohl darin 4 Minuten blanchieren, gut abtropfen lassen und auf einer großen Platte hübsch ordentlich auslegen. Das Öl in einer großen Pfanne erhitzen und Chili, Paprika und Bambussprossen darin auf stärkster Hitze 2 Minuten pfannenrühren. Sojasauce, Zucker, Essig und Tomatenpüree zufügen. Alles auf mittlerer Hitze 2 Minuten unter Rühren köcheln. Die Stärke mit 4 Eßlöffeln Wasser verquirlen und die Flüssigkeit damit andicken. Nochmals 2 Sekunden auf stärkster Hitze pfannenrühren, dann mit Sesamöl beträufeln und als heiße »Salatsauce« über den angerichteten Kohl geben. Sofort dampfendheiß auftragen.

Gedünstetes »Dreierlei Weiß«

Ein sehr beliebtes Gericht aus der Küche der chinesischen Moslems. Weil es so hell und außerdem leicht ist, serviert man es gern nach einem rotgekochten Gericht, um Kontrast zu schaffen.

Zutaten (für 4 bis 8 Personen): 75 g Hühnerbrust, 1 EL Maisstärke, 125 g Chinakohlherz (oder junger Staudensellerie), 100 bis 125 g weißer Spargel, 1 mittelgroße Zwiebel, 3 EL Pflanzenöl, 2 Scheiben Ingwerwurzel, 1 TL Salz, $1/8$ l *Feine Brühe*, 1 EL Weißwein, 6 EL Milch, $1/2$ TL Glutamat, Pfeffer aus der Mühle, 1 EL Hühnerschmalz

Vorbereitung: Das Hühnerfleisch in 5 mm breite Streifen von etwa 3 cm Länge schneiden und in $1/2$ Eßlöffel Stärke wälzen. Den Kohl putzen, dabei welke Blätter entfernen. Den Spargel längs halbieren, dann in 3 bis 5 cm lange Stücke schneiden. Die drei Zutaten getrennt voneinander beiseite stellen. Die Zwiebel in Ringe schneiden.

Zubereitung: Das Öl in einer großen Pfanne erhitzen. Ingwer und Zwiebelringe darin auf starker Hitze 1 Minute pfannenrühren, dann entfernen. Den Spargel ins Öl geben, rasch 2 Minuten unter Rühren braten und auf die Seite schieben. Nun das Hühnerfleisch und den Kohl in jeweils eine separate Ecke der Pfanne geben und auf mittlerem Feuer 1 Minute braten, dann wenden und auf der anderen Seite ebenfalls kurz braten. Jetzt salzen, mit Brühe begießen, aufkochen und auf kleiner Flamme 5 Minuten köcheln lassen.
Die restliche Stärke mit dem Wein, der Milch und dem Glutamat verquirlen und gleichmäßig über den Pfanneninhalt verteilen. Ganz vorsichtig daruntermischen und 1 Minute köcheln (die drei Zutaten dürfen nicht durcheinander geraten!).
Zuletzt mit einer Schaumkelle Hühnerfleisch, Spargel und Kohl aus der Pfanne heben und deutlich voneinander getrennt auf einer großen Platte anrichten. Mit Pfeffer bestreuen. Nun noch die Sauce mit dem beigefügten Schmalz rasch erneut erhitzen und über Fleisch und Gemüse gießen. Sofort auftragen.

Seidenfaden-Bambussprossen in Hühnercreme

Zutaten (für 4 bis 8 Personen, zusammen mit anderen Gerichten): 600 g frische Bambussprossen (oder aus der Dose), 25 g roher Schinken, 75 g Hühnerbrust, 25 g grüner Speck, 2 Eiweiß, $1/4$ l *Hühnerbrühe*, 1 EL Maisstärke, $1/2$ TL Glutamat, 1 TL Salz, 1 EL Schweineschmalz

Vorbereitung: Frische Bambussprossen putzen, dabei die äußeren braunen Blätter entfernen. Nur die weichen inneren Kegel verwenden (oder Bambus aus der Dose) und in hauchfeine streichholzgroße Streifchen schneiden. Den Schinken feinhacken. Das Hühnerfleisch mit dem grünen Speck zusammen zu einer breiigen Masse zerkleinern (mehrmals hacken).
Die Eiweiß in einem Schälchen 15 Sekunden lang mit einem Schneebesen durcharbeiten. Die Hälfte der Brühe, die Stärke, das Glutamat und $1/2$ Teelöffel vom Salz hinzufügen und 15 Sekunden darunterschlagen. Die Hühnerfleisch-Speck-Paste in das Schälchen geben und so lange verrühren, bis sich alles zu einer Creme verbunden hat.

Zubereitung: Die restliche Hühnerbrühe in einem Topf erhitzen. Die Bambussprossen einlegen und auf kleinem Feuer so lange köcheln, bis alle Flüssigkeit verdampft ist. Sofort das Schmalz darin zerlassen, Salz zufügen und die Bambusstreifen nunmehr 1 bis 2 Minuten pfannenrühren, bis sie gleichmäßig vom Fett überzogen sind. Die Eiweißcreme in den Topf gießen und $2\,1/2$ Minuten unter sanftem Rühren köcheln. Das Gericht auf einer tiefen, vorgewärmten Platte anrichten, mit dem gehackten Schinken (oder *Fukien-Fleischwolle*) bestreuen und sofort auftragen.

Fu-Yung-Blumenkohl

Wenn fein püriertes Hühnerfleisch mit Eiweiß und Maisstärke vermischt wird, entsteht eine hocharomatische, cremige weiße Sauce, die in Nordchina *Fu-Yung* heißt. Sie findet ungemein häufig in der Gemüseküche Verwendung.

Zutaten (für 4 bis 8 Personen, zusammen mit anderen Gerichten): 1 mittelgroßer Blumenkohlkopf, 75 g Hühnerbrust, 2 Eiweiß, 1 EL Maisstärke, $1/2$ TL Glutamat, $1/8$ l *Hühnerbrühe*, $1\,1/2$ TL Salz, 2 EL Pflanzenöl

Vorbereitung: Den Blumenkohl in Röschen teilen, 5 Minuten in kochendem Wasser blanchieren, abgießen und beiseite stellen. Das Hühnerfleisch sehr fein hacken und mit den Eiweiß, der Stärke, dem Glutamat, der Brühe und der Hälfte des Salzes gründlich mischen, bis eine glatte Paste entstanden ist.

Zubereitung: Das Öl in einer Pfanne erhitzen. Die Blumenkohlröschen darin auf mittlerer Hitze 2 Minuten sanft pfannenrühren, dabei salzen. Aus der Pfanne heben und warm stellen. Nun die Eiweißcreme in die Pfanne gießen. Wenn nach 2 bis 3 Minuten Rühren eine helle Sauce entstanden ist, den Blumenkohl hineingeben und weitere 2 Minuten unter behutsamem Rühren mitköcheln.

Servieren: Auf einer vorgewärmten Platte anrichten. Nach Belieben mit feingehacktem Schinken bestreuen.

Fu-Yung-Spitzkohlherzen

Zutaten (für 6 bis 8 Personen): 1 kg Spitz- oder Frühkohl, 75 g Hühnerbrust, 2 Eiweiß, 1 EL Maisstärke, $1/2$ TL Glutamat, $1 1/2$ TL Salz, $1/8$ l *Hühnerbrühe*, 3 EL Pflanzenöl, $1 1/2$ EL Hühnerschmalz, Pfeffer aus der Mühle

Vorbereitung: Den Kohl putzen und äußere schlechte Blätter entfernen. Die Herzteile vierteln, quer in Scheiben schneiden und in kochendem Wasser 4 Minuten blanchieren. Das Hühnerfleisch fein pürieren und mit dem Eiweiß, der Stärke, dem Glutamat, der Hälfte vom Salz und der Hühnerbrühe zu einer glatten Creme verrühren.

Zubereitung: Das Öl in einer Pfanne erhitzen. Die Kohlstücke zufügen, mit dem restlichen Salz bestreuen und auf mittlerer Hitze 3 Minuten behutsam pfannenrühren. Dann herausheben und warm stellen. Die Hühnerfleischcreme in die Pfanne gießen. 30 Sekunden unter Rühren sanft köcheln. Den Kohl zurück in die Pfanne geben und noch $2 1/2$ Minuten weiterrühren.
Auf einer gut vorgewärmten Platte anrichten. Das Hühnerschmalz zerlassen und über das Gericht träufeln. Alles mit frisch gemahlenem Pfeffer bestreuen.

Pökelrindfleisch mit Spitzkohlherzen

Zutaten (für 4 bis 8 Personen, zusammen mit anderen Gerichten): 150 g eingesalzenes Rindfleisch, 600 g Spitz- oder Frühkohl, 2 EL Pflanzenöl, 6 EL *Feine* oder *Hühnerbrühe*, 1 EL Sojasauce, 1 TL Zucker, Pfeffer aus der Mühle, $1/2$ TL Glutamat, 1 EL Schmalz

Vorbereitung: Das Pökelfleisch in hauchfeine Streifen von etwa 4 cm Länge und 1 cm Breite schneiden. Den Kohl putzen, den Strunk und äußere schlechte Blätter entfernen. Die Herzteile über Kreuz in 5 cm lange, 3 cm breite Stücke schneiden, 2 Minuten in kochendem Wasser blanchieren und gut abtropfen lassen.

Zubereitung: Das Öl in einem Topf erhitzen. Den Kohl darin auf stärkster Hitze 1 Minute pfannenrühren. Das Rindfleisch zufügen, dann mit der Brühe ablöschen. Mit Sojasauce, Zucker, Pfeffer und Glutamat besprenkeln. Auf mittlerer Hitze 4 Minuten sanft pfannenrühren. Das Schmalz zufügen und weitere 30 Sekunden rühren. Sofort servieren.

Ein einfaches, aber überaus wohlschmeckendes Gericht. Der Spitzkohl bekommt eine leuchtend grüne Farbe und glänzt, weil er nur ganz kurz gegart und in Fett geschwenkt wird.

Anmerkung der Übersetzerin: Das eingesalzene Rindfleisch ist mit dem uns vertrauten gepökelten Fleisch zu vergleichen. *Rindfleisch* wird allerdings bei uns nur selten zum Pökeln verwendet, und Sie werden Schwierigkeiten haben, es zu bekommen. Manchmal findet man in ausgesuchten Delikateßgeschäften (oder in jüdischen Lebensmittelläden) gepökelte Rinderbrust oder sogenanntes *Pastrami*. Das ist ein sehr guter Ersatz, auch wenn es sich hier um bereits gegartes Fleisch handelt.
Sie können allerdings auch Rindfleisch selbst einsalzen (bzw. pökeln), indem Sie ein Stück aus der Schulter oder aus der Blume (ca. 1 kg) nehmen und es rundum mit einer Gabel oder Dressiernadel einstechen, dann 2 Eßlöffel Salz kräftig hineinreiben und einmassieren, bis es davon durchdrungen ist.

In einem kleinen Topf so viel Wasser erhitzen, daß das Fleisch gerade eben bedeckt ist. 1 Teelöffel Salz, 1 Teelöffel Glutamat, 1 Eßlöffel Cognac, 4 gehackte Frühlingszwiebeln und 2 Scheibchen Ingwerwurzel zufügen. Das Fleisch einlegen und auf äußerst milder Hitze 30 Minuten mehr ziehen als kochen lassen. Dann herausnehmen und abkühlen lassen. Wie im Rezept angegeben weiterverwenden.

Das eingesalzene Rindfleisch hält sich im Tiefkühlschrank mehrere Monate. Frieren Sie es jedoch am besten portionsweise ein, damit Sie nicht immer gleich alles aufbrauchen müssen.

Seezungenstreifen auf gedünsteten Spitzkohlherzen

Man bereitet selten Fisch ausgerechnet mit Kohl zu. Aber wenn Sie das folgende Rezept einmal ausprobiert haben, werden Sie erstaunt sein, wie gut diese Kombination ist!

Zutaten (für 4 bis 8 Personen, zusammen mit anderen Gerichten): 600 g Seezungenfilets, 1 TL Salz, 1 EL Maisstärke, $1/2$ TL Backpulver, 2 Eiweiß, 1000 g Spitz- oder Frühkohl (für etwa 750 g Herzen), 2 EL Schweineschmalz, 1 Scheibe Ingwerwurzel, 6 EL *Hühnerbrühe*, 2 TL Sojasauce, 1 EL Weißwein, $1/2$ TL Glutamat, Pfeffer aus der Mühle

Vorbereitung: Die Seezungenfilets in 3 cm breite und 5 cm lange Streifen schneiden. Salz, Stärke, Backpulver und Eiweiß zu einem Teig verarbeiten. Den Kohl putzen, Strünke und schlechte Blätter entfernen. Die Herzen vierteln und in 5 cm breite Stücke schneiden.

Zubereitung: Die Hälfte vom Schmalz in einer Pfanne erhitzen und den Ingwer darin 1 Minute pfannenrühren. Mit der Brühe auffüllen. Die Fischstreifen durch den Teig ziehen, sofort in die Pfanne legen und auf jeder Seite 1 Minute pochieren. Danach herausheben und abtropfen lassen.
Das restliche Schmalz in der Pfanne schmelzen. Darin die Kohlstücke auf stärkerer Hitze 2 Minuten pfannenrühren, dann mit Sojasauce und Wein beträufeln und eine weitere Minute köcheln. Nun wendet man die Kohlstücke vorsichtig und läßt sie nochmals 1 Minute ziehen, bevor man sie auf einer feuerfesten Platte anrichtet. Die Fischstücke auf der Kohlschicht verteilen und mit Glutamat und Pfeffer bestreuen. Das Gericht in einen Dämpftopf setzen und 3 bis 4 Minuten dämpfen. Sofort servieren.

Spinatbällchen
(vegetarisch)

Zutaten (für 4 bis 8 Personen, zusammen mit anderen Gerichten): 8 getrocknete chinesische Champignons (Tongu-Pilze) 1 Ei, 150 g Bohnenquark, 1 TL Salz, 1 TL Glutamat, $2\,1/2$ EL Maisstärke, 75 g Bambussprossen, 600 g frischer Spinat, 2 TL Sesamöl, 4 EL *Gemüsebrühe* (Seite 124), $1/2$ EL Sojasauce, 1 EL Pflanzenöl, 2 EL Sherry

Vorbereitung: Die Pilze 30 Minuten in warmem Wasser einweichen, die Stiele entfernen, die Hüte sehr fein hacken. Das Ei leicht verquirlen. Den Bohnenquark mit einer Gabel zerdrücken und mit Pilzen, Ei, Salz, Glutamat und 2 Eßlöffeln Stärke vermengen. Diesen Teig in walnußgroße Bällchen formen.
Die Bambussprossen 3 Minuten in kochendem Wasser blanchieren, dann in fadendünne Streifen schneiden. Den Spinat verlesen, für 30 Sekunden in kochendes Wasser werfen, abgießen, kalt abschrecken und ebenfalls in hauchfeine Streifchen schneiden.
Beide Gemüse auf der Arbeitsfläche ausbreiten. Nun die Bohnenquarkbällchen darüberrollen, damit die Streifchen rundherum an der Oberfläche kleben bleiben.

Zubereitung: Die Bällchen auf einen feuerfesten Teller legen und 10 Minuten lang heftig dämpfen. In der Zwischenzeit Sesamöl, Gemüsebrühe, Sojasauce, Pflanzenöl, Sherry und die restliche Stärke gründlich verrühren. 2 Minuten in einem kleinen Töpfchen erhitzen. Sobald die Flüssigkeit dicklich wird und aufwallt, über die Spinatbällchen gießen und sofort auftragen.

Gericht der Eintracht
Abb. 31

Zutaten (für 4 bis 8 Personen, zusammen mit anderen Gerichten): 250 g Zuckermaiskörner (feinpüriert), 400 g frische grüne Erbsen (feinpüriert), $^1/_2$ l *Hühnerbrühe*, 1 $^1/_2$ TL Salz, Pfeffer aus der Mühle, 1 TL Glutamat, 1 EL Hühnerschmalz, 1 EL Butter, 2 EL Maisstärke, 4 EL Wasser

Zubereitung: Mais- und Erbsenpüree in 2 verschiedene Töpfe füllen. Jeweils die Hälfte von Brühe, Salz, Pfeffer, Glutamat, Hühnerschmalz und Butter zufügen. Aufkochen und auf mittlerer Hitze 5 Minuten köcheln, dann erst in beiden Töpfen rühren. Die Stärke mit dem Wasser verquirlen, jeweils zur Hälfte in die verdünnten Pürees gießen und so lange rühren, bis die beiden Flüssigkeiten dicklich werden.

Servieren: Wählen Sie eine tiefe, runde Schüssel. Falten Sie ein ausreichend großes Stück Alufolie dreifach zu einem Streifen, formen Sie diesen zu einem S und legen Sie dieses als Unterteilung in die Schüsselmitte. Die Erbsensuppe in die eine Hälfte einfüllen. Vorsichtig die Maissuppe in die zweite Hälfte gießen. Jetzt die Alufolie behutsam entfernen und die Schüssel gleich auftragen.
Diese S-Line durch einen Kreis ist für die Chinesen das Symbol für vollkommene Eintracht und Harmonie – daher der Name dieses Gerichtes. Auf diese Weise zubereitet sind Erbsen und Mais eine passende Begleitung zu Reis.

Falsche Garnelentoasts
(vegetarisch) Abb. 32

Zutaten (für 4 bis 6 Personen, zusammen mit anderen Gerichten): 2 Würfel Bohnenquark, 1 Ei, 1 EL Maisstärke, 1 TL Salz, $^1/_2$ TL Glutamat, 1 TL Bohnenkäse, 2 TL Sesamöl, 4 Weißbrotscheiben, 2 EL Sesamsamen, Fritieröl

Vorbereitung: Den Bohnenquark mit einer Gabel zerdrücken. Das Ei verquirlen. Bohnenquark, Ei, Stärke, Salz, Glutamat, Bohnenkäse und Sesamöl zu einer cremigen Paste verrühren. Die Brotscheiben entrinden. Die Paste gleichmäßig auf den Scheiben verteilen und mit Sesamsamen bestreuen.

Zubereitung: Etwas Öl in einer Friteuse erhitzen. Sobald es rauchendheiß geworden ist, die Hitze etwas reduzieren und jeweils 2 Brotscheiben darin 3 Minuten ausbacken. Herausheben und gut abtropfen lassen. Noch solange die Scheiben sehr heiß sind, jeweils in 6 gleich große Stücke schneiden.
Auf einer vorgewärmten Platte anrichten und servieren. Nach Belieben mit Petersilie garnieren.

Anmerkung der Übersetzerin: »Falsche« Garnelentoasts heißen diese Schnittchen, weil es tatsächlich auch echte Garnelentoasts gibt. Man püriert hierfür rohes Garnelenfleisch, vermischt es mit etwas fein püriertem grünem Speck und würzt diese Paste mit Sojasauce, Salz und Sesamöl. Ansonsten ist die Weiterverarbeitung gleich.

Vegetarische Frühlingsrollen

Man gebraucht hierfür die gleichen Teighüllen wie für die üblichen Frühlingsrollen; das Rezept finden Sie auf Seite 362. Man kann sie heutzutage auch schon in chinesischen Geschäften fertig kaufen. Hier das Rezept für die vegetarische Füllung.

Zutaten (für 6 Personen): 25 g Wolkenohrpilze (Mu-Err), 4 getrocknete chinesische Champignons (Tongu-Pilze), 2 Würfel Bohnenquark, 1 TL Bohnenkäse, $^1/_2$ TL Salz, $^1/_2$ EL Hoisinsauce, 50 g Bambussprossen

Vorbereitung: Die Wolkenohrpilze in warmem Wasser 1 Stunde lang einweichen, dabei das Wasser zweimal wechseln; die Tongu-Pilze 30 Minuten einweichen, dann die Stiele entfernen und die Hüte in feine Streifen hacken. Den Bohnenquark kleinwürfeln und mit dem Bohnenkäse, den feingeschnittenen Pilzen, Salz, Hoisinsauce und den feingehackten Bambussprossen mischen.

Gemüse- und vegetarische Gerichte

Diese Füllung wie auf Seite 362 f. angegeben in die Teighüllen wickeln.

Zubereitung: Die gut verschlossenen Röllchen nebeneinander in einen flachen Drahtkorb legen und zunächst 2 Minuten in sehr heißem Fett schwimmend ausbacken, dann weitere 2 Minuten bei milderer Hitze bräunen. Man reicht die Frühlingsröllchen als kleinen Snack zum Tee.

Anmerkung der Übersetzerin: Leider hat bei uns nicht jeder auf chinesische Zutaten spezialisierte Laden die fertigen Frühlingsrollen-Teighüllen. Sollten Sie aber doch mal welche finden, so greifen Sie gleich zu; Sie können sie nämlich gut einfrieren.

Gedünstete Tongu-Pilze mit Knisterreis
(vegetarisch)

Zutaten (für 4 bis 8 Personen, zusammen mit anderen Gerichten): 12 große getrocknete Tongu-Pilze (chinesische Champignons), 400 g *Knisterreis*, 25 g Bambussprossen, 2 EL Sesamöl, 2 EL Sojasauce, 1 EL Essig, 1 TL Zucker, 1 EL Sherry, 1 EL Hoisinsauce, 4 EL Pilzwasser, $\frac{1}{2}$ EL Maisstärke, Fritieröl

Vorbereitung: Die Pilze in warmem Wasser 30 Minuten einweichen und abseihen, dabei 4 Eßlöffel des Einweichwassers auffangen. Die Stiele aus den Pilzen drehen, die Hüte streifig schneiden.
Knisterreis erhält man, wenn man die nach dem Kochen von größeren Mengen Reis am Topfboden festgesetze abgetrocknete Reisschicht loslöst, diese Stücke dann wie einen Fladen in einen trockenen Topf preßt und auf mittlerer Hitze bräunt.
Die Bambussprossen in schmale Streifchen schneiden.

Zubereitung: Das Sesamöl in einer Pfanne erhitzen. Bambussprossen und Pilze darin 2 Minuten auf mittlerer Hitze pfannenrühren. Sojasauce, Essig, Sherry, Zucker, Hoisinsauce sowie Pilzwasser zufügen und 2 Minuten köcheln lassen. Die Maisstärke mit 2 Eßlöffeln Wasser verquirlen und die Flüssigkeit damit binden.

Den gebräunten Knisterreis in einen Drahtkorb geben und in sehr heißem Öl 1 bis 2 Minuten ausbacken. Kurz abtropfen lassen, auf einem großen vorgewärmten Teller ausbreiten und zu Tisch bringen. Erst dort die gedünsteten Pilze mit ihrer Sauce darübergießen. Der Reis wird sofort angenehm zu knistern beginnen.

Süßsaure Lotuswurzeln
(vegetarisch)

Zutaten (für 4 bis 6 Personen, zusammen mit anderen Gerichten): 2 mittelgroße frische Lotuswurzeln, 1 EL Pflanzenöl, 2 EL Zucker, 1 EL Sojasauce, 5 EL gezuckerter Ananassaft (Dose), 2 EL Essig, $\frac{1}{2}$ EL Maisstärke

Vorbereitung: Die Lotuswurzeln sorgfältig reinigen, dabei die dünne Außenschicht kräftig abreiben und schaben und immer wieder das Wasser wechseln. Dann schälen, in 5 mm dicke Scheiben schneiden und 2 Minuten in kochendem Wasser blanchieren. Gut abtropfen lassen und dachziegelartig auf einer vorgewärmten Platte anrichten.

Zubereitung: Das Öl in einem Topf erhitzen. Zucker, Sojasauce, Ananassaft, Essig und die mit 3 Eßlöffeln Wasser verrührte Stärke hineingießen. So lange rühren, bis eine dicke Sauce entstanden ist. Diese über die Lotuswurzeln träufeln, und das Gericht sofort auftragen.

Pikant beschichtete Tomatenscheiben

Zutaten (für 6 Personen): 6 feste mittelgroße Fleischtomaten, 50 g Hühnerbrust, 50 g Schweinebauch, 50 g geschälte Garnelen oder Shrimps, $\frac{1}{2}$ TL Salz, 2 Eiweiß, $1\frac{3}{4}$ EL Maisstärke, 3 EL Pflanzenöl, 1 EL Zucker, 1 EL Essig, 1 EL Sojasauce, 1 EL Sherry, 2 EL Orangensaft (frisch gepreßt)

Vorbereitung: Die Tomaten quer in 4 Scheiben schneiden, jedoch die oberste gewölbte und die unterste mit dem Stielansatz entfernen. Das Hühner-,

Schweine- und Garnelenfleisch sehr fein zerkleinern und mit Salz, Eiweiß und 1 Eßlöffel Stärke zu einer weichen Creme mischen. Jeweils die beiden inneren Scheiben einer jeden Tomate einseitig dick mit dieser Paste bestreichen.

Zubereitung: Das Öl in einer Pfanne erhitzen. Die Tomatenscheiben mit der bestrichenen Seite nach unten in die Pfanne legen und auf mittlerer Hitze 4 Minuten braten, dann mit einer Palette umdrehen und auf der anderen (unbestrichenen Seite) 1 Minute braten. Aus der Pfanne heben und auf einer großen, vorgewärmten Platte anrichten.
Die restliche Stärke mit 4 Eßlöffeln Wasser verquirlen, mit allen übrigen Zutaten mischen und in der Pfanne so lange auf milder Hitze köcheln, bis eine sämige Sauce entstanden ist. Über die Tomaten gießen und sofort auftragen.

Gefüllte Gurke

Dieses Rezept ist dem vorhergehenden ziemlich ähnlich, man schneidet jedoch die Gurke in viel dickere Scheiben und füllte diese mit der vorbereiteten Creme. Die Sauce ist in diesem Fall eher würzig als süßsauer.

Zutaten (für 4 bis 6 Personen, zusammen mit anderen Gerichten): 1 große Schlangengurke, 75 g Schweinebauch, 75 g Hühnerbrust, 50 g geschälte Garnelen oder Shrimps, 1 $^1/_2$ TL Salz, 1 Eiweiß, 1 EL Weißwein, 1 $^1/_2$ EL Maisstärke, 4 EL Pflanzenöl, gut $^1/_8$ l *Hühnerbrühe*, 4 EL Sahne, $^1/_2$ TL Glutamat

Vorbereitung: Die Enden der Gurke abschneiden. Die Gurke in 3 cm dicke Scheiben schneiden und diese 1 bis 2 cm tief aushöhlen. Das Schweine-, Hühner- und Garnelenfleisch sehr fein hacken und mit 1 Teelöffel Salz, dem Eiweiß, Weißwein und $^1/_2$ Eßlöffel Stärke zu einer glatten Paste mischen. Jeweils etwa 1 Teelöffel dieser Masse in die Gurkenstücke füllen und gut festdrücken.

Zubereitung: Das Öl in einer großen, flachen Pfanne erhitzen; darauf achten, daß es den Pfannenboden überall gleichmäßig benetzt. Die Gurkenstücke mit der Füllung nach unten hineinsetzen und 4 Minuten auf mittlerer Hitze braten, dann umdrehen und auf der anderen Seite 1 Minute braten. Nun die Scheiben mit der Palette aus der Pfanne heben und auf einer flachen, vorgewärmten Platte anrichten.
Die Hühnerbrühe in einem Töpfchen aufkochen, das restliche Salz und die restliche, mit Sahne verquirlte Stärke einrühren. Das Glutamat zufügen. So lange erhitzen, bis die Flüssigkeit aufwallt und gebunden ist. Über die Gurkenstücke gießen, sofort servieren.

Süßsauer eingelegte Gurkenstreifen

Zutaten (für 4 bis 6 Personen): 300 g ungeschälte Gurke, 2 EL Essig, 2 EL Zucker, 1 EL Sojasauce

Zubereitung: Die Gurke längs in 5 mm breite Streifen schneiden. Diese auf etwa 6 cm kürzen. Essig, Zucker und Sojasauce mischen. Die Gurkenstreifen in dieser Marinade 1 Stunde lang ziehen lassen, dann abgießen und auftragen.

Anmerkung der Übersetzerin: Bei unseren Gurken ist es unbedingt nötig, daß man sie zuvor entkernt. Dafür die Gurken längs halbieren und mit einem Löffel alle Kerne herausstreifen. Dann wie im Rezept angegeben weiterverfahren.

Eierkürbis mit Gemüsefüllung

Zutaten (für 4 bis 8 Personen, zusammen mit anderen Gerichten): 1 Kürbis (oder 1 großer Squash), 6 Tongu-Pilze (chinesische Champignons), $^1/_4$ Gurke, 1 Selleriestange, 2 Würfel Bohnenquark, 3 EL Pflanzenöl, 100 g frische kleine Champignons, $^1/_4$ TL Salz, 1 EL Sojasauce, 1 EL Sherry, $^1/_2$ TL Glutamat, 1 TL Sesamöl.

Vorbereitung: Die Pilze in warmem Wasser 30 Minuten einweichen, die Stiele entfernen, die Hüte feinwürfeln. 6 Eßlöffel Einweichwasser aufbewahren.

Den Kürbis (oder Squash) halbieren und Kerne sowie wattig-weiches Fleisch herauskratzen und wegwerfen. Das feste Fruchtfleisch mit einem Löffel auslösen und in 1 cm große Würfel schneiden. Die Gurke feinhakken. Sellerie und Bohnenquark gleichfalls in 1 cm große Stücke schneiden.

Zubereitung: Das Öl in einer Pfanne erhitzen, Gurke, Sellerie und Bohnenquark darin auf höchster Hitze 3 Minuten pfannenrühren. Champignons, Tongu-Pilze und das Kürbisfleisch zufügen, salzen, mit Sojasauce, Sherry, Glutamat, Sesamöl und Pilzwasser besprenkeln und 3 Minuten leise köcheln lassen. Das Gemüse nun in 2 Portionen teilen und in jeweils 1 Kürbishälfte füllen. Diese in einen Dämpftopf setzen und 20 Minuten garen. Beide Hälften auf einer großen, vorgewärmten Platte anrichten und sofort servieren.

Man kann dieses Rezept abwandeln, indem man 2 Eßlöffel getrocknete Shrimps mit den Pilzen einweicht und mit den übrigen Zutaten dünstet. Mit etwas gehacktem Schinken bestreuen, bevor die Hälften im Dampf gegart werden.

Schweinefleisch ist für die Chinesen mindestens ebenso wichtig wie für die Deutschen. Es ist außerordentlich vielseitig verwendbar – in der Chinesischen Küche kennt man eine unendliche große Anzahl der verschiedensten Zubereitungsmöglichkeiten.

Man spricht sogar, wenn man *Schweinefleisch* meint, häufig schlicht vom *Fleisch* und unterscheidet die anderen Fleischsorten davon, indem man ihnen den Tiernamen davor stellt. Rind- oder Ochsenfleisch, Schaffleisch (oder Lamm- und Hammelfleisch), Ziegenfleisch oder Wildfleisch (richtiger natürlich in diesem Fall Wildbret). An Schweinefleisch verspeist man in China bestimmt die mehrfache Menge aller anderen Fleischsorten zusammen.

Allerdings unterscheidet sich die Vorliebe der Chinesen für Schweinefleisch wesentlich von der der Europäer: Im Westen lehnt man alle fetten Stücke von Schweinefleisch ab. Wir Chinesen können das nicht verstehen. Möglicherweise, weil wir das Fleisch so behandeln, daß aus dem Fett und der Schwarte eine Art höchst aromatisches Gelee entsteht, das zu einer entsprechenden Menge Reis außerordentlich gut schmeckt. Deshalb köcheln wir auch viele Schweinefleischgerichte am liebsten lange oder garen sie in Dampf oder schmoren sie bei sehr milder Hitze in einem wohlverschlossenen Topf etliche Stunden im Ofen.

Diese Langzeit-Garmethoden haben natürlich ein anderes Ergebnis als kurzes Pfannenrühren. Man will damit erreichen, daß das Fleisch mürbe und zart wie ein dickes Gelee wird. Außerdem ist Schweinefleisch relativ neutral im Geschmack, ähnlich wie Hühnerfleisch (im Gegensatz zu Fleischsorten mit ausgeprägterem Aroma wie Lamm, Rind oder gar Wild), und man kann es deshalb mit einer geradezu unbegrenzten Auswahl der unterschiedlichsten Gemüse, Meeresfrüchte oder Fleischsorten kombinieren.

In der Chinesischen Küche wird Schweinefleisch sowohl im Stück gegart als auch in Würfeln, in hauchdünnen Scheibchen, in schmalen Streifen oder sogar fein zermahlen oder püriert (in Form von Fleischbällchen oder Fladen). Kleingeschnittenes Schweinefleisch wird meistens pfannengerührt – das geht schnell, man spart dabei Zeit und Energie. Mit der uns Chinesen eigenen Vorliebe fürs Miteinander-Kochen und -Vermischen und unserem natürlichen Sinn für Sparsamkeit entdecken wir auch hier wieder viele neue Wege und Möglichkeiten für unsere Küche.

Im Riesenkontinent China war die Versorgung mit Fleisch schon immer problematisch, und deshalb wurde es geradezu lebensnotwendig, Fleisch mit weniger teuren Zutaten zu mischen, um die erforderliche Menge an begleitenden Gerichten für das ungeheuer große tägliche Quantum Reis herzustellen. Daher haben wir Techniken des Zusammen-Kochens und -Mischens entwickelt, die es uns ermöglichen, mit *wenig* Fleisch *viele* hungrige Mäuler zu stopfen und trotzdem jedem noch das Gefühl zu geben, Bissen um Bissen »ordentlich Fleisch« zu sich zu nehmen. Vielleicht war also einfach der Zwang der Notwendigkeit die Ursache für die Erfindungsgabe der Chinesen auf kulinarischem Gebiet.

Auf der anderen Seite jedoch gibt es in China eine langwährende Tradition feiner und feinster Küche: von der kaiserlichen Tafel, von offiziellen Festbanketts und den Schlemmertischen der Reichen kamen Anregungen für die exquisitesten Gerichte, bei deren Zubereitung weder Mühe noch Kosten eine Rolle spielen. Manche erachten solche elaborierten Speisen als Krönung aller Genüsse. Andere wiederum *reden* manchmal ganz gerne darüber, *essen* aber mit gleichem oder sogar größerem Vergnügen die einfachsten Gerichte.

Im folgenden sind zwar Rezepte für beide Geschmacksrichtungen aufgezeigt, doch liegt der Schwerpunkt auf Schweinefleischgerichten, die in ganz China allgemein beliebt und bekannt sind – wenn sie auch in den einzelnen Provinzen in manchen Details ein wenig voneinander abweichen.

Rotgekochte Schweinehaxe
Abb. 10

Rotkochen bedeutet, in Sojasauce auf äußerst milder Hitze ganz langsam schmoren lassen. In den Kochsud kommen noch einige Gewürze wie Zucker, Ingwer, Sherry und Sternanis. Diese Zubereitungsart ist eine der einfachsten, aber auch wirkungsvollsten in der Fleischküche und nahezu immer von Erfolg gekrönt.

Solange die Hitze vorschriftsmäßig milde herangeführt wird (am besten legt man eine Asbestmatte unter den Topf), kann man eigentlich kaum etwas falsch machen. Viele Stücke vom Schwein eignen sich für die verschiedenen Wege des Rotkochens.

Anmerkung der Übersetzerin: Am wenigsten kann beim Rotkochen schiefgehen, wenn Sie den Topf in den mäßig vorgeheizten (etwa 170 Grad heißen) Backofen stellen. Dann kann die Hitze gleichmäßig von allen Seiten einwirken, und alles wird gut gelingen. Achten Sie jedoch darauf, daß sowohl Topf wie auch Deckel keine Plastikgriffe haben – die nehmen selbst milde Ofenhitze übel.

Zutaten (für 8 bis 10 Personen, zusammen mit anderen Gerichten): 1 Schweinehaxe (etwa 1 kg), 3 l Wasser, 1 TL Salz, 6 EL Sojasauce, 6 EL Sherry, 1 EL Zucker

Vorbereitung: Die Haut rund um die Haxe mit einem Messer mehrmals einritzen.

Zubereitung: In einem schweren Schmortopf das Wasser aufkochen. Die Schweinehaxe darin 7 bis 8 Minuten wallend kochen, dann das Wasser abgießen. Die Haxe salzen und mit der Hälfte der Sojasauce und des Sherrys beträufeln. $1/8$ Liter Wasser zugießen, ohne die Würzen abzuspülen. Den Topf mit einem Deckel verschließen, und die Haxe auf mildem Feuer (Asbestplatte unterlegen) oder im auf 180 Grad vorgeheizten Ofen 1 Stunde lang ziehen lassen (die Flüssigkeit sollte ganz schwach sieden); währenddessen einmal wenden und mit der Flüssigkeit begießen.
Danach die Haxe mit der restlichen Sojasauce und dem Sherry beträufeln. Den Zucker in 6 Eßlöffeln Wasser auflösen und in den Topf geben. Alles weiterhin leise köcheln lassen. Die Haxe nach 15 Minuten umdrehen, dann nochmals nach 30 und zuletzt nach 60 Minuten, dabei jedesmal mit dem Sud begießen.

Servieren: Die Haxe in 3 mal 5 cm dicke Würfel oder in dünne, etwa 5 mal 8 cm große Scheiben schneiden. Dabei die Haut *nicht* wegtrennen.
So zubereitetes Schweinefleisch ist weich und zart.

Wenn auch das Fleisch relativ hell ist, haben doch die Haut und das Fett darunter eine braunrote Farbe angenommen und sind von geradezu geleeartiger Zartheit. Der Fleischsud ist mit das wohlschmeckendste, was es in der gesamten Chinesischen Küche gibt, er schmeckt himmlisch zu Reis.

Rotgekochte Schweinefleischwürfel

Zutaten (für 6 bis 8 Personen): 1200 g durchwachsenes Schweinefleisch (oder magerer Schweinebauch mit Schwarte), 2 Frühlingszwiebeln, 2 Scheiben Ingwerwurzel, $1/2$ TL Salz, 5 EL Sojasauce, 4 EL Sherry, $1/2$ EL Zucker

Vorbereitung: Das Schweinefleisch in 5 bis 7 cm große Würfel schneiden, dabei aufpassen, daß jedes Stück mindestens 2 cm^2 Schwarte hat und gleichmäßig mit Fett durchwachsen ist. Die Frühlingszwiebeln in 3 cm lange Stücke hacken. Den Ingwer fein zerkleinern. Die Fleischwürfel mit Salz und 2 Eßlöffeln Sojasauce einreiben. Dann mit der Hautseite nach unten in einen schweren Bräter setzen. 6 bis 8 Eßlöffel Wasser und die Hälfte des Sherrys zugeben. Frühlingszwiebeln und Ingwer darüberstreuen.

Zubereitung: Das Fleisch auf der Herdplatte zum Kochen bringen. Dann eine Asbestplatte unter den Topf legen und die Hitze auf kleinste Stufe zurückschalten. Die Fleischstücke 45 Minuten köcheln, zwischendurch einmal wenden. Weitere 6 bis 8 Eßlöffel Wasser in den Topf gießen. Das Fleisch mit dem restlichen Sherry, dem Zucker und schließlich der Sojasauce besprenkeln und zugedeckt eine weitere Stunde schwach kochen lassen. Alle 20 Minuten die Stücke wenden.

Servieren: Nach insgesamt fast 2 Stunden Garzeit sind Fleisch und Schwarte vollkommen zart. Man kann sie nun in einer Schüssel oder einer tiefen Schale auftragen (die Schwartenseite sollte nach oben schauen). Dies ist ein besonders beliebtes Gericht auf dem Familientisch.

Rotgeschmortes Schweinefleisch

Dieses Rezept aus Peking ist dem vorhergehenden ähnlich, jedoch wird das Fleisch vor dem Schmoren angebraten, wie man es auch von den Schmorgerichten der westlichen Küche kennt.

Zutaten (für 6 bis 8 Personen): 1200 g durchwachsener Schweinebauch (mit Schwarte), 1 große Zwiebel, 3 EL Pflanzenöl, $\frac{1}{4}$ l *Einfache Brühe*, 2 Sternanis, 1 Stückchen getrocknete chinesische Mandarinenschale, 4 EL Sojasauce, 3 EL Sherry, 2 TL Zucker

Vorbereitung: Das Schweinefleisch in etwa 3 mal 5 cm große Würfel schneiden, dabei darauf achten, daß alle gleichmäßig durchwachsen sind und jeweils ein Stück Schwarte haben. Die Zwiebel in dünne Ringe teilen.

Zubereitung: Das Öl in einem schweren Bräter erhitzen. Das Fleisch und die Zwiebel zufügen und auf höchster Hitze 5 Minuten pfannenrühren. Dann mit der Brühe und allen anderen Zutaten auffüllen. Sobald die Flüssigkeit zu kochen beginnt, die Hitze auf kleinste Stufe zurückschalten und eine Asbestplatte unter den Topf legen (oder den Topf in den auf 180 Grad vorgeheizten Ofen stellen). 1 $\frac{1}{2}$ Stunden langsam schmoren; die Fleischwürfel alle 30 Minuten wenden.

Servieren: Das Fleisch mit der Sauce in eine tiefe Schüssel füllen. – Ein weiteres sehr beliebtes Rezept für die Familienküche.

Schweinefleisch von »Ursprünglicher Köstlichkeit«

Zutaten (für 6 bis 8 Personen): 1200 g durchwachsener Schweinebauch mit der Schwarte, $\frac{1}{2}$ TL Salz, 1 EL Sojapaste, 4 EL *und* $\frac{1}{8}$ l Sojasauce, 3 Sherry, 1 TL roter Bohnenkäse, $\frac{1}{2}$ EL brauner Zucker, 2 Scheiben Ingwerwurzel, 2 große Zwiebeln, Pflanzenöl zum Fritieren, 3 Eier

Vorbereitung: Das Fleisch 15 Minuten abkochen, dann das Wasser abgießen. Nunmehr die Ober- und Unterseite des Fleischstücks mit einer Mischung aus Salz, Sojapaste und 1 Eßlöffel Sojasauce einpinseln. Die restlichen 3 Eßlöffel Sojasauce mit Sherry, Bohnenkäse und Zucker verrühren. Den Ingwer feinhakken. Die Zwiebel in feine Ringe schneiden.

Zubereitung: Das Öl in einem Topf rauchendheiß werden lassen. Das Fleisch einlegen und 5 bis 6 Minuten auf beiden Seiten braten, herausheben und abkühlen lassen. Dann quer in ziemlich dicke, etwa 3 mal 5 cm große Scheiben schneiden, dabei darauf achten, daß an jeder Scheibe auch etwas Schwarte ist.
Die Scheiben mit der Schwarte nach unten in einer feuerfesten Form anrichten. Die Hälfte der Soja-Sherry-Mischung darüberträufeln, mit Ingwer und Zwiebeln bestreuen und die restliche Soja-Sherry-Mischung darübergeben. Die Schale mit Deckel oder Alufolie gut verschließen und in einen Dämpftopf setzen. Das Fleisch 1 $\frac{1}{4}$ Stunden dämpfen.
Unterdessen die Eier 8 Minuten hartkochen, abschrecken, schälen und 5 Minuten auf milder Hitze in der übrigen Sojasauce ziehen lassen. Sie nehmen eine tiefbraune Farbe an. 5 Minuten vor dem Auftragen herausnehmen, halbieren und zwischen den Schweinefleischhälften anrichten. Alles zusammen weitere 3 Minuten dämpfen, dann in der Form servieren.

Schweinefleisch von »Ursprünglicher Köstlichkeit« mit Nudeln und Gemüse

Für 6 bis 8 Personen.
Eine Variation zum vorhergehenden Rezept. Es ist jedoch nur die Hälfte des Fleisches nötig, das mit der gleichen Menge der oben angegebenen Zutaten wie beschrieben gegart wird. Während des Dämpfens beträufelt man die Fleischscheiben mit zusätzlichen 4 Eßlöffeln Wasser.
Gegen Ende der Garzeit 200 g Glasnudeln in warmem Wasser 5 Minuten einweichen und 100 g Stangensellerie feinschneiden. Die Nudeln abgießen und auf dem Boden einer feuerfesten Platte anrichten. Den Sellerie darüberstreuen und mit der Schmorflüssigkeit begießen. Nun die Schweinefleischscheiben sowie die Eier darauf verteilen.

Alles zusammen nochmals 10 Minuten dämpfen und in der Form auftragen.

Rotgedämpftes Schweinefleisch

Zwar ist die Zubereitungsweise für dieses Gericht aus Soochow von der zuvor beschriebenen Methode verschieden, das Ergebnis ist jedoch ziemlich ähnlich.

Zutaten (für 6 bis 8 Personen): 1200 g durchwachsener Schweinebauch mit Schwarte, 4 Frühlingszwiebeln, 4 EL Sojasauce, 1 EL Sojapaste, 4 EL Sherry, 1 EL Zucker

Vorbereitung: Das Fleisch in 3 mal 5 cm große, 2 cm dicke Würfel schneiden, dabei darauf achten, daß sie gleichmäßig durchwachsen sind und alle Schwarte haben. Die Frühlingszwiebeln in 5 cm lange Stücke hacken. Sojasauce, Sherry, Sojapaste und Zucker gründlich verrühren. Die Fleischstücke damit einreiben und 2 Stunden lang marinieren.

Zubereitung: Die Fleischwürfel mit der Schwarte nach unten in ein feuerfestes Gefäß setzen. Mit der Marinade beträufeln, mit den Zwiebelstücken bestreuen und im Dämpftopf 2 $\frac{1}{2}$ Stunden dämpfen. Die Zwiebelstücke vor dem Servieren entfernen. Das Fleisch in der Form auftragen.

Rotgekochte Schweinehaxe mit Spinat
Abb. 31

Zutaten (für 6 bis 8 Personen): 1 Vorderhaxe vom Schwein (etwa 1200 g), $\frac{1}{2}$ TL Salz, 5 EL Sojasauce, 3 Frühlingszwiebeln, 2 Knoblauchzehen, 2 Scheiben Ingwerwurzel, 1 TL Bohnenkäse, 400 g frischer Spinat, 4 EL Pflanzenöl, 2 EL Sherry, 1 EL Zucker

Vorbereitung: Die Haut der Haxe säubern, dabei möglicherweise vorhandene Härchen auszupfen. Von der dicken Fleischseite den Knochen auslösen. Das Fliesch mit dem Salz und 2 Eßlöffeln Sojasauce einreiben. Die Frühlingszwiebeln in 2 cm lange Stücke hacken. Den Knoblauch und den Ingwer sehr fein hacken und in einer Schüssel mit dem Bohnenkäse vermengen. Den Spinat sorgfältig waschen und abtropfen lassen.

Zubereitung: Das Öl in einer Pfanne erhitzen und das Fleisch darin 5 bis 6 Minuten rundum anbraten. Die Knochenhöhlung mit den Zwiebeln und der Bohnenkäse-Mischung füllen. Die so gefüllte Haxe mit der Öffnung nach oben in ein rundes, genau passendes feuerfestes Gefäß setzen.
Die restliche Sojasauce, Sherry, Zucker und den in der Pfanne verbliebenen Bratensaft zufügen. Mit Wasser auffüllen, bis alles bedeckt ist.
Die Form mit einem Deckel oder mit Alufolie dicht verschließen. Das Fleisch im auf 200 Grad vorgeheizten Ofen 15 Minuten schmoren, danach bei 180 Grad 3 Stunden langsam und sanft garen, dabei zwischendurch viermal wenden – zum Schluß sollte das schmalere Ende der Haxe nach oben schauen.
5 Minuten vor dem Auftragen 6 bis 8 Eßlöffel Öl und Saft aus dem Schmortopf in einen großen Topf füllen. Sobald diese Mischung heftig kocht, den Spinat zufügen und 4 bis 5 Minuten pfannenrühren, bis er gar ist und schön glänzt.

Servieren: Die Haxe in einer Schüssel anrichten, den Spinat rundherum verteilen und die restliche Sauce über das Fleisch gießen. Dieser kleine glänzende dunkelbraune Berg, umgeben von sattem, saftigem Grün, ist immer ein besonders hübscher Anblick auf einer chinesischen Festtafel.

Rotgekochtes Schweinefleisch mit Maronen

Für 6 bis 8 Personen.
Das Rezept für *Rotgekochte Schweinefleischwürfel* (Seite 142) wiederholen, jedoch 400 g geschälte Eßkastanien zufügen. Die aus der Schale gelösten Maronen häuten und 15 Minuten in kochendem Wasser blanchieren. Für die letzten 45 Minuten mit 2 zusätzlichen Eßlöffeln Sojasauce zum Fleisch in den Topf geben. Die Maronen auf einer Platte anrichten und das Fleisch darüber verteilen. Sofort auftragen.

9 Korallenkohl (S. 130); Rotgekochter Chinakohl (S. 129); Weißgedünsteter Chinakohl (S. 130)

Anmerkung der Übersetzerin: Wer je versucht hat, Maronen zu schälen, der weiß, daß das eine außerordentlich mühsame Angelegenheit ist. Die besten Ergebnisse erzielt man immer noch auf folgende Art: Die Eßkastanien mit einem scharfen, spitzen Messer auf der flachen Seite kreuzweise einschneiden, auf einem Backblech ausbreiten und im auf 250 Grad vorgeheizten Ofen etwa 20 Minuten rösten, bis die Schalen knisternd nachgeben, wenn man eine Kastanie prüfend drückt. Nunmehr etwas auskühlen lassen (nur ganz kurz!) und die Schale mit den Fingern ablösen. Dabei die Früchte vorsichtig reiben, dann löst sich auch die mittlerweile trocken geröstete braune Innenhaut.

Diese Maronen sind praktisch gar. Deshalb gibt man sie erst 10 bis 15 Minuten vor Ende der Garzeit in den Topf. Ein Vorkochen erübrigt sich selbstverständlich gänzlich.

Rotgekochtes Schweinefleisch mit Bambussprossen

Für 6 bis 8 Personen.
Das Rezept für *Rotgekochte Schweinefleischwürfel* (Seite 142) wiederholen, jedoch 200 bis 300 g Bambussprossen zufügen. Falls Sie Bambussprossen aus der Dose verwenden, die Flüssigkeit abgießen. Die Sprossen in dreieckige Keile von etwa der Größe der Fleischstücke schneiden und erst in den letzten 45 Minuten zufügen.

Rotgekochtes Schweinefleisch mit Möhren

Für 6 bis 8 Personen.
Wie im Rezept für *Rotgekochte Schweinefleischwürfel* (Seite 142) vorgehen, jedoch 300 g Möhren, gut geschabt und schräg in gut 3 cm lange Keile geschnitten, zufügen. Für die letzte Stunde zum Fleisch in den Topf geben.

Rotgekochtes Schweinefleisch mit getrocknetem Tintenfisch und Lilienknospen

Getrockneten Tintenfisch verwendet man in der Chinesischen Küche häufig. Er hat ein starkes Aroma, halb Käse-, halb Räuchergeschmack.
Getrocknete Lilienknospen sind ebenfalls eine sehr oft gebrauchte typisch chinesische Zutat, die in einer Reihe von Fleisch- und Gemüsegerichten verarbeitet wird. Man muß ihren leicht modrigen Geschmack mögen – er findet im Westen nicht unbedingt Anklang. Für die Chinesen sind Lilienknospen jedoch von altersher für vielerlei Speisen unersetzlich.
Für 6 bis 8 Personen.

Zubereitung: Lilienknospen und getrockneten eingesalzenen Tintenfisch in warmem Wasser 45 Minuten einweichen und erst in den letzten 45 Minuten zum Fleisch geben. Ansonsten verfahren wie im Rezept für *Rotgekochte Schweinefleischwürfel* auf Seite 142 angegeben. Auf die dort vermerkte Menge der Zutaten 75 g getrocknete Lilienknospen und 100 g getrockneten Tintenfisch rechnen.

Rotgekochtes Schweinefleisch mit Abalone

Die Abalone ist ein Meerestier mit gummiartigem Fleisch und einem starken, sehr würzigen Geschmack. Sie verleiht Fleischgerichten noch mehr Aroma und läßt Suppen und Schmorgerichte kräftiger wirken. Abalonen bekommt man entweder getrocknet oder in Dosen in fast allen auf chinesische Zutaten spezialisierten Geschäften. Meist sind sie bereits in feine Scheibchen geschnitten.
Man braucht die getrocknete Abalone nur dann einzuweichen, wenn man sie rasch pfannenrühren will. Bei allen Gerichten mit Sauce oder bei Suppen, die eine *lange* Garzeit haben, sollte man sie entweder ganz zum Schluß oder aber gleich zu Beginn mit in den Topf geben, wie Rindfleisch wird sie hart und zäh durchs Kochen, es sei denn, sie wird überaus langsam gegart.

Zubereitung: Das Rezept für *Rotgekochte Schweinefleischwürfel* (Seite 142) wiederholen. Eine kleine

10 Rotgekochte Schweinehaxe (S. 141); Pao Tzu *(gefüllte Dampfbrötchen – S. 360)*

Dose Abalone bereithalten. Wenn der restliche Zucker, der Sherry und die Sojasauce vor Ablauf der letzten 45 Minuten Garzeit zugefügt werden, den Saft aus der Dose mit in den Topf geben. 2 Minuten vor dem Servieren die in hauchdünne, etwa 2 mal 3 cm große Scheiben geschnittene Abalone zufügen.

Das Aroma von Abalonen ist ähnlich würzig wie das von getrocknetem Tintenfisch, vielleicht sogar noch stärker. Das Mischen von Fleisch und Meeresfrüchten ist in der ganzen Küstengegend rund um den Jangtsekiang sehr beliebt.

Anmerkung der Übersetzerin: Lesen Sie mehr über *Abalonen* im Anhang des Buches.

Weißgekochtes Schweinefleisch mit Anchovis

Statt zu rotgekochtem gibt man Meeresfrüchte oder gesalzenen Fisch auch gerne zu weißgekochtem Fleisch, das ohne Sojasauce zubereitet wird.

Zutaten (für 8 bis 10 Personen, zusammen mit anderen Gerichten): 1200 g durchwachsener Schweinebauch mit Schwarte, 2 TL Salz, 2 Scheiben Ingwerwurzel, 3 Frühlingszwiebeln, 1 $^1/_2$ EL Anchovis

Vorbereitung: Das Fleisch quer zur Schwarte in 3 mal 6 cm große, etwa 2 cm dicke Stücke schneiden, dabei darauf achten, daß an jeder Scheibe ein Stück Schwarte ist. Die Stücke mit Salz einreiben. Den Ingwer feinhacken und darüberstreuen. Die Frühlingszwiebeln in 3 cm lange Stücke schneiden.

Zubereitung: Das Fleisch mit der Schwarte nach unten in eine schwere Kasserolle geben und mit $^1/_4$ Liter Wasser auffüllen. Langsam zum Kochen bringen, eine Asbestplatte unter den Topf legen, und 45 Minuten leise köcheln lassen.
Danach die Fleischstücke herausheben und mit der Schwartenseite nach oben nebeneinander in einer feuerfesten Form anrichten. Mit den grobgehackten Anchovis und den Zwiebelstücken bestreuen und mit der Flüssigkeit aus dem Topf auffüllen. Zugedeckt (mit einem Deckel oder mit Alufolie) 1 Stunde lang dämpfen.

Servieren: In der Form mit Reis zusammen auftragen. Dieses Gericht hat ein wundervolles Aroma für alle, denen Fleisch mit Fischgeschmack nicht zu fremd ist.

Versengtes Schweinefleisch

Dieses Gericht wurde ursprünglich mit Rindfleisch zubereitet und stammt von den chinesischen Moslems der weitläufigen Weideländer im Nordwesten Chinas. In Peking ist es in dieser Form sehr beliebt, im Süden jedoch ziemlich unbekannt.

Zutaten (für 10 bis 12 Personen, zusammen mit anderen Gerichten): 1 Schweinekeule (ca. 2 $^1/_2$ kg)

Vorbereitung: Die Keule sauberwischen und auf einen Bratspieß stecken.

Zubereitung: Die Keule über einem großen Holzkohlenfeuer 8 bis 10 Minuten drehen, bis die Haut Blasen zu werfen beginnt, goldbraun wird und hier und da etwas ankohlt. Dann 10 Minuten in kaltem Wasser abkühlen lassen. Nunmehr abtrocknen und die versengten Stellen herausschneiden.
4 Liter Wasser in einem großen Topf aufkochen und die Keule darin auf mildem Feuer 1 Stunde sanft köcheln. Anschließend abgießen und 2 bis 3 Stunden auskühlen lassen. Das fertiggegarte Fleisch in dünne, etwa 5 mal 8 cm große Scheiben schneiden.

Servieren: Die Fleischscheiben auf einer Platte schuppenartig aufeinandergestapelt anrichten und folgende Zutaten und Dips auf dem Tisch bereitstellen: Sojasauce, Sojapaste, Senfpulver, *Chili-Öl*, Sesamöl, gehackter Schnittlauch (oder Frühlingszwiebeln), feingehobelte Ingwerwurzel, zerdrückter und gehackter Knoblauch, Essig und Sherry.
Es ist ein besonderes Merkmal der Moslemküche Chinas, Fleisch ohne jegliche Zutat zu garen und erst am Tisch mit den verschiedensten Würzmischungen selber anzurichten.

Anmerkung der Übersetzerin: Ein schlichtes chinesisches, für unsere Verhältnisse jedoch recht aufwendiges Rezept. Wer hat schon die Möglichkeit, für so kurze Zeit ein komplettes Holzkohlenfeuer aufzubauen! Aber im Sommer, wenn Sie ohnehin im Garten grillen, sollten Sie diese Zubereitungsweise einmal aufgreifen. Ein reineres Schweinefleischgericht haben Sie bestimmt noch nicht gegessen.

Weißgekochte Schweinefleischscheiben

Dieses Gericht ist dem *Versengten Schweinefleisch* ziemlich ähnlich, aber es ist einfacher und wird deshalb auch weitaus häufiger hergestellt. Es ist in ganz China beliebt.

Zutaten (für 8 bis 10 Personen): 2 l Wasser, 1200 g durchwachsenes Schweinefleisch (Keule oder Bauch), 1 EL Salz, 4 Scheiben Ingwerwurzel

Vor- und Zubereitung: Das Wasser in einem schweren Topf aufkochen. Das Fleisch, Salz und den zerdrückten Ingwer zufügen. Den Topf mit einem Deckel verschließen, eine Asbestmatte darunterlegen und das Fleisch 45 Minuten schwach köcheln lassen. Dann herausheben – die Brühe für andere Rezepte verwenden – und 2 bis 3 Stunden auskühlen lassen. Das kalte Fleisch in dünne Scheiben von etwa 5 mal 8 cm Größe schneiden.

Servieren: Die Fleischscheiben dachziegelartig auf einer Platte anrichten. Mit verschiedenen Würzmischungen und Dips auftragen (siehe vorhergehendes Rezept).

Gegrilltes Schweinefleisch nach kantonesischer Art
Abb. 3

Ein ganz einfaches Gericht, das Europäern bestimmt schmecken wird!

Zutaten (für 10 bis 12 Personen, zusammen mit anderen Gerichten): 1750 g mageres Schweinefleisch (aus der Keule), 2 TL Salz, $\frac{1}{4}$ TL frisch gemahlener Pfeffer, $\frac{1}{4}$ TL Fünf-Gewürz-Pulver, 3 EL Pflanzenöl, 2 EL Sojasauce, 1 EL Hoisinsauce, 2 EL Sherry, 1 EL Honig, $\frac{1}{2}$ TL Glutamat

Vorbereitung: Das Fleisch entlang der Faser in Streifen von 5 cm Stärke und 12 cm Länge schneiden. Mit Salz, Pfeffer und Fünf-Gewürz-Pulver rundum kräftig einreiben und 2 Stunden marinieren.

Zubereitung: Das Öl mit Sojasauce, Hoisinsauce, Sherry, Honig und Glutamat verrühren und in einer Pfanne erhitzen. Die Fleischstreifen in diese Pfanne legen und unter stetem Wenden dick mit Marinade überziehen. Nun auf dem Ofenrost nebeneinander ausbreiten, erst 10 Minuten im auf 200 Grad vorgeheizten Ofen braten, dann nochmals in der Marinade wenden und bei nur 175 Grad weitere 20 Minuten braten.

Servieren: Die Fleischstreifen quer zur Faser in 5 mm dicke Scheiben schneiden und diese dachziegelartig in 4 Schichten auf einer vorgewärmten Platte anrichten. Sofort servieren.

Anmerkung der Übersetzerin: Diese Fleischstreifen werden in China in den Restaurants im gleichen Ofen wie die berühmte *Pekingente* gebraten. Dadurch bekommen sie jenen verführerischen Holzofengeschmack, für den sie berühmt sind.
Man kann die fertiggegrillten oder -gebratenen Fleischstreifen auch in der Auslage der Restaurants oder Geschäfte sehen, wie sie appetitlich und leuchtend rot (durch die bei den Chinesen so beliebte Speisefarbe) neben den gebratenen Enten hängen.

Gestürztes Schweinefleisch

Gestürztes Schweinefleisch ist eine der grundlegenden Zubereitungsweisen in China. Es ist den europäischen Puddings recht ähnlich: Man bereitet alles vor, füllt es in eine ausgefettete Form und stürzt den fertigen Pudding dann auf einen Teller, bevor man ihn mit einer dicken Sauce serviert.

In diesem Fall wird Schweinefleisch mit Schwarte in einem feuerfesten Gefäß (Schwarte nach unten) *gedämpft*, natürlich nicht ohne die Zugabe einiger Gewürze und anderer Ingredienzen. Sobald nun das Fleisch gar ist, stürzt man es aus der Form auf den Teller und hat einen Fleischpudding – die Schwarte ist nun nach oben gekehrt. Die geleezarte Schwarte schmeckt köstlich und ist das Beste am ganzen Gericht. Für gewöhnlich kocht oder brät man das Schweinefleisch kurz vor, bevor man es in die Form gibt. Es gibt da eine Vielzahl von Möglichkeiten. Im folgenden zeige ich ein Grundrezept.

In Szechuan schärft man das Gericht mit etwas *Chili-Öl* oder ganzen Chilischoten, die man während des Dämpfens hinzugibt.

Zutaten (für 10 bis 12 Personen, zusammen mit anderen Gerichten): 1750 g durchwachsener Schweinebauch (mit Schwarte), 1 TL Salz, 4 EL Sojasauce, Öl zum Ausbacken, 1 große Zwiebel, 75 g eingelegtes chinesisches Gemüse (»Rot-im-Schnee«-Pickles), $^1\!/_2$ EL Zucker, 1 EL Hoisinsauce, 3 EL Sherry, $^1\!/_2$ TL Glutamat, $^1\!/_8$ l *Feine Brühe*

Vorbereitung: Das Fleisch für 15 Minuten in kochendes Wasser geben, abgießen und gut trocknen. Dann mit Salz und 2 Eßlöffeln Sojasauce rundum kräftig einreiben. Das Öl in einer Pfanne erhitzen. Das Fleisch darin auf allen Seiten insgesamt 6 bis 8 Minuten auf mittlerer Hitze anbraten. Abtropfen und abkühlen lassen. In 5 mal 3 cm große Würfel schneiden, wobei an jedem Stück etwas Schwarte sein sollte. Die Zwiebel in feine Ringe schneiden, das Gemüse hakken.

Zubereitung: Die Fleischwürfel mit der Schwarte nach unten nebeneinander in ein feuerfestes passendes Gefäß setzen. Zucker, Hoisinsauce, Sherry, eingelegtes Gemüse, Zwiebel, Glutamat und restliche Sojasauce mit der Brühe aufkochen, dabei gut rühren, damit sich der Zucker völlig löst. Das Fleisch gleichmäßig damit begießen und im Dämpftopf 75 Minuten dämpfen. Danach aus der Form auf einen tiefen Teller stürzen, so daß es wie ein kleiner Fleischpudding – Schwarte nach oben – hübsch aufrecht dasteht.

Anmerkung: In China gibt man oft auf das Fleisch Kartoffeln, Rübchen, Bohnenquark, Glasnudeln und gehackte eingesalzene Gemüse. Nach dem Dämpfen und Stürzen liegen diese Zutaten dann zuunterst und helfen, die Sauce aufzusaugen.

Salzig-saures gestürztes Schweinefleisch nach Art von Kweichow

Eine Variation zum vorhergehenden Rezept. Kweichow ist eine Provinz im Westen, wo man oftmals scharf, salzig und sauer ißt – das sind im Grunde die Eigenschaften von eher ärmlichem Essen, das heutzutage jedoch zunehmend auch bei den Gebildeteren und Wohlhabenderen Anklang findet.

Zutaten (für 8 bis 10 Personen): 1500 g durchwachsener Schweinebauch (mit Schwarte), 2 Scheiben Ingwerwurzel, 50 g scharfes eingelegtes Gemüse (Szechuan-Art), 50 g süßes Chutney, Fritieröl, 2 EL Sojasauce, 2 EL Essig, 1 EL Zucker, 2 EL Sherry, 2 TL Salz

Vorbereitung: Den Ingwer feinhobeln, das eingelegte Gemüse und das Chutney feinhacken.

Zubereitung: Das Fleisch in kochendes Wasser legen. Nach 6 Minuten abgießen, sorgfältig abtrocknen und 5 Minuten im heißen Fett fritieren. Dann mit einem scharfen Messer quer in 2 cm dicke, etwa 3 mal 5 cm große Stücke *mit Schwarte* schneiden.

In einem Schälchen den Ingwer mit der Sojasauce, dem Essig, der Hälfte des Zuckers und dem Sherry verrühren. Szechuan-Pickles und Chutney in ein zweites Schälchen füllen. Die Schweinefleischscheiben mit der Schwarte nach unten in ein feuerfestes Gefäß schichten, salzen und mit dem restlichen Zucker bestreuen. Die Marinade darübergießen und die gehackten Pickles sowie das zerkleinerte Chutney gleichmäßig darauf verteilen. Die Form mit Alufolie verschließen und in den Dämpftopf setzen. Das Fleisch 90 Minuten dämpfen, auf einen Teller stürzen und servieren.

Pfannengerührte Schweinefleischwürfel mit Sojapaste

Schweinefleisch ist in Struktur und Qualität dem Hühnerfleisch gar nicht so unähnlich. Deshalb bereitet man die beiden Fleischsorten auch gern auf ähnliche oder gar auf die gleiche Art und Weise zu. In diesem Fall wird das Schweinefleisch mit Sojasauce gegart. Der einzige Unterschied zu einem Rezept mit Hühnerfleisch: Schweinefleisch benötigt eine längere Garzeit. Dieses Gericht ist äußerst sparsam, sowohl in den Zutaten wie im Energieaufwand – und außerdem schmeckt es vorzüglich.

Zutaten (für 6 bis 8 Personen, zusammen mit anderen Gerichten): 1000 g Schweinefilet, 1 Ei, 1 $\frac{1}{2}$ EL Maisstärke, 2 Scheiben Ingwerwurzel, 1 kleine Zwiebel, 6 EL Pflanzenöl zum Braten, 2 $\frac{1}{2}$ EL Sojapaste, 2 TL Zucker, 1 EL Sherry

Vorbereitung: Das Fleisch kurz wässern, abtrocknen und für 20 Minuten in den Kühlschrank legen (damit es fest wird und sich besser schneiden läßt). Mit einem scharfen Messer in Würfel von 1 cm Kantenlänge schneiden. In einer Schüssel das Ei verquirlen. Davon die Hälfte gut mit dem Fleisch mischen, dann die Stärke darüberstreuen. Den Ingwer hobeln, die Zwiebel feinhacken.

Zubereitung: 4 Eßlöffel Öl in einer Pfanne erhitzen. Sobald es eben zu rauchen beginnt, die Fleischwürfel zufügen, 4 bis 5 Minuten pfannenrühren, dann mit einer Schaumkelle herausheben und gut abtropfen lassen.
Das restliche Öl in einer zweiten Pfanne auf mittlerer Flamme erhitzen. Ingwer und Zwiebel zugeben und in der Pfannenmitte 1 $\frac{1}{2}$ Minuten unter Rühren braten. Die Sojapaste zufügen und 1 Minute im heißen Öl mit dem Ingwer und der Zwiebel pfannenrühren, dann den Zucker und den Sherry in die Pfanne geben. 10 Sekunden unter Rühren aufkochen.
Die Fleischwürfel in dieser Mischung auf stärkstem Feuer nochmals 90 Sekunden pfannenrühren. Auf einer vorgewärmten Platte anrichten und unverzüglich auftragen.

Anmerkung: Falls Sie keine Sojapaste haben, mischen Sie 4 Eßlöffel Sojasauce mit 1 Eßlöffel Tomatenpüree (oder -mark), 1 Eßlöffel Apfelmus und 1 Eßlöffel schwarzer Johannisbeermarmelade. Auf mildem Feuer so lange köcheln lassen, bis die Menge sich um ein Drittel verringert hat.

Süßsaures Schweinefleisch

Ein Lieblingsgericht im Süden Chinas, vor allem in Kanton. Da die meisten chinesischen Restaurants im Westen von Kantonesen geführt werden, ist es höchst wahrscheinlich, daß dieses Gericht hier noch häufiger gekocht und mit größerer Begeisterung gegessen wird als in Kanton selbst. Süßsaures Schweinefleisch scheint dem westlichen Geschmack mehr zuzusagen als jedes andere chinesische Gericht.

Zutaten (für 6 bis 8 Personen, zusammen mit anderen Gerichten): 1000 bis 1200 g durchwachsenes Schweinefleisch (Hals, Schulter), 1 TL Salz, 1 Ei, 1 $\frac{1}{2}$ EL Maisstärke, 1 mittelgroße Zwiebel, 1 mittelgroße grüne oder rote Paprikaschote, 1 $\frac{1}{2}$ EL Sojapaste, $\frac{1}{2}$ EL Sojasauce, Fritieröl

Für die Sauce: 1 EL Maisstärke, 6 EL Wasser, 25 g süßes Chutney, 1 $\frac{1}{2}$ TL Zucker, 1 $\frac{1}{2}$ EL Essig, 1 $\frac{1}{2}$ EL Sojasauce, 1 EL Tomatenpüree (oder -mark), 1 $\frac{1}{2}$ EL Orangensaft, 1 $\frac{1}{2}$ EL Sherry

Vorbereitung: Das Schweinefleisch sorgfältig von Häuten, Sehnen und überflüssigem Fett säubern, in 2 cm große Würfel schneiden und rundum kräftig mit Salz einreiben. Das Ei in einem Schüsselchen leicht verquirlen und mit den Fleischwürfeln vermengen. Sobald diese gut mit Ei überzogen sind, die Stärke darüberstreuen und alles gründlich mischen.
Die Zwiebel in hauchfeine Ringe schneiden. Die Paprikaschote halbieren, die Kerne und den Stiel herauslösen und das Fruchtfleisch in etwa 3 cm lange, 1 cm breite rautenförmige Streifen schneiden. Sojapaste und Sojasauce vermischen. Für die Sauce die Stärke mit dem Wasser verquirlen, dann die übrigen Zutaten zufügen und alles gut verrühren.

Zubereitung: Das Fleisch entweder fritieren oder in 6 Eßlöffeln sehr heißem Fett etwa 5 Minuten pfannenrühren. Abgießen, das Fleisch in einem Sieb auffangen, abtropfen lassen und dann in eine Schüssel füllen. Nun die Sojapastenmischung darübergießen und das Fleisch darin einige Minuten ziehen lassen.
Die Pfanne ausgießen. In dem noch am Pfannenboden haftenden Ölrest die Zwiebel 1 Minute pfannenrühren. Die Paprikastücke zufügen und eine weitere Minute unter Rühren braten. Das Fleisch wieder zufügen und 2 Minuten braten, dabei unermüdlich wenden und rühren. Die Saucenmischung in die Pfanne gießen. Unter sanftem Rühren kurz aufkochen, bis sie dicklich wird und die Fleischwürfel mit einer glänzenden, durchsichtigen Schicht überzieht.

Doppelt gekochtes Schweinefleisch

Ursprünglich stammt dieses Gericht aus der westlichen Provinz Szechuan. Heute ist es aber in ganz China sehr beliebt.

Zutaten (für 6 bis 8 Personen, mit anderen Gerichten): 1200 g durchwachsener Schweinebauch, 1 EL gesalzene schwarze Bohnen, 3 Knoblauchzehen, 2 Scheiben Ingwerwurzel, 3 Frühlingszwiebeln, 1 $^1/_2$ EL Sojasauce, 1 $^1/_2$ EL Sojapaste, 1 $^1/_2$ EL Tomatenpüree (oder -mark), 2 EL Zucker, 2 EL Sherry, 1 TL *Chili-Öl* (oder 2 TL Tabasco), 3 EL Pflanzenöl

Vorbereitung: Die Bohnen 25 Minuten in klarem Wasser einweichen, dann abgießen. Knoblauch und Ingwer feinhacken. Die Frühlingszwiebeln in 3 cm lange Stücke schneiden. Sojasauce, Sojapaste, Tomatenpüree, Zucker, Sherry und Chili-Öl verrühren.

Zubereitung: Das Fleisch in kochendes Wasser geben, 35 Minuten schwach sieden, abgießen und auskühlen lassen. Dann quer durch magere und fette Schichten 5 mm dicke Vierecke von 5 cm Seitenlänge schneiden. Das Öl in einer Pfanne erhitzen. Die schwarzen Bohnen 30 Sekunden darin pfannenrühren. Die Sojasaucen-Mischung zufügen und alles zu einer dicken Sauce verrühren. Zum Schluß die Schweinefleischscheiben und die Frühlingszwiebeln zufügen. 2 bis 3 Minuten vorsichtig in der Paste wenden, bis alles dick von der Sauce überzogen ist. Auf einer vorgewärmten Platte sofort auftragen.

Schweinefleisch »Vier Glückseligkeiten«

Hier wieder eine recht einfache Methode, Schweinefleisch zuzubereiten. Das Rezept stammt aus dem östlichen China und bringt den für diese Region typischen Geschmack mit – man verwendet dort gern Zucker mit Salzig-Würzigem zusammen!

Zutaten (für 6 bis 8 Personen, zusammen mit anderen Gerichten): 1 große Zwiebel, 2 Knoblauchzehen, 1200 g Schweinebauch (mit Schwarte), 1 TL Salz, 5 Scheiben Ingwerwurzel, 1 Stückchen chinesische Mandarinenschale (getrocknet), 1 EL Sojapaste, 3 EL Sojasauce, 1 $^1/_2$ EL Zucker

Vorbereitung: Die Zwiebel in dünne Scheiben schneiden. Den Knoblauch feinhacken.

Zubereitung: Das Fleisch in 6 gleich große Stücke schneiden. Diese in einen Topf legen, mit Salz bestreuen und knapp mit Wasser bedeckt 20 Minuten leise köcheln. Das Fleisch herausheben und abtropfen lassen. Von der Brühe mit einem Löffel Unreinheiten und Fett abschöpfen. Das Fleisch quer durch die Schwarte in dünne Scheiben von etwa 5 mal 4 cm Größe schneiden.
Ingwer, Mandarinenschale, Zwiebel und Knoblauch in einen schweren Topf geben. Die Fleischscheiben darauflegen, Sojapaste, Sojasauce und Zucker zufügen. Mit der Hälfte der durch ein feines Sieb oder Tuch gefilterten Brühe auffüllen und aufkochen. Eine Asbestplatte unter den Topf legen. Das Fleisch auf mildestem Feuer 90 Minuten sanft köcheln.

Servieren: Das Fleisch in eine tiefe Schüssel oder Terrine füllen (oder in derselben Kasserolle auftragen, in der es gegart wurde). Weil das Gericht angenehm würzig schmeckt, das Fleisch zart bleibt und auch viel Sauce dabei ist, paßt es besonders gut zu Reis.

Tung-Po-Schweinefleisch

Man schreibt dieses Rezept dem klassischen chinesischen Dichter Soo Tung-Po zu. Es unterscheidet sich zwar nicht sehr von den übrigen rotgekochten Gerichten, aber weil es so bekannt und beliebt ist, verdient es eine besondere Erwähnung.

Zutaten (für 6 bis 8 Personen, zusammen mit anderen Gerichten): 1200 g Schweinebauch mit der Schwarte (mit mindestens jeweils 3 Schichten von Magerem und Fettem), 4 EL Sojasauce, 1 $^1/_2$ EL brauner Zukker, 4 EL Sherry, 3 mittelgroße Zwiebeln, 3 Scheiben Ingwerwurzel, 6 EL *Feine Brühe*

Vorbereitung: Das Fleisch 10 Minuten in Wasser kochen, abgießen und abkühlen lassen. Dann durch die Schwarte hindurch in 4 gleich große Stücke schneiden und in einer Mischung aus Sojasauce, Zucker und Sherry 2 Stunden lang ziehen lassen, dabei die Stücke viermal wenden. Die Zwiebeln in dicke Scheiben schneiden.

Zubereitung: Die Fleischstücke mit der Schwarte nach unten in einen passenden Schmortopf einschichten, mit der restlichen Marinade beträufeln, mit Ingwer und Zwiebeln bestreuen und mit der Brühe begießen. Den Topf mit einem Deckel oder mit Alufolie gut verschließen und in den auf 200 Grad vorgeheizten Ofen stellen. Nach 15 Minuten die Temperatur auf 180 Grad drosseln und das Fleisch noch 2 Stunden lang schmoren.
Nun 3 Fleischscheiben mit der Schwarte nach unten in eine feuerfeste Form legen und die vierte mit nach oben gekehrter Schwarte darauf. Den im Schmortopf zurückgebliebenen Bratensaft von Ingwer- und Zwiebelstückchen sowie von überflüssigem Fett befreien und über das Fleisch gießen.
Die Form mit Alufolie oder einem Deckel sorgfältig verschließen und das Fleisch noch 15 Minuten heftig dämpfen. Unverzüglich in der Form zu Tisch bringen.

Das Schöne an diesem Gericht ist die geleeartige Konsistenz von Schwarte und Fett und die Zartheit der mageren Teile. Vielleicht ist dies nur etwas für Kenner – aber es gehört nun einmal zu den Freuden einer chinesischen Reistafel.

Chinesische Schweineschnitzelchen
(aus der Stadt Amoy)

Amoy liegt in der Provinz Fukien. Man feiert dort einmal im Jahr ein berühmtes Fest mit Namen »Bankett aus einem ganzen Schwein«. Bei diesem Fest wird ein ganzes Schwein zu genau 108 verschiedenen Gerichten verarbeitet. Das folgende ist eines davon.

Zutaten (für 6 bis 8 Personen, zusammen mit anderen Gerichten): 1200 g Schweinebauch (mit mindestens jeweils drei Schichten Fett und magerem Fleisch sowie Schwarte), 4 EL Sojasauce, 3 EL Sherry, 1 $^1/_2$ EL brauner Zucker, $^1/_2$ EL Lorbeerblattstückchen, 125 g Möhren, 125 g Rettich, 2 TL Salz, 1 EL Zucker, 1 $^1/_2$ EL Essig, 1 EL Sesamöl, 2 Enteneier, 100 g Semmelbrösel, Fritieröl

Vorbereitung: Das Fleisch 7 bis 8 Minuten kochen, abgießen, gut abtrocknen und durch die Schwarte quer zu den Schichten in Streifen von jeweils etwa 75 g Gewicht schneiden.
Diese Streifen in einer Marinade aus Sojasauce, Sherry, braunem Zucker und Lorbeerblattstückchen 90 Minuten ziehen lassen, dabei mindestens dreimal wenden.
Möhren und Rettich in feine Streifchen schneiden, kräftig mit Salz vermischen und in einem Sieb Saft ziehen und abtropfen lassen. Nach 10 Minuten unter kaltem Wasser ausspülen, mit Küchenpapier gründlich trockentupfen und in ein Schälchen füllen. Mit Zukker, Essig und Sesamöl beträufeln und wie Salat anmachen.

Zubereitung: Die Schüssel mit dem Schweinefleisch und der Marinade für 45 Minuten in den Dämpftopf stellen, dann herausnehmen und abkühlen lassen. Sobald das Fleisch ziemlich kalt und fest ist, die beiden Eier in einem Schüsselchen leicht verquirlen. Jedes Fleischstück nun zuerst im Ei wälzen, dann im Semmelmehl wenden.

Das Fritieröl erhitzen und jeweils 3 oder 4 panierte Fleischstücke etwa 3 bis 4 Minuten im heißen Fett schwimmend ausbacken, bis die Panade goldbraun geworden ist. Darauf achten, daß nicht zu viele Stücke auf einmal in der Pfanne schwimmen, weil sonst die Fettemperatur zu stark sinkt. Die Schnitzelchen mit einer Schaumkelle herausheben. Jedes Stück vertikal in 3 gleiche Streifen von der Größe einer Streichholzschachtel oder eines Dominosteins schneiden.

Servieren: Die gestiftelten Gemüse in der Mitte einer runden Platte anrichten und mit den knusprigen Schnitzelstreifen umrahmen.

Anmerkung der Übersetzerin: Natürlich können Sie die Enteneier einfach durch Hühnereier ersetzen.

Rotgekochtes Schweinefleisch mit Bohnenkäse

Zutaten (für 6 bis 8 Personen, zusammen mit anderen Gerichten): 750 g magere Schweineschulter, 750 g Schweinebauch, 2 Knoblauchzehen, $1\frac{1}{2}$ EL roter Bohnenkäse, 3 EL Sherry, 1 EL Sojasauce, 1 EL Zucker, 4 EL Pflanzenöl, $\frac{1}{4}$ l *Feine* oder *Einfache Brühe*, 2 TL Sesamöl, $\frac{1}{2}$ TL Glutamat

Vorbereitung: Das Fleisch in 4 cm große Würfel schneiden. Den Knoblauch zerdrücken. Den Bohnenkäse mit einer Gabel zerkleinern und mit Sherry, Sojasauce und Zucker zu einer Paste rühren.

Zubereitung: Das Öl in einem schweren Topf erhitzen und den Knoblauch darin 15 Sekunden pfannenrühren. Die Fleischwürfel zufügen und auf größter Hitze 4 bis 5 Minuten unter Rühren braten, bis sie rundum angeröstet sind. Alles Fett aus der Pfanne kippen. Nun die angerührte Paste hineingießen. Die Fleischwürfel in dieser Sauce $1\frac{1}{2}$ Minuten herumrühren, dann mit der Brühe ablöschen. Sobald sie zu kochen beginnt, die Hitze auf kleinste Stufe schalten, unter den Topf eine Asbestmatte legen und den Topf mit einem Deckel verschließen. Das Fleisch $1\frac{1}{2}$ Stunden ganz sanft schmoren. Zuletzt Sesamöl und Glutamat in die Sauce rühren. Sofort servieren.

Dieses Gericht mit seiner würzigen Sauce hat durch den Bohnenkäse ein ganz eigenes Aroma und paßt sehr gut zu Reis.

Rotgekochte Schweinekoteletts

Ein attraktives Gericht, das obendrein sehr rasch hergestellt ist.

Zutaten (für 6 Personen): 6 EL Pflanzenöl, 6 Schweinekoteletts, 400 g frischer Spinat, 2 Knoblauchzehen, 2 Scheiben Ingwerwurzel, 4 EL Sherry, 4 EL Sojasauce, $\frac{1}{8}$ l *Feine* oder *Einfache Brühe*, 1 TL Salz, 2 TL Sesamöl, $\frac{1}{4}$ TL Glutamat

Vorbereitung: Das Öl in einer großen Pfanne erhitzen. Jeweils 3 Schweinekoteletts darin auf jeder Seite 2 Minuten anbraten, dann auf Küchenkrepp abtropfen lassen. Das Fett jedoch für den Spinat aufbewahren. Den Spinat sorgfältig verlesen, gründlich waschen, dicke Stiele abknipsen. Den Knoblauch zerdrücken.

Zubereitung: Den Ingwer auf den Boden einer schweren Kasserolle geben. Die Koteletts nebeneinander darauf ausbreiten. Mit Sherry und Sojasauce beträufeln und mit Brühe angießen. Nach dem Aufkochen den Topf mit einem Deckel verschließen. Die Koteletts im auf 190 Grad vorgeheizten Ofen 30 Minuten sanft schmoren, umdrehen und weitere 30 Minuten schmoren.
5 Minuten vor Ende der Garzeit das Fett, in dem sie angebraten wurden, erneut erhitzen. Zuerst den Knoblauch darin pfannenrühren, dann den Spinat zufügen, salzen und so lange unter Wenden braten, bis alle Blätter von einem dünnen Ölfilm überzogen sind.

Servieren: Eine vorgewärmte Platte mit dem Spinat auslegen. Die Koteletts darauf anrichten. Die Schmorflüssigkeit nochmals aufkochen, mit Sesamöl und Glutamat würzen und über die Koteletts gießen.

Rotgedünstete Schweinekoteletts

Der Hauptunterschied zwischem diesem und dem vorhergehenden Rezept liegt in der unterschiedlichen Garzeit. Hier ist sie wesentlich kürzer; außerdem verwendet man eine Reihe Zutaten mehr zum Würzen der Marinade.

Zutaten (für 6 bis 8 Personen): 2 mittelgroße Zwiebeln, 3 Frühlingszwiebeln, 2 Knoblauchzehen, 3 Scheiben Ingwerwurzel, 6 Schweinekoteletts, 4 EL Sojasauce, 3 EL Sherry, 3 TL Zucker, Pfeffer aus der Mühle, 6 EL Pflanzenöl, 6 EL *Feine* oder *Einfache Brühe*, 1 ½ EL Hoisinsauce

Vorbereitung: Die Zwiebeln in dünne Scheiben, die Frühlingszwiebeln in 5 cm lange Stücke schneiden. Ingwer und Knoblauch feinhacken. Die Koteletts von den Knochen lösen und in Würfel von 3 cm Kantenlänge schneiden. Mit Knoblauch, Ingwer, Zwiebeln, Sojasauce, Sherry, Zucker und Pfeffer einreiben und 1 Stunde lang ziehen lassen, dabei zweimal wenden.

Zubereitung: Das Öl in einer Deckelpfanne erhitzen. Das Fleisch aus der Marinade nehmen, abtropfen lassen (die Marinade aufbewahren) und auf stärkster Hitze 3 bis 4 Minuten pfannenrühren, bis es rundum etwas angebräunt ist. Alles überschüssige Öl nunmehr aus der Pfanne kippen. Die zuvor aufgefangene Marinade (samt Gewürzen) sowie 6 Eßlöffel Brühe zugießen.
Die Pfanne mit einem Deckel gut verschließen. Die Fleischstücke 15 Minuten auf mildem Feuer köcheln, dabei immer wieder wenden – die Flüssigkeit sollte auf weniger als die Hälfte einkochen. Die Frühlingszwiebelstückchen über das Fleisch streuen und die Hoisinsauce zufügen. Alles zusammen noch 1 Minute auf sehr starker Hitze pfannenrühren.

Dieses Gericht richtet man dampfendheiß auf weißem Reis an.

Gedünstetes Curry-Schweinefleisch mit Kartoffeln

Zutaten (für 6 bis 8 Personen, zusammen mit anderen Gerichten): 1000 g Schweinefleisch (aus der Keule), 1000 g Kartoffeln, 2 mittelgroße Zwiebeln, Fritieröl, 2 Scheiben Ingwerwurzel, 2 TL Salz, 1 ¼ EL Currypulver, ¼ l *Einfache Brühe*, 2 EL Sojasauce

Vorbereitung: Das Fleisch in Würfel von 2 cm Kantenlänge schneiden. Die Kartoffeln schälen und ebenso kleinwürfeln. Die Zwiebeln in dünne Scheiben schneiden. Das Öl erhitzen und die Fleischwürfel darin 7 bis 8 Minuten fritieren, dann mit einer Schaumkelle herausheben, abtropfen lassen und beiseite stellen. Die Kartoffeln 3 bis 4 Minuten schwimmend ausbacken, ebenfalls herausheben und abtropfen lassen.

Zubereitung: 3 Eßlöffel Öl in einem Topf erhitzen. Ingwer, Zwiebeln und Salz darin 2 Minuten pfannenrühren. Den Ingwer herausfischen und wegwerfen. Das Currypulver zufügen und weitere 2 Minuten rühren. Die Fleischstückchen zugeben und 2 Minuten in dieser Würze wenden. Dann mit der Brühe sowie Sojasauce auffüllen und die Kartoffeln zufügen. Aufkochen, dabei mehrmals rühren, und alles zusammen auf kleinstem Feuer 30 Minuten sanft köcheln lassen.
Curry ist zwar kein chinesisches Gewürz, aber es schmeckt sehr gut zu Reis.

Anmerkung der Übersetzerin: Wenn auch in der Zutatenliste der Einfachheit halber Currypulver steht, darf man es doch eigentlich nicht mit jenem gelben Pulver gleichsetzen, das bei uns unter dieser Bezeichnung in den Gewürzregalen der Lebensmittelläden angeboten wird.
Curry ist zunächst einmal kein Gewürz, sondern eine Zubereitungsart in der indischen Küche. Curry ist die englische Verballhornung des Tamilworts *Kari*, das »Sauce« bedeutet. Mit Curry bezeichnet man in der indischen Küche Gerichte, die mit reichlich Sauce versehen sind. Gewürzt werden sie mit *Garam Masala*, einer ganz bestimmten Gewürzmischung (aus mindestens 6 bis 8 Gewürzen), die sich eine indische Hausfrau je nach Anlaß und Zutaten stets selbst herstellt.

Mit dem hier erhältlichen Currypulver hat Garam Masala keine Ähnlichkeit, höchstens manchmal in der Farbe: Durch Beimischung von Kurkuma (einer der Ingwerpflanze verwandten Wurzel) wird die Mischung gelb; und leuchtend gelb ist das Currypulver ja bei uns auch.

Sie sollten sich wirklich einmal die (geringe) Mühe machen, eine Gewürzmischung nach indischem Rezept selbst herzustellen, dann werden Sie bestimmt nie mehr auf den mehr als kläglichen Ersatz zurückgreifen. Nehmen Sie:

5 EL Kardamomkapseln, 6 EL Koriandersamen, 2 EL Fenchelsamen, 4 Zimtstangen, 1 Muskatnuß, 2 EL dunkle Senfsamen, 1 EL Gewürznelken, 4 EL Kreuzkümmel, 3 EL weiße Pfefferkörner.

Die Kardamomkapseln unter ständigem Rühren in einer trockenen Pfanne rösten, bis sie rundum gebräunt sind. Nach 6 Minuten kurz auskühlen lassen, die Kerne aus der Hülle lösen. Diese Körnchen zusammen mit den übrigen Gewürzen zurück in die Pfanne geben und auf mittlerer Hitze so lange rühren, bis die Samen und Gewürze zu springen anfangen. Kurz abkühlen lassen, dann im Mixer (elektrischen Zerhakker) oder im Mörser zu einem feinen Pulver zermahlen. Vollständig ausgekühlt in gut schließende Haushaltsgläser (Le Parfait) füllen und lichtgeschützt aufbewahren. So hält sich die Würzmischung bis zu einem halben Jahr.

Betrunkenes Schweinefleisch

Wie Hühnchen kann man auch Schweinefleisch »betrunken« machen. Es ist ein besonders gutes Vorspeisengericht.

Zutaten (für 6 bis 8 Personen, zusammen mit anderen Gerichten): 1200 g Schweinefleisch (aus der Keule), 3 Knoblauchzehen, 4 Frühlingszwiebeln, 3 Scheiben Ingwerwurzel, 1 EL Salz, $1/4$ TL frisch gemahlener schwarzer Pfeffer, trockener Sherry

Vorbereitung: Das Fleisch in 6 gleich große Stücke schneiden. Den Knoblauch zerdrücken. Die Frühlingszwiebeln in 3 cm lange Stücke hacken.

Zubereitung: 1 Liter Wasser in einem Topf aufkochen. Schweinefleisch, Knoblauch, Frühlingszwiebeln und Ingwerscheiben hineingeben, salzen und pfeffern, zum Kochen bringen und 35 Minuten schwach sieden; danach in der Flüssigkeit mehrere Stunden lang auskühlen lassen. Dann das Fleisch herausnehmen, gut abtrocknen (die Brühe für ein anderes Rezept vorsehen) und im Kühlschrank über Nacht kalt stellen. Jedes der 6 Stücke vierteln, in ein passendes Gefäß schichten und mit Sherry auffüllen, bis alles knapp bedeckt ist. Zugedeckt im Kühlschrank 2 bis 5 Tage ziehen lassen.

Servieren: Die Fleischwürfel abtropfen lassen, jeweils quer zur Faser in 5 mm dicke Scheiben schneiden und dachziegelartig auf einer runden Platte anrichten. Mit eingesalzenem Rettich und *Süßsauer eingelegten Gurkenstreifen* (Seite 136) servieren.

Anmerkung der Übersetzerin: Den eingesalzenen Rettich bekommen Sie fertig in Chinaläden (Adressen siehe Bezugsquellennachweis im Anhang des Buches).

In Meistersauce geköcheltes Schweinefleisch

Zutaten (für 8 bis 10 Personen): 750 g Schweinefleisch (aus Keule oder Schulter), gut 2 l *Meistersauce* (Seite 52), 4 hartgekochte Eier

Vor- und Zubereitung: Das Fleisch in kochendem Wasser 7 Minuten blanchieren. In einem schweren Schmortopf die Sauce erhitzen, das Fleisch einlegen und aufkochen. Eine Asbestplatte unter den Topf legen. Das Fleisch nun auf milder Hitze 1 Stunde sanft köcheln. Nach $1/2$ Stunde die abgepellten Eier zufügen. Die Sauce mit den Einlagen $1\,1/2$ Stunden auskühlen lassen.

Servieren: Fleisch und Eier abseihen (die Sauce auffangen und für andere Zubereitungen verwenden). Die Eier vierteln. Das Fleisch in 5 mm dicke Scheiben schneiden, auf einer runden Platte dachziegelartig anrichten und mit den Eivierteln garnieren.

Anmerkung: Falls Sie keine *Meistersauce* vorrätig haben, nehmen Sie $^1/_2$ Liter Sojasauce, $^1/_2$ Liter trockenen Sherry, 6 Ingwerscheiben, 4 zerdrückte Knoblauchzehen, 3 Sternanis, $^1/_2$ Teelöffel Fünf-Gewürz-Pulver, 1 Teelöffel Pfefferkörner, 4 Eßlöffel braunen Zucker und 2 mittelgroße gehackte Zwiebeln, und köcheln Sie alles miteinander 40 Minuten.

Schweinebraten

In China wird das Fleisch (oder auch Spanferkel) vor dem Braten erst in eine Marinade eingelegt. Diese Marinade kann aus einer ganzen Reihe von verschiedensten Zutaten bestehen – die einfachste wird aus Sojasauce, Sherry und braunem Zucker angerührt.

Zutaten (für 8 Personen): 2 Knoblauchzehen, 1 mittelgroße Zwiebel, 4 EL Sojasauce, $^1/_2$ TL Salz, 4 EL Sherry, 1 EL brauner Zucker, 750 g Schweineschulter

Vorbereitung: Den Knoblauch zerdrücken, die Zwiebel feinhacken und beides mit 2 Eßlöffeln Sojasauce, Salz und 2 Eßlöffeln Sherry zur Marinade »A« rühren. Die übrige Sojasauce mit dem restlichen Sherry und dem Zucker zu einer zweiten Marinade »B« mischen. Das Fleisch mit der Marinade »A« einreiben und 2 Stunden durchziehen lassen, dabei alle 30 Minuten wenden und wieder einpinseln.

Zubereitung: Den Ofen auf 220 Grad vorheizen. Das Fleisch auf den Rost über die Fettpfanne legen und 30 Minuten braten. Dann herausholen und mit Marinade »B« einpinseln. Die Hitze auf 190 Grad herunterschalten und das Fleisch bei dieser Temperatur eine weitere Stunde braten, dabei mehrmals wenden und mit dem in der Fettpfanne angesammelten Sud bepinseln.

Servieren: Das Fleisch etwas auskühlen lassen, dann in 5 mm dicke, etwa 7 mal 5 cm große Scheiben schneiden. In China ißt man Schweinebraten nicht nur als alleinigen Gang, sondern verwendet ihn auch gern zusammen mit anderen Zutaten wie Gemüse und Bohnenquark oder als Garnitur für Reis- und Nudelgerichte.

Anmerkung der Übersetzerin: Wenn Sie dieses Fleisch in einem chinesischen Restaurant in London, Paris oder in Asien serviert bekommen, wundern Sie sich vielleicht über seine leuchtend rote Farbe. Das ist nichts als Speisefarbe, die die Chinesen mit Vorliebe verwenden, weil sie mehr als wir mit den Augen essen.

Knuspriger Schweinebraten

Dieser Braten mit krachend knuspriger Haut wie auch *Gegrilltes Schweinefleisch nach kantonesischer Art* (Seite 147) sind wohl die im Ausland bekanntesten chinesischen Fleischgerichte. Wichtig ist hierbei natürlich die ungewöhnlich knusprige Haut. In einer europäischen Küche, wo ein Backofen eine Selbstverständlichkeit ist, kann man diesen Braten ohne jede Schwierigkeit selbst herstellen, während in China nur große Restaurantküchen Öfen haben (wie diese Öfen aussehen, steht in der Anmerkung Seite 34 beschrieben). Schweinefleisch mit knuspriger Schwarte bildet zu gekochtem Reis einen willkommenen Kontrast und ist bestimmt auch für Europäer eine Gaumenfreude.

Anmerkung der Übersetzerin: In London gibt es eine Vielzahl von China-Restaurants, in denen echte Chinesische Küche angeboten wird. Und dort ist auch das hier beschriebene Gericht ganz selbstverständlich überall zu bekommen. Bei uns hingegen, wo in den meisten chinesischen Restaurants eine auf den »deutschen Geschmack« hin verschlechterte Küche angeboten wird, die mit original chinesischem Essen eigentlich nichts zu tun hat, ist *Knuspriger Schweinebraten* selten. Leider, denn er ist wahrhaftig eine Köstlichkeit.

Zutaten (für 8 Personen): 1200 g Schweineschulter (mit Schwarte), 2 TL Salz, $^1/_4$ TL Fünf-Gewürz-Pulver, 1 EL Sojasauce, 1 EL Honig

Vorbereitung: Die Schwarte mit einem scharfen Messer kreuzweise in Abständen von 3 cm einschneiden.

Das Fleisch (auf der anderen Seite) mit einer Gabel in gleichen Abständen einstechen. Salz und Fünf-Gewürz-Pulver mischen, das Fleischstück rundum kräftig damit einreiben und 2 Stunden durchziehen lassen. Sojasauce und Honig mit 1 Eßlöffel heißem Wasser gründlich verrühren, bis der Honig aufgelöst ist.

Zubereitung: Den Ofen auf 210 Grad vorheizen. Das Fleisch mit der Schwarte nach unten in den Bräter legen, der knapp 2 cm hoch mit Wasser gefüllt sein sollte, und 30 Minuten braten. Dann herausnehmen, die Schwarte sorgfältig mit Küchenpapier trockenreiben und noch 30 Minuten lufttrocknen lassen.
Die Haut nunmehr mit der Honigmischung einpinseln. Die Ofentemperatur auf 190 Grad vermindern. Das Fleisch dabei noch 1 Stunde auf dem Rost braten, zuerst mit der Schwarte nach oben, dann zweimal wenden.

Anmerkung: Nach den ersten 30 Minuten kann die Schwarte mit 2 Teelöffeln Sesamöl eingepinselt oder -gerieben werden.

Schweinerippchen (Spare ribs)

Es sieht ganz so aus, als ob die Europäer langsam die Vorzüge von Schweinerippchen entdeckten. In China schätzt man diese fleischigen Knochen schon seit undenklichen Zeiten.
Aber es gibt einen grundlegenden Unterschied zwischen den chinesischen Schweinerippchen und denen, die jetzt im Westen so beliebt geworden sind. Bei uns hackt man sie in etwa 3 cm lange Stückchen, damit man sie problemlos mit den Stäbchen in den Mund stecken und mit Zähnen und Zunge das Fleisch ablösen kann, was Chinesen sozusagen »im Schlaf« können. Den Knochen befördert man mit Hilfe der Stäbchen wieder auf den Teller zurück. Im Westen kennt man diese elegante Technik nicht, man läßt die Rippchen ganz und muß sie mit den Fingern zum Mund führen, um sie abzunagen.
Schweinerippchen sind nur die Rippenknochen über dem Schweinebauch, nicht die ausgelösten Kotelettknochen, die manchmal in den Geschäften als Spare ribs angeboten werden. Sie sind eigentlich überall billig zu haben. Meist mariniert man sie vor oder während des Garens. Man kann Schweinerippchen grillen, braten, aber auch einen Teil der Zeit schmoren oder langsam köcheln, so daß sie noch zarter werden. Zuvor jedoch säubert man sie sorgsam und löst alles überflüssige Fett von der Rückseite ab. Gewöhnlich läßt man die Rippchen aneinander (höchstens, daß man sie in 3 Teile hackt) und schneidet sie erst nach dem Garprozeß auseinander. Zum raschen Braten allerdings hackt man sie schon vor dem Zubereiten in 3 cm lange Stücke, damit man sie gut pfannenrühren oder dämpfen kann.

Schweinerippchen
(Grundrezept)

Zutaten (für 8 bis 10 Personen, zusammen mit anderen Gerichten): 1500 g Schweinerippchen (vom Metzger bereits in einzelne Knochenstreifen geschnitten), 2 mittelgroße Zwiebeln, 2 Knoblauchzehen, 2 Scheiben Ingwerwurzel, $^3/_4$ l Wasser, 2 EL Pflanzenöl, 5 EL Sojasauce, 1 Würfel Hühnerbrühe, 1 EL Zucker, Salz und Pfeffer nach Geschmack

Vorbereitung: Die Rippchen von überflüssigem Fett säubern. Die Zwiebel in feine Scheiben schneiden. Knoblauch und Ingwer feinhacken.

Zubereitung: Die Rippchen in einen großen Topf legen, mit dem Wasser auffüllen, aufkochen und 5 Minuten brodeln lassen. Dann abschäumen und drei Viertel des Wassers weggießen. Die Hitze reduzieren. Die Rippchen nun 15 Minuten köcheln, dabei mehrmals wenden. Das Öl und alle anderen Zutaten zufügen, das Feuer rasch auf stärkste Hitze bringen und alles 5 Minuten unter schnellem Rühren heftig kochen, bis die Rippchen zu rösten beginnen.
Die Hitze zurücknehmen und den Topf mit einem Deckel verschließen. Die Rippchen 30 Minuten schwach köcheln lassen, bis von der Flüssigkeit nur noch ein Fünftel vorhanden ist. Auf einer vorgewärmten Platte anrichten und mit dem Rest der Sauce beträufeln.
Wenn Sie lieber etwas knusprigere, saucenlose Rippchen mögen, können Sie die Flüssigkeit total verdampfen lassen und die Rippchen auf dem Rost im auf 200 Grad vorgeheizten Ofen 8 bis 10 Minuten trocknen.

Gedünstete Schweinerippchen mit Paprikastreifen
Abb. 11

Zubereitung: Das Grundrezept (siehe oben) wiederholen, zusätzlich eine rote oder grüne Paprikaschote entkernen, vom Stiel befreien und in schmale Streifen schneiden. Kurz vor dem Anrichten die Rippchen mit den Paprikastreifen zusammen weitere 3 bis 4 Minuten auf starker Hitze pfannenrühren. (Durch den Paprika bekommt das Gericht Farbe und einen sehr angenehmen Geschmack.)

Schweinerippchen mit schwarzen Bohnen

Zutaten (für 8 bis 10 Personen, zusammen mit anderen Gerichten): 1500 g Schweinerippchen, 3 Knoblauchzehen, 3 Scheiben Ingwerwurzel, 1 große Zwiebel, 1 $^1/_2$ EL gesalzene schwarze Bohnen (Dose), 3 EL Sherry, 3 EL Sojasauce, 6 EL Wasser, 1 EL Maisstärke, 3 TL Zucker, $^1/_2$ TL Glutamat, 6 EL *Einfache Brühe*

Vorbereitung: Die Schweinerippchen in einzelne Knochen zerteilen und diese in etwa 3 cm lange Stücke hacken. Knoblauch, Ingwer und die Zwiebel feinhacken. Die Bohnen in kaltem Wasser 30 Minuten einweichen, dann abgießen und mit Knoblauch, Ingwer, Zwiebeln, Sherry, Sojasauce und 3 Eßlöffeln Wasser verrühren. Die Stärke mit Zucker, Glutamat und dem restlichen Wasser verquirlen.

Zubereitung: Das Öl auf stärkster Flamme in einem Topf erhitzen. Die Rippchen darin 4 bis 5 Minuten pfannenrühren, bis sie zu bräunen beginnen. Das Öl wegkippen. Die Bohnen-Soja-Mischung zufügen und noch $^1/_2$ Minute rühren, dann mit der Brühe aufgießen und alles zugedeckt auf milder Hitze 8 bis 10 Minuten köcheln lassen. Die Stärke-Mischung einrühren, nochmals auf starkem Feuer 1 Minute rühren und sofort servieren.

Schweinerippchen mit schwarzen Bohnen
(nach Art der Übersee-Chinesen)

Zutaten (für 6 bis 8 Personen): 1200 g Schweinerippchen, 1 TL Salz, Pfeffer aus der Mühle, 3 Scheiben Ingwerwurzel, 3 Knoblauchzehen, 1 große Zwiebel, 1 $^1/_2$ EL gesalzene schwarze Bohnen, 2 EL Sojasauce, 6 EL Pflanzenöl, $^1/_8$ l *Einfache Brühe*, 1 Würfel Hühnerbrühe, 3 TL Zucker, 3 EL Sherry

Vorbereitung: Die Rippchen von überflüssigem Fett säubern und mit Salz und Pfeffer rundum kräftig einreiben. Ingwer, Knoblauch und die Zwiebel feinhakken. Die Bohnen in kaltem Wasser 30 Minuten einweichen, abgießen, mit einer Gabel zerdrücken und mit Ingwer, Knoblauch, Zwiebeln und Sojasauce verrühren. Die Rippchen in einzelne Knochen zerlegen.

Zubereitung: Das Öl in einem schweren Topf auf stärkster Flamme erhitzen. Die Rippchen darin unter Wenden 7 bis 8 Minuten braunbraten. Dann das überschüssige Öl wegkippen. Die Bohnenmischung zufügen und auf nunmehr mittlerer Hitze noch 4 bis 5 Minuten rühren. Mit der Brühe auffüllen, den zerdrückten Brühwürfel, Zucker und Sherry zufügen und einige Male umrühren. Das Ganze zugedeckt 30 Minuten sanft köcheln lassen. Die Flüssigkeit sollte dann um mehr als die Hälfte eingekocht sein.
Die Rippchen mit einer Schaumkelle herausheben und auf dem Rost über der Fettpfanne im vorgeheizten Backofen bei 200 Grad 10 Minuten braten.

Servieren: Die Schweinerippchen auf einer vorgewärmten Platte anrichten. Sollte noch etwas Sauce erwünscht sein, 3 Eßlöffel Stärke mit 3 Eßlöffeln Wasser verrühren und an die Schmorflüssigkeit gießen, kurz aufkochen, 2 Eßlöffel Sherry zufügen und über die Rippchen gießen. Mit gehackten Frühlingszwiebeln oder Petersilie bestreuen und rasch auftragen.

Süßsaure Schweinerippchen

Sie sind eine beliebte Vorspeise zu einem größeren chinesischen Essen.

Zutaten (für 8 bis 10 Personen, zusammen mit anderen Gerichten): 1500 g Schweinerippchen, 1 große Zwiebel, 1 grüne oder rote Paprikaschote, 2 Knoblauchzehen, 2 Scheiben Ingwerwurzel, 1 TL Salz, 3 EL Sojasauce, 1 EL Hoisinsauce, 2 EL Pflanzenöl *Für die Sauce:* $1\frac{1}{2}$ EL Maisstärke, 4 EL Wasser, 2 EL Pflanzenöl, $2\frac{1}{2}$ TL Zucker, $2\frac{1}{2}$ EL Essig, 2 EL Tomatenpüree (oder -mark), 2 EL Orangensaft, 2 EL Sojasauce, 2 EL Sherry

Vorbereitung: Die Rippchen in einzelne Knochen zerlegen. Zwiebel und Paprikaschote (entkernt und vom Stiel befreit) in feine Streifen schneiden. Knoblauch und Ingwer feinhacken. Die Saucenzutaten in einem Schälchen miteinander verquirlen.

Zubereitung: Die Rippchen in einem Topf, mit Wasser bedeckt, aufkochen und auf milder Hitze 15 Minuten sieden. Abgießen und gut abtropfen lassen. Zwiebeln, Knoblauch, Ingwer, Salz, Sojasauce und Hoisinsauce zufügen, alles gründlich mischen und auf mildem Feuer 25 Minuten köcheln. Dann in eine feuerfeste Form schichten und in den auf 190 Grad vorgeheizten Ofen schieben.
Das Öl in einer Pfanne erhitzen. Die Paprikastreifen darin auf mittlerer Hitze 2 Minuten pfannenrühren, dann die Saucen-Mischung darübergießen und so lange unter Rühren köcheln, bis eine klare Sauce entstanden ist. Die Rippchen auf einer Platte anrichten, mit der Sauce übergießen und sofort auftragen.

Schweinerippchen mit rotem Bohnenkäse

Zutaten (für 8 bis 10 Personen, zusammen mit anderen Gerichten): 1250 g Schweinerippchen, 2 Knoblauchzehen, 2 mittelgroße Zwiebeln, 2 Frühlingszwiebeln, 1 EL Maisstärke, 2 EL Sherry, 3 EL Wasser, 4 EL Pflanzenöl, $1\frac{1}{2}$ EL roter Bohnenkäse, 2 EL Sojasauce, 2 TL Zucker

Vorbereitung: Am besten beim Einkauf den Metzger bitten, die Rippchen in einzelne Knochen zu teilen; diese in Stücke von 3 cm Länge hacken. Den Knoblauch zerdrücken, die Zwiebeln in dünne Scheiben, die Frühlingszwiebeln in etwa 3 cm lange Stücke schneiden. Die Stärke mit Sherry und Wasser verquirlen.

Zubereitung: Das Öl in einem schweren Topf stark erhitzen und die Rippchen darin 4 Minuten pfannenrühren. Knoblauch und Zwiebeln zufügen und weitere 4 Minuten braten. Bohnenkäse, Sojasauce und Zucker in den Topf geben und alles 2 Minuten unter Rühren mischen. Dann mit $\frac{1}{8}$ l Wasser auffüllen, aufko-

chen und auf milder Hitze 30 Minuten sanft köcheln lassen, bis die Flüssigkeit stark eingekocht ist, dabei die Rippchen gelegentlich wenden.
Die angerührte Stärke dazugießen, die Zwiebelstückchen darüberstreuen, nochmals 2 Minuten auf größter Hitze pfannenrühren und sogleich auftragen.

Fritierte Schweinerippchen

In diesem Fall werden die Rippchen längere Zeit in eine Marinade eingelegt und dann rasch in heißem Fett schwimmend ausgebacken.

Zutaten (für 6 bis 8 Personen, zusammen mit anderen Gerichten): 1000 g Schweinerippchen, 1 große Zwiebel, 2 Knoblauchzehen, 2 Scheiben Ingwerwurzel, $\frac{1}{2}$ TL Salz, 3 EL Sojasauce, 1 EL Hoisinsauce, 4 EL Sherry, 1 EL Zucker, $1\frac{1}{2}$ EL Mehl, Fritieröl

Vorbereitung: Die Rippchen in einzelne Knochen teilen und diese in 3 cm lange Stücke hacken. Die Zwiebel in dünne Scheiben schneiden. Knoblauch und Ingwer feinhacken. Die Rippchen in einer Schüssel mit allen übrigen Zutaten gründlich mischen und einige Stunden marinieren lassen, dabei ein paarmal wenden.

Zubereitung: Die Rippchen abseihen, gut abtrocknen und mit dem Mehl bestäuben, bis sie davon rundum hauchzart überzogen sind. Portionsweise in heißem Fett schwimmend 3 bis 4 Minuten ausbacken. Kurz vor dem Auftragen die Rippchen alle zusammen nochmals für 3 bis 4 Minuten ins heiße Fett geben, bis sie knusprig sind. Sofort auftragen.
Dazu verschiedene Dips und Saucen reichen: *Soja-Senf-Dip, Salz-und-Pfeffer-Mischung, Soja-Chili-Dip* und *Pflaumensauce* (siehe Register im Anhang).

Fritierte Salz-und-Pfeffer-Rippchen

Zutaten (für 8 bis 10 Personen): 1200 g Schweinerippchen, 1 EL Salz, 1 TL frisch gemahlener Pfeffer, 2 EL Maisstärke, 1 Ei, Fritieröl

Vorbereitung: Die Rippchen in einzelne Knochen teilen. Salz und Pfeffer mischen und in einer trockenen Pfanne 2 bis 3 Minuten auf mittlerer Hitze unter Rühren rösten, bis sie einen starken Duft verströmen. Die Rippchen damit leicht einreiben und 1 bis 2 Stunden durchziehen lassen. Stärke und Ei zu einem Teig verquirlen.

Zubereitung: Die Rippchen in einen Dämpftopf legen und 25 Minuten heftig dämpfen. Dann durch den Ausbackteig ziehen, in einen Drahtkorb legen und in heißem Öl 3 bis 4 Minuten fritieren (eventuell portionsweise). Sobald sie etwas abgekühlt sind, in 5 cm lange Stücke hacken und nochmals 3 bis 4 Minuten schwimmend ausbacken.

Geräucherte Schweinerippchen
(ein Rezept aus der Provinz Szechuan)

Zutaten (für 8 bis 10 Personen, zusammen mit anderen Gerichten): 1200 g Schweinerippchen, gut 1 l Wasser, 1 EL Salz, 1 TL frisch gemahlener Pfeffer, 2 Scheiben Ingwerwurzel, 3 Frühlingszwiebeln, 2 EL Sojasauce, 1 EL Hoisinsauce, 2 EL Sherry, 1 EL Zucker, 4 EL Sesamöl; 400 g Kiefernnadeln

Vorbereitung: Die Rippchen säubern und so auseinanderhacken, daß jeweils 3 Knochen zusammenhängen. In einen Topf füllen, mit Wasser bedecken, Salz und Pfeffer zufügen und 20 Minuten kochen. Dann abgießen, in einzelne Knochen teilen und diese in 3 cm lange Stücke hacken. Den Ingwer feinhobeln, die Frühlingszwiebeln in 2 cm lange Stücke schneiden.

Zubereitung: Schweinerippchen, Ingwer, Frühlingszwiebeln, Soja- und Hoisinsauce, Sherry, Zucker und Öl in einen Topf füllen und auf milder Hitze 10 Minuten pfannenrühren, bis die Rippchen schön trocken geworden sind. In einen Drahtkorb umfüllen.
Ein großes Stück glühende Holzkohle auf den Boden eines schweren Topfes legen und die sehr trockenen Kiefernnadeln darüberstreuen. Nun den Korb in den Topf hängen. Sobald die Nadeln beginnen, Rauch zu entwickeln, den Topf mit einem Deckel verschließen

und auf eine mittelheiße Herdplatte stellen (um den Räuchereffekt zu verstärken). Die Rippchen 10 bis 12 Minuten räuchern. Die Kiefernnadeln geben den Rippchen ein ganz besonderes Aroma.

Anmerkung der Übersetzerin: Die hier erwähnten Kiefernnadeln müssen Sie sich natürlich im Wald selber holen. Denken Sie jedoch rechtzeitig daran, denn die Nadeln sollten wirklich *trocken* sein, nicht frisch vom Baum gepflückt, denn sonst entwickelt sich kein aromatischer Rauch, sondern stinkender Qualm.

Pfannengerührte Schweinefleischgerichte

Wenn Schweinefleisch pfannengerührt werden soll, muß man es zuvor stets in feine Scheibchen oder streichholzdünne Streifen schneiden oder auf andere Art zerkleinern. Man rührt es immer mit Gemüse oder anderen Zutaten, die in die gleiche Form oder Größe geschnitten sind.

Pfannenrühren hat gegenüber anderen Garmethoden drei entscheidende Vorteile: Erstens spart man damit Zeit – denn das Kochen dauert selten länger als wenige Minuten. Zweitens kann man das teurere Fleisch mit preiswerteren Zutaten mischen und erhält mit wenig finanziellem Aufwand ein wohlschmeckendes, attraktives Gericht (man kann zum Beispiel mit nur 400 g Schweinefleisch eine sättigende Mahlzeit für 6 bis 7 Personen herstellen). Drittens kann man mit ein und derselben Sorte Fleisch, wenn man sie mit immer wieder anderen Zutaten kombiniert, hunderterlei verschiedene Gerichte zubereiten, die in Struktur, Aussehen und Geschmack jedesmal eine Überraschung sind.

Pfannenrühren geschieht bei höchster Temperatur, deshalb sind rasches, präzises Arbeiten und Fingerspitzengefühl im Umgang mit der Hitzezufuhr erforderlich. Darum gehören zum Pfannenrühren mehr Erfahrung und Geschick als zu anderen Garmethoden.

Auch bedarf es einiger Geduld und Übung, alle benötigten Zutaten in die gehörige Form zu schneiden. Wenn allerdings sämtliche Zutaten fix und fertig in verschiedenen Schälchen bereitstehen, ist der eigentliche Kochvorgang nur noch eine Frage von wenigen Minuten, manchmal sogar nur Sekunden.

Ich vergleiche diese Form des Kochens gerne mit dem »action painting« in der modernen Kunst, in dem die spontane Kreativität des Künstlers vollendet zum Ausdruck kommt. So hat auch manch ein chinesischer Koch beim Pfannenrühren seine Geistesgegenwart

11 Gedünstete Schweinerippchen mit Paprikastreifen (S. 157); Pfannengerührte Rindfleischstreifen mit Frühlingszwiebeln und Möhren (S. 193); Gekochter Reis (S. 95)

und sein Können unter Beweis gestellt, ja seinen Ruhm begründet oder – aufs Spiel gesetzt. Der spontan richtig genutzte Augenblick entscheidet hier über die geschmackliche und optische Qualität des fertigen Gerichtes.

Häufig werden beim Pfannenrühren Zutaten mit unterschiedlicher Garzeit verwendet. Man gart sie meist nacheinander in derselben Pfanne und stellt sie dann beiseite. Erst zum Schluß, wenn sämtliche Ingredienzen vor- oder fertiggegart sind, mischt man sie alle im zischenden Fett auf höchster Hitze zusammen.

Dieser letzte Zusammenklang, der die harmonische Verbindung der Aromen besiegelt und in dem sich das Gericht vollendet, gipfelt in einem Crescendo, das an die Schöpfung von Himmel und Erde erinnert. Kreatives Schaffen hat etwas Göttliches an sich; ein guter Koch weiß das, und deshalb wird er seine Aufgabe mit *Würde* erfüllen – oder die Hände davon lassen.

Im folgenden führe ich einige Rezepte für einfachere Gerichte an, die sehr schnell aus gebräuchlichen Zutaten zubereitet und gekocht werden können und die trotzdem, wenn sie gut gemacht sind, auch bei verwöhnten Feinschmeckern Anklang finden.

Zum Pfannenrühren verwendet man gewöhnlich mageres Schweinefleisch aus der Lende, vom Filet und magere Stücke aus Schulter oder Keule. Sie können auch mageren Hals oder die fleischigen Stücke von Rippchen nehmen.

Pfannengerührte Schweinefleischscheibchen mit Chinakohl

Dieses Gericht paßt besonders gut zu Reis.

Zutaten (für 6 bis 8 Personen, zusammen mit anderen Gerichten): 400 g mageres Schweinefleisch, 1 TL Salz, Pfeffer aus der Mühle, $1/2$ mittelgroßer Chinakohl (oder Wirsing), 1 Knoblauchzehe, 5 EL Pflanzenöl, 2 EL Sojasauce, 4 EL *Hühner-* oder *Feine Brühe*, 2 TL Zucker, $1/2$ TL Glutamat (oder $1/2$ Würfel Hühnerbrühe)

Vorbereitung: Das Fleisch gegen die Faser in hauchdünne Scheibchen von 3 mal 5 cm Größe schneiden und gründlich mit Salz und Pfeffer einreiben. Den Kohl in 3 cm große Stücke hacken. Den Knoblauch zerdrücken.

Zubereitung: 3 Eßlöffel Öl in einer großen Pfanne erhitzen und den Knoblauch darin kurz anrösten. Dann die Fleischscheibchen auf dem Pfannenboden ausbreiten und auf starkem Feuer 3 Minuten heftig pfannenrühren. Mit einer Schaumkelle herausheben, abtropfen lassen und beiseite stellen.

Das restliche Öl in der Pfanne erhitzen und den Kohl darin so lange unter Rühren braten, bis alle Stücke von einem dünnen Ölfilm überzogen sind. Weitere 3 Minuten pfannenrühren, bis sie durch und durch heiß sind, dann Sojasauce, Brühe, Zucker und Glutamat zufügen. Die Kohlstücke darin etwa 2 Minuten wenden. Nun das Fleisch in die Pfanne zurückgeben und nochmals 2 bis $2\,1/2$ Minuten durchwärmen.

Anmerkung: Wenn man die Fleischscheiben vor dem Braten mit etwas Maisstärke bestäubt und gut damit einreibt, werden sie besonders zart und bekommen eine samtige Oberfläche. Nehmen Sie jedoch nur eine kleine Menge (etwa $1/2$ EL auf die hier verwendete Menge Fleisch), dann macht sich garantiert kein Mehlgeschmack störend bemerkbar.

Pfannengerührte Schweinefleischscheibchen mit Blumenkohl

Für 6 bis 8 Personen (zusammen mit anderen Gerichten).

Das gleiche Rezept wie zuvor, statt des Kohls jedoch einen mittelgroßen Blumenkohl verwenden. Diesen in winzige Röschen teilen, die dünnen Stiele schräg in 5 mm dicke Scheibchen schneiden, dickere Stiele sowie Strünke entfernen. Nachdem das Fleisch pfannengerührt ist, den Blumenkohl im Öl auf milder Hitze 2 bis 3 Minuten sanft rühren, bis alle Stückchen vom Öl überzogen sind. 6 Eßlöffel Brühe (*Hühner-*, *Feine* oder *Einfache Brühe*) zufügen und den Blumenkohl darin etwa 4 Minuten zugedeckt garen. Einige Eßlöffel Sherry und 1 Teelöffel Sesamöl zum Schluß verfeinern das Aroma.

12 Rasch gebratene Schweinenieren mit Stangensellerie und Wolkenohrpilzen (S. 172)

Pfannengerührte Schweinefleischscheibchen mit Gurke

Für 6 bis 8 Personen (zusammen mit anderen Gerichten).

Das erste Rezept wiederholen, nur statt des Kohls eine mittelgroße Gärtnergurke verwenden. Die Gurke mit Schale längs oder quer in feine Scheibchen schneiden und genauso lange wie den Chinakohl garen. Mit Reis servieren.

Pfannengerührte Schweinefleischscheibchen mit Pilzen

Für 6 bis 8 Personen (zusammen mit anderen Gerichten).

Wir verwenden in China weitaus häufiger getrocknete als frische Pilze. Sie sind knackiger und aromareicher. Getrocknete Pilze müssen vor dem Verarbeiten 30 Minuten in warmem Wasser eingeweicht werden, anschließend entfernt man die Stiele. Vom Einweichwasser sollte man immer einige Eßlöffel (3 bis 4) aufheben, um sie zum Schluß mit etwas Sherry, Sesamöl und Glutamat in die Sauce zu mischen. Das gibt dem Gericht noch zusätzliches Aroma.

Das gleiche Rezept wie für *Pfannengerührte Schweinefleischscheibchen mit Chinakohl*, statt des Kohls jedoch 100 g frische und 50 g getrocknete Champignons (Tongu-Pilze) verwenden. Da die Pilze viel Flüssigkeit aufsaugen, gibt man sie erst, nachdem das Schweinefleisch mit Knoblauch und Ingwer angebraten worden ist, mit dem Einweichwasser, Sojasauce, Zucker und Brühe zusammen in die Pfanne. Jetzt saugen sie die würzige Sauce auf (zu einem früheren Zeitpunkt hätten sie lediglich das Öl absorbiert).

Man kann die Sauce auch, bevor die Pilze hinzukommen, noch mit 1 Eßlöffel Butter anreichern. Frische und getrocknete Pilze können zur gleichen Zeit zugefügt werden. Die einen geben dem Gericht Fülle, die anderen Aroma.

Falls das Fleisch nicht zuvor mit Stärkemehl eingerieben wurde, ist es vorteilhaft, $^1/_2$ Eßlöffel mit 2 Eßlöffeln Wasser angerührte Stärke mit Sherry, Sesamöl und Glutamat vermischt zum Schluß unterzurühren.

Pfannengerührte Schweinefleischscheibchen mit Bambussprossen

Für 6 bis 8 Personen (zusammen mit anderen Gerichten).

Im Westen kann man Bambussprossen fast nur in Dosen kaufen. Da man weniger ihren kaum wahrnehmbaren Geschmack schätzt (der ist nur etwas für Gourmets mit feiner Zunge), sondern eher ihre Knackigkeit, muß die Garzeit nicht unbedingt peinlich genau eingehalten werden – einige Minuten mehr oder weniger auf dem Feuer beeinträchtigen diese hervorragende Eigenschaft überhaupt nicht.

Das Rezept für *Pfannengerührte Schweinefleischscheibchen mit Chinakohl* (Seite 161) wiederholen, aber statt des Chinakohls Bambussprossen verwenden. Sie werden in dünne Scheiben geschnitten und 2 bis 3 Minuten lang unter Rühren in dem von Fleisch, Knoblauch und Ingwer aromatisierten Öl angebraten, dann weitere 4 Minuten in Brühe mit Sojasauce geköchelt und zum Schluß mit den Fleischscheibchen zusammen noch einmal pfannengerührt.

Frische Bambussprossen allerdings erfordern mehr Aufmerksamkeit, weil sie oft ziemlich hart sind. Man blanchiert die Scheibchen deswegen 3 Minuten in sprudelnd kochendem Wasser (was sich übrigens auch für den Blumenkohl empfiehlt), pfannenrührt sie dann 2 bis 3 Minuten auf milder Hitze in dem von Knoblauch und Ingwer aromatisierten Öl, bis sie gleichmäßig davon überzogen sind, und köchelt sie anschließend in etwas Brühe und Sojasauce, bevor sie mit dem Fleisch noch einmal pfannengerührt werden.

Pfannengerührte Schweinefleischscheibchen mit Lauch

Für 6 bis 8 Personen (zusammen mit anderen Gerichten).

Lauch kann man auf die gleiche Art wie Chinakohl verarbeiten. Das Rezept für *Pfannengerührte Schweinefleischscheibchen mit Chinakohl* (Seite 161) wiederholen, dabei statt des Kohls die gleiche Menge Lauch verwenden. Diesen in 3 cm lange Stücke schneiden (auch die grünen Teile mitverwenden) und gleich, nachdem das Fleisch pfannengerührt ist, ebenfalls unter Rühren braten. 1 Eßlöffel der Sojasauce durch knapp 1 Teelöffel Salz ersetzen. Durch das Salz bekommt der Lauch eine leuchtend grüne Farbe. Um seinen relativ starken Geschmack etwas zu mildern, 1 Eßlöffel Hoisinsauce zu Beginn mit dem Fleisch zusammenrühren, dadurch wird dieses schön dunkelbraun und auch pikanter. Der glänzende grüne Lauch und das dunkle, würzige Fleisch verbinden sich zu einem ebenso wohlschmeckenden wie attraktiven Gericht.

Pfannengerührte Schweinefleischscheibchen mit Salat

Für 6 bis 8 Personen (zusammen mit anderen Gerichten).

Das gleiche Rezept wie für *Pfannengerührte Schweinefleischscheibchen mit Chinakohl* (Seite 161). Statt des Chinakohls festblättrigen Salat verwenden. Salat hat eine viel geringere Garzeit als Chinakohl – er braucht im Grunde überhaupt nicht zu garen. Deshalb wendet man ihn lediglich rasch im heißen Öl, besprenkelt ihn dann mit Sojasauce, Zucker, etwas Brühe und Glutamat und rührt ihn zum großen Finale kurz noch einmal mit dem Fleisch zusammen in der heißen Pfanne.

Anmerkung der Übersetzerin: Am besten verwenden Sie für dieses Rezept Römischen Salat (Romana) oder Eissalat.

Pfannengerührte Schweinefleischscheibchen mit Zuckererbsen

Für 6 bis 8 Personen (zusammen mit anderen Gerichten).

Zuckererbsen (Mange Tout) gibt es in letzter Zeit immer häufiger auch bei uns. Sie sind in der Chinesischen Küche (vor allem beim Pfannenrühren!) vielseitig verwendbar. Sie sehen ausgesprochen hübsch aus und behalten auch nach kurzem Braten ihre frische Knackigkeit. Wenige Minuten Wenden im heißen Öl und ein letztes kurzes Pfannenrühren mit dem Fleisch zusammen zaubern ein Gericht, das durch seine Farbigkeit und sein Aroma besticht.

Pfannengerührte Schweinefleischscheibchen mit Lilienknospen und Glasnudeln

Glasnudeln und Lilienknospen sind für die Chinesische Küche sehr typisch. Wenn auch Glasnudeln eigentlich geschmacklos sind, dienen sie doch als Verbindungsglied unter den verschiedenen Zutaten, weil sie die Aromen in sich aufnehmen und weitergeben. Lilienknospen schmecken erdig, erinnern an Waldboden und an Herbst – man muß sich an diesen Geschmack gewöhnen. Bei Chinesen, die im Ausland leben, rufen diese beiden Zutaten Heimweh hervor. Damit ein Gericht mit diesen Zutaten wirklich original schmeckt, gehören unbedingt noch Tongu-Pilze (chinesische Champignons), Frühlingszwiebeln und Sesamöl dazu.

Zutaten (für 4 bis 8 Personen, zusammen mit anderen Gerichten): 50 g Lilienknospen, 6 große getrocknete Tongu-Pilze, 100 g Glasnudeln, 300 g mageres Schweinefleisch, 3 Frühlingszwiebeln, 2 Scheiben Ingwerwurzel, 2 EL Pflanzenöl, $1/2$ TL Salz, 3 EL Sojasauce, 1 TL Zucker, $1/8$ l *Feine Brühe*, 3 EL Sherry, $1/2$ TL Glutamat, 2 TL Sesamöl

Vorbereitung: Lilienknospen, Pilze und Glasnudeln in getrennten Schälchen 30 Minuten lang in warmem Wasser einweichen. 6 Eßlöffel Pilzwasser aufbewahren, die Pilzstiele herausschneiden und die Hüte vierteln.

Die Lilienknospen in 5 bis 7 cm lange Stücke hacken – so lange im Einweichwasser liegen lassen, bis man sie benötigt.

Die Frühlingszwiebeln in 5 cm lange Stücke teilen. Das Fleisch quer zur Faser in feine Streifen von 3 mal 1 cm Größe schneiden. Den Ingwer feinhacken.

Zubereitung: Das Öl in einer großen Pfanne erhitzen. Ingwer, Salz und Fleisch zufügen und auf starker Hitze 3 Minuten pfannenrühren, dann 1 Eßlöffel Sojasauce zugießen, Zucker einstreuen und eine weitere Minute unter Rühren braten. Mit der Brühe auffüllen, Pilze, Einweichwasser und Lilienknospen zugeben. Das Ganze 2 Minuten stark kochen.

Zuletzt die Glasnudeln, die restliche Sojasauce, Sherry und Glutamat einrühren und alles auf nunmehr milder Hitze 5 Minuten ziehen lassen. Mit Frühlingszwiebeln und Sesamöl besprenkeln und noch 1 Minute köcheln.

Auf einer tiefen Platte anrichten und sofort servieren.

Pfannengerührtes gebratenes Schweinefleisch mit Bohnenquark

Bohnenquark ist eine weitere typisch chinesische Zutat. Wie die Glasnudeln hat auch Bohnenquark kaum Eigengeschmack, ist aber in der Lage, Aromen von anderen Zutaten in sich aufzunehmen. In seiner Konsistenz gleicht er festem Vanillepudding.

Bohnenquark ist im allgemeinen in Stücken erhältlich, die etwas größer sind als ein 250-g-Paket Butter. Er gehört zu den wichtigsten Nahrungsmitteln der Chinesen, deshalb wird man ihn auch in den meisten Chinaläden im Ausland finden können.

Anmerkung der Übersetzerin: Leider leben bei uns in Deutschland nicht allzu viele Chinesen, so daß die wenigen auf chinesische Zutaten spezialisierten Geschäfte es sich kaum leisten können, frische Ingredienzen, die sich nicht lange halten, anzubieten. Bohnenquark finden Sie deshalb hierzulande fast nur in Dosen oder getrocknet (unter verschiedenen Namen wie *Tofu, Towfu, Tahu* o. ä.). In japanischen und anderen asiatischen Feinkostläden ist allerdings manchmal auch frisches *Tofu* erhältlich (siehe auch Bezugsquellennachweis und Glossar im Anhang des Buches).

Zutaten (für 4 bis 6 Personen, zusammen mit anderen Gerichten): 4 getrocknete chinesische Champignons (Tongu-Pilze), 2 EL Wolkenohrpilze (Mu-Err), 2 EL getrocknete Shrimps, 2 Frühlingszwiebeln, 200 g *Gegrilltes Schweinefleisch nach kantonesischer Art* (Seite 147), 2 Würfel Bohnenquark, 4 EL Pflanzenöl, 2 Scheiben Ingwerwurzel, $\frac{1}{2}$ TL Salz, 3 EL Sojasauce, 1 TL Zucker, 6 EL Brühe (*Feine* oder *Einfache*), 1 EL *Austernsauce*, $\frac{1}{2}$ TL Glutamat

Vorbereitung: Tongu-Pilze, Wolkenohrpilze und getrocknete Shrimps getrennt jeweils 30 Minuten in warmem Wasser einweichen. 4 Eßlöffel Tongu-Pilzwasser aufbewahren. Die Stiele der Tongu-Pilze entfernen. Wolkenohrpilze und Shrimps abtropfen lassen. Die Frühlingszwiebeln feinhacken. Das gegrillte Fleisch in 6 gleich große Stücke teilen.

Zubereitung: 2 Eßlöffel Öl in einer Pfanne erhitzen. Shrimps, Fleisch, Ingwer und Salz darin 2 Minuten auf starker Hitze pfannenrühren, dann das Fleisch mit einem Schaumlöffel herausheben.

Das restliche Öl in die Pfanne gießen, die Bohnenquarkwürfel zufügen und auf mildem Feuer unter vorsichtigem Wenden rundum bräunen. Pilze, Sojasauce, Frühlingszwiebeln, Pilzwasser, Zucker, Brühe, Austernsauce und Glutamat zufügen, den Bohnenquark in dieser Sauce vorsichtig drehen und 3 Minuten köcheln. Schließlich das Fleisch in die Pfanne zurückgeben und nochmals einige Minuten behutsam in der Saucenmischung wenden.

In einer tiefen Schale anrichten und heiß servieren. Der Bohnenquark hat jetzt ein ebenso volles Aroma wie das Fleisch.

Pfannengerührte Schweinefleischscheiben mit Szechuan-Pickles

Szechuan-Pickles sind scharf eingelegte Gemüse, die man in Dosen in chinesischen Geschäften kaufen kann. Ihre durchdringende Schärfe und Salzigkeit macht die Hauptzutaten, mit denen sie zusammen verarbeitet werden, noch kräftiger. Wer sie noch nie probiert hat, sollte zunächst einmal sehr sparsam damit umgehen, um sich langsam an den Geschmack zu gewöhnen. Man kann nämlich schon mit geringen Mengen ein Gericht versalzen oder zu scharf würzen. Die Hälfte einer 200-g-Dose genügt für etwa 1 kg Schweinefleisch.

Zutaten (für 6 bis 10 Personen, zusammen mit anderen Gerichten): 600 g mageres Schweinefleisch, 75 bis 100 g Szechuan-Pickles, 3 EL Pflanzenöl, 1 EL Sojasauce, 1 $^1/_2$ TL Zucker, 3 EL *Feine Brühe*

Vorbereitung: Das Fleisch quer zur Faser in feine Scheibchen von etwa 2 mal 3 cm Größe schneiden. Die Pickles ebensofein schneiden.

Zubereitung: Das Öl in einer Pfanne erhitzen. Auf starkem Feuer das Fleisch 6 bis 7 Minuten pfannenrühren. Sojasauce, Zucker und Brühe zufügen und eine weitere Minute rühren. Nun die Pickles in die Pfanne geben. Alles 2 Minuten auf höchster Temperatur vermischen und sofort servieren.

Pfannengerührte Schweinefleischscheibchen mit Austernsauce

Dieses Rezept ist der bekannteren Version *Rindfleisch in Austernsauce* sehr ähnlich, einem Lieblingsgericht der Kantonesen. Viele sind aber davon überzeugt, daß das Gericht mit Schweinefleisch mindestens ebensogut schmeckt.

Zutaten (für 8 bis 10 Personen, zusammen mit anderen Gerichten): 600 g mageres Schweinefleisch, $^1/_2$ TL Salz, 2 EL Maisstärke, $^1/_2$ TL Glutamat, 1 TL Zucker, 2 EL Sherry, 4 EL *Feine Brühe*, 2 Scheiben Ingwerwurzel, 4 EL Pflanzenöl, 2 EL *Austernsauce*, 2 EL Sojasauce

Vorbereitung: Das Fleisch quer zur Faser in hauchfeine, 3 mal 4 cm große Scheibchen schneiden. Diese mit dem Salz und der Stärke einreiben. Überschüssige Stärke abschütteln und mit dem Glutamat, dem Zucker, Sherry und der Brühe mischen. Den Ingwer feinhacken.

Zubereitung: Das Öl in einer Pfanne erhitzen. Das Fleisch auf stärkstem Feuer mit dem Ingwer 5 Minuten lang pfannenrühren. Austern- und Sojasauce zufügen und nochmals 2 Minuten rühren. Dann die Stärke-Mischung in die Pfanne geben, weitere 1 $^1/_2$ Minuten pfannenrühren. Sofort servieren.

Rasch gebratene Schweinefleischscheibchen

Bei diesem Gericht überläßt man das endgültige Würzen den Gästen bei Tisch, für die natürlich ein großes Angebot von Würzmischungen und -Saucen bereitstehen muß. Die wichtigsten Würzen sind die bereits erwähnten: *Salz-und-Pfeffer-Mischung* (Seite 66), Soja-Tomaten-Dip, *Soja-Chili-Dip* (Seite 67) und *Pflaumensauce* (Seite 65).

Zutaten (für 8 bis 10 Personen, zusammen mit anderen Gerichten): 600 g mageres Schweinefleisch, 1 TL Salz, 1 TL Glutamat, 2 Scheiben Ingwerwurzel, 2 Eiweiß, 1 $^1/_2$ EL Maisstärke, 6 EL Pflanzenöl, 1 Zitrone

Vorbereitung: Das Fleisch quer zur Faser in hauchfeine Scheiben von 5 mal 3 cm Größe schneiden. Jede Scheibe mit der Breitseite des Küchenbeils flachdrücken und leicht klopfen, dann auf der Arbeitsfläche ausbreiten, so gleichmäßig wie möglich mit Salz und Glutamat bestreuen und die Gewürze gut einmassieren. Den Ingwer feinhacken. Die Fleischscheiben in einer Schüssel mit dem Ingwer mischen und 1 Stunde lang durchziehen lassen.
Das Eiweiß mit dem Schneebesen 20 Sekunden kräftig schlagen, dabei die Stärke hineinmischen, bis eine Art dünner Teig entsteht. Nun die Fleischscheiben aus der Schüssel nehmen, anhaftende Ingwerstücke abwischen und die Scheiben durch den Teig ziehen, bis sie rundum davon eingehüllt sind.

Zubereitung: Das Öl in einer großen Pfanne erhitzen. Die Fleischscheiben nebeneinander hineinlegen und bei mittlerer Hitze auf jeder Seite etwa 3 Minuten braten. (Die Scheibchen sind so dünn, daß sie in dieser kurzen Zeit gar werden müßten.)

Servieren: Auf einer flachen vorgewärmten Platte anrichten. Mit Zitronensaft beträufeln und mit Zitronenachteln garnieren.

Schnelle Bratgerichte mit Schweinefleischstreifen

Fast alle Gerichte mit Schweinefleischscheibchen kann man auch mit in fadenfeine Streifen geschnittenem Schweinefleisch zubereiten. Natürlich sollten dann die begleitenden Zutaten in gleicher Form zugeschnitten sein. Allerdings gibt es eine Reihe von Zutaten, die sich besser als andere für die Streifenform eignen, wieder andere kommen sogar bereits als Fäden oder feine Schnitzel vor.

Schweinefleischstreifen werden im Grunde genauso wie Schweinefleischscheibchen pfannengerührt – man brät die einzelnen Zutaten auf starkem Feuer unter heftigem Rühren getrennt an und mischt sie zum Schluß erst zusammen. Man verwendet hierfür auch das gleiche Fleisch: Lende, Filet, magere Teile von Keule und Schulter oder auch die fleischigen Stücke von Rippchen.

Die Garzeit für streifig geschnittenes Fleisch ist kürzer als die für Scheiben. Durch die vergrößerte Oberfläche haben Streifen noch besseren Kontakt zum Pfannenboden und zum heißen Öl. Schweinefleischstreifen legt man gern vor dem Zubereiten in eine würzige Marinade.

Pfannengerührte Schweinefleischstreifen mit Bohnensprossen

Zutaten (für 4 bis 6 Personen, zusammen mit anderen Gerichten): 300 g mageres Schweinefleisch, 1 mittelgroße Zwiebel, 2 Knoblauchzehen, 2 Scheiben Ingwerwurzel, 2 Frühlingszwiebeln, 1 1/2 TL Salz, 1 EL Maisstärke, 5 EL Pflanzenöl, 400 g Bohnensprossen, 2 EL Sojasauce, 1 1/2 TL Zucker, 1/2 TL Glutamat, 2 EL Sherry

Vorbereitung: Das Fleisch in streichholzfeine Streifen schneiden. Die Zwiebel in dünne Ringe teilen. Knoblauch und Ingwer feinhacken, die Frühlingszwiebeln in 5 cm lange Stücke schneiden. Das Fleisch rundum mit Salz und Stärke einreiben.

Zubereitung: 3 Eßlöffel Öl in einer großen Pfanne erhitzen. Zwiebel, Knoblauch und Ingwer darin 1 Minute auf stärkster Hitze pfannenrühren. Das Fleisch auf dem Pfannenboden ausbreiten und 4 Minuten zusammen mit den in der Pfanne befindlichen Zutaten unter Rühren braten, dann mit einem Schaumlöffel herausheben und warm stellen.

Das restliche Öl in die Pfanne gießen. Sobald es heiß ist, die Bohnensprossen darin auf höchster Hitze 2 Minuten pfannenrühren. Mit Sojasauce, Zucker, Glutamat und Sherry würzen und weitere 2 Minuten rühren. Das Fleisch wieder zufügen und alles unter Rühren mischen. Die Frühlingszwiebeln darüberstreuen, das Ganze nochmals 2 Minuten braten und sofort servieren.

Pfannengerührte Schweinefleischstreifen mit Zwiebeln und Frühlingszwiebeln

Für 4 bis 6 Personen (zusammen mit anderen Gerichten).

Das gleiche Rezept wie das vorhergehende, statt der Bohnensprossen jedoch 2 Zwiebeln und 3 Frühlingszwiebeln vorsehen. Die Zwiebeln sollen hier gleichrangig mit dem Fleisch sein. Die Frühlingszwiebeln dienen nur als Farbkontrast und werden erst zum Schluß hinzugefügt.

Zwiebeln brauchen sehr viel länger als Bohnensprossen, um gar zu werden. Man brät sie deshalb in der Pfanne schon 2 bis 3 Minuten an, bevor man das Fleisch zugibt. Beides wird nochmals 3 bis 4 Minuten miteinander pfannengerührt und dann erst mit den Frühlingszwiebeln gemischt.

Zwiebeln sind sehr intensiv im Geschmack, sie vertragen deshalb gut einen zusätzlichen Eßlöffel Sojasauce und einen weiteren Teelöffel Zucker. Wünscht man das Gericht etwas pikanter, kann man 1 Eßlöffel Hoisinsauce mit der Sojasauce und dem Sherry in die Pfanne rühren.

Schweinefleisch

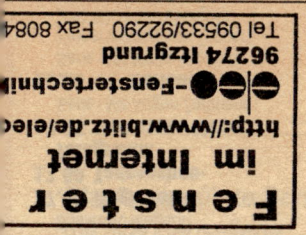

...eischstreifen

...men mit anderen Gerich...

...ür *Pfannengerührte Schwei...
...nensprossen*, statt der Boh-
...angensellerie verwenden. Die
...hholzfeine Streifen schneiden.
... wieder in die Pfanne zurückge-
...ch 3 Minuten miteinander pfan-

...gerührte Schweinefleischstreifen
...argelspitzen

Für 6 bis 8 Personen.
400 g Spargel putzen, holzige Stücke am Ende abschneiden und die Stangen längs in Streifen von zweifacher Streichholzstärke schneiden. 2 Minuten in kochendem Wasser blanchieren, kalt abbrausen und abtropfen lassen. Wie im vorhergehenden Rezept angegeben weiter verfahren.

Anmerkung der Übersetzerin: Kenneth Lo meint sicher nicht den bei uns üblichen weißen, sondern wohl den überall sonst auf der Welt bekannteren und häufigeren grünen Spargel.
Dieser Spargel, den es mittlerweile auch bei uns zur Saison fast überall zu kaufen gibt, hat keine runde, geschlossene Spitze, sondern vielmehr eine ausgewachsene, ausgeschossene. Man schneidet diese – meist sehr lange – Spitze ab und wirft den Rest weg (daher der Name des Gerichts).
Man kann jedoch auch die Stangen vom grünen Spargel essen, wenn man sie nur sorgfältig schält – wie wir das ohnehin von unserem weißen Spargel gewöhnt sind. In diesem Fall kommen Sie mit etwa der Hälfte der angegebenen Menge aus.

Schweinefleischstreifen mit Paprika

Nehmen Sie rote und grüne Paprikaschoten, das sieht besonders hübsch zu den braunen Fleischstreifen aus! Für 6 bis 8 Personen.
Auf 400 g Schweinefleisch je 1 rote und 1 grüne Paprikaschote rechnen. Paprikaschoten brauchen nicht – wie Spargel – blanchiert zu werden. Man darf sie jedoch nicht länger als 2 Minuten für sich alleine pfannenrühren, sonst verkohlen sie – besser ist es, wenn man sie auf *mittlerer* Hitze brät.
Die Schoten wie das Fleisch in Streifen von zweifacher Streichholzgröße schneiden. Nachdem das Fleisch unter Rühren angebraten ist, die Paprikastreifen in 2 zusätzlichen Eßlöffeln Öl 2 Minuten pfannenrühren.
1 Teelöffel Chilisauce zum Schluß gibt dem Gericht eine angenehme Schärfe.

Pfannengerührte Curry-Fleischstreifen mit Frühlingszwiebeln

Ein Essen, das blitzschnell hergerichtet werden kann, wenn unerwartet Gäste vor der Tür stehen!

Zutaten (für 4 bis 6 Personen, zusammen mit anderen Gerichten): 400 g mageres Schweinefleisch, 1 grüne Paprikaschote, 2 TL Salz, 1 EL Maisstärke, 6 Frühlingszwiebeln, 4 EL Pflanzenöl, 2 EL Currypulver, 1 EL Sojasauce, 4 EL *Einfache Brühe*

Vorbereitung: Das Fleisch und die Paprikaschote in schmale Streifchen schneiden. Das Fleisch mit dem Salz und der Stärke einreiben. Die Frühlingszwiebeln in 5 cm lange Stücke hacken (auch die grünen Teile mitverwenden!).

Zubereitung: 3 Eßlöffel Öl in einer großen Pfanne erhitzen. Das Fleisch darin 2 Minuten auf stärkster Hitze pfannenrühren. Dann mit Currypulver bestreuen, die Paprikastreifen zufügen, und alles unter stetem Rühren 5 Minuten braten.
Das restliche Öl, Sojasauce und Brühe zugießen. Eine weitere Minute pfannenrühren. Jetzt erst die Frühlingszwiebeln darüberstreuen und alle Zutaten auf

starkem Feuer noch 1 Minute wenden und mischen. Sofort servieren.

Rasch gebratene Schweinefleischstreifen mit Lauch und Szechuan-Pickles

Für 4 bis 6 Personen (zusammen mit anderen Gerichten).
Man braucht hier nur 1 bis 2 Eßlöffel Szechuan-Pickles, um dem Fleisch Schärfe und Würze zu geben. Die Pickles in genauso hauchfeine Streifen schneiden wie das Fleisch und beides miteinander pfannenrühren. Auch den Lauch in streichholzschmale Streifen teilen, jedoch für sich einige Minuten in der Pfanne braten, bevor alles zusammengemischt wird.

Pfannengerührte Schweinefleischstreifen mit Glasnudeln

Glasnudeln gibt es in Chinaläden; im allgemeinen sind sie recht preiswert. Durch das Einweichen nehmen sie reichlich an Volumen und Gewicht zu. In ihrer Fadenform lassen sie sich sehr gut zusammen mit streifig geschnittenem Schweinefleisch verarbeiten.

Zutaten (für 4 bis 6 Personen, zusammen mit anderen Gerichten): 100 g Glasnudeln, 3 Lilienknospen, 3 große getrocknete Tongu-Pilze, 400 g mageres Schweinefleisch, 2 Scheiben Ingwerwurzel, 2 Knoblauchzehen, 100 g Spinat, 5 EL Pflanzenöl, 1 TL Salz, 1 TL Glutamat, 3 EL Sojasauce, $1/8$ l *Feine Brühe*

Vorbereitung: Glasnudeln, Lilienknospen und Pilze in getrennten Schälchen in warmem Wasser 30 Minuten einweichen, dann abgießen. Vom Pilzwasser 3 Eßlöffel zurückbehalten. Die Pilzstiele entfernen, die Hüte in feine Streifen scheiden.
Die Lilienknospen in 5 cm lange Stücke teilen, Ingwer und Knoblauch feinhacken. Den Spinat verlesen, die Stiele abknipsen, die Blätter sorgfältig waschen. Das Fleisch in feine Streifen schneiden.

Zubereitung: 3 Eßlöffel Öl in einer großen Pfanne erhitzen. Lilienknospen und Ingwer kurz darin schwenken, dann das Fleisch zufügen, mit Salz und Glutamat bestreuen und 5 Minuten auf starker Hitze pfannenrühren. Nun die Pilze und das Pilzwasser, 1 Eßlöffel Sojasauce und die Brühe in die Pfanne geben. Nach dem Aufkochen die Nudeln einlegen, umrühren und 5 Minuten köcheln.
Inzwischen das restliche Öl in einer zweiten Pfanne erhitzen und den Knoblauch darin 30 Sekunden anrösten. Den Spinat zugeben und 3 Minuten pfannenrühren. Zuletzt die restliche Sojasauce darüberträufeln. Alles in die andere Pfanne umfüllen und sorgsam untermischen. Noch 2 Minuten unter Rühren köcheln, dann sofort auftragen.

Pfannengerührte Schweinefleischstreifen mit Möhren und Bambussprossen

Zutaten (für 4 bis 6 Personen, zusammen mit anderen Gerichten): 400 g Schweinefleisch, 1 große Zwiebel, 200 g Möhren, 125 g Bambussprossen, 4 EL Pflanzenöl, $1 1/2$ TL Salz, $1/2$ TL Glutamat, 3 EL Sojasauce, 1 TL Zucker, 5 EL *Feine Brühe*, 2 EL Sherry, 2 TL Scsamöl

Vorbereitung: Fleisch und Gemüse in Streifen von etwa der doppelten Stärke eines Streichholzes schneiden.

Zubereitung: 3 Eßlöffel Öl in einer großen Pfanne erhitzen. Die Zwiebel darin 1 Minute auf höchster Hitze pfannenrühren. Das Fleisch zufügen, mit Salz und Glutamat bestreuen und 3 Minuten rühren. Nun die Bambussprossen in die Pfanne geben, mit 1 Eßlöffel Sojasauce beträufeln, mit dem Fleisch mischen und auf milder Hitze 5 Minuten unter Rühren köcheln.
Das restliche Öl in einem kleinen Topf erhitzen, und die Möhrenstreifen darin auf starkem Feuer 3 Minuten pfannenrühren. Die restliche Sojasauce, Zucker, Brühe und Sherry zufügen und das Ganze 10 Minuten auf schwachem Feuer sanft köcheln, bis fast alle Flüssigkeit verdampft ist.
Die Möhren in die Pfanne umfüllen, mit dem Sesamöl beträufeln, sorgsam mit den übrigen Zutaten mischen

und alles zusammen auf starkem Feuer nochmals 1 1/2 Minuten pfannenrühren.
Die Knackigkeit der Bambussprossen, die milde Süße der Möhren und dagegen die Würze des Schweinefleisches machen dieses Gericht besonders interessant.

Feingeschnittenes Schweinefleisch
mit Bohnenquarkstreifen und Brokkoli

Zutaten (für 4 bis 6 Personen, zusammen mit anderen Gerichten): 1000 g getrocknete Bohnenquarkstreifen, 2 große getrocknete Tongu-Pilze, 400 g mageres Schweinefleisch, 1 TL Salz, 1 EL Maisstärke, 200 g Brokkoli, 4 EL Pflanzenöl, 3 EL Sojasauce, 8 EL *Feine Brühe*, 2 EL Sherry, 1/2 TL Glutamat, 2 TL Sesamöl

Vorbereitung: Bohnenquarkstreifen und Pilze in getrennten Schälchen in warmem Wasser 30 Minuten einweichen. Die Pilzstiele entfernen. Bohnenquarkstreifen, Pilzhüte und Schweinefleisch in sehr feine Streifen schneiden. Die Fleischstreifen mit Salz und Stärke einreiben. Den Brokkoli in kleine Röschen teilen.

Zubereitung: 3 Eßlöffel Öl in einer großen Pfanne erhitzen. Das Fleisch darin auf stärkstem Feuer 3 Minuten pfannenrühren. Bohnenquarkstreifen, Pilze sowie jeweils die Hälfte von Sojasauce und Brühe zufügen und die Fleischstreifen darin 3 Minuten drehen und wenden, dann zugedeckt 5 Minuten auf kleiner Flamme sanft köcheln lassen.
Das restliche Öl in einer zweiten Pfanne erhitzen und den Brokkoli darin 2 Minuten unter Rühren braten. Nun mit der restlichen Brühe, der restlichen Sojasauce und dem Sherry auffüllen. Mehrmals umrühren, dann zugedeckt 5 Minuten köcheln.
Die beiden Pfanneninhalte mischen, mit Glutamat und Sesamöl würzen und auf mittlerer Hitze noch 2 Minuten pfannenrühren.

Gerichte aus Schweinehackfleisch

In China dreht man Fleisch nicht durch den Wolf oder zerkleinert es im elektrischen Universalzerhacker, sondern man hackt es regelrecht mit zwei Küchenbeilen, einem in jeder Hand, auf einem 30 cm dicken Hackbrett. Es heißt, Fleisch verliere bei dieser Zerkleinerungsmethode nichts von seinem wertvollen Saft, der beim Durchdrehen herausgequetscht wird. Doch ist es wohl im Westen einfacher, das Fleisch auf gewohnte Weise zu zerkleinern oder es sich vom Metzger durchdrehen zu lassen (bitten Sie ihn, dafür die mittelfeine Vorsatzscheibe des Wolfes zu nehmen).

Gedämpftes Schweinehackfleisch mit Blumenkohl

Zutaten (für 6 bis 8 Personen): 200 g Schweinebauch, 200 g mageres Schweinefleisch, 2 TL Salz, 2 EL Sojasauce, 1 EL Maisstärke, 1 Ei, 2 Knoblauchzehen, 2 Scheiben Ingwerwurzel, 1 mittelgroßer Blumenkohl, Pfeffer aus der Mühle

Vorbereitung: Das Fleisch durch den Wolf drehen, dabei das fette mit dem mageren gut mischen. Die Hälfte von Salz und Sojasauce sowie die Maisstärke hinzufügen. Das Ei leicht verschlagen, Knoblauch und Ingwer feinhacken und gleichfalls mit dem durchgedrehten Schweinefleisch gründlich vermischen.
Den Blumenkohl putzen und in einzelne Röschen teilen, dabei dicke Stiele und den Strunk entfernen. Die Röschen auf dem Boden einer passenden feuerfesten Form verteilen, mit den Resten von Salz und Sojasauce würzen und mit Pfeffer bestreuen. Das Fleisch in einer dicken Schicht darüberlegen, bis der Blumenkohl völlig davon bedeckt ist.

Zubereitung: Die Form in einen Dämpftopf setzen und das Gericht darin 1 Stunde garen. In der Form auftragen.

Ein Gericht ganz nach Hausfrauen-Art, das in China bei jung und alt beliebt ist.

Gedämpfte Hackfleischtorte

Zutaten (für 4 bis 6 Personen): 1 große Zwiebel, 2 Wasserkastanien, 1 Scheibe Ingwerwurzel, 1 Knoblauchzehe, 400 g Schweinehack, 1 verquirltes Ei, 1 １/２ TL Salz, 1 TL Zucker, 1 １/２ EL Sojasauce, Pfeffer aus der Mühle, 2 chinesische Würstchen

Vorbereitung: Zwiebel, Wasserkastanien, Ingwer und Knoblauch feinhacken und mit dem Fleisch, dem Ei, Salz, Zucker, Sojasauce und Pfeffer sehr gründlich vermischen. Diesen Fleischteig wie einen dicken Pfannkuchen in eine eingefettete, flache feuerfeste Form streichen.
Die Würstchen schräg in 5 mm dicke Scheiben schneiden und in regelmäßigen Abständen in die Oberfläche der Fleischmasse drücken.

Zubereitung: Die Form in einen Dämpftopf setzen und die Hackfleischtorte 40 Minuten dämpfen.

Chinesische Würstchen sind den italienischen Salami sehr ähnlich und normalerweise in Chinaläden zu finden.

Fritierte Fleischbällchen

Zutaten (für etwa 24 Stück): 2 Wasserkastanien, 1 Zwiebel, 1 Knoblauchzehe, 1 Scheibe Ingwerwurzel, 1 Ei, 400 g Schweinehack, 2 EL Maisstärke, 2 TL Salz, 1 EL Sojasauce, Fritieröl

Vorbereitung: Wasserkastanien, Zwiebel, Knoblauch und Ingwer sehr fein hacken. Das Ei leicht verquirlen. Alle Zutaten zu einem geschmeidigen Fleischteig vermischen. Daraus walnußgroße Bällchen formen.

Zubereitung: Das Öl im Fettopf erhitzen. Jeweils 6 Bällchen in einen Drahtkorb legen und 3 Minuten lang schwimmend ausbacken, dann in einer gut vorgewärmten Schüssel warm halten. Kurz vor dem Servieren alle Bällchen wieder in den Korb geben und nochmals 1 １/２ Minuten fritieren. Abtropfen lassen und servieren.

Man reicht zu diesen Fleischbällchen die *Salz-und-Pfeffer-Mischung* oder auch *Süßsaure Sauce* (siehe Register im Anhang des Buches).

Fleischbällchen mit Spinat

Dieses Gericht ist sehr attraktiv für eine Party zu Hause! Für 4 bis 6 Personen.
Das obige Rezept bis einschließlich des ersten Fritierganges wiederholen. Dazu nun in einer Pfanne 200 g Spinat in 3 Eßlöffeln Öl kurz pfannenrühren, dabei 1 gehackte Knoblauchzehe, 1 １/２ Eßlöffel Sojasauce und 1 Teelöffel Zucker zufügen. Dieses Gemisch auf einer ausreichend großen Platte ausbreiten und die nur einmal ausgebackenen Bällchen darauf anrichten. Im Dämpftopf 5 Minuten lang heftig dämpfen.

Löwenköpfe

Zutaten (für 8 bis 12 Personen):
a) 4 getrocknete Tongu-Pilze, 600 g mageres Schweinefleisch, 100 g fettes Schweinefleisch, 4 Wasserkastanien, 2 mittelgroße Zwiebeln, 2 EL Maisstärke, 1 TL Salz, 2 EL Sojasauce, 1 TL Zucker, Pfeffer aus der Mühle
b) 6 EL *Feine Brühe*, 1 EL Sojasauce, 2 EL Sherry, １/２ TL Glutamat, １/２ EL Maisstärke
Außerdem: 100 g Glasnudeln, 200 g Spinat, 1 Knoblauchzehe, 2 EL Fritieröl, 2 EL Pflanzenöl, 1 １/２ EL Sojasauce

Vorbereitung: Die Pilze in warmem Wasser 30 Minuten einweichen, die Stiele entfernen, die Hüte sehr fein hacken. Das Fleisch durch den Wolf (grobe Vorsatzscheibe) drehen. Zwiebeln und Wasserkastanien grobhacken. All diese Zutaten mit den übrigen unter *a)* angegebenen zu einem Fleischteig mischen und daraus 4 große Bälle formen.

Die unter *b)* aufgeführten Zutaten in einem Schälchen gründlich verrühren. Die Nudeln 20 Minuten einweichen, dann abgießen. Den Spinat sorgfältig waschen, verlesen und von harten Stielen befreien. Den Knoblauch zerdrücken.

Zubereitung: Das Fritieröl in einem Fettopf erhitzen. Jeweils 2 der vorbereiteten Fleischbälle in einen Drahtkorb setzen und im heißen Fett 5 Minuten goldbraun ausbacken. Alle vier auf Küchenpapier gut abtropfen lassen.

Das Pflanzenöl in einer großen Pfanne erhitzen und den Spinat mit dem Knoblauch darin 1 Minute pfannenrühren. Wenn alle Blätter gleichmäßig von Öl eingehüllt sind, 1 1/2 Eßlöffel Sojasauce darüberträufeln und weitere 2 Minuten rühren. Nun die Glasnudeln zufügen und 3 Minuten lang behutsam unter den Spinat mischen. Alles zusammen in einen irdenen Topf füllen und die Fleischbällchen daraufsetzen. Den Topf mit einem Deckel oder Alufolie verschließen. Das Gericht entweder 30 Minuten dämpfen oder 25 Minuten in den auf 190 Grad vorgeheizten Ofen schieben.

Unterdessen die angerührten Saucenzutaten *(b)* in einem Töpfchen 2 bis 3 Minuten erhitzen, bis die Flüssigkeit gebunden ist.

Servieren: Die Sauce über die Löwenköpfe gießen und das Gericht in der Form unverzüglich auftragen. Man serviert es normalerweise bei Partys.

Ching Kiang-Löwenköpfe

Für 8 bis 12 Personen.
Ching Kiang ist eine Hafenstadt am Jangtsekiang, wo es Fisch und Meeresfrüchte im Überfluß gibt. Der Unterschied zwischen dem Rezept von Ching Kiang und dem vorhergehenden, das aus Nordchina stammt, ist folgender:
Man gibt hierbei in den Fleischteig 100 g Krebsfleisch, 50 g geschälte Shrimps und 2 Scheiben Ingwerwurzel (alles sehr fein gehackt). Außerdem bildet die Spinatmischung nicht nur das Bett, auf dem die Löwenköpfe ruhen, sondern man bedeckt die Bälle auch noch großzügig damit. Die Glasnudeln zwischen den Spinatblättern wirken jetzt wie eine richtige Löwenmähne.

Die Löwenköpfe nach *Ching Kiang*-Art sind außerordentlich würzig durch die wundervolle Aromenmischung von Fisch und Fleisch. Man muß sie aber unbedingt *sofort heiß* essen! Sie dürfen keinesfalls bis zum nächsten Tag aufgehoben werden (wie die einfachen *Löwenköpfe*, die man anderntags noch kalt essen kann).

Schweinefleisch-Spezialitäten

Schweinefüßchen mit Eiern in Sauce

Zutaten (für 8 bis 10 Personen): 1200 g Schweinefüßchen, 2 mittelgroße Zwiebeln, 2 Knoblauchzehen, 4 Eier, 6 EL Sojasauce, 1 EL Zucker, 6 EL Sherry, 8 EL *Feine Brühe*

Vorbereitung: Die Schweinefüßchen sorgfältig reinigen, dann 25 Minuten in Wasser kochen und abtropfen lassen. Die Zwiebeln in dünne Ringe schneiden und die Knoblauchzehen zerdrücken. Die Eier hartkochen.

Zubereitung: Die Schweinefüßchen mit Zwiebeln und Knoblauch in eine Kasserolle geben. 4 Eßlöffel Sojasauce, $1/2$ Eßlöffel Zucker, 3 Eßlöffel Sherry und die Brühe hinzufügen. Den Topf in den auf 180 Grad vorgeheizten Ofen stellen und die Schweinefüßchen $1 1/2$ Stunden schmoren, dabei alle 30 Minuten wenden.
Dann die hartgekochten, geschälten Eier dazugeben, mit dem Rest von Sojasauce und Sherry beträufeln und alles zusammen weitere 40 Minuten schmoren, dabei Eier und Füßchen alle 30 Minuten wenden.

Servieren: Die Schweinefüßchen in einer tiefen Schüssel anrichten. Die Eier vierteln und ringsum verteilen. Die Sauce aus der Kasserolle darübergießen. Falls zuviel Flüssigkeit eingekocht sein sollte, noch etwas *Feine Brühe*, $1/2$ Eßlöffel Sojasauce und $1/2$ Eßlöffel Sherry in die Kasserolle gießen und erhitzen, bis es zischt, dann umrühren und über das Fleisch geben. Fleisch und Haut der Schweinefüßchen sollten glänzend braun und geleeartig weich sein.

Süßsaure Schweinefüßchen

Eine weitere sehr beliebte Art, Schweinefüßchen zuzubereiten.
Sie werden genau wie im Rezept oben angegeben hergestellt, jedoch läßt man die Eier weg. Kurz vor dem Servieren übergießt man die Füßchen mit der süßsauren Sauce.

Zutaten (für 8 bis 10 Personen): 1 EL Pflanzenöl, 1 EL gehackte Mixed Pickles, 1 EL Maisstärke, 2 EL Zucker, 2 EL Essig, $1 1/2$ EL Sojasauce, 2 EL Sherry, 2 EL frisch gepreßter Orangensaft, $1 1/2$ EL Tomatenpüree (oder -mark), 2 EL kräftige Brühe

Zubereitung: Das Öl in einem Topf erhitzen. Die Mixed Pickles darin 1 Minute pfannenrühren. Die Stärke mit 3 Eßlöffeln Wasser verquirlen, mit den übrigen Zutaten zusammenmischen und in den Topf gießen. Auf mittlerer Hitze köcheln, bis die Sauce dicklich und durchscheinend wird.

Servieren: Die Sauce über die Schweinefüßchen gießen und das Gericht auftragen.

Rasch gebratene Schweinenieren mit Stangensellerie und Wolkenohrpilzen
Abb. 12

Ein ganz besonderes Gericht, das blitzschnell zubereitet werden kann.

Zutaten (für 4 bis 6 Personen, zusammen mit anderen Gerichten): 300 g Schweinenieren
Für die Marinade: 2 EL Sojasauce, 2 EL Sherry, Pfeffer aus der Mühle
Außerdem: 25 g Wolkenohrpilze (Mu-Err), 150 g Stangensellerie, 2 Knoblauchzehen, 3 Frühlingszwiebeln, 2 Scheiben Ingwerwurzel, 4 EL Pflanzenöl, 1 TL Salz
Für die Sauce: 2 TL Maisstärke, $1/2$ TL Glutamat, 2 TL Zucker, 2 TL Essig, 1 EL Sojasauce, 3 EL *Hühnerbrühe*

Vorbereitung: Die Nieren von der dünnen äußeren Haut befreien. Jede Niere längs halbieren. Mit einem spitzen Messer die weißen Innenstränge herausschneiden, ohne die Hälften zu verletzen. Jede Hälfte auf der Außenseite in Abständen von 5 mm kreuzweise einkerben, dann in etwa 3 cm breite Streifen schneiden. Die Zutaten für die Marinade verrühren und die Nierenstreifen darin 30 Minuten ziehen lassen.

Die Wolkenohrpilze in warmem Wasser 30 Minuten einweichen, dann unter fließendem Wasser gut ausspülen und abtropfen lassen. Den Sellerie in 1 cm große Stücke hacken. Den Knoblauch zerdrücken. Die Frühlingszwiebeln in 3 cm lange Stücke schneiden. Die Zutaten für die Sauce in einem Schälchen verrühren.

Zubereitung: 2 Eßlöffel Öl in einer Pfanne erhitzen. Knoblauch und Ingwer darin 1 Minute anrösten, dann herausnehmen und wegwerfen. Sellerie, Pilze und Salz in die Pfanne geben und auf starker Hitze 3 Minuten braten, danach herausheben und warm stellen.

Das restliche Öl in der Pfanne erhitzen und die Nieren darin 1 Minute rasch unter Rühren braten. Zwiebeln, Sellerie und die Pilze wieder zufügen und die Saucenmischung sowie die restliche Marinade zugießen. Alles aufkochen und gut mischen. In einer vorgewärmten Schüssel auftragen und sofort verspeisen.

Für Chinesen ist dieses Gericht wegen der knackigen Nieren eine besondere Delikatesse.

Kung-Po-gebratene Nieren
(scharf)

Dieses Gericht stammt aus der Provinz Szechuan im Westen Chinas, wo man gerne scharf ißt. Durch den reichlichen Gebrauch von *Chili-Öl* kommt dieses Gericht leuchtend rot auf den Tisch. Weil jedoch westliche Zungen an derartige Schärfe nicht gewöhnt sind, färbt man einfach mit 1 Eßlöffel Tomatenmark. Liebhaber scharfer Küche essen diese Nieren direkt aus der Pfanne, weil dann die Schärfe noch durch die Hitze des Herdfeuers verstärkt wird.

Zutaten (für 4 bis 6 Personen, zusammen mit anderen Gerichten): 300 g Schweinenieren, $1/2$ TL Salz, 2 EL Sojasauce, getrocknete Chilistückchen (oder Cayennepfeffer) nach Geschmack, 1 mittelgroße Zwiebel, 2 Knoblauchzehen, 50 g Lauch, 4 EL Pflanzenöl, 2 Scheiben Ingwerwurzel
Für die Sauce: 1 EL Sojasauce, 3 EL *Hühnerbrühe*, 1 TL *Chili-Öl*, 2 TL Tomatenpüree (oder -mark), $1/2$ TL Glutamat, 2 EL Sherry, 2 TL Maisstärke, 2 TL Sesamöl

Vorbereitung: Die Nieren säubern, längs halbieren und mit einem scharfen Messer die weißen Innenstränge herausschneiden. Die Hälften auf der Außenseite in Abständen von 5 mm kreuzweise einkerben, dann in 3 cm breite Streifen schneiden. Mit dem Salz einreiben und in einer Marinade aus Sojasauce und Chili 30 Minuten ziehen lassen.

Die Zwiebel in dünne Scheiben schneiden und den Knoblauch zerdrücken. Den Lauch schräg in 2 cm breite Scheiben teilen. Die Saucenzutaten in einem Schälchen gut verrühren.

Zubereitung: 2 Eßlöffel Öl in einer Pfanne erhitzen, Ingwer und Knoblauch darin 30 Sekunden anrösten, dann wegwerfen. Nunmehr den Lauch auf starkem Feuer $1 1/2$ Minuten pfannenrühren und an den Pfannenrand schieben. In die Mitte der Pfanne das restliche Öl gießen. Sobald es stark erhitzt ist, die Nierenstreifen darin 1 Minute unter Rühren braten. Zuletzt mit der Saucenmischung auffüllen und alles zusammen eine weitere Minute pfannenrühren.

Während des ganzen Garprozesses auf stärkster Hitze arbeiten!

Glückliche Familie

Dieses Gericht vereint eine große Anzahl tierischer und pflanzlicher Zutaten zu einer »glücklichen Familie«.

Zutaten (für 4 bis 6 Personen, zusammen mit anderen Gerichten): 75 g Seegurke (Bêche-de-Mer), 4 getrocknete Tongu-Pilze, 1 EL getrocknete Shrimps,

50 g chinesischer *Schweinebraten*, 1 Hühnerbrust, 50 g geräucherter Schinken, 100 g Bambussprossen, 100 g Brokkoli (oder Chinakohlherzen), 1 EL Maisstärke, 3 EL Sojasauce, 3 EL Sherry, 1 TL Glutamat, 2 TL Zucker, $1/4$ l *Hühnerbrühe*, 3 EL Pflanzenöl, 6 *Fleischbällchen* (Seite 170 – unfritiert), 1 TL Salz, 3 EL geschälte, frische Shrimps, 4 EL frische Erbsen

Vorbereitung: Die Seegurke über Nacht einweichen, dann in 3 cm breite Streifen schneiden. Die Tongu-Pilze 30 Minuten einweichen, die Stiele entfernen und die Hüte in 5 mm große Würfel schneiden. Die getrockneten Shrimps 1 Stunde in Wasser einweichen, danach abtropfen lassen.
Den Schweinebraten in 1 cm große Würfel schneiden. Die Hühnerbrust in kochendes Wasser tauchen, dann in 5-mm-Würfelchen hacken. Ebenso den Schinken schneiden. Bambussprossen und Brokkoli würfeln. Die Stärke mit 3 Eßlöffeln Wasser, Sojasauce, Sherry, Glutamat, Zucker und der Hälfte der Hühnerbrühe verrühren.

Zubereitung: Das Öl in einem Topf erhitzen und die Fleischbällchen darin 4 Minuten unter sanftem Rühren braten, dann beiseite schieben. Seegurke, Schweinefleisch, Pilze und Salz zufügen und in der Pfannenmitte 3 Minuten rühren. Mit der restlichen Brühe auffüllen und Hühnerfleisch, Schinken, Bambussprossen, Brokkoli, getrocknete und frische Shrimps sowie die Erbsen zufügen. Alles zusammen 30 Minuten auf sanftem Feuer köcheln. Dann mit der Stärke-Mischung binden und weitere 10 Minuten vorsichtig erhitzen.

Rasch gebratene Schweineleber

Zutaten (für 4 bis 6 Personen, zusammen mit anderen Gerichten): 6 große getrocknete Tongu-Pilze, 1 mittelgroße Zwiebel, 100 g Bambussprossen, 400 g Schweineleber, $3/4$ EL Maisstärke, 2 EL Sojasauce, $1/2$ TL Salz, 1 TL Zucker, 1 EL Sherry, 2 EL Pflanzenöl, 6 EL Schweineschmalz

Vorbereitung: Die Pilze 30 Minuten in warmem Wasser einweichen, die Stiele entfernen, die Hüte vierteln. Zwiebel und Bambussprossen in hauchfeine Scheiben schneiden.
Die Leber in dünne, etwa 3 mal 5 cm große Scheibchen schneiden, in eine Schüssel legen, mit kochendem Wasser überbrühen, ein paarmal umrühren, dann abgießen und abtropfen lassen. Die Scheiben mit Stärke bestäuben und in Sojasauce, mit Salz, Zucker und Sherry marinieren.

Zubereitung: Das Öl in einer Pfanne erhitzen. Zwiebeln, Bambussprossen und Pilze darin 2 Minuten auf mittlerer Hitze pfannenrühren, herausheben und warm stellen.
Nun das Schmalz erhitzen. Sobald es heiß genug ist, die Leber hineingeben, auf dem Pfannenboden ausbreiten und auf stärkstem Feuer 2 Minuten unter schnellem Rühren braten. Danach das überschüssige Fett wegkippen. Zwiebeln, Bambussprossen und Pilze zurück in die Pfanne geben und 1 Minute lang mit der Leber durchmischen. Sofort servieren.

Anmerkung der Übersetzerin: Achten Sie darauf, daß Ihnen der Metzger die Leber am Stück gibt. Sonst bekommen Sie keine zum Braten geeigneten Scheibchen.

Gedämpftes Lebergehacktes

Zutaten (für 4 bis 6 Personen, zusammen mit anderen Gerichten): 400 g Schweineleber, $1\,1/2$ TL Salz, 2 EL Sherry, Pfeffer aus der Mühle, 3 Eiweiß, $1/8$ l *Hühnerbrühe*, $1/2$ EL helle Sojasauce, $1/2$ TL Glutamat

Vorbereitung: Die Leber zweimal durch die feinste Scheibe des Fleischwolfs drehen, dann durch ein Sieb streichen und mit Salz, Sherry und Pfeffer gründlich mischen. Die Eiweiß in einer Schüssel steifschlagen, den Schnee unter die Lebermasse heben. Hühnerbrühe, Sojasauce und Glutamat in ein Töpfchen füllen.

Zubereitung: Das Gefäß mit dem Leberschaum in einen Dämpftopf stellen und die Masse 30 Minuten dämpfen. Die gewürzte Brühe aufkochen, über die gedämpfte Leber gießen und diese in der Form sofort auftragen.

Dieses Gericht gehört in Szechuan zu den begehrtesten Delikatessen. Besonders die Reisliebhaber schätzen es seines klaren, reinen Geschmacks wegen.

Fukien-Fleischwolle
Abb. 30

Nichts erinnert einen Chinesen mehr an zu Hause als Fleischwolle. Man ißt sie normalerweise zum Frühstück, aber auch zum Abendbrot. In der westlichen Küche kann sie zum Garnieren von Gemüse, Omeletts und Suppen oder auf Canapés und Sandwiches verwendet werden. Im Grunde paßt Fleischwolle zu allen würzigen Speisen. Fertig zubereitet sollte man sie in verschlossenen Gläsern zum beliebigen Gebrauch aufbewahren.

Zutaten (für 10 bis 12 Personen): 1750 g mageres Schweinefleisch, 6 EL Sojasauce, 1 TL Salz, 1½ EL Zucker, 1 EL Tomatenpüree (oder -mark), 2 EL Weinsatzpaste, 6 EL Schweineschmalz

Vorbereitung: Das Fleisch sorgfältig von überflüssigem Fett säubern und mit Küchenpapier abwischen, dann *quer zur Faser* in gut 3 cm dicke Scheiben schneiden. Diese *mit der Faser* in 5 mm dicke Streifen von gut 3 cm Länge und 1 cm Breite schneiden.

Zubereitung: Das Fleisch in eine schwere Kasserolle legen, mit ¾ Liter Wasser auffüllen, mit Sojasauce, Salz, Zucker, Tomatenmark und Weinsatzpaste würzen und langsam zum Kochen bringen. Dann die Hitze auf kleinste Stufe schalten, eine Asbestplatte unter den Topf legen und das Fleisch 2 Stunden lang leise köcheln lassen, dabei alle halbe Stunde umdrehen; nach dieser Zeit in den auf 150 Grad vorgeheizten Ofen stellen und eine weitere Stunde köcheln, dabei gleichfalls alle 30 Minuten wenden.
2 Eßlöffel Schweineschmalz in einer großen Pfanne zerlassen und das Fleisch hineingeben. Eine Asbestmatte unter die Pfanne legen. Die Fleischstreifen 1 Stunde langsam braten, dabei unermüdlich mit einem hölzernen Kochlöffel rühren und die Fleischfasern vorsichtig zerdrücken, bis sie richtig knusprig geworden sind.
Ist das Fleisch vollkommen trocken, weiterhin langsam und kontinuierlich umrühren, jedoch alle 10 Minuten 1 Eßlöffel Schweineschmalz dazugeben, so lange, bis alles Schmalz verbraucht ist.
Es ist sehr wichtig, daß wirklich unermüdlich gerührt und umgewendet wird, damit die Fleischfasern nicht anbrennen. Sie sollen nur auf mildester Hitze so lange gerührt werden, bis sämtliche Flüssigkeit aus allen Poren verdampft ist. Das Ergebnis ist wundervoll trockenes Fleisch, das im Munde zergeht.

Servieren: In China serviert man Fleischwolle mit *Reisbrei (Congee)* zum Frühstück oder Abendessen. Man richtet sie auf kleinen flachen Tellern an und stellt sie in die Mitte des Tisches, so daß jeder sich seine Portion mit Stäbchen oder einem Löffel nehmen kann. Meist ißt man sie kalt. Aber auch warm ist Fleischwolle ein Leckerbissen.

Lychee-Fleisch

Lychees (oder Litschipflaumen) wachsen im Überfluß in der Provinz Fukien, aus der auch dieses Gericht stammt. Lychee-Fleisch heißt es wohl einmal, weil das Fleisch mit Lychees zusammen gegart wird, und zum andern, weil die Fleischscheiben kreuzweise eingekerbt werden und so reifen Lycheefrüchten mit ihrer rauhen, tiefroten Schale über weißem Fleisch ähnlich sehen.

Zutaten (für 4 bis 6 Personen, zusammen mit anderen Gerichten): 250 g mageres Schweinefleisch, ½ TL Salz, 1 EL Maisstärke, 1 große Zwiebel, 200 g Lychees, 6 EL Pflanzenöl, 4 EL *Feine Brühe*, 1 EL helle Sojasauce, 3 TL Zucker, 2 TL Essig, 2 TL Sesamöl, 2 EL Sherry

Vorbereitung: Das Fleisch quer zur Faser in 4 bis 5 mm feine Scheiben schneiden. Deren Oberflächen kreuzweise einkerben, so daß ein millimeterfeines Netz entsteht (wie bei der Schale von Lycheefrüchten). Diese

Scheiben nunmehr in Stücke von 3 mal 4 cm Größe teilen, mit Salz und Stärke bestäuben und gut damit einreiben.
Die Zwiebel in feine Scheiben schneiden. Die Lychees schälen und das Fruchtfleisch von den Kernen lösen.

Zubereitung: Das Öl in einer großen Pfanne erhitzen und das Fleisch darin erst einmal 4 Minuten auf starkem Feuer pfannenrühren. Dann die Scheiben nebeneinander mit der eingekerbten Seite nach unten auf dem Pfannenboden ausbreiten und 2 Minuten ohne Bewegung braten; herausnehmen und beiseite stellen. Nun überflüssiges Öl wegkippen und in dem noch übrigen die Zwiebeln unter Rühren braten.
Nach 2 Minuten Brühe, Sojasauce, Zucker, Essig, Sesamöl und Sherry zufügen. Die Stärke mit 3 Eßlöffeln Wasser verquirlen und gleichfalls einrühren. Sobald eine dickliche Sauce entstanden ist, das Fleisch und auch die Lychees in die Pfanne geben. Alles zusammen 2 Minuten unter sanftem Rühren köcheln. Sofort servieren.

Dieses Gericht hat in China wohl nur regionale Bedeutung, aber es dürfte auch Europäern munden, die das delikate Aroma von Lycheefrüchten zu schätzen wissen.

Schweinerippchen in Cellophan

Für dieses Rezept werden die Schweinerippchen auf chinesische Art vorbereitet: in einzelne Knochen geteilt und diese in 3 bis 4 cm große Stücke gehackt.

Zutaten (für 6 bis 7 Personen, zusammen mit anderen Gerichten): 1000 g fleischige Schweinerippchen, 2 Knoblauchzehen, 2 Scheiben Ingwerwurzel, 1 TL Salz, 4 EL Sojasauce, 2 EL Sherry, 3 TL Zucker, 1 TL Glutamat, 1 EL Hoisinsauce, 3 Frühlingszwiebeln, Fritieröl; Cellophanpapier

Vorbereitung: Die Schweinerippchen in Wasser 20 Minuten sprudelnd kochen, danach in einzelne Knochen teilen, diese in etwa 4 cm lange Stücke hakken und in eine Schüssel geben. Knoblauch und Ingwer feinhacken und mit der Sojasauce, dem Salz, Sherry, Zucker, Glutamat und Hoisinsauce vermischen. Diese Marinade über die Rippchen gießen und sie 30 Minuten darin ziehen lassen. Die Frühlingszwiebeln in 5 cm lange Stücke hacken.
Das Cellophanpapier in Quadrate von 12 cm Kantenlänge schneiden; auf jedes Quadrat je 1 Rippchen und 1 Frühlingszwiebelstück legen. Die Folie nun wie einen Briefumschlag darüber zusammenfalten: die untere Ecke über das Fleisch schlagen, dann die beiden Seiten darüberlegen und zuletzt den oberen Zipfel so darüberfalten, daß der Umschlag verschlossen ist. Gut andrücken, nötigenfalls mit einem Teller beschweren. 24 bis 36 Umschläge auf diese Weise herstellen.

Zubereitung: Das Öl in einem Fritiertopf erhitzen. Jeweils 6 Umschläge auf einmal in einen Drahtkorb geben und die Füllung 3 bis 4 Minuten lang ausbacken. Im auf 180 Grad vorgeheizten Backofen warm halten, bis alle Rippchen im Umschlag fritiert sind. Kurz vor dem Servieren alles zusammen nochmals 3 Minuten lang schwimmend ausbacken und abtropfen lassen.

Servieren: Die gefüllten Umschläge auf einer vorgewärmten Platte fischgrätartig anrichten und sofort auftragen. Jeder Gast öffnet sich nun sein Päckchen mit Hilfe seiner Eßstäbchen – eine glühendheiße Duftwolke strömt heraus. Natürlich muß dieses Gericht unverzüglich nach dem Auftragen verspeist werden.
Sie können selbstverständlich noch andere Zutaten in die Umschläge hüllen, um den »Brief« interessanter zu machen.

Anmerkung der Übersetzerin: Bitte verwenden Sie hier wirklich Cellophan, wie man es beispielsweise auch beim Einmachen gebraucht. Frischhalte- oder andere Plastikfolien würden im heißen Fettbad schmelzen und gesundheitsschädliche Wirkungen hervorrufen. Sie können allerdings statt dessen auch Alufolie verwenden, das wirkt jedoch längst nicht so hübsch, weil man durch sie hindurch den Inhalt nicht sehen kann.

13 Pfannengerührte Rindfleischstreifen mit jungem Lauch (S. 193); Pao Tzu (Dampfbrötchen) mit Bohnenfüllung (S. 360/61)

Rotgekochte Schweinekutteln

Kutteln verwendet man in China sehr viel häufiger als im Westen, obwohl sie auch in manchen Gegenden Europas äußerst populär sind. In China geht man sogar so weit, bestimmte Schweine nur für Kutteln zu mästen, die besonders fleischig und dick sind. Folgendes Rezept zeigt nur eine der vielen Möglichkeiten, Kutteln lecker zuzubereiten.

Zutaten (für 4 bis 6 Personen, zusammen mit anderen Gerichten): 1 kg Kutteln, 1 EL Salz, 4 große getrocknete Tongu-Pilze, 2 Scheiben Ingwerwurzel, 2 große Zwiebeln, 1 Bund Petersilie (25 g), 3 EL Schweineschmalz, 4 EL Sojasauce, 3 EL Sherry, 1 EL Essig, 2 TL Zucker, $1/8$ l *Feine Brühe*

Vorbereitung: Die Kutteln sorgfältig waschen. Das Salz in 2 Litern kochendem Wasser auflösen, die Kutteln einlegen. 20 Minuten abkochen, abgießen und in 5 cm große Dreiecke schneiden. Die Pilze in warmem Wasser 30 Minuten einweichen, dann die Stiele entfernen und die Hüte in dünne Streifen schneiden. Ingwer und Petersilie feinhacken, die Zwiebeln in feine Scheiben schneiden.

Zubereitung: Das Schmalz in einer ofenfesten Kasserolle erhitzen. Ingwer und Zwiebeln darin 2 Minuten unter Rühren braten, dann an die Seite schieben. Nun die Kutteln 3 Minuten auf mittlerer Hitze pfannenrühren, danach alle übrigen Zutaten zufügen. Sobald alles kocht, den Topf mit einem Deckel verschließen und für $1\,1/2$ Stunden in den auf 180 Grad vorgeheizten Ofen stellen.

Servieren: Mit Petersilie bestreuen und sofort auftragen.

Anmerkung der Übersetzerin: Schrecken Sie vor diesem Gericht nicht zurück, nur weil bei Ihrem Metzger Kutteln eigentlich als Hundefutter angeboten werden. Im Norden wird das eher der Fall sein, denn in Süddeutschland gehören Kutteln durchaus zum menschlichen Speiseplan. Probieren Sie sie einmal, sie schmecken wirklich köstlich!

Schinkengerichte

Schinken ißt man in China längst nicht soviel wie gewöhnliches Schweinefleisch, aber man braucht oft kleine Mengen feiner Schinkenstreifen als Garnitur für Eiergerichte oder pfannengerührte Speisen. Hier eine Auswahl der beliebtesten Schinkengerichte.

Gedämpfter Schinken

Zucker und Sherry geben Schinken ein wundervoll süßliches Aroma.

Zutaten (für 6 bis 10 Personen, zusammen mit anderen Gerichten): 1000 bis 1200 g schieres gepökeltes Schweinefleisch (frischer Schinken), 2 EL Zucker, 4 EL Sherry

Vor- und Zubereitung: Den Schinken in eine feuerfeste Form legen und für 1 Stunde in den Dämpftopf stellen. Nun Zucker und Sherry verrühren, das Fleisch damit einpinseln und eine weitere halbe Stunde dämpfen. Danach wird es gewendet, wieder mit der Sherry-Lösung bestrichen und nochmals 30 Minuten gedämpft. Jetzt gießt man das restliche Sherry-Zucker-Gemisch über den Schinken und gart ihn in 30 Minuten im Dampf fertig.

Servieren: Den Schinken quer in ziemlich dicke Scheiben und diese in gut streichholzschachtelgroße Stücke schneiden.

Schinkendukaten auf Toast

Zutaten (für 6 bis 8 Personen, zusammen mit anderen Gerichten): $1\,1/2$ EL Zucker, 3 EL Sherry, 600 g gepökelte Schweinenuß (frischer Nußschinken), 200 g

14 Rotgekochter Ochsenschwanz (S. 196); Gemüsereis (S. 99)

Schinkenfett (Speck), 8 schinesische *Dampfbrötchen* (oder auch weiche Milchbrötchen), 2 EL Schweineschmalz

Vor- und Zubereitung: Zucker und Sherry gründlich verrühren und das Fleisch damit rundum einpinseln. 30 Minuten dämpfen, dann umdrehen, wieder bestreichen und weitere 30 Minuten dämpfen. Diesen Vorgang noch einmal wiederholen.
Die chinesischen Hefebrötchen (oder die Milchbrötchen) 10 Minuten dämpfen und in brotscheibendünne Scheiben schneiden. Den Schinken ebensofein aufschneiden. Das Fett in hauchdünne Scheibchen teilen. Auf jede Schinkenscheibe 1 Scheibchen Speck legen und erst mit Sherry-Zucker-Lösung, dann mit zerlassenem Schmalz bepinseln.
Nun immer 5 oder 6 dieser belegten Schinkenscheibchen zusammen aufspießen (wie Schaschlik) und alle Spießchen entweder unter dem Grill oder im 200 Grad heißen Ofen auf dem Rost 10 bis 12 Minuten braten. Die Brötchenscheiben goldbraun rösten.

Servieren: Schinken und Speckstücke vom Spieß streifen und abwechselnd aufeinanderschichten, so daß sie wie ein Haufen Golddukaten wirken. Die getoasteten Brötchenscheiben in 4 kleineren Stapeln darum herum anrichten. Jeder Tischgast nimmt sich nun 1 Stück Schinken und etwas Speck zwischen 2 Brötchenscheiben und würzt sein »Sandwich« nach Belieben mit *Pflaumensauce, Süßsaurer Sauce*, Hoisinsauce oder Senf.

Anmerkung der Übersetzerin: Frischer, also ungeräucherter oder ungekochter Schinken ist nichts anderes als ein bestimmtes Stück gepökelten Schweinefleisches (aus Keule oder Nuß). Es ist bei uns nicht üblich, es so zu verkaufen. Wenn Sie jedoch Ihren Metzger rechtzeitig darum bitten, legt er bestimmt für Sie ein passendes Stück in die Salzlake.

Birnenschinken mit Honigsauce

Dieses Gericht aus dem Südwesten Chinas erfreut sich im ganzen Land großer Beliebtheit. Ursprünglich stammt es aus Kunming, der Stadt, aus der auch der berühmte Yunnan-Schinken kommt.
Übrigens essen die Chinesen im Gegensatz zu Europäern viel häufiger *süßwürzige* Speisen als *süßsaure*.

Zutaten (für 4 Personen, zusammen mit anderen Gerichten): 200 g Yunnan-Schinken (oder Smithfield-Schinken – siehe auch Anmerkung), 4 große reife Birnen, Öl zum Fritieren
Für die Sauce: $2\frac{1}{2}$ EL Maisstärke, $1\frac{1}{2}$ EL Zucker, $1\frac{1}{2}$ EL Honig, $\frac{1}{8}$ l Wasser
Außerdem: 75 g Kandiszucker

Vorbereitung: Den Schinken in dünne Scheiben und diese in 3 mal 5 cm große Stücke schneiden. Damit eine flache feuerfeste Form auskleiden. Die Birnen schälen, jede in 6 Scheiben zerschneiden, dabei das Kerngehäuse entfernen, und 30 Sekunden in siedendes Öl tauchen; nun über dem Schinken verteilen. Die Saucenzutaten gut verrühren.

Zubereitung: Den Kandiszucker über Schinken und Birnen streuen und das Gericht im Dämpftopf 25 Minuten dämpfen. Die Saucenzutaten in einem Töpfchen so lange köcheln, bis die Flüssigkeit dicklich wird. Diese Sauce über Schinken und Birnen gießen. Sofort auftragen.

Anmerkung der Übersetzerin: Wahrscheinlich ist weder Yunnan-Schinken noch Smithfield-Schinken hierzulande zu bekommen. Es handelt sich in beiden Fällen um einen besonders exquisiten luftgetrockneten Schinken. (Der Smithfield kommt aus dem Ort gleichen Namens in Virginia, USA). Versuchen Sie das Rezept trotzdem. Nehmen Sie statt des verlangten einen milden Coburger oder saftigen westfälischen Schinken und lassen Sie ihn sich schon vom Metzger in etwa 5 mm dicke Scheiben schneiden.

Pfannengerührte Schinkenscheibchen mit Stangensellerie

Wie normales Schweinefleisch kann man auch Schinken sehr gut mit den verschiedensten Gemüsen zusammen pfannenrühren. Weil er jedoch würziger und salziger als Schweinefleisch ist, verwendet man immer nur kleine Mengen davon.

Zutaten (für 4 bis 6 Personen, zusammen mit anderen Gerichten): 200 g gekochter Schinken, 300 g Stangensellerie, 1 Knoblauchzehe, 1 Scheibe Ingwerwurzel, ½ TL Glutamat, ½ EL Maisstärke, 4 EL *Einfache Brühe*, 3 EL Pflanzenöl, 1 ½ TL Zucker, 1 ½ EL helle Sojasauce

Vorbereitung: Den Schinken in dünne Scheiben und diese in Stücke von 3 mal 4 cm Größe schneiden. Den Sellerie putzen, in etwa 3 cm lange Stücke hacken, in kochendem Wasser 2 Minuten blanchieren und abtropfen lassen. Den Knoblauch zerdrücken, den Ingwer feinhacken. Glutamat, Stärke und Brühe verquirlen.

Zubereitung: Das Öl in einer Pfanne erhitzen. Knoblauch und Ingwer darin 30 Sekunden auf mittlerer Hitze anrösten. Den Schinken zufügen und 1 Minute im heißen Fett wenden, herausheben und warm stellen. Nun den Sellerie in die Pfanne geben und auf stärkster Hitze 3 Minuten pfannenrühren. Zucker und Sojasauce darübersprenkeln, den Schinken wieder zufügen und alles miteinander 2 weitere Minuten unter Rühren braten. Zuletzt die Stärke-Mischung hineingießen, noch ein wenig rühren und das Ganze sofort servieren.

Pfannengerührte Schinkenscheibchen mit Blumenkohl

Für 4 bis 6 Personen (zusammen mit anderen Gerichten).
Das vorige Rezept wiederholen, nur statt des Selleries Blumenkohl verwenden. Da dieser eine ähnlich feste Struktur wie Stangensellerie hat, muß man ihn ebenfalls erst 2 bis 3 Minuten blanchieren, bevor man ihn mit dem Schinken pfannenrührt. Beiden tut übrigens auch das unterstützende Aroma von Knoblauch und Ingwer gut. Außerdem kontrastieren beide Gemüse farblich schön mit dem rosaroten Schinken. Und, last not least, sind beide Gerichte ganz schnell zubereitet und eignen sich deshalb wunderbar zur Gästebewirtung, vor allem, wenn Freunde unangemeldet vor der Tür stehen.

Pfannengerührte Schinkenscheibchen mit Spinat

Zutaten (für 4 bis 6 Personen, zusammen mit anderen Gerichten): 200 g gekochter Schinken, 300 g frischer Spinat, 1 Knoblauchzehe, 1 Scheibe Ingwerwurzel, ½ TL Glutamat, ½ EL Maisstärke, 4 EL *Einfache Brühe*, 3 EL Pflanzenöl, 1 ½ TL Zucker, 1 ½ EL helle Sojasauce

Bei der Zubereitung ähnlich vorgehen wie im Rezept *Pfannengerührte Schinkenscheibchen mit Stangensellerie* (Seite 178)

Mit Spinat verhält es sich anders als mit Sellerie oder Blumenkohl, man braucht ihn nicht vorzukochen, bevor man ihn mit dem Schinken zusammen in die Pfanne gibt. Im Gegenteil, er würde seinen Saft verlieren und nicht mehr glänzend grün sein, wenn man ihn blanchierte.
Da Spinat schnell Saft zieht beim Braten, gießt man – nachdem der Schinken bereits pfannengerührt ist – noch 2 Eßlöffel Öl in die Pfanne. Auch 1 Knoblauchzehe oder 1 zusätzliches Scheibchen Ingwer tut gute Dienste.
Die zarten Blättchen (harte Stiele vorher entfernen!) werden nun 2 Minuten lang rasch im heißen Öl geschwenkt. Beim späteren Zusammenmischen heben sich die leuchtend rosaroten Schinkenstückchen sehr schön vom dunkelgrünen, glänzenden Spinat ab. Beide Zutaten haben kräftige Farben, deshalb ist es nicht unbedingt nötig, *helle* Sojasauce zu verwenden – die gewöhnliche dunkle tut's auch.

Rasch gebratene Schinkenscheibchen mit Frühlingszwiebeln

Auch dieses Rezept stammt aus der südwestlichen Provinz Yunnan, wo der berühmte Schinken herkommt. Die Mischung von Süße und Salzigkeit gibt diesem Gericht eine besondere Note. Es ist übrigens in weniger als 1 Minute fertig!

Zutaten (für 4 bis 6 Personen): 200 g Yunnan- oder Smithfield-Schinken (siehe Anmerkung auf Seite 178), 8 Frühlingszwiebeln, 3 EL Schweineschmalz, 2 TL Zucker, 2 EL Sherry, 1 TL Salz, 2 EL *Feine Brühe*

Vorbereitung: Den Schinken in etwa 5 mm dicke Scheibchen von 5 mal 3 cm Größe schneiden. Die Frühlingszwiebeln in 5 cm lange Stücke hacken.

Zubereitung: Die Hälfte vom Schmalz in einer Pfanne erhitzen und den Schinken mit Zucker und Sherry darin auf stärkster Hitze 20 Sekunden pfannenrühren; herausheben und beiseite stellen.
Nun das restliche Schmalz in der Pfanne erhitzen. Die Frühlingszwiebeln hineingeben, mit Salz bestreuen und ebenfalls 20 Sekunden unter Rühren braten. Jetzt den Schinken in die Pfanne zurückgeben, mit der Brühe beträufeln und nochmals 10 Sekunden auf größter Hitze rasch mit dem Gemüse mischen. Das Gericht auftragen und sogleich essen.

Chinesische Würstchen
Abb. 5 und 30

In den Augen der Europäer sind chinesische Würstchen eher eine Art Mini-Salami. Man verwendet sie hauptsächlich als Aromaspender, ißt sie zu Reis oder nimmt sie wie Schinken für pfannengerührte Gerichte. Sie sind etwa so lang wie Frankfurter Würstchen, jedoch nur halb so dick. Man schneidet sie im allgemeinen schräg in 5 mm dicke Scheibchen, brät sie dann 2 bis 3 Minuten in etwas Öl auf milder Hitze und serviert sie auf einer kleinen Platte als Beilage.
Man garniert auch gerne verschiedene Gemüsegerichte, indem man die rasch gebratenen Wurstscheiben auf das fertige Gemüse setzt. Mit ihrer roten oder rotbraunen Farbe und den durchsichtigweißen Fettpünktchen darin sind sie nicht nur würzender, sondern auch optischer Bestandteil vieler Gemüsegerichte.

In chinesischen Geschäften oder Restaurants sieht man die Würstchen oft zu Bündeln geschnürt im Fenster hängen. Man stellt sie eigentlich nie selbst her, sondern kauft sie stets fertig.

Rindfleisch wird in China bei weitem nicht soviel verwendet wie im Westen und spielt längst keine so große Rolle wie Schweinefleisch. Dennoch ist es eine wichtige Fleischsorte und in jedem guten Restaurant zu finden.

Es gibt Rindfleischrezepte aus allen Regionen Chinas, die meisten jedoch stammen von den chinesischen Moslems, für die – ähnlich wie für die Juden – Schweinefleisch als unrein gilt. Eine Vielzahl von Rindfleischrezepten kommt aus der Provinz Szechuan, wo man über reichlich Rindfleisch verfügt: Man braucht dort Ochsen zur Arbeit in den Salzminen, und ein gut Teil davon landet auch auf dem Tisch. In allen anderen Teilen Chinas kommt höchstens *ein* Rindfleischgericht auf zehn Schweinefleischzubereitungen.

Man kann sagen, daß die Chinesen einen Ochsen oder eine Kuh als Arbeitstier und nicht als Fleischlieferanten ansehen. Im Gegensatz zum Schwein, dessen Lebenszweck sie einzig und allein darin sehen, daß es von Kopf bis Fuß eßbar ist (auch wenn sie die Borsten durchaus gewinnbringend an Bürstenhersteller im In- und Ausland verkaufen), ist das Rind in etwa eine Art Autoersatz: Man besitzt eins, zwei oder drei und braucht sie zum Arbeiten – zum Ziehen des Pflugs, zur Fortbewegung, zum Einbringen der Ernte usw. Große Herden gibt es nur in den weitläufigen Weidelandregionen der westlichen Mandschurei oder der Inneren Mongolei und im chinesischen Turkistan, also in den Gegenden, wo die chinesischen Moslems leben.

Ist es da ein Wunder, daß ausgerechnet von den Moslems viele chinesische Rindfleischgerichte stammen? Im übrigen China gibt es weder Rinderherden noch Milchprodukte.

Die Chinesen trinken niemals Milch, und sie kennen auch weder Butter noch Käse. Natürlich macht sich westlicher Einfluß in den letzten 50 Jahren auch in China bemerkbar, und Milch, Butter und Käse sind nichts gänzlich Fremdes mehr.

Dieser westliche Einfluß hat den Chinesen ihr Rindfleisch erst richtig interessant gemacht. Tatsache ist, daß ich das beste Rindersteak meines Lebens in Tientsin und in Schanghai gegessen habe.

Eigentlich kann man alle Rezepte für Schweinefleisch auch mit Rindfleisch zubereiten. Allerdings muß man dabei stets bedenken, daß Rindfleisch, wenn es zart sein soll, entweder nur ganz kurz gebraten werden darf (2 bis 3 Minuten Pfannenrühren) oder sehr viel länger als Schweinefleisch garen muß (mindestens 1 Stunde oder länger). Ein weiterer Unterschied zwischen diesen beiden Fleischsorten: Rindfleisch hat einen sehr viel kräftigeren Eigengeschmack.

Deshalb bereitet man es auch am liebsten mit deftigeren Gemüsen zu, zum Beispiel mit Zwiebeln, Lauch, Ingwer, Knoblauch und Rübchen. Mit Rübchen *schmort* man es, mit dem anderen Gemüse *brät* man es rasch unter Rühren in der Pfanne; Ingwer überdeckt den etwas derben Fleischgeschmack. Im Gegensatz zu Schweine- oder Geflügelfleisch schneidet man Rindfleisch (zum Pfannenrühren) niemals in kleine Würfel, sondern teilt es in hauchfeine Scheibchen oder Streifen.

Wie in den anderen Fleischkapiteln beginnen wir auch hier mit Rezepten für rotgekochte Gerichte. Das Rotkochen ist eine Zubereitungsweise, die man auch als »ewiges Schmoren« bezeichnen könnte. In jedem Fall gehört ein sorgfältig zubereitetes rotgekochtes Gericht zum Besten, was man auf der Welt haben kann.

Rotgekochtes Rindfleisch

Zutaten (für 6 bis 8 Personen, zusammen mit anderen Gerichten): 1300 g Rinderwade (Beinfleisch), 3 EL Pflanzenöl, 2 große Zwiebeln, 2 Scheiben Ingwerwurzel, 2 Knoblauchzehen, 1 Stückchen getrocknete Mandarinenschale, 1 TL Salz, 4 EL Sojasauce, 1 EL Zucker, 6 EL Sherry

Vorbereitung: Die Zwiebeln in feine Scheiben schneiden, den Ingwer feinhacken und den Knoblauch zerdrücken. Die Mandarinenschale 20 Minuten in Wasser einweichen, dann abseihen.

Zubereitung: Das Fleisch 10 Minuten in kochendem Wasser blanchieren, dann in Würfel von 3 cm Kantenlänge schneiden. Das Öl in einem schweren Topf erhitzen und die Fleischwürfel darin auf starkem Feuer 5 bis 6 Minuten unter Rühren braten. Herausheben und beiseite stellen.

Zwiebeln, Ingwer und Knoblauch im verbliebenen

Bratfett auf mittlerer Hitze 3 bis 4 Minuten pfannenrühren. Mit ¾ Liter Wasser auffüllen, salzen und 2 Eßlöffel Sojasauce zufügen. Aufkochen, dann sofort die Hitze zurücknehmen. Die Mandarinenschale und das Fleisch zufügen und zugedeckt auf mildester Hitze 1 Stunde lang köcheln. Die restliche Sojasauce, den Zucker und den Sherry einrühren. Eine Asbestplatte unterlegen und das Fleisch 2 Stunden lang auf kleinster Flamme ziehen lassen, dabei alle 30 Minuten wenden, oder es im 150 Grad heißen Ofen 2½ Stunden schmoren.

Servieren: Dieses Gericht schmeckt köstlich zu Reis. Am besten bereitet man es in einem schönen gußeisernen Topf zu, der die Hitze gut leitet und später auch auf den Tisch gestellt werden kann.

Durch das sehr lange Schmoren bei milder Hitze bekommt das Fleisch eine außerordentlich zarte, mürbe Konsistenz. Die im Fleisch eingewachsenen Sehnen werden zu einem würzigen Gelee und geben dem Fleisch Kraft und Textur. Deshalb ist Beinfleisch (Rinderwade) bei weitem das geeignetste Stück. Außerdem ist es erfreulich preiswert.

Rotgekochtes Rindfleisch mit Tomaten

In Nordchina kocht man sehr gerne mit Tomaten, die dort im Überfluß wachsen.

Für 6 bis 8 Personen.
Das gleiche Rezept wie zuvor, jedoch während der letzten Stunde Garzeit 400 g gehäutete Tomaten zufügen. Geben Sie außerdem einen weiteren Teelöffel Salz oder 1½ Eßlöffel Sojasauce zu. Sie können dieses Gericht natürlich auch statt mit Beinfleisch mit einem normalen Stück Schmorfleisch zubereiten. Dann können Sie die Garzeit um etwa 1½ Stunden reduzieren. Werfen Sie die Tomaten (gehäutet und geviertelt) erst in den letzten 45 Minuten in den Topf, und würzen Sie zusätzlich mit Salz, Sojasauce oder 1 Eßlöffel Hoisinsauce. Vor dem Auftragen kann das Fleisch großzügig mit gehacktem Schnittlauch bestreut werden.

Rotgekochtes Rindfleisch mit Kohlrübe

Für 6 bis 8 Personen.
Das gleiche Rezept wie das vorhergehende, aber statt der Tomaten eine mittelgroße Kohlrübe verwenden. Die Rübe putzen, in dünne dreieckige Schnitzel von 3 bis 4 cm Länge teilen und 1 Stunde vor Ende der Garzeit in den Topf füllen. Sie werden golden leuchten und leicht durchscheinend wirken, wenn sie gar sind. Auch hier kann man zum Schluß gehacktes Frühlingszwiebelgrün oder Schnittlauch darüberstreuen.
Der Geschmack von Rindfleisch mit Kohlrübe ist bei den Chinesen sehr beliebt.

Geschmortes Rindfleisch mit Sternanis

Zutaten (für 8 bis 10 Personen, zusammen mit anderen Gerichten): 1700 g Rindfleisch zum Schmoren, 4 EL Sojasauce, 1½ EL Hoisinsauce, 6 EL Sherry, 1 EL Zucker, 1 TL Salz, 1 EL Essig, Pfeffer aus der Mühle, 2 EL Mehl, 2 Knoblauchzehen, 2 Scheiben Ingwerwurzel, 4 EL Pflanzenöl, 2 Stückchen Sternanis

Vorbereitung: Das Fleisch mit einem Fleischhammer oder mit der stumpfen Seite eines chinesischen Küchenbeils klopfen, rundum an etwa 12 Stellen mit einer Gabel tief einstechen und in einen passenden Topf setzen. Aus Sojasauce, Hoisinsauce, Sherry, Zucker, Salz, Essig und Pfeffer eine Marinade rühren und das Fleisch 2 Stunden lang darin ziehen lassen, dabei alle 30 Minuten wenden.
Dann herausnehmen und abgießen, die Marinade aber auffangen. Das Fleisch trockentupfen und mit dem Mehl bestäuben. Knoblauch und Ingwer feinhakken.

Zubereitung: Das Öl in einem schweren Bräter erhitzen. Knoblauch, Ingwer und Sternanis darin auf mittlerer Hitze 1 Minute rösten. Dann das Fleisch auf allen Seiten insgesamt etwa 6 bis 7 Minuten anbraten. Die Hitze auf ein Minimum reduzieren und eine Asbestplatte unter den Topf legen. Die restliche Marinade mit 4 Eßlöffeln Wasser verquirlen und über das

Fleisch gießen. Dieses zugedeckt 45 Minuten schmoren, dabei alle 15 Minuten wenden und von neuem mit der Marinade bepinseln.
Falls die Flüssigkeit zu sehr eingekocht sein sollte, 1 Eßlöffel Sojasauce, 1 Eßlöffel Sherry und 2 Eßlöffel Brühe vermischen und in den Topf gießen. Das Fleisch weitere 45 Minuten schmoren, dabei mehrmals wenden und mit Schmorflüssigkeit bestreichen. Stets aufpassen, daß immer ein wenig Flüssigkeit im Topf ist.

Servieren: Das Fleisch aus dem Topf heben und mit Alufolie abgedeckt 1 Minute ruhen lassen, dann in dünne Scheibchen von etwa 4 mal 5 cm Größe schneiden. Man kann es heiß oder kalt essen. Reichen Sie dazu *Soja-Senf-Dip* (Seite 67).

Rotgeköcheltes Rindfleisch

Zutaten (für 8 bis 10 Personen, zusammen mit anderen Gerichten): 1700 g Hochrippe (ohne Knochen), 2 mittelgroße Zwiebeln, 2 EL Pflanzenöl, 2 Scheiben Ingwerwurzel, 6 EL Sojasauce, 6 EL Sherry, 1 EL Zucker, $1/2$ TL Salz, 6 EL *Feine Brühe*

Vorbereitung: Das Fleisch in Würfel von 4 cm Kantenlänge, die Zwiebeln in feine Ringe schneiden.

Zubereitung: Das Öl in einem schweren Bräter erhitzen. Zwiebeln und Ingwer darin 2 Minuten unter Rühren braten, dann mit Sojasauce, Sherry, Zucker, Salz und Brühe auffüllen. Sobald die Flüssigkeit kocht, das Fleisch zufügen und zugedeckt auf mittlerer Hitze 30 Minuten köcheln, dabei alle 10 Minuten wenden. $1/4$ Liter Wasser zugießen und kurz aufkochen. Jetzt sofort die Hitze auf kleinste Stufe schalten, eine Asbestplatte unter den Topf legen und das Fleisch 45 Minuten köcheln lassen, jedoch alle 15 Minuten wenden. Nochmals mit $1/4$ Liter Wasser aufgießen und weitere 45 Minuten köcheln.

Servieren: In einer tiefen Schüssel anrichten und Hoisinsauce dazu servieren. Außerdem paßt zu diesem Fleisch *Soja-Sherry-Dip* und *Soja-Senf-Dip*. Die Sauce schmeckt vorzüglich zu gekochtem Reis.

Pikantes rotgeköcheltes Rindfleisch
(scharf)

Für 8 bis 10 Personen (zusammen mit anderen Gerichten).
Das gleiche Rezept wie zuvor, nur 2 Stückchen Sternanis, $1/4$ TL Fünf-Gewürz-Pulver und $1/2$ TL Cayennepfeffer zufügen. Das Gericht kurz vor dem Auftragen mit gehacktem Schnittlauch oder Frühlingszwiebeln bestreuen.

Variation: Während der letzten Stunde 400 g weiße Rübchen oder Möhren zufügen, dabei die Menge der Zutaten etwas erhöhen: je $7\,1/2$ EL Sojasauce und Sherry und $1\,1/4$ EL Zucker.

Langsam geköcheltes Rindfleisch
nach moslemischer Art

Das folgende Rezept stammt aus dem *Yu I-Sung*-Restaurant in Peking, wo man Moslem-Küche pflegt. Es beweist, daß es in der Chinesischen Küche keine starren Regeln gibt: Das Fleisch wird zunächst in der Pfanne unter Rühren gebraten, dann kurz in Wasser blanchiert und anschließend auf mildem Feuer sehr langsam geköchelt – eine wirklich ungewöhnliche Prozedur.

Zutaten (für 6 bis 10 Personen, zusammen mit anderen Gerichten): 1 Stückchen getrocknete chinesische Mandarinenschale, 2 große Zwiebeln, 1700 g Rinderwade (Beinfleisch), 6 EL Pflanzenöl, 6 EL Sojasauce, 4 EL Sherry, $1\,1/2$ EL Zucker, 2 Scheiben Ingwerwurzel

Vorbereitung: Die Mandarinenschale im Wasser 20 Minuten einweichen. Die Zwiebeln in feine Scheiben, das Fleisch in Würfel von 4 cm Kantenlänge schneiden.

Zubereitung: Das Öl auf stärkstem Feuer in einem schweren Bräter erhitzen. Die Fleischwürfel darin rasch unter stetem Rühren 6 bis 7 Minuten anbraten, dann herausnehmen. Alles Fett aus dem Topf wegkippen. Das Fleisch in kochendes Wasser werfen, 3 Minuten sprudelnd kochen, abgießen, abtropfen lassen und in den Bräter füllen. Soviel kaltes Wasser angießen, daß es gerade knapp bedeckt ist, und die übrigen Zutaten zufügen. Nach dem Aufkochen den Topf mit einem Deckel verschließen. Das Fleisch auf nunmehr mildester Hitze (eine Asbestplatte unterlegen!) 4 Stunden mehr ziehen als kochen lassen und währenddessen jede Stunde wenden. Sie können es natürlich auch im auf 140 Grad vorgeheizten Ofen garen. Falls nach 3 oder 3 $\frac{1}{2}$ Stunden die Flüssigkeit zu stark verdampft ist, mit einer Tasse Wasser auffüllen, dabei das Fleisch wiederum wenden.

Die eingewachsenen Sehnen sind nach der langen Garzeit so geleeartig zart, daß das Fleisch eine ganz neue Textur bekommt und viel saftiger ist.

Gedämpftes Rindfleisch

Beim Dämpfen werden die Zutaten im allgemeinen nicht bewegt – ganz im Gegensatz zum Pfannenrühren, wo die Ingredienzen unermüdlich durcheinandergewirbelt und so die Gewürze und Aromata ständig miteinander vermischt werden. Deshalb muß man bei dieser Garmethode den Würzprozeß, das Marinieren, Vorkochen oder auch das dekorative Anrichten vorher erledigen. Das ermöglicht dem Koch, das fertig zusammengestellte Gericht in Augenschein zu nehmen, bevor es überhaupt gekocht ist.

Das Dämpfen kann sehr schnell und heftig geschehen und ist dann meist von kurzer Dauer – etwa 10 bis 20 Minuten (besonders für Fischzubereitungen zu empfehlen), oder es erstreckt sich über einen längeren Zeitraum, was dem langsamen Köcheln vergleichbar ist. Tatsächlich werden in der Chinesischen Küche viele Gerichte, die langsam und schonend gegart werden sollen, gedämpft. Beim langsamen Dämpfen deckt man das Dämpfgut mit Alufolie ab, während beim heftigen Dämpfen die Speisen unbedeckt im aufsteigenden Dampf garen.

Will man Fleisch nur kurz dämpfen, so schneidet man es am besten in hauchfeine Scheiben und läßt diese in einer würzigen Marinade ziehen – so vorbereitet ist es in knapp 10 Minuten gar, ohne daß es Aroma oder Saft durch den Dampf verliert. Das Dämpfen hat außerdem den Vorteil gegenüber anderen Garmethoden, daß die Temperatur der Speisen im Dampf durchgehend gleich ist, wohingegen beim Kochen oder Braten auf dem Herd der Topfboden und somit die Unterseite des Gargutes viel heißer ist als der Rest.

Gedämpfte Rindfleischscheibchen

Zutaten (für 4 bis 8 Personen, zusammen mit anderen Gerichten): 1 TL Salz, 2 $\frac{1}{2}$ EL Sojasauce, 2 EL Sherry, 1 EL Hoisinsauce, 1 Scheibe Ingwerwurzel, ¾ EL Maisstärke, 1000 g mageres Rindfleisch (aus Keule oder Lende oder vom Filet), 6 getrocknete chinesische Champignons (Tongu-Pilze), 100 g Bambussprossen, 3 Frühlingszwiebeln, 2 Petersilienstengel, 1 ½ EL Pflanzenöl, 1 TL Sesamöl

Vorbereitung: Aus Salz, Sojasauce, Sherry, Hoisinsauce, gehacktem Ingwer und der Maisstärke eine Marinade rühren. Das Fleisch quer zur Faser in hauchfeine Scheibchen schneiden, mit der Marinade mischen und 30 Minuten ziehen lassen.
Die Pilze in ½ Tasse warmem Wasser 20 Minuten einweichen, dann die Stiele entfernen und die Hüte halbieren oder vierteln. Vom Einweichwasser 4 Eßlöffel aufheben. Die Bambussprossen in feine Scheiben schneiden. Die Frühlingszwiebeln in 6 cm lange Stücke teilen, die Petersilie feinhacken.

Zubereitung: Die Rindfleischscheibchen mit dem Öl einreiben und im Wechsel mit den Bambussprossen in eine flache feuerfeste Form schichten. Obenauf die Pilze verteilen. Die restliche Marinade und das Pilzwasser darüberträufeln. Alles zum Schluß mit Frühlingszwiebeln bestreuen. Die Form in einen Dämpftopf setzen und das Gericht in starkem Dampf 20 Minuten garen.

Servieren: Mit der gehackten Petersilie bestreuen und mit Sesamöl beträufeln. Sofort servieren.

Langsam gedämpftes Rindfleisch

Für 4 bis 8 Personen (zusammen mit anderen Gerichten).

Vorbereitung: Die gleichen Zutaten wie im vorherigen Rezept angegeben verwenden, das Fleisch jedoch in Würfel von etwa 3 cm Kantenlänge schneiden, ebenso die Bambussprossen. Diese zuunterst in eine feuerfeste Schüssel füllen, darauf die marinierten Fleischwürfel geben, Pilze und Frühlingszwiebeln darüber verteilen und das Ganze zum Schluß mit der restlichen Marinade sowie dem Pilzwasser beträufeln.

Zubereitung: Die Schüssel in einen großen Topf auf eine umgekehrte Untertasse stellen. Den Topf 7 cm hoch mit kochendem Wasser füllen (etwa so hoch, daß die Schüssel mit dem Dämpfgut zu einem Drittel davon erreicht wird). Die Temperatur des Wassers knapp auf dem Siedepunkt halten – wenn nötig, immer wieder etwas kochendes Wasser nachfüllen. Die Schüssel mit einem Deckel oder Alufolie gut verschließen, damit sich nicht zuviel Dampf während der langen Garzeit auf dem Fleisch niederschlagen kann. Das Gericht 2 Stunden lang dämpfen.

Servieren: Zum Schluß mit gehackter Petersilie bestreuen und mit Sesamöl besprenkeln. Sofort servieren.

Gedämpfter Brustkern

Dieses Gericht vereint zwei Garmethoden in sich: Dünsten und Dämpfen. Dadurch wird das Fleisch viel zarter als für gewöhnlich.

Zutaten (für 4 bis 8 Personen, zusammen mit anderen Gerichten): 1200 g Brustkern, ¾ TL Salz, 1 ½ EL Sojasauce, 2 EL Sherry, Pfeffer aus der Mühle, 2 EL fermentierte schwarze Bohnen, 2 Knoblauchzehen, 2 Scheiben Ingwerwurzel, 3 Frühlingszwiebeln, 3 EL Pflanzenöl, 1 Tasse *Feine Brühe*, 1 EL gehackte Petersilie, 1 TL Sesamöl

Vorbereitung: Den Brustkern in 5 bis 7 cm große Stücke hacken, mit Salz einreiben, mit Sojasauce und Sherry beträufeln und rundum pfeffern. Dann in eine Schüssel legen und 1 Stunde lang ziehen lassen. Die schwarzen Bohnen 30 Minuten in kaltem Wasser einweichen, abseihen und gut abtropfen lassen. Knoblauch und Ingwer feinhacken. Die Frühlingszwiebeln (mit Grün) in etwa 3 cm lange Stücke schneiden.

Zubereitung: Das Öl in einem schweren Topf erhitzen. Knoblauch, Ingwer, schwarze Bohnen und die Hälfte der Frühlingszwiebeln darin auf mittlerer Hitze anrösten. Nach 2 Minuten die Fleischstücke zufügen und auf nunmehr starkem Feuer 5 Minuten unter Rühren braten. Dann alle 3 Minuten 3 Eßlöffel Brühe in den Topf gießen und das Fleisch insgesamt weitere 9 Minuten braten. Danach alles in eine feuerfeste große Schüssel umfüllen, mit Alufolie abdecken und auf mildem Feuer 1 1/2 Stunden dämpfen (wie bereits im vorigen Rezept beschrieben).

Servieren: Die restlichen Frühlingszwiebeln feinhacken und mit der Petersilie über die Fleischstücke streuen. Mit Sesamöl beträufeln. In der Dämpfschüssel unverzüglich auftragen.

Gedämpfte Rindfleischbällchen mit Austernsauce

Zutaten (für 4 bis 8 Personen, zusammen mit anderen Gerichten): 600 g mageres Rindfleisch, 3 Wasserkastanien, 2 mittelgroße Zwiebeln, 1 Ei, 2 EL Mehl, 2 EL Maisstärke, Öl zum Fritieren, 2 EL *Austernsauce* (Seite 65), 2 TL Shrimpsauce, 1 EL Sojasauce, 1/2 EL Sherry, 3 EL Wasser, 1/2 TL Chilisauce, 2 TL Maisstärke, 1 EL gehackte Petersilie

Vorbereitung: Das Fleisch, die Wasserkastanien und die Zwiebeln sehr fein hacken und mit Ei, Salz und Mehl zu einem Fleischteig verkneten. Daraus walnußgroße Bällchen formen und in der Stärke wälzen.

Zubereitung: Jeweils 3 bis 4 Fleischbällchen nebeneinander in einen Drahtkorb setzen und 3 Minuten schwimmend in heißem Öl ausbacken. Sobald sie alle fritiert sind, in eine hitzebeständige Form füllen und im Dämpftopf 10 Minuten in sehr starkem Dampf fertiggaren.
Unterdessen die Sauce zubereiten. Dafür die übrigen Zutaten (außer der Petersilie) zu einer glatten Creme rühren, in ein Töpfchen füllen und so lange köcheln, bis sie gebunden ist. Die Bällchen aus dem Dämpftopf heben, mit dieser Sauce begießen, mit der gehackten Petersilie bestreuen und sofort auftragen.
Während der Austernzeit sollte man möglichst frische Austern verwenden: 4 schöne, große Exemplare aus ihrer Schale lösen und feingehackt in die heiße Sauce rühren. In diesem Fall die doppelte Menge Sherry verwenden und die Sauce 30 Sekunden länger erhitzen. Mit frischen Austern schmeckt sie sehr viel interessanter als mit Austernsauce. Überhaupt gehören mit frischen Austern zubereitete Saucen – vor allem in den Küstengegenden Chinas – zu den aufregendsten Genüssen der chinesischen Nudelküche.

Anmerkung der Übersetzerin: Fleisch, Wasserkastanien und Zwiebeln kann man selbstverständlich auch durch den Wolf drehen oder im elektrischen Zerhakker fein zerkleinern.

Gedämpfte Rindfleischbällchen in süßsaurer Sauce

Für 4 bis 8 Personen (zusammen mit anderen Gerichten).

Zubereitung: Das gleiche Rezept wie zuvor, jedoch die Bällchen statt mit *Austernsauce* mit *Süßsaurer Sauce* (Seite 58) übergießen. Rindfleischbällchen mit süßsaurer oder Austernsauce können auch nur durch Fritieren, ohne nachfolgendes Dämpfen, gegart werden. In diesem Fall muß man sie aber zweimal ausbacken. Das heißt, man fritiert sie zuerst portionsweise 2 bis 3 Minuten und taucht sie alle zusammen kurz vor dem Servieren nochmals für 1 1/2 Minuten ins heiße Fettbad. Die fertige Sauce wird zum Schluß darübergegossen.

Gedämpfte Rindfleischbällchen mit Szechuan-Kohl

Für 4 bis 8 Personen (zusammen mit anderen Gerichten).

Zubereitung: Das gleiche Rezept wie für *Rindfleischbällchen mit Austernsauce*, jedoch ohne die Zutaten für die Sauce. Statt dessen einen mittelgroßen Blumenkohl und 75 bis 100 g Szechuan-Kohl (scharf eingelegtes Gemüse) verwenden.
Den Blumenkohl in einzelne Röschen teilen. Eine feuerfeste Schale oder Schüssel damit auslegen, die einmal fritierten Fleischbällchen darauf verteilen und den in Scheiben geschnittenen Szechuan-Kohl darüberbreiten.

Die Form (offen!) in einen Dämpftopf setzen und das Gericht in starkem Dampf 20 Minuten garen. Die Feuchtigkeit, die sich im Topf bildet, dringt durch das scharfe Gemüse hindurch und teilt dessen Würze und Aroma den darunterliegenden Fleischbällchen und dem Blumenkohl mit.

Pfannengerührte Rindfleischstreifen und -scheibchen

Rindfleischscheibchen und -streifen werden immer zusammen mit ein oder zwei Zutaten pfannengerührt, die in die gleiche Form geschnitten werden. Meist handelt es sich dabei um frische Gemüse, gelegentlich werden aber auch getrocknete mitverwendet.
Für Rindfleischscheiben wie -streifen nimmt man etwa die gleichen Gemüsesorten. Der einzige Unterschied besteht im entsprechenden Zuschneiden der Gemüse. Um Wiederholungen zu vermeiden, behandle ich beide Arten von Fleisch – Scheiben und Streifen – im selben Kapitel.

Rasch trockengebratene Rindfleischstreifen

Hier einer der seltenen Fälle, wo das Fleisch ohne weitere Zutaten gebraten wird, lediglich mit einigen Gewürzen und 2 Stückchen Chilischote, die es sehr scharf und würzig machen.

Zutaten (für 4 bis 8 Personen, zusammen mit anderen Gerichten): 400 g mageres Rindfleisch, 3 EL Sojasauce, 1 TL Zucker, 1 EL Sherry, 2 Chilischoten, 4 EL Pflanzenöl

Vorbereitung: Das Fleisch mit einem scharfen Messer in streichholzfeine Streifen schneiden, in einer Schüssel mit der Sojasauce, dem Zucker und dem Sherry mischen und 1 Stunde ziehen lassen. Die Chilischoten von Stiel und sämtlichen Kernen befreien und das Fruchtfleisch ebenfalls in hauchfeine Streifen schneiden.

Zubereitung: Das Öl in einer Pfanne stark erhitzen. Die Chilistreifen darin 20 Sekunden unter Rühren anbraten. Das Fleisch zufügen und alles miteinander 3 Minuten auf starkem Feuer pfannenrühren. Die

Hitze etwas vermindern, dann so lange unter Rühren weiterbraten, bis fast alle Flüssigkeit verdampft ist. Das dauert etwa 3 bis 4 Minuten. Jetzt wird das Fleisch auf ganz milder Hitze 2 weitere Minuten geröstet, bis es vollkommen trocken geworden ist. Dabei muß natürlich unermüdlich gerührt werden, damit es nicht anbrennt.

Servieren: Wenn Sie dieses Gericht sorgfältig zubereitet haben, dann werden Sie merken, was für einen vollen und würzigen Geschmack das Rindfleisch angenommen hat. Servieren Sie es in einer flachen ovalen Schale. Die dunkelbraunen, knusprigen, überaus würzigen Streifchen sind eine willkommene Begleitung zu Drinks.

In einer westlichen Küche kann man das allerletzte Trockenbraten unter dem vorgeheizten Grill erledigen.

Pikante pfannengerührte Steakscheibchen in Austernsauce

Ein Gericht, das vor allem in Kanton sehr beliebt ist, wo man gern Fleisch zusammen mit Meeresfrüchten verarbeitet.

Zutaten (für 4 bis 8 Personen, zusammen mit anderen Gerichten): 500 g Rindfleisch (aus der Lende oder vom Filet), 1 EL Sojasauce, 1 EL Hoisinsauce, 2 EL Sherry, 1 1/2 EL Maisstärke, 5 EL Pflanzenöl, 3 EL *Austernsauce*, 3 EL *Feine Brühe*, 2 Frühlingszwiebeln, 2 Scheiben Ingwerwurzel

Vorbereitung: Das Fleisch quer zur Faser in hauchdünne Scheiben von etwa 4 mal 5 cm Größe schneiden. In einer Schüssel Sojasauce und Hoisinsauce mit der Hälfte des Sherry mischen und das Fleisch 30 Minuten darin ziehen lassen. Dann mit der halben Menge Stärke bestäuben und mit den Händen 1 Eßlöffel Öl hineinmassieren.
In einer zweiten Schüssel Austernsauce, Brühe und die restliche Stärke verquirlen. Die Frühlingszwiebeln in etwa 2 cm lange Stücke hacken.

Zubereitung: Das Öl in einer großen Pfanne erhitzen und das marinierte Rindfleisch auf stärkstem Feuer 1 Minute unter Rühren rasch darin braten. Dann alles überschüssige Öl aus der Pfanne kippen und das Fleisch durch ein Sieb abtropfen lassen.
Die Pfanne zurück auf die Herdplatte stellen, Ingwer und Frühlingszwiebeln darin 30 Sekunden auf starkem Feuer unter Rühren rasch anrösten. Das Fleisch wieder einfüllen, mit dem restlichen Sherry beträufeln, umrühren und auf dem Pfannenboden ausbreiten. Nun mit der Austernsaucen-Mischung gleichmäßig begießen und 20 Sekunden auf stärkster Hitze wenden und braten. Gleich auf eine vorgewärmte Platte geben und gleich auftragen.
Am besten ißt man die Steakscheibchen *sofort*, wenn sie eben aus der Pfanne kommen! Sie schmecken einfach wundervoll und sind dabei recht einfach und schnell zuzubereiten. Darum paßt dieses Gericht für den häuslichen Familientisch ebenso wie für größere Essen in Gesellschaft.

Pfannengerührte Steakscheibchen mit »Dreifachem Winter«

Unter »Dreifachem Winter« versteht man Winterbambussprossen, Winterpilze und Winterkohl. Ganz offenbar sind diese Gemüse im Winter sehr viel zarter und aromatischer als im Sommer, wo sie durch zu rasches Wachstum eher hart sind. Im Westen können Sie diese Wintergemüse wahrscheinlich nicht kaufen, ersetzen Sie sie daher durch Chinakohl, Wirsing oder in dünne Scheibchen geschnittenen Stangensellerie. Statt der Winterpilze verwenden Sie die getrockneten chinesischen Champignons (Tongu-Pilze), und für die Winterbambussprossen nehmen Sie die aus der Dose. Natürlich wird das einen verwöhnten Feinschmecker keineswegs befriedigen – aber wem von uns wachsen heutzutage schon die Trauben in den Mund!
»Dreifacher Winter« ist eine sehr beliebte und überall bekannte Zusammenstellung. Dieses Rezept zeigt, wie man Rindfleisch und Gemüse normalerweise miteinander verarbeitet: Das Fleisch wird zunächst kurz – bei 200 g Fleisch höchstens 30 Sekunden – pfannengerührt, dann herausgehoben. Der Fleischgeschmack

hat sich inzwischen dem Öl mitgeteilt. Nun wird das Gemüse in die Pfanne gefüllt und etwas länger, aber ebenfalls unter stetem Rühren, gebraten – etwa 1 bis 2 Minuten.

Nach dem ersten Anbraten und Im-Öl-Wenden werden 2 bis 3 Eßlöffel Brühe angegossen und das Gemüse darin rasch 1 bis 2 Minuten gedünstet. Sobald die Flüssigkeit in der Pfanne fast vollständig verdampft und eingekocht ist, wird das Fleisch wieder hinzugegeben und alles miteinander nochmals kurz unter Rühren auf starker Hitze vermischt. Jetzt kann man noch etwas Sherry und Glutamat zufügen, um das Aroma zu heben.

Alle Gerichte dieser Art müssen unbedingt *sofort* nach Fertigstellung verzehrt werden!

Zutaten (für 4 bis 6 Personen, zusammen mit anderen Gerichten): 500 g Rindfleisch (Lende oder Filet), 1 TL Salz, 1 EL Sojasauce, Pfeffer aus der Mühle, 2 EL Sherry, 50 g Winterpilze (oder getrocknete Tongu-Pilze), 75 g Bambussprossen, 75 g Chinakohl, Wirsing oder Stangensellerie, 1 Knoblauchzehe, 1 Scheibe Ingwerwurzel, 2 Frühlingszwiebeln, 4 EL Pflanzenöl, 2 EL *Feine Brühe*

Vorbereitung: Das Fleisch quer zur Faser in hauchfeine Scheiben von etwa 4 mal 5 cm Größe schneiden, mit Salz einreiben, mit Sojasauce und 1 Eßlöffel Sherry beträufeln und 30 Minuten ziehen lassen, dabei ein- oder zweimal wenden. Die Pilze in warmem Wasser 30 Minuten einweichen, dann den Stiel herausschneiden. Bambussprossen und Chinakohl ebenso fein wie das Fleisch schneiden. Knoblauch und Ingwer sehr fein hacken. Die Frühlingszwiebeln in 2 cm lange Stücke teilen.

Zubereitung: Das Öl in einer großen Pfanne erhitzen. Knoblauch und Ingwer darin 10 bis 15 Sekunden anrösten, dann das Fleisch zufügen, auf stärkstem Feuer 1 Minute pfannenrühren, herausheben und beiseite stellen. Nun Bambussprossen, Chinakohl und Pilze in die Pfanne geben und 1 $\frac{1}{2}$ Minuten unter Rühren braten. Jetzt das Fleisch wieder hineinfüllen, mit dem restlichen Sherry beträufeln und alles 30 Sekunden bei höchster Temperatur mischen. Nochmals abschmecken, auf einer vorgewärmten Platte anrichten und sofort auftragen.

Pfannengerührte Steakscheibchen mit Tomaten

Zutaten (für 4 bis 8 Personen, zusammen mit anderen Gerichten): 500 g mageres Rindfleisch (Lende oder Filet), 1 TL Salz, 1 $\frac{1}{2}$ EL Sojasauce, 1 EL Sherry, 4 bis 5 feste mittelgroße Tomaten, Pfeffer aus der Mühle, 2 Frühlingszwiebeln, 1 Knoblauchzehe, $\frac{1}{2}$ EL Maisstärke, 6 EL Brühe, 3 EL Pflanzenöl

Vorbereitung: Das Fleisch quer zur Faser in hauchfeine, 4 mal 5 cm große Scheibchen schneiden, mit der Hälfte vom Salz, Sojasauce und Sherry vermischen und 15 Minuten ziehen lassen.

Die Tomaten häuten, vierteln, salzen und pfeffern. Die Frühlingszwiebeln in 5 cm lange Stücke schneiden, den Knoblauch feinhacken. Die Stärke mit 3 Eßlöffeln Brühe verquirlen.

Zubereitung: Das Öl in einer großen Pfanne erhitzen. Die halbe Menge Frühlingszwiebeln und den Knoblauch darin 15 Sekunden unter Rühren anrösten. Das Fleisch zufügen und auf stärkster Hitze 1 Minute pfannenrühren. Die restliche Brühe hineinträufeln und alles 15 Sekunden unter Rühren vermischen. Nun die aufgelöste Stärke in die Pfanne gießen und so lange rühren, bis die Flüssigkeit gebunden ist. Zuletzt die Tomatenviertel gleichmäßig in der Pfanne verteilen und 30 Sekunden heiß werden lassen. Das Gericht mit den restlichen feingehackten Frühlingszwiebeln bestreuen und sofort auftragen.

Anmerkung der Übersetzerin: Angenehmer zu essen ist dieses Gericht, wenn Sie die Tomaten nicht nur häuten (zuvor mit kochendem Wasser überbrühen, dann läßt sich die Haut ganz leicht abziehen), sondern auch restlos entkernen und nur das Fleisch verwenden.

Pfannengerührte Rindfleischscheibchen mit Blumenkohl

Für 4 bis 8 Personen (zusammen mit anderen Gerichten).

Vor- und Zubereitung: Das gleiche Rezept wie für *Pfannengerührte Steakscheibchen mit »Dreifachem Winter«* (Seite 190), jedoch statt der 3 verschiedenen Gemüse 300 g Blumenkohlröschen verwenden. Nach dem ersten Anbraten mit 6 Eßlöffeln Brühe angießen, die Pfanne mit einem Deckel verschließen und den Blumenkohl auf starker Hitze 2 $\frac{1}{2}$ Minuten garen. Danach das Rindfleisch wieder in die Pfanne geben und alles unter Rühren mischen. Sofort servieren.

Pfannengerührte Rindfleischscheibchen mit grünem und rotem Paprika

Für 4 bis 8 Personen (zusammen mit anderen Gerichten).

Vorbereitung: Das gleiche Rezept wie das vorhergehende, nur 1 rote und 2 grüne mittelgroße Paprikaschoten statt des Blumenkohls verwenden. Die Schoten sorgfältig entkernen und das Fruchtfleisch in 1 cm breite Ringe schneiden.

Zubereitung: Den Paprika in der Hälfte des Öls 1 $\frac{1}{2}$ Minuten unter Rühren braten, dann herausnehmen und beiseite stellen. Das restliche Öl in der Pfanne erhitzen und das Rindfleisch darin 1 Minute auf stärkster Hitze pfannenrühren. Die Paprikaringe wieder hinzufügen, mit Brühe auffüllen und alles 1 Minute auf höchster Temperatur braten und mischen, dann sofort servieren.

Pfannengerührte Rindfleischstreifen mit Zwiebeln

Hier eines der bekanntesten Rindfleischgerichte, das immer gelingt.

Zutaten (für 4 bis 8 Personen, zusammen mit anderen Gerichten): 500 g mageres Rindfleisch, 2 $\frac{1}{2}$ EL Sojasauce, 1 EL Hoisinsauce, 2 EL Sherry, 1 TL Zucker, $\frac{1}{2}$ TL Salz, 4 mittelgroße Zwiebeln, Salz und Pfeffer nach Geschmack, $\frac{1}{2}$ EL Maisstärke, 4 EL Pflanzenöl.

Vorbereitung: Das Fleisch quer zur Faser in streichholzfeine Streifen schneiden. Sojasauce, Hoisinsauce, die Hälfte vom Sherry, Zucker, $\frac{1}{2}$ Teelöffel Salz und etwas Pfeffer verrühren. Die Fleischstreifen in dieser Marinade 15 Minuten ziehen lassen, dann mit der Stärke bestäuben. Die Zwiebeln in feine Streifen schneiden.

Zubereitung: 2 Eßlöffel Öl in einer großen Pfanne erhitzen und die Zwiebeln darin 3 Minuten auf starkem Feuer braten, dabei salzen. Beiseite schieben und das restliche Öl in die Pfannenmitte gießen. Wenn es heiß ist, das Fleisch mitsamt der Marinade einfüllen und 1 Minute unter heftigem Rühren braten, dann mit den Zwiebeln mischen. Nach 1 Minute mit dem restlichen Sherry beträufeln, weitere 30 Sekunden pfannenrühren und gleich servieren.

Dieses Gericht sollte dampfendheiß aufgetragen werden. Es schmeckt besonders gut zu Reis.

Anmerkung der Übersetzerin: Nehmen Sie eine große Pfanne, deren Boden breiter ist als die Herdplatte. Dann verkohlen die Zwiebeln am Pfannenrand nicht so schnell, wenn in der Pfannenmitte das Fleisch gerührt wird.

Pfannengerührte Rindfleischstreifen mit Stangensellerie

Für 4 bis 8 Personen (zusammen mit anderen Gerichten).

Zubereitung: Das gleiche Rezept wie oben, statt der Zwiebeln jedoch 200 g Stangensellerie verwenden. Diesen längs in streichholzfeine Streifen schneiden.

15 Langsam geköcheltes Lammfleisch nach Art von Lung Fu Ssi (S. 203)

Pfannengerührte Rindfleischstreifen mit jungem Lauch
Abb. 13

Für 4 bis 8 Personen (zusammen mit anderen Gerichten).

Vorbereitung: Genau wie im Rezept *Pfannengerührte Rindfleischstreifen mit Zwiebeln*, statt der Zwiebeln jedoch 200 g jungen Lauch verwenden.

Ein besonders attraktives Gericht – das dunkelbraune Fleisch ergibt einen hübschen Kontrast zum in Öl geschwenkten, glänzend grünen Lauch. Die beiden kräftigen Aromen gehen auf starkem Feuer eine harmonische Verbindung ein.

Pfannengerührte Rindfleischstreifen mit Frühlingszwiebeln und Möhren
Abb. 11

Durch die Kombination von Frühlingszwiebeln und Möhren wirkt dieses Gericht besonders farbenfroh.
Für 4 bis 8 Personen (zusammen mit anderen Gerichten).

Das gleiche Rezept wie für *Pfannengerührte Rindfleischstreifen mit Zwiebeln*, statt der Zwiebeln jedoch 75 bis 100 g Frühlingszwiebeln und 2 kleine junge Möhren verwenden. Die Frühlingszwiebeln putzen und in 5 cm lange Stücke hacken (die grünen Teile mitverwenden), die Möhren in streichholzfeine Streifen schneiden.
Die Möhren 1 Minute lang pfannenrühren, bevor das Fleisch hinzugefügt wird. Die Frühlingszwiebeln indessen erst in der letzten Minute in die Pfanne geben, wenn alle Zutaten auf stärkstem Feuer nochmals vermischt werden. Möglicherweise ist ein zusätzlicher Eßlöffel Öl zum Braten nötig.

Fritierte Rindfleischstreifen mit Möhren und Paprika

Für 4 bis 8 Personen (zusammen mit anderen Gerichten).

Das vorherige Rezept wiederholen, *zusätzlich* jedoch 1 mittelgroße Paprikaschote (in streichholzfeine Streifen geschnitten) und $1\frac{1}{2}$ Teelöffel Chilisauce zufügen. Das Fleisch und die zerkleinerten Gemüse in der Sauce und den Gewürzen wenden und 2 Stunden marinieren.
Anstatt nun die Zutaten pfannenzurühren, alles in einen Drahtkorb füllen und 5 bis 6 Minuten in heißem Öl schwimmend ausbacken. Gut abtropfen lassen und auf einer vorgewärmten Platte auftragen.
Dieses Gericht unterscheidet sich von den vorigen dadurch, daß Fleisch und Gemüse durch das Fritieren eher knackig und knusprig werden, nicht weich und zart wie beim Pfannenrühren. Es sollte heiß gegessen werden und eignet sich hervorragend als kleiner Snack zum Cocktail.

Pfannengericht aus scharfgewürzten Rindfleischstreifen, Paprika und Chilischoten

Für 4 bis 8 Personen (zusammen mit anderen Gerichten).

Vorbereitung: Das Rezept für *Pfannengerührte Rindfleischstreifen mit Zwiebeln* wiederholen, statt der Zwiebeln jedoch 1 große grüne, 1 große rote Paprika- und 2 Chilischoten verwenden. Außerdem $\frac{1}{6}$ Teelöffel Fünf-Gewürz-Pulver zufügen.
Die Paprikaschoten sorgfältig entkernen und das Fruchtfleisch in streichholzfeine Streifen schneiden. Die Chilischoten ebenfalls von sämtlichen Kernen befreien und vierteln.

Zubereitung: Die Hälfte des Öls in einer großen Pfanne erhitzen. Die Chilistücke darin auf starkem Feuer 40 Sekunden rösten, mit einem Schaumlöffel herausheben und wegwerfen. Nun rote und grüne Paprikastreifen 1 Minute im parfümierten heißen Öl pfannenrühren, dann beiseite schieben.
In die Pfannenmitte das restliche Öl gießen. Sobald es heiß genug ist, das Fleisch zufügen und 30 Sekunden unter Rühren braten. Danach mit dem Fünf-Gewürz-Pulver bestreuen und weitere 30 Sekunden braten. Fleisch und Paprika nunmehr mischen, mit dem

restlichen Sherry beträufeln und erneut gründlich vermengen. Sofort servieren.

Das Rezept stammt aus Szechuan in Westchina; das Gericht ist deshalb ziemlich feurig – ein Leckerbissen für alle, die gerne scharf essen!

Pfannengerührte Rindfleischstreifen mit Glasnudeln und grünen Bohnen

Die Knackigkeit der Bohnen bildet einen angenehmen Kontrast zur Zartheit des Fleisches und zur Weichheit der Nudeln.

Zutaten (für 4 bis 8 Personen, zusammen mit anderen Gerichten): 400 g Rindersteak, 1 1/2 EL Sojasauce, 2 EL Sherry, 1 1/2 TL Zucker, Pfeffer aus der Mühle, 1 Scheibe Ingwerwurzel, 75 g Glasnudeln, 150 bis 200 g feinste grüne Bohnen, 4 EL Pflanzenöl, 1 TL Salz, 6 EL *Hühnerbrühe*, 1/2 TL Glutamat

Vorbereitung: Das Fleisch quer zur Faser in streichholzfeine Streifen schneiden. Sojasauce, 1 Eßlöffel Sherry, Zucker und Pfeffer mit dem feingehackten Ingwer verrühren und das Fleisch darin 15 Minuten marinieren. Die Glasnudeln 15 Minuten in warmem Wasser einweichen. Die Bohnen putzen, wenn nötig von Fäden befreien, und 5 Minuten in kochendem Wasser blanchieren.

Zubereitung: 2 Eßlöffel Öl in einer großen Pfanne erhitzen, das Fleisch mitsamt der Marinade einfüllen, auf stärkstem Feuer 1 Minute pfannenrühren und beiseite schieben.
In die Pfannenmitte das restliche Öl gießen, die Bohnen hineingeben, mit Salz bestreuen und 1 1/2 Minuten unter Rühren braten. Dann mit der Hälfte der Brühe beträufeln und auf nunmehr mittlerer Hitze etwa 1 Minute unter Rühren köcheln. Das Fleisch und die Bohnen getrennt mit einem Schaumlöffel aus der Pfanne heben und warm stellen.
Jetzt die Nudeln in die Pfanne geben, mit der restlichen Brühe besprenkeln, mit Glutamat bestreuen und mehrmals in dieser Sauce wenden. Sobald sie durch und durch heiß und von Sauce durchtränkt sind, auf einer vorgewärmten Platte ausbreiten. Zum Schluß den restlichen Sherry in die Pfanne gießen und Rindfleisch und Bohnen darin nochmals 15 Sekunden stark erhitzen, aber keinesfalls miteinander mischen.

Servieren: Das Fleisch auf die Nudeln häufen und mit den glänzenden Bohnen umkränzen. Mit der Sauce übergießen.

In Brühe gebrutzelte Rindfleischscheibchen

Pfannenrühren ist eine weitverbreitete Garmethode in China.
»In-sehr-heißer-Brühe-Garbrutzeln« hingegen ist recht wenig bekannt, aber man bedient sich dieser speziellen Kochweise manchmal in einigen Regionen Chinas, um etwas ganz Besonderes zuzubereiten. Das folgende Rezept stammt aus dem »Restaurant der Nationalitäten« im westchinesischen Chungking.

Zutaten (für 4 bis 8 Personen, zusammen mit anderen Gerichten): 1 EL fermentierte schwarze Bohnen, 400 g mageres Rindfleisch (Lende oder Filet) am Stück, 1 Ei, 1 TL Salz, 1 EL Sojasauce, 1 EL Sherry, 1 EL Maisstärke, 3 getrocknete Chilischoten, 4 EL Pflanzenöl, 1 Knoblauchzehe, 2 Scheiben Ingwerwurzel, 3 junge Lauchstangen, 50 g Bambussprossen, 2 EL Weißwein, reichlich 1/8 l *Feine Brühe*, 1 EL helle Sojasauce, 1 TL Glutamat

Vorbereitung: Die schwarzen Bohnen 20 Minuten einweichen, abgießen und mit einer Gabel zu Mus zerdrücken. Das Fleisch quer zur Faser mit einem scharfen Messer in papierdünne Scheibchen von etwa 4 mal 5 cm Größe schneiden. Das Ei in eine Schüssel schlagen, mit Salz, Sojasauce, Sherry und Stärke zu einem weichen Teig verrühren, über das Fleisch geben und nun gleichmäßig mit den Fingern auf den Fleischscheibchen verteilen.
Die Chilischoten sorgfältig entkernen, vierteln und 1 Minute in 1 1/2 Eßlöffel Öl rösten, dann vom Feuer ziehen. Knoblauch und Ingwer feinhacken. Den Lauch in 3 bis 4 cm lange Stücke teilen, die Bambus-

sprossen in feine Scheibchen von etwa 3 mal 4 cm Größe schneiden.

Zubereitung: Das restliche Öl in einer großen Pfanne erhitzen. Lauch, Ingwer, Knoblauch, Bambussprossen und schwarze Bohnen darin auf mittlerem Feuer 2 Minuten pfannenrühren. Dann Weißwein, Brühe, helle Sojasauce und Glutamat zufügen. Auf größte Hitze schalten. Sobald die Brühe aufkocht, das marinierte, vom Teig umhüllte Fleisch in die Pfanne geben und gleichmäßig auf dem Pfannenboden verteilen. Nach 40 Sekunden »Brutzeln« in der siedenden Brühe alles in eine vorgewärmte Schüssel geben. Unterdessen die Chilis im Öl nochmals erhitzen und über das Fleisch gießen.

Wer dieses Gericht ißt, gerät ins Schwitzen, selbst an einem kalten Winterabend; es gehört zu den Lieblingsgerichten all derer, die gerne Feuriges mögen. Natürlich muß man nicht unbedingt zum Schluß das durch Chilischoten geschärfte Öl darübergießen, aber so macht man es in den westlichen Provinzen Chinas. Schärfe und Kraft des Chili können auch je nach Gebrauch von mehr oder weniger Chilischoten verstärkt oder gemildert werden.

In Brühe gebrutzelte Rindfleischscheibchen mit Nieren

Für 4 bis 8 Personen (zusammen mit anderen Gerichten).
Das vorherige Rezept wiederholen, aber noch 2 Lammnieren, die in ebenso feine Scheibchen geschnitten sind wie das Fleisch, und 3 zusätzliche Eßlöffel Sojasauce zufügen.
Dank der kurzen Garzeit bleibt das Fleisch zart und die Nieren fest – dieser Kontrast macht das Gericht erst interessant. Der ausgeprägte Nierengeschmack verbindet sich mit der Würze der übrigen Zutaten zu einem einzigartigen Aroma.

Gegrilltes Rindfleisch

Dies ist eines der moderneren Gerichte in der Chinesischen Küche und stammt wohl von den weitläufigen Weideländern im Norden des Landes. In Peking gehört es zu den Favoriten.
Man gibt dünne Rindfleischscheiben (mariniert oder ohne jede Marinade) auf einen Drahtrost, der über einem mit Holzkohle gefüllten Gefäß liegt. (Dieser Rost sollte etwa 45 mal 60 cm groß sein.)
Falls nur unmariniertes Fleisch gegrillt wird, sollten die Gäste eine Reihe Dips zur Verfügung haben: *Salz-und-Pfeffer-Mischung, Scharfe Senfsauce, Soja-Öl-Dip mit Knoblauch, Soja-Senf-Dip, Soja-Sherry-Dip, Soja-Chili-Dip* und Hoisinsauce (siehe Register).
Dazu ißt man *Einfache Dampfbrötchen (Man Tou), Gedämpfte Blumenbrötchen (Hua Chuan)* oder *Silberfaden-Dampfbrötchen*. Natürlich können Sie auch normale Brötchen dazu reichen.
Wenn Sie das Fleisch zuvor lieber marinieren wollen, halten Sie sich an das folgende Rezept:

Zutaten (für 6 Personen, zusammen mit anderen Gerichten): 1000 g mageres Rindfleisch (Lende oder Filet), 4 EL Sojasauce, 2 EL Sherry, 1 EL Essig, 1 TL Zucker, Pfeffer aus der Mühle, 2 Knoblauchzehen, 2 Scheiben Ingwerwurzel, 6 Frühlingszwiebeln, 6 Eier

Vorbereitung: Das Fleisch quer zur Faser in hauchfeine Scheiben von etwa 3 mal 5 cm Größe schneiden. Sojasauce, Sherry, Essig, Zucker und Pfeffer sowie feingehackten Knoblauch und Ingwer daruntermischen und das Fleisch in dieser Marinade 30 Minuten ziehen lassen. Jede Frühlingszwiebel längs halbieren, die Hälften mit dem Küchenbeil flachdrücken und in 6 cm lange Stücke hacken. Diese jeweils zu einem Knoten verschlingen und auf 3 oder 4 kleinen Tellerchen zur Selbstbedienung auf dem Tisch verteilen. Die Eier in 6 Schälchen schlagen und eines vor jeden Gast stellen.

Zubereitung und Servieren: Sobald die Holzkohle ordentlich Glut entwickelt hat, das Gefäß auf den Tisch bringen und auf ein ausreichend großes Metalltablett stellen, damit nichts ansengt. Jeder Gast legt nun mit

Hilfe von extralangen Stäbchen ein Fleischscheibchen und ein Frühlingszwiebelstück auf den mit einem feinmaschigen Drahtnetz überzogenen Grillrost. Nach 1 bis 1 1/4 Minute nimmt er beides schnell herunter und taucht es in das verquirlte Ei (um es abzukühlen wie auch damit einzuhüllen), dann in die verschiedenen Saucen und Dips, bevor er es zu seinem Dampfbrötchen verspeist.

Anmerkung der Übersetzerin: Einen solchen Tischgrill werden Sie sich selber basteln müssen. Achten Sie jedoch darauf, daß das Gefäß für die Glut nicht nur oben offen ist, damit die Hitze durch den aufgelegten Rost hindurch die Fleischstücke erreicht, sondern schneiden Sie auch in die Seitenwände Schlitze, so daß die Glut Luft bekommt.

Rotgekochter Ochsenschwanz
Abb. 14

Wie alle anderen Fleischsorten kann man auch Ochsenschwanz rotkochen – und das scheint wahrhaftig die beste Zubereitungsweise dafür zu sein.

Zutaten (für 6 bis 8 Personen, zusammen mit anderen Gerichten): 2 Knoblauchzehen, 3 Scheiben Ingwerwurzel, 2000 bis 2500 g Ochsenschwanz (in Stücke gehackt), 1 TL Salz, 6 EL Sojasauce, 1 1/2 EL Hoisinsauce, 4 EL Sherry, 1/8 l *Feine Brühe*, 2 TL Zucker

Vorbereitung: Knoblauch und Ingwer feinhacken. Die Ochsenschwanzstücke waschen und für 3 Minuten in kochendes Wasser werfen, dann mit Ingwer, Knoblauch, Salz, Sojasauce und Hoisinsauce in einen ausreichend großen schweren Topf füllen und mit 3/4 Liter Wasser aufgießen.

Zubereitung: Das Ganze langsam zum Kochen bringen. Danach eine Asbestplatte unter den Topf legen und das Fleisch auf mildester Hitze 90 Minuten köcheln lassen, dabei alle 30 Minuten umwenden. Sherry, Brühe und Zucker dazugeben, alles ganz sanft 1 Stunde weiterköcheln und das Fleisch wieder nach 30 Minuten umdrehen.

Falls Sie den Ochsenschwanz im Ofen zubereiten wollen, stellen Sie den Topf für 3 Stunden in die auf 150 Grad vorgeheizte Bratröhre.

Servieren: Das Gericht in eine tiefe Schüssel füllen und zu gekochtem Reis servieren.

Geräuchertes Rindfleisch

Dieses Gericht ist eine leckere Vorspeise zu einem chinesischen Essen.

Zutaten (für 6 bis 10 Personen, zusammen mit anderen Gerichten): 1200 g mageres Rindfleisch (Lende oder Filet), 2 Scheiben Ingwerwurzel, 5 EL Sojasauce, 4 EL Sherry, 1/4 TL Fünf-Gewürz-Pulver, 1 1/2 TL Zucker, Pfeffer aus der Mühle, 4 EL brauner Zucker, 2 TL Zimt, 2 TL gemahlener Anis, 2 TL gemahlene Gewürznelken, 4 EL Pflanzenöl

Vorbereitung: Das Fleisch mit der Faser in 7 bis 10 cm lange, etwa 3 cm breite und 3 bis 5 cm dicke Streifen schneiden. Den Ingwer feinhacken und mit der Sojasauce, dem Sherry und dem Fünf-Gewürz-Pulver verrühren. Das Fleisch in dieser Marinade 1 Stunde ziehen lassen, dabei nach 30 Minuten wenden.
Die übrigen Zutaten (außer dem Öl) mischen und in die Mitte eines großen Stückes Alufolie streuen.

Zubereitung: Das Öl in einer großen Pfanne erhitzen. Das Fleisch mit der Marinade zufügen, auf mittlerer Hitze 7 bis 8 Minuten unter Rühren braten, bis es fast völlig trocken geworden ist, und in eine passende kleine Pfanne umfüllen. Diese auf die Alufolie mitten auf die Gewürze setzen. Die Folie locker darüberschlagen und gut verschließen.
Das Paket in einen sehr großen, schweren Topf stellen und auf mittlerem Feuer so lange erhitzen, bis der Zucker in der Folie zu rauchen beginnt (man kann das am besten sehen, wenn man mit einer Nadel in die Folie ein kleines Loch sticht, durch das der aufsteigende Rauch entweichen kann). Sobald Rauch aufsteigt, das Loch wieder dicht verschließen, den Herd ausschalten und den Topf 20 Minuten stehen lassen.

Das Päckchen im Freien öffnen. Die Fleischstreifen aus der Pfanne nehmen und auf einem Hackbrett quer zur Faser in feine Scheibchen schneiden.

Servieren: Die Scheibchen fischgrätartig auf einer Platte anrichten und sofort servieren.

Scharfe Pfeffersteaks

Zutaten (für 6 bis 10 Personen): 1200 g mageres Rindfleisch, 2 Scheiben Ingwerwurzel, 4 EL Sojasauce, 4 EL Sherry, 2 TL Zucker, $^1/_2$ TL Salz, 1 EL Hoisinsauce, $^1/_4$ TL frisch gemahlener Pfeffer, $^1/_4$ TL entkernte, zerriebene Chilischote (oder Chilipulver), 5 EL Pflanzenöl

Vorbereitung: Das Fleisch entlang der Faser in 8 bis 10 cm lange, 5 cm breite und etwa 3 cm dicke Scheiben schneiden. Den Ingwer feinhacken und mit der Sojasauce, dem Sherry, Zucker, Salz, Hoisinsauce, Pfeffer und Chilipulver gründlich mischen. Das Fleisch damit rundum einreiben und 1 Stunde lang ziehen lassen. Dann mit 1 Eßlöffel Öl einreiben und weitere 30 Minuten marinieren.

Zubereitung und Servieren: Das restliche Öl in einer Pfanne erhitzen, die Fleischscheiben mitsamt der Marinade zufügen und auf mittlerer Hitze 9 bis 10 Minuten sanft pfannenrühren, dann herausnehmen und auf einem Holzbrett quer zur Faser in etwa 3 mm dicke Scheibchen schneiden. Fischgrätartig auf einer Platte anrichten und sofort servieren.

Wir Chinesen machen keinen Unterschied zwischen Lamm- und Hammelfleisch: Schaffleisch ist Schaffleisch, ganz gleich, wie alt das Tier ist. Wir bezeichnen sogar Ziegen als Bergschafe *(San Yang)*; und in der Tat wird in manchen bergigen Provinzen im Süden mehr Ziegen- als Hammelfleisch verzehrt. Im Norden, in den Provinzen, die an die Mongolei, an die Innere Mongolei und an Sinkiang angrenzen, wird fast ausschließlich Schaffleisch gegessen. Es ist für chinesische Moslems die Haupt-Fleischnahrung. Peking liegt der Inneren Mongolei sehr nah, außerdem gibt es dort eine Vielzahl von Restaurants, die sich auf die Moslemküche spezialisiert haben – beides Gründe, warum Lamm- und Hammelfleisch in Peking so populär ist. Dennoch kennt man nicht sehr viele unterschiedliche Rezepte.

Die bekanntesten sind wohl der *Mongolische Feuertopf*, das *Mongolische Grillfleisch nach Pekinger Art* und das *Pai Kwei-dreimal-gegarte Lammfleisch nach Art von Lung Fu Ssi* (dem Osten Pekings) – drei Gerichte, für die Peking berühmt ist. Wir sollten jedoch hier mit den einfacheren und praktikableren Gerichten beginnen und von diesen aufsteigen zu den Rezepten, die größere Geschicklichkeit erfordern.

Rotgekochtes Lammfleisch

Zutaten (für 10 bis 12 Personen, zusammen mit anderen Gerichten): 2000 bis 2500 g Lammkeule (oder Hammelfleisch), 6 Frühlingszwiebeln, $1/2$ TL Salz, 6 EL Sojasauce, 1 EL Hoisinsauce, 2 Scheiben Ingwerwurzel

Vorbereitung: Das Fleisch in Würfel von 5 mal 3 cm Kantenlänge schneiden, waschen und abtropfen lassen. Die Frühlingszwiebeln in etwa 4 cm lange Stücke hacken.

Zubereitung: Die Fleischstücke in einen großen Topf oder Bräter geben. Salz, Sojasauce, Hoisinsauce, Ingwer und die Hälfte der Frühlingszwiebeln zufügen, mit 1 Liter Wasser auffüllen und aufkochen. Nun eine Asbestplatte unter den Topf legen und das Fleisch auf sehr milder Hitze $2^{1}/_{2}$ Stunden leise köcheln lassen, dabei alle halbe Stunde wenden. 5 Minuten vor dem Auftragen mit den restlichen Frühlingszwiebeln bestreuen.

Servieren: Die Fleischwürfel in einer großen Terrine oder Schüssel anrichten oder auch im Kochtopf zu Tisch bringen.

Tung-Po-rotgekochtes Lammfleisch

Tung-Po, der große Dichter aus der Zeit der Sung-Dynastie, soll eine Vielzahl chinesischer Gerichte während seiner Verbannung vom Hof erfunden haben. Aber es ist zweifelhaft, ob er dieses Rezept geschrieben hat, denn er war nicht im Norden oder Westen des Landes, sondern ausgerechnet im Süden, wo man viel mehr Ziegenfleisch als Lamm oder Hammel ißt. Wie auch immer, das Gericht trägt seinen Namen. Hier das Rezept aus dem *Yu I-Sung*-Restaurant, das in Peking für seine Moslemküche bekannt ist.

Zutaten (für 6 Personen): 1200 g Lammrücken, 100 g Kartoffeln, 100 g Möhren, 2 mittelgroße Zwiebeln, 1 Knoblauchzehe, 1 getrocknete Chilischote, 8 EL Pflanzenöl, 1 TL Salz, 4 EL Sojasauce, 1 Scheibe Ingwerwurzel, 2 TL brauner Zucker, 4 EL Sherry

Vorbereitung: Das Fleisch in 5 mm dicke Scheiben und diese kreuzweise in Dreiecke von etwa 4 cm Seitenlänge schneiden. Kartoffeln und Möhren schälen und in ebensolche dreieckigen Scheiben teilen. Die Zwiebeln in feine Scheiben schneiden, den Knoblauch zerdrücken. Die Chilischoten sorgfältig entkernen und vierteln.

Zubereitung: Das Öl in einer großen Pfanne stark erhitzen. Sobald es raucht, die Fleischscheiben darin auf stärkstem Feuer 4 bis 5 Minuten unter Rühren braten, dann abtropfen lassen und beiseite stellen. Kartoffeln und Möhren ins verbliebene Bratfett geben und 5 bis 6 Minuten pfannenrühren, abtropfen lassen und ebenfalls beiseite stellen.
Die Fleischscheiben auf dem Boden eines schweren Topfes auslegen und mit Wasser bedecken. Salz, Soja-

sauce, Zwiebeln, Knoblauch, Ingwer, Chilistücke sowie braunen Zucker zufügen und alles aufkochen. Nun den Topf mit einem Deckel verschließen und eine Asbestmatte unterlegen. Das Fleisch 2 Stunden lang sanft köcheln, dabei alle halbe Stunde wenden. Dann erst die gebratenen Kartoffeln und Möhren zufügen, mit Sherry beträufeln und das Ganze weitere 15 Minuten schwach sieden lassen.

Servieren: In eine gut vorgewärmte Schüssel zuerst das Gemüse schichten, dann das Fleisch darauf anrichten.

Anmerkung: Natürlich können Sie den Topf auch in den auf 150 Grad vorgeheizten Ofen stellen. Nach 2 $\frac{1}{2}$ Stunden Kartoffeln und Möhren für die letzte halbe Stunde zufügen.

Gedämpftes Lamm

Für 6 Personen. Das obige Rezept wiederholen, jedoch keinen Tropfen Wasser zum Lamm hinzufügen. Das Fleisch statt dessen 2 Stunden lang folgendermaßen garen: Den Topf 30 Minuten *offen* in heftigem Dampf stehen lassen, dann sorgfältig mit Alufolie abdecken und das Fleisch nunmehr in mildem Dampf 90 Minuten garen, bis es zart und weich ist.

Pfannengerührte Lammscheibchen mit Frühlingszwiebeln

Zutaten (für 6 Personen, zusammen mit anderen Gerichten): 600 g Lammkeule, 2 Knoblauchzehen, 2 Scheiben Ingwerwurzel, 2 EL Sojasauce, $\frac{1}{2}$ TL Salz, 1 EL Sherry, 6 Frühlingszwiebeln, 4 EL Pflanzenöl

Vorbereitung: Das Lammfleisch in sehr dünne Scheiben von 5 mal 3 cm Größe schneiden. Knoblauch und Ingwer feinhacken, mit der Sojasauce, dem Salz und dem Sherry zu einer Marinade rühren, und das Fleisch darin 30 Minuten ziehen lassen. Die Frühlingszwiebeln (mit Grün) in 5 cm lange Stücke hacken.

Zubereitung: Das Öl in einer großen Pfanne erhitzen. Sobald es sehr heiß ist, das marinierte Lammfleisch darin auf höchster Hitze 1 $\frac{1}{2}$ Minuten pfannenrühren. Die Zwiebelstücke zufügen und zusammen mit dem Fleisch weitere 1 $\frac{1}{2}$ Minuten unter Rühren braten. Auf einer vorgewärmten Platte anrichten, sofort auftragen und gleich essen.

Ein äußerst würziges, aromatisches Gericht, das nicht nur rasch zubereitet ist, sondern auch köstlich schmeckt.

Pfannengerührte Lammstreifchen mit Ingwer und Lauch

Zutaten (für 6 Personen, zusammen mit anderen Gerichten): 600 g Lammfleisch aus der Keule, 200 g junger Lauch, 4 Scheiben Ingwerwurzel, 1 frische Chilischote, 2 $\frac{1}{2}$ EL Sojasauce, 2 EL Sherry, 4 EL Pflanzenöl, 1 TL Salz

Vorbereitung: Das Fleisch quer zur Faser in streichholzfeine Streifen schneiden. Lauch, Ingwer und Chilischote in ebenso feine Streifchen teilen. Sojasauce und Sherry mischen und das Fleisch darin 20 Minuten ziehen lassen.

Zubereitung: 2 $\frac{1}{2}$ Eßlöffel Öl in einer großen Pfanne erhitzen. Chili und Ingwer darin 30 Sekunden anrösten. Dann das Fleisch mitsamt der Marinade zufügen, gleichmäßig auf dem Pfannenboden verteilen, 1 $\frac{1}{2}$ Minuten auf stärkster Hitze rühren, mit einem Schaumlöffel herausheben und beiseite stellen.
Das restliche Öl in der Pfanne erhitzen. Den Lauch darin 1 Minute unter Rühren braten, dabei salzen. Nun das Fleisch zurück in die Pfanne geben, alles gründlich mischen und nochmals 1 $\frac{1}{2}$ Minuten unter Rühren braten. Auf einer vorgewärmten Platte anrichten und sofort servieren.

Langsam geköcheltes Lammfleisch nach Art von Lung Fu Ssi
Abb. 15

Dieses Rezept stammt aus dem bekannten *Pai Kwei*-Restaurant im Stadtteil *Lung Fu Ssi* in Peking, das für seine chinesische Moslemküche berühmt ist. Ganz wichtig ist hierbei, daß die Fleischstücke vor dem Verzehren in eine bestimmte Tunke (Dip) getaucht werden.

Zutaten (für 6 bis 8 Personen): 1200 g Lammfleisch aus der Keule, 2 mittelgroße Zwiebeln, 5 Knoblauchzehen, 5 Scheiben Ingwerwurzel, 1 frische Chilischote, 2 TL Salz, $^1/_4$ TL frisch gemahlener Pfeffer, 1 EL gehacktes Koriandergrün (oder Petersilie), 1 EL gehackter Schnittlauch, 3 EL Sherry, 1 EL Essig, 6 EL Sojasauce

Vorbereitung: Das Fleisch in 4 mal 3 cm große, 1 cm dicke Scheibchen schneiden. In kaltem Wasser ausspülen und abseihen. 1 Liter Wasser in einem Topf aufkochen, das Fleisch für 30 Sekunden hineinwerfen, sofort abgießen und abtropfen lassen. Die Zwiebel in Scheiben schneiden, 3 Knoblauchzehen, 2 Ingwerscheiben und die Chilischote sehr fein hacken.

Zubereitung: Das Fleisch in einen schweren Topf füllen und knapp mit Wasser bedecken. Das Salz hineinstreuen, die Zwiebeln, 2 Knoblauchzehen und 2 Scheiben Ingwerwurzel zufügen und alles aufkochen. Dann die Hitze auf kleinste Stufe schalten und eine Asbestplatte unter den Topf legen. Das Fleisch 2 $^1/_2$ Stunden auf mildem Feuer sanft köcheln lassen, dabei alle 45 Minuten wenden. Den Topf während der Garzeit gut verschlossen halten.

Servieren: Alle restlichen Zutaten miteinander vermischen und als Dip in 3 oder 4 Schälchen auf dem Tisch verteilen. Falls das Fleisch in einem formschönen irdenen oder gußeisernen Topf geschmort wurde, kann man es gleich darin auftragen. Die Gäste tunken jedes Fleischstück in die vorbereitete Sauce und lassen es sich dann schmecken.

Anmerkung der Übersetzerin: Auch wenn es hier nicht ausdrücklich vermerkt ist: Die Chilischote wird vor dem Feinhacken gründlich entkernt. Sonst könnte man die Sauce vor lauter Schärfe nicht genießen!

Lammfleischgelee
Abb. 16

Hier wieder ein beliebtes Rezept aus Nordchina. Man schneidet das gelierte Fleisch in Stücke und serviert es kalt zu heißem *Reisbrei (Congee)*.
Für 10 bis 12 Personen.

Zubereitung: Dieses Rezept ist eine Variation zum *Rotgekochten Lammfleisch* (Seite 201). Die Lammstücke jedoch mit 1500 g Lammknochen und $^1/_4$ Liter mehr Wasser aufsetzen, und nur 1 Eßlöffel Sojasauce verwenden. Alles aufkochen, eine Asbestplatte unter den Topf legen und Fleisch und Knochen auf kleinster Flamme 2 $^1/_2$ Stunden sanft köcheln, dabei alle 45 Minuten umwenden. Sobald das Fleisch zart ist, die Knochen herausheben und wegwerfen.
Die Fleischscheiben auf dem Topfboden nebeneinander ausbreiten und festdrücken, so daß sie vollkommen von der Flüssigkeit bedeckt sind. 1 Stunde auskühlen lassen, dann in den Kühlschrank stellen. Nach 2 Stunden ist die Sauce zu einem festen Gelee geworden. Das oben abgesetzte Fett abheben und wegwerfen.
Das Fleischgelee nun vorsichtig wieder erhitzen, 1 Teelöffel Glutamat sowie 4 Eßlöffel Sherry zufügen und das Fleisch kurz umrühren. Den Topf vom Feuer ziehen und das Fleisch in einer Schüssel anrichten. Wenn es kalt genug ist, über Nacht in den Kühlschrank stellen. Am nächsten Tag ist das Gelee dann ziemlich klar.

Servieren: Das Fleischgelee in etwa 5 cm lange, 2 cm breite und 1 cm dicke Streifen schneiden. Es paßt gut zu Wein, aber auch zu warmem Essen wie Reis oder Nudeln.

Anmerkung der Übersetzerin: Durch die in den Knochen sitzenden natürlichen Gelierstoffe wird der

Fleischsaft ganz von selbst fest, ohne daß man mit Gelatine nachhelfen muß. Sollten Sie keine Lammknochen bekommen können, behelfen Sie sich mit Kalbsknochen.

Curry-Lammfleisch

Zutaten (für 6 Personen): 1200 g Lammfleisch aus Schulter oder Keule, 4 mittelgroße Zwiebeln, 2 Knoblauchzehen, 2 Scheiben Ingwerwurzel, 1 EL Sojasauce, 1 EL Sherry, 1 EL Maisstärke, 5 EL Pflanzenöl, 2 TL Salz, 3 EL Currypulver, $1/4$ l *Einfache Brühe*

Vorbereitung: Das Fleisch in Würfel von etwa 4 cm Kantenlänge schneiden. Die Zwiebeln in dünne Ringe teilen. Knoblauch und Ingwer feinhacken und mit der Sojasauce, dem Sherry und 2 Eßlöffeln Wasser in einem Schüsselchen verrühren. Die Stärke in einem Schälchen mit 4 Eßlöffeln Wasser gut verquirlen.

Zubereitung: 3 Eßlöffel Öl in einem schweren Topf erhitzen. Die Lammfleischwürfel darin auf starkem Feuer 6 bis 7 Minuten unter Rühren anbraten, dann herausheben, abtropfen lassen und beiseite stellen. Das restliche Öl im Topf heiß werden lassen, die Zwiebeln hineingeben, mit Salz und Currypulver bestreuen und 3 Minuten pfannenrühren. Das Fleisch wieder in den Topf füllen und alles miteinander 3 Minuten unter Rühren braten. Nun den Schälcheninhalt mit Knoblauch und Ingwer zufügen. Sobald die Flüssigkeit kocht, mit der Brühe auffüllen. Nur einmal aufwallen lassen, dann den Topf mit einem Deckel verschließen, eine Asbestmatte unterlegen und das Curryfleisch 45 Minuten sanft köcheln. Kurz vor dem Servieren die angerührte Maisstärke hineingießen. Wenn die Sauce gebunden ist, alles in eine tiefe vorgewärmte Schüssel füllen und sofort auftragen.
Currypulver ist zwar keine chinesische Zutat, aber man verwendet es gerne, weil Currygerichte so gut zu Reis passen.

Anmerkung der Übersetzerin: Bitte lesen Sie die Anmerkung zum Curry auf Seite 153.

Pfannengerührtes Lammfleischtrio

Zutaten (für 6 Personen): 300 g Lammfleisch aus der Keule, 200 g Lammleber, 2 Lammnieren, 2 Frühlingszwiebeln, 2 Scheiben Ingwerwurzel, 2 Knoblauchzehen, $4\,1/2$ EL Sojasauce, 3 EL Sherry, 5 EL Pflanzenöl, 2 EL Sesamöl

Vorbereitung: Das Lammfleisch in sehr dünne Scheiben von etwa 3 mal 5 cm Größe schneiden. Leber und Nieren sorgfältig putzen, dabei alles anhaftende Fett und dünne Häutchen abziehen. Jede Niere längs in 3 flache Scheiben schneiden, diese mehrmals kreuzweise einkerben und in jeweils 3 gleich große Stücke teilen.
Die Frühlingszwiebeln in 5 mm dicke Stücke schneiden, Ingwerwurzelscheiben und Knoblauch feinhakken.
Aus $1\,1/2$ Eßlöffeln Sojasauce, 1 Eßlöffel Sherry und den Frühlingszwiebeln eine Marinade rühren und die Fleischscheibchen darin ziehen lassen. Die ebenfalls in hauchdünne Scheiben geschnittene Leber in $1\,1/2$ Eßlöffeln Sojasauce, 1 Eßlöffel Sherry und dem Ingwer marinieren. Die Nieren in die Mischung aus restlicher Sojasauce und Sherry sowie dem Knoblauch einlegen. Alle drei Fleischsorten jeweils 30 Minuten ziehen lassen.

Zubereitung: 2 Eßlöffel Öl in einer großen Pfanne erhitzen. Sobald es eben zu rauchen beginnt, die marinierten Fleischscheibchen zufügen und $1\,1/2$ Minuten auf stärkstem Feuer unter Rühren braten, dann herausnehmen und warm stellen. Einen weiteren Eßlöffel Öl in die Pfanne gießen und die Leber darin rasch 1 Minute unter stetem Wenden braten, danach ebenfalls herausnehmen und warm stellen. Nun die Nieren im restlichen Öl 30 Sekunden rasch braten und das Sesamöl darüberträufeln. Zum Schluß die übrigen Fleischsorten wieder in die Pfanne zurückgeben, alles zusammen auf stärkster Hitze nochmals 45 Sekunden pfannenrühren, sofort auf einer vorgewärmten Platte anrichten und auftragen.
Die drei verschiedenen Lammfleischarten, jede mit ihrer besonderen Marinade, mit einer bestimmten Textur und ganz eigenem Aroma, geben dem Gericht

den speziellen Charakter. Zu frisch gekochtem oder gedämpftem Reis essen!

Mongolischer Feuertopf aus Peking
(mit Lammfleisch)   Abb. 17

Dieses Gericht heißt *Mongolischer Feuertopf aus Peking,* weil es ursprünglich aus der Mongolei stammt, später jedoch vor allem in Peking berühmt wurde. Die Methode, dünne Lammfleischscheibchen bei Tisch in einem von Holzkohle beheizten Feuertopf zu garen, kennt man in Peking seit dem Jahre 1855, als der Kaiser Shanfeng aus der Manchu-Dynastie regierte.
Seither ist diese Zubereitungsweise sehr populär geworden und gehört heute zu den Spezialitäten Pekinger Restaurants.
Berühmt für diese Art von Feuertopf ist das *Tung Lai Sung*-Restaurant am Ostmarkt, wo mehr als zwanzig nur aufs Fleischschneiden spezialisierte Köche voll beschäftigt sind. Ein halbpfundschweres Fleischstück wird dort im allgemeinen in 30 (!) hauchdünne Scheibchen aufgeschnitten – die Spezialisten schneiden etwa 12 bis 16 Scheiben pro Minute!
Im Westen erledigt man diese Arbeit wohl am einfachsten mit Hilfe einer elektrischen Schneidemaschine oder auch, so gut es geht, mit einem scharfen Messer. Vielleicht fällt Ihnen das Schneiden leichter, wenn Sie wissen, daß die Scheiben durchaus nicht regelmäßig sein müssen; Hauptsache, sie sind dünn genug.

Anmerkung der Übersetzerin: Am besten gelingen Ihnen wirklich hauchdünne Scheiben, wenn Sie das Fleischstück für eine halbe Stunde ins Tiefgefrierfach legen. Dann wird es so fest, daß es Ihnen nicht dauernd aus den Fingern gleitet. Es läßt sich dann auch leichter mit einer elektrischen Maschine schneiden.
Im übrigen sind viele Metzger bereit, dies für Sie zu erledigen. Sie müssen Ihrem Fleischer nur rechtzeitig Bescheid sagen, denn auch er zieht es vor, *angefrorenes* Fleisch zu zerschneiden. Daß auch die Chinesen nicht päpstlicher sind als der Papst, habe ich in einem chinesischen Restaurant in Hongkong gesehen: Dort bediente sich der fürs Fleischschneiden zuständige Küchenchef ebenfalls des simplen Gefrier-Tricks.

Zutaten (für 6 bis 8 Personen): 2000 g Lammfleisch (Schulter oder Keule), $1/2$ l *Einfache Brühe*, $3/4$ l *Feine* oder *Hühnerbrühe*, 400 g Chinakohl (oder zu gleichen Teilen Chinakohl, Wirsing und Stangensellerie), 200 g Spinat, 100 g eingeweichte Glasnudeln, 1 TL Salz

Tischwürzen und -Saucen: Sehen Sie eine Auswahl der folgenden Würzsaucen und Dips vor, von denen sich jeder Gast nach Belieben bedienen kann: Sojasauce, Hoisinsauce, Chilisauce, Senf, Tomatensauce, Essig, Sesampaste, gehackten Ingwer, Knoblauch und Frühlingszwiebeln sowie gehacktes Koriandergrün. Füllen Sie diese Zutaten jeweils in kleine Schälchen. In manchen Fällen können Sie auch zwei Ingredienzen in einem Schüsselchen mischen, zum Beispiel Sojasauce mit Chilisaucc odcr Essig mit gehacktem Knoblauch. Normalerweise jedoch wird sich jeder Gast seine eigene Mischung selbst herstellen wollen.

Kochgeräte: Der traditionelle Pekinger Feuertopf ist etwas anders als der im Süden Chinas gebräuchliche. Der große kegelförmige Schornstein in der Mitte ist von einer geräumigen Wanne umgeben, etwa 12 cm tief und an der oberen, breitesten Stelle 8 bis 10 cm weit – mit ungefähr 3 Liter Fassungsvermögen.
Der Fuß dieses Feuertopfes ist so stabil, daß der Topf nicht umkippen kann.
Im *Tung Lai Sung*-Restaurant in Peking sind die Feuertöpfe von enormer Größe: Der Schornsteinfuß mißt etwa 15 cm im Durchmesser, und selbst oben an der schmalsten Stelle hat er noch einen Durchmesser von fast 10 cm. Da das Ganze 30 cm hoch ist, paßt ausreichend Holzkohle hinein, die eine gleichmäßige Hitze ermöglicht, wie sie für diese Art des Kochens und Essens nötig ist.
Gewöhnlich entzündet man den Feuertopf auf folgende Weise: Man legt zuunterst in den Schornstein etwas glühende Holzkohle und füllt mit kalter Kohle auf. Durch die im Fuß des Schornsteins befindliche Öffnung bläst man mit einem Fächer oder Blasebalg Luft zu, die Glut schlägt rasch in Flammen aus, und nach wenigen Minuten lodert es im Schornstein. Die den Schornstein umgebende Wanne sollte bereits vor dem Anzünden der Kohle mit Brühe gefüllt sein.

In den meisten Haushalten im Westen gibt es keinen solchen Feuertopf – Sie können natürlich jede andere Art von Topf verwenden und ihn in die Tischmitte auf einen starken Rechaud oder Gasbrenner setzen. Allerdings können Sie mittlerweile Feuertöpfe auch problemlos in Chinaläden kaufen.

Anmerkung der Übersetzerin: Ein normaler Fondue-Topf ist ein passender Ersatz, oder benutzen Sie eine metallene Guglhupfform, deren Schornstein oben offen ist. Stellen Sie sie mit Brühe gefüllt auf ein Rechaud – im Prinzip wird nun dasselbe wie beim klassischen Feuertopf erreicht: Die Brühe kocht direkt am Schornstein stärker als an der Außenseite, wo man deshalb empfindlichere Zutaten langsam ziehen läßt.

Zubereitung und Essen: Sobald die Brühe in der Wanne heftig kocht, ein Viertel des vorbereiteten Gemüses, die Nudeln und etwas Salz zufügen. Nach 1 bis 2 Minuten, wenn die Brühe erneut zu wallen beginnt, können die Gäste bereits zu essen anfangen: Sie tauchen mit Hilfe ihrer Stäbchen eine Fleischscheibe in die siedende Brühe. Bitte denken Sie auf alle Fälle daran, *Bambus*- oder Holzstäbchen zu benutzen – nicht etwa solche aus Plastik! Das Fleisch ist nach 1 1/2 Minuten gar; jetzt fischt sich jeder Gast sein Scheibchen wieder aus der Brühe und tunkt es in eine oder verschiedene Saucen, die bereitstehen oder die er sich selbst zusammengemischt hat.

Je länger die Mahlzeit andauert, desto aromareicher wird die Brühe, bis zum Schluß alle noch übrigen Gemüse und Fleischscheibchen für das letzte große Finale hineingegeben werden. Jetzt deckt man die Wanne mit einem passenden Deckel zu und kocht alles zusammen 3 bis 4 Minuten. Diese Suppe wird in Schälchen verteilt, und die Gäste spülen damit die Mahlzeit hinunter.

Der besondere Reiz dieses »Im-selben-Moment-Kochens-und-Essens« liegt in der Zusammenstellung einfacher, reiner Zutaten, die durch das nur minutenlange Kochen ihre natürliche Frische behalten, und der Vielzahl von belebenden pikanten Saucen und Dips dazu, in die man die einzelnen Bissen eintunkt, bevor man sie genüßlich verspeist.

Mongolisches Grillfleisch nach Pekinger Art

Im Winter schätzt man in Peking noch ein weiteres Gericht, das am Tisch zubereitet wird: das Mongolische Grillfleisch. Lammfleisch wird, wie im vorherigen Rezept angegeben, in hauchdünne Scheiben geschnitten, jedoch anders zubereitet, nämlich bei Tisch *gegrillt*. Der Grill ist ein irdenes Gefäß mit einem engmaschigen Drahtrost, auf dem die Lammscheibchen gegart werden. Man entfacht das Feuer in dem Gefäß am besten im Freien und bringt es erst auf die Tafel, wenn es lichterloh brennt – auf einem metallenen Tablett, wenn man nicht ohnehin draußen ißt.

Dieses Gericht brachten mongolische Würdenträger nach Peking, als sie 1644 unter dem Kaiser *Tun Chi* erstmals in die Stadt kamen. Es gehört ebenfalls zu den Spezialitäten des *Tung Lai Sung*-Restaurants am Ostmarkt in Peking, aber die beiden dafür berühmtesten Restaurants sind das Grillrestaurant *Wan* in der Südstadt, das seit hundert Jahren besteht, und das Grillrestaurant *Chi* in der Nordstadt, das vor fast zweihundert Jahren eröffnet wurde.

Das einzige Gemüse, das in diesem Gericht eine Rolle spielt, sind in Scheiben geschnittene Zwiebeln oder Frühlingszwiebeln. Der Drahtrost, auf dem gegrillt wird, muß zuvor sorgfältig mit Öl eingepinselt und – bevor man zu grillen beginnt – einem Wassertest unterzogen werden: Wenn ein daraufgeträufelter Wassertropfen hörbar verzischt, ist der Grill heiß genug für die Benutzung.

Jeder Gast mischt sich seine Tunken nach eigenem Geschmack in seinem Schälchen zurecht (deswegen deckt man für jeden Gast ein leeres Schälchen). Sehen Sie die gleichen Würzsaucen und -mischungen vor wie im vorherigen Rezept. Sie können auch noch jedem Gast ein Eigelb als zusätzlichen Dip in ein zweites Schälchen schlagen. Im allgemeinen grillt sich jeder Gast ein Lammfleischscheibchen und ein Stückchen Zwiebel 1 Minute lang auf dem Rost, taucht beides dann in Eigelb, um es abzukühlen, und tunkt es anschließend nach Belieben in andere auf dem Tisch bereitstehende Saucen.

Man ißt das Fleisch ohne weitere Zutaten, höchstens mit gedämpften Hefebrötchen wie den *Einfachen Dampfbrötchen (Man Tou)* oder den ausgefalleneren

Lotusblatt-Brötchen *(Ho Yeh Pao)* oder begleitet es mit getoastetem Kuchen *(Shao Pin)*. In jedem Fall ist das heiße, zarte und aromatische Lammfleisch ein Labsal für Leib und Seele!

Im Westen macht man dieses Gericht wohl am besten im Sommer, wenn man draußen essen kann (in den üblichen Neubauwohnungen sind die Zimmerdecken meist ziemlich niedrig und beim Grillen in Gefahr, einzurußen). Man kann zur Not eines der modernen Gartengrillgeräte verwenden, besser sind jedoch die kleinen Feuerstellen, die Straßenarbeiter verwenden, wenn sie im Winter arbeiten – eine feste weiträumige Blechdose (Marmeladeneimer), die rundum mit kleinen Löchern versehen ist und in die man die Holzkohle füllt. Über die Öffnung spannt man ein ziemlich dünnmaschiges Drahtnetz. Man braucht diesen Feuerbehälter nicht auf den Tisch zu stellen, sondern baut sich besser aus Backsteinen ein kleines Podest dafür.

Stellt man einfache Holztische oder -kisten rundherum auf, so daß die Gäste das Grillgut wie auch die Dips und Saucen in Reichweite ihrer 60 cm langen Stäbchen haben, steht einem Grillfest auf chinesische Art nichts mehr im Wege.

Für dieses Gericht sehr gut geeignet sind die japanischen Hebachi-Grills, die im Grunde den mongolischen Grilltöpfen nachgearbeitet sind. Nehmen Sie jedoch die größere Version!

Man rechnet ungefähr 300 bis 400 Gramm Lammfleisch pro Gast (auch wenn ich es in meinen jüngeren Tagen wahrhaftig erlebt habe, daß Mitstudenten etwa die siebenfache Menge davon verspeisten – das sind fast 5 Pfund!). Man macht sich einfach nicht klar, wieviel man ißt, wenn das Fleisch so hauchdünn geschnitten ist und man es langsam Stück für Stück verzehrt.

Pai Kwei-dreimal-gegartes Lammfleisch nach Art von Lung Fu Ssi

Dieses Rezept bringe ich nur der Vollständigkeit halber, mehr als Lesestoff denn als Anleitung zum Nachkochen in einer normalen Haushaltsküche. Vielleicht bekommen Sie beim Lesen einen kleinen Eindruck von den wirklich großen chinesischen Gerichten, denn das Gesamtkonzept chinesischer Moslemküche basiert auf einem Hintergrund, der sich von der modernen Küche grundlegend unterscheidet – es stammt aus den weitläufigen Weideländern Zentralchinas.

Wenn Vieh geschlachtet wurde, war es dringend notwendig, alles, was es an Fleisch und Eßbarem lieferte, *sofort* zu verarbeiten. Man rechnete deshalb in völlig anderen Dimensionen – Fleisch von bis zu 50 Kilogramm Gewicht mußte auf einmal gekocht werden! Sogar heute wird in vielen Pekinger Restaurants noch Lamm im gleichen großen Stil zubereitet.

Das Restaurant, von dem im Rezepttitel die Rede ist, wurde im 45. Jahr der Regentschaft des Kaisers *Chien Lung* (1736–1795) gegründet. *Pai Kwei*, der erste Besitzer dieses Etablissements, soll nach Singkiang verbannt worden sein, weil er heikle Geschichten bei Hof erzählte. Sein Restaurant jedoch steht heute noch an derselben Stelle. *Dreimal gegartes Lammfleisch* ist die berühmteste Spezialität dieses Hauses.

Im folgenden bringe ich eine verkürzte Fassung des Rezepts, die möglicherweise doch in einem Privathaushalt nachzukochen ist.

Zutaten (für 12 bis 15 Personen): 3000 bis 4000 g Lammfleisch aus der Keule, 1000 bis 1200 g Lammhals, 600 g Schwanz vom Lamm, 600 g Lammherz, 600 g Lammleber, 400 g Lammnieren, 600 g Lammkutteln (Magen), 1250 g Lammknochen, 200 g getrocknete chinesische Champignons (Tongu-Pilze), 2 Scheiben getrocknete chinesische Mandarinenschale, 3 große Zwiebeln, 4 Knoblauchzehen, 4 Scheiben Ingwerwurzel, 1 EL gemahlener Rosmarin, 1 EL Sternanis, 100 g Kandiszucker, $1/2$ TL frisch gemahlener schwarzer Pfeffer, 4 EL gehacktes Koriandergrün (oder Petersilie), 4 l *Meistersauce* (Seite 52), Sesamöl zum Fritieren

Vorbereitung: Das Fleisch (aus der Keule) in 20 mal 30 cm große, etwa 7 cm dicke Stücke schneiden und mit dem Fleisch vom Hals 12 Minuten in kochendem Wasser blanchieren. Schwanz, Herz, Leber, Nieren und Kutteln (Magen) ebenso lange in reichlich Wasser vorkochen, dann abgießen und abkühlen lassen. Die Pilze 20, die Mandarinenschale 30 Minuten (getrennt voneinander) in warmem Wasser einweichen. Die Pilzstiele entfernen, beide Zutaten abtropfen lassen. Einen sehr geräumigen Topf mit starkem Boden wählen, und dazu einen schweren hölzernen Deckel, der geringfügig kleiner als der Topfumfang ist, so daß man damit später das eingeschichtete Fleisch hinunterpressen kann.

Nun die Lammknochen und den -hals so auf dem Topfboden verteilen, daß in der Mitte Raum frei bleibt.

Die Zwiebeln vierteln und den Knoblauch zerdrücken. Mandarinenschale, Zwiebeln, Knoblauch, Ingwer, Rosmarin, Sternanis, Kandiszucker, Pfeffer und Koriandergrün (oder Petersilie) in die freigelassene Topfmitte streuen und Magen, Leber, Nieren und Herz darüberschichten. Zuletzt die gesamte Fläche mit dem Keulenfleisch und den Pilzen abdecken.

Zubereitung: $1\,^1/_2$ Liter Wasser und 2 Liter Meistersauce in den Topf gießen, bis das Fleisch knapp bedeckt ist. Nunmehr den oben beschriebenen Holzdeckel einlegen und mit einem 10 bis 11 kg schweren Gewicht hinunterpressen. Den Topf auf starkes Feuer stellen und den Inhalt 30 Minuten sprudelnd kochen lassen, dann $^1/_2$ Liter Sauce nachgießen. Diesen Vorgang noch zweimal während der nächsten $1\,^1/_2$ Stunden wiederholen, bis zusätzlich $1\,^1/_2$ Liter Sauce zugegossen sind.

Inzwischen eine kräftige Pilzbrühe herstellen. (Dazu weitere 200 g getrocknete Tongu-Pilze 30 Minuten in $^3/_4$ Liter Wasser köcheln.) Nachdem das Fleisch 2 Stunden lang heftig gekocht hat, die Hitze zurücknehmen. Nun mit der fertigen Pilzbrühe aufgießen und das Ganze auf kleinster Flamme weitere 2 Stunden sanft köcheln lassen. Danach Fleisch und Innereien aus dem Topf heben, auf einem Brett nebeneinander ausbreiten und 15 Minuten trocknen lassen. Größere Stücke in mundgerechte 3 bis 4 cm große Würfel schneiden. Jetzt werden Fleischstücke und Innereien schwimmend ausgebacken.

Natürlich wirft man nicht alles Fleisch auf einmal in das Fettbad. Man fritiert vielmehr portionsweise, jeweils nur etwa 12 Fleischstückchen auf einmal, die man dann unverzüglich aufträgt. Zum Ausbacken nimmt man in diesem Fall ausschließlich Sesamöl.

Wichtig ist, daß in nicht allzu großer Entfernung von den Gästen fritiert wird, damit das Fleisch noch brutzelt, wenn es auf den Tisch kommt. Das Fleisch nur etwa 3 bis 4 Minuten im heißen Öl lassen, bis es goldbraun ist.

Servieren: Solcherart zubereitetes Lammfleisch ißt man im allgemeinen mit getoasteten *Hot Cakes* (eine Art Sesambrötchen oder -plätzchen) und trinkt reichlich Wein dazu.

Man kann auch ein Schälchen der heißen kräftigen Fleischsauce mit gekochten Nudeln mischen und mit einem halben Dutzend Lammstückchen zusammen verspeisen (das Fleisch braucht in diesem Fall nicht unbedingt ausgebacken zu sein). Alle zu Lammfleisch passenden Dips und Würzsaucen sollten auf dem Tisch bereitstehen, damit jeder Gast sein Stück ganz nach Belieben eintunken und würzen kann.

Es handelt sich hier um eine sehr vereinfachte und in den Mengen reduzierte Rezeptfassung. In der Originalversion verwendet man 50 kg Fleisch, 24 weitere Zutaten und 13 verschiedene chinesische Heil- und Würzkräuter. Trotzdem empfehle ich Ihnen als Tafelmusik zu diesem Lammgericht »Auf den Steppen Asiens« von Borodin!

17 **Rechte Seite:** Mongolischer Feuertopf aus Peking (*mit Lammfleisch* – S. 205), Chinakohl, Frühlingszwiebeln, braune Bohnenpaste, Tomatensauce, Essig, Senfsauce
18 **Folgende linke Seite:** Salzvergrabenes Hühnchen (S. 216); Salz-und-Pfeffer-Mischung (S. 66)

Hühnerfleisch ist eines der vielseitigsten Nahrungsmittel in China und steht praktisch überall zur Verfügung. Jedes Dorf in China wird morgens vom Hahnenschrei geweckt, und in jedem noch so kleinen Bauernhof gackern zahlreiche Hühner herum. Ein Hühnergericht auf dem Tisch erhebt jedes Essen zu einem Festmahl, und das um so mehr, als es von einer großen Auswahl Saucen, Dips und Beilagen begleitet wird. Immer dann, wenn unangemeldet Gäste vor der Tür stehen oder ein Familienfest gefeiert werden soll, kann man ein Huhn schlachten und einen Festschmaus daraus machen.

In vielen chinesischen Gerichten ist es möglich, Hühnerfleisch durch Schweinefleisch zu ersetzen und umgekehrt, denn beide Fleischsorten sind sich recht ähnlich. Es handelt sich in beiden Fällen um helles Fleisch, und im Gegensatz zum Rindfleisch bleiben beide Fleischsorten zart und saftig, wenn man sie nur kurze Zeit gart – wohingegen Rindfleisch davon zäh wird und erst nach einer längeren Garzeit wieder weich und mürbe ist. Hühner haben – wenn man das so sagen darf – von Natur aus die richtige Größe für den Kochtopf, ihr Fleisch ist im Augenblick kochfertig. Größere Tiere kann man kaum in der gleichen Kürze der Zeit schlachten und zu einem Essen verarbeiten.

Wenn auch ein Huhn auf einer chinesischen Tafel immer als etwas Besonderes gilt, so ißt man es doch fast ebenso häufig wie Schweinefleisch. Man kann Hühnerfleisch mit nahezu jedem bekannten Gemüse kombinieren wie auch mit den meisten anderen Fleischsorten oder Meerestieren und -früchten.

Hühnerknochen und -fleisch sind in China stets die Grundlage für feinste Fleischbrühen (z. B. *Feine, Klare* oder *Einfache Brühe* usw.), die man zur Bereitung zahlloser Suppen, Saucen und anderer Gerichte braucht.

Wie Schweinefleisch kann man auch Hühnerfleisch weißkochen und weißservieren oder rotkochen (mit Sojasauce), köcheln, dämpfen oder braten und dünsten.

Das zarte Brustfleisch wird oft sehr fein gehackt und zusammen mit anderen Zutaten zu »Samtgerichten« oder kleinen Bällchen verarbeitet. Die Leber und das Hühnerklein schätzt man, sanft und kurz gegart, ihrer Festigkeit wegen in Pfannengerichten oder Suppen. In *Meistersauce* langsam geköchelt gelten sie gar als Delikatessen; dann serviert man sie am liebsten als Mitternachtsimbiß oder auch mit *Reisbrei (Congee)* zum Frühstück. Gekochtes Hühnerblut, das durch das Erhitzen fest geworden ist, gehört als unerläßliche Zutat in die *Scharfsaure Suppe*.

Den typisch chinesischen Sinn für Sparsamkeit, aber auch einige Phantasie offenbart unser Brauch, aus einem Hühnchen gleich zwei oder drei verschiedene Gerichte zu zaubern wie beispielsweise *Hühnerfleisch mit drei Aromen*.

Mildere Gerichte wie zum Beispiel das *Kantonesische Kristallhühnchen* oder das *Weißgeschnittene Huhn*, die ganz ohne würzige Saucen oder andere Aromaten auskommen, empfangen ihr Aroma einzig und allein vom Hühnerfleisch. Dafür ist es unbedingt nötig, frei herumlaufende Bauernhühner zu kaufen, keine in industriellen Legebatterien gehaltenen, womöglich noch tiefgefrorenen Exemplare, die kaum noch Eigengeschmack haben. Deshalb sind manche Hühnergerichte durchaus nicht billig. In den besseren chinesischen Restaurants werden ausschließlich freilaufende Bauernhühner verarbeitet.

Andererseits spielt die Fleischqualität keine große Rolle, wenn man ein Hühnchen rotkochen oder nach Rezepten verarbeiten möchte, die eine Vielzahl von verschiedenen Gewürzen und Aromaten vorschreiben. Für alle Zubereitungen, die sich über einen längeren Zeitraum auf mildem Feuer erstrecken, empfehlen sich ältere Tiere, die festeres Fleisch aufweisen – die lange Garzeit macht ihr Fleisch vollkommen zart. Ältere Hühner haben auch im allgemeinen einen ausgeprägteren Geschmack, was wiederum dem Aroma des Gerichts zugute kommt.

Wie fast alle Zutaten, die in der Chinesischen Küche Verwendung finden, kann man Hühner entweder zerteilen – und zwar quer durch die Knochen in mundgerechte Stücke gehackt – oder im Ganzen zubereiten. Um überhaupt zerhacktes Hühnerfleisch *mit Vergnügen* essen zu können, haben wir Chinesen eine Methode entwickelt, in der wir inzwischen Meister sind: Wir lösen das Fleisch mit größter Geschicklichkeit im Mund mit der Zunge von den Knochen.

Brustfleisch kann man in dünne Scheiben schneiden und mit verschiedenen Zutaten unter Rühren rasch in der Pfanne braten; oder man hackt es sehr fein, vermischt es mit weiteren Ingredienzen und formt es zu Bällchen oder Frikadellen, oder serviert es als *Samthuhn*.

Manchmal schneidet man Hühnerfleisch in streichholzfeine Streifen und rührt sie mit anderen Zutaten, z. B. mit Paprikaschoten oder Pilzen, die ebenfalls streifig geschnitten sind, rasch in heißem Öl.

Hühnerfleischstreifen verarbeitet man auch sehr häufig mit Nudeln zusammen, die ja in etwa die gleiche Form haben, und brät beides miteinander in der Pfanne oder mischt es kalt zu einem Salat. Manchmal verwendet man Schinken mit Hühnerfleischstreifen gemischt als Garnitur.

Insgesamt gibt es sicherlich viele hundert Hühnerfleischrezepte, wenn man alle Möglichkeiten, auch regionale Abweichungen, in Betracht zieht. Die hier folgenden Rezepte sind deshalb nur eine kleine Auswahl.

Rotgekochtes Huhn

Das Rotkochen ist die chinesische Art des Schmorens und in China eine der populärsten und meistverbreiteten Garmethoden für Huhn, weil es so einfach ist. Es unterscheidet sich von dem in der westlichen Küche üblichen Schmoren dadurch, daß hier Ingwer, Sojasauce und Zucker verwendet werden. Diese drei Zutaten haben einen weitreichenden Einfluß auf das Endprodukt: Der Ingwer überdeckt etwaigen ranzigen und unangenehmen Geschmack des Vogels, die Sojasauce hebt den würzigen Geschmack hervor, und der Zucker rundet den Geschmack ab und macht ihn voll. Man kann zwar alle Fleischarten rotkochen, aber ein rotgekochtes Hühnchen ist entschieden eines der beliebtesten Gerichte auf der Mittagstafel einer chinesischen Familie.

Zutaten (für 4 bis 6 Personen, zusammen mit anderen Gerichten): 1 Huhn oder Kapaun (etwa 1750 bis 2000 g), 2 mittelgroße Zwiebeln, 3 Frühlingszwiebeln, 5 bis 6 EL Sojasauce, 3 Scheiben Ingwerwurzel, 2 TL Zucker, $1/2$ TL Salz, 3 EL Sherry

Vorbereitung: Das Huhn innen und außen gründlich waschen, in einem schweren Topf mit $3/4$ Liter Wasser zum Kochen bringen und 5 Minuten brodeln lassen, dabei mehrmals wenden. Dann das Wasser wegschütten und Unreinheiten, die sich auf dem Huhn abgesetzt haben, abspülen. Die Zwiebeln in dünne Scheiben schneiden, die Frühlingszwiebeln in 5 cm lange Stücke hacken.

Zubereitung: Das Huhn in eine schwere feuerfeste Kasserolle geben und mit $1/8$ Liter Wasser besprenkeln. Sojasauce, Ingwer, Zwiebeln, Zucker und Salz zufügen. Die Flüssigkeit zum Kochen bringen, dann die Kasserolle zugedeckt in den auf 190 Grad vorgeheizten Ofen stellen. Das Huhn $1 1/4$ Stunden schmoren, dabei zwei- bis dreimal umdrehen. Den Topf wieder aus der Bratröhre holen, das Huhn mit dem Sherry beträufeln und mit den Frühlingszwiebeln bestreuen, dann nochmals 30 Minuten im Ofen schmoren.

Servieren: Das Huhn in der Kasserolle auftragen oder in eine große Schüssel oder Terrine umfüllen. Es sollte so zart sein, daß man es mit den Stäbchen auseinandernehmen kann, aber Sie dürfen auch vorsichtig die Finger zu Hilfe nehmen.

Ein ganz einfaches Rezept – und das Huhn schmeckt köstlich!

Anmerkung: Statt in einer irdenen Kasserolle im Ofen kann man das Huhn auch in einem Schmortopf auf dem Herd bei sehr geringer Hitzezufuhr garen. Legen Sie in diesem Fall eine Asbestmatte unter den Topf.

Anmerkung der Übersetzerin: Kenneth Lo schlägt hier vor, statt eines Huhns einen Kapaun zu verwenden, also einen kastrierten Hahn – etwas, was man bei uns auf gar keinen Fall kaufen kann. Da es selbst im Feinschmeckerland Frankreich kaum mehr solche Hähne gibt (höchstens hie und da sehr vereinzelt, speziell für die ganz großen Köche gezüchtet), ist nicht anzunehmen, daß sie in England zu finden sind. Möglicherweise kennt man Kapaune nur noch in China. In seinem Einleitungstext hat Kenneth Lo empfohlen, für rotgekochte Gerichte ältere Hühner zu verwenden. Bitte verarbeiten Sie jedoch keinen als Suppenhuhn deklarierten Vogel aus der Tiefkühltruhe; der wäre auch nach dieser langen Garzeit garantiert noch kein Genuß. Fragen Sie lieber Ihren Händler auf dem Markt nach einem einjährigen Huhn, wenn Sie nicht ohnehin das verwenden, was hierzulande als Poularde angeboten wird: ein gemästetes Hähnchen oder Hühnchen, das mehr als 1200 g wiegt.

Chinesisches Brathühnchen

Damit dieses Gericht wirklich köstlich schmeckt, verwenden Sie möglichst ein Freilandhuhn.

Zutaten (für 4 bis 6 Personen, zusammen mit anderen Gerichten): 1 junges Huhn (etwa 1200 bis 1750 g), 1 Knoblauchzehe, 2 Scheiben Ingwerwurzel, 1 $^1/_2$ EL Sojasauce, 1 TL Salz, 1 EL Pflanzenöl

Vorbereitung: Das Hühnchen innen und außen abspülen und an einem luftigen Ort 1 Stunde trocknen lassen. Den Knoblauch und den Ingwer sehr fein hacken. Knoblauch, Ingwer, Sojasauce, Salz und Öl gründlich vermischen, das Huhn damit rundherum einreiben und 30 Minuten durchziehen lassen, damit die Gewürze tief eindringen können.

Zubereitung: Das Huhn im auf 200 Grad vorgeheizten Ofen 1 Stunde braten.

Servieren: Reichen Sie das Hühnchen entweder nach westlicher Manier tranchiert, oder hacken Sie es auf chinesische Art quer durch die Knochen in mundgerechte Stücke. Selbst ein in der Legebatterie gezogenes Industriehuhn wird auf diese Weise noch gut schmecken!

Anmerkung der Übersetzerin: In der Großstadt ist es schwierig, einen luftigen Ort zu finden, an dem man das Huhn trocknen lassen kann, ohne daß es mit dem Umweltschmutz in Berührung kommt. Wenn Sie also keine Speisekammer zur Verfügung haben, dann behelfen Sie sich mit einem Föhn, den Sie auf kalter Stufe laufen lassen. Schon nach einer halben Stunde ist das Hühnchen trocken genug, um im Ofen eine knusprige Kruste zu entwickeln.

Knuspriges Pfefferhuhn

Hier eine gute Methode, Industriehühnchen zuzubereiten – ihr unangenehm ranziger Geschmack wird dadurch gemildert, und das Fleisch wird entschieden würziger.

Zutaten (für 4 bis 6 Personen, zusammen mit anderen Gerichten): 1 junges Huhn (etwa 1200 bis 1750 g), 1 $^1/_2$ TL Salz, 1 TL frisch gemahlener schwarzer Pfeffer, 3 Scheiben Ingwerwurzel, 2 EL Sojasauce, 2 EL Pflanzenöl

Vorbereitung: Das Huhn waschen, abtrocknen und an einem luftigen Ort 1 Stunde gut trocknen lassen. Salz und Pfeffer in einem völlig trockenen Pfännchen auf milder Hitze 2 Minuten lang rösten, bis sich ein starker Pfeffergeruch bemerkbar macht. Den Ingwer sehr fein hacken. Das Huhn zuerst mit dem Ingwer, dann mit der Salz-Pfeffer-Mischung innen und außen einreiben. Das gleiche noch einmal wiederholen, den Rest der Salz-Pfeffer-Mischung aufbewahren.
Das Huhn über Nacht im Kühlschrank ruhen lassen, am nächsten Tag mit der übrigen Mischung einreiben und eine weitere Nacht im Kühlschrank ziehen lassen. Wenn Sie wollen, können Sie diesen Vorgang nun noch ein drittes Mal wiederholen. Vor dem Braten die Sojasauce mit dem Öl in einem Schälchen 15 Sekunden lang kräftig verschlagen und das Huhn damit einreiben.

Zubereitung: Das Huhn in den auf 150 Grad vorgeheizten Ofen schieben und 2 Stunden mehr trocknen als braten, dann bei erhöhter Temperatur von 200 Grad 10 Minuten rösten. Danach sollte seine Haut gleichmäßig braun und sehr knusprig sein und sein Fleisch ein wundervolles Aroma haben.

Servieren: Schneiden Sie das Huhn entweder auf westliche Art auf oder hacken Sie es auf chinesische Weise quer zum Knochen in mundgerechte Bissen.

Anmerkung: Das Huhn muß 2 Nächte lang zum Marinieren im Kühlschrank bleiben.

Weißgeschnittenes Huhn
Abb. 32

Hier ein Grundrezept für Huhn. Das Gericht wird vor allem dadurch interessant, daß eine größere Auswahl von Dips und Würzsaucen (siehe auch Seite 63 ff.) auf dem Tisch bereitsteht, in die man seine Bissen tunken kann, bevor man sie verspeist. Von größter Bedeutung ist hier die Qualität des verwendeten Hühnerfleischs. Es muß saftig und voller Aroma sein. In diesem Fall sind also frei herumlaufende Bauernhühner den Industriehühnern entschieden vorzuziehen.

Zutaten (für 4 bis 6 Personen, zusammen mit anderen Gerichten): 1 junges Huhn (etwa 1000 bis 1250 g), 3 Scheiben Ingwerwurzel, 1 EL Salz, 2 EL Sojasauce, 2 TL Sesamöl

Vorbereitung: Das Huhn sorgfältig säubern.

Zubereitung: 1 ½ bis 2 Liter Wasser in einem schweren Topf aufkochen, Ingwer und Salz zufügen und das Huhn hineingeben. Die Hitze auf kleinste Stufe zurückschalten und eine Asbestplatte unter den Topf legen. Das Huhn 30 Minuten sanft köcheln, dann bei ausgeschaltetem Herd in der Brühe auskühlen lassen (die Brühe für andere Rezepte vorsehen).

Servieren: Sobald das Huhn vollkommen ausgekühlt ist, auf einem Hackbrett quer zu den Knochen in mundgerechte Bissen von etwa 5 mal 3 cm Größe hacken. Die Stücke, so gut es geht, wieder in Hühnerform zusammensetzen und auf einer Platte anrichten. Sojasauce und Sesamöl verrühren und darübergießen. Mit verschiedenen Tafelsaucen und Dips auftragen.

Windgetrocknetes Huhn

In China nimmt man für dieses Rezept ein frisch geschlachtetes Huhn. Außerdem gehört dazu Szechuan-Pfeffer. Da ein eben geschlachtetes Huhn und Szechuan-Pfeffer nicht ganz einfach zu bekommen sind, müssen wir, was die Zutaten wie auch die Dauer des Lufttrocknens betrifft, einen Kompromiß schließen.

In China läßt man das Huhn etwa 10 Tage lang an einem luftigen Ort hängen. Im Westen ist es wohl meist ratsamer, es nicht länger als 5 Tage an der Luft zu trocknen.

Zutaten (für 4 bis 6 Personen, zusammen mit anderen Gerichten): 1 schweres Huhn (etwa 1800 bis 2000 g), 2 EL Salz, 1 TL frisch gemahlener schwarzer Pfeffer, 1 EL Schweineschmalz

Vorbereitung: Das Huhn innen und außen säubern und mit Küchenpapier gründlich auswischen. Salz und Pfeffer in einer trockenen Pfanne etwa 2 Minuten rösten, bis starker Pfeffergeruch emporsteigt. Das Huhn damit zweimal kräftig einreiben und über Nacht an einem kühlen, luftigen Ort hängen lassen, dabei keinesfalls Sonne oder anderen Witterungseinflüssen aussetzen. Die restliche Salz-Pfeffer-Mischung gut mit dem zerlassenen Schweineschmalz vermischen. Am nächsten Tag das Huhn damit einreiben und wiederum an einem luftigen Ort aufhängen. Nach 4 bis 5 Tagen sollte das Huhn von Salz durchdrungen und getrocknet sein.

Zubereitung: Das Huhn entweder für 25 Minuten heftig kochen oder 35 Minuten in starkem Dampf garen. In der westlichen Küche wird wohl das beste sein, es zuerst 10 Minuten zu dämpfen und anschließend 40 Minuten bei 200 Grad im vorgeheizten Ofen zu rösten.

Servieren: Das Huhn nach westlicher Art tranchieren oder quer zum Knochen in mundgerechte Bissen hakken und auf einer Platte anrichten. Falls es gekocht wurde, kann man die ganz nebenbei entstandene Brühe wunderbar für andere Rezepte verwenden. Das *Windgetrocknete Huhn* hat ein ganz eigenes Aroma (das sich natürlich auch der Brühe mitteilt).

Anmerkung: Besser ist es, Sie probieren dieses Rezept nicht gerade im Sommer, sonst entsteht möglicherweise etwas ganz anderes daraus!

Anmerkung der Übersetzerin: Mittlerweile kann man sogar hierzulande Szechuan-Pfeffer kaufen. Sie bekommen die mattkarminroten, flockigen, stecknadelkopfgroßen Beeren in chinesischen Spezialitätengeschäften. Die Beeren müssen Sie sich im Mörser zerstoßen – oder machen Sie dafür eine Pfeffermühle frei, aus der Sie sich jederzeit bedienen können. Zuvor allerdings müssen Sie die Beeren in einer trockenen Pfanne ausbreiten und auf milder Hitze etwa 3 bis 5 Minuten rösten, bis ein starker pfeffriger Geruch emporsteigt. Auskühlen lassen und dann wie im Rezept angegeben weiterverwenden.

Vielleicht sind Sie enttäuscht, wenn Sie zum ersten Mal Szechuan-Pfeffer kosten. Zunächst scheint er nach gar nichts zu schmecken. Aber plötzlich, nach wenigen Sekunden auf der Zunge, explodiert er geradezu und entwickelt ein phantastisches Aroma. Probieren Sie dieses Rezept wirklich einmal original mit Szechuan-Pfeffer!

Gedämpftes Huhn mit Südschlange

Die Kantonesen verwenden in diesem Rezept einen Aal statt der Schlange.

Zutaten (für 4 bis 6 Personen, zusammen mit anderen Gerichten): 1 Aal (etwa 750 bis 1000 g), Salz, 4 Scheiben Ingwerwurzel, 1 EL Schweineschmalz, 2 EL Sherry, 1 Huhn (etwa 1200 bis 1750 g), $^1/_4$ l *Feine Brühe*, 50 g geräucherter Schinken, 6 EL ausgelöstes Lycheefleisch, $1^1/_2$ EL Zitronensaft, 1 große Chrysanthemenblüte

Vorbereitung: Den Aal häuten, in 5 bis 7 cm lange Stücke hacken, mit 3 Teelöffeln Salz und $^3/_4$ Liter Wasser in einen Topf füllen und 5 Minuten kochen. Danach das Wasser wegschütten. $^1/_2$ Liter frisches Wasser angießen, 2 Ingwerscheiben zufügen und die Aalstücke 20 Minuten auf mildem Feuer köcheln, dann den Ingwer herausfischen und wegwerfen. Die Brühe aufbewahren.
Das Aalfleisch von den Gräten lösen, im Schweineschmalz anbraten und mit dem Sherry beträufeln. Sobald alle Flüssigkeit verdampft ist, die Pfanne vom Feuer nehmen.
Das Huhn in reichlich Wasser 5 Minuten kochen, dann das Wasser abgießen, das Tier in einen Schmortopf legen und mit der Feinen Brühe und $^1/_4$ Liter des Aalsuds auffüllen. Sparsam salzen und die restlichen Ingwerscheiben zufügen.
Den Schinken in etwa 3 mal 5 cm große Scheibchen schneiden.

Zubereitung: Das Huhn in ein feuerfestes Gefäß geben und 2 Stunden dämpfen oder im Wasserbad garziehen lassen. Dann das Fleisch von den Knochen lösen und zurück in den Topf geben. Die Schinkenscheiben, das Lycheefleisch und die Aalstücke zufügen und alles miteinander weitere 30 Minuten dämpfen.

Servieren: Kurz vor dem Auftragen die Aal- und Hühnerstücke mit dem Zitronensaft beträufeln und mit den Blütenblättern der Chrysantheme dekorieren (falls Sie eine von Insektiziden freie Blume finden sollten!).

Gedämpftes Huhn mit Chinakohl
Abb. 31

Zutaten (für 4 bis 6 Personen, zusammen mit anderen Gerichten): 1 Huhn (etwa 1200 g), 2 Scheiben Ingwerwurzel, 6 Frühlingszwiebeln, Salz, 750 g Chinakohl, $^3/_4$ TL Glutamat, Pfeffer, 6 EL trockener Sherry

Vorbereitung: Das Huhn sorgfältig säubern und für 10 Minuten in einen großen Topf mit kochendem Wasser werfen. Dann abtropfen lassen, mit dem Ingwer und den grobgehackten Frühlingszwiebeln füllen und mit 3 Teelöffeln Salz bestreuen.

Zubereitung: Das Huhn in eine feuerfeste Form legen, mit $^1/_2$ Liter Wasser bedecken und offen dämpfen. Den Kohl in einzelne Blätter brechen und damit das Huhn in der Form rundherum (auch die Unterseite!) einhüllen. Mit Glutamat bestreuen, salzen, pfeffern und mit Sherry beträufeln. Die Form mit Alufolie verschließen. Das Huhn weitere 40 Minuten dämpfen, dann sofort auftragen.

Salzvergrabenes Hühnchen
Abb. 18

Zutaten (für 4 bis 6 Personen, zusammen mit anderen Gerichten): 1 junges Huhn (1000 bis 1200 g), 3000 bis 3500 g grobes Salz

Vorbereitung: Das Hühnchen sorgfältig reinigen und zum Trocknen über Nacht aufhängen. Das Salz in einem feuerfesten irdenen Topf erhitzen.

Zubereitung: Sobald das Salz heiß ist, ein Loch in die Mitte drücken, das Hühnchen hineinlegen und darin vollständig eingraben. Den Topf mit einem Deckel verschließen und 10 Minuten lang auf kleiner Flamme auf dem Herd stehen lassen, dann für 1 Stunde in den auf 190 Grad vorgeheizten Ofen stellen.

Servieren: Das Huhn ausgraben, in mundgerechte Bissen von etwa 3 mal 5 cm Größe hacken und auf einem vorgewärmten Teller anrichten.

Anmerkung: Das Salz kann man wieder verwenden.

Kantonesisches salzvergrabenes Hühnchen

Zutaten (für 4 bis 6 Personen, zusammen mit anderen Gerichten): 1 junges Huhn (etwa 1000 bis 1200 g), 2500 bis 3000 g grobes Salz, 10 Frühlingszwiebeln, 3 Scheiben Ingwerwurzel, 1 EL getrocknete chinesische Mandarinenschale, 2 EL Sojasauce, 2 EL Rosenwasser oder Cognac

Vorbereitung: Das Hühnchen innen und außen sorgfältig säubern, wenn nötig waschen, und über Nacht zum Trocknen aufhängen. Das Salz in einer feuerfesten irdenen Form erhitzen. Die Frühlingszwiebeln in 7 cm lange Stücke schneiden, die Ingwerwurzelscheiben feinhacken. Beide Zutaten mit der Mandarinenschale in eine Schüssel geben und mit Sojasauce und Rosenwasser oder Cognac beträufeln. Das Huhn mit diesem Gemisch füllen.

Zubereitung: Sobald das Salz heiß genug ist, in die Mitte eine Vertiefung drücken und das Hühnchen darin vergraben; es muß vollständig von Salz bedeckt sein. Die Form mit einem Deckel oder Alufolie verschließen und 10 Minuten auf kleiner Flamme stehen lassen, dann für 1 Stunde in den auf 190 Grad vorgeheizten Ofen stellen.

Servieren: Die Salzkruste aufschlagen, das Hühnchen herausholen, quer zu den Knochen in mundgerechte Stücke hacken und auf einer vorgewärmten Platte anrichten.

Das Besondere am *salzvergrabenen Hühnchen* ist, daß es unter der Salzkruste eine goldbraune Haut bekommt, die besonders schön zum weißen Salz kontrastiert. Wenn das Salz von der Oberfläche weggebürstet ist, sieht das entblößte Hühnchen aus wie eine Bergspitze, auf der der Schnee geschmolzen ist – nur kommt statt eines Felsens oder brauner Erde die heiße gebräunte Haut zum Vorschein. Sie ist deshalb so goldbraun, weil alle Feuchtigkeit vollständig vom Salz absorbiert wird.

Anmerkung: Man kann das Salz wiederverwenden, wenn man es mit etwas frischem vermischt.

Vagabundenhuhn
(aus der Provinz Kiangsi)

Man sagt von diesem Rezept, daß es von *Chu Yuan Chang* stammt, dem ersten Kaiser der Ming-Dynastie, der inkognito durch den Süden des Landes wanderte und bei der Gelegenheit diese Zubereitung in der Provinz Kiangsi zum ersten Mal gegessen hat.

Zutaten (für 4 bis 6 Personen, zusammen mit anderen Gerichten): 1 Huhn (etwa 1200 bis 1750 g), 1 große Zwiebel, 75 g Lauch, 2 Scheiben Ingwerwurzel, 2 Knoblauchzehen, 1 $\frac{1}{2}$ TL Salz, Pfeffer aus der Mühle, 1 $\frac{1}{2}$ EL Schweineschmalz, 1 EL Sojasauce, 2 TL Sesamöl

Vorbereitung: Die Zwiebeln in dünne Scheiben, den Lauch in etwa 3 cm lange Stücke schneiden, Ingwer und Knoblauch feinhacken.

Zubereitung: Das Huhn in einem Topf mit Wasser bedeckt 40 Minuten leise köcheln lassen. Die Innereien sorgfältig säubern und Magen, Nieren, Herz und Leber in dünne Scheiben schneiden. Für 1 Minute in kochendes Wasser werfen und abtropfen lassen. Das Huhn quer durch die Knochen in mundgerechte Stücke hacken, auf einer vorgewärmten Platte anrichten und mit Salz und Pfeffer bestreuen.

Das Schmalz in einer Pfanne erhitzen. Zwiebelscheiben, Lauch, Ingwer und Knoblauch darin auf stärkster Hitze 1 1/2 Minuten pfannenrühren, dann die vorbereiteten Innereien zufügen und 3 Minuten unter Rühren mitbraten. Zuletzt mit Sojasauce und Sesamöl besprenkeln und nochmals 3 Minuten braten.

Servieren: Den Pfanneninhalt über die Hühnerstückchen geben und das Gericht sofort auftragen.

Wohlriechendes Knusperhühnchen I

Zutaten (für 4 bis 6 Personen, zusammen mit anderen Gerichten): 1 Poularde (etwa 1200 bis 1750 g), 2 1/2 TL Salz, 3 Scheiben Ingwerwurzel, 2 EL gehacktes Koriandergrün, 2 EL Sojasauce, 1 Prise Fünf-Gewürz-Pulver, 2 EL Sherry, Öl zum Fritieren, Frühlingszwiebeln und Tomaten zum Garnieren

Vorbereitung: Die Poularde innen und außen gründlich säubern, mit Salz einreiben (auch innen) und über Nacht zum Trocknen aufhängen. Den Ingwer und die Korianderblätter feinhacken und mit Sojasauce, Fünf-Gewürz Pulver und Sherry verrühren. Die Poularde mit dieser Mischung zweimal in 2 Stunden einreiben und an einem luftigen Platz trocknen lassen.

Zubereitung: Die Poularde im auf 150 Grad vorgeheizten Backofen 1 1/2 Stunden braten. Dann abtropfen lassen, in einen Drahtkorb setzen und in heißem Öl 6 bis 7 Minuten schwimmend ausbacken. Dabei wird die Haut sehr knusprig.

Servieren: Die Poularde quer durch die Knochen in 24 Stücke hacken und diese Stücke wieder in Hühnchenform auf einer vorgewärmten Platte zusammensetzen. Mit Frühlingszwiebeln und geviertelten Tomaten dekorieren.

Anmerkung der Übersetzerin: Eine Poularde ist nichts anderes als ein junges Masthuhn mit weißem, festem Fleisch.

Wohlriechendes Knusperhühnchen II

Das knusprige Huhn nach diesem Rezept ist dem des vorhergehenden durchaus ähnlich, aber die Zubereitung ist unterschiedlich.
In diesem Fall wird nämlich das Huhn nicht mit Gewürzen eingerieben, sondern man mariniert es heiß in *Meistersauce*, bevor man es fritiert.

Zutaten (für 4 bis 6 Personen, zusammen mit anderen Gerichten): 1 Poularde (etwa 1200 bis 1750 g), 2 1/2 bis 3 l *Meistersauce*, Öl zum Ausbacken, Frühlingszwiebeln und Tomaten zum Garnieren

Vorbereitung: Die Poularde säubern und für 5 bis 6 Minuten in kochendes Wasser geben, dann abtropfen lassen.

Zubereitung: Die Meistersauce in einem ausreichend großen Topf aufkochen. Die Poularde einlegen und auf milder Hitze 35 Minuten köcheln, bis sie sich bräunlich-rot gefärbt hat. Dann aus dem Topf heben, sehr gründlich abtropfen lassen und in heißem Öl 10 Minuten lang schwimmend ausbacken, bis die Haut knusprig ist.

Servieren: Die Poularde quer zu den Knochen in 24 Stücke hacken, diese wieder in Hühnchenform auf einer vorgewärmten Platte zusammensetzen und mit Frühlingszwiebeln und Tomatenachteln dekorieren.

Zwiebelgefülltes Huhn
(aus der Provinz Schangtung)

Zutaten (für 4 bis 6 Personen, zusammen mit anderen Gerichten): 1 Poularde (etwa 2000 g), Salz, 300 g

Frühlingszwiebeln, 3 Knoblauchzehen, 1 ½ EL *Kaoliang*-Schnaps oder Cognac, 2 Scheiben Ingwerwurzel, 1 EL Sesamöl

Vorbereitung: Die Poularde reinigen und innen wie außen mit 3 Teelöffeln Salz kräftig einreiben. Die dicken Enden der Frühlingszwiebeln zerdrücken, den Schaft und das Grün in 5 cm lange Stücke schneiden. Den Knoblauch feinhacken. Knoblauch und Zwiebelstücke mit dem *Kaoliang*-Schnaps (oder Cognac) tränken. Die Poularde damit füllen und die Öffnung zunähen oder mit Zahnstochern zustecken. Den Ingwer feinhacken.

Zubereitung: Die Poularde in eine tiefe feuerfeste Form setzen und 1 ¼ Stunden in starkem Dampf garen. Danach die in der Form gesammelte Flüssigkeit in ein kleines Töpfchen umfüllen, den Ingwer und etwas Salz hineinrühren, aufkochen und mit Sesamöl beträufeln. Diese Sauce in 2 Schälchen füllen und als Dip zur Poularde servieren.

Servieren: Das Huhn unzerteilt zu Tisch bringen. Es müßte nunmehr so zart sein, daß man es mit den Eßstäbchen zerlegen kann. Jeden Bissen vor dem Verspeisen in die Sauce tauchen.

Kaltes Kristallhühnchen
(aus Kanton)

Zutaten (für 4 bis 6 Personen, zusammen mit anderen Gerichten): 1 junges Huhn (etwa 1200 bis 1750 g), 150 g geräucherter Schinken (in dünnen Scheiben), 1 EL Gelatine (pulverisiert), ⅜ l *Feine Brühe*, 1 EL Maisstärke, ½ TL Glutamat, 2 TL Salz, 4 EL Sherry oder Weißwein

Vorbereitung: Das Hühnchen säubern, in 1 ½ Liter Wasser 35 Minuten kochen, dann herausnehmen und gut abtropfen lassen. Die Brühe entfetten, ¼ Liter davon abmessen und für später aufbewahren. Das Huhn in 24 Stücke hacken und mit dem Schinken abwechselnd in eine tiefe Form einschichten. Die Stücke sollten dabei mit der Haut nach unten liegen.

Zubereitung: Die Gelatine mit der Feinen Brühe, der Stärke, dem Glutamat, Salz und Sherry (oder Wein) verrühren. Mit der beiseite gestellten Brühe auffüllen und die Flüssigkeit so lange erhitzen, bis sie dicklich zu werden beginnt. Diese Sauce über Hühnerstücke und Schinkenscheiben in die Form gießen. Im Kühlschrank in 3 bis 4 Stunden fest werden lassen.

Servieren: Sobald der Aspik fest geworden ist, das kalte Kristallhühnchen auf eine große Platte stürzen. Ein sehr erfrischendes Sommergericht, das man gerne mit farbenfrohem Obst oder Gemüse dekoriert, zum Beispiel mit Kirschen, Lychees, Erdbeeren, Salatblättern, Spinat oder sogar Blumen.

Anmerkung der Übersetzerin: Um den Aspik zu stürzen, taucht man die Form zuvor blitzschnell in heißes Wasser. Dann löst er sich garantiert glatt aus der Form.

Hühnchen nach Art der königlichen Konkubinen
(oder chinesischer Coq au vin)

Zutaten (für 4 bis 6 Personen, zusammen mit anderen Gerichten): 1 Poularde (etwa 1200 bis 1750 g), Öl zum Fritieren, 2 EL Sojasauce, 200 g durchwachsenes Schweinefleisch, 2 mittelgroße Zwiebeln, 2 Scheiben Ingwerwurzel, 2 Knoblauchzehen, 1 ½ EL Schweineschmalz, 2 TL Salz, ¼ l *Feine Brühe*, ¼ l chinesischer gelber Wein (oder Rotwein oder trockener Sherry)

Vorbereitung: Die Poularde gründlich sauberwischen und in heißem Öl 7 bis 8 Minuten schwimmend ausbacken, bis sie goldbraun ist. Aus dem Öl heben und in einen Topf mit kochendem Wasser tauchen, um alles anhaftende Öl abzuspülen, dann sorgfältig mit Sojasauce einreiben. Das Schweinefleisch sehr fein hacken oder durch den Wolf drehen. Die Zwiebeln in feine Scheiben schneiden, Ingwer und Knoblauch feinhacken.

Zubereitung: Die Poularde in eine passende feuerfeste Form legen. In einer Pfanne das Schweineschmalz erhitzen und Fleisch, Zwiebeln, Ingwer und Knoblauch darin unter Rühren 6 bis 7 Minuten braten. Alles zusammen über das Huhn füllen, salzen und mit Brühe und Wein (oder Sherry) aufgießen. Aufkochen lassen, dann die Form für 1 Stunde in den auf 190 Grad vorgeheizten Ofen stellen.

Anmerkung: Verwenden Sie für dieses Rezept unbedingt ein frei herumlaufendes Huhn vom Bauern.

Zweimal-gebratenes-und-mariniertes Hühnchen

Dieses Rezept ist in Peking sehr beliebt. Die Tatsache, daß das Hühnchen zweimal mariniert und zweimal gebraten wird, ist ungewöhnlich und interessant.

Zutaten (für 4 bis 6 Personen, zusammen mit anderen Gerichten): 2 mittelgroße Zwiebeln, 4 Scheiben Ingwerwurzel, 6 EL Sojasauce, 6 EL Sherry, 1 TL Chilisauce oder $^1/_2$ TL *Chili-Öl*, 1 Poularde (etwa 1200 bis 1700 g), Öl zum Ausbacken, 1 TL Zucker, $^1/_2$ TL Glutamat, Pfeffer aus der Mühle

Vorbereitung: Die Zwiebeln in dünne Scheiben schneiden und mit dem Ingwer in $^1/_8$ Liter Wasser 15 Minuten kochen. Dann beides herausfischen und den Sud gründlich mit Sojasauce, Sherry und Chilisauce (oder Chili-Öl) verrühren. Die gesäuberte Poularde in dieser Marinade 3 Stunden ziehen lassen, dabei alle 30 Minuten wenden.

Zubereitung: Die Poularde aus der Marinade nehmen, abtupfen und anschließend noch 15 Minuten an einem luftigen Ort trocknen lassen; danach in heißem Öl 8 bis 10 Minuten fritieren, herausheben und 10 Minuten abtropfen lassen. Nun nochmals für ebenfalls 10 Minuten in die Marinade legen und wieder gut abtropfen lassen.
In einem Bräter $^1/_8$ Liter Öl erhitzen und das Huhn darin 10 Minuten wenden. Das Öl wegkippen. Die Poularde jetzt mit der restlichen Marinade begießen, mit Zucker, Glutamat und Pfeffer würzen und auf mittlerer Hitze kochen, bis die Flüssigkeit gebunden ist, dabei unermüdlich wenden.

Servieren: Das Huhn quer zum Knochen in mundgerechte, etwa 4 mal 5 cm große Stücke hacken und auf einer vorgewärmten Platte anrichten.

Destilliertes Hühnchen
(aus der Provinz Yunnan) Abb. 19

Wenn man das *Destillierte Hühnchen* wirklich auf traditionelle chinesische Weise zubereiten will, braucht man einen speziellen Schmortopf, durch dessen Mitte eine Art Schornstein führt. Durch diesen Schornstein strömt der Dampf nach oben, und sobald er an den (kälteren) Topfdeckel stößt, kondensiert er und tropft auf den Topfinhalt herab. Nach Beendigung der Garzeit schwimmen Fleischstücke (und andere Zutaten) in einer kristallklaren Brühe. Da Sie jedoch diese Art von Topf in Europa nicht kaufen können, müssen Sie ein wenig erfinderisch sein, wenn Sie dieses Rezept nachkochen wollen.
Geben Sie Fleisch und weitere Ingredienzen in eine feuerfeste Keramikform. Legen Sie quer über die Öffnung ein Paar Eßstäbchen und setzen Sie einen Deckel auf, der ein bißchen größer als die Form ist. Der aufsteigende Dampf wird nun von dem überstehenden Deckel aufgefangen, er kondensiert und fällt als Tropfen in die Form. Stellen Sie die Form in einen entsprechend geräumigen Dämpftopf (auf einem Dreifuß oder Drahtrost in einen ganz normalen Topf) und dämpfen Sie nun das Gericht 3 bis 4 Stunden.

Zutaten (für 4 bis 6 Personen, zusammen mit anderen Gerichten): 4 getrocknete chinesische Champignons (Tongu-Pilze), 1 Poularde (etwa 1200 bis 1700 g), 2 Scheiben Ingwerwurzel, 2 TL Salz, 4 EL trockener Sherry, 100 g Bambussprossen, 75 g roher Schinken, $^1/_2$ TL Glutamat

Vorbereitung: Die Pilze 30 Minuten in warmem Wasser einweichen, danach die Stiele auslösen. Die Poularde säubern und quer zu den Knochen in 20 Stücke hacken. Diese in die (oben beschriebene) feuerfeste Form geben und Ingwer, Salz und Sherry hinzufügen. Die Bambussprossen in dünne Scheiben von etwa 3 mal 4 cm Größe schneiden und mit den Hühnerstükken mischen. Den Schinken ebenfalls in feine Scheiben schneiden und mit den Pilzhüten zusammen darüberlegen.

Zubereitung: Die gefüllte Form auf einem Dreifuß (oder Drahtrost) in einen ausreichend großen Topf stellen, der etwa 5 cm hoch mit Wasser gefüllt ist, das während der gesamten Garzeit gleichbleibend sanft köcheln sollte. Deckel auflegen und die Poulardenstücke 3 bis 4 Stunden dämpfen, dabei immer wieder Wasser nachfüllen, wenn zuviel verdunstet ist.

Servieren: Nach Beendigung der Garzeit das Glutamat über das Hühnerfleisch streuen und das Gericht sofort servieren.
Das Ziel dieser Zubereitungsart ist, eine Reinheit zu erreichen, die jeder kultivierte Gast nur bewundern kann und schätzen wird. Am Ende werden alle von der außergewöhnlichen Nahrhaftigkeit und Bekömmlichkeit dieses Gerichtes überzeugt sein!

Betrunkenes Hühnchen

Mit diesem Gericht werden Sie immer Erfolg haben, wenn Sie es als Vorspeise oder als Häppchen bei einer größeren Gesellschaft reichen.

Zutaten (für 4 bis 6 Personen, zusammen mit anderen Gerichten): 1 junges Huhn (etwa 1200 g), 1 ½ TL Salz, 2 mittelgroße Zwiebeln, 4 Scheiben Ingwerwurzel, ¼ bis ½ l trockener Sherry (oder chinesischer gelber Wein)

Vor- und Zubereitung: Das Hühnchen säubern und dressieren. 1 ½ Liter Wasser in einem hohen Topf aufkochen, Salz, Zwiebeln und Ingwer zufügen und 5 Minuten kochen. Dann das Hühnchen hineinlegen und 15 Minuten leise köcheln lassen. Den Herd ausschalten. Das Hühnchen in der Flüssigkeit 3 Stunden lang auskühlen lassen, abgießen und in ein großes Gefäß setzen. Nun mit Sherry oder Wein übergießen und darauf achten, daß alle Hühnerteile vollkommen davon bedeckt sind. Das Hühnchen 48 Stunden darin marinieren, dabei alle 12 Stunden wenden.

Servieren: Das Hühnchen abtropfen lassen, vom Dressierfaden befreien und quer zu den Knochen in mundgerechte Stücke von etwa 4 mal 5 cm hacken. In der Mitte einer großen Platte von verschiedenen Vorspeisen anrichten oder auf mehrere kleine Tellerchen verteilen und während einer Party herumreichen und anbieten. Mit den Fingern essen oder mit Cocktailstäbchen aufspießen.

Anmerkung der Übersetzerin: Zum Dressieren Flügel und Keulen des Hühnchens mit Küchenzwirn fest an den Körper binden.

Eingewickeltes gefülltes Brathühnchen

Zutaten (für 4 bis 6 Personen, zusammen mit anderen Gerichten): 6 getrocknete chinesische Champignons (Tongu-Pilze), 2 Scheiben Ingwerwurzel, 3 Frühlingszwiebeln, 2 EL Sojasauce, ½ EL Hoisinsauce, ½ TL Salz, 1 TL Zucker, 1 ½ EL Sherry, 1 Poularde (etwa 1200 bis 1750 g), 200 g mageres Schweinefleisch, 200 g Maronen, 2 EL Schweineschmalz, 1 große Scheibe (etwa 200 bis 300 g) Schweinefett (grüner fetter Speck)

Vorbereitung: Die Pilze in warmem Wasser 30 Minuten einweichen, dann die Stiele herausschneiden und die Hüte in feine Streifen teilen. Die Maronen schälen. Die Frühlingszwiebeln in 5 cm lange Stücke schneiden, den Ingwer feinhacken. Ingwer, Sojasauce, Hoisinsauce, Salz, Zucker und Sherry mischen. Die Poularde mit dieser Marinade innen und außen kräftig einreiben.
Das Schweinefleisch und die Maronen sehr fein hacken und mit der restlichen Marinade vermischen. Pilze, Frühlingszwiebeln und etwas Zucker hinzufügen. In einer Pfanne das Schmalz erhitzen und die Masse darin auf mittlerer Hitze unter stetem Rühren 5 bis 6 Minuten braten. Das Huhn damit füllen, säuberlich zunähen und in die Speckscheibe wickeln. Diese mit Zahnstochern feststecken.

Zubereitung: Die Poularde auf dem Rost im auf 200 Grad vorgeheizten Backofen 1 Stunde braten, dabei alle 20 Minuten umdrehen. Dann die Speckhülle abnehmen und das Huhn weitere 10 Minuten rösten.

Servieren: Die Poularde durch die Füllung hindurch in 12 Stücke hacken. Die Speckscheibe auf einen großen vorgewärmten Teller legen, die Füllung mitten darauf häufen und mit den Fleischstücken garnieren.

Anmerkung der Übersetzerin: Eine Speckscheibe wie die hier verlangte braucht man bei manchen Zubereitungen von Wildgerichten. Deshalb werden Sie sie in einem Wildgeschäft eher bekommen als bei einem normalen Metzger. Es handelt sich dabei nämlich um die dicke Fettschicht am Schweinebauch, die der Metzger horizontal aufschneiden müßte, statt, wie üblich, quer. Nehmen Sie auf keinen Fall geräucherten Speck – er wäre zu aufdringlich im Aroma!

Kantonesisches Knusperhühnchen

Zutaten (für 4 bis 6 Personen, zusammen mit anderen Gerichten): 1 Poularde (etwa 1200 bis 1700 g), 2 1/2 TL Salz, 2 EL Honig, 2 EL Sherry, 3/4 EL Maisstärke, Öl zum Ausbacken

Vorbereitung: Die Poularde säubern, 3 Sekunden in kochendes Wasser tauchen, mit Küchenpapier abtupfen und 3 Stunden lang an einem luftigen Ort trocknen lassen. Dann rundum mit Salz einreiben und über Nacht nochmals zum Trocknen aufhängen. Honig, Sherry und Speisestärke zu einer Paste verrühren, die Poularde innen und außen damit einreiben und einige Stunden oder über Nacht erneut trocknen.

Zubereitung: Die Poularde in einen Drahtkorb legen, der über einem mit heißem Öl gefüllten Topf hängt. Mit einer Schöpfkelle immer wieder siedendes Öl über das Huhn gießen, bis es von allen Seiten goldbraun ist. Man nennt diese Garmethode »Durch-Benetzen-Braten«.

Servieren: Die Poularde quer zu den Knochen in mundgerechte Bissen von etwa 4 mal 5 cm Größe hacken und auf einer vorgewärmten Platte anrichten. Man kann auch die knusprige Haut ablösen und wie bei der *Pekingente* mit dünnen Pfannkuchen, Frühlingszwiebeln, Gurkenstreifen und *Pflaumensauce* (Seite 65) servieren.

Bettlerhuhn
(aus der Provinz Chekiang)

Zutaten (für 4 bis 6 Personen, zusammen mit anderen Gerichten): 1 Poularde (etwa 1200 bis 1800 g), 3 TL Salz, 1 großes getrocknetes Lotusblatt oder 2 große getrocknete Seerosenblätter, 2 mittelgroße Zwiebeln, 2 EL Schweineschmalz, 1 große Scheibe Schweinespeck (200 bis 300 g), 200 g durchwachsenes Schweinefleisch; *außerdem:* gut 3 kg weicher Lehm

Vorbereitung: Die Poularde säubern, dann innen und außen mit Salz einreiben. Das Lotusblatt (oder die Seerosenblätter) 20 Minuten in warmem Wasser einweichen. Unterdessen ein 30 cm tiefes Loch mit einem Durchmesser von etwa 60 cm in die Erde graben.
Die Zwiebeln in dünne Scheiben schneiden. Das Schweinefleisch grobhacken. Zwiebeln und Schweinefleisch im heißen Schmalz in einer Pfanne 7 bis 8 Minuten auf mittlerer Hitze pfannenrühren. Die Poularde damit füllen, daraufhin in die Speckscheibe wickeln, die mit Zahnstochern festgesteckt werden muß, und in das Lotusblatt (oder die Seerosenblätter) hüllen. Das Ganze nun dick in Zeitungspapier einwickeln, mit kräftigem Bindfaden verschnüren und zum Schluß mit dem weichen Lehm vollkommen einhüllen.

Zubereitung: In dem zuvor ausgehobenen Loch ein Holzkohlenfeuer entfachen. Sobald eine dicke Glutschicht entstanden ist, eine Vertiefung hineindrücken, das Huhn dareinlegen und vollkommen mit der glühenden Kohle bedecken. 3 Stunden lang in der Glut belassen.

Servieren: Das Huhn ausgraben und aus der Umhüllung packen. Nun kann man es auf jede beliebige Art und Weise verspeisen – schließlich ist es ja eine Bettlermahlzeit!

Anmerkung der Übersetzerin: Nur wenige von uns haben die Möglichkeit, vor der Küchentür (im Garten) ein Loch zu graben und ein Huhn auf die beschriebene Weise zuzubereiten. Trotzdem brauchen Sie nicht auf das Bettlerhuhn zu verzichten, denn selbstverständlich können Sie das in Lehm gehüllte Paket auch in den Ofen schieben. Wickeln Sie das Hühnchen wie erklärt in das Lotusblatt (in chinesischen Läden erhältlich) und in Zeitungspapier.

Streichen Sie nun auf einem mit Wasser abgespülten Backblech ein Drittel der Lehmmenge zu der Fläche aus, die der Poularde entspricht. Setzen Sie das Zeitungspaket darauf und bestreichen Sie es rundum dick mit Lehm, so daß es davon vollkommen eingehüllt ist. Die Oberfläche mit nassen Händen glattstreichen, damit beim Backen keine Risse entstehen. Das gut verpackte Huhn in den heißen Ofen schieben und erst 2 Stunden bei 250 Grad backen, dann bei nur 120 Grad weitere 2 Stunden mehr trocknen als backen.

Den vollständig getrockneten Lehmklumpen vorsichtig oben aufklopfen – nicht zu stark zuschlagen, der Lehm springt sonst in tausend Stücke. Die Zeitungspapierschicht mit einem Messer kreuzweise aufschneiden und auseinanderbiegen. Das nunmehr freiliegende Huhn, das einen betörenden Duft verströmt, herausheben und auf einer vorgewärmten Platte anrichten.

Falls Sie nirgendwo Lotus- oder Seerosenblätter auftreiben können, wickeln Sie das Huhn in eine entsprechend dickere Schicht Zeitungspapier. Natürlich ist das nicht dasselbe, denn die Blätter verleihen dem Huhn ein ganz eigenes Aroma, aber es wäre dennoch ein überaus köstliches Gericht, mit dem Sie unerhörten Eindruck bei Ihren Gästen machen können.

Bettlerhuhn heißt diese Zubereitung, weil früher angeblich Bettler, wenn sie einmal irgendwo ein Huhn ergattert hatten, das Tier zwar ausnahmen, es aber mit allen Federn in einen dicken Lehmmantel hüllten und diesen Klumpen einige Tage in der Sonne trocknen ließen. Wenn die Lehmschicht fest geworden war, legten sie den Klumpen für einige Zeit ins Feuer. Klopften sie dann die Kruste auf und entfernten den Lehmmantel, blieben die Federn darin stecken, und hervor kam das zarte, im eigenen Saft gegarte Huhn.

Übrigens: Wenn Sie nirgendwo Lehm besorgen können, dann verwenden Sie Ton, den es in Bastelgeschäften zu kaufen gibt.

Rotchinesischer Coq au vin
(aus Nanchang in der Provinz Kiangsi)

Dieses Rezept stammt aus der Zeit der Kulturrevolution, deshalb ist es so schlicht und einfach. Es ist in China auch unter dem Namen »Drei-Tassen-Huhn« bekannt, weil nur drei Tassen verschiedener Zutaten verwendet werden.

Zutaten (für 4 bis 6 Personen, zusammen mit anderen Gerichten): 1 Poularde (etwa 1200 bis 1800 g), 1 Tasse Öl oder Schmalz, 1 große Tasse Sherry oder Rotwein, 1 Tasse Sojasauce

Vor- und Zubereitung: Die Poularde säubern und in 4 Stücke teilen. Das Fett in einem Topf erhitzen und die Hühnerviertel darin 6 bis 7 Minuten unter Rühren braten. Das Fett wegkippen. Nun mit Sherry (Rotwein) und Sojasauce auffüllen. Die Hühnerteile darin 2 bis 3 Minuten drehen und wenden. Den Topf mit einem Deckel verschließen und für 1 Stunde in den auf 180 Grad vorgeheizten Ofen stellen, dabei die Hühnerstücke alle 15 Minuten wenden. Im Topf auftragen oder in eine vorgewärmte Schüssel umfüllen und servieren.

Ein äußerst einfaches Gericht, das man auch etwas aufwendiger machen kann, indem man entweder beim Anbraten der Hühnerstücke 1 gehackte Zwiebel und jeweils 1 Eßlöffel gehackten Ingwer und Knoblauch zufügt oder kurz vor dem Auftragen die Hühnerstücke mit 1 Teelöffel Sesamöl beträufelt.

Melonenhühnchen

Ein sehr attraktives Gericht für Partys.

Zutaten (für 4 bis 6 Personen, zusammen mit anderen Gerichten): 2 große getrocknete Tongu-Pilze (chinesische Champignons), 75 g Bambussprossen, 75 g bester roher Schinken, 1 junges Huhn (etwa 1000 bis 1250 g), 2 EL Pflanzenöl, 1 Scheibe Ingwerwurzel, 4 EL frische Champignons, Salz, Pfeffer aus der Mühle, 1 große reife Honigmelone

Vorbereitung: Die Pilze 30 Minuten in warmem Wasser einweichen, dann die Stiele entfernen und die Hüte jeweils in 6 Stücke hacken. Bambussprossen und Schinken in Würfel von der Größe eines Zuckerstückchens schneiden.

Zubereitung: Das Hühnchen 1 Stunde lang im Dampf garen. Das Fleisch von den Knochen lösen und ebenfalls kleinwürfeln. Das Öl in einer Pfanne erhitzen. Ingwer, Bambussprossen und beide Pilzsorten darin 3 Minuten braten.
Den Schinken und das Hühnerfleisch zufügen, alles zusammen 3 Minuten unter sanftem Rühren braten, dann mit Salz und Pfeffer abschmecken. Von der Melone oben eine Kappe abschneiden, als Deckel beiseite legen und die Frucht entkernen. Nun mit einem Löffel das weiche Fleisch herausholen, grobhacken und kurz in der Pfanne mit den übrigen Zutaten mischen. Alles in die ausgehöhlte Melone füllen. Den Deckel aufsetzen und mit Zahnstochern feststecken. Die gefüllte Frucht in eine feuerfeste Form setzen und 25 Minuten dämpfen.

Servieren: Die Melone in der Form zu Tisch bringen, dann erst den Deckel abnehmen und so tun, als ob der Inhalt das natürlich gewachsene Fruchtfleisch der Melone sei.

Flachgeklopftes Hühnchen
(aus der Provinz Szechuan)

Ein kaltes Hühnergericht, bei dem jedes Stück vor dem Servieren mit dem Nudelholz geklopft wird. Es ist ziemlich ungewöhnlich und sehr selten in anderen Provinzen Chinas zu finden.

Zutaten (für 4 bis 6 Personen, zusammen mit anderen Gerichten): 1 Poularde (etwa 1200 bis 1800 g), 1 EL Sesamöl, 2 EL Sesampaste (oder Erdnußbutter), 2 EL Sojasauce, 1 EL geröstete Sesamsamen, Petersiliensträußchen (oder Koriandergrün) zum Garnieren

Vorbereitung: Die Poularde innen und außen mit Küchenpapier abwischen, in einen Topf legen und in 2 Liter Wasser 2 Minuten kochen, dann eine mittelgroße Tasse kaltes Wasser zufügen und nochmals zum Kochen bringen. Nach 2 Minuten erneut kaltes Wasser zuschütten. Diesen Prozeß 30 Minuten lang immer wiederholen. Danach das Huhn in der Flüssigkeit 3 Stunden auskühlen lassen.

Zubereitung: Die Poularde herausheben und gut abtropfen lassen. Quer zu den Knochen in 12 Stücke hacken und diese auf einem Hackbrett nebeneinander ausbreiten. Sesamöl, Sesampaste oder Erdnußbutter und Sojasauce verrühren.
Nun mit einem Nudelholz jedes Hühnerstück flachschlagen, dann mit der Paste bestreichen und mit Sesamsamen bestreuen. Auf einer großen Platte anrichten und mit Petersiliensträußchen oder Koriandergrün garnieren.

Tsinan-rotgekochtes Hühnchen
(aus Tsinan in Schangtung)

Normalerweise dämpft, köchelt oder schmort man ein Hühnchen erst, bevor man es knusprig ausbäckt. Bei diesem Gericht wird es interessanterweise umgekehrt gemacht: zuerst wird fritiert und dann gedämpft.

Zutaten (für 4 bis 6 Personen, zusammen mit anderen Gerichten): 3 Scheiben Ingwerwurzel, 6 Frühlingszwiebeln, 1 TL Zucker, $1/2$ TL Salz, 3 EL Sojasauce, 1 EL Sherry, $1/2$ TL frisch gemahlener schwarzer Pfeffer, $1/8$ TL Fünf-Gewürz-Pulver, Öl zum Ausbacken, 1 junges Huhn (etwa 1000 bis 1200 g)

Vorbereitung: Ingwer und Frühlingszwiebeln so fein wie nur möglich hacken und mit Zucker, Salz, Sojasauce, Sherry. Pfeffer und Fünf-Gewürz-Pulver verrühren. Das Hühnchen mit dieser Mischung innen und außen einreiben und 2 Stunden in einer Schüssel marinieren. Dann nochmals gründlich mit der herabgetropften Marinade einreiben und weitere 2 Stunden durchziehen lassen.

Zubereitung: Sobald die Marinade auf der Hühnerhaut angetrocknet ist, das Huhn in einen Drahtkorb setzen und 8 bis 10 Minuten in heißem Öl fritieren, bis es goldbraun ist. Abtropfen lassen und die restliche Marinade in den Bauch träufeln. Das Hühnchen in eine feuerfeste Form legen und etwa 40 Minuten in Dampf garen, bis das Fleisch zart ist.

Servieren: Das Huhn unzerteilt auftragen. Es sollte so zart und weich sein, daß man es mit den Eßstäbchen auseinandernehmen kann. Dazu gekochten Reis und verschiedene Dips reichen.

Hühnchen mit Weinsatzpaste
(aus Foochow)

Bei dieser Zubereitungsart bekommt das Huhn eine viel rötlichere Farbe als jedes andere chinesische Hühnergericht, denn es wird nicht mit der üblichen Sojasauce, sondern mit leuchtend roter Weinsatzpaste hergestellt. Weinsatzpaste ist ein Produkt aus fermentiertem gemahlenen Reis und Weinhefe. Man kann sie in gutsortierten Chinaläden kaufen, vor allem, wenn der Besitzer aus der Provinz Fukien stammt. Oder man hilft sich mit *Weinsatzpasten-Ersatz* (Seite 314).

Anmerkung der Übersetzerin: Hierzulande wird es äußerst schwer sein, diese Paste zu kaufen. Falls Sie das Glück haben, in Düsseldorf zu wohnen, wo es dank der vielen dort lebenden Japaner eine Reihe gutbestückter asiatischer Lebensmittelgeschäfte gibt, besorgen Sie sich dort japanisches helles *Miso* (Paste aus fermentierten Sojabohnen und Reis oder Gerste) als Ersatz. Hier noch ein weiteres Rezept für eine Würzpaste, die gut Weinsatzpaste ersetzen kann: 2 TL Zucker, 1 EL Sojapaste, 2 EL gelber chinesischer Reiswein (notfalls japanischer *Mirin* oder Sherry), 1 TL getrocknete Bohnenquarkstreifen (eingeweicht und zerkleinert). Alle Zutaten gründlich mischen und einige Stunden ziehen lassen, dann in ein gut schließendes Glas füllen.

Zutaten (für 4 bis 6 Personen, zusammen mit anderen Gerichten): 1 Poularde (etwa 1200 bis 1800 g), 2 TL Salz, $\frac{1}{2}$ TL frisch gemahlener schwarzer Pfeffer, $1\frac{1}{2}$ EL *Kaoliang*-Schnaps (oder Cognac), 3 EL Weinsatzpaste (oder entsprechenden Ersatz), 2 TL Zucker, $\frac{1}{8}$ TL Fünf-Gewürz-Pulver, 2 EL Sojasauce, 1 EL Sherry

Vor- und Zubereitung: Die Poularde innen und außen mit Küchenpapier sauberwischen, dann 25 Minuten mit Wasser bedeckt in einem großen Topf köcheln und in der Flüssigkeit 2 Stunden auskühlen lassen. Abseihen und an einem kühlen Ort vollkommen austrocknen lassen.

Marinade: Salz, Pfeffer und *Kaoliang*-Schnaps (oder Cognac) verrühren. Das Huhn damit überall, auch innen, einreiben. Sobald die Marinade angetrocknet ist, dies nochmals wiederholen und eintrocknen lassen. Nun die restlichen Zutaten miteinander mischen und gründlich in die Poularde einmassieren, bis diese völlig davon bedeckt ist. Den Vogel in ein passendes Gefäß legen und an einem kühlen Ort über Nacht oder auch mehrere Tage marinieren.

Servieren: Die Poularde quer zu den Knochen in 15 bis 20 Stücke hacken, in der Mitte einer großen Platte anrichten und mit Rettich, der nach dem folgendem Rezept zubereitet wird, umkränzen. Als aufwendige Vorspeise bei einem großen Menü servieren.

Pikante Rettiche für Hühnchen mit Weinsatzpaste

Dieses Gemüse zum oben beschriebenen Huhn servieren.

Zutaten (für 4 bis 6 Personen, zusammen mit anderen Gerichten): 6 weiße Rettiche, 2 getrocknete rote Chilischoten (entkernt und zerkleinert), 3 TL Salz, 2 TL Zucker, 2 EL Essig

Vorbereitung: Die Rettiche längs vierteln, in eine Schüssel legen und mit Chilistückchen, Salz, Zucker und Essig bedecken. Die Gewürze gründlich mit den

19 Destilliertes Hühnchen (S. 219); Gespaltenes Hühnerfleisch mit grünen Bohnen (S. 242)

Händen einmassieren, dann 8 Eßlöffel Wasser darüberträufeln. Die Rettiche 2 Stunden ziehen lassen.

Servieren: Die Rettiche gut abtropfen lassen und im Kreis um das vorbereitete *Hühnchen mit Weinsatzpaste* anrichten.

Anmerkung der Übersetzerin: Hier sind nicht die dikken bayrischen Brotzeit-Rettiche gemeint, sondern die kleineren, viel schlankeren sogenannten Eiszapfen. Sie sind sehr viel milder und zarter als ihre dicken Brüder. Wenn Sie keine Eiszapfen finden, behelfen Sie sich mit großen Radieschen, denen Sie die Haut abziehen (vor allem, wenn es sich um die harthäutigen Sommerradieschen handelt).

Gedämpftes Huhn »Acht Kostbarkeiten«
(nach Schanghai-Art)

Man verwendet zwar für dieses Rezept viel häufiger Ente, aber wenn gerade keine zur Hand ist, kann man es auch mit Huhn zubereiten.

Zutaten (für 4 bis 6 Personen, zusammen mit anderen Gerichten): 1 große Poularde oder 1 Kapaun (etwa 1750 bis 2000 g), 50 g Maronen, 4 große getrocknete chinesische Champignons (Tongu-Pilze), 75 g Klebereis, 50 g Bambussprossen, 50 g geräucherter Schinken, 25 g Lotussamen, 2 Lilienknospen, 50 g geschälte Shrimps, 1 TL Salz, 2 TL Zucker, 2 EL Sherry, 1 EL Sojasauce, $1/2$ EL Maisstärke, $1/2$ TL Glutamat, $1/4$ l *Feine Brühe*, $1/2$ EL Schweineschmalz

Vorbereitung: Die Poularde für 3 Minuten in kochendes Wasser tauchen und zum Trocknen aufhängen. Das Herz wegwerfen. Nieren und Leber putzen und in dünne Scheibchen schneiden.
Die Maronenschalen kreuzweise einschneiden und die Früchte 25 Minuten in Wasser kochen. Dann schälen, enthäuten und jeweils vierteln. Die Pilze in warmem Wasser 25 Minuten einweichen, die Stiele entfernen und die Hüte in 6 Stücke schneiden. Den Klebereis 20 Minuten lang dämpfen.
Bambussprossen und Schinken in Würfelchen von 3 mm Kantenlänge schneiden. Lotussamen und Lilienknospen 5 Minuten in etwas Wasser köcheln und abtropfen lassen. Die Lilienknospen in 2 cm lange Stückchen hacken.
Alle diese Zutaten in einer Schüssel mit den grobgehackten Shrimps, Salz, Zucker und 1 Eßlöffel Sherry mischen. Die Poularde damit füllen, dann die Bauchöffnung mit Zahnstochern zustecken.

Zubereitung: Die Poularde in eine feuerfeste Form setzen und 3 bis $3\,1/2$ Stunden dämpfen. Danach die in der Form gesammelte Flüssigkeit in ein Töpfchen füllen. Alle übrigen Zutaten hineinrühren, gründlich vermischen und auf mittlerer Flamme unter ständigem Rühren so lange köcheln, bis die Sauce gebunden und glänzend ist.

Servieren: Die Poularde in 6 bis 8 Stücke teilen und größere Knochen entfernen. Die Füllung auf einer vorgewärmten Platte anrichten, die Hühnerstücke darauf verteilen und mit der Sauce übergießen. Das Ganze nochmals 5 Minuten dämpfen, dann sofort auftragen.

Anmerkung der Übersetzerin: Was den Kapaun angeht, so schlagen Sie bitte die Anmerkung auf Seite 212 nach.

20 Knusprige wohlriechende Hühnerbeine (S. 230)

Gewürfeltes Hühnerfleisch

In China verarbeitet man gerne in kleine Würfel geschnittenes Hühnerfleisch – Stücke von etwa der Größe halbierter Zuckerwürfel. Man brät diese meistens rasch unter Rühren zusammen mit Gewürzen und Würzsaucen in der Pfanne, verzichtet jedoch häufig auf solche begleitenden Zutaten, wie man sie normalerweise bei Gerichten mit größeren Hühnerteilen oder -stücken mitverarbeitet. Für diese Zubereitungsweise ist Brustfleisch am geeignetsten. Da in allen Gerichten mit gewürfeltem Hühnerfleisch keinerlei Knochen vorkommen, sind sie vor allem für Europäer sehr angenehm zu essen.

Säuerliche Hühnerfleischwürfel
(aus Peking)

Zutaten (für 4 bis 6 Personen, zusammen mit anderen Gerichten): 250 g Hühnerbrust, 50 g Bambussprossen, $1/2$ TL Salz, $3/4$ EL *und* 2 TL Maisstärke, 1 getrocknete rote Chilischote, 1 mittelgroße Zwiebel, 1 Scheibe Ingwerwurzel, 1 Knoblauchzehe, 3 EL *Feine Brühe*, 1 EL Sherry, 2 EL Essig, 2 EL Schweineschmalz, 1 EL Pflanzenöl

Vorbereitung: Hühnerbrust und Bambussprossen in kleine Würfelchen schneiden und gut mit dem Salz und $3/4$ Eßlöffel Maisstärke einreiben. Die Chilischote entkernen, den Stiel entfernen und das Fruchtfleisch sehr fein zerkrümeln. Zwiebel, Ingwer und Knoblauch so fein wie nur möglich hacken und miteinander mischen. Die 2 Teelöffel Stärke mit der Brühe, dem Sherry und dem Essig verquirlen.

Zubereitung: Das Schmalz in einer Pfanne auf starkem Feuer erhitzen. Hühnerfleisch, Bambussprossen und Chili darin 2 Minuten pfannenrühren, dann herausheben und warm stellen. Nun die Zwiebelmischung mit dem Öl in die Pfanne geben und ebenfalls auf großer Hitze 2 Minuten unter Rühren braten. Die aufgelöste Stärke in die Pfanne gießen und rühren, bis die Flüssigkeit gebunden ist. Das Hühnerfleisch und die Bambussprossen zurück in die Pfanne geben, alle Zutaten $1\,1/2$ Minuten mischen und sofort servieren.
Ein ziemlich scharfes Gericht – gekochten Reis dazu reichen.

Kung-Po-Hühnerfleischwürfelchen
(aus der Provinz Szechuan)

Zutaten (für 4 bis 6 Personen, zusammen mit anderen Gerichten): 250 g Hühnerbrust, 1 TL Salz, 4 TL Maisstärke, 2 getrocknete rote Chilischoten, 3 EL *Feine Brühe*, 2 TL Essig, 2 TL Tomatenpüree (oder -mark), 1 TL Zucker, 1 kleine Zwiebel, 2 EL Schweineschmalz, $1\,1/2$ EL Pflanzenöl, 1 TL *Chili-Öl*

Vorbereitung: Das Hühnerfleisch in kleine Würfel schneiden und mit Salz und 2 Teelöffeln Maisstärke gründlich einreiben. Die Chilischoten sorgfältig entkernen und fein zerkrümeln. Die restliche Stärke mit der Brühe, dem Essig, dem Tomatenpüree, 2 Eßlöffeln Wasser und dem Zucker verquirlen. Die Zwiebel so fein wie nur möglich hacken.

Zubereitung: Das Schmalz in einer Pfanne auf stärkster Flamme erhitzen. Die Hühnerwürfel darin 2 Minuten pfannenrühren, dann herausheben und warm halten.
Nun das Pflanzenöl in die Pfannenmitte gießen. Zwiebel und Chili darin ebenfalls auf starkem Feuer 2 Minuten unter Rühren rösten. Die Stärke-Mischung und das Chili-Öl zufügen und so lange rühren, bis die Flüssigkeit dicklich wird. Die Hühnerwürfel zurück in die Pfanne geben, $1\,1/2$ Minuten unter stetem Wenden mit der Sauce mischen, auf einer vorgewärmten Platte anrichten und sofort servieren.

Anmerkung: Ein sehr scharfes Gericht, das allen denen Freude machen wird, die feuriges Essen lieben. Dennoch sollte man Kung-Po-Hühnerfleischwürfelchen stets mit einer großen Schüssel gekochten Reis auftragen, um die Schärfe zu dämpfen – falls sich das als nötig erweisen sollte.

Gewürfeltes Hühnerfleisch in Sojapaste

Zutaten (für 4 bis 6 Personen, zusammen mit anderen Gerichten): 200 bis 250 g Hühnerbrust, 1 Eiweiß, 3 TL Maisstärke, 2 EL Sojapaste, 1 EL Ingwerwasser, 1 EL Sherry, 1 TL Zucker, 2 EL Schweineschmalz

Vorbereitung: Das Hühnerfleisch in kleine Würfel von etwa 7 mm Kantenlänge schneiden. Eiweiß, Stärke und 2 Eßlöffel Wasser miteinander verschlagen und die Hühnerfleischwürfel darin wenden, bis sie völlig davon überzogen sind. Sojapaste, Ingwerwasser, Sherry und Zucker zu einer weichen Creme rühren.

Zubereitung: 1 ½ Eßlöffel Schweineschmalz in der Mitte einer Pfanne schmelzen. Die Hühnerwürfel darin auf starker Hitze 1 Minute unter Rühren braten, herausheben und warm stellen.
Das restliche Schmalz in die Pfanne geben und die Sojapaste 30 Sekunden lang kräftig mit einem Löffel darunterschlagen, bis fast alle Flüssigkeit verdampft ist. Die Hühnerwürfel zufügen und 1 Minute in der Sojapaste wenden und drehen, bis sie rundum davon überzogen und glänzend braun sind. Sofort auf einer vorgewärmten Platte anrichten und servieren.

Anmerkung der Übersetzerin: Ingwerwasser stellen Sie sich ganz leicht selbst her, indem Sie 2 Scheiben Ingwerwurzel so fein wie möglich hacken, in ein sauberes Tüchlein geben und kräftig ausdrücken. Die ausgepreßten Ingwerstückchen mit 2 Eßlöffeln heißem Wasser übergießen, kurz ziehen lassen und nochmals, so gut es geht, ausdrücken.

Hühnerfleischwürfel mit gemahlenen Erdnüssen
(aus der Provinz Szechuan)

Zutaten (für 4 bis 6 Personen, zusammen mit anderen Gerichten): 250 g Hühnerbrust, 1 TL Salz, 3 TL Maisstärke, 1 getrocknete rote Chilischote, 1 EL feingehackte Zwiebeln, 3 ½ EL Pflanzenöl, 1 ½ TL Zucker, 1 ½ TL Essig, 2 EL *Hühnerbrühe*, 1 EL Sojasauce, 75 g Erdnüsse, 2 EL Schweineschmalz, 1 EL Sherry

Vorbereitung: Das Hühnerfleisch in akkurate kleine Würfelchen schneiden und gründlich mit Salz und Stärke einreiben. Die Chilischote sorgfältig entkernen und sehr fein zerkrümeln. Zwiebeln, 1 ½ Eßlöffel Pflanzenöl, Zucker, Essig, Hühnerbrühe und Sojasauce zu einer cremigen Sauce rühren. Die Erdnüsse in einer trockenen Pfanne so lange rösten, bis ihnen ein aromatischer Duft entströmt, und im Mörser zerstoßen (oder durch die Mandelmühle drehen).

Zubereitung: Das Schmalz in einer Pfanne erhitzen und die Chilistückchen darin auf starkem Feuer zweimal umrühren, dann sofort die Hühnerwürfelchen zufügen und 2 Minuten pfannenrühren, herausheben und warm stellen.
Das restliche Öl in der Pfanne erhitzen und die gemahlenen Erdnüsse darin 1 Minute unter Rühren rösten. Das Hühnerfleisch zufügen, die angerührte Sauce und den Sherry hineingießen. 1 bis 2 Minuten unter Rühren aufkochen. Sofort servieren.

Anmerkung der Übersetzerin: Verwenden Sie keine geschälten, gerösteten und gesalzenen Erdnüsse, die es in Dosen und Beuteln zu kaufen gibt, sondern solche, die mit Schale angeboten werden.

Hühnerfleischwürfel mit Innereien

Zutaten (für 4 bis 6 Personen, zusammen mit anderen Gerichten): 150 g Hühnerbrust, 150 g Innereien vom Huhn (Nieren und Leber), 1 ½ TL Salz, 5 TL Maisstärke, 2 Scheiben Ingwerwurzel, 2 Knoblauchzehen, 1 ½ EL Sojasauce, 2 EL Sherry, 3 EL *Feine Brühe*,

½ TL Glutamat, 2 TL Essig, Pfeffer aus der Mühle, 3 EL Pflanzenöl, 2 EL feingehackte Zwiebeln

Vorbereitung: Hühnerbrust, Nieren und Leber in kleine Würfel schneiden und zuerst mit dem Salz, dann mit 3 Teelöffeln Maisstärke einreiben. Ingwer und Knoblauch feinhacken. Sojasauce, Sherry, die Feine Brühe, Glutamat, Essig, Pfeffer und die restliche Stärke verschlagen.

Zubereitung: 2 Eßlöffel Öl in einer Pfanne erhitzen, das Hühnerfleisch darin auf starkem Feuer 1 ½ Minuten unter Rühren braten, herausheben und warm stellen. Das restliche Öl, Zwiebeln, Ingwer und Knoblauch in die Pfanne geben, 30 Sekunden pfannenrühren, dann erst die Innereien zufügen und 2 Minuten braten, dabei unermüdlich wenden. Die Saucenmischung angießen und das Hühnerfleisch zurück in die Pfanne geben. 1 Minute lang alles sorgsam mischen. Sobald die Sauce gebunden ist, das Gericht gleich servieren.

Ein außerordentlich aromatisches Gericht. Seine besondere Eigenart liegt im Kontrast zwischen der zarten Struktur des Hühnerfleisches, das auf der Zunge zergehen sollte, und der prallen, saftigen Konsistenz der Innereien. Sie dürfen auf keinen Fall zu lange gegart werden, weil sie dann hart werden und nicht mehr gut schmecken.

In Stücke gehacktes Huhn

Neben dem im Ganzen gegarten Hühnchen und dem in Würfel geschnittenen Hühnerfleisch gibt es noch das quer zu den Knochen in 8 bis 20 Stücke gehackte Huhn. Man bereitet es meist zusammen mit anderen Ingredienzen zu, schätzt es jedoch auch ohne begleitende Zutaten.

Fritiertes Hühnchen in acht Stücken

Was wir in China fritieren nennen, ist nicht immer das, was man in der westlichen Küche darunter versteht. Normalerweise benötigt man dazu nicht mehr als ⅛ bis ¼ Liter Öl. Die zum Ausbacken vorgesehenen Speisen bewegt man mit Hilfe von Bambusstäbchen, einem metallenen Löffel oder mit dem Kochlöffel so lange hin und her, bis sie rundum knusprig sind.

Zutaten (für 4 bis 6 Personen, zusammen mit anderen Gerichten): 1 Poularde (etwa 1200 bis 1800 g), 2 Scheiben Ingwerwurzel, 2 TL Salz, 1 Ei, 2 EL Mehl, ¼ l Öl

Vorbereitung: Die Poularde innen und außen mit Küchenkrepp auswischen und quer zu den Knochen in 8 (oder mehr) Stücke hacken. Den Ingwer feinreiben und mit dem Salz mischen. Die Hühnerstücke damit rundherum einreiben. Das Ei leicht verquirlen und mit dem Mehl glattrühren. Die Hühnerstücke durch diesen Teig ziehen.

Zubereitung: Das Öl in einer Pfanne stark erhitzen. 3 bis 4 Hühnerstücke hineingeben und 3 bis 4 Minuten unter Drehen und Wenden mit den Stäbchen fritieren, bis sie goldbraun sind. Herausnehmen und im 100 Grad heißen Ofen auf einem Teller warm stellen. So nacheinander alle Fleischstücke ausbacken.

Servieren: Ein so zubereitetes Hühnchen ißt man mit verschiedenen Dips und Würzmischungen (siehe auch *Tischwürzen, Dips und Würzmischungen*, Seite 63). Die beste Begleitung ist auf jeden Fall die *Salz-und-Pfeffer-Mischung*.

Anmerkung der Übersetzerin: Damit Sie mit der relativ geringen Ölmenge auskommen, verwenden Sie einen *kleinen* Topf. Das Öl ist übrigens dann heiß genug, wenn an einem hölzernen Kochlöffelstiel, den Sie hineintauchen, langsam dicke Blasen emporsteigen. Falls die Bläschen heftig emporsprudeln, ist das Öl zu heiß: Die Hühnerstücke verbrennen außen, bleiben innen jedoch roh. In zu kaltem Öl dagegen (wenn sich kaum Bläschen zeigen) gerät der Ausbackteig zu matschig und saugt sich mit dem Öl voll.
Lassen Sie außerdem die ausgebackenen Hühnerstücke auf dreifach gelegtem Küchenkrepp abtropfen.

Fritiertes mariniertes Hühnchen

Der Hauptunterschied zwischen diesem und dem nach dem vorigen Rezept zubereiteten Huhn liegt darin, daß die Hühnerstücke einige Zeit in einer Marinade ziehen, bevor sie in den Teig gehüllt und ausgebacken werden. Weil sie ohnehin durch die Marinade würzig schmecken, braucht man sie bei Tisch nicht in eine Würzmischung zu tunken.

Zutaten (für 4 bis 6 Personen, zusammen mit anderen Gerichten): 1 Poularde (etwa 1200 bis 1800 g), 1 TL Salz, 1 große Zwiebel, 2 Scheiben Ingwerwurzel, 2 EL Sojasauce, 2 TL Sojapaste, 3 TL Hoisinsauce, 2 TL Zucker, 1 EL Sherry, 2 EL Maisstärke, Öl zum Fritieren

Vorbereitung: Die Poularde quer zu den Knochen in 12 bis 15 mundgerechte Bissen hacken und mit Salz bestreuen. Die Zwiebel und den Ingwer so fein wie möglich hacken. Beides mit Sojasauce, Sojapaste, Hoisinsauce, Zucker und Sherry verrühren. Die Hühnerstücke mit dieser Mischung einreiben und wenigstens 2 Stunden ziehen lassen, dann mit der Stärke bestäuben (überschüssige abschütteln!).

Zubereitung: Die Stücke portionsweise in heißem Öl 2 bis 4 Minuten ausbacken, gut abtropfen lassen und unverzüglich servieren.

Servieren: Auch wenn die Hühnerstücke vor dem Fritieren in einer Marinade gewürzt wurden, sollte man doch auf dem Tisch einige Saucen vorsehen, zum Beispiel *Pflaumen-* oder *Tomatensauce*, so daß sich jeder nach Belieben davon nehmen kann. Die im vorigen Rezept empfohlene *Salz-und-Pfeffer-Mischung* hingegen ist in diesem Fall überflüssig, die Hühnerstücke sind salzig genug.

Panierte fritierte Hühnerstückchen

In China hat man früher Paniermehl selbst hergestellt. Da man im Westen fertiges Paniermehl überall kaufen kann, läßt sich dieses Gericht ganz leicht und ohne Schwierigkeit zubereiten.
Für 4 bis 6 Personen (zusammen mit anderen Gerichten).

Vorbereitung: Genau wie im vorherigen Rezept angegeben vorgehen. Nachdem die Hühnerstücke in der Marinade ausreichend lange gezogen haben, durch ein leicht verquirltes Ei ziehen und anschließend in Paniermehl wenden. 3 bis 4 Minuten in heißem Öl ausbacken.

Hühnchen in scharfer Ingwersauce
(aus der Provinz Szechuan)

Zutaten (für 4 bis 6 Personen, zusammen mit anderen Gerichten): 1 Poularde (etwa 1200 bis 1800 g), 1 $^1/_2$ TL Salz, 6 Scheiben Ingwerwurzel, 4 Knoblauchzehen, 2 mittelgroße Zwiebeln, 4 EL *Feine Brühe*, 2 TL Zucker, 2 EL Sojasauce, 1 EL Essig, 2 EL Sherry, $^1/_2$ TL Glutamat, 3 TL Maisstärke, 3 EL Schweineschmalz

Vorbereitung: Die Poularde quer zu den Knochen in 12 bis 15 Stücke hacken und diese kräftig mit Salz einreiben. Den Ingwer, den Knoblauch und die Zwiebeln so fein wie nur möglich hacken. Feine Brühe, Zucker, Sojasauce, Essig, Sherry, Glutamat und Stärke in einem Schüsselchen verrühren.

Zubereitung: Das Schmalz in einer großen Pfanne auf mittlerer Hitze zerlassen. Zwiebeln, Ingwer und Knoblauch darin 2 Minuten unter Rühren anrösten. Die Hühnerstücke zufügen und auf nunmehr starkem Feuer 4 bis 5 Minuten unter ständigem raschen Rühren braten. Die Hitze zurücknehmen und das Fleisch auf kleiner Flamme weitere 4 bis 5 Minuten garen.
Die Saucenmischung in die Pfanne gießen. Die Hühnerstücke in dieser Flüssigkeit 2 bis 3 Minuten wenden, dann auf einer vorgewärmten Platte servieren.

Dieses Gericht ist typisch für die Provinz Szechuan, wo man kräftige und scharfe Zutaten wie Chili, Knoblauch, Ingwer und Zwiebeln in großen Mengen verwendet.
Eine sehr berühmte Würzmischung aus den vier eben genannten Ingredienzen und schwarzen Bohnen nennt man *Yu Hsiang* (»Fischduft«) – wahrscheinlich, weil man sie gerade für Fisch sehr häufig gebraucht.
In China ist dieses Gericht sehr bekannt. Und es beginnt gerade, sich in New York durchzusetzen.

Scharfes Chilihuhn
(aus der Provinz Kiangsi)

Zutaten (für 4 bis 6 Personen, zusammen mit anderen Gerichten): 1 Poularde (etwa 1200 bis 1800 g), 2 TL Salz, 2 getrocknete Chilischoten, 3 frische Chilischoten (rot oder grün), 2 EL Schweineschmalz, 1 ½ EL Sojasauce, 1 EL Essig, 6 EL *Feine Brühe*, ½ TL Glutamat, 1 ½ TL Maisstärke

Vorbereitung: Die Poularde innen und außen mit Küchenkrepp sauberwischen und quer zu den Knochen in etwa 20 Stücke hacken. Diese für 5 Minuten in kochendes Wasser werfen, dann gründlich abtropfen lassen, rundum mit Salz einreiben und mit der Hautseite nach unten in eine flache feuerfeste Form legen. Die getrockneten und die frischen Chilischoten sorgfältig entkernen und feinhacken oder zerkrümeln.

Zubereitung: Das Schmalz in einem kleinen Topf erhitzen und die Chilischoten darin auf mittlerer Hitze 2 Minuten rösten. Diese Mischung gleichmäßig über die Hühnerstückchen träufeln. Die restlichen Zutaten in einem Schüsselchen mischen, in einen kleinen Topf füllen und auf mildem Feuer 4 bis 5 Minuten köcheln, bis die Flüssigkeit dicklich zu werden beginnt; diese Sauce über die Hühnerstücke gießen.
Die Form in einen Dämpftopf setzen. Die Hühnerstückchen 45 Minuten im Dampf garen, dann auf einer flachen vorgewärmten Platte anrichten und sofort auftragen.
Nun haben die Hühnerstücke alle beigegebenen Aromen in sich aufgenommen und duften nach allen Wohlgerüchen der Provinz Kiangsi.

Knusprige wohlriechende Hühnerbeine
Abb. 20

Dieses Gericht ist vor allem in Peking sehr beliebt.

Zutaten (für 4 bis 6 Personen, zusammen mit anderen Gerichten): 1000 g Hühnerbeine, 2 TL Salz, 2 mittelgroße Zwiebeln, 4 Scheiben Ingwerwurzel, 2 Knoblauchzehen, 3 EL Sojasauce, 1 EL Zucker, ¼ TL Fünf-Gewürz-Pulver, 2 EL Sherry, 1 ½ EL Maisstärke, Öl zum Fritieren

Vorbereitung: Die Hühnerbeine mit Küchenpapier sauberwischen. Dann kräftig mit Salz einreiben und über Nacht ziehen lassen. Zwiebeln, Ingwer und Knoblauch sehr fein hacken und in einer Schüssel mit der Sojasauce, dem Zucker, Fünf-Gewürz-Pulver und Sherry mischen.
Die Hühnerbeine darin wenden, gut damit einreiben und 2 Stunden marinieren.

Zubereitung: Die marinierten Hühnerbeine in eine feuerfeste Form legen und 25 Minuten in heftigem Dampf garen. Etwas abkühlen lassen, dann mit der Maisstärke einreiben. Jeweils 4 Stück in einen Drahtkorb geben, 4 bis 5 Minuten in heißem Öl ausbacken und abtropfen lassen.

Servieren: Die knusprigen Hühnerbeine auf einem Hackbrett in 2 Teile hacken und die Stücke auf einer flachen Platte anordnen. Nach Belieben rundherum appetitlich grünes Gemüse anrichten: Salatblätter, rasch gebratene Wirsingblätter, Spinat, Brokkoli oder dergleichen.
Das Goldbraun der gebackenen Hühnerbeine und das leuchtende Grün des Gemüses ergeben einen hübschen Kontrast.

Gedämpftes Huhn in gemahlenem Reis

Gemahlenen Reis verwendet man in China so wie im Westen Paniermehl: Man wendet darin Fleischstücke, bevor man sie weiterverarbeitet. Der meist ziemlich grob gemahlene Reis (Reisschrot) wird zunächst in einer trockenen Pfanne geröstet, bis er leicht gebräunt ist und aromatisch duftet. Als schützende Hülle gibt er dem zu garenden Fleisch oder Gemüse ein ganz eigenes Aroma.

Zutaten (für 4 bis 6 Personen, zusammen mit anderen Gerichten): 1 Poularde (etwa 1200 bis 1800 g), 2 TL Salz, Pfeffer aus der Mühle, 2 Eiweiß, 125 g grob gemahlener gerösteter Reis, 2 TL Hühnerschmalz, 2 EL helle Sojasauce, 2 EL *Hühnerbrühe*, $^1/_2$ TL Glutamat, $^1/_2$ EL Essig, $1\,^1/_2$ EL Sherry

Vorbereitung: Die Poularde quer zu den Knochen in 14 bis 16 Stücke hacken, mit Salz einreiben und mit Pfeffer bestreuen. Das Eiweiß mit einer Gabel 15 Sekunden lang schlagen. Die Hühnerstücke hineintauchen und anschließend in dem grob gemahlenen Reis wälzen, bis sie rundherum davon überzogen sind.

Zubereitung: Die Hühnerstücke in eine feuerfeste Form legen und 2 Stunden dämpfen. Den Saft, der sich in der Form gesammelt hat, in ein Schüsselchen gießen. Das Hühnerfett in einem kleinen Topf erhitzen, die übrigen Zutaten mitsamt der aufgefangenen Flüssigkeit aus der Dämpfschale zufügen und aufkochen. In 2 Schälchen verteilen. Als Dip für die gedämpften Hühnerstücke zu Tisch bringen.

Curryhuhn

Wenn auch Currypulver in China ein Importartikel ist, so bereiten wir doch inzwischen viele Gerichte damit zu. Wir schätzen Curry sehr zum schlichten Reis.

Zutaten (für 4 bis 6 Personen, zusammen mit anderen Gerichten): 1 Poularde (etwa 1200 bis 1800 g), 200 g Kartoffeln, 2 große Zwiebeln, 4 EL Pflanzenöl, 3 TL Salz, 2 bis 3 EL Currypulver (nach Belieben mehr oder weniger), 2 EL Sojasauce, $^1/_8$ l *Einfache Brühe*, $^1/_8$ l Kokosmilch, $^1/_2$ TL Glutamat, $^1/_4$ l Milch

Vorbereitung: Die Poularde innen und außen mit Küchenpapier sauberwischen und quer zu den Knochen in 12 bis 16 Stücke hacken. Die Kartoffeln schälen und in ebenso große Stücke schneiden. Die Zwiebeln in dünne Scheiben schneiden.

Zubereitung: Das Öl in einem ausreichend großen Topf erhitzen. Die Zwiebeln darin 2 Minuten unter Rühren anbraten, dabei salzen und mit Currypulver bestreuen. Die Hühnerstücke zufügen, 5 Minuten braten, dabei ständig wenden. Mit der Sojasauce beträufeln und weitere 2 Minuten pfannenrühren. Einfache Brühe und Kokosmilch angießen, aufkochen und alles 30 Minuten leise köcheln lassen.
Nun die Kartoffelstücke zufügen, mit Glutamat bestreuen und mit Milch auffüllen. Das Ganze nochmals 30 Minuten köcheln, dabei alle 10 Minuten umrühren.

Servieren: In einer großen Schüssel oder Terrine auftragen.

Anmerkung der Übersetzerin: Ein Rezept für original indisches Currypulver finden Sie auf Seite 153. Es ist ganz leicht selber herzustellen und viel besser als alles, was Sie fertig kaufen können.
Kokosmilch ist nicht, wie man häufig glaubt, die farblose oder milchige Flüssigkeit (je nach Alter), die eine reife Kokosnuß enthält. Man muß sie vielmehr selber machen: Lösen Sie das Fleisch einer Kokosnuß aus der Schale und reiben Sie es auf einer feinen Reibe, zerkleinern Sie es im elektrischen Zerhacker oder drehen

Sie es durch die Mandelmühle. Füllen Sie diese frischen Kokosflocken in eine Schüssel und überbrühen Sie sie mit kochendem Wasser. Sobald das Wasser etwas abgekühlt ist, die Flocken durch ein Sieb oder ein feines Tuch filtern und die Flüssigkeit auffangen. Je nachdem, wieviel Flocken auf wieviel Wasser Sie nehmen, desto konzentrierter oder wäßriger wird der Aufguß. Rechnen Sie auf 1 Tasse locker eingeschichtete Flocken 1 $\frac{1}{2}$ Tassen Wasser.
Wichtig: Dies geht nur mit frisch geraspelter Kokosnuß. Sie können Sie nicht durch fertig gekaufte Kokosraspeln ersetzen!

Hung Doo

Hung Doo heißt wörtlich übersetzt »muntere Hauptstadt«. Man bezeichnete damit ursprünglich die Stadt Nanchang am Jangtse-Fluß in der Provinz Kiangsi. *Hung Doo* soll hier »munteres Hühnchen« bedeuten.

Zutaten (für 4 bis 6 Personen, zusammen mit anderen Gerichten): 1 Poularde (etwa 1200 bis 1800 g), 3 Scheiben Ingwerwurzel, 3 getrocknete Chilischoten, 100 g Lauch, 4 EL Schweineschmalz, 1 $\frac{1}{2}$ TL Salz, 1 Stück getrocknete Mandarinenschale, 2 EL Sojasauce, 1 EL Hoisinsauce, 2 EL Sherry, 6 EL *Feine Brühe*, 2 TL Zucker, $\frac{1}{2}$ TL Glutamat, Sesamöl

Vorbereitung: Die Poularde innen und außen mit Küchenpapier sauberwischen und quer zu den Knochen in 20 Stücke hacken. Den Ingwer feinhacken. Die Chilis entkernen und fein zerkrümeln. Den Lauch in 3 cm lange Stücke schneiden.

Zubereitung: Das Schmalz in einer großen Pfanne erhitzen. Die Hühnerstücke darin 5 Minuten unter Rühren braten, dann herausheben und so abtropfen lassen, daß das Fett wieder in die Pfanne tropft. Die Hühnerstücke auf eine feuerfeste Platte häufen. Nun Ingwer, Lauch, Chili, Salz und Mandarinenschale 1 $\frac{1}{2}$ Minuten pfannenrühren.
Die Hühnerstücke zurück in die Pfanne füllen, mit Sojasauce, Hoisinsauce, Sherry und Brühe beträufeln, mit Zucker und Glutamat bestreuen und in dieser Mischung 5 bis 6 Minuten wenden, dabei auf starker Flamme arbeiten, damit die Flüssigkeit zu einer sämigen Sauce eindickt.

Servieren: Das Gericht mit etwas Sesamöl beträufeln und auf einer vorgewärmten Platte auftragen.

Kantonesisches Kristallhühnchen

Dieses Gericht kann man gut am Vortag zubereiten.

Zutaten (für 4 bis 6 Personen, zusammen mit anderen Gerichten): 1 junges Huhn (1200 g), 2 TL Salz, 2 EL Sherry, $\frac{1}{2}$ TL Glutamat, 1 TL Zucker, 1 EL Gelatine, $\frac{1}{2}$ l *Feine Brühe*, 125 bis 150 g Schinken

Vorbereitung: Das Hühnchen innen und außen mit Küchenpapier sauberwischen. Salz, Sherry, Glutamat, Zucker und Gelatine mit der Brühe verrühren, bis sich alles aufgelöst hat.

Zubereitung: Das Hühnchen mit Wasser bedeckt 30 Minuten kochen und abkühlen lassen, dann erst in 20 bis 24 Stücke hacken. Den Schinken in hauchdünne Scheiben schneiden. Hühnerstücke und Schinkenscheiben abwechselnd dachziegelartig in einer ovalen Schale anordnen.
Die Brühe aufkochen, dabei rühren, damit sich alle festen Bestandteile völlig auflösen. 15 Minuten abkühlen lassen und über die Hühnchenstücke gießen. Im Kühlschrank mindestens 3 Stunden oder über Nacht erstarren lassen.

Servieren: Den Aspik auf eine flache Platte stürzen und auftragen. In China dekoriert man dieses Gericht gerne mit frischen Gemüsen oder Blumen. Bei einer Variation wird beispielsweise das gelierte Hühnchen mit Chrysanthemen- und anderen Blüten umkränzt und heißt dann »Hundert-Blumen-Hühnchen vom südlichen Fluß«.

Anmerkung der Übersetzerin: Lassen Sie sich den Schinken gleich vom Metzger in dünne Scheiben schneiden.

Hühnchen mit chinesischen Würstchen

Zutaten (für 4 bis 6 Personen, zusammen mit anderen Gerichten): 1 Poularde (etwa 1200 bis 1800 g), 1 $\frac{1}{2}$ TL Salz, 4 große getrocknete chinesische Champignons (Tongu-Pilze), 3 chinesische Würstchen, 1 EL helle Sojasauce, 1 EL Sherry, $\frac{1}{2}$ TL Glutamat, 1 TL Sesamöl

Vorbereitung: Die Poularde innen und außen mit Küchenpapier sauberwischen. 10 Minuten mit Wasser bedeckt kochen, herausheben, mit Salz bestreuen und beiseite stellen. Die Pilze in warmem Wasser einweichen. Nach 20 Minuten absieben, dabei 2 Eßlöffel vom Einweichwasser auffangen, und die Stiele entfernen. Die Hüte halbieren oder vierteln.
Die Würstchen in 1 cm dicke Scheiben schneiden. Die Hühnerstücke in einer flachen feuerfesten Schale anordnen. Die Wurstscheiben darüberlegen und die Pilzstücke dazwischenstreuen. Das Pilzwasser mit den übrigen Zutaten verrühren und über das Ganze gießen.

Zubereitung: Die Form in den Dämpftopf setzen. Das Gericht 30 Minuten lang im Dampf garen und in der Form auftragen.

Kantonesisches gedünstetes Hühnchen

Zutaten (für 4 bis 6 Personen, zusammen mit anderen Gerichten): 4 Lilienknospen, 8 große getrocknete chinesische Champignons (Tongu-Pilze), 15 g getrocknete Baumpilze (Wolkenohrpilze), 75 g Lauch, 3 Frühlingszwiebeln, 2 Knoblauchzehen, 1 junges Huhn (etwa 1200 g), 2 TL Salz, 4 EL Pflanzenöl, 2 Scheiben Ingwerwurzel, $\frac{1}{8}$ l *Feine Brühe*, 3 EL Sojasauce, 2 TL Maisstärke, 2 EL Sherry, $\frac{1}{2}$ TL Glutamat

Vorbereitung: Das Hühnchen säubern und innen wie außen mit dem Salz einreiben. Die Lilienknospen und die beiden Pilzsorten jeweils getrennt in warmem Wasser 20 Minuten einweichen. Lilienknospen und Lauch in 5 cm lange Stücke hacken, die Frühlingszwiebeln in 2 cm lange Stücke schneiden. Die Baumpilze gründlich ausspülen. Die Tongu-Pilze von den Stielen befreien. Vom Einweichwasser 6 Eßlöffel aufbewahren. Den Knoblauch feinhacken.

Zubereitung: Das Öl in einem Topf erhitzen. Das Hühnchen darin auf allen Seiten insgesamt etwa 7 Minuten lang anbraten, bis es rundum goldbraun geworden ist, dann herausheben und warm stellen.
Nun Ingwer, Lilienknospen und Knoblauch 1 $\frac{1}{2}$ Minuten in der Pfanne unter Rühren rösten. Die Baumpilze, Tongu-Pilze sowie den Lauch zufügen und weitere 2 Minuten pfannenrühren.
Das Hühnchen wieder in die Pfanne setzen. Brühe, Sojasauce und aufgefangenes Pilzwasser verrühren, darübergießen und aufkochen. Eine Asbestmatte unter den Topf legen. Das Hühnchen auf kleinster Flamme 30 Minuten ganz sanft köcheln lassen, dabei alle 10 Minuten umdrehen.

Servieren: Das Hühnchen auf einem Hackbrett durch die Knochen in 20 Stücke hacken und auf einer tiefen Platte anrichten. Die Stärke mit 2 Eßlöffeln Wasser, Sherry und Glutamat verquirlen und mit den Frühlingszwiebeln in einen Topf füllen. Unter ständigem Rühren zum Kochen bringen, dann über die Hühnerstücke gießen. Das Gericht sofort auftragen.

Gestürztes Huhn

Hier ein sehr einfaches Bauernrezept aus der Provinz Hopei, in der auch Peking liegt.

Zutaten (für 4 bis 6 Personen, zusammen mit anderen Gerichten): 1 Suppenhuhn (etwa 1200 bis 1800 g), 1 TL Salz, 2 mittelgroße Zwiebeln, 50 g Szechuan-Gemüse *(Tsa T'sai)*, 2 Scheiben Ingwerwurzel, 400 g Bataten, 2 EL Sojasauce

Vorbereitung: Das Huhn säubern und quer durch die Knochen in 20 Stücke hacken. 10 Minuten mit Wasser bedeckt kochen, dann abgießen und gut abtropfen lassen. Die Stücke mit der Hautseite nach unten in eine feuerfeste Form schichten und mit Salz bestreu-

en. Zwiebeln und Szechuan-Gemüse in dünne Scheiben schneiden. Den Ingwer feinhacken. Die Bataten schälen, in 2 cm dicke Scheiben schneiden und diese in Rechtecke von etwa 2 mal 5 cm Größe zurechtstutzen.
Den Ingwer über die Hühnerstücke streuen, Szechuan-Gemüse und Zwiebeln darüberschichten, mit Kartoffelscheiben abdecken und zuletzt mit Sojasauce besprenkeln.

Zubereitung: Den Pudding 70 Minuten lang im Dampf garziehen lassen.

Servieren: Das Gericht wie einen Pudding auf eine große vorgewärmte Platte stürzen und auftragen.

Anmerkung der Übersetzerin: Bei der vergleichsweise knappen Garzeit empfiehlt es sich unbedingt, kein altes Suppenhuhn zu nehmen, sondern lieber eine gut gemästete Poularde. Ein Suppenhuhn bliebe selbst nach 70 Minuten im Dampf noch zäh und fest.

Gedünstetes Hühnchen mit Maronen

Zutaten (für 4 bis 6 Personen, zusammen mit anderen Gerichten): 1 Poularde (etwa 1200 bis 1800 g), Leber und Nieren von 2 Hühnchen, 6 mittelgroße getrocknete chinesische Champignons (Tongu-Pilze), 20 Maronen, 1 große Zwiebel, 3 EL Pflanzenöl, 2 Scheiben Ingwerwurzel, 4 EL Sojasauce, 1 EL Zucker, $^1/_8$ l *Hühnerbrühe*, 3 EL Sherry, 1 TL Salz

Vorbereitung: Die Poularde mit Küchenpapier innen und außen sauberwischen und quer zu den Knochen in 16 bis 20 Stücke hacken. Die Innereien 5 Minuten abkochen, dann jedes Stück in 4 Teile schneiden. Hühnerstücke und Innereien zum Trocknen beiseite stellen.
Die Pilze in warmem Wasser 30 Minuten einweichen, die Stiele entfernen, das Einweichwasser aufbewahren. Die Maronen 25 Minuten kochen, dann schälen und enthäuten. Die Zwiebel in feine Scheiben schneiden.

Zubereitung: Das Öl in einem großen Topf erhitzen. Ingwer und Zwiebelscheiben darin 2 Minuten unter Rühren andünsten. Die Hühnerstücke und die Innereien zufügen und unter stetem Wenden und Drehen 5 bis 6 Minuten anbraten. Mit Sojasauce, Pilzwasser, Zucker, Brühe, Sherry und Salz auffüllen, aufkochen und 10 Minuten köcheln. Die Maronen zufügen und mit den anderen Zutaten mischen. Alles zusammen zugedeckt 30 Minuten leise köcheln lassen, dabei alle 10 Minuten umrühren. Sofort auftragen.

In Scheibchen geschnittenes Hühnerfleisch

Hühnerfleisch in Würfeln verwendet man, wie wir gesehen haben, in Gerichten, die fast ausschließlich aus dem Fleisch bestehen und nur von einigen Würzzutaten begleitet sind. Im Ganzen gegarte oder in größere Stücke gehackte Hühner bereitet man zwar mit verschiedenen Gemüsen zu, aber sie machen selten mehr als 15 bis höchstens 30 Prozent der gesamten Zutatenmenge aus.

Beim in Scheibchen geschnittenen Hühnerfleisch indessen rechnet man innerhalb aller Zutaten für ein Gericht niemals mehr als etwa 50 Prozent Fleisch. Da wir Chinesen Hühner stets als etwas Besonderes ansehen (schließlich verwenden wir ausschließlich Freilandhühnchen und niemals massenproduzierte Industrieware), ist für uns Gemüse mit in Scheibchen geschnittenem Hühnerfleisch immer noch ein Hühnergericht.

Hühnerfleisch ist ein unendlich vielseitig verwendbares Fleisch, das man mit den unterschiedlichsten Zutaten zusammen verarbeiten kann. Deshalb ist die Zahl der Gerichte, die man damit herstellen kann, unvorstellbar groß. Im folgenden zeige ich einige der bekanntesten, beliebtesten und auch einfachsten Gerichte, die man mit in Scheibchen geschnittenem Hühnerfleisch zaubern kann.

Hühnerfleischscheibchen mit Pilzen
Abb. 32

Hierbei handelt es sich um ein weitverbreitetes und sehr leicht zuzubereitendes Gericht, und doch ist es für alle, die gerne Pilze essen – und die besonders den Geschmack der getrockneten chinesischen Pilze mögen – ein Leckerbissen, dessen sie niemals überdrüssig werden.

Zutaten (für 4 bis 6 Personen, zusammen mit anderen Gerichten): 150 g Hühnerbrust, 1 TL Salz, 1 EL Maisstärke, 10 große getrocknete chinesische Champignons (Tongu-Pilze), 1 kleine Zwiebel, 2 EL Schweineschmalz, 1 Scheibe Ingwerwurzel, $1\frac{1}{2}$ EL Sojasauce, $1\frac{1}{2}$ EL Sherry, 2 EL *Feine Brühe* (oder *Hühnerbrühe*), $\frac{1}{4}$ TL Glutamat, 1 TL Zucker

Vorbereitung: Das Hühnerfleisch in dünne, etwa 3 mal 4 cm große Scheibchen schneiden, mit Salz einreiben und in Maisstärke wenden. Zugedeckt ziehen lassen. Unterdessen die Pilze in $\frac{1}{8}$ Liter warmem Wasser einweichen und die Stiele entfernen. Vom Einweichwasser 3 Eßlöffel auffangen und beiseite stellen. Die Zwiebel sehr fein hacken.

Zubereitung: Das Schmalz in einer Pfanne zerlassen. Ingwer und Zwiebeln darin 2 Minuten auf mittlerer Hitze unter Rühren anbraten. Die Hühnerfleischscheibchen zufügen, auf dem Pfannenboden ausbreiten und $1\frac{1}{2}$ Minuten braten, dabei zweimal umwenden. Herausheben und warm stellen. Die Pilzhüte in die Pfanne geben und 1 Minute pfannenrühren. Nun das Pilzwasser und alle übrigen Zutaten einfüllen und die Pilze in dieser Mischung wenden. Das Hühnerfleisch zurück in die Pfanne geben und alles zusammen $1\frac{1}{2}$ Minuten auf stärkster Hitze unter ständigem Rühren braten.

Falls Sie chinesische Champignons (Tongu-Pilze, japanisch: *Shitake*) nirgendwo bekommen können, ersetzen Sie die angegebene Menge durch etwa die doppelte Menge frischer Champignons und 2 Eßlöffel getrocknete Baumpilze (Wolkenohrpilze). Geben Sie einen zusätzlichen Eßlöffel Schmalz in die Pfanne, bevor Sie die gemischten frischen und getrockneten Pilze anbraten, und fügen Sie erst nach 3 Minuten die anderen Zutaten hinzu.

Auf diese Weise kann dieses Gericht fast so gut schmecken, als wenn es ausschließlich mit Tongu-Pilzen zubereitet worden wäre.

Hühnerfleischscheibchen mit Ananas

Ein süßsaures Gericht, das im Süden Chinas beliebt ist, wo man im Vergleich zur traditionellen Küche des Nordens viel mehr mit Früchten und Obstsäften kocht.

Zutaten (für 4 bis 6 Personen, zusammen mit anderen Gerichten): 200 g Hühnerbrust, 1 $^1/_2$ TL Salz, Pfeffer aus der Mühle, 1 $^3/_4$ EL Maisstärke, 4 Scheiben Ananas aus der Dose, 1 Scheibe Ingwerwurzel, 1 Knoblauchzehe, 2 EL *Hühnerbrühe,* 4 EL Ananassaft, $^3/_4$ EL Zucker, 1 EL Sojasauce, 1 EL Essig, 1 EL Pflanzenöl, 2 EL Schweineschmalz

Vorbereitung: Das Hühnerfleisch quer zur Faser in sehr dünne Scheibchen von etwa 3 mal 4 cm Größe schneiden. Mit Salz und Pfeffer einreiben und mit 1 Eßlöffel Stärke bestäuben.
Jede Ananasscheibe in 6 Stückchen schneiden. Ingwer und Knoblauch feinhacken. Die restliche Stärke gründlich mit der Brühe, dem Ananassaft, Zucker, Sojasauce, Essig und Öl verquirlen.

Zubereitung: Das Schmalz in einer Pfanne erhitzen. Knoblauch und Ingwer darin 30 Sekunden anrösten. Das Hühnerfleisch zufügen und 2 Minuten unter ständigem Rühren braten, dann herausnehmen und warm stellen. Nun die Ananasstücke ein paarmal in der Pfanne wenden und die angerührte Sauce darübergießen. Die Ananasstücke sanft weiterrühren, bis die Sauce dicklich wird. Die Hühnerscheiben zurück in die Pfanne geben und 1 Minute lang erhitzen. Sofort servieren.
Dieses süßsaure Gericht ist vor allem bei Europäern sehr beliebt.

Anmerkung der Übersetzerin: Mittlerweile gibt es bei uns keine Schwierigkeiten mehr, auch frische Ananas zu bekommen. Sie werden im Winter aus Südafrika, im Sommer aus Brasilien importiert. Selbst wenn Sie kein Freund der Kombination von Fleisch und Obst sind, sollten Sie es mal damit probieren. Achten Sie jedoch darauf, wirklich reife Früchte zu kaufen, die durch die Schale hindurch einen starken, fruchtigen, süßen Duft verströmen. Bewahren Sie die Ananas auf keinen Fall im Kühlschrank auf! Sie ist eine Sonnenfrucht, die in der Kühlschrankkälte schnell ihr Aroma verliert.
Um an das Fruchtfleisch zu gelangen, schneiden Sie mit einem großen Messer den Blätterschopf quer ab und schälen dann die Frucht etwa 1 cm dick wie einen Apfel. Seien Sie hier nicht zu sparsam, denn die haarigen Noppen, die dicht unter der Schale sichtbar werden, sind äußerst störend im Mund und sollten restlos abgeschnitten werden. Teilen Sie die geschälte Frucht quer in zentimeterdicke Scheiben und stechen Sie den harten, meist holzigen Kern in der Mitte kreisförmig aus. Verwenden Sie die Scheiben dann wie im Rezept angegeben.
Den Saft gewinnen Sie, indem Sie einige Scheiben kleinhacken, in ein Tuch binden und gut ausdrücken (oder in der Zentrifuge entsaften).

Hühnerfleischscheibchen mit Gurke

Für 4 bis 6 Personen (zusammen mit anderen Gerichten).

Vor- und Zubereitung: Eine Variation zum noch folgenden Rezept *Hühnerfleischscheibchen mit Bambussprossen.* Hier wird die Gurke in ebenso dünne Scheiben wie das Hühnerfleisch geschnitten, und zwar nicht etwa quer, sondern längs der Schale, so daß die Scheiben auf einer Seite vollkommen grün sind.
Gurken sind in kürzester Zeit gar, deshalb braucht man sie nicht zuvor separat pfannenzurühren: Sobald die Hühnerscheibchen rasch in der Pfanne unter Rühren angebraten und von Schmalz, Knoblauch und Ingwer aromatisiert sind, kann man sofort die Gurkenscheiben zufügen, ohne daß man das Fleisch – wie bei den meisten pfannengerührten Zubereitungen – herausheben muß.
Wichtig ist, daß man keinesfalls irgendwelche färbenden Zutaten verwendet (wie zum Beispiel dunkle Sojasauce), denn charakteristisch für die feinsten Gerichte mit Hühnerfleischscheibchen ist der harte Kontrast zwischen dem Weiß des Fleisches und den Farben der begleitenden Zutaten.

Hühnchen mit Mandarinenschale
(aus der Provinz Szechuan) Abb. 21

Mandarinenschale verwendet man besonders gern im Süden und Westen Chinas, um Fleisch ein eigenes Aroma zu geben. Sie erfüllt in etwa die gleiche Funktion wie die Orange, die man in Frankreich zur Entenzubereitung nimmt – man würzt damit kräftige Fleischarten wie Rind, Lamm oder Ente. Dennoch: in diesem Fall wird sie einmal mit Hühnerfleisch kombiniert.

Zutaten (für 4 bis 6 Personen, zusammen mit anderen Gerichten): 2 Stückchen getrocknete Mandarinenschale, 250 g Hühnerbrust, 2 TL Salz, 1 $\frac{3}{4}$ EL Maisstärke, 2 Knoblauchzehen, 2 Scheiben Ingwerwurzel, 2 getrocknete Chilischoten, 1 mittelgroße Zwiebel, 2 EL Pflanzenöl, 3 EL *Hühnerbrühe*, 1 EL Zucker, 1 EL Essig, 1 EL Sojasauce, 3 EL Wasser, 1 EL Sherry

Vorbereitung: Die Mandarinenschale in heißem Wasser 20 Minuten einweichen und abgießen. Das Hühnerfleisch quer in sehr dünne, etwa 3 mal 4 cm große Scheibchen schneiden; mit Salz und 1 Eßlöffel Stärke einreiben. Knoblauch und Ingwer feinhacken. Die Chilischoten sorgsam entkernen und fein zerkrümeln. Die Zwiebel in feine Scheiben schneiden.

Zubereitung: Das Öl in einer Pfanne erhitzen, Ingwer, Chili, Knoblauch und Mandarinenschale zufügen und 1 Minute unter Rühren anrösten. Die Hühnerfleischscheibchen auf dem Pfannenboden ausbreiten und 2 Minuten drehen und wenden, bis alle vom heißen Öl überzogen sind. Mit der Brühe auffüllen und 1 Minute aufkochen. Die restliche Stärke mit den übrigen Zutaten verquirlen, in die Pfanne gießen und so lange rühren, bis die Sauce dicklich wird. Die Mandarinenschale herausfischen und wegwerfen.

Dieses Gericht aus Westchina ist nicht nur süßsauer, sondern auch scharf!

Hühnerfleischscheibchen mit Bambussprossen

Damit dieses Gericht sein charakteristisches Aroma bekommt, ist es wichtig, eine bestimmte Menge getrockneter Bambussprossen zusammen mit frischen (oder solchen aus der Dose) zu verwenden!

Zutaten (für 4 bis 6 Personen, zusammen mit anderen Gerichten): 50 bis 75 g getrocknete Bambussprossen, 150 g Hühnerbrust, $\frac{1}{2}$ TL Salz, 1 EL Maisstärke, 150 g Bambussprossen (frisch oder aus der Dose), 1 Knoblauchzehe, 2 EL Schweineschmalz, 1 Scheibe Ingwerwurzel, 2 EL helle Sojasauce, 1 EL Sherry, 4 EL *Hühnerbrühe*, $\frac{1}{2}$ TL Glutamat, 1 EL Hoisinsauce

Vorbereitung: Die getrockneten Bambussprossen in ein Schüsselchen füllen, mit 6 Eßlöffeln kochendem Wasser übergießen und 30 Minuten lang einweichen; dann abgießen und in hauchdünne Scheiben schneiden. Ebenso das Hühnerfleisch und die frischen Bambussprossen (oder die aus der Dose) in sehr feine, etwa 3 mal 4 cm große Scheibchen schneiden. Die Fleischscheibchen mit Salz einreiben und in der Stärke wälzen. Den Knoblauch feinhacken.

Zubereitung: Das Schmalz in einer Pfanne erhitzen. Den Ingwer und den Knoblauch darin 1 Minute auf mittlerer Hitze anrösten. Die Hühnerscheibchen zufügen und 1 $\frac{1}{2}$ Minuten unter Rühren braten, herausheben und warm stellen. Die getrockneten Bambussprossen im verbliebenen Fett 2 Minuten pfannenrühren, dann die frischen dazugeben und 2 Minuten weiterrühren. Mit Sojasauce, Sherry, Hühnerbrühe, Glutamat und Hoisinsauce auffüllen und die Bambussprossen in dieser Mischung 1 Minute lang wenden. Nun das Fleisch zurück in die Pfanne geben und auf stärkster Hitze 1 $\frac{1}{2}$ Minuten unter Rühren mit den übrigen Zutaten mischen.

Servieren: Das Gericht auf einer vorgewärmten Platte anrichten und sofort servieren.

Bambussprossen haben eigentlich nur einen ganz geringen Eigengeschmack, den nur sehr wenige Menschen überhaupt wahrnehmen können. Meist ißt man sie lediglich ihrer knackigen Konsistenz wegen. Auch in China sind Bambussprossen nur dann interessant, wenn sie gut und sorgfältig zubereitet sind.

In diesem Gericht wird der Bambussprossengeschmack mit getrockneten Bambussprossen verstärkt und außerdem durch würzende Zutaten wie Hoisinsauce, Glutamat, Sherry und Hühnerbrühe noch hervorgehoben. Ähnlich wie Bohnenquark nehmen auch Bambussprossen die Aromen anderer Zutaten in sich auf und bekommen dadurch einen volleren Geschmack; doch dürfen sie im Zusammenklang aller Zutaten nicht ihren Eigencharakter verlieren.

Hühnerfleischscheibchen mit Paprika

Für 4 bis 6 Personen (mit anderen Gerichten).

Vor- und Zubereitung: Wie im vorherigen Rezept angegeben vorgehen, statt der Bambussprossen jedoch 150 g in feine Streifen geschnittene Paprikaschoten verwenden. Die Paprikastreifen 2 Minuten pfannenrühren, dann mit Sojasauce, Sherry, Hühnerbrühe, Glutamat und Hoisinsauce auffüllen.

Da Paprika einen sehr starken Eigengeschmack hat, sind die Würzzutaten unerläßlich – sie bilden den Gegenpart und halten so die harmonische Ausgewogenheit.

Anmerkung: Es ist auch hier wichtig, daß die begleitenden Zutaten das Weiß des Hühnerfleisches nicht beeinträchtigen oder gar einfärben, damit der Kontrast zwischen Weiß (Hühnerfleisch) und Grün (Paprikaschoten) erhalten bleibt und das Gericht hübsch aussieht.

Pfannengebratene Hühnerschnitten

Auch dieses Rezept stammt wieder aus Szechuan und ist für chinesische Verhältnisse ziemlich ungewöhnlich. Es besteht aus dünnen Hühnerfleischscheiben, Bambussprossen und grünem (frischem) Schweinespeck. Alle drei Zutaten werden aufeinandergelegt, gebraten und anschließend mit gehacktem Schinken bestreut.

Daraus entsteht eine Art dünner Sandwich, dessen Herzstück die knackigen Bambussprossenscheiben bilden, während der Speck die knusprige Unterlage und das Hühnerfleisch der geschmackvolle Belag ist. Der Schinken gibt die salzige Würze dazu. In diesem Fall wird nicht pfannengerührt, sondern ohne Bewegung gebraten *(Tsien)*.

Zutaten (für 4 bis 6 Personen, zusammen mit anderen Gerichten): 150 g Hühnerbrust, 2 Frühlingszwiebeln, 1 Scheibe Ingwerwurzel, 1 TL Salz, 1 EL Sojasauce, 150 g grüner (fetter) Speck, 150 g Bambussprossen, 25 bis 30 g roher Schinken, 1 Ei, 5 TL Maisstärke, 6 EL Pflanzenöl, 200 g Römischer Salat (Romana), 2 EL Wasser, 2 TL Zucker, 2 TL Essig, 1 EL Orangensaft, 2 TL Sojasauce, Pfeffer aus der Mühle

Vorbereitung: Die Hühnerbrust quer in 12 bis 15 hauchdünne Scheiben von etwa 3 mal 4 cm Größe schneiden. Frühlingszwiebeln und Ingwer so fein wie nur möglich hacken und mit dem Salz und der Sojasauce verrühren. Die Hühnerscheiben darin wenden und ziehen lassen.

Den Speck mit Wasser bedeckt 20 Minuten kochen, dann in ebenso feine Scheiben schneiden wie das Fleisch. Die Bambussprossen für 3 Minuten in kochendes Wasser tauchen, abschrecken und genau so fein aufschneiden. Alle drei Zutaten sollten gleich dünn und gleich groß sein.

Den Schinken sehr fein hacken. Das Ei mit 3 Teelöffeln Stärke zu einem dünnen Teig verschlagen.

Die Speckscheiben auf einem großen Brett nebeneinander ausbreiten und mit einem heißen feuchten Tuch abreiben. Auf jede Speckscheibe zuerst ein Stück Bambussprosse legen, dann mit einer Hühnerfleischscheibe abdecken. Jede Schicht mit etwas Teig einpinseln, damit die Scheiben gut aneinander haften. Die Oberfläche jedes Sandwichs mit dem restlichen Teig bestreichen und mit dem gehackten Schinken bestreuen.

Zubereitung: Das Öl in einer großen Pfanne auf mittlerer Flamme erhitzen. Die Sandwichs mit der Speckseite nach unten nebeneinander hineinsetzen und 3 bis 4 Minuten braten, dabei immer wieder die Oberfläche mit etwas heißem Öl beträufeln. Sobald die 3 Schichten gut aneinanderkleben, die Sandwichs umdrehen und auf der anderen Seite 1 Minute lang braten. Dann nochmals auf die Speckseite drehen und knusprigbraun braten. Die Sandwichs auf Küchenkrepp abtropfen lassen und in der Mitte einer großen, vorgewärmten Platte anrichten.

In der Zwischenzeit das Gemüse zubereiten, das die Sandwichs begleiten soll: Jedes Salatherz (oder Kohlherz) längs vierteln, für 2 Minuten in kochendes Wasser tauchen, gut abtropfen lassen und in etwas Öl 1 Minute auf mittlerer Hitze wenden, dabei mit Salz bestreuen. Die restliche Stärke mit den übrigen Zutaten verquirlen, über das Gemüse gießen und aufkochen.

Servieren: Die Salatviertel rings um die Sandwichs anrichten und das Gericht sofort auftragen.
Ein attraktiver Party-Snack, den man sehr gut im voraus zubereiten kann.

Gedünstete Hühnerfleischscheibchen mit Schweinekutteln
(aus Kanton)

Zutaten (für 4 bis 6 Personen, zusammen mit anderen Gerichten): 150 g Hühnerbrust, 2 TL Salz, $^1/_2$ EL Maisstärke, 200 g Schweinekutteln, 2 Knoblauchzehen, 50 g junger Lauch, 3 TL Sojasauce, 2 EL Weißwein, 1 Scheibe Ingwerwurzel, 2 Frühlingszwiebeln, 4 EL Pflanzenöl, 6 EL *Feine Brühe,* 2 EL Sherry, $^1/_2$ TL Glutamat, 1 TL Sesamöl

Vorbereitung: Das Hühnerfleisch in sehr dünne, 3 mal 4 cm große Scheibchen schneiden und gut mit 1 Teelöffel Salz und der Maisstärke einreiben. Die Kutteln auf beiden Seiten mit einem scharfen Messer in Abständen von 1 cm kreuzweise bis zur halben Mitte einschneiden.
Den Knoblauch feinhacken, den Lauch in dünne Ringe schneiden. Das restliche Salz, die Sojasauce, Wein, Knoblauch und die Lauchringe mischen, die Kutteln darin wenden und 1 Stunde ziehen lassen. Den Ingwer und die Frühlingszwiebeln feinhacken und über die Hühnerscheiben streuen.

Zubereitung: Die Hälfte des Öls in einer Pfanne auf mittlerer Flamme erhitzen. Die Hühnerscheiben (mit Ingwer und Frühlingszwiebeln) darin 1 $^1/_2$ Minuten unter stetem Wenden anbraten, dann herausnehmen und warm stellen. Nun das restliche Öl in der Pfanne stark erhitzen und die Kutteln darin auf größter Hitze 5 Minuten pfannenrühren. Das Hühnerfleisch wieder in die Pfanne geben und mit den Kutteln mischen. Brühe, Sherry und Glutamat zufügen und alles 10 Minuten sanft durchwärmen. Mit Sesamöl beträufeln und sofort servieren.

Hühnerfleischscheibchen mit geräuchertem und gesalzenem Fisch
(von der Südostküste Chinas)

Zutaten (für 4 bis 6 Personen, zusammen mit anderen Gerichten): 200 g Hühnerbrust, 100 g geräucherter Fisch (Lachs oder Schellfisch), 50 g Anchovis, 2 Scheiben Ingwerwurzel, 2 EL Sherry, $^1/_2$ EL Hühnerschmalz, $^1/_8$ l *Hühnerbrühe,* 1 TL Salz, 2 Frühlingszwiebeln, $^1/_2$ TL Glutamat

Vorbereitung: Die Hühnerbrust quer in etwa 12 dünne Scheiben schneiden. Den Fisch in ebensolche Scheiben schneiden. Beides abwechselnd dachziegelartig in einer flachen feuerfesten Form anordnen.
Die Anchovis jeweils in 6 Stücke hacken. Den Ingwer sehr fein zerkleinern und über die Hühnerscheibchen streuen. Alles mit dem Sherry beträufeln, mit Hühnerschmalz einpinseln, mit 4 bis 5 Eßlöffeln Brühe begießen und mit $^1/_2$ Teelöffel Salz bestreuen. Die Anchovisstückchen darüberstreuen. Die Frühlingszwiebeln hacken.

Zubereitung: Die Form für 20 Minuten in einen Dämpftopf setzen. Die restliche Brühe mit den Frühlingszwiebeln, Glutamat und dem übrigen Salz in einem kleinen Topf sprudelnd aufwallen lassen und über die Hühner- und Fischscheiben gießen. Das Ge-

richt auf eine vorgewärmte Platte geben und sofort servieren.
Bei dieser ziemlich ungewöhnlichen Zubereitung bekommt das Hühnerfleisch einen ganz einzigartigen Geschmack: Es wird durchtränkt vom Aroma des Räucherfisches und der salzigen Anchovis.

Hühnerfleischscheibchen mit Schweineleber und Frühlingszwiebeln

Hier wieder ein chinesisches Rezept, nach dem Fleischsorten unterschiedlicher Struktur und Konsistenz miteinander auf stärkster Hitze pfannengerührt werden. Das Mischen der Aromen durch Hitze erweitert die Geschmackspalette des Gerichts um eine neue Dimension.

Zutaten (für 4 bis 6 Personen, zusammen mit anderen Gerichten): 150 g Hühnerbrust, $^3/_4$ TL Salz, 1 EL Maisstärke, 1 Scheibe Ingwerwurzel, 150 g Schweineleber, 1 Knoblauchzehe, 1 EL gehackte Zwiebel, 1 EL Sojasauce, 3 Frühlingszwiebeln, 3 EL Pflanzenöl, 4 EL *Hühnerbrühe,* 2 TL Zucker, 2 EL Weißwein

Vorbereitung: Das Hühnerfleisch in sehr dünne, etwa 3 mal 4 cm große Scheibchen schneiden, mit dem Salz, der Stärke und dem sehr fein gehacktem Ingwer einreiben und 15 Minuten ziehen lassen.
Die Leber in ebensolche Scheibchen schneiden. Den Knoblauch zerdrücken und mit den Zwiebeln und der Sojasauce mischen. Die Leberscheibchen darin wenden und ebenfalls 15 Minuten marinieren. Die Frühlingszwiebeln in 1 cm dicke Stücke schneiden.

Zubereitung: 2 Eßlöffel Öl in einer Pfanne erhitzen. Die Hühnerscheibchen darin 1 $^1/_2$ Minuten lang wenden, herausheben und warm stellen. Das restliche Öl erhitzen und die Leber mitsamt der Marinade zufügen. Die Hitze verstärken; die Leber 3 Minuten unter stetem Rühren braten. Nun das Hühnerfleisch zurück in die Pfanne geben, Brühe, Zucker und Wein hineinrühren und alles 3 Minuten unermüdlich wenden. Zuletzt die Frühlingszwiebeln einstreuen, gründlich untermischen und das Gericht sofort servieren.

Pikante gedünstete Hühnerfleischscheibchen mit Stangensellerie nach Hausfrauenart
(aus der Provinz Szechuan)

Zutaten (für 4 bis 6 Personen, zusammen mit anderen Gerichten): 3 TL schwarze Bohnen, 200 g Hühnerbrust, $^1/_2$ TL Salz, $^3/_4$ EL *und* 2 TL Maisstärke, 2 Scheiben Ingwerwurzel, 2 getrocknete Chilischoten, 1 Bund Stangensellerie, 1 $^1/_2$ EL Sojasauce, 2 TL Tomatenpüree (oder -mark), 2 TL Zucker, 6 EL *Feine Brühe*, $^1/_2$ TL Glutamat, 2 EL Pflanzenöl, 1 EL Schweineschmalz

Vorbereitung: Die schwarzen Bohnen in Wasser 20 Minuten einweichen, dann abgießen. Das Hühnerfleisch quer in sehr dünne, etwa 3 mal 4 cm große Scheibchen schneiden und mit dem Salz und $^3/_4$ Eßlöffel Stärke gründlich einreiben. Den Ingwer sehr fein hacken, die Chilischoten sorgfältig entkernen und zerkrümeln. Den Stangensellerie schräg in 2 cm dicke Scheiben schneiden. Sojasauce, Tomatenpüree, Zucker, Brühe, Glutamat und die restliche Maisstärke gründlich miteinander verquirlen.

Zubereitung: Das Öl in einer Pfanne erhitzen, Ingwer, Chili und schwarze Bohnen darin auf stärkster Hitze 1 Minute anrösten. Die Hühnerscheibchen zufügen, 2 Minuten lang darin wenden, herausheben und warm stellen.
Das Schmalz in die Pfanne geben, die Selleriescheibchen darin auf starkem Feuer 3 Minuten kräftig pfannenrühren. Danach das Hühnerfleisch zurück in die Pfanne geben. Mit der Saucenmischung auffüllen und Sellerie- sowie Fleischscheibchen 1 $^1/_2$ Minuten auf größter Hitze darin wenden.
Sofort servieren.

Kantonesische Hühnerfleischscheibchen in Fruchtsauce

Im Süden Chinas ist es allgemein üblich, würzige Gerichte mit Obst oder Saft zuzubereiten. Hier ein Beispiel dafür.

Zutaten (für 4 bis 6 Personen, zusammen mit anderen Gerichten): 250 g Hühnerbrust, 1 TL Salz, 1 EL *und* 3 TL Maisstärke, 2 EL Orangensaft, 2 EL Lycheesaft, 2 TL Zucker, 1 EL Tomatenpüree (oder -mark), 2 TL helle Sojasauce, 3 EL Wasser, 2 EL Pflanzenöl

Vorbereitung: Das Hühnerfleisch quer in dünne Scheibchen von etwa 3 mal 4 cm Größe schneiden und mit dem Salz und 1 Eßlöffel Stärke kräftig einreiben. Alle übrigen Zutaten, bis auf das Öl, in einem Schälchen verquirlen.

Zubereitung: Das Öl in einer Pfanne erhitzen. Die Hühnerscheibchen gleichmäßig auf dem Pfannenboden ausbreiten, dann umdrehen und anschließend 2 Minuten pfannenrühren. Mit der Saucenmischung angießen und die Hühnerscheibchen darin sanft wenden, bis die Sauce gebunden ist. Sofort auftragen.

Ein sehr fruchtiges Gericht, das die zarte Würze des Hühnerfleischs mit der Frische des Obstsaftes vollendet in Einklang bringt. Für jeden, der diese Zubereitung noch nie genossen hat, ein vollkommen neues Erlebnis!

Hühnerfleischscheibchen mit Zuckererbsen

Zutaten (für 4 bis 6 Personen, zusammen mit anderen Gerichten): 200 g Hühnerbrust, 1 TL Salz, 1 EL *und* 2 TL Maisstärke, 4 El *Hühnerbrühe*, 1 EL helle Sojasauce, 2 EL Weißwein, $^1/_2$ TL Glutamat, 2 EL Pflanzenöl, 1 Scheibe Ingwerwurzel, 1 EL Schweineschmalz, 150 g Zuckererbsen (Mange Tout)

Vorbereitung: Das Hühnerfleisch in dünne, 3 mal 4 cm große Scheibchen schneiden und mit dem Salz und 1 Eßlöffel Stärke einreiben. Hühnerbrühe, Sojasauce, Wein und die restliche Stärke verrühren.

Zubereitung: Das Öl in einer Pfanne erhitzen, den Ingwer darin 30 Sekunden anrösten, herausnehmen und wegwerfen. Nun die Hühnerscheibchen in dem Öl auf stärkstem Feuer 2 Minuten unter Rühren braten, dann herausheben und warm stellen.

Das Schmalz in der Pfanne zerlassen und die Zuckererbsen darin 2 Minuten unter raschem Wenden braten. Die Hühnerscheibchen wieder zufügen und mit den Erbsen mischen. Zuletzt die Saucenmischung angießen, alles 1 $^1/_2$ Minuten unter Rühren und Wenden köcheln und sofort servieren.

Golddukatenhuhn

Zutaten (für 4 bis 6 Personen, zusammen mit anderen Gerichten): 1 junges Huhn (etwa 1200 g), 2 l *Meistersauce*

Vorbereitung: Das Hühnchen innen und außen mit Küchenpapier sauberwischen, für 1 Minute in kochendes Wasser tauchen und abtropfen lassen.

Zubereitung: Die Meistersauce in einem großen Topf aufkochen. Das Hühnchen einlegen (es muß völlig mit Flüssigkeit bedeckt sein) und 20 Minuten köcheln. Dann den Herd ausschalten. Das Hühnchen im Sud belassen und noch 40 Minuten darin marinieren. Danach wird es auf allen Seiten wundervoll braungefärbt sein.

Servieren: Das Hühnchen aus der Brühe nehmen. Auf einem Hackbrett mit einem scharfen Messer das Fleisch sorgfältig von den Knochen lösen. Nur die größeren Fleischteile (Brust, Keulen) verwenden und in dünne Scheibchen schneiden. Diese »Dukaten« auf einer ovalen Platte dachziegelartig in 3 Reihen anrichten, wobei die mittlere Reihe die längste sein sollte.

Streifig geschnittenes Hühnerfleisch

In der Chinesischen Küche gilt die Regel, alle Zutaten in die Form schneiden, die die Grundzutat natürlicherweise hat, so daß sie vollkommen damit harmonieren. Sind beispielsweise in einem Gericht Nudeln oder Spaghetti die Hauptingredienzen, muß das begleitende Hühnerfleisch in nudelähnliche Streifen geschnitten werden.

Wenn Hühnerfleisch, das von Natur aus schon streifig ist, die Hauptzutat sein soll, finden wir es ganz selbstverständlich, es lediglich noch akkurat auf Streichholzgröße zu bringen. Dazu passen Bohnensprossen, in Streifen geschnittener Spargel, Stangensellerie und Schinken, Bambussprossenstreifchen und grüne Bohnen, Nudeln, Glasnudeln und zahllose andere Zutaten, die natürliche Streifenform haben oder darauf zugeschnitten sind.

Als »streifig geschnittenes Hühnerfleisch« nimmt man nun nicht einfach die langen Fetzen, die man von den Knochen zupft, sondern meist das zarte Brustfleisch, das sorgfältig in Streifen geteilt wird, entweder in feine *Streifchen* oder in größere *»Weidenblattstreifen«*.

Streifchen haben etwa die Größe von Streichhölzern, vielleicht sind sie sogar noch ein bißchen schmaler. Weidenblattstreifen sind etwas breiter und 5 bis 8 cm lang. Im folgenden finden Sie Rezepte, in denen das Hühnerfleisch in diese beiden Formen geschnitten wird.

Da Brustfleisch sich leichter gleichmäßig aufschneiden läßt, verwendet man es hierfür am liebsten; aber selbstverständlich kann man auch das Fleisch der Keulen und anderer Teile verwenden.

Wir Chinesen mit unserem geradezu sprichwörtlichen Sinn für Sparsamkeit lösen auch noch das kleinste Fitzelchen von der Karkasse und verarbeiten es mit schöneren Streifen zusammen zu einem schlichten Gericht für den privaten Abendbrottisch.

Natürlich verwenden wir für größere Festdiners nur das zarte Brustfleisch – nicht nur, weil es einfacher zu schneiden ist, sondern auch, weil es weißer ist; schließlich gibt es eine Reihe von Gerichten, wo die Klarheit der Farbe oder die Kontraststärke eine große Rolle spielt.

Gespaltenes Hühnerfleisch mit grünen Bohnen
Abb. 19

Zutaten (für 4 bis 6 Personen, zusammen mit anderen Gerichten): 200 g Hühnerbrust, $\frac{1}{2}$ TL Salz, 1 Eiweiß, 1 EL Maisstärke, 150 g feine grüne Bohnen (Haricots verts), 3 EL Pflanzenöl, 2 Scheiben Ingwerwurzel, 2 EL *Hühnerbrühe*, 1 EL Sherry, 1 TL Zucker, $1\frac{1}{2}$ EL helle Sojasauce, $\frac{1}{2}$ TL Glutamat

Vorbereitung: Das Fleisch schräg in Weidenblattstreifen schneiden, dann mit dem Salz einreiben, mit dem Eiweiß befeuchten und in der Stärke wenden. Die Bohnen an den Enden abknipsen, wenn nötig fädeln und schräg in ebenso lange Stücke schneiden wie die Hühnerstreifen. Für 2 Minuten in kochendes Wasser werfen, kalt abschrecken und abtropfen lassen.

Zubereitung: 2 Eßlöffel Öl in einer Pfanne erhitzen. Ingwer und Hühnerstreifen zufügen, auf dem Pfannenboden ausbreiten und auf mittlerer Hitze 2 Minuten unter Rühren braten, dann herausheben und warm stellen. Das restliche Öl in die Pfanne gießen. Die Bohnen hineinschütten und auf stärkster Hitze 1 Minute pfannenrühren. Hühnerbrühe, Sherry, Sojasauce und Glutamat zugeben und alles 2 Minuten unter Rühren köcheln. Nun das Hühnerfleisch wieder in die Pfanne füllen und 1 Minute untermischen. Sofort servieren.

Ein einfaches, aber sehr befriedigendes Gericht für eine Party wie auch für eine schlichte häusliche Mahlzeit. Das Weiß des Hühnerfleisches und das Grün der Bohnen bilden einen schönen Kontrast.

Gespaltenes Hühnerfleisch mit Romanasalat

Für 4 bis 6 Personen (zusammen mit anderen Gerichten).

Vorbereitung: Wie im vorherigen Rezept vorgehen, jedoch statt der grünen Bohnen 1 Romanasalat (Römischen Salat) vorsehen.
Den Salatkopf quer in 5 bis 7 cm lange Stücke schneiden, einige Sekunden in kochendes Wasser tauchen und abtropfen lassen. Mit den im vorigen Rezept angegebenen Zutaten kurz pfannenrühren, dann die angebratenen Hühnerstreifen hineinmischen.

Gespaltenes Hühnerfleisch mit Brokkoli

Für 4 bis 6 Personen (zusammen mit anderen Gerichten).

Vorbereitung: Dieses Rezept ist eine Variation zum *Gespaltenen Hühnerfleisch mit grünen Bohnen*. Statt der Bohnen in Weidenblattstreifen geteilten Brokkoli verwenden. Den Brokkoli vor dem Braten 2 bis 3 Minuten blanchieren.

Gespaltenes Hühnerfleisch mit Gurke

Für 4 bis 6 Personen (zusammen mit anderen Gerichten).

Vorbereitung: Dieselben Anweisungen befolgen, die im Rezept für *Gespaltenes Hühnerfleisch mit grünen Bohnen* (Seite 242) angegeben sind, aber statt der grünen Bohnen 1 Gurke verwenden. Diese längs in Streifen schneiden, die in der Größe den Hühnerfleischstreifen entsprechen. Gurke bedarf nur einer sehr kurzen Garzeit, deshalb braucht man sie nicht vorzukochen. Die Gurke nicht schälen, sondern nur bürsten, damit ihr kühles Grün erhalten bleibt.

Anmerkung der Übersetzerin: Bei unseren kernreichen Gurken – vor allem, wenn Sie die aromatischen Gärtner- und nicht Schlangengurken verwenden – ist es nötig, sie zuvor längs zu halbieren und zu entkernen. Streifen Sie die Kerne mitsamt dem sie umgebenden wäßrigen Fleisch heraus und verarbeiten Sie die Gurkenhälften dann wie im Rezept angegeben.

Gespaltenes Hühnerfleisch mit Spargel

Für 4 bis 6 Personen (zusammen mit anderen Gerichten).

Vorbereitung: Wiederum eine Variation zum Rezept *Gespaltenes Hühnerfleisch mit grünen Bohnen* (Seite 242), statt der Bohnen jedoch Spargel verwenden. Den Spargel schälen und das holzige Ende abschneiden. Jede Stange längs vierteln und auf die Länge der Hühnerfleischstreifen (Weidenblattstreifen) kürzen. 5 Minuten in kochendem Wasser blanchieren, abschrecken und abtropfen lassen. Dann wie im Rezept angegeben weiterverarbeiten.

Gespaltenes Hühnerfleisch mit Lauch

Für 4 bis 6 Personen (zusammen mit anderen Gerichten).

Vorbereitung: Nach den Anweisungen des Rezeptes *Gespaltenes Hühnerfleisch mit grünen Bohnen* (Seite 242) vorgehen, statt der Bohnen jedoch Lauch verwenden. Lauch hat einen ziemlich kräftigen Eigengeschmack, fügen Sie deshalb 1 Eßlöffel Hoisinsauce zu, während das Hühnerfleisch angebraten wird. Das verhindert, daß der Lauchgeschmack das zarte Aroma des Hühnerfleisches und anderer Zutaten erschlägt, und gibt dem Gericht eine gewisse angenehme Schärfe.

In den sechs vorhergehenden Rezepten behalten die rasch und nur leicht gegarten Gemüse zum großen Teil ihren Saft, ihren Eigengeschmack und ihre Knackigkeit, was sehr gut mit der weichen Zartheit und Würze des Hühnerfleisches kontrastiert. Die Gemüsestreifen sind in Form und Größe so geschnitten, daß sich ihre unterschiedliche Textur (im Mund, auf der Zunge und an den Zähnen) angenehm bemerkbar macht. Der Eigengeschmack der Gemüse wird stark hervorgehoben, weil die Säfte durch den plötzlichen Hitzeschock (heißes Öl und heiße Pfanne) erhalten bleiben. Die Hitze muß während des gesamten Garprozesses (Pfannenrühren) gleich hoch bleiben!

Alle sechs Gerichte haben durch das reine Weiß des Hühnerfleisches und das glänzende Grün der Gemüse eine reizvolle optische Wirkung.

In den folgenden Rezepten werden Hühnerfleisch und begleitende Gemüse in kleine Streifen geschnitten. Das Ziel ist, damit eine Art kulinarischen Teppich zu weben: ein Bild aus Farben, Strukturen und Aromen – einfacher als die Zusammenstellung der vorhergehenden Gerichte.

Hühnerfleischstreifchen mit Bohnensprossen

Zutaten (für 4 bis 6 Personen, zusammen mit anderen Gerichten): 150 g Hühnerbrust, ½ TL Salz, Pfeffer aus der Mühle, 1 EL Maisstärke, 2 Knoblauchzehen, 2 EL Pflanzenöl, 2 Scheiben Ingwerwurzel, 2 EL Hühnerschmalz, 300 g Bohnensprossen, 2 EL helle Sojasauce, ½ TL Chilisauce, 2 TL Essig, 2 EL *Hühnerbrühe*, 1 EL Sherry, ½ TL Glutamat, 2 EL gehackter Schnittlauch

Vorbereitung: Mit einem rasierklingenscharfen Messer die Hühnerbrust quer in streichholzfeine Streifchen von 3 bis 4 cm Länge schneiden und mit Salz, Pfeffer und Stärke bestreuen – überschüssige Stärke abschütteln. Den Knoblauch feinhacken.

Zubereitung: Das Öl in einer großen Pfanne erhitzen. Den Ingwer darin 30 Sekunden anrösten, herausfischen und wegwerfen. Die Hühnerfleischstreifchen ins Öl geben, auf mittlerer Hitze 1 ½ Minuten unter Rühren braten, herausheben und warm stellen. Nun das Hühnerschmalz mit dem Knoblauch in die Pfanne füllen und 30 Sekunden rühren. Dann die Bohnensprossen hineinschütten und 1 Minute im heißen Öl wenden, bis alle von einer Ölschicht überzogen sind. Sojasauce, Chilisauce sowie Essig darüberträufeln und alles eine weitere Minute unter Rühren köcheln.

Zuletzt das Hühnerfleisch wieder in die Pfanne füllen, mit Brühe und Sherry benetzen, Glutamat und Schnittlauch darüberstreuen, alles zusammen 1 Minute aufkochen und mischen. Sofort servieren.

Hühnerfleischstreifchen mit Paprika
Abb. 32

Zutaten (für 4 bis 6 Personen, zusammen mit anderen Gerichten): 150 g Hühnerbrust, ½ TL Salz, 1 EL Maisstärke, 2 große grüne Paprikaschoten, 2 getrocknete rote Chilischoten, 2 EL Pflanzenöl, 2 Scheiben Ingwerwurzel, 2 EL Hühnerschmalz, 2 EL Sojasauce, 2 TL Zucker, 3 TL Essig, 2 EL *Hühnerbrühe*, 1 EL Sherry

Vorbereitung: Die Hühnerbrust mit einem rasierklingenscharfen Messer in hauchfeine Streifen schneiden, diese auf 4 cm kürzen, mit Salz bestreuen und mit Stärke einreiben. Überschüssige Stärke abschütteln. Die Paprikaschoten in ebenso feine Streifchen schneiden. Die Chilischoten entkernen und zerkrümeln.

Zubereitung: Das Öl in einer großen Pfanne erhitzen, den Ingwer darin 1 Minute unter Rühren rösten – herausnehmen und wegwerfen. Nun die Hühnerfleischstreifchen im Öl 2 Minuten anbraten, dabei unermüdlich wenden, herausheben und warm stellen. Das Hühnerschmalz in der Pfanne zerlassen und die Chilistückchen darin 1 Minute anrösten. Dann die Paprikastreifen zufügen und auf starker Hitze 2 Minuten braten, dabei ständig rühren.

Sojasauce, Zucker, Essig und Brühe in die Pfanne gießen und eine weitere Minute rühren. Zuletzt das Hühnerfleisch zufügen und mit dem Sherry beträufeln. Alles zusammen 1 Minute mischen und aufkochen lassen. Sofort servieren.

Hühnerfleischstreifchen mit Bambussprossen

Um diesem Gericht ein kräftigeres Aroma zu verleihen, werden hier sowohl getrocknete wie auch frische Bambussprossen verarbeitet. Da elfenbeinfarbene

Bambussprossen mit weißem Hühnerfleisch nicht besonders stark kontrastieren, werden noch schwarze Tongu-Pilze zugefügt. Das sieht hübscher aus und gibt ein interessantes Aroma.

Zutaten (für 4 bis 6 Personen, zusammen mit anderen Gerichten): 4 große getrocknete chinesische Champignons (Tongu-Pilze), 50 g getrocknete Bambussprossen, 150 g Hühnerbrust, $^1/_2$ TL Salz, 1 EL Maisstärke, 150 g frische Bambussprossen (oder aus der Dose), 2 EL Pflanzenöl, 2 EL Hühnerschmalz, 1 $^1/_2$ EL Sojasauce, 2 $^1/_2$ EL *Hühnerbrühe,* $^1/_2$ EL Hoisinsauce, 1 TL Zucker, 2 TL Sesamöl

Vorbereitung: Die getrockneten Bambussprossen in heißem Wasser 30 Minuten einweichen und in streichholzfeine Streifchen schneiden. Die Tongu-Pilze in 5 Eßlöffeln warmem Wasser 30 Minuten einweichen, dann die Stiele entfernen und die Hüte in feine Streifen schneiden; vom Einweichwasser 2 Eßlöffel aufbewahren.
Die Hühnerbrust mit einem rasierklingenscharfen Messer in hauchfeine Streifchen schneiden, diese auf 4 cm kürzen, mit Salz bestreuen und in der Maisstärke wenden. Die frischen Bambussprossen oder solche aus der Dose ebenso zuschneiden.

Zubereitung: Das Öl in einer Pfanne erhitzen. Die Hühnerfleischstreifen darin 2 Minuten unter ständigem Rühren auf mittlerer Hitze anbraten, herausheben und warm stellen. Nun das Hühnerschmalz in der Pfanne zerlassen und die beiden Sorten Bambussprossen mit den Pilzstreifen darin 2 Minuten auf stärkstem Feuer pfannenrühren. Mit Sojasauce, Brühe, Hoisinsauce, Pilzwasser und Zucker auffüllen, die Hühnerfleischstreifen wieder in die Pfanne geben, alles 2 Minuten mischen und aufkochen lassen. Mit Sesamöl beträufeln und sofort servieren.

Hühnerfleischstreifchen mit Chinakohl oder Stangensellerie

Zutaten (für 4 bis 6 Personen, zusammen mit anderen Gerichten): 4 große getrocknete chinesische Champignons (Tongu-Pilze), 150 g Hühnerbrust, $^1/_2$ TL Salz, 1 EL Maisstärke, 250 g Chinakohl (oder Wirsing oder Stangensellerie), 2 getrocknete Chilischoten, 2 EL Pflanzenöl, 2 $^1/_2$ EL Hühnerfett, 1 bis 2 TL gemahlene getrocknete Shrimps, 1 $^1/_2$ EL Sojasauce, 2 $^1/_2$ EL *Hühnerbrühe,* $^1/_2$ EL Hoisinsauce, 1 TL Zucker, 2 TL Sesamöl

Vorbereitung: Die Pilze in 5 Eßlöffeln warmen Wasser 30 Minuten einweichen, dann die Stiele entfernen und die Hüte in schmale Streifen hacken; vom Einweichwasser 2 Eßlöffel aufbewahren.
Das Hühnerfleisch mit einem rasierklingenscharfen Messer in streichholzfeine Streifchen schneiden, mit Salz bestreuen und in der Stärke wenden. Kohl oder Sellerie ebenfalls in dünne Streifen hobeln (die jedoch nicht so hauchfein sein müssen wie die Hühnerfleischstreifchen). Die Chilischoten entkernen und zerkleinern.

Zubereitung: Das Öl in einer Pfanne erhitzen. Die Hühnerfleischstreifen darin auf mittlerer Hitze 2 Minuten pfannenrühren, herausheben und warm stellen. Das Hühnerschmalz in der Pfanne zerlassen, Chilistückchen, Pilze sowie gemahlene Shrimps zufügen und 30 Sekunden unter Rühren rösten. Dann den Kohl (oder Sellerie) hinzufügen und 2 Minuten braten, dabei ständig rühren.
Sojasauce, Brühe, Hoisinsauce, Pilzwasser und Zukker verquirlen und in die Pfanne gießen, die Hühnerfleischstreifen wieder hineingeben und alles 2 Minuten unter Rühren köcheln. Das Gericht mit Sesamöl besprenkeln und sofort auftragen.

Anmerkung der Übersetzerin: Zerstoßen Sie die getrockneten Shrimps im Mörser.

Hühnerfleisch-Sellerie-Salat

Zutaten (für 4 bis 6 Personen, zusammen mit anderen Gerichten): 200 g gebratenes Hühnerfleisch, 1 Scheibe Ingwerwurzel, 1 $^1/_2$ TL Salz, Pfeffer aus der Mühle, 200 g Stangensellerie, 1 $^1/_2$ EL Sojasauce, 1 TL Zucker, 2 TL Essig, $^1/_2$ TL *Chili-Öl,* 1 EL

Pflanzenöl, ½ TL Glutamat, 1½ EL Sherry, 2 TL Sesamöl

Zubereitung: Das Hühnerfleisch mit einem rasierklingenscharfen Messer in streichholzfeine Streifchen schneiden. Den Ingwer sehr fein hacken und mit Salz und Pfeffer daruntermischen. Den Sellerie in dünne Streifen von doppelter Streichholzgröße schneiden und gründlich mit Sojasauce, Zucker, Essig und Chili-Öl vermengen. Hühnerfleisch- und Selleriestreifchen in einer Salatschüssel mischen und mit Öl, Glutamat, Sherry und Sesamöl abschmecken.

Diesen Salat kann man sehr gut als Vorspeise zu einem westlichen Menü servieren.

Gerichte aus gehacktem Hühnerfleisch

In der Chinesischen Küche bedeutet der Begriff *Fu-Yung,* daß geschlagenes Ei oder Eiweiß verwendet wurde. Wir Chinesen mischen häufig gehacktes Hühnerfleisch mit verquirltem Ei oder Eiweiß – daher die große Vielzahl von beliebten *Fu-Yung*-Gerichten, die vor allem auch sehr rasch zuzubereiten sind. Im folgenden eine Auswahl davon.

Dreifarbiges gerührtes Hühner-Fu-Yung

Durch die drei Farben ein besonders interessantes Gericht! Es stammt vom ehemaligen Ostmarkt in Peking. Reichen Sie dazu einfach gekochten Reis.

Zutaten (für 4 bis 6 Personen, zusammen mit anderen Gerichten): 200 bis 250 g Hühnerbrust (nur weißes Fleisch verwenden), 7 Eier, 6 EL *Feine Brühe,* 1 TL Salz, 1½ EL Weißwein, 2 EL Maisstärke, ¾ TL Glutamat, Pfeffer aus der Mühle, 125 g Schweineschmalz, 1½ EL Tomatenpüree (oder -mark)

Vorbereitung: Das Hühnerfleisch sehr fein hacken. Die Eier trennen. 150 g vom gehackten Hühnerfleisch mit dem Eiweiß vermengen, dabei 4 Eßlöffel Brühe unterziehen, und mit ⅔ Teelöffel Salz, 1 Eßlöffel Wein, ⅔ der Stärkemenge, ½ Teelöffel Glutamat und Pfeffer (nach Geschmack) sehr gründlich mischen. Die Eigelb mit dem restlichen Hühnerfleisch verquirlen und mit restlichem Salz, Wein, Glutamat, Pfeffer und übriger Brühe sowie Stärke zu einer glatten Creme verrühren.

Zubereitung: 75 g Schmalz in einer Pfanne erhitzen. Sobald es rauchendheiß geworden ist, die Pfanne für 4 bis 5 Sekunden vom Feuer ziehen. Die Eiweiß-Mischung hineingießen und unter schnellem Rühren stocken lassen. Die Pfanne wieder auf mittlere Hitze stellen, den Inhalt weitere 30 Sekunden unter Rühren braten und die Hälfte der Mischung auf der Längsseite einer gut vorgewärmten Platte anrichten. Den Rest mit dem Tomatenpüree verrühren und nun auf mittlerer Hitze 10 bis 12 Sekunden lang rasch pfannenrühren. Die fertige rosafarbene Masse neben die helle in die Mitte der Platte geben.

Das restliche Schmalz in einer sauberen Pfanne zerlassen, die Eigelb-Mischung hineinkippen, 30 bis 35 Sekunden unter raschem Rühren stocken lassen und ebenfalls auf die Platte füllen. Dieses rosa-weiß-gelbe Gericht sieht besonders hübsch aus!

Fu-Yung-Hühnerfleischscheiben

Hier ein rein weißes Gericht aus gehacktem Hühnerfleisch mit Eiweiß (häufig mischt man sogar noch püriertes weißes Fischfleisch darunter). Das Fleisch wird in Scheibchen gegart wie auch angerichtet und in einer milden weißen Sauce gereicht.

Zutaten (für 4 bis 6 Personen, zusammen mit anderen Gerichten): 75 g Hühnerbrust. 50 g weißfleischiger Fisch, 3 Eiweiß, 2 TL gehackte Zwiebeln, 1 TL gehackte Ingwerwurzel, 25 g gehackte Wasserkastanien, $1/2$ TL Salz, $3 1/2$ TL Maisstärke, 1 TL Weizenmehl, 6 EL *Hühnerbrühe*, $1/4$ TL Glutamat, 2 EL Weißwein, $1/4$ TL Salz, 200 g Schweineschmalz

Vorbereitung: Das Hühnerfleisch und den Fisch sehr fein hacken. Das Eiweiß mit einer Gabel 10 Sekunden verquirlen. Die Maisstärke mit dem Mehl mischen. Hühnerfleisch, Fisch, Zwiebeln, Ingwer, Wasserkastanien, Eiweiß und $1/2$ Teelöffel Salz gründlich verrühren, dabei $1 1/2$ Eßlöffel der Mehlmischung unterziehen. Diese Mixtur mit einer Gabel oder einem Schneebesen so lange kräftig schlagen, bis eine dickflüssige, glatte Masse entstanden ist. Alle übrigen Zutaten bis auf das Schmalz zu einer glatten Sauce rühren und mit dem restlichen Salz würzen.

Zubereitung: Das Schmalz in einer großen Pfanne erhitzen. 1 Eßlöffel der Hühner-Fisch-Eiweiß-Mischung auf dem heißem Fett glattstreichen (falls dieser Teigklecks sich bräunlich färbt oder sich an den Seiten hochwölbt, ist das Fett zu heiß). Nach 4 bis 5 Sekunden den Fladen mit einer Palette wenden und von der anderen Seite ebensokurz braten, dann herausheben und auf einer heißen Platte warm halten. Diesen Vorgang wiederholen, bis die ganze Mischung aufgebraucht ist.

Die Sauce in einem Töpfchen aufkochen, bis sie dicklich wird, und über die Fu-Yung-Scheiben gießen.

Dieses Gericht unbedingt sofort verspeisen, dann schmeckt es am besten. Es ist für Peking typisch und wird im ganzen Norden Chinas sehr geschätzt, dagegen bringt man ihm im Süden des Landes keineswegs diese große Begeisterung entgegen.

Samthuhn mit Maiskörnern

Manche chinesischen Gerichte sind dafür gedacht, zu einem Glas Wein verspeist zu werden, andere geben einer Mahlzeit Gewicht und Fülle und wieder andere, wie dieses, dienen hauptsächlich dazu, das Reisessen zu erleichtern – was bei chinesischen Mahlzeiten sehr wichtig ist. Daher haben manche Speisen, die Ausländern höchst unattraktiv erscheinen, für Chinesen einen besonderen Reiz. Das folgende Rezept ist ein Beispiel dafür. Es stammt aus dem Süden Chinas und wird vor allem bei einfachen häuslichen Mahlzeiten gereicht.

Zutaten (für 4 bis 6 Personen, zusammen mit anderen Gerichten): 100 bis 125 g Hühnerbrust, 2 Eiweiß, $1 1/2$ EL Maisstärke, $1/4$ l *Hühnerbrühe*, 1 TL Salz, 2 TL Zucker, Glutamat, 1 kleine Dose Maiskörner, 1 EL Hühnerschmalz, $1/2$ EL gehackter Schinken

Vorbereitung: Das Hühnerfleisch sehr fein hacken. Das Eiweiß mit einer Gabel 10 Sekunden lang verschlagen, dann gründlich mit dem Hühnerfleisch mischen. In einer kleinen Schüssel die Stärke mit 6 Eßlöffeln Wasser anrühren.

Zubereitung: Die Hühnerbrühe in einem Topf aufkochen. Salz, Zucker, eine Prise Glutamat und die Stär-

kemischung zufügen. Rühren, bis die Flüssigkeit dicklich zu werden beginnt, dann die Hühnerfleisch-Eiweiß-Mixtur in dünnem Strahl in die Suppe gießen, dabei unermüdlich rühren, bis sich alles gut miteinander vermischt hat. Jetzt die abgetropften Maiskörner und das Hühnerschmalz zufügen, das Ganze 3 bis 4 Minuten leise köcheln lassen, ein letztes Mal umrühren und in eine tiefe Schüssel füllen.
Mit dem gehackten Schinken bestreuen und sofort auftragen.

Hühner-Fu-Yung mit Blumenkohl

Wieder ein Beispiel dafür, wie wir Chinesen ein Gericht verlängern, indem wir mit preiswerterem Gemüse das teure Fleisch strecken. Ein typisches Gericht für den häuslichen Tisch, vor allem dann, wenn man die vorgesehenen Speisen anreichern muß, weil unerwartet Gäste eingetroffen sind.

Zutaten (für 4 bis 6 Personen, zusammen mit anderen Gerichten): 100 g Hühnerbrust, 3 Eiweiß, 1 $^1/_2$ TL Salz, $^1/_2$ TL Glutamat, 4 EL *Hühnerbrühe*, $^1/_2$ EL Maisstärke, 1 mittelgroßer Blumenkohl, 2 EL Hühnerschmalz, Pfeffer aus der Mühle, 2 EL Weißwein, 2 EL Schweineschmalz, gehackter Schinken

Vorbereitung: Das Hühnerfleisch sehr fein hacken und mit dem Eiweiß, 1 Teelöffel Salz, Glutamat, Brühe und der in 2 Eßlöffeln Wasser aufgelösten Maisstärke mischen, dabei mit dem Schneebesen so lange schlagen, bis alles gründlich vermischt und schaumig geworden ist.
Den Blumenkohl putzen, in Röschen teilen, 5 bis 6 Minuten in kochendem Wasser blanchieren, abschrecken und abtropfen lassen.

Zubereitung: Das Hühnerschmalz in einem kleinen Topf erhitzen, den Blumenkohl zufügen, mit dem restlichen Salz besprenkeln, pfeffern, mit dem Wein beträufeln und 2 Minuten auf stärkster Hitze pfannenrühren.
Unterdessen das Schweineschmalz in einer großen Pfanne erhitzen. Die Hühnerfleisch-Eiweiß-Mischung darin 2 Minuten unter stetem Rühren auf mittlerer Hitze stocken lassen. Dann den Blumenkohl hineinfüllen und 1 $^1/_2$ Minuten darin wenden. Das Gericht in eine Schüssel geben und mit gehacktem Schinken bestreuen.

Hühner-Fu-Yung mit Brokkoli

Zubereitung: Genau wie im vorherigen Rezept angegeben vorgehen, statt des Blumenkohls jedoch etwa 400 g Brokkoli verwenden. Diesen 6 bis 7 Minuten blanchieren, bevor er mit der *Fu-Yung*-Masse vermischt wird. Im Gegensatz zum vorherigen ganz in Weiß gehaltenen Gericht ergibt sich hier durch das Grün des Brokkoli ein hübscher Kontrast.

Huhn-Spezialitäten

Es gibt eine ganze Reihe von Hühnergerichten, die man schwer unter den bisher beschriebenen Kategorien einordnen kann. Dennoch sind sie so wohlschmeckend und interessant, daß es schade wäre, sie auszulassen. Viele davon sind auch häufig auf einer chinesischen Tafel zu finden – sowohl bei festlichen Anlässen wie bei häuslichen Mahlzeiten.

Rot-weiß-schwarze Huhn-Samtspeise

Hier eine Art chinesischer Eintopf, den man gern immer wieder zwischendurch während der Speisefolge eines längeren Menüs einschiebt. Solche suppenähnlichen Gerichte unterbrechen die lange Reihe raschgebratener würziger Speisen und passen besonders gut zu Reis.

Zutaten (für 4 bis 6 Personen, zusammen mit anderen Gerichten): 8 große getrocknete chinesische Champignons (Tongu-Pilze), 300 g Hühnerbrust, 3 Eiweiß, 1 TL Salz, 1½ EL Maisstärke, ⅙ l *Hühnerbrühe*, ½ TL Glutamat, 4 EL Weißwein, 100 g bester gekochter Schinken, Öl zum Fritieren

Vorbereitung: Die Pilze in warmem Wasser 30 Minuten einweichen, dann die Stiele entfernen. Das Hühnerfleisch in etwa 20 hauchfeine Scheiben von 3 mal 5 cm Größe schneiden. Das dabei abfallende Fleisch sehr fein hacken und mit dem Eiweiß, ½ Teelöffel Salz sowie ¾ Eßlöffel Stärke, die mit 3 Eßlöffeln Brühe verquirlt wird, zu einem dünnen Teig verrühren. Die Reste von Salz und Stärke, das Glutamat und den Wein gründlich mit der übrigen Brühe mischen. Den Schinken in ebensolche Scheiben wie die Hühnerbrust schneiden.

Zubereitung: Die Hühnerscheibchen in den Eiweiß-Teig tauchen. In einer Friteuse das Öl erhitzen, die Scheiben hineingeben und 10 bis 12 Sekunden auf milder Hitze ausbacken, dabei einmal wenden. Herausheben, abtropfen lassen und abwechselnd mit den Schinkenscheiben dachziegelartig in eine flache feuerfeste Form einschichten. Die Pilzhüte kunstvoll dazwischen verteilen. Den restlichen Teig gut mit der Brühe verquirlen, zum Kochen bringen und sofort in die Form gießen. Diese zugedeckt für 20 Minuten in den auf 180 Grad vorgeheizten Ofen schieben. (Falls die Form keinen passenden Deckel besitzt, mit Alufolie verschließen).
Dies ist ein recht ausgefallenes Rezept aus Ostchina.

Huhn-Samtspeise mit Bohnen

In China heißen solche Speisen einfach Suppen-Gericht (*Tang Ts'ai*). Es handelt sich dabei nicht um eine echte Suppe, sondern um einen Hauptgang, der jedoch fast wie eine Suppe ist. Er wird normalerweise zusammen mit Reis serviert.

Zutaten (für 4 bis 6 Personen, zusammen mit anderen Gerichten): 100 g Hühnerbrust, 50 g Schweinefleisch, 100 g Fischfilet (Seezunge, Schellfisch, Kabeljau oder Heilbutt), 2 Eiweiß, 1½ TL Salz, 2 mittelgroße Zwiebeln, 2 Scheiben Ingwerwurzel, ⅛ l *Feine Brühe*, ⅜ l (oder 1 kleine Dose) Bohnen- oder Erbsensuppe, ½ TL Glutamat, 2 EL Weißwein, Pfeffer aus der Mühle, 1 TL Sesamöl

Vorbereitung: Hühner-, Schweinefleisch und Fisch in Wasser 15 Minuten köcheln, den Fisch 5 Minuten früher herausnehmen. Das Eiweiß mit ¾ Teelöffel Salz gründlich verquirlen. Zwiebeln und Ingwer in der Brühe 7 bis 8 Minuten köcheln, dann herausfischen und wegwerfen. Die Brühe abkühlen lassen. Hühner-, Schweinefleisch und Fisch getrennt sehr fein hacken, in einer Schüssel mit dem Eiweiß vermischen, mit der abgekühlten Brühe übergießen und gut verrühren.

Zubereitung: Die Bohnen- oder Erbsensuppe mit dem restlichen Salz aufkochen. Die Hälfte davon in die

Schüssel mit der Fleisch-Eiweiß-Mixtur gießen und gut darunterrühren. Die übrige Suppe beiseite stellen. Die Schüssel in einen Dämpftopf stellen und die Mischung 20 Minuten dämpfen, dann in eine Terrine umfüllen.

Nun die restliche Suppe aufkochen, mit Glutamat und Wein würzen und über den dicklichen Terrineninhalt gießen. Mit Pfeffer bestreuen, mit Sesamöl beträufeln und zu gekochtem Reis auftragen.

Im Westen ist es einfacher, fertige Erbsencremesuppe in der Dose zu kaufen. Bohnensuppe dieser Art wird hergestellt, indem man die Bohnen über einen längeren Zeitraum kocht und anschließend durch ein Sieb streicht. Sie kann dann mit Brühe auf die gewünschte Konsistenz verdünnt werden.

Anmerkung der Übersetzerin: Hier sind Suppen aus getrockneten Bohnen oder Erbsen gemeint. Weil die Dosenware fast immer mit geräuchertem Speck zubereitet ist, der nicht sehr gut zum Aroma dieses Gerichts paßt, sollten Sie die Suppe auf jeden Fall selber herstellen – ohne Speck und Gewürze wie zum Beispiel Majoran.

Die Erbsensuppe können Sie auch aus frischen grünen Erbsen kochen. Pürieren Sie die weich gekochten Erbsen mit dem Pürierstab des Handmixers oder im Elektromixer und verdünnen Sie – wie schon oben gesagt – mit Brühe bis zur gewünschten Konsistenz.

Hühnerfleischröllchen in Cellophan

Ursprünglich war dies ein kantonesisches Gericht, aber heute ist es im ganzen Land beliebt. Für gewöhnlich wickelt man das Hühnerfleisch in Cellophanpapier, jedoch geht man mehr und mehr dazu über, es in Reispapier zu hüllen, weil man dieses Papier im Gegensatz zu Cellophan mitessen kann. Da Reispapier saugfähig ist, wird das Hühnerfleisch durch direkten Kontakt mit dem heißen Ausbackfett gar. Außerdem ist es undurchsichtig und umschließt das Fleisch wie die Teighülle eine Frühlingsrolle. Die Hühnerfleischröllchen schmecken dann wahrhaftig so wie echte Frühlingsrollen!

In diesem Rezept verwenden wir jedoch das früher übliche Cellophanpapier.

Zutaten (für 4 bis 6 Personen, zusammen mit anderen Gerichten): $^1/_2$ Hühnchen (etwa 500 bis 600 g), 2 $^1/_2$ EL Sojasauce, 1 EL Sherry, 2 TL Zucker, 1 Scheibe Ingwerwurzel, $^1/_2$ TL Glutamat, 4 große getrocknete chinesische Champignons (Tongu-Pilze), 3 Frühlingszwiebeln, Öl zum Fritieren; ein großes Stück Cellophanpapier

Vorbereitung: Das Fleisch von den Knochen lösen und 1 Stunde lang in einer Marinade aus Sojasauce, Sherry, Zucker, grobgehacktem Ingwer und Glutamat ziehen lassen. Die Pilze 30 Minuten in warmem Wasser einweichen, dann die Stiele entfernen und die Hüte in feine Streifen schneiden. Die Frühlingszwiebeln in 3 cm lange Stücke hacken.

Einwickeln: Üblicherweise schlägt man die Füllung in das Cellophanpapier ein, das man wie einen kleinen Briefumschlag zusammenfaltet. Dazu das Cellophan in Stücke von 12 mal 15 cm Größe schneiden. Jeweils etwa 10 g mariniertes Hühnerfleisch mit 2 bis 3 Stückchen Frühlingszwiebeln und 2 oder 3 Pilzstreifen in die Mitte setzen. Die Ecken darüber wie einen Briefumschlag zusammenfalten. Eine Ecke muß so lang sein, daß man sie wie eine Zunge im Umschlag feststecken kann.

Zubereitung: Sobald alle Umschläge hergerichtet sind, jeweils 6 auf einmal in heißem Öl 3 Minuten backen. Gut abtropfen lassen. (Niemals länger als 3 bis höchstens 4 Minuten fritieren, weil sonst das Cellophan schwarz wird). Alle ausgebackenen Hühnerfleischröllchen anschließend nochmals für 1 Minute ins heiße Öl geben und wieder gut abtropfen lassen.

Servieren: Die gefüllten Umschläge auf einer großen vorgewärmten Platte kreisförmig anordnen oder dachziegelartig aufeinanderschichten. Mit grünem Gemüse umkränzen – zum Beispiel mit Salat- oder Spinatblättern oder mit Wasserkresse.

Eine neuartige Art der Verpackung für dieses Gericht hat ein Engländer entwickelt, der sein Leben in China verbracht hat und erst seit kurzem wieder in England lebt. Er hat in seinem Haus am Regent's Park nicht nur einen chinesischen Butler, sondern auch einen chinesischen Koch und bereitet die *Hühnerfleischröllchen in Cellophan* auf folgende Weise zu: Die Zutaten werden in ein 15 cm langes Cellophanstück gerollt, dessen beide offene Enden man wie ein Knallbonbon zusammendreht.

Bei Tisch braucht man nun nur noch die Knallbonbons mit einer Schere in der Mitte auseinanderzuschneiden und kann so den Inhalt herausessen, ohne sich die Finger zu beschmutzen, indem man die halbierten Knallbonbons am geschlossenen Ende hält und den Inhalt in den Mund schiebt. Das ist so einfach wie Eiscreme aus einem Waffelhörnchen zu schlecken! Deshalb kann ich diese Verpackung sehr empfehlen, wenn sie auch äußerst unorthodox ist.

Anmerkung der Übersetzerin: Bitte verwenden Sie für diese Zubereitung ausschließlich echtes Cellophan, wie man es beispielsweise auch beim Einmachen zum Verschließen der Gläser gebraucht. Plastikfolie oder Frischhaltefolie ist vollkommen ungeeignet, weil sie die Hitze des Fritierbades nicht verträgt.

Oder verwenden Sie statt des Cellophans Reispapier – was ich nur empfehlen kann! Diese Methode stammt aus der vietnamesischen Küche, wo man Reispapier vor allem als Hülle für Frühlingsrollen benutzt. Sie bekommen die hauchdünnen, runden Blätter, die man sehr vorsichtig behandeln muß, weil sie leicht zerbrechen, in gut sortierten Chinaläden oder im China-Versand (siehe Bezugsquellennachweis im Anhang des Buches).

Bevor Sie Reispapier verarbeiten, müssen Sie es vorbehandeln: Breiten Sie auf einer sauberen Arbeitsfläche ein sehr feuchtes Küchentuch aus. Legen Sie nun ein Blatt Reispapier darauf und betupfen Sie es vorsichtig mit einem zweiten feuchten (fast schon nassen) Tuch. So weicht das Papier langsam auf und läßt sich formen. Oder lassen Sie die spröden Blätter mit Wasser bedeckt in einer flachen Schale aufweichen und anschließend auf einem trockenen Küchentuch abtropfen.

Für ein Päckchen (wie oben im Rezept angegeben je 10 g Fleisch, ein paar Frühlingszwiebelstücke und 2 oder 3 Pilzstreifen) genügt ein Viertel des runden Reispapierblatts. Sie können das Papier noch in getrocknetem Zustand mit einem sehr scharfen Messer in 4 gleiche Teile schneiden oder – was leichter ist, weil die empfindlichen Blätter so leicht zerspringen – erst nach dem Einweichen auf die gewünschte Größe zurechtschneiden. Wickeln Sie die Füllung sorgfältig ein und achten Sie darauf, daß nirgendwo etwas herausquillt.

Backen Sie die Päckchen im mäßig heißen Fett schwimmend 3 Minuten aus. Heiß genug ist das Fett, wenn an einem hölzernen Kochlöffelstiel langsam dicke Blasen emporsteigen. Die Reispapierpäckchen gut auf Küchenkrepp abtropfen lassen und zusammen mit verschiedenen Dips als Vorspeise auftragen.

Wenn Ihnen Fritiertes zu schwer und zu fett ist, dann können Sie die gefüllten Reispapierpäckchen auch dämpfen. Beträufeln Sie sie in diesem Fall mit einigen Tropfen Sesamöl und legen Sie sie für etwa 10 Minuten in heißen Dampf. Ich persönlich mag sie gedämpft noch lieber als fritiert.

ENTE, TÄUBCHEN, PUTER UND FRÖSCHE

鴨 鴿 火
鷄 田 鷄

Nach Huhn ist *Ente* das bei weitem am häufigsten verzehrte Geflügel in China. Abgesehen von den zahllosen Flüssen, Kanälen, Bächen, Seen und Wasserstraßen des Landes hat jedes Dorf seinen Teich, der zur Aufzucht der vorwiegend auf dem Trockenen lebenden Wasservögel dient.

Auf der Tafel schätzt man ihr Fleisch eine Stufe höher ein als das von Hühnern. Weil Entenfleisch einen besonders ausgeprägten Eigengeschmack aufweist, halten viele Leute es für interessanter als Hühnerfleisch, das Bessergestellte sich jeden Tag leisten können.

Das berühmteste Entengericht in der Chinesischen Küche ist natürlich die *Pekingente*. Man verwendet hierfür weißgefiederte Enten, die in großem Stil speziell für diesen Zweck gezüchtet und handgefüttert werden. Sie haben einen langen, breiten Rücken, kurze Flügel und Beine und wirken deshalb sehr kräftig und wohlproportioniert. Trotz der hauchfeinen Fettspuren zwischen den Muskelfasern ist nach dem Braten in ihrem hochroten bis weißen Fleisch keinerlei Fett mehr zu entdecken (im Vergleich zu dem dunklen, zähen Fleisch anders gezüchteter Enten). Während der letzten Phasen ihrer Aufzucht gibt man den Vögeln nur noch wenig Gelegenheit, sich im Wasser zu tummeln, damit die Muskeln zart bleiben. Sie bekommen dann ein spezielles Kraftfutter, müssen sich aber einen Teil der Nahrung in der Natur selber suchen. Da man gerade in diesem letzten Stadium der Mast besondere Aufmerksamkeit schenkt, ist das Fleisch extrem zart und wohlschmeckend.

Diese berühmte Tafel-Ente wurde erstmals im Jahre 1875 nach England und Amerika exportiert, dann im Jahre 1888 nach Japan und ab 1956 nach Rußland, wo sie unter dem Namen »Moskauer weißgefiederte Ente« bekannt wurde.

Täubchen sind in ganz China weitverbreitet, im Norden ebenso wie im Süden. In Peking bindet man ihnen oft kleine Pfeifchen an die Füße, so daß ein singender Pfeifton zu hören ist, wenn sie durch die Luft fliegen. Da in China nahezu alles irgendwann einmal auf dem Eßtisch landet, Täubchen eingeschlossen, gibt es natürlich eine ganze Reihe von Täubchengerichten. Im Gegensatz zu Ente gilt Täubchen nicht als eines der großen Gerichte – jedoch ist auch ein sorgfältig zubereitetes Täubchen allemal eine Delikatesse.

Puter nimmt in der Chinesischen Küche längst nicht einen so großen Raum ein wie in der europäischen. Obwohl man Puter in vielen Gegenden Chinas bekommen kann, gilt er doch als importiertes Geflügel. Man hält das Puterfleisch für zu grob und für zu wenig subtil im Aroma.

Dennoch gibt es eine Anzahl von chinesischen Puterfleischgerichten, über die sich die Eßstäbchen mit großer Begeisterung hermachen, weil sie eine Abwechslung zum Hühnerfleisch bedeuten. Im Grunde ist Puterfleisch für die Chinesische Küche ziemlich unpraktisch: Im Ganzen ist der Vogel zu groß für ein einziges Gericht, und wenn man das Fleisch in Scheiben oder Würfel schneidet, dann stellt sich heraus, daß es im Wohlgeschmack an das Fleisch anderer Geflügelarten nicht heranreicht. Trotzdem kann die chinesische Art und Weise, mit Puter umzugehen, auch für die westliche Küche wertvolle Anregungen geben.

Das chinesische Wort für Puter ist »Feuervogel« (oder »Feuerhuhn«), und der *Frosch* heißt »Ackerhuhn«. Da also sowohl Puter wie auch Frösche von den Chinesen als eine Art Geflügel angesehen werden, enthält das folgende Kapitel einige Rezepte für beide Fleischsorten.

Wenn man auch Frösche normalerweise nicht in den Lebensmittelgeschäften und Supermärkten kaufen kann, sind die Rezepte vielleicht doch interessant – vor allem in Frankreich, wo man gern und häufig Frösche ißt, die vorwiegend aus Indien importiert werden.

Ente

Es gibt eine ganze Reihe von berühmten Entenrezepten in China. Die folgenden sind einige der beliebtesten und bekanntesten. Da man alle Fleisch- und Geflügelarten rotkochen kann (d. h. einfach mit Sojasauce köcheln), beginnen wir dieses Kapitel mit *Rotgekochter Ente*.

Rotgekochte Ente

Dieses Gericht ist dem *Rotgekochten Huhn* sehr ähnlich. Weil jedoch Entenfleisch so viel kräftiger im Geschmack ist, gehören mehr Frühlingszwiebeln und Zwiebeln hinzu. Außerdem lassen wir Ente ein wenig länger köcheln.

Zutaten (für 6 bis 10 Personen, zusammen mit anderen Gerichten; oder ausreichend für 2 bis 3 Mahlzeiten): 1 Ente (etwa 2 kg), 2 mittelgroße Zwiebeln, 3 Frühlingszwiebeln, 2 Scheiben Ingwerwurzel, 1 Stückchen getrocknete Mandarinenschale, 1 TL Salz, 4 EL Sojasauce, 4 EL Sherry, 2 TL Zucker

Vorbereitung: Die Ente sorgfältig säubern. Den Pürzel entfernen (dabei darauf achten, daß die Fettdrüsen ebenfalls entfernt werden). Die Zwiebeln in dünne Scheiben schneiden. Die Frühlingszwiebeln in 5 cm lange Stücke hacken. Zwiebelscheiben, Ingwer und getrocknete Mandarinenschale in den Entenbauch füllen.

Zubereitung: 1 Liter Wasser in einem großen schweren Topf aufkochen und die Ente für 4 bis 5 Minuten hineintauchen, dabei immer wieder umdrehen. Drei Viertel des Wassers wegschütten, vom restlichen alle Unreinheiten abschöpfen. Die Ente mit Salz bestreuen, und die Hälfte der Sojasauce darüberträufeln.

Eine Asbestplatte unter den Topf legen. Den Vogel zugedeckt auf mildester Hitze 45 Minuten köcheln, dabei alle 15 Minuten wenden.

Danach mit der restlichen Sojasauce und der Hälfte des Sherrys aufgießen, alles gleichmäßig zuckern und weitere 20 Minuten leise köcheln lassen; dann den übrigen Sherry zufügen. Zuletzt die Frühlingszwiebeln in den Topf streuen und die Ente nochmals 20 Minuten köcheln.

Servieren: Die Ente entweder im Topf auftragen oder in eine tiefe vorgewärmte Terrine umfüllen. Sie sollte nunmehr so zart sein, daß man sie mit den Eßstäbchen in Stücke teilen kann.

Trockengebratene rotgekochte Ente

Für 6 bis 10 Personen (mit anderen Gerichten).

Vor- und Zubereitung: Genau wie im vorherigen Rezept angegeben vorgehen, jedoch die Ente quer zu den Knochen in Würfel von 5 bis 6 cm Kantenlänge hakken.

Das erste Kochen auf 6 bis 7 Minuten verlängern, dann ebenfalls drei Viertel des Wassers wegschütten. Alle übrigen Zutaten zufügen und die Entenwürfel zugedeckt auf mildem Feuer 45 Minuten sanft köcheln. Danach den Deckel entfernen. Die Entenstücke auf nunmehr mittlerer Hitze so lange immer wieder drehen und wenden, bis fast sämtliche Flüssigkeit verdampft ist.

Jetzt 2 Eßlöffel Schweineschmalz, 2 zusätzliche Eßlöffel Sherry und die Frühlingszwiebelstücke zufügen. Alles zusammen auf mittlerem Feuer 4 bis 5 Minuten pfannenrühren. In einer großen Schale oder auf einer Platte auftragen.

Ente »Acht Kostbarkeiten«

Ein Gericht, das sich gut für Partys eignet. Es heißt »Acht Kostbarkeiten«, weil die Ente mit acht (oder sogar mehr) verschiedenen Zutaten gefüllt wird. Sie wird auf sehr milder Hitze langsam geköchelt.

Zutaten (für 10 bis 12 Personen): 6 große getrocknete chinesische Champignons (Tongu-Pilze), 6 EL Klebereis, 3 EL Graupen, 4 EL geschälte Maronen, 3 EL Lotussamen, 3 EL Gingko-Nüsse, 4 EL Bambussprossen, 4 EL gebratenes Schweinefleisch, 3 EL geräucherter Schinken, 6 EL Sojasauce, 1 TL Salz, 6 EL Sherry, 1 Ente (etwa 2000 bis 2500 g), 3 Frühlingszwiebeln, 2 Scheiben Ingwerwurzel, $^{1}/_{2}$ l *Feine Brühe*, $^{1}/_{2}$ EL Zucker

Vorbereitung: Die Pilze 20 Minuten in warmem Wasser einweichen, dann die Stiele entfernen. Den Klebereis und die Graupen 5 bis 6 Minuten in reichlich Wasser kochen, abgießen, unter fließendem Wasser abspülen und abtropfen lassen. Eßkastanien, Lotussamen und Gingko-Nüsse in kochendem Wasser 3 Minuten blanchieren und abschrecken. Bambussprossen und Kastanien würfeln. Die Lotussamen aus der Schale lösen.
Pilze, Reis, Graupen, Kastanien, Lotussamen, Nüsse, feingeschnittenes Schweinefleisch, gehackten Schinken und Bambussprossen in einer Schüssel mischen. 3 Eßlöffel Sojasauce, $^{1}/_{2}$ Teelöffel Salz und 3 Eßlöffel Sherry zufügen und alles gründlich verrühren.
Die Ente innen und außen mit einem feuchten Tuch abwischen und mit der vorbereiteten Mischung füllen. Die Öffnung mit Küchenzwirn gut zunähen. Die Frühlingszwiebeln in 5 cm lange Stücke hacken.

Zubereitung: Die Ente in einen schweren Schmortopf legen. Frühlingszwiebeln und den gehackten Ingwer beigeben.
Mit Brühe und restlicher Sojasauce auffüllen, salzen, mit Sherry beträufeln und aufkochen. Dann eine Asbestplatte unter den Topf legen. Den Vogel zugedeckt auf milder Hitze 1 Stunde ganz langsam köcheln, dabei öfter wenden.
Zuletzt den Zucker darüberstreuen. Falls die Ente zu trocken geworden sein sollte, mit etwas Wasser besprenkeln und eine weitere Stunde köcheln. Man kann sie auch 2 Stunden lang dämpfen – in diesem Fall keine zusätzliche Flüssigkeit zufügen.

Servieren: Die Füllung herausholen und auf einer großen vorgewärmten Platte als Bett ausbreiten. Die Ente vierteln (oder auf westliche Manier tranchieren) und die Stücke gefällig darauf anrichten. Sie sollte nun zart genug sein, daß man sie mit den Eßstäbchen zerteilen kann.

Kantonesische Familienente mit Wirsing und Zwiebeln

Wichtig bei diesem Gericht sind die Zwiebeln, die im Innern der Ente geköchelt werden (als Füllung) und der Wirsing, der um die Ente herum angerichtet wird. Beides zusammen ist der ausgewogene Gegensatz zur Üppigkeit des Vogels.

Zutaten (für 6 bis 10 Personen, zusammen mit anderen Gerichten): 6 getrocknete chinesische Champignons (Tongu-Pilze), 4 mittelgroße Zwiebeln, 2 Frühlingszwiebeln, 100 g durchwachsenes *Gegrilltes Schweinefleisch nach kantonesischer Art*, 1 $^{1}/_{2}$ TL Salz, 2 EL Pflanzenöl, 1 Ente (etwa 2 kg), 2 EL Sojasauce, 400 g Wirsing, Öl zum Fritieren, $^{3}/_{4}$ l *Feine Brühe*, 2 EL *Austernsauce*

Vorbereitung: Die Pilze in warmem Wasser 20 Minuten einweichen und abtropfen lassen. Die Stiele entfernen, die Hüte in feine Streifen schneiden. Die Zwiebeln in dünne Ringe teilen. Die Frühlingszwiebeln in 3 cm lange Stücke hacken. Das Schweinefleisch quer zur Faser in feine Streifen schneiden. Alle diese Zutaten mit der Hälfte des Salzes bestreuen, dann 2 bis 3 Minuten im heißen Pflanzenöl pfannenrühren.
Die Ente innen und außen mit der Sojasauce einreiben und mit der Zwiebelmischung füllen. Die Öffnung zunähen oder mit Zahnstochern zustecken. Den Wirsing (nur die Herzteile) mit Strunk vierteln oder achteln.

Zubereitung: Das Öl zum Fritieren in einem Fettopf erhitzen. Die Ente 3 Minuten lang hineintauchen, herausheben und abtropfen lassen. Dann in einen schweren Schmortopf setzen, mit der Brühe auffüllen und die Austernsauce darüberträufeln. Alles salzen und zugedeckt 1 $^{1}/_{4}$ Stunden auf milder Hitze sanft köcheln.

Die Wirsingviertel oder -achtel am Rand einer großen feuerfesten Form entlang auslegen. Die Ente aus dem Schmortopf heben, in die Mitte setzen, mit den Frühlingszwiebeln garnieren und zugedeckt im auf 250 Grad vorgeheizten Backofen 30 Minuten schmoren.

Servieren: Die Form direkt aus dem Ofen zu Tisch bringen. Erst dort den Deckel abnehmen und den duftenden Dampf emporsteigen lassen.

Kantonesische Bratente

Ein einzigartiges Gericht – die Ente wird mit Flüssigkeit oder Sauce gefüllt und dann gebraten.

Zutaten (für 6 bis 10 Personen, zusammen mit anderen Gerichten): 1 Ente (etwa 2 kg), 3 TL Salz, 2 Frühlingszwiebeln, 2 Knoblauchzehen, 2 EL Pflanzenöl, 3 EL gehackte Zwiebeln, 1 EL gehackte Petersilie, 2 TL Sternanis, 1 TL Pfefferkörner, 2 EL Sherry, 2 EL Sojasauce, $1^1/_2$ TL Zucker, 3 EL Honig, 1 EL Essig, $1^1/_2$ TL Maisstärke, $^1/_2$ TL Glutamat

Vorbereitung: Die Ente innen und außen mit einem in warmem Wasser angefeuchteten Tuch abreiben. Den Hals mit einem Faden fest zubinden, damit keine Flüssigkeit herausrinnen kann. Den Vogel 2 Stunden zum Trocknen aufhängen, dann innen und außen großzügig mit Salz einreiben.
Die Frühlingszwiebeln in 2 cm lange Stücke hacken. Den Knoblauch zerdrücken. Das Öl in einem kleinen Topf erhitzen. Die gehackten Zwiebeln, die Frühlingszwiebelstücke, die Petersilie, den Knoblauch, den Sternanis und die Pfefferkörner darin auf mittlerer Hitze 2 Minuten pfannenrühren.
Mit $^1/_4$ Liter Wasser auffüllen, aufkochen und 5 bis 6 Minuten sanft köcheln. Dann Sherry, Sojasauce und Zucker zufügen, alles gut verrühren und diese Mixtur in den Entenbauch füllen. Die Öffnung sorgfältig zunähen und zusätzlich mit Zahnstochern zustecken, damit keine Flüssigkeit auslaufen kann.
Den Honig mit dem Essig und $^1/_8$ Liter kochendem Wasser verrühren.

Zubereitung: Den Ofen auf 200 Grad vorheizen. Die Ente auf dem Rost (oder mit dem Pürzel nach oben aufgehängt) 10 Minuten braten. Sorgfältig mit der Honiglösung einpinseln.
Dann die Ofentemperatur auf 180 Grad reduzieren. Die Ente 1 Stunde lang braten, dabei zweimal mit der Honiglösung einpinseln. Die Hitze nunmehr auf 160 Grad vermindern, und die Ente weitere 20 Minuten braten.
Danach den Vogel etwas auskühlen lassen. Die zugenähte Öffnung aufschneiden und die Flüssigkeit in eine Schüssel fließen lassen. Nun die Stärke mit 1 Eßlöffel Wasser verquirlen, mit dem Glutamat in die Sauce rühren, diese in ein Töpfchen füllen und so lange köcheln, bis sie dicklich zu werden beginnt.

Servieren: Die Ente nach Belieben aufschneiden oder tranchieren und auf einer gut vorgewärmten Platte anrichten. Die Sauce getrennt dazu reichen.

Rotgewürzte Sojaente

Meistersauce ist für dieses Rezept unerläßlich. Wenn sie zur Hand ist, ist die Zubereitung recht einfach.

Zutaten (für 8 bis 10 Personen, zusammen mit anderen Gerichten): 1 Ente (etwa 1200 bis 1800 g), 100 g Zwiebeln, $^3/_4$ l *Meistersauce* (Seite 52), 4 EL Sojasauce, 2 Stückchen getrocknete chinesische Mandarinenschale, 2 TL Sternanis, 3 Scheiben Ingwerwurzel, 1 TL Salz, 1 Prise rote Speisefarbe, 4 EL Kandis, 1 EL Maisstärke, 1 TL Zucker, $^1/_2$ TL Glutamat

Vorbereitung: Die Ente innen und außen sorgfältig säubern, dabei die Fettdrüsen entfernen, und 5 Minuten in kochendes Wasser tauchen. Dann das Wasser wegschütten und die Ente unter fließendem Wasser 30 Sekunden abspülen. Die Zwiebeln in dünne Scheiben schneiden.

Zubereitung: Die Ente in einen schweren Schmortopf setzen. Mit der Meistersauce und $^1/_2$ Liter Wasser auffüllen, die nächsten 6 Zutaten zufügen, alles aufkochen und auf milder Hitze $1^1/_4$ Stunden sanft köcheln.

Die Ente währenddessen dreimal wenden. Danach den Vogel etwas abkühlen lassen. Die Flügel und Schenkel abtrennen. Den Körper quer in etwa 5 cm große Stücke hacken und wieder in Entenform auf einer vorgewärmten Platte zusammensetzen.

Ein Drittel des Kochsuds durch ein Sieb in ein Töpfchen füllen (den Rest für andere Rezepte aufheben). Die Stärke mit 1 Eßlöffel Wasser verquirlen und mit beiden Sorten Zucker und Glutamat in die Brühe rühren. So lange köcheln, bis die Flüssigkeit dicklich wird, dabei unermüdlich rühren. Die Sauce über die Entenstücke gießen und das Gericht sofort auftragen.

Hier wird zwar nur eine ganz geringe Menge Speisefarbe verwendet, aber der Effekt ist verblüffend: Sauce und Ente erscheinen dadurch feuerrot. Die Mandarinenschale und der Sternanis in der Brühe geben ein entschieden würziges Aroma.

Hangchow-Sojaente

Diese zusammengepreßte Ente gilt als Spezialität von Hangchow, einer an einem See gelegenen Stadt im östlichen China. Die Ente wird zweimal mariniert, aufgehängt, in der Sonne getrocknet und schließlich gedämpft. Das folgende Rezept stammt aus dem Restaurant »Himmlische Düfte« in Hangchow.

Zutaten (für 8 bis 12 Personen, zusammen mit anderen Gerichten): 1 Ente (etwa 2000 bis 2500 g), 4 EL Salz, 2 TL Natron, gut 2 l Sojasauce

Vorbereitung: Die Ente innen und außen sorgfältig reinigen und an einem luftigen Ort 3 bis 4 Stunden lang aufgehängt trocknen lassen.

Erstes Marinieren und Pressen: Salz und Natron mischen. Die Ente damit dreimal innen und außen kräftig einreiben, vor allem den Schnabel und die Einschnittstellen (vom Ausnehmen). Den Kopf unter einen Flügel stecken und den Vogel in ein ausreichend großes starkwandiges Gefäß legen.

Einen runden Holzdeckel, der im Durchmesser geringfügig kleiner als die Gefäßöffnung sein sollte, darauflegen und mit einem 10 bis 15 kg schweren Gewicht beschweren. Die Ente 36 Stunden marinieren, dann umdrehen und nochmals 36 Stunden unter dem Gewicht ziehen lassen (insgesamt 72 Stunden).

Zweites Marinieren und Pressen: Das Gewicht und den Deckel abnehmen. Die Ente knapp mit Sojasauce bedecken. Nochmals den Deckel mitsamt dem Gewicht darauflegen. Den Vogel nunmehr 24 Stunden marinieren, dann umdrehen und weitere 24 Stunden ziehen lassen. Diesen Vorgang nochmals wiederholen (insgesamt 72 Stunden pressen und marinieren).

Heiß-Eintauchen und Trocknen: Die Bauchöffnung mit einem passenden Bambus- oder Holzkreuz aufspreizen und offenhalten. Einen Topf voll Sojasauce aufkochen (so viel, daß die Ente davon bedeckt ist), die Ente hineintauchen und 1 Minute kochen, dann herausheben und abtropfen lassen.

Durch den Schnabel eine feste Schnur ziehen und den Vogel 2 oder 3 Tage an einem sonnigen, trockenen Platz aufgehängt trocknen lassen (falls die Sonne scheint, 2 Tage, wenn nicht, 3 Tage lang).

Dämpfen: Am achten Tag ist die Sojaente zum Garen vorbereitet und wird nun in einer feuerfesten Form 2 Stunden lang offen gedämpft.

Aufschneiden und Servieren: Um die Ente zu tranchieren, zunächst die Flügel und die Keulen abtrennen. Den Körper in 2 Hälften schneiden, diese quer in 5 cm breite Stücke hacken und wieder in Entenform auf einer vorgewärmten Platte anrichten.

Man sagt von diesem Gericht, daß es mindestens ebenso wohlschmeckend ist wie die *Pekingente*, und es steht ihr an Berühmtheit in nichts nach.

Anmerkung der Übersetzerin: Speisesoda oder Natron (doppeltkohlensaures Natron oder Natriumbikarbonat) ist ein weißes Pulver, das unter Säureeinwirkung Kohlendioxyd entwickelt und deshalb beispielsweise statt Backpulver verwendet werden kann. (Übrigens können Sie hier das Soda auch durch Backpulver ersetzen). Die eingesalzene Ente entwickelt während des Marinierens Milchsäure, die durch das Soda neutralisiert wird.

Dieses Rezept wird sich wohl kaum in einer normalen Haushaltsküche nachkochen lassen. Die erste Schwierigkeit: Sie können nirgendwo eine Ente mit Kopf kaufen. Es sei denn, Sie haben einen Bauern an der Hand, der Ihnen verbotenerweise die Ente »kragelt«, also ihr den Hals umdreht, um sie zu töten (das steht hierzulande unter Strafe).

Nun ist es in diesem Fall sicher nicht so wichtig wie bei der *Pekingente* (siehe Rezept und Anmerkungen), aber trotzdem: Wer hat schon die Möglichkeit, eine Ente eine Woche lang wie beschrieben zu marinieren? In den Kühlschrank paßt ein solch geräumiges Gefäß in den seltensten Fällen (und kühl muß der Topf schon stehen). Und wer kann die Ente unbeschadet einige Tage in der Sonne trocknen lassen – ohne daß Straßenstaub, Umweltschmutz und Abgase die Bekömmlichkeit des Fleisches beeinträchtigen? Dies wird höchstens auf dem Land in reiner Luft möglich sein.

Pfannengerührte Entenstreifen mit Ingwer

Zutaten (für 4 bis 8 Personen, zusammen mit anderen Gerichten): 1 EL schwarze Bohnen, 250 g gebratenes Entenfleisch, 75 g Stangensellerie, 75 g junger Lauch, 1 rote Paprikaschote, 4 Scheiben Ingwerwurzel, 2 Knoblauchzehen, 2 frische rote Chilischoten, 4 EL Schweineschmalz, 1 EL Sojasauce, 2 TL Zucker, 1 EL Essig

Vorbereitung: Die schwarzen Bohnen 20 Minuten in Wasser einweichen, abgießen und abtropfen lassen. Das Entenfleisch in streichholzfeine Streifen schneiden. Sellerie, Lauch, Paprika und Ingwer genauso zuschneiden. Den Knoblauch feinhacken. Die Chilischoten entkernen und vierteln.

Zubereitung: Das Schmalz in einer großen Pfanne erhitzen. Ingwer und Chili darin 1 $^1/_2$ Minuten auf mittlerer Hitze pfannenrühren. Die schwarzen Bohnen und den Knoblauch zufügen. Alles zusammen weitere 1 $^1/_2$ Minuten unter Rühren braten.
Dann das übrige Gemüse in die Pfanne füllen und auf nunmehr stärkster Hitze 2 Minuten braten, dabei ständig rühren. Danach das Entenfleisch, die Sojasauce und den Zucker zufügen und 2 Minuten auf starkem Feuer untermischen. Zuletzt den Essig zugießen und nochmals 1 Minute lang rühren.

Servieren: Auf einer vorgewärmten Platte anrichten, sofort auftragen und unverzüglich verspeisen.
Dieses Gericht liebt man besonders in der westlichen Provinz Szechuan, wo die meisten Speisen extrem scharf sind. Die Schärfe rührt von dem mit Chilischoten gewürzten Öl und dem Essig her. Der Gebrauch von schwarzen Bohnen ist ebenfalls typisch für die Szechuan-Küche.

Anmerkung der Übersetzerin: Schwarze Bohnen gibt es getrocknet, dann muß man sie vor Gebrauch wie hier beschrieben einweichen; aber auch in Dosen – dann erübrigt sich das natürlich.

Pfannengerührte Entenscheiben mit feinen Gemüsen

Zutaten (für 4 bis 8 Personen, zusammen mit anderen Gerichten): 6 getrocknete chinesische Champignons (Tongu-Pilze), 150 g gebratenes Entenfleisch (Brust oder Keule), 75 g Bambussprossen, 75 g Stangensellerie, 4 EL Maisstärke, 6 EL *Hühnerbrühe*, 2 EL Sojasauce, 2 EL Sherry, 1 $^1/_2$ TL Zucker, $^1/_2$ TL Glutamat, 3 EL Pflanzenöl, $^1/_2$ TL Salz, 1 EL Entenschmalz

Vorbereitung: Die Pilze 30 Minuten in warmem Wasser einweichen, dann die Stiele entfernen. Das Entenfleisch in hauchdünne Scheiben von etwa 3 mal 4 cm Größe schneiden. Die Bambussprossen und den Stangensellerie in gleicher Weise aufschneiden. Die Stärke mit der Brühe, der Sojasauce, dem Sherry, dem Zucker und dem Glutamat verquirlen.

Zubereitung: Das Öl in einer großen Pfanne erhitzen. Das Gemüse zufügen, mit Salz bestreuen und auf stärkster Hitze 5 Minuten pfannenrühren. Nun die Saucenmischung gleichmäßig darüberträufeln und alles 1 $^1/_2$ Minuten lang auf mittlerer Hitze unter Rühren mischen. Zuletzt Entenfleisch und -schmalz in die

Pfanne geben. 1 Minute erhitzen, dabei alles wenden und vermengen.
Das Gericht auf einer vorgewärmten Platte anrichten und sofort verspeisen.

In Wein geköchelte Ente

Zutaten (für 8 bis 10 Personen): 1 Ente (etwa 2 kg), 2 TL Salz, 2 EL braune Bohnenpaste, 3 mittelgroße Zwiebeln, 3 Scheiben Ingwerwurzel, $^3/_4$ l Weißwein (Rheingauer, Mosel oder Graves)

Vorbereitung: Die Ente innen und außen sorgfältig säubern, Bauchhöhle wie Außenseite zuerst mit Salz, dann mit der Bohnenpaste einreiben.
Die Zwiebeln in feine Scheiben, den Ingwer in Streifchen schneiden und beides in den Entenbauch füllen. Die Öffnung zunähen oder mit Zahnstochern zustecken. Die Ente mit den Gewürzen 2 Tage lang durchziehen lassen.

Zubereitung: Den Wein in einem schweren Schmortopf aufkochen und die Ente hineinlegen. Sobald die Flüssigkeit erneut zum Kochen kommt, die Hitze auf kleinste Stufe zurücknehmen und eine Asbestplatte unter den Topf legen. Die Ente 3 Stunden leise köcheln lassen, dabei alle 45 Minuten wenden.
Im Schmortopf zu Tisch bringen. Das Fleisch sollte nunmehr so zart sein, daß man es mit den Eßstäbchen auseinandernehmen kann.

Anmerkung der Übersetzerin: Kenneth Lo schlägt hier ausdrücklich Rheingauer oder Moselwein vor. Er meint damit die süß ausgebauten Weine, für die Deutschland bekannt ist, nicht etwa die sehr viel seltener zu findenden trockenen Weine, die zum Essen besser passen. Nehmen Sie also ruhig eine Spätlese für dieses Gericht. Oder, falls Sie nur einen trockenen Wein zur Hand haben, fügen Sie etwas Zucker bei. Die Süße des Weins ist Bestandteil des Gerichts. Sie dürfen aber trotzdem einen *trockenen* Wein dazu trinken!

Betrunkene Ente

Zutaten (für 10 bis 15 Personen – bei einer Party, zusammen mit vielen anderen Gerichten): 4 Knoblauchzehen, 4 Scheiben Ingwerwurzel, 1 Chilischote, 1 Ente (etwa 1200 bis 1800 g), 6 Frühlingszwiebeln, 1 EL Salz, $^1/_4$ TL frisch gemahlener Pfeffer, $^1/_2$ l Sherry oder chinesischer gelber *Shao Shing*-Wein

Vorbereitung: Die Knoblauchzehen und den Ingwer feinhacken. Die Chilischote entkernen und ebenfalls sehr fein zerkleinern. Die Ente säubern, dabei die Fettdrüsen herausschneiden. Die Frühlingszwiebeln in 1 cm dicke Stückchen hacken.

Zubereitung: 1 Liter Wasser in einem ausreichend großen Topf aufkochen. Knoblauch, Ingwer, Chili, Zwiebeln, Salz und Pfeffer hinzufügen und die Flüssigkeit erneut zum Kochen bringen, dann die Ente hineinsenken. Sobald die Brühe ein drittes Mal aufwallt, auf kleinste Hitze zurückschalten.
Die Ente 30 Minuten köcheln, dabei alle 10 Minuten umdrehen; danach einige Stunden in der Flüssigkeit abkühlen lassen. Herausheben und abseihen, die Brühe für andere Zubereitungen aufbewahren. Die Ente über Nacht in den Kühlschrank stellen.

Marinieren in Wein: Die Keulen und Flügel abtrennen, den Körper in 4 Stücke teilen. Alles in ein ausreichend großes Gefäß schichten und mit Sherry oder gelbem Wein auffüllen. Das Gefäß gut verschlossen für 1 bis 4 Tage in den Kühlschrank stellen.

Servieren: Sobald die Ente genügend durchgezogen hat, herausnehmen, abtropfen lassen und in mundgerechte Stücke hacken. Kalt servieren.
Ein ausgezeichnetes Horsd'œuvre, aber auch sehr gut bei Partys als kleine Häppchen zu servieren.

Weißgeköchelte Ente mit Schinken und Chinakohl

Zutaten (für 6 bis 10 Personen, zusammen mit anderen Gerichten): 8 getrocknete chinesische Champignons (Tongu-Pilze), 200 g geräucherter Schinken, 400 g Chinakohl (*oder* Wirsing *oder* Stangensellerie), 100 g Bambussprossen, 1 Ente (etwa 1200 bis 1800 g), 3 Scheiben Ingwerwurzel, 2 TL Salz, 1 TL Glutamat

Vorbereitung: Die Pilze 20 Minuten in warmem Wasser einweichen, abgießen und die Stiele entfernen. Schinken und Bambussprossen in dünne, etwa 3 mal 5 cm große Scheiben schneiden. Den Kohl (oder Sellerie) in 5 mal 8 cm große Stücke hacken.
Die Ente innen und außen sorgsam säubern, in einen passenden Topf legen und mit Wasser bedecken. Aufkochen und 15 Minuten leise wallen lassen. Dann alle Unreinheiten und das Fett abschöpfen. Ein Drittel der Flüssigkeit wegschütten.

Zubereitung: Ingwer, Bambussprossen, Schinken und Pilze in den Topf füllen. Einmal aufkochen, dann die Hitze auf kleinste Stufe schalten und eine Asbestplatte unter den Topf legen. Die Ente 45 Minuten leise köcheln, dann abkühlen lassen und den Topf für 2 Stunden in den Kühlschrank stellen. Mit einem Schaumlöffel Fett und abgesetztes Eiweiß abschöpfen.
Nun den Kohl unter der Ente im Topf verteilen. Das Ganze aufkochen, salzen, mit Glutamat würzen und nochmals 35 Minuten auf milder Hitze ziehen lassen.

Servieren: Die Ente entweder im Topf zu Tisch bringen oder in eine große Terrine umfüllen. Wenn die Rezeptanweisungen treulich befolgt wurden, ist das Gericht sehr reichhaltig, dabei zugleich süß und erfrischend durch die große Menge Chinakohl. Der geräucherte Schinken und die Pilze geben den traditionellen erdigen Räuchergeschmack, der so oft in authentischen chinesischen Gerichten zu finden ist.

Weißgeköchelte Ente mit Schinken und Lauch

Für 6 bis 10 Personen (zusammen mit anderen Gerichten).

Vorbereitung: Das gleiche Rezept wie oben, statt des Chinakohls jedoch 300 g Lauch verwenden.

Eine bemerkenswerte Sache in der chinesischen Enten-Küche ist, daß man Ente ebensohäufig zuerst dämpft und dann brät wie umgekehrt (d. h., zuerst brät und dann dämpft). Beides bringt durchaus ebenbürtige Ergebnisse! Im folgenden zwei Beispiele dafür.

Knusprige wohlriechende Ente I
Abb. 32

Ein Party-Gericht. Hier wird die Ente zuerst gedämpft und anschließend fritiert.

Zutaten (für 8 bis 10 Personen, zusammen mit anderen Gerichten): 1 Ente (etwa 2 kg), 2 TL Salz, $^1/_4$ TL frisch gemahlener Pfeffer, $^1/_4$ TL Fünf-Gewürz-Pulver, 3 Scheiben Ingwerwurzel, 3 Frühlingszwiebeln, 2 EL Sojasauce, 1 EL Essig, 1 EL Honig, Öl zum Fritieren

Vorbereitung: Die Ente innen und außen sorgfältig säubern. Salz, Pfeffer und Fünf-Gewürz-Pulver mischen und die Ente damit innen und außen kräftig einreiben. Den Ingwer feinhacken, die Frühlingszwiebeln in 3 cm lange Stücke schneiden. Die Hälfte von beiden Zutaten in den Entenbauch füllen, den Rest darüberlegen. Den Vogel in einem geschlossenen Behälter über Nacht marinieren.
Sojasauce, Essig und Honig verrühren.

Zubereitung: Die Ente in eine feuerfeste Form setzen, die mit Alufolie oder einem Deckel verschlossen wird (oder den Vogel in Alufolie einwickeln), und 1 $^1/_2$ Stunden im Dämpftopf vorgaren; herausheben und abkühlen lassen. Dann rundherum mit der Soja-Honig-Mischung einpinseln und trocknen lassen.
Die Ente nun in einen Ausbackkorb legen und zweimal jeweils 3 bis 4 Minuten in heißem Öl fritieren: zuerst 3 bis 4 Minuten ausbacken, dann kurz abtropfen lassen und erneut für 3 bis 4 Minuten ins heiße Fettbad tauchen. Danach sollte die Haut goldbraun und knusprig sein.
Das Fleisch ist nunmehr so zart, daß man es mit Eßstäbchen ablösen kann.

Servieren: Wie bei der *Pekingente* wickelt man auch hier die Bissen zusammen mit Streifen von knackigem Gemüse (Frühlingszwiebeln und Gurke) in kleine *Pfannkuchen*, die mit Sojapaste und *Pflaumensauce* bestrichen sind.

Knusprige wohlriechende Ente II

Hier wird die Ente zunächst in *Meistersauce* gegart und dann in heißem Öl ausgebacken. Die Meistersauce verstärkt die aromatischen Qualitäten der Ente.

Zutaten (für 8 bis 10 Personen, zusammen mit anderen Gerichten): 1 Ente (etwa 2 kg), 3 l *Meistersauce* (Seite 52), Öl zum Fritieren

Vorbereitung: Die Ente sorgfältig innen und außen säubern, dabei die Fettdrüsen entfernen.

Zubereitung: Die Ente in einem Topf mit kochendem Wasser bedeckt 10 Minuten köcheln, dann abgießen und abtropfen lassen.
Die Meistersauce erhitzen. Sobald sie den Siedepunkt erreicht hat, die Ente hineinsenken und auf milder Hitze 55 Minuten köcheln. Herausheben, abtropfen und 15 Minuten abkühlen lassen. Nun Flügel und Keulen auslösen und den Körper vierteln. Die Stücke in heißem Öl zweimal jeweils 3 bis 4 Minuten ausbakken, bis sie goldbraun und knusprig sind.

Servieren: Die Ententeile auf einer vorgewärmten Platte anrichten und mit grünem Gemüse umkränzen. Auch dieses Gericht ißt man am besten mit *Pfannkuchen*.

Fritiert-gedämpfte Ente nach Westsee-Art

Hier wird die Ente zuerst fritiert, dann gedämpft und schließlich in einer dicken Sauce angerichtet.

Zutaten (für 8 bis 10 Personen, zusammen mit anderen Gerichten): 1 Ente (etwa 2 kg), 3 EL Sojasauce, 2 bis 3 EL Sherry, $1/2$ EL Honig, 1 TL Salz, 6 mittelgroße getrocknete chinesische Champignons (Tongu-Pilze), 50 g Bambussprossen, 50 g Stangensellerie, 25 g Petersilie, 50 g geräucherter Schinken, Öl zum Fritieren, 3 Scheiben Ingwerwurzel, $1/2$ EL Sternanis, $1/2$ EL Maisstärke, $1/2$ TL Glutamat

Vorbereitung: Die Ente innen und außen säubern, mit Küchenpapier gründlich trockenwischen und an einem luftigen Ort 3 Stunden aufgehängt trocknen lassen; dann mit der Hälfte der Sojasauce einreiben und dressieren. Die restliche Sojasauce mit Sherry, Honig und Salz verrühren.
Die Pilze 20 Minuten lang in warmem Wasser einweichen. Danach die Stiele entfernen und die Hüte in schmale Streifen schneiden. Die Bambussprossen, den Sellerie und die Petersilie feinhacken. Den Schinken in feine Streifchen teilen.

Zubereitung: Das Öl erhitzen. Die Ente darin 9 bis 10 Minuten ausbacken, bis sie rundum goldbraun ist. Abtropfen lassen und rasch unter fließendem Wasser abspülen.
Nun die Verschnürung lösen. Den Vogel in eine große feuerfeste Form setzen und mit der Soja-Honig-Mischung einpinseln. Den Rest der Lösung darüberträufeln. Ingwer und Sternanis zufügen und $1/2$ Liter kochendes Wasser angießen. Die Form mit einem Deckel oder mit Alufolie verschließen und für $1 1/2$ Stunden in den Dämpftopf stellen.
Die Ente aus der Form heben (die Flüssigkeit auffangen) und vollständig entbeinen. Das Fleisch mit der Haut in mundgerechte Stücke von etwa 3 mal 5 cm Größe schneiden. Die Brühe sorgsam entfetten und ein Drittel davon durch ein feines Sieb zurück in die Form gießen. Die Entenstücke mit der Hautseite nach oben darin nebeneinander anrichten und nochmals 15 Minuten dämpfen.
Unterdessen Bambussprossen, Sellerie, Pilze und Petersilie in ein kleines Töpfchen füllen und in der restlichen Entenbrühe 10 Minuten köcheln. Die Gemüsestückchen auf der Ente anrichten und mit dem feingehackten Schinken bestreuen.
Die Stärke mit 2 Eßlöffeln Wasser und dem Glutamat verquirlen und in die im Töpfchen verbliebene Flüssigkeit rühren. Die Sauce auf mittlerer Hitze so lange

unter Rühren köcheln, bis sie dicklich wird; über die Ente gießen und sofort auftragen.

Gedämpfte fritierte Ente »Acht Kostbarkeiten«

Zutaten (für 10 bis 12 Personen, als Party-Gericht): 6 EL Klebereis, 4 getrocknete Austern, 4 getrocknete Jakobsmuscheln, 6 getrocknete chinesische Champignons (Tongu-Pilze), 1 chinesisches Würstchen, 3 EL Wasserkastanien, 1 Knoblauchzehe, 1 Scheibe Ingwerwurzel, 3 EL grüne Erbsen, 1 TL Salz, 2 TL Zucker, 1 Ente (etwa 2000 bis 2500 g), 2 EL Sojasauce, Öl zum Fritieren, ¼ l *Feine Brühe,* 2 Salatköpfe

Vorbereitung: Reis, Austern und Muscheln getrennt voneinander in Wasser 1 Stunde einweichen. Die Pilze in warmem Wasser 30 Minuten einweichen, dann die Stiele entfernen. Die Hüte zusammen mit dem Würstchen und den Wasserkastanien in winzige Würfelchen hacken.
Knoblauch und Ingwer sehr fein hacken und mit Reis, Austern, Jakobsmuscheln, Erbsen, Pilzen, Würstchen, Wasserkastanien sowie Salz und Zucker mischen.
Die Ente innen und außen sorgfältig säubern, dabei die Fettdrüsen entfernen, und 3 Stunden lang zum Trocknen aufhängen. Dann mit Sojasauce einreiben und in siedendem Öl 9 bis 10 Minuten ausbacken, bis sie rundum goldbraun ist. Rasch unter fließendem Wasser abspülen und abtropfen lassen.

Zubereitung: Die Ente mit der Reis-Mischung füllen. Die Öffnung säuberlich zunähen oder mit Zahnstochern zustecken. Den Vogel in eine feuerfeste Form setzen und mit der Brühe übergießen. Die Schale mit einem Deckel oder mit Alufolie verschließen und für 1 ¾ Stunden in den Dämpftopf stellen.
Nun die Füllung mit einem Löffel herausholen und in der Mitte einer großen vorgewärmten Platte anrichten. Die Flügel und Keulen der Ente abtrennen, den Körper mit der breiten Seite des Küchenbeils flachklopfen und auf die Füllung legen. Keulen und Flügel darum herum setzen. Die Platte nochmals für 10 Minuten in den Dämpftopf stellen.

Servieren: Entenstücke und Füllung mit Salatblättern umkränzen. Die dampfendheiße Platte sofort zu Tisch bringen.

Süßsaure Ente
(aus Kanton)

Zutaten (für 8 bis 10 Personen, zusammen mit anderen Gerichten): 1 Ente (etwa 1200 bis 1800 g), 2 TL Salz, 3 EL Sojasauce, 200 g Gurke, 3 EL Zucker, 2 EL Essig, 100 g große Radieschen, Öl zum Fritieren, 1 EL Maisstärke, 1 EL Tomatenpüree (oder -mark), 1 EL Orangensaft

Vorbereitung: Die Ente innen und außen säubern, dabei die Fettdrüsen entfernen, rundum mit 1 Teelöffel Salz und 1 Eßlöffel Sojasauce einreiben und 2 Stunden zum Trocknen aufhängen.
Die Gurke in dünne Scheiben hobeln und mit 2 Eßlöffeln Zucker sowie je 1 Eßlöffel Essig und Sojasauce in einer Schüssel mischen.
Die Radieschen putzen, dabei den Blattstrunk und das Wurzelende kappen, und von der Spitze her so einschneiden, daß eine Rose entsteht. Jedes Radieschen mit Salz einreiben.

Zubereitung: Den Backofen auf 200 Grad vorheizen. Die Ente darin auf dem Rost 45 Minuten braten, dann zum Abkühlen beiseite stellen. Mit einem scharfen Küchenbeil das Ende abtrennen; den Körper vierteln. Keulen, Flügel und Körperviertel in 16 bis 20 Stücke hacken, von denen jedes etwas Haut haben sollte.
Jeweils 4 oder 5 Entenstücke in einen Ausbackkorb legen und in heißem Öl 3 Minuten fritieren, abtropfen lassen und in der Mitte einer großen Platte anrichten.
Die Gurke abseihen und abtropfen lassen, dabei die Marinade auffangen. Die Scheiben abwechselnd mit den Radieschen im Kreis um die Entenstücke anordnen.
Die Stärke mit 3 Eßlöffeln Wasser verquirlen, die Marinade, Tomatenmark, Orangensaft, den restlichen Essig und Zucker sowie die übrige Sojasauce hineinrühren und alles gründlich verschlagen. Diese Sauce in

ein Töpfchen gießen und so lange unter Rühren köcheln, bis sie dicklich wird.
Die fertige süßsaure Sauce gleichmäßig über jedes Entenstück träufeln.

Entenstreifensalat mit Lychees

In der südchinesischen Küche schätzt man die Zusammenstellung von Obst und Fleisch. Dieses kantonesische Rezept zeigt, wie die Chinesen den französischen Brauch, Ente mit Orangen zu verarbeiten, weiterentwickelt haben, indem sie Ente mit Lychees kombinieren.

Zutaten (für 6 bis 8 Personen, zusammen mit anderen Gerichten): $1/2$ gebratene Ente, 3 Scheiben Ingwerwurzel, 2 Frühlingszwiebeln, 2 EL Sojasauce, 1 EL Sherry, 3 TL Sesamöl, 3 EL Lycheesirup, 12 große Lychees

Vorbereitung: Das Entenfleisch in sehr dünne Streifen oder Schnitzel teilen. Den Ingwer in ebenso feine Streifchen hacken. Die Frühlingszwiebeln in 5 cm lange Stücke schneiden.
Alles in einer Schüssel 1 Minute lang mit Sojasauce, Sherry und Sesamöl gründlich vermengen. Dann den Lycheesirup darüberträufeln und nochmals gut mischen. Die Lychees halbieren.

Servieren: Den Salat dekorativ anrichten: das Fleischgemisch auf einer Platte verteilen und die Lycheehälften jeweils mit der gewölbten Seite nach oben darauf anordnen.
Ein delikates und äußerst attraktives Gericht!

Anmerkung der Übersetzerin: Kenneth Lo geht hier wohl von Lychees in der Dose aus, die es überall in gut sortierten Kaufhäusern und Feinkostläden zu kaufen gibt. Der darin enthaltene Saft ist der im Rezept erwähnte Lycheesirup.
Allerdings werden inzwischen auch frische Lychees in ihrer karmesinroten, harten Schale bei uns importiert. Sie haben natürlich ein unvergleichlich frischeres Aroma. Wenn Sie also welche finden, dann greifen Sie zu und versuchen Sie das Rezept mit frischen Früchten: Rollen Sie die Lychees mit der flachen Hand auf der Arbeitsfläche hin und her, bis die harte Schale aufspringt – dann läßt sie sich ganz leicht ablösen. Den glänzenden dunkelbraunen Kern drücken Sie einfach heraus. Nun können Sie die Frucht wie angegeben weiterverarbeiten. Statt des nicht zur Verfügung stehenden Dosensirups nehmen Sie die gleiche Menge frisch gepreßten Orangensaft, den Sie mit $1/2$ Teelöffel Staubzucker verrühren.

Entenscheibchensalat mit Ananas

Wieder ein kantonesisches Rezept, das statt der für gewöhnlich verwendeten Orangen Ananas vorsieht.

Zutaten (für 6 bis 8 Personen, zusammen mit anderen Gerichten): 150 g *Weißgeköcheltes Entenfleisch*, 150 g *Hangchow-Sojaentenfleisch*, 1 EL Sojasauce, $1\,1/2$ TL Sesamöl, $1/2$ TL Salz, $1\,1/2$ TL Salatöl, 1 sehr kleine Prise Fünf-Gewürz-Pulver, 200 g Ananas in Scheiben (frisch, notfalls auch aus der Dose), 2 EL Ananassaft

Vorbereitung: Beide Sorten Entenfleisch in dünne Scheiben von etwa 4 mal 5 cm Größe schneiden. Das weißgeköchelte Entenfleisch mit Sojasauce und Sesamöl besprenkeln und gründlich mischen. Das Fleisch der Sojaente mit Salz, Salatöl und Fünf-Gewürz-Pulver (wirklich nur eine winzige Prise verwenden!) anmachen.
Die Ananas in ebenso feine und große Scheiben aufschneiden wie das Entenfleisch.

Servieren: Enten- und Ananasscheiben abwechselnd dachziegelartig auf einer großen Platte anordnen und mit dem Ananassaft beträufeln.
Die Abwechslung und der Aromakontrast der zwei verschiedenen Entenfleischsorten und der Ananasscheiben machen dieses Gericht außerordentlich wohlschmeckend.

Nanking-Salzente

Zutaten (für 6 bis 10 Personen, zusammen mit anderen Gerichten): 6 EL grobes Salz, 2 TL frisch gemahlener schwarzer Pfeffer, 1 Ente (etwa 2 kg)

Vorbereitung: Das Salz auf dem Boden einer großen trockenen Pfanne ausbreiten und etwa 1 $^1/_2$ Minuten auf mildem Feuer erhitzen. Immer wieder rühren und die dünne Schicht auf dem Pfannenboden glattschütteln. Dann den Pfeffer zufügen und 1 $^1/_2$ Minuten unter Rühren weiterrösten. Das Gemisch zum Abkühlen beiseite stellen.
1 Eßlöffel der Mischung als Dip in ein Glas füllen und aufbewahren. Mit dem Rest die Ente zweimal innen und außen gründlich einreiben. Den Vogel nun dicht in Alufolie einpacken und für 5 bis 6 Tage in den Kühlschrank stellen.

Zubereitung: Die Ente 5 bis 6 Sekunden in kochendes Wasser tauchen und abtropfen lassen, dann 35 Minuten heftig dämpfen. (Oder mit etwa 2 Litern Wasser in einen Topf füllen und auf mildester Hitze – eine Asbestplatte unterlegen – 45 Minuten ganz sanft köcheln. Diese Brühe für spätere Verwendung aufbewahren.)

Servieren: Die Ente quer durch die Knochen in Stücke von der Größe einer Streichholzschachtel hacken und auf einer vorgewärmten Platte anrichten.

Den einzigartigen Geschmack bekommt die Ente durch das Würzen und Marinieren in der *Salz-und-Pfeffer-Mischung*. Das Aroma dieser Mischung wird durch Erhitzen gesteigert.
Die Zubereitungsweise hat nichts gemein mit dem Abhängen von Geflügel oder Fleisch, wie man es in der europäischen Küche findet. Obwohl die eigentliche Garzeit vergleichsweise kurz ist, bleibt das Fleisch normalerweise sehr zart.

Pfefferente

Für 6 bis 10 Personen (zusammen mit anderen Gerichten).

Die chinesische Pfefferente stellt man her, indem man die Ente *nur einmal* innen und außen mit der im vorherigen Rezept beschriebenen *Salz-und-Pfeffer-Mischung* einreibt, dann genauso in Alufolie packt und lediglich für eine Nacht in den Kühlschrank stellt. Unmittelbar vor dem Kochen muß man sie mit 1 $^1/_2$ Eßlöffeln Sojasauce einreiben.
Dann wird sie im auf 200 Grad vorgeheizten Ofen 1 Stunde gebraten, quer zu den Knochen in mundgerechte Bissen von der Größe einer Streichholzschachtel gehackt und auf einer vorgewärmten Platte angerichtet.

Pekingente
Abb. 22

Pekingente ist heute ein weltberühmtes Gericht. Faszination und Ruhm rühren wohl nicht nur von der Zubereitungsweise her, sondern auch von der Art, wie man die Entenstücke verspeist – eingewickelt in einen dünnen Pfannkuchen, zusammen mit Frühlingszwiebel und Gurke, und großzügig mit den entsprechenden Saucen bestrichen.
Das Ganze ist einfach eine himmlische Kombination von der Knackigkeit roher Gemüse mit der Knusprigkeit der Entenhaut, der zarten Weichheit des Entenfleisches und der süßen Schärfe der Saucen – alles in einen Pfannkuchenmantel gehüllt; diese Kombination ist es, die dem Gericht seine Einzigartigkeit und seine unnachahmliche Qualität verleiht.

Zutaten (für 6 bis 10 Personen, zusammen mit anderen Gerichten): 1 Aylesbury-Ente (etwa 2 kg), 1 EL *und* 2 TL Zucker, 1 TL Salz, $^1/_4$ l heißes Wasser, 10 Frühlingszwiebeln, 150 g Gurke, *Pfannkuchen*, verschiedene Saucen (darunter 3 EL *Pflaumensauce* und 2 EL Hoisinsauce), 3 EL Sojapaste, 1 EL Sesamöl

Vorbereitung: Die Ente innen und außen gründlich säubern, für 2 bis 3 Sekunden in kochendes Wasser tauchen und abtropfen lassen. Mit Küchenpapier rundum trockenwischen, dann über Nacht an einem kühlen, luftigen Platz zum Trocknen aufhängen.
1 Eßlöffel Zucker mit dem Salz im heißen Wasser auflösen. Die Ente rundum mit dieser Lösung einstreichen und nochmals für einige Stunden zum Trocknen aufhängen. Jetzt ist sie bratfertig vorbereitet. Die Frühlingszwiebeln in 5 cm lange Stücke hacken, die Gurke mit Schale in ebenso lange, aber etwas dickere Streifen teilen.

Zubereitung: Den Ofen auf 200 Grad vorheizen. Die Ente darin auf dem Rost genau 1 Stunde lang braten (eine Fettpfanne unterschieben, um das herabtropfende Fett aufzufangen). Nach dieser Bratzeit müßte die Ente durchgebraten und die Haut knusprig sein.

Servieren und Essen: Pekingente ist der einzige Braten, der in China am Eßtisch aufgeschnitten wird. Oder – um es genauer zu formulieren: Sie wird nicht aufgeschnitten, sondern eher geschält; die Bewegung, mit der die Ente tranchiert wird, ist ganz ähnlich der des Schälens – eine Aktion mit einer Hand, wobei der Daumen und die in derselben Hand gehaltene Messerklinge zugleich die knusprige Haut regelrecht abschälen.
Zuerst wird nur die krachend knusprige Haut abgetrennt, auf einer Platte angeordnet und sofort am Tisch herumgereicht.
Jeder Gast nimmt sich nun einen der vor ihm auf einem Teller liegenden Pfannkuchen, entfaltet ihn und bestreicht ihn mit Sauce. Dann legt er zwei Stückchen knusprige Haut zusammen mit einigen Stückchen Frühlingszwiebel und ein paar Gurkenstreifen darauf. Jetzt rollt er den Pfannkuchen darüber zusammen und schlägt das untere Ende so ein, daß nichts herausfallen oder heruntertropfen kann.
Diese Rolle ißt er wie ein Würstchen mit den Fingern. Nachdem die Haut verspeist ist, löst der Gastgeber das Fleisch von den Knochen. Es wird auf die gleiche Art verspeist: zusammen mit Frühlingszwiebeln und Gurkenstreifen in Pfannkuchen eingewickelt und dick mit Sauce bestrichen.

Dazu sollten Pflaumen- und Hoisinsauce jeweils in getrennten Schälchen gereicht werden. Für eine dritte Sauce die Bohnenpaste mit Sesamöl und dem übrigen Zucker gründlich mischen und auf milder Hitze 2 bis 3 Minuten unter Rühren erwärmen, bis sich der Zucker restlos aufgelöst hat.
Normalerweise ergibt eine mittelgroße Ente eine Portion knuspriger Haut und zwei Portionen Fleisch. Serviert man dazu noch einige Seiten- und Beilagengerichte (zu einem Festessen gehören mindestens 6 bis 10 verschiedene Gerichte), so reicht 1 Ente von rund 2 kg für 6 bis 10 Personen aus.

Anmerkung der Übersetzerin: Wer je Pekingente in China, Hongkong, Taiwan oder Singapur gegessen hat, wird von diesem Rezept enttäuscht sein. Es handelt sich nämlich um eine für den Haushalt modifizierte Version. In China käme kein Mensch auf die Idee, eine Pekingente zu Hause zuzubereiten, denn im Grunde kann man sie nur in einem ganz bestimmten Ofen braten (siehe auch die Anmerkung auf Seite 34).
Eine Ente nach dem vorherigen Rezept ist jedoch bestimmt eine Delikatesse, vorausgesetzt, Sie verwenden die richtige Ente. Kenneth Lo rät zu einer Aylesbury-Ente – in England das Beste, was man in dieser Form zu Tisch bringen kann. Sie hat sehr zartes, verblüffend helles Fleisch. Deshalb nennt man sie auch oft »weiße Aylesbury-Ente«.
Hierzulande kann man sie durch eine bayrische Kronenente ersetzen, die rundum unter der dicken Haut eine gleichmäßige Fettschicht trägt. Diese Fettschicht ist nötig, damit die Haut auch tatsächlich so knusprig wird, daß sie geradezu vom Fleisch springt, wenn man sie mit dem Küchenbeil anklopft.
Auf Pekingente spezialisierte Köche in den entsprechenden Restaurants in China wissen jedoch noch einen weiteren Trick dafür: Sie verarbeiten ausschließlich Enten, die noch mit Kopf und allen Innereien versehen, also nirgendwo aufgeschnitten oder verletzt sind.
Sie nehmen die Ente durch einen kleinen Schnitt unterhalb des Flügels aus und blasen sie dann durch diese winzige Öffnung wie einen Luftballon auf. Dabei massieren sie die Haut, bis sie rundum vom Fleisch gelöst

ist und den Körper nur noch locker wie ein umgehängter Mantel umgibt. Dann wird die über Nacht getrocknete Ente in den bereits beschriebenen Spezialofen gehängt, wo die an keiner Stelle mehr anhaftende Haut dank der gleichmäßigen Fettschicht krachend knusprig wird und den Vogel prall und glänzend umhüllt.

Übrigens: Falls Sie keine kühle Speisekammer haben, in der Sie die Ente zum Trocknen aufhängen können, so behelfen Sie sich mit dem auf kalte Stufe eingeschalteten Föhn. Drehen und wenden Sie die Ente einige Minuten im kalten Luftstrom. Nach einer Abhängezeit von ein paar Stunden ist sie dann trocken genug und bratfertig.

Pfannkuchen
(für Pekingente) Abb. 22

Zutaten (für 6 bis 10 Personen): 300 g Mehl, ¼ l kochendes Wasser, 2 EL Sesamöl

Vor- und Zubereitung: Das Mehl in eine Rührschüssel sieben. Ganz langsam das kochende Wasser zufügen. Nach und nach einen warmen Teig daraus mischen, 10 bis 12 Minuten sanft kneten, dann zu einer Kugel formen und 10 bis 12 Minuten ruhen lassen.
Aus dem Teig eine Rolle von 5 cm Durchmesser formen und quer in 1 cm dicke Scheiben schneiden. Jeweils 1 Scheibe mit Sesamöl einpinseln und mit einer zweiten Scheibe bedecken. Die Doppelscheibe nunmehr mit dem Nudelholz von der Mitte her ausrollen, bis sie einen Durchmesser von etwa 13 bis 15 cm erreicht hat. Auf gleiche Weise den ganzen Teig zu dünnen Fladen ausrollen.
Eine große trockene Pfanne auf mildem Feuer erhitzen. Wenn sie sehr heiß ist, die Doppelfladen auf dem Pfannenboden ausbreiten (portionsweise arbeiten!). Die Pfanne schütteln und rütteln, damit die Pfannkuchen nicht festbacken und die Hitze gleichmäßig verteilt wird, bis sich alle Fladen aufblähen und sich auf ihrer Unterseite goldbraune Punkte zeigen.
Dann die Fladen umdrehen und auch auf der anderen Seite so lange backen, bis sie braune Flecken haben. Die fertigen Scheiben wieder auseinanderziehen, mit der eingefetteten Seite nach innen zu Halbkreisen zusammenfalten und auf einem Teller aufeinanderschichten. So weiter verfahren, bis alle Pfannkuchen fertig sind. Vor dem Auftragen den Stapel auf dem Teller nochmals für 10 Minuten in den Dämpftopf stellen und erhitzen.

In China heißen diese Pfannkuchen »dünne Pfannkuchen-Fladen« *(bao pin)*; sie gehören unabdingbar zur *Pekingente*. Man kann sie einige Tage im Kühlschrank aufbewahren, nur muß man sie vor Gebrauch noch im Dampf erhitzen.

Anmerkung der Übersetzerin: Sie können die Pfannkuchen auch sehr gut einfrieren. Bestreichen Sie dazu jeden zweiten Fladen nochmals mit Sesamöl, stapeln Sie alle aufeinander und verpacken Sie sie gut in Alufolie. Bewahren Sie sie jedoch nicht länger als 3 Monate im Gefrierfach auf, sonst könnte das Sesamöl sich im Geschmack verändern. Nehmen Sie die Pfannkuchen einen Tag vor Gebrauch aus der Kälte und lassen Sie sie langsam im Kühlschrank auftauen. Vor dem Servieren werden sie, wie beschrieben, im Dampf erwärmt.

Lotusblatt-Brötchen

Während man *Pekingente* stets mit *Pfannkuchen* verspeist, ißt man zu vielen anderen Entengerichten oder auch zu rotgekochten Speisen, die meist mit reichlich Sauce aufgetragen werden, Lotusblatt-Brötchen, die mehr Sauce aufsaugen können.

Zutaten (für 6 bis 10 Personen): 300 g Mehl, 3 TL Backpulver, 3 TL Zucker, ⅛ l Wasser oder Milch, 4 EL Pflanzenöl

Vorbereitung: Das Mehl in eine Schüssel sieben und mit Backpulver und Zucker mischen. Langsam Milch (oder Wasser) zugießen, dabei mit einer Gabel rühren, bis ein weicher Teig entstanden ist. 5 bis 6 Minuten lang mit den Händen durchkneten, daraufhin mit einem sauberen trockenen Tuch abdecken und 20 Minuten ruhen lassen.

Nachdem der Teig aufgegangen ist, nochmals 2 bis 3 Minuten kneten. Dann eine Rolle von 3 bis 4 cm Durchmesser daraus formen und quer in gut 2 cm dicke Scheiben schneiden.

Jede Scheibe einseitig mit etwas Öl einpinseln und mit der eingefetteten Seite nach innen zu einem Halbmond zusammenklappen. Mit einer Gabel die Ränder gut zusammendrücken und dabei rundum zahnartig einkerben.

Zubereitung: Die Brötchen nebeneinander auf eine große feuerfeste Platte setzen und 12 Minuten dämpfen. Sie sind äußerst saugfähig und deshalb zum Auftunken von viel Sauce gut geeignet.

Man kann die Lotusblatt-Brötchen 1 bis 2 Tage im Kühlschrank aufbewahren. Vor Gebrauch muß man sie dann nur noch 7 bis 8 Minuten im Dampf erwärmen.

Täubchen

Rotgekochte Zitronentäubchen

Zitrone, Ingwer, Sherry und Sojasauce zusammen geben diesem Gericht ein interessantes Aroma.

Zutaten (für 4 Personen): 4 Täubchen (je etwa 700 bis 1000 g), 1 TL Salz, 3 EL Sojasauce, 1 große Zitrone, 4 EL Schweineschmalz, $1/8$ l *Feine Brühe*, 2 Scheiben Ingwerwurzel, 4 EL Sherry, 2 TL Zucker, $1 1/2$ EL Hoisinsauce, $1/2$ TL Glutamat, 1 TL Sesamöl

Vorbereitung: Die Täubchen gründlich mit Küchenpapier sauberwischen. Innen und außen mit dem Salz sowie 2 Eßlöffeln Sojasauce einreiben und 30 Minuten ziehen lassen. Die Zitrone quer halbieren. Die eine Hälfte auspressen, die andere in hauchdünne Scheiben schneiden und als Garnitur beiseite stellen.

Zubereitung und Servieren: Das Schmalz in einem schweren Schmortopf erhitzen. Sobald es zerschmolzen ist, die Täubchen zufügen und 6 bis 7 Minuten rundum goldbraun anbraten. Alles Fett aus dem Topf wegkippen.

Nun mit Zitronensaft, Brühe, Ingwer, 2 Eßlöffeln Sherry, der restlichen Sojasauce, Zucker und Hoisinsauce auffüllen. Sobald diese Flüssigkeit aufkocht, die Täubchen mehrfach darin wenden und drehen.

Den Topf mit einem Deckel verschließen, die Hitze auf Minimum zurückschalten und eine Asbestmatte unter den Topf legen. Die Vögel 5 bis 6 Minuten köcheln, dann umdrehen und weitere 5 bis 6 Minuten schwach kochen lassen.

Danach die Täubchen herausheben, auf ein Hackbrett legen und mit einem scharfen Küchenbeil vierteln. Die Stücke auf einer vorgewärmten Platte anrichten. Die Zitronenscheiben auf einer Seite der Platte anordnen. Den restlichen Sherry, Glutamat und Sesamöl zur

Flüssigkeit im Topf gießen, aufkochen und umrühren. Die Täubchenstücke mit dieser Sauce beträufeln.

In Kanton sind Täubchen sehr beliebt. Man tötet sie durch Ersticken, nicht durch Halsumdrehen. Glücklicherweise ist es jedoch nicht nötig, diese altertümliche und grausame Methode in der westlichen Küche anzuwenden.

Anmerkung der Übersetzerin: Hierzulande ist das Ersticken von Geflügel natürlich verboten. In Frankreich aber wendet man diese Tötungsmethode auch heute noch an. Beim Ersticken bleibt nämlich alles Blut des Tieres im Fleisch erhalten, weil es regelrecht hineingedrückt wird. Dadurch bekommt das Fleisch nicht nur die charakteristische dunkelrote Farbe, sondern es wird auch extrem zart und saftig.

In Obstsaft gedünstete Täubchen

Für 4 Personen.
Hier ein hocharomatisches kantonesisches »Halb-Suppengericht«, das man als einen der ersten Gänge während eines Menüs aufträgt, wie es im Süden des Landes üblich ist, um für späteren Alkoholgenuß eine kräftige Unterlage zu schaffen.
Das Rezept für *Rotgekochte Täubchen* wiederholen, jedoch nachdem alles Fett aus dem Topf weggeschüttet wurde, 2½ Eßlöffel Apple Sauce (Apfelmus), 2 Eßlöffel Orangensaft, 3 Eßlöffel geschälte, feingehackte Tomaten, 1 Eßlöffel süßes Chutney und 1 Eßlöffel gehackten Schnittlauch (oder Frühlingszwiebeln) dem Zitronensaft beifügen.
Die gedünsteten Täubchenviertel auf einer Platte anrichten; mit den Zitronenscheiben und zusätzlichen Scheiben von Tomaten, Äpfeln und Orangen dekorieren – diese Früchte sind ja schließlich auch in der Sauce kombiniert.

Anmerkung der Übersetzerin: Apple Sauce (Apfelsauce) ist ein in England übliches Fertigprodukt, das Sie ruhig durch frisches Apfelmus (notfalls aus dem Glas) ersetzen können. Apple Sauce ist normalerweise nur schwach gesüßt und mit etwas Zimt gewürzt.

Fritierte Täubchen

Zutaten (für 4 Personen): 4 fette Täubchen (insgesamt etwa 2000 bis 2300 g), 1 TL Salz, 2 EL Sojasauce, 1 EL Sherry, Pfeffer aus der Mühle, 1½ EL Maisstärke, Öl zum Fritieren

Vorbereitung: Jedes Täubchen mit einem scharfen Küchenbeil vierteln. Die Stücke einzeln mit einer Mischung aus Salz, Sojasauce sowie Sherry einreiben, mit Pfeffer bestreuen und zuletzt mit Stärke bestäuben.

Zubereitung: Das Öl in einem Fritiertopf erhitzen. Sobald es sehr heiß ist, jeweils 8 Täubchenstücke in den Ausbackkorb legen und zweimal insgesamt 6 bis 8 Minuten fritieren: Die Viertel zunächst für 2 bis 3 Minuten ins heiße Fett tauchen, dann 3 bis 4 Minuten warm stellen, während die nächste Portion ausgebacken wird, und schließlich alle Stücke miteinander nochmals 3 Minuten fritieren.

Servieren: Die Täubchenstücke auf einem Bett von 7 cm langen Frühlingszwiebelabschnitten und Zitronenscheiben anrichten. Meistens reicht man dazu *Salz-und-Pfeffer-Mischung* (Seite 66) und Soja-Ingwer-Dip mit Zitronensaft.

Anmerkung der Übersetzerin: Das Öl ist zum Fritieren heiß genug, wenn an einem Holzlöffel, den Sie hineintauchen, heftig Bläschen emporsteigen und wenn sich zarter Rauch entwickelt.

Fritierte wohlriechende Täubchen

Zutaten (für 4 Personen): 1 TL Salz, Pfeffer aus der Mühle, ⅙ TL Fünf-Gewürz-Pulver, 4 fette Täubchen (insgesamt etwa 2000 bis 2300 g), 2 EL Sojasauce, 4 Frühlingszwiebeln, Öl zum Fritieren, 2 Scheiben Ingwerwurzel, 2 Knoblauchzehen, 2 Stückchen Sternanis, 3 EL Sherry, 2 TL Sesamöl, Salatblätter

Vorbereitung: Das Salz, etwas Pfeffer und das Fünf-Gewürz-Pulver mischen und die Täubchen damit innen und außen einreiben. Dann 1½ Eßlöffel Sojasauce einmassieren und die Vögel 1 Stunde ziehen lassen. Die marinierten Täubchen vierteln. Die Frühlingszwiebeln in 5 cm lange Stücke hacken.

Zubereitung: Das Öl in einem Fritiertopf erhitzen. Sobald es sehr heiß ist, die Täubchenstücke zweimal (wie im vorherigen Rezept beschrieben) ausbacken, bis sie rundum goldbraun sind; abtropfen lassen und warm stellen.
2 Eßlöffel des Fritieröls in einer großen Pfanne erhitzen. Ingwer, Knoblauch und Sternanis darin 1 Minute pfannenrühren. Dann die Frühlingszwiebeln und die Täubchenviertel zufügen. Alles zusammen 1 $1/2$ Minuten unter Rühren braten.
Zuletzt mit der restlichen Sojasauce, Sherry und Sesamöl auffüllen und weitere 1 $1/2$ Minuten rühren.

Servieren: Die Täubchenviertel auf einer mit Salatblättern ausgelegten Platte anrichten.

Gedämpfte Täubchen

Zutaten (für 3 Personen): 3 fette Täubchen (je etwa 700 bis 1000 g schwer), 1 TL Salz, 2 EL Sojasauce, Pfeffer aus der Mühle, 4 Lilienknospen, 6 getrocknete chinesische Champignons (Tongu-Pilze), 4 chinesische Datteln, 4 Frühlingszwiebeln, 25 g geräucherter Schinken, 2 Scheiben Ingwerwurzel, 1 TL Zucker, 1 EL Sherry, $1/2$ TL Glutamat

Vorbereitung: Die Täubchen säubern und vierteln. Mit Salz und 1 Eßlöffel Sojasauce einreiben, mit Pfeffer bestreuen und 30 Minuten ziehen lassen.
Unterdessen Lilienknospen, Pilze und Datteln getrennt voneinander in warmem Wasser 30 Minuten einweichen. Die Lilienknospen in 8 cm lange Stücke hacken. Von den Pilzen die Stiele entfernen; die Hüte in dünne Streifen schneiden. Die Datteln ebensofein aufschneiden. Die Frühlingszwiebeln in 5 cm lange Stücke hacken. Den Schinken fein zerkleinern.

Zubereitung: Die Täubchenviertel in ein feuerfestes Gefäß geben. Die Hälfte der Pilze, die Datteln, die halbe Menge der Frühlingszwiebeln sowie den Ingwer darüberstreuen. Die Lilienknospen obenauf legen. Die Form unbedeckt in den Dämpftopf stellen und die Täubchen 40 Minuten dämpfen.
Die Flüssigkeit, die sich dann in dem Gefäß gesammelt hat, in ein Töpfchen gießen und die Reste von Sojasauce, Pilzstreifen, Frühlingszwiebelstückchen, den Zucker, Sherry und Glutamat zufügen; 15 Sekunden lang heftig kochen. Diese Sauce über die Taubenstücke gießen.

Servieren: Den gehackten Schinken darüberstreuen und das Gericht in der Form unverzüglich auftragen.

Täubchenschmortopf mit Pilzen

Zutaten (für 4 Personen): 4 Lilienknospen, 6 große getrocknete chinesische Champignons, 4 fette Täubchen (insgesamt 2000 bis 2200 g), 1 TL Salz, 3 EL Sojasauce, 100 g durchwachsenes Schweinefleisch, 12 mittelgroße frische Champignons, 1 große Paprikaschote, $1/2$ EL Maisstärke, 4 EL Pflanzenöl, 2 Scheiben Ingwerwurzel, 50 g Schinken, 2 EL Sherry, $1/2$ EL helle Sojasauce, $1/2$ TL Glutamat

Vorbereitung: Die Lilienknospen 30 Minuten, die Pilze 20 Minuten lang in warmem Wasser einweichen. Die Pilzstiele entfernen.
Die Täubchen mit einem scharfen Küchenbeil entlang des Rückenknochens aufschlitzen und mit der Breitseite des Beils flachschlagen. Salz und 2 Eßlöffel Sojasauce hineinmassieren. Das Schweinefleisch quer zur Faser in 4 dünne Scheiben teilen und mit der restlichen Sojasauce einreiben.
Die frischen Pilze putzen, unter fließendem Wasser reinigen und die Stiele entfernen. Die Paprikaschote ebenfalls putzen und in feine Streifen schneiden. Die Maisstärke mit 2 Eßlöffeln Wasser verschlagen.

Zubereitung: Den Ofen auf 190 Grad vorheizen. Das Öl in einer großen Pfanne erhitzen. Die Täubchen darin auf beiden Seiten 3 bis 4 Minuten anbraten, bis sie leicht gebräunt sind.
Einen großen feuerfesten Keramik- oder Schmortopf mit den Schweinefleischscheiben auslegen. Die Tau-

ben mit dem Ingwer daraufsetzen. Darüber die getrockneten Pilze, die Lilienknospen, die Paprikastreifen und den streifig geschnittenen Schinken füllen. Mit ³/₈ Liter kochendem Wasser angießen und die Kasserolle zugedeckt für 1 Stunde in den Ofen schieben. Danach den Deckel entfernen; die frischen Pilze zufügen, alles mit der Hälfte des Sherrys und der hellen Sojasauce beträufeln, und die Form für weitere 30 Minuten zurück in den Ofen stellen.
Dann die Flüssigkeit aus dem Schmortopf in ein kleines Töpfchen umfüllen. Die angerührte Maisstärke hineingießen und den restlichen Sherry sowie das Glutamat einrühren. Unter Rühren aufkochen, bis die Sauce dicklich wird.

Servieren: Die Taubenstücke mit den anderen Zutaten gefällig auf einer großen Platte anrichten. Die Sauce darübergießen und das Gericht sofort auftragen.

Puter

Puter ist weder sehr beliebt noch sehr verbreitet in China – wenn wir auch alljährlich damit in Berührung kommen, denn zu Weihnachten gehört einfach ein Putergericht auf den Tisch. Da Puter als Lebensmittel keine lange Tradition bei uns hat, bereitet man ihn nach den ohnehin wohlgeübten Methoden zu, die von alters her überliefert und deshalb stets empfehlenswert sind.

Gedämpfter gebratener Puter

Zutaten (für 12 bis 16 Personen, für eine große Gesellschaft oder für mehrere Mahlzeiten): 1 Puter (4000 bis 5000 g), 3 EL schwarze Bohnen, 12 Frühlingszwiebeln, 6 Scheiben Ingwerwurzel, 4 EL Sherry, 6 EL Sojasauce, 1 EL Zucker, 2 TL *Chili-Öl*, 2 EL Sesamöl

Vorbereitung: Den Puter innen und außen mit einem warmen feuchten Tuch abwischen und für 3 Stunden zum Trocknen an einem luftigen Platz aufhängen.
Die schwarzen Bohnen 30 Minuten einweichen, abgießen und in einer kleinen Schüssel zerdrücken. Die Frühlingszwiebeln und den Ingwer feinhacken und mit dem Sherry, der Sojasauce, dem Zucker und dem Chili-Öl anrühren. Den Puter mit dieser Mischung zweimal innen und außen gründlich einreiben. Nun die Frühlingszwiebelstückchen auf den Puter häufen, dann den Vogel dicht in ein großes Stück Alufolie wickeln und über Nacht im Kühlschrank ziehen lassen.

Zubereitung: Den Puter im Alufolienmantel in den Dämpftopf setzen und 1 ½ Stunden dämpfen. Unterdessen den Ofen auf 200 Grad vorheizen. Den Puter auspacken, in einen Bräter legen, rundum mit Sesamöl einpinseln und 1 ¼ Stunden braten.

Servieren: Den Puter quer zu den Knochen in mundgerechte (2 mal 3 cm große, etwa 5 mm dicke) Stücke hacken und auf zwei großen Platten anrichten, die mit frischem grünen Gemüse oder Salatblättern umkränzt sind.
Diese Portion ist gut ausreichend für mindestens zwei festliche Tafeln. Hoisinsauce und *Pflaumensauce* sind gute Dips für dieses Gericht.

Kalter eingesalzener, weißgeschnittener Puter

Zutaten (für 12 bis 16 Personen): 1 Puter (4000 bis 5000 g), 3 EL Salz, 2 TL frisch gemahlener Pfeffer, 2 EL Sesamöl, 1 TL *Chili-Öl*

Vorbereitung: Vom Puter die Flügel und Keulen abtrennen; den Körper vierteln. Salz und Pfeffer in einer trockenen Pfanne mischen und unter ständigem Rühren 2 Minuten erhitzen. Sobald diese Mischung etwas abgekühlt ist, die Puterstücke damit rundum kräftig einreiben. Sesam- und Chili-Öl mischen und gründlich in die Puterstücke massieren. Dann das Fleisch fest in ein ausreichend großes Stück Alufolie packen und 2 bis 3 Tage im Kühlschrank durchziehen lassen.

Zubereitung und Servieren: Einen großen Topf voll Wasser aufkochen. Die Puterstücke aus der Folie wickeln und hineinwerfen. Die Flüssigkeit auf mildem Feuer erneut zum Kochen bringen, dann die Hitze noch mehr zurücknehmen und die Puterstücke 20 Minuten leise wallend köcheln. Danach herausheben und abtropfen lassen. Das Fleisch von den Knochen lösen und in dünne Scheiben von 5 mal 7 cm Größe schneiden.

Puter, auf diese Weise zubereitet, ist äußerst aromatisch und würzig; das Fleisch bleibt saftig und zerfällt nicht in Stücke, was sonst oft bei Puterresten geschieht. Reichen Sie es kalt als chinesische Vorspeise oder auch als kaltes Hauptgericht auf einem Buffet westlicher Art.
Gute Dips für weißgeschnittenen Puter sind Hoisinsauce, *Pflaumensauce, Soja-Chili-Dip* und *Salz-und-Pfeffer-Mischung* (siehe Register).

Frösche (»Ackerhühner«)

Es hat seinen Grund, daß Frösche in China »Ackerhühner« genannt werden. Ihr Fleisch ist tatsächlich dem vom Huhn sehr ähnlich, aber noch zarter und delikater. Frösche werden gerne bei festlichen Banketts in Süd- und Ostchina gereicht, wo sie sich in den üppigen Reisfeldern kräftig entwickeln. Natürlich gelten sie als ausgesprochene Delikatesse!

Pfannengerührte Froschschenkel mit Paprika

Zutaten (für 4 bis 5 Personen, zusammen mit anderen Zutaten): 8 bis 10 fette Frösche, $1/2$ TL Salz, $2 1/2$ EL Sojasauce, 1 EL Hoisinsauce, 2 EL Tomatenpüree (oder -mark), 1 TL *Chili-Öl*, 2 EL Sherry, $1/2$ EL Maisstärke, 1 Eiweiß, 1 mittelgroße Paprikaschote, 2 Scheiben Ingwerwurzel, 3 EL Pflanzenöl

Vorbereitung: Die Froschschenkel abtrennen – aus den Körpern Brühe kochen – und mit Salz einreiben. Für die Marinade die Sojasauce, die Hälfte von Hoisinsauce und Tomatenpüree sowie den Sherry verrühren. Die Froschschenkel darin 30 Minuten ziehen lassen, dann in der mit dem Eiweiß und 1 Eßlöffel Wasser verquirlten Stärke wenden.
Die Paprikaschote in Streifen von gleicher Größe wie die Froschschenkel schneiden (dabei alle Kerne entfernen). Den Ingwer feinhacken.

Zubereitung: 2 Eßlöffel Öl in einer großen Pfanne erhitzen. Die Paprikastreifen und den Ingwer darin auf mittlerer Hitze 2 Minuten unter Rühren anbraten, herausheben und beiseite stellen.
Das restliche Öl in die Pfanne gießen. Die Reste von Hoisinsauce sowie Tomatenpüree und das Chili-Öl hinzufügen und alles miteinander mischen. Nun die Hitze auf höchste Stufe schalten, die Froschschenkel

22 Pekingente (S. 266) mit Pfannkuchen (S. 268), Frühlingszwiebeln, Gurkenstreifen und Sojapaste

in die Pfanne kippen und unter raschem Rühren und Wenden 3 Minuten braten. Dann die Paprikastreifen zurück in die Pfanne geben, alle Zutaten eine weitere Minute lang mischen und das Gericht sofort servieren.

Anmerkung der Übersetzerin: Zu Fröschen haben wir Deutschen ein etwas zwiespältiges Verhältnis. Erst seit ein paar Jahren findet man sie manchmal in gut bestückten Feinkostläden – in der Tiefkühltruhe. Nur ganz selten bekommt man sie während der Saison (von Ende Juni bis Oktober) frisch, aber auch dann natürlich nicht im Ganzen, sondern gnädigerweise bereits gehäutet und vom Kopf befreit.
Schon im »Küch-und-Keller-Dictionarium« von Paul Jakob Marperger, erschienen im Jahre 1716, ist nachzulesen, daß Frösche ». . . offt bey denen Welschen und Frantzosen, selten aber bey uns Teutschen auf die Taffel« kommen. Angeblich, weil man sie beschuldigt, »sich alswann mit denen Kröten zu vermischen«. Jedenfalls würde hierzulande wohl selbst der mutigste Feinschmecker seinen Appetit auf Frösche verlieren, wenn er sähe, wie sie auf den Märkten Asiens angeboten werden: zwar tot, aber noch deutlich wie Kröten und Frösche aussehend, weil sie mit Kopf und dunkelbrauner Haut daliegen.
Tiefgekühlt wirken sie um vieles appetitlicher. Man braucht sie dann auch nur noch aufzutauen (aber langsam, am besten über Nacht bei Kühlschranktemperatur, damit sie nicht zuviel Saft verlieren) und kann sie dann nach Rezept weiterverarbeiten. Doch gilt auch hier, was auf so viele tiefgekühlte Produkte zutrifft: frisch schmecken sie allemal besser und sind saftiger!

Szechuan-Froschschenkel nach Hausfrauenart

Zutaten (für 4 bis 5 Personen, zusammen mit anderen Gerichten): 1 EL schwarze Bohnen, 10 Paar Froschschenkel, 100 g Bambussprossen, 100 g junger Lauch, 2 Knoblauchzehen, 2 Scheiben Ingwerwurzel, $\frac{1}{2}$ EL Maisstärke, $\frac{1}{2}$ TL Glutamat, 6 EL Pflanzenöl, 2 EL Schweineschmalz, 2 EL Sherry, $1\frac{1}{2}$ EL Sojasauce, 6 EL *Feine Brühe*, 2 TL Sesamöl

Vorbereitung: Die schwarzen Bohnen 30 Minuten in Wasser einweichen und abtropfen lassen. Die Froschschenkel abspülen und mit Küchenpapier trockenwischen. Die Bambussprossen in dünne Scheibchen, die Lauchstangen in etwa 3 cm dicke Stücke schneiden. Knoblauch und Ingwer feinhacken. Die Stärke mit Glutamat und 2 Eßlöffeln Wasser verschlagen.

Zubereitung: Das Öl in einer Pfanne erhitzen, die Froschschenkel darin auf stärkstem Feuer 2 Minuten pfannenrühren, dann herausheben und warm stellen. Im restlichen Öl Lauchringe und Bambussprossen ebenfalls 2 Minuten unter Rühren braten, herausnehmen und überschüssiges Öl abtropfen lassen.
Nun die schwarzen Bohnen mit dem Schmalz in die Pfanne geben und auf mittlerer Hitze $1\frac{1}{2}$ Minuten braten, herausfischen und wegwerfen.
Knoblauch, Ingwer, Sherry und Sojasauce in die Pfanne füllen. Nach 10 Sekunden Rühren die Froschschenkel, den Bambus und den Lauch wieder zufügen und mit der Brühe aufgießen. Alles zusammen zugedeckt 5 bis 6 Minuten auf mildem Feuer köcheln.
Dann die Stärke-Mixtur einrühren, alle Zutaten nochmals 30 Sekunden erhitzen und mischen, zum Schluß mit Sesamöl beträufeln und sofort auftragen.

Gebraten gedämpfte Froschschenkel

Zutaten (für 4 bis 5 Personen, zusammen mit anderen Gerichten): 10 Paar Froschschenkel, $1\frac{1}{2}$ TL Salz, 1 EL Maisstärke, 100 g Bambussprossen, 2 Frühlingszwiebeln, 100 bis 125 g Gurke, 75 g geräucherter Schinken, 2 Scheiben Ingwerwurzel, 2 EL helle Sojasauce, 2 EL Sherry, 2 EL *Hühnerbrühe*, $\frac{1}{2}$ TL Glutamat, $1\frac{1}{2}$ TL Zucker, 1 TL Sesamöl, 6 EL Pflanzenöl

Vorbereitung: Die Froschschenkel mit Salz einreiben und mit Maisstärke bestäuben. Bambussprossen und Frühlingszwiebeln in etwa 3 cm lange Stücke hacken. Die Gurke in dünne Scheibchen hobeln. Den Schinken in 6 Scheiben schneiden. Den Ingwer feinhacken. Die Bambussprossen 5 Minuten lang abkochen, dann abtropfen lassen.

Sojasauce, Sherry, Hühnerbrühe, Glutamat, Zucker und Sesamöl gründlich verrühren.

Zubereitung: Das Öl in einer Pfanne erhitzen. Die Froschschenkel darin auf stärkster Hitze 2 Minuten unter stetem Wenden braten; herausheben und gut abtropfen lassen.
Bambussprossen und Gurkenscheiben als Bett in einer passenden feuerfesten Form ausbreiten. Die Froschschenkel darauflegen und gleichmäßig mit Frühlingszwiebeln und Ingwer bestreuen, dann die angerührte Saucenmischung darübergießen. Das Ganze zum Schluß mit dem Schinken bedecken und im Dämpftopf 30 Minuten heftig dämpfen.

Servieren: In der Form sofort zu Tisch bringen.

Im alten China mußte man Fisch entweder taufrisch essen oder gänzlich auf ihn verzichten, weil man damals noch keine Kühlmöglichkeiten kannte. Als Ausnahme dieser Regel galt natürlich eingesalzener, getrockneter Fisch – was aber eine ganz andere Sache war.

Brät man getrockneten, eingesalzenen Fisch, entsteht ein starker, unnachahmlicher Geruch, den man nur mit äußerst rüden Worten beschreiben kann. Trotzdem braten wir ihn in China, bis er so knusprig ist, daß sogar die Gräten kroß und eßbar sind.

Gebratener gesalzener Fisch ist mit sehr konzentriertem Käse zu vergleichen, nur daß er zusätzlich noch knusprig ist. Doch ist er bei aller Knusprigkeit wunderbar zart und zergeht auf der Zunge. Deshalb gehört ein gebratener gesalzener Fisch zu den beliebtesten Beilagen zu weichem oder halbweichem Reis *(Reisbrei* oder *Congee)* und wird auch von den Japanern als Delikatesse angesehen.

Früher war die einzige Möglichkeit, frischen Fisch zu bekommen, ihn in Bottichen, Kübeln oder Teichen lebendig zu halten. Natürlich war er dadurch stets viel frischer und süßer als gefrorener Fisch.

Es ist merkwürdig und geradezu lächerlich, daß wir in einem Land, das keinerlei Kühlsystem kannte, immer schon frischesten Fisch genießen konnten, während im Westen, wo praktisch für alles die moderne Technik zur Verfügung steht, das Aquarium des Zoos fast die einzige Möglichkeit ist, frische Fische zu sehen – es sei denn, man ist zufällig leidenschaftlicher Angler. Und selbst dann: Wenn ein Angler überhaupt einmal einen Fisch gefangen hat, wirft er ihn doch meist wieder zurück ins Wasser!

Leider sieht es ganz so aus, als ob mit zunehmender Zivilisation, wo man Fisch fast nur noch in totem Zustand, ausgelegt auf Marmorplatten oder Eiswürfelbetten, bekommt, einfach vergessen wird, welch unübertreffliche Qualität wirklich frischer (lebendiger) Fisch hat.

Obwohl China über eine Küste von mehr als 3000 Meilen mit nahezu verschwenderischen Fischvorkommen verfügt, spielen in der Ernährung Süßwasserfische eine weitaus größere Rolle als Salzwasserfische. Der Grund dafür ist einmal, daß es in China mehrere gewaltige Flüsse, Zehntausende Kilometer an Strömen, Kanälen und anderen Wasserstraßen, dazu zahllose Süßwasserseen gibt, und zum andern liegt es daran, daß die Chinesen Fische farmmäßig züchten.

Zu den meisten chinesischen Dörfern gehört ein Teich, in dem Fischzucht betrieben wird, und man wirft Gras und andere natürliche Futterstoffe hinein, um die Fische am Leben zu erhalten. Alljährlich werden diese Teiche abgelassen und abgefischt. Kleinere Fische dürfen wieder zurück in das frisch eingelassene Wasser, um noch ein weiteres Jahr zu wachsen, die großen hingegen sind für den Eigenbedarf der Dorfbewohner oder werden auf dem Markt verkauft.

Diese »Fischfarmen« sind in China zweifellos eine wichtige Quelle für Frischfisch. Bis zu einem gewissen Grad hat Fisch als Proteinlieferant sicherlich immer schon die Funktion gehabt, den Mangel an Milchprodukten auszugleichen.

Wir Chinesen essen jeden genießbaren Fisch. Es gibt zahllose Sorten, und für viele davon kennt man im Westen wohl keine Namen. Einige der beliebtesten sind Seebarsch, Brasse, Karpfen, Flunder, Heilbutt, Makrele, Flußbarsch, Zander, Kabeljau, Lachs, Seezunge, Hecht, Alse, Forelle, Scholle, Sardine und Hering.

Die wichtigsten Garmethoden für Fisch sind Dämpfen, Klarköcheln, Fritieren, In-der-Pfanne-Braten, Pfannenrühren, Dünsten. Man kann Fisch auch feinhacken und zu Bällchen oder Pudding verarbeiten.

Im Gegensatz zu Fleisch, das in den meisten Fällen erst abhängen muß, um seinen vollen Wohlgeschmack zu erreichen, sollte man Fisch nur absolut frisch zubereiten und verspeisen. Um seine süße, delikate Saftigkeit zu erhalten, darf man ihn nur sehr kurz garen. Im allgemeinen legt man Fisch mit den begleitenden Gewürzen in eine Marinade und läßt ihn dann kurz – etwa 10 bis 20 Minuten – in heftigem Dampf garen oder taucht ihn rasch in siedendes Öl.

Man kann ihn auch in kleinere Scheiben oder Streifen schneiden und einige Male in mit Knoblauch, Zwiebeln und Ingwer imprägniertem heißen Öl wenden; danach gibt man die übrigen Zutaten hinzu, die den Gegenpart zum Fisch bilden und das Gericht harmonisch vollenden sollen, und pfannenrührt alles zusammen nochmals für höchstens 2 Minuten. Diese

Zubereitungsweise für Fisch ist sehr beliebt, allerdings darf man wirklich nur ganz frischen Fisch verwenden, dessen Fleisch so fest ist, daß es nicht beim Pfannenrühren auseinanderfällt.

Andererseits bereiten wir Chinesen Fisch bevorzugt im Ganzen zu – vor allem, wenn es sich um einen großen Flußfisch handelt. Für uns ist ein schöner Fisch wohl mit dem zu vergleichen, was für den Deutschen der Sonntagsbraten ist: Am liebsten mögen wir ihn unzerteilt auf einer großen Platte angerichtet, heiß, dampfend und üppig garniert.

Ganze Fische werden meist gedämpft, klargeköchelt oder fritiert, dann mit einigen anderen Zutaten dekoriert und mit einer reichhaltigen Sauce übergossen. Im Gegensatz zum westlichen Brauch reicht man in der Chinesischen Küche höchst selten (wenn überhaupt!) zu Fisch eine Fischsauce. Normalerweise servieren wir eine Fleischsauce oder eine scharfe Sauce mit Pickles und getrockneten Pilzen.

Zusätzlicher Fisch oder andere Meeresfrüchte werden lediglich dann mitverarbeitet, wenn es sich um ein Gericht aus getrocknetem oder eingesalzenem Fisch handelt, bei dem jeglicher Fischgeschmack verschwunden ist oder sich gänzlich verändert hat. Wir wollen nämlich möglichst vermeiden, ein Fischgericht noch fischiger schmecken zu lassen als unbedingt nötig.

Viel mehr als die Europäer neigen wir dazu, Produkte wie Fleisch und stark aromatische Gemüse, die nichts mit Fisch zu tun haben, damit zusammen zu verarbeiten, entsprechend dem Prinzip unserer Kochkunst, verschiedenartige Ingredienzen zu mischen. Wahrscheinlich schmecken darum die meisten chinesischen Fischgerichte merklich weniger nach Fisch als ihre westlichen Gegenstücke.

Eines der großen Geheimnisse der chinesischen Fischküche ist die Kombination von Ingwer, Knoblauch, Sojasauce (oder fermentierten Sojabohnen) und Wein, die den meisten Fischgerichten ihren Charakter gibt. Das Zusammenspiel dieser Zutaten hat eine äußerst angenehme Wirkung – übrigens auch bei Fleischgerichten. Man kann wohl sagen, daß diese Vierer-Kombination von Aromaten »Pulver und Blei« der Chinesischen Küche ist.

Derber Meeresfisch, der in großen Stücken auf den Markt kommt, wird häufig gedünstet: Nach dem Anbraten in Öl, das mit etwas Salz und Ingwer oder Knoblauch gewürzt wird, gießt man mit Sojasauce an, fügt eine Prise Zucker und ein paar Frühlingszwiebeln hinzu, vielleicht sogar noch einige Streifen getrocknete (eingeweichte) Pilze, und läßt die Fischstücke leise köcheln. Nur bei ausgefalleneren Zubereitungen verwendet man Wein und gibt getrocknete Shrimps, Schinken, Wolkenohrpilze und Lilienknospen zur Sauce oder als Garnitur hinzu. Aber gleichgültig, wie aufwendig oder einfach ein Gericht ist – die Qualität von behandeltem Fisch ist der von Fleisch ziemlich ähnlich, was Textur und Aroma angeht, vor allem, wenn man den Fisch zu Reis oder anderen Grundnahrungsmitteln ißt.

Ein Fischgericht ist deshalb auf einem chinesischen Eßtisch ebenso willkommen wie ein Fleischgericht. Ob wohl der Grund dafür das »Pulver und Blei« chinesischer Kochkunst ist, das die beiden in Aroma und geschmacklichem Reiz auf einen gemeinsamen Nenner bringt?

Bei klargeköchelten oder gedämpften Fischgerichten hingegen, deren Garmethoden vergleichsweise kurz sind und die nur wenige begleitende Zutaten als Garnitur verlangen, wird die süßliche Frische des Fischs betont und verstärkt: Der Fisch wird als Fisch zubereitet, nicht als Fleischersatz. Hier tritt der reine Fischgeschmack zu Tage, das Fleisch ist zart, aber trotzdem fest, und das Eigenaroma kommt deutlich hervor – sicherlich Gründe für die Beliebtheit auch dieser Zubereitung.

Zusammenfassend kann man sagen, daß wir Chinesen Fisch aus beiden Gründen schätzen: weil man ihn sowohl fleischähnlich zubereiten als auch das fischeigene Aroma deutlich hervortreten lassen kann.

Die folgenden Rezepte zeigen die wichtigsten Zubereitungsweisen und erklären, wie man die genannten Effekte hervorbringt.

Rotgekochter Fisch
(im Ganzen zubereitet)

Karpfen, Goldbrasse, Meerbrasse, Barsch, Barbe, Flunder oder Lachs lassen sich gut nach diesem Rezept zubereiten.

Zutaten (für 4 bis 8 Personen, zusammen mit anderen Gerichten): 4 große getrocknete chinesische Champignons (Tongu-Pilze), 1 Fisch (etwa 1200 g), 2 TL Salz, 2 EL Mehl, 75 g durchwachsenes Schweinefleisch, 4 Frühlingszwiebeln, Öl zum Fritieren, 4 Scheiben Ingwerwurzel, 4 EL Sojasauce, 3 EL Sherry, 3 TL Zucker, 6 EL *Hühnerbrühe*, Pfeffer aus der Mühle

Vorbereitung: Die Pilze in wenig warmem Wasser in einem kleinen Schälchen 30 Minuten einweichen. Dann abgießen, dabei 4 Eßlöffel Einweichwasser auffangen und aufbewahren; die Pilzstiele entfernen.
Den Fisch auf jeder Seite mit 5 bis 6 schrägen Einschnitten versehen, damit das Öl und die Hitze gleichmäßiger einwirken können. Innen und außen mit Salz einreiben und in Mehl wenden.
Das Schweinefleisch in sehr dünne Streifen schneiden. Die Frühlingszwiebeln in 3 cm lange Stücke hacken.

Zubereitung: Das Öl in einem Fettopf erhitzen und den Fisch darin 5 Minuten fritieren. Falls Sie keinen Fritiertopf besitzen, so backen Sie den Fisch auf chinesische Weise aus: eine große Pfanne 2 bis 3 cm hoch mit Öl füllen. Sobald das Fett ausreichend heiß ist, den Fisch einlegen, auf jeder Seite jeweils 1 Minute auf starkem Feuer backen. Dann die Temperatur herunterschalten; bei mittlerer Hitze nochmals auf beiden Seiten je 2 $\frac{1}{2}$ Minuten backen. Herausheben, abtropfen lassen und warm stellen. Fast alles Öl aus der Pfanne kippen (durch ein Sieb filtern und für weitere Verwendungen aufbewahren).
Das Schweinefleisch, den Ingwer und die Hälfte der Frühlingszwiebeln im verbliebenen Fett 1 $\frac{1}{2}$ Minuten pfannenrühren. Danach mit Pilzwasser, Sojasauce, Sherry, Zucker und Hühnerbrühe auffüllen. Pfeffer und die Pilze in die Pfanne streuen, alles aufkochen und 1 Minute lang rühren.

Nun den Fisch in die kochende Sauce legen und für 2 Minuten immer wieder damit begießen. Die Hitze auf kleinste Stufe zurücknehmen. Den Fisch vorsichtig umdrehen und mit den restlichen Frühlingszwiebeln überstreuen. Die Pfanne mit einem Deckel verschließen und den Fisch 4 bis 5 Minuten in der Sauce ziehen lassen.

Servieren: Den Fisch auf einer großen ovalen Platte anrichten. Frühlingszwiebeln, Fleischstreifen und Pilze dekorativ auf seiner Oberfläche verteilen.

Rotgekochter Fisch mit Gemüse

Dieses Rezept ist eine nur wenig aufwendigere Version des vorherigen. Statt Schweinefleisch nimmt man Schinken, außerdem werden mehr Gemüsesorten verwendet.

Zutaten (für 4 bis 6 Personen, zusammen mit anderen Gerichten): 3 Lilienknospen, 3 große getrocknete chinesische Champignons, 25 g getrocknete Wolkenohrpilze, 50 bis 75 g Bambussprossen, 1 grüne Paprikaschote, 1 große Zwiebel, 2 bis 3 Wasserkastanien, 3 Frühlingszwiebeln, 75 g Schinken, 1 Fisch (etwa 1200 g), 2 TL Salz, 2 EL Mehl, Öl zum Fritieren, 4 EL Sojasauce, 3 EL Sherry, 3 TL Zucker, 6 EL *Hühnerbrühe*, Pfeffer aus der Mühle

Vorbereitung: Lilienknospen, Tongu-Pilze und Wolkenohrpilze getrennt in warmem Wasser jeweils 30 Minuten einweichen. Die Lilienknospen in 5 cm lange Stücke teilen. Von den Pilzen die Stiele entfernen und 4 Eßlöffel des Einweichwassers zurückbehalten.
Pilzhüte, Bambussprossen und die Paprikaschote in schmale Streifen, die Zwiebel und die Wasserkastanien in hauchdünne Scheibchen schneiden. Die Frühlingszwiebeln in 5 cm lange Stücke hacken. Den Schinken ebenfalls in feine Streifen teilen.
Den Fisch auf beiden Seiten sechsmal schräg einschneiden, innen und außen mit Salz einreiben und in Mehl wenden.

Zubereitung: Den Fisch im heißen Öl 5 Minuten ausbacken (oder wie im vorigen Rezept beschrieben auf jeder Seite in der 2 cm hoch mit Öl gefüllten Pfanne braten). Dann herausheben, abtropfen lassen und warm stellen. Fast alles Öl aus der Pfanne wegkippen.
Bambussprossen, Wasserkastanien, Paprika, Zwiebel, Tongu- und Wolkenohrpilze, die Lilienknospen und die Hälfte der Frühlingszwiebeln im verbliebenen Öl 2 Minuten pfannenrühren.
Pilzwasser, Sojasauce, Sherry, Zucker, Hühnerbrühe und Pfeffer zufügen. Diese Sauce 2 Minuten unter Rühren köcheln. Den Fisch einlegen, damit beschöpfen und 5 bis 6 Minuten sanft ziehen lassen.

Servieren: Den Fisch auf einer großer ovalen Platte anrichten und alle festen Ingredienzen darauf verteilen. Zum Schluß mit den Schinkenstreifen und den restlichen Frühlingszwiebeln garnieren.

Rotgekochte Fischstücke

Große Fische wie Heilbutt, Kabeljau oder Schellfisch, die man meist in Stücken kauft, bereitet man ganz ähnlich wie in den letzten beiden Rezepten beschrieben zu. Man schneidet den Fisch hierfür in mundgerechte Würfel von etwa 3 cm Kantenlänge. Da man dieses Gericht als schlichtes häusliches Mahl serviert, verwendet man keine Pilze oder Bambussprossen.

Zutaten (für 4 bis 6 Personen, zusammen mit anderen Gerichten): 1000 g Fischfilet, 1 TL Salz, 2 EL Mehl, 2 Scheiben Ingwerwurzel, 3 Frühlingszwiebeln, 4 EL Öl, 3 EL Sojasauce, 4 EL Fleisch- oder Hühnerbrühe, Pfeffer aus der Mühle, 2 TL Zucker

Vorbereitung: Das Fischfilet in 3 bis 4 cm große Würfel schneiden, rundum mit Salz einreiben und in Mehl wenden. Den Ingwer feinhacken. Die Frühlingszwiebeln in 2 cm lange Stücke hacken.

Zubereitung: Das Öl in einer Pfanne erhitzen. Die Fischwürfel darin auf allen Seiten jeweils 2 Minuten lang anbraten, dann herausheben und warm stellen.

Den Ingwer und die Hälfte der Frühlingszwiebeln im verbliebenen Bratfett 1 Minute pfannenrühren. Mit Sojasauce und Brühe angießen, pfeffern, zuckern, und alles zusammen eine weitere Minute unter Rühren köcheln.
Zuletzt die Fischwürfel in die Sauce legen, 1 Minute lang damit beschöpfen und zugedeckt auf mildester Hitze 4 Minuten ziehen lassen.

Servieren: Die Fischstücke auf einer Platte anrichten und mit der Sauce begießen; mit Sojasauce beträufeln, mit den restlichen Frühlingszwiebeln bestreuen und sofort auftragen.
Ein sehr praktisches Gericht, das in kürzester Zeit zubereitet werden kann.

Rotgekochte kleine Fische

Für dieses Rezept verwendet man Hering, Scholle oder Sardinen. Gerade kleinere Fische, die nicht so leicht zu filieren sind, brät man normalerweise im Ganzen, bis Flossen und Schwänze so knusprig sind, daß man sie mitessen kann.

Zutaten (für 4 bis 6 Personen, zusammen mit anderen Gerichten): 1000 g kleine Fische, 1 TL Salz, 2 EL Mehl, 2 Scheiben Ingwerwurzel, 3 Frühlingszwiebeln, 1 Zwiebel, 6 bis 10 EL Öl, 3 EL Sojasauce, 4 EL Hühner- oder Fleischbrühe, 2 TL Zucker, Pfeffer aus der Mühle

Vorbereitung: Die Fische rundum mit Salz einreiben und im Mehl wenden. Den Ingwer feinhacken. Die Frühlingszwiebeln in Stücke von 3 cm Länge, die Zwiebel in feine Scheiben schneiden.

Zubereitung: Die Fische im heißen Öl schwimmend etwa 7 bis 8 Minuten ausbacken, bis sie rundherum knusprig sind. (Oder in weniger Öl auf mittlerer Hitze 8 bis 10 Minuten backen, dabei mehrmals umdrehen.) Wenn sie knusprig sind, aus der Pfanne nehmen und warm stellen. Fast alles Öl aus der Pfanne wegkippen. Im restlichen Öl den Ingwer und die Zwiebeln unter Rühren anbraten. Mit Sojasauce und Brühe auffüllen, alles zuckern und pfeffern und die Frühlingszwiebeln darüberstreuen.

Nun die Fische zurück in die Pfanne geben und auf mildester Hitze 10 bis 12 Minuten ziehen lassen, dabei alle 3 bis 4 Minuten wenden. Sobald fast alle Flüssigkeit in der Pfanne verdampft ist, wird der Fisch nicht nur knusprig, sondern auch sehr aromatisch sein.

Auf diese Weise zubereitete kleine Fische gehören zu den Lieblingsgerichten der Chinesen, die wahre Meister darin sind, sich die Gräten wieder aus dem Mund zu ziehen. Wenn aber die Fische lange genug gebraten werden, so daß die Gräten alle knackig und knusprig sind, braucht man sich diese Mühe nicht zu machen, denn jetzt kann man genüßlich auf ihnen herumkauen und sie verspeisen – ein zusätzliches Vergnügen beim Essen!

Rotgeköchelter Fisch in Essigsauce

Zutaten (für 4 bis 6 Personen, zusammen mit anderen Gerichten): 6 Heringe oder 1 kleiner Karpfen (insgesamt etwa 1200 g), Salz, 3 Scheiben Ingwerwurzel, 3 Knoblauchzehen, 12 Frühlingszwiebeln, 4 Scheiben durchwachsener Speck (oder Frühstücksspeck), 6 EL Essig, 6 EL Sojasauce, 6 EL Rotwein, 1 EL Zucker

Vorbereitung: Die Heringe (oder den Karpfen) ausnehmen und gründlich in Salzwasser abspülen. Ingwer und Knoblauch feinhacken. Die Frühlingszwiebeln in 5 cm lange Stücke schneiden.

Zubereitung: Einen schweren Topf mit dickem Boden oder eine feuerfeste Schmorform wählen und einen feuerfesten Teller hineinstellen, damit später die Zutaten nicht ansetzen. Den Teller mit den Speckstreifen bedecken. Die Fische abwechselnd mit den Frühlingszwiebeln daraufschichten, gleichmäßig mit Ingwer, Knoblauch und Zucker bestreuen und mit Essig, Sojasauce und Rotwein begießen.

Nunmehr mit soviel Wasser auffüllen, daß alles 1 cm hoch davon bedeckt ist, und aufkochen. Dann die Hitze auf kleinste Stufe schalten und eine Asbestplatte unter den Topf legen. Den Fisch 2 Stunden lang sanft ziehen lassen, danach für weitere 2 Stunden in den auf 150 Grad vorgeheizten Ofen stellen, zuvor jedoch kontrollieren, ob sich noch genügend Flüssigkeit im Schmortopf befindet. Nach dieser Garzeit sind Köpfe, Schwänze und Gräten der Fische so zart, daß man sie essen kann. Sie schmecken köstlich!

Die Chinesische Küche kennt zwei Extreme: Entweder sind die Speisen im Nu fertig, oder sie brauchen eine Ewigkeit, um gar zu werden. Alles Pfannengerührte gehört zur Gruppe der Schnellgerichte, das eben beschriebene Fischgericht hingegen zu denen, deren Garzeit niemals zu enden scheint!

Anmerkung der Übersetzerin: Durch das lange Garen werden die gelatinösen Stoffe aus den Gräten herausgezogen (vor allem bei Karpfen). Dadurch entsteht eine Art höchst aromatischer Gelee, wenn das Gericht abgekühlt ist.

Süßsaurer rotgekochter Fisch

Bei fast allen süßsauren Fischgerichten wird der Fisch zunächst knusprig gebraten, bevor im letzten Augenblick die Sauce hinzukommt. Sämtliche rotgekochten Fischzubereitungen kann man süßsauer anmachen, indem man die Saucenmenge im Originalrezept reduziert und zum Schluß mit der süßsauren Sauce auffüllt. Man läßt einfach die Brühe weg und fügt weniger Sherry oder Pilzwasser hinzu. Weil nun weniger Flüssigkeit vorhanden ist, wird das Gericht nach kurzem Dünsten schon ziemlich trocken. Dann gießt man die süßsaure Sauce hinzu.
Wie man diese Sauce herstellt, sehen Sie im folgenden Rezept.

Süßsaurer Karpfen vom Gelben Fluß

Der Ausdruck »Gelber Fluß« könnte wehmütige Erinnerungen an die Landschaften Chinas hervorrufen und den Eindruck erwecken, als handle es sich um ein Gericht mit ganz besonderen Zutaten – dabei ist ein Karpfen vom Gelben Fluß um keinen Deut anders oder besser als irgendein beliebiger chinesischer Karpfen, nur daß er in sehr schlammigem Wasser lebt und deshalb einige Tage in klarem Wasser gehalten werden sollte, bevor man ihn zubereitet.

Zutaten (für 4 bis 6 Personen, zusammen mit anderen Gerichten): 1 Karpfen (etwa 1200 bis 1500 g), 2 TL Salz, 2 EL Mehl, 25 g Wolkenohrpilze, 50 g Bambussprossen, 3 Knoblauchzehen, 3 Scheiben Ingwerwurzel, 4 Frühlingszwiebeln, 25 g Wasserkastanien, 1 kleine Paprikaschote, 1 EL Maisstärke, 2 EL Zucker, 3 EL Essig, 1 EL Tomatenpüree (oder -mark), 3 EL Orangensaft, 2 EL Sherry, 3 EL Brühe oder Wasser, Öl zum Fritieren, 2 EL Schweineschmalz

Vorbereitung: Den Fisch sorgfältig waschen und auf beiden Seiten in Abständen von jeweils 5 cm schräg 5 mm tief einschneiden. Mit Salz einreiben und in Mehl wenden. Die Wolkenohrpilze einweichen und abspülen.
Die Bambussprossen in schmale Streifen schneiden. Ingwer und Knoblauch feinhacken. Die Frühlingszwiebeln in 3 cm lange Stücke teilen. Die Wasserkastanien in dünne Scheiben, die Paprikaschote in feine Ringe schneiden. Die übrigen Zutaten außer Fritieröl und Schweineschmalz in einem Schüsselchen zu einer glatten Sauce verrühren.

Zubereitung: Das Öl im Fritiertopf erhitzen. Den Fisch darin 8 bis 10 Minuten ziemlich knusprig ausbacken, dann herausheben und im vorgeheizten Ofen warm halten.
Das Schmalz in einer Pfanne zerlassen. Ingwer, Knoblauch und die Hälfte der Frühlingszwiebeln darin 2 Minuten unter Rühren braten, dann den größten Teil des so gewürzten Fettes über den Fisch gießen.
Nun Bambussprossen, Wasserkastanien, Wolkenohrpilze und Paprikaringe in die Pfanne füllen und im darin verbliebenen Schmalz 2 Minuten pfannenrühren. Danach mit der Saucenmischung auffüllen. Sobald sie gebunden und durchscheinend ist, mit dem Gemüse über den Fisch verteilen.
Sofort servieren.
Ein festliches Gericht, das bei Partys und größeren Gesellschaften sehr beliebt ist.

Fritierte frische Fischchen

Im allgemeinen bereitet man in der Chinesischen Küche kleine Fische stets so zu, daß sie krachendknusprig werden. Dann passen sie besonders gut zu gekochtem Reis. Im folgenden Rezept werden die Fischchen auch kräftig gesalzen.

Zutaten (für 4 bis 6 Personen, zusammen mit anderen Gerichten): etwa 1200 g kleine Fische (Heringe, Sardinen, kleine Forellen), 2 Scheiben Ingwerwurzel, 3 TL Salz, 1 EL Mehl, Öl zum Fritieren

Vorbereitung: Die Fischchen sorgfältig säubern. Den Ingwer feinhacken und mit dem Salz vermischen. Die Fische gründlich damit einreiben und 1 Stunde marinieren, dann mit dem Mehl bestäuben.

Zubereitung: Das Öl im Fritiertopf erhitzen. Die Hälfte der Fischchen in den Ausbackkorb legen und für 5 Minuten ins heiße Öl tauchen; herausheben und abtropfen lassen. Nun die übrigen Fischchen ebensolange ausbacken.
Danach alle Fischchen zusammen in den Korb füllen und ein zweites Mal 2 bis 3 Minuten fritieren. Jetzt müßten Köpfe und Flossen krachend knusprig sein.

Dieses Gericht ist zwar nicht sehr fein oder festlich, aber es schmeckt sehr gut zu Reis, wenn keine üppigen Fleischspeisen vorgesehen sind und die Gäste mit Gemüsegerichten vorlieb nehmen müssen.

Fritierte frische Salz-Fischsteaks

Zutaten (für 4 bis 6 Personen, zusammen mit anderen Gerichten): 1000 g Fischfilet (Kabeljau, Schellfisch oder Heilbutt), 2 Scheiben Ingwerwurzel, 4 TL Salz, 2 EL Mehl, 1 Prise Backpulver, 1 Ei, Öl zum Fritieren

Vorbereitung: Den Fisch in Stücke von 4 mal 5 cm Größe schneiden. Den Ingwer feinhacken und mit 2 Teelöffeln Salz vermischen. Jedes Fischstück damit einreiben und 2 Stunden lang ziehen lassen.
Das restliche Salz mit dem Backpulver und dem Mehl mischen. Das Ei in einem Schälchen leicht verschlagen. Die Fischstücke nun zuerst im verquirlten Ei, dann in der Mehl-Backpulver-Mischung wenden.

Zubereitung: Das Öl in einem Fritiertopf erhitzen. Jeweils 3 bis 4 Fischstücke auf einmal im Drahtkorb hineingeben und 3 bis 4 Minuten ausbacken. Diesen Vorgang so lange wiederholen, bis alle Stücke rundum leicht gebräunt sind. Die fertigen Fischsteaks im Fischgrätmuster auf einer vorgewärmten weißen Platte anrichten und sofort servieren.
Sie können die Platte nach Belieben mit einigen Salatblättern oder jungem Kohl garnieren.

Die scharfe Salzigkeit der Panade steht in reizvollem Kontrast zur zarten Frische des Fischfleisches. Deshalb ist dieses recht einfache Gericht für alle Fischliebhaber ein Hochgenuß zu gekochtem Reis.

Dachziegel-Fisch

Hier ein schlichtes Gericht, bei dem Fischstücke gesalzen, ausgebacken und schließlich aufeinandergestapelt werden. Es ist in Nordchina sehr beliebt.

Zutaten (für 4 bis 6 Personen, zusammen mit anderen Gerichten): 2 Scheiben Ingwerwurzel, 3 TL Salz, etwa 1500 g Fischfilet (Kabeljau, Lachs oder Karpfen), 3 EL Mehl (mit 1 Prise Backpulver gemischt), 1 Ei, Öl zum Fritieren

Vorbereitung: Den Ingwer feinhacken und mit dem Salz vermischen. Den Fisch in Streifen von 3 mal 5 cm Größe schneiden, mit der Salz-Ingwer-Mischung einreiben und 30 Minuten marinieren. Das Ei leicht verquirlen. Die Fischstreifen zuerst im Ei, dann in der Mehl-Backpulver-Mischung wenden.

Zubereitung: Das Öl in einem Fritiertopf erhitzen. Jeweils 4 oder 5 Fischstreifen in einen Ausbackkorb legen und im heißen Fett 4 bis 5 Minuten lang ausbakken, dann abtropfen lassen. Wenn alle Fischstreifen einmal fritiert sind, gibt man sie zum Schluß zusammen nochmals für weitere $1^1/_2$ Minuten ins siedende Öl. Dadurch werden sie erst richtig knusprig.

Servieren: Die Fischstreifen auf einer vorgewärmten Platte dachziegelartig aufeinanderstapeln und sofort auftragen.

Eichhörnchen-Fisch

Im Gegensatz zum *Karpfen vom Gelben Fluß* handelt es sich hier um ein Gericht vom Jangtse-Fluß. Es ist vor allem in der Stadt Nanking bekannt, die an diesem gewaltigen Strom liegt.

Zutaten (für 4 bis 6 Personen, zusammen mit anderen Gerichten): 1 Karpfen oder 1 Meerbrasse (etwa 1200 g), 3 TL Salz, 2 EL Mehl, 6 getrocknete chinesische Champignons (Tongu-Pilze), 2 Scheiben Ingwerwurzel, 3 Frühlingszwiebeln, 50 g Bambussprossen, 1 EL Maisstärke, 3 EL Wasser, 1 $^1\!/_2$ EL Sojasauce, 1 $^1\!/_2$ EL Zucker, 2 $^1\!/_2$ EL Essig, 6 EL *Hühnerbrühe*, 2 EL Sherry, Öl zum Fritieren, 1 $^1\!/_2$ EL Schweineschmalz (oder Butter)

Vorbereitung: Vom Fisch den Kopf abhacken. Den Körper längs aufschneiden und die Rückengräte sowie alle anderen Gräten herauslösen. Den Fisch nun mit Küchenpapier innen und außen sorgsam sauberwischen, mit Salz einreiben, mit Mehl bestäuben und auf beiden Seiten zehnmal schräg einkerben; dann 2 Stunden marinieren lassen.
Die Pilze in warmem Wasser 30 Minuten einweichen. Danach die Stiele entfernen und die Hüte in feine Streifen schneiden. Den Ingwer feinhacken. Die Frühlingszwiebeln in 3 cm lange Stücke teilen. Die Bambussprossen in schmale Streifen schneiden. Die übrigen Zutaten bis auf Fritierfett und Schmalz zu einer glatten Sauce verrühren.

Zubereitung: Den Fisch in einen Ausbackkorb legen und für 5 bis 6 Minuten in das siedende Öl tauchen. Sobald kein Knistern und Prasseln mehr zu hören ist – was bedeutet, daß fast alles Wasser verdampft ist –, den Topf vom Feuer ziehen. Der Fisch dreht sich jetzt zusammen und wölbt sich am Schwanzende empor, so daß er Ähnlichkeit mit einem Eichhörnchen hat.
Nunmehr die Friteuse zurück aufs Feuer stellen und den Fisch bei größter Hitze weitere 2 Minuten ausbacken, bis er goldbraun ist und sich sein Schwanz weiter hochwölbt, wodurch er einem Eichhörnchen noch ähnlicher wird.
Unterdessen für die Sauce Ingwer, Frühlingszwiebeln, Bambussprossen und Pilze im heißen Schmalz auf mittlerem Feuer 1 $^1\!/_2$ Minuten braten, dann mit der Saucenmischung ablöschen. Sobald die Flüssigkeit aufgekocht und eine dickliche Sauce entstanden ist, den Fisch aus dem Fettbad heben, abtropfen lassen und auf einer vorgewärmten Platte anrichten.

Servieren: Fisch und Sauce getrennt rasch zu Tisch bringen. Erst vor den Gästen die Sauce über den Fisch gießen, der nun ein Geräusch von sich gibt, das wie das Quieken eines Eichhörnchens klingt (quieken Eichhörnchen eigentlich?). Wie auch immer – der Gedanke und die Beschreibung scheinen die chinesische Phantasie anzuregen!

Gefüllter Fisch, fritiert und gedünstet
(Farce aus Schweinefleisch und Zwiebeln)

Zutaten (für 4 bis 6 Personen, zusammen mit anderen Gerichten): 1 Fisch (etwa 1200 g – Karpfen, Meerbrasse oder Barbe), 2 EL getrocknete Garnelen (oder Krabben), 6 Frühlingszwiebeln, 2 Knoblauchzehen, 100 g durchwachsenes Schweinefleisch, 4 TL Zucker, 1 TL Salz, 2 EL Mehl, 100 g junger Lauch, 2 Scheiben Ingwerwurzel, Öl zum Fritieren, 2 EL Schweineschmalz, 3 EL Sojasauce, 1 EL Hoisinsauce, 1 $^1\!/_2$ EL Essig, $^1\!/_5$ l Wasser

Vorbereitung: Den Fisch sorgsam abspülen und mit Küchenpapier trockentupfen. Die Garnelen in Wasser 30 Minuten einweichen, dann abtropfen lassen. Die Frühlingszwiebeln in 5 cm lange Stücke schneiden. Den Knoblauch zerdrücken. Das Schweinefleisch grobhacken.
1 Teelöffel Zucker mit dem Salz mischen und unter Garnelen, Frühlingszwiebeln, Knoblauch und Schweinefleisch mengen. Den Fisch mit dieser Masse füllen, vorsichtig zunähen oder -stecken und mit Mehl bestäuben.
Den Lauch in 3 cm lange Stücke hacken, den Ingwer fein zerkleinern.

Zubereitung: Das Öl im Fritiertopf erhitzen. Den Fisch in einen Ausbackkorb legen, für 6 Minuten ins heiße Öl tauchen und gut abtropfen lassen.
Unterdessen das Schmalz in einer feuerfesten Form erhitzen. Ingwer und Lauch darin 2 Minuten pfannenrühren. Sojasauce, Hoisinsauce, den restlichen Zucker sowie Essig zufügen und alles 30 Sekunden unter Rühren vermischen, dann mit dem Wasser ablöschen und rasch aufkochen.

Nun den Fisch so in die Form legen, daß er vollständig von der Flüssigkeit bedeckt ist, und 6 bis 7 Minuten auf mittlerer Hitze köcheln. Danach umwenden und weitere 7 bis 8 Minuten auf mildem Feuer ziehen lassen.

Servieren: Den Fisch vorsichtig herausheben und auf einer vorgewärmten Platte anrichten. Mit der Sauce übergießen und mit dem Lauch garnieren.

Karpfen, in Hühnerschmalzsauce gedünstet

Zutaten (für 4 bis 6 Personen, zusammen mit anderen Gerichten): 1 Karpfen (etwa 1200 g), 2 TL Salz, 1 1/2 EL Mehl, 2 Scheiben Ingwerwurzel, 2 Knoblauchzehen, 4 Frühlingszwiebeln, 4 bis 5 EL Hühnerschmalz, 3 EL Sojasauce, 1 EL Hoisinsauce, 1 TL Chilisauce, 2 TL Zucker, 2 EL Sherry, 2 Würfel frischer Sojabohnenquark, 1/5 l *Hühnerbrühe*

Vorbereitung: Den Karpfen sorgfältig säubern und innen und außen mit Salz einreiben. 1 Stunde lang ziehen lassen, dann rundum mit dem Mehl bestäuben. Ingwer und Knoblauch feinhacken. Die Frühlingszwiebeln in 3 cm lange Stücke schneiden.

Zubereitung: Das Hühnerschmalz in einer großen ovalen feuerfesten Form erhitzen. Ingwer, Knoblauch und die Hälfte der Frühlingszwiebeln zufügen und 1 Minute unter Rühren anbraten. Mit Soja-, Hoisin- und Chilisauce auffüllen, zuckern, mit Sherry besprenkeln und alles gut verrühren.
Sobald diese Mischung aufkocht, den Karpfen einlegen und 2 Minuten sanft köcheln. Dann auf die andere Seite drehen und nochmals 2 Minuten in der Sauce dünsten.
Unterdessen den Bohnenquark in je 6 Stücke teilen und um den Fisch herum kreisförmig anordnen. Die Brühe angießen, die restlichen Frühlingszwiebeln einstreuen und die Form mit einem Deckel oder Alufolie dicht verschließen. Den Fisch 10 Minuten leise köcheln lassen. In der Form sofort zu Tisch bringen.

Anmerkung der Übersetzerin: Hühnerschmalz gewinnen Sie unter anderem, indem Sie aus einem möglichst fetten Huhn eine kräftige Brühe kochen (siehe Seite 75), den Topf über Nacht kalt stellen und am nächsten Tag die oben erstarrte Fettschicht vorsichtig abheben. Füllen Sie das Schmalz in ein gut schließendes Töpfchen und bewahren Sie es im Kühlschrank auf. Es hält sich jedoch nicht länger als 2 bis 3 Wochen – danach verändert es unangenehm seinen Geschmack.

Gedünstete Fischsteaks in Rotweinsauce

Zutaten (für 4 bis 6 Personen, zusammen mit anderen Gerichten): 1000 g Fischfilet, 2 TL Salz, 1 Ei, 1 1/2 EL Mehl (mit 1 Prise Backpulver vermischt), 3 Frühlingszwiebeln, 3 EL Pflanzenöl, 2 Scheiben Ingwerwurzel, 4 EL Rotwein, 2 EL Sojasauce, 1 EL Hoisinsauce, 1 EL Tomatenpüree (oder -mark), 1 TL roter Bohnenkäse, 2 TL Zucker, 1 EL Schweineschmalz, 2 EL gehackte Petersilie

Vorbereitung: Den Fisch in etwa 5 cm große Vierecke schneiden und mit dem Salz einreiben. Das Ei verquirlen. Die Fischstücke zuerst im Ei, dann im Mehl-Backpulver-Gemisch wenden. Die Frühlingszwiebeln in 5 cm lange Stücke hacken.

Zubereitung: Das Öl in einer Pfanne erhitzen. Den Ingwer und die Hälfte der Frühlingszwiebeln darin auf mittlerer Hitze 1 Minute pfannenrühren. Die Fischstücke zufügen, nebeneinander auf dem Pfannenboden verteilen und 2 1/2 Minuten braten, dann umdrehen und nochmals ebensolange auf der zweiten Seite braten.
2 Eßlöffel Rotwein mit der Sojasauce, der Hoisinsauce, dem Tomatenpüree, dem Bohnenkäse und dem Zucker verrühren. Die Fischsteaks gleichmäßig mit dieser Mischung beträufeln, wenden und 1 Minute köcheln; mit einem Schaumlöffel aus der Pfanne heben und auf einer vorgewärmten Platte anrichten. Nun das Schweineschmalz in die Pfanne geben, die Petersilie einstreuen, den restlichen Rotwein zugießen und die Frühlingszwiebeln zufügen. Die Sauce auf höchster Hitze 15 Sekunden aufkochen lassen.

Servieren: Die Sauce über die Fischstücke gießen und das Gericht mit den festen Bestandteilen dekorieren. Wieder ein Rezept, das sich leicht nachkochen läßt!

Gebratene Fischscheibchen in weißer Sauce

Zutaten (für 4 bis 6 Personen, zusammen mit anderen Gerichten): 25 g Wolkenohrpilze, 600 g Seezungenfilets (oder Flunderfilets), 1 $\frac{1}{2}$ TL Salz, 1 Eiweiß, 2 EL und 1 $\frac{1}{2}$ TL Maisstärke, 1 Prise Backpulver, 7 EL *Hühnerbrühe*, 3 EL Weißwein, $\frac{1}{4}$ TL Glutamat, 1 EL Hühnerschmalz, 1 EL Schweineschmalz, 2 Scheiben Ingwerwurzel

Vorbereitung: Die Wolkenohrpilze 30 Minuten in warmem Wasser einweichen, gründlich abspülen und abtropfen lassen. Den Fisch mit einem scharfen Messer in 5 mal 3 cm große Scheibchen schneiden und rundum mit dem Salz einreiben.
Das Eiweiß mit einer Gabel 10 Sekunden lang verschlagen. Die Fischstreifen zuerst darin wenden, dann mit 2 Eßlöffeln Maisstärke, die mit dem Backpulver vermischt wurde, bestäuben. 4 Eßlöffel Hühnerbrühe, den Wein, das Glutamat, die übrige Stärke und das Hühnerschmalz miteinander verrühren, bis eine glatte Sauce entstanden ist.

Zubereitung: Das Schweineschmalz mit dem Ingwer und der restlichen Brühe auf mittlerer Hitze unter Rühren aufkochen. Die Fischscheiben in diese Flüssigkeit legen und auf beiden Seiten jeweils 1 Minute ziehen lassen, dann vorsichtig mit einem Schaumlöffel herausheben und auf einer vorgewärmten Platte anrichten. Im Ofen warm stellen. Die in der Pfanne verbliebene Flüssigkeit wegkippen.
Nun die Wolkenohrpilze in die Pfanne geben und rasch auf mittlerer Hitze 30 Sekunden lang unter Rühren erhitzen. Dann mit der Saucen-Mischung ablöschen und so lange sanft rühren, bis die Flüssigkeit gebunden und durchscheinend ist. Die Sauce über den Fisch gießen.

Ein besonders delikates Gericht, das mit großer Aufmerksamkeit zubereitet werden muß, wenn es geraten soll. Es stammt aus Peking und ist dort sehr beliebt. »Braten« heißt in diesem Fall »In-der-Pfanne-Braten« – im Unterschied zum »Pfannenrühren«, wo das Gargut unermüdlich in der Pfanne herumgewirbelt wird. Das In-der-Pfanne-Braten geschieht ohne jede Bewegung, die Zutaten müssen sehr vorsichtig behandelt und langsam gewendet werden, damit sie nicht auseinanderfallen. Im allgemeinen nimmt man für diese Garmethode nur wenige verschiedene Ingredienzen und brät sie getrennt voneinander in der Pfanne. Sie sollen auch später nicht vermischt werden. Lediglich die Sauce verbindet zum Schluß die einzelnen Bestandteile zu einem Ganzen.

Gebratene Fischscheibchen in süßsaurer Sauce

Zutaten (für 4 bis 6 Personen, zusammen mit anderen Gerichten): 600 g Seezungen- oder Flunderfilet, 1 $\frac{1}{2}$ TL Salz, 1 Eiweiß, 2 $\frac{3}{4}$ EL Maisstärke, 1 Prise Backpulver, 6 EL *Hühnerbrühe*, 1 $\frac{1}{2}$ EL Sojasauce, 2 EL Sherry, 1 EL Tomatenpüree (oder -mark), 3 EL Orangensaft, 2 EL Essig, 1 $\frac{1}{2}$ EL Zucker, 1 EL Schweineschmalz

Vorbereitung: Das Fischfilet mit einem scharfen Messer in Streifen von 3 mal 5 cm Größe schneiden und rundum mit dem Salz einreiben. Das Eiweiß mit einer Gabel 10 Sekunden verschlagen. Die Fischscheibchen zuerst darin wenden, dann durch eine Mischung aus 2 Eßlöffeln Stärke und der Prise Backpulver ziehen.
Die Hälfte der Hühnerbrühe mit der Sojasauce, Sherry, Tomatenpüree, Orangensaft, Essig, Zucker und der restlichen Stärke, die mit 4 Eßlöffeln Wasser verrührt wurde, gründlich verquirlen, bis eine glatte Sauce entstanden ist.

Zubereitung: Das Schmalz und die restliche Hühnerbrühe in einer Pfanne auf mittlerer Hitze unter Rühren aufkochen. Die Fischscheibchen darin auf jeder Seite 1 $\frac{1}{2}$ Minuten dünsten. Dann die überschüssige Flüssigkeit aus der Pfanne kippen, mit der angerührten Saucenmischung auffüllen und den Fisch 1 $\frac{1}{2}$ Minuten darin köcheln, dabei immer wieder mit der Sauce übergießen und einmal wenden.

Servieren: Die Fischscheibchen mit einem Schaumlöffel aus der Pfanne heben und auf einer vorgewärmten Platte anrichten. Die Sauce gleichmäßig darüber verteilen. Das Gericht nach B... ... ...ackter Petersilie bestreuen...

Knoblauch und Ingwer feinhacken. Chili- und Paprikaschote sorgfältig entkernen. Den Chili sehr fein zerkrümeln, die Paprikaschote in schmale Streifen schneiden. Die restliche Stärke mit dem Glutamat, 4 Eßlöffeln Hühnerbrühe und dem Wein gründlich verrühren.

Zubereitung: Das Öl in einer großen Pfanne auf mittlerem Feuer erhitzen. Ingwer und Knoblauch darin 1 Minute unter Rühren braten. Die Hühnerfleischstücke auf der einen Hälfte des Pfannenbodens ausbreiten und ein paarmal rühren. Dann mit der restlichen Hühnerbrühe auffüllen und rasch aufkochen, damit sich die Brühe mit dem Öl verbindet.

Nun die Fischscheibchen auf der noch freien Seite des Pfannenbodens verteilen und 1 Minute bewegungslos braten. Danach Hühner- und Fischstücke wenden, eine weitere Minute garen und mit einem Schaumlöffel vorsichtig herausheben.

Das Schmalz in der Pfanne erhitzen. Chili und Paprikastreifen zufügen und 1 Minute lang pfannenrühren. Mit der Saucenmixtur auffüllen und so lange köcheln, bis die Flüssigkeit gebunden und durchscheinend ist. Jetzt Fisch- und Hühnerfleisch zurück in die Pfanne geben und in der Sauce 1 Minute wenden.

Das Gericht auf einer großen vorgewärmten Platte servieren.

Fritierte Fisch-Sandwichs

Hier ein eigenartiges Gericht, das aus der alten kaiserlichen Küche stammt. Neben dem ständigen Mischen und Mixen gehört zur Tradition der Chinesischen Küche, daß sämtliche Zutaten mit Ingredienzen von sehr unterschiedlicher Konsistenz und Qualität gestreckt werden dürfen. In diesem Rezept werden Schweinefleisch und Fisch zusammen verarbeitet. Das Schweinefleisch sollte in rasierklingenfeine Scheibchen geschnitten sein.

Zutaten (für 4 bis 6 Personen, zusammen mit anderen Gerichten): 400 g Fischfilet (Seezunge, Karpfen, Schellfisch, Lachs), 2 EL Sojasauce, 2 Frühlingszwiebeln, 400 g Schweinebauch, 1 ½ TL Salz, 3 Eier, 2 EL

24 Pfannengerührte Taschenkrebse in Eiersauce (S. 308); Dip für Taschenkrebse (S. 68)

Mehl, 1 Prise Backpulver, 1 EL Wasser, Öl zum Fritieren, Petersilie

Vorbereitung: Den Fisch in dünne Scheiben schneiden, mit der Sojasauce übergießen und 30 Minuten ziehen lassen. Die Frühlingszwiebeln grobhacken. Den Schweinebauch quer in hauchfeine Scheiben teilen (oder beim Einkauf den Metzger bitten, ihn mit seiner Aufschnittmaschine zu schneiden) und mit dem Salz rundum gründlich einreiben.
1 Ei mit einer Gabel eben verschlagen. Mehl, Backpulver und die beiden übrigen Eier miteinander verquirlen, dabei das Wasser hineinträufeln, und so lange schlagen, bis ein leichter Teig entstanden ist.
Die Fischscheibchen im verquirlten Ei wenden und mit den Frühlingszwiebeln bestreuen. Jeweils 2 Schweinefleischscheiben in den dünnen Teig tauchen, eine Fischscheibe dazwischenlegen und gut aufeinanderdrücken. Mit den übrigen Fleisch- und Fischscheiben ebenso verfahren und auf diese Weise lauter kleine »Sandwichs« herstellen.

Zubereitung: Das Öl im Fritiertopf erhitzen. Immer 2 Sandwichs auf einmal in einen Drahtkorb legen und bei mittlerer Hitze 4 Minuten ausbacken. Danach die Hitze verstärken und die Sandwichs noch 1 bis $1\,^{1}/_{2}$ Minuten fritieren, bis sie rundherum goldbraun sind. Alle vorbereiteten Sandwichs auf diese Art ausbacken.

Servieren: Jedes Sandwich in 4 gleiche Teile schneiden und gefällig auf einer einfarbigen Platte anrichten. Mit Petersiliensträußchen dekorieren.
Dieses Gericht eignet sich gut als Vorspeise oder als Knabberhappen zu Drinks.

Anmerkung der Übersetzerin: Falls Sie keinen Gasherd besitzen, bei dem man die Temperatur unmittelbar regeln und beeinflussen kann, wird es nötig sein, hier auf zwei Kochplatten zugleich zu arbeiten: Schalten Sie die erste Platte auf mittlere Hitze und fritieren Sie die Sandwichs 4 Minuten lang vor. Schieben Sie dann den Fritiertopf auf die zweite Herdplatte, die auf volle Leistung eingestellt sein muß. Dort bekommen die Sandwichs rundum ihre appetitlich goldbraune Farbe.

Passen Sie jedoch auf und legen Sie sich schützende Topflappen bereit, damit sie mit beiden Händen zupacken können, wenn Sie den heißen Topf von der einen auf die andere Seite transportieren – sonst schwappt das heiße Öl heraus, und das kann äußerst schmerzhaft werden!

Doppelt gebratener Aal

Ein üppiges, würziges Gericht aus Schanghai, das hervorragend zu gekochtem Reis paßt.

Zutaten (für 4 bis 6 Personen, zusammen mit anderen Gerichten): 1 frischer Aal (etwa 1400 bis 1800 g), 3 TL Salz, 2 Scheiben Ingwerwurzel, 2 Knoblauchzehen, 4 Frühlingszwiebeln, Öl zum Fritieren, 2 EL Schweineschmalz, 2 EL Sojasauce, 2 EL Sherry, 4 EL *Hühnerbrühe*, $^{1}/_{4}$ TL Glutamat, 1 TL Zucker, $^{1}/_{5}$ TL Fünf-Gewürz-Pulver, Pfeffer aus der Mühle, 2 EL gehackte Petersilie

Vorbereitung: Den Aal in kochendes Wasser tauchen, nach 1 Minute abgießen, mit Küchenpapier gründlich abtrocknen und rundum mit Salz einreiben; 1 Stunde marinieren. Ingwer und Knoblauch feinhacken. Die Frühlingszwiebeln in 2 cm lange Stücke schneiden.

Zubereitung: Das Öl im Fritiertopf erhitzen. Den Aal in einen Drahtkorb legen und 4 bis 5 Minuten ausbakken, dann herausheben und abtropfen lassen. Das Fleisch in gleichmäßige Streifen von 2 mal 5 cm Größe schneiden. Den Kopf und das Schwanzstück wegwerfen.
Die Aalstreifen nochmals in den Fritierkorb geben und ein zweites Mal auf starkem Feuer 2 bis 3 Minuten goldbraun ausbacken. Sorgfältig abtropfen lassen.
Unterdessen das Schmalz in einer Pfanne erhitzen. Ingwer, Knoblauch, Frühlingszwiebeln, Sojasauce, Sherry, Hühnerbrühe, Glutamat, Zucker, Fünf-Gewürz-Pulver und Pfeffer zufügen. Alles 1 Minute unter Rühren aufkochen, dann die Aalstücke in dieser Sauce verteilen und $2\,^{1}/_{2}$ Minuten lang darin wenden und drehen.

Servieren: Die Aalstreifen auf einer vorgewärmten Platte anrichten, mit der Sauce übergießen und mit gehackter Petersilie bestreuen. Das Gericht schmeckt am besten, wenn es sofort gegessen wird.

Anmerkung der Übersetzerin: Aal wird stets lebend verkauft und erst vor den Augen des Käufers geschlachtet. Wenn Sie Ihren Fischhändler freundlich bitten, dann zieht er für Sie auch gleich die Haut ab (wie für dieses Rezept nötig) und löst die dicke Rückengräte heraus.
Es ist aber nicht weiter schlimm, wenn Sie diese Arbeit zu Hause selbst erledigen müssen: Am besten hacken Sie den Aal dafür zunächst quer in 5 cm lange Stücke und schneiden dann vom Rücken her das feste Fleisch von der Gräte. Jetzt brauchen Sie das ausgelöste Fleisch nur noch längs in 2 cm breite Streifen zu teilen, und der Aal ist passend vorbereitet.
Eines noch: Erschrecken Sie nicht, wenn das Tier sich auch Stunden nach dem Schlachten noch hochbäumt und bewegt, als sei es noch am Leben. Sie können diese Erscheinung vermeiden, indem Sie den Aal gleich nach dem Einkauf in den Kühlschrank (an die kälteste Stelle) legen. Dadurch werden die Reflexbewegungen stark vermindert.

Gebackene Fischstreifen in Selleriesalat

Zutaten (für 4 bis 6 Personen, zusammen mit anderen Gerichten): 600 g Fischfilet (Lachs, Kabeljau, Schellfisch, Meerbrasse oder Scholle), 1 Ei, 2 TL Salz, 3 EL Mehl, 1 reichliche Prise Backpulver, 400 g Stangensellerie, 1 $^1/_2$ EL Sojasauce, 1 TL Chilisauce, $^1/_2$ TL Glutamat, 2 TL Sesamöl, 50 g geräucherter Schinken, Öl zum Fritieren, Saft von $^1/_2$ Zitrone

Vorbereitung: Die Fischfilets schräg in große dünne Scheiben, dann längs der Faser in streichholzgroße Streifen schneiden. Das Ei verquirlen, die Fischstreifen hineintauchen und dann in einer Mischung aus dem Mehl, Backpulver und Salz wenden.
Den Sellerie längs in ebenso feine Streifen wie den Fisch schneiden, für 30 Sekunden in kochendes Wasser werfen, abschrecken und abtropfen lassen. Sojasauce, Chilisauce, Glutamat und Sesamöl verrühren und die Selleriestreifen damit anmachen. Den geräucherten Schinken gleichfalls in streichholzfeine Streifen schneiden.

Zubereitung: Das Öl im Fritiertopf erhitzen. Die Fischstreifen hineinschütten und rasch mit Hilfe eines Paars Stäbchen ausbreiten (oder in einen Ausbackkorb füllen und in das heiße Öl tauchen). Nach etwa 2 $^1/_2$ Minuten schwimmen die Fischstreifen auf der Fettoberfläche, dann sofort mit einem Schaumlöffel herausfischen und abtropfen lassen.

Servieren: Den Sellerie auf einer großen ovalen Platte oder in einer Salatschüssel als Bett ausbreiten. Die gebackenen Fischstreifen darauf verteilen und alles vorsichtig miteinander mischen.
Mit Zitronensaft beträufeln, mit den Schinkenstreifen garnieren und servieren.

Geräucherter Fisch

In der Chinesischen Küche räuchert man im allgemeinen nur Fisch (ganz oder in Stücken), der zuvor sorgfältig mariniert und gewürzt und dann in Öl so lange gebraten wurde, bis er ziemlich trocken ist und eigentlich schon aussieht, als ob er bereits geräuchert sei. Geräuchert wird lediglich, damit der Fisch einen Hauch von Räuchergeschmack bekommt. Das folgende Rezept beschreibt, wie man in einer modernen Küche räuchern kann. Es klingt zwar recht kompliziert – aber die Mühe lohnt sich bestimmt!

Zutaten (für 4 bis 6 Personen, zusammen mit anderen Gerichten): 2 Frühlingszwiebeln, 2 EL Sojasauce, 1 EL Sojapaste, 1 EL Sherry, 2 TL Zucker, $^1/_2$ TL Glutamat, 4 Fischfilets, 1 $^1/_2$ TL Salz, 4 EL Pflanzenöl, 3 EL brauner Zucker; 2 große Stücke Alufolie

Vorbereitung: Die Frühlingszwiebeln feinhacken und mit Sojasauce, Sojapaste, Sherry, Zucker und Glutamat verrühren. Die Fischstücke rundum mit Salz einreiben und in der vorbereiteten Sauce 1 Stunde lang ziehen lassen, dabei mehrmals wenden.

Zubereitung: Das Öl in einer großen, schweren Pfanne erhitzen. Die Fischscheiben darin ausbreiten und auf jeder Seite 2 Minuten auf mittlerer Hitze sanft braten. Nunmehr die Flamme auf kleinste Stufe schalten. Den Fisch mit der noch übrigen Marinade begießen und so lange vorsichtig köcheln, bis die einzelnen Stücke dick von Sauce überzogen und dunkelbraun sind und alle übrige Flüssigkeit verdampft ist.

Räuchern: Die Fischfilets in ein Metallschüsselchen oder eine kleine Pfanne schichten. Den braunen Zucker in die Mitte des einen großen Stücks Alufolie schütten und das Gefäß mit dem Fisch daraufsetzen.
Die Folie darüber zusammenschlagen und die Enden obenauf fest zusammenkniffen oder -drehen, so daß ein dichtes »Zelt« entsteht. Dieses Paket auf das zweite Stück Alufolie stellen, das locker darübergefaltet wird. In die Spitze des inneren Folienpakets mit einer Nadel ein kleines Loch bohren.
Das Paket in einen schweren Topf setzen und ungefähr 3 bis 4 Minuten auf mittlerem Feuer erhitzen, bis aus dem Loch der inneren Verpackung Rauch emporsteigt (dann verbrennt und raucht der Zucker).
Jetzt das äußere Folienzelt gut verschließen. Den Topf noch ein paar Sekunden erhitzen, dann vom Feuer ziehen und den Fisch 10 Minuten in der rauchgefüllten Umhüllung belassen.

Servieren: Die Alufolie entfernen. Die Fischstücke auf einer Platte anrichten und sofort auftragen.
Dieses Räucherfischgericht ist relativ aufwendig. Die einfachere Art verlangt, wie in der Einleitung zu diesem Rezept bereits erwähnt, überhaupt kein Räuchern: Der Fisch wird lediglich auf mildestem Feuer so lange gebraten, bis er in seiner Marinade genügend eingetrocknet ist, daß er wie geräuchert aussieht. Seine braune Farbe bekommt er durch die Sojasauce und die übrigen Zutaten, die ihn im Laufe des sanften, langsamen Garprozesses überkrusten.

Fischbällchen in Brühe

In der Chinesischen Küche legt man Fisch- wie auch Fleischbällchen gerne in Suppen und Brühen ein oder gart sie zusammen mit verschiedenen anderen Zutaten (Fleisch und Gemüse) in gedünsteten Mischgerichten oder Zubereitungen mit viel Sauce.

Zutaten (für 8 Personen): 1 mittelgroße Zwiebel, 2 Scheiben Ingwerwurzel, 6 EL kochendes Wasser, 1 Ei, 1000 g Fischfilet, 1 EL Maisstärke, 2 TL Salz, Pfeffer aus der Mühle, 2 Frühlingszwiebeln, $1\,^{1}/_{2}$ l *Hühnerbrühe*, $^{1}/_{2}$ TL Glutamat, 3 TL Essig

Vorbereitung: Die Zwiebel und den Ingwer feinhacken, für $1\,^{1}/_{2}$ Minuten in das kochende Wasser werfen und durch ein Sieb filtern. Das gewürzte Wasser aufbewahren, Zwiebel und Ingwer wegwerfen.
Das Ei verquirlen. Den Fisch sehr feinhacken, durch den Wolf drehen oder im Mixer pürieren. Langsam das Zwiebel-Ingwer-Wasser dazugießen, dabei das verquirlte Ei, die Stärke, das Salz und den Pfeffer hineinarbeiten.
Aus diesem Teig gleichmäßige, etwa walnußgroße Bällchen formen: Jeweils etwas Teig in die Faust nehmen und davon zwischen Daumen und Zeigefinger kleine Stücke abquetschen. Wenn nötig, diese mit angefeuchteten Handflächen rundformen.
Die Frühlingszwiebeln kleinschneiden.

Zubereitung: Die Hühnerbrühe in einem Topf aufkochen, die Fischbällchen hineingleiten lassen und 4 bis 5 Minuten darin ziehen lassen. Dann das Glutamat in die Suppe streuen und den Essig hineinträufeln. (Nach Belieben noch weitere Gewürze zufügen.)

Servieren: Die Bällchen in 8 Suppenschälchen verteilen, mit der Brühe auffüllen, mit den gehackten Frühlingszwiebeln bestreuen und sofort auftragen.

Gedünstete Fischbällchen

Zutaten (für 6 bis 8 Personen, zusammen mit anderen Gerichten): *Fischbällchen* (siehe voriges Rezept), 4 große getrocknete chinesische Champignons (Tongu-Pilze), 1 EL getrocknete Wolkenohrpilze, 25 g Lilienknospen, $1\,^{1}/_{2}$ EL getrocknete Garnelen, 200 g mageres Schweinefleisch, $^{1}/_{2}$ TL Salz, 3 Frühlingszwiebeln, 150 g Brokkoli, 2 EL Schweineschmalz, 2 EL Sojasauce, $^1/_8$ l *Feine Brühe*, 2 TL Maisstärke, 1 $^1/_2$ EL Sherry, $^1/_2$ TL Glutamat, 2 TL Sesamöl

Vorbereitung: Die Fischbällchen nach dem vorherigen Rezept herstellen, dabei die Menge um ein Drittel vermindern, und in sanft siedendem Wasser (nicht in Brühe) 3 bis 4 Minuten garen. Gut abtropfen lassen.
Die beiden Pilzsorten, die Lilienknospen und die Garnelen getrennt voneinander in warmem Wasser jeweils 30 Minuten einweichen. Von den Tongu-Pilzen die Stiele entfernen, die Hüte in feine Streifen schneiden. Die Lilienknospen in 5 cm lange Stücke teilen.
Das Schweinefleisch in streichholzfeine Streifen schneiden und gründlich mit Salz einreiben. Die Frühlingszwiebeln in 3 cm lange Stücke hacken. Den Brokkoli in Röschen zerlegen, die Stiele ebenfalls kleinschneiden.

Zubereitung: Das Schmalz in einer Pfanne oder in einem Saucentopf erhitzen. Das Fleisch, die Garnelen und die Frühlingszwiebeln darin auf höchster Hitze 1 Minute braten. Pilze, Lilienknospen sowie Brokkoli zufügen und alles miteinander weiterhin auf stärkstem Feuer 3 Minuten lang unter Rühren braten.
Dann mit Sojasauce und Brühe auffüllen, aufkochen und die Fischbällchen einlegen. Nunmehr die Flamme auf kleinste Stufe schalten. Die Bällchen 7 Minuten leise köcheln lassen.
Die Stärke mit 3 Eßlöffeln Wasser, Sherry und Glutamat verquirlen und in die Flüssigkeit rühren. Kurz aufkochen und die Bällchen ein paarmal in der Sauce wenden. Das Gericht mit Sesamöl beträufeln und unverzüglich auftragen.

Betrunkener Fisch

In Japan ist es Tradition, rohen Fisch zu verspeisen. Wir Chinesen kennen aber auch einige rohe Fischgerichte. Dabei wird der Fisch normalerweise kräftig gewürzt.

Zutaten (für 4 bis 6 Personen, zusammen mit anderen Gerichten): 1 mittelgroße Zwiebel, 3 Scheiben Ingwerwurzel, 6 EL kochendes Wasser, 1000 g ganz frischer Kabeljau oder Lachs, 1 TL Salz, 2 EL Sojasauce, 2 EL trockener Sherry, 2 TL Cognac (oder *Mowtai-* oder *Kaoliang*-Schnaps), $^1/_6$ TL frisch gemahlener schwarzer Pfeffer, $^1/_2$ TL *Chili-Öl*, 2 EL gehackter Schnittlauch, 3 TL Sesamöl

Vor- und Zubereitung: Die Zwiebel und den Ingwer sehr fein hacken, in das Wasser werfen und 2 Minuten kochen. Dann durch ein Sieb filtern und das Wasser auffangen; die Zwiebel- und Ingwerstücke wegwerfen.
Den Fisch in hauchfeine Scheiben von 4 mal 6 cm Größe schneiden und rundum mit Salz einreiben; dann gründlich mit Sojasauce, gewürztem Wasser, Sherry, Cognac (oder chinesischem Schnaps), Pfeffer, Chili-Öl und der Hälfte des Schnittlauchs mischen und 3 Stunden im Kühlschrank ziehen lassen.

Servieren: Die Fischscheiben auf einer flachen Platte dekorativ anrichten, mit dem Sesamöl einpinseln und mit dem restlichen Schnittlauch bestreuen.

Anmerkung der Übersetzerin: Die engagierten Köche der vielgepriesenen Neuen Küche haben viel von der Chinesischen Küche abgeguckt – deshalb ist roher Fisch bei uns längst nichts so Ungewöhnliches mehr wie noch vor wenigen Jahren.
Um dieses Rezept perfekt zuzubereiten, ist natürlich vor allem eines nötig: absolut frischer Fisch. Wenn Sie bei Ihrem Fischhändler einen *Lachs* sehen, dessen Flossen noch feucht und nirgendwo eingetrocknet und dessen Augen glänzend vorgewölbt sind, dann bitten Sie ihn um das Schwanzstück (dort stecken weniger Gräten). Aber passen Sie auf, daß er den Fisch nicht schuppt, denn dadurch wird das ohnehin empfindliche Fleisch gepreßt und zerdrückt, und Sie können es anschließend nicht mehr in gleichmäßige Scheiben schneiden, sondern bekommen nur noch Fetzen.
In den seltensten Fällen werden Sie bei Ihrem Händler so frischen *Kabeljau* bekommen, wie man ihn für dieses Gericht braucht, weil er größtenteils weit draußen im Meer gefischt wird und längst nicht mehr der frischeste ist, wenn er vom Fischerboot an Land gelangt. Aber sollte Ihr Händler wirklich einmal makellosen

Kabeljau oder Kabeljaufilets haben, die prall aussehen und appetitlich weiß bis rosa sind, dann greifen Sie zu: Kabeljau ist nicht nur erheblich billiger als Lachs – er schmeckt auch wirklich köstlich!

Lachs halbieren Sie entlang der Rückengräte und legen die beiden Hälften auf ein mit Alufolie abgedecktes Brett. Entfernen Sie sorgsam alle Gräten, nicht nur die dicke Rückengräte, sondern auch die feinen Y-Gräten. Fahren Sie mit dem Finger am Fleisch entlang, damit Sie sie aufspüren und mit einer Pinzette herausziehen können. Schneiden Sie nun mit einem großen Messer, das eine lange, biegsame Klinge hat, schräg in Richtung Schwanzende Scheiben ab, so dünn wie möglich. Legen Sie jeweils eine Scheibe auf ein Stück Folie, decken Sie ein zweites Stück Folie darüber und drücken Sie den Fisch vorsichtig, aber kräftig mit der breiten Messerschneide (oder der breiten Seite eines Küchenbeils) flach. Danach ist die Scheibe so dünn, wie sie sein soll: fast durchscheinend.

Im Kabeljaufilet werden Sie nur wenige Gräten finden. Ziehen sie auch diese alle sorgsam heraus und schneiden Sie das Filet ebenso in Scheiben, wie gerade beschrieben.

Pfannenrühren, Dämpfen und Garziehen von Fisch

Fisch darf man nicht mit so raschen, heftigen Bewegungen pfannenrühren wie Fleisch, Gemüse oder Nudeln, weil er sonst leicht in ungleichmäßige Stücke zerfallen würde. Deshalb brät man ihn meist bewegungslos *(Chien)* oder dünstet ihn in einer dicken Sauce *(Liu)*.

Bei beiden Methoden gart man ihn selten länger als 4 bis 5 Minuten, außerdem fügt man alle würzenden und begleitenden Zutaten im allgemeinen erst dann hinzu, wenn die Fischscheibchen bereits angebraten sind.

In jedem Fall muß man den Fisch genau nach Rezept in die entsprechenden akkuraten Scheiben oder Stücke schneiden – davon abgesehen ist die Garzeit sehr kurz. Die Garmethode ist in etwa dem Pfannenrühren *(Chow)* in der Fleisch- und Gemüseküche vergleichbar, das nahezu unzählige Variationen ermöglicht.

Es gibt zwar viel weniger Fisch- als Fleischgerichte, die so zubereitet werden, doch gehören einige nach der Methode *Liu* hergestellte Fischspeisen zu den beliebtesten und populärsten.

Wenn Sie jedoch *frische* ganze Fische bekommen können, empfiehlt es sich, sie zu dämpfen oder sanft garziehen zu lassen. Bei diesen schlichten Garmethoden bleiben Eigengeschmack und charakteristische Qualitäten der Fische voll erhalten. Die chinesische Angewohnheit, mit frischer Ingwerwurzel, einigen Tropfen Wein und einer Prise Zucker zu würzen, kann dabei wahre Wunder wirken und zu starke Fischigkeit dämpfen oder ausschalten. Zudem scheinen Sojasauce und fermentierte Bohnen zusammen mit Lauch, Zwiebeln und einem Hauch von Knoblauch das delikate Aroma von Fisch erst richtig hervorzubringen, während andere Würzmittel häufig des Guten zuviel tun.

Im Gegensatz zum In-Sauce-Garen wird Fisch oft vor

dem Dämpfen oder Garziehen mariniert. Der Garprozeß selbst besteht lediglich darin, daß der Fisch – je nach Größe oder Menge – für 15 bis 25 Minuten heftigem Dampf ausgesetzt wird. Fisch wird stets offen gedämpft: Die Form oder der Teller, auf dem er liegt, wird unverschlossen in den Dämpftopf gesetzt. Garnitur und Gewürze verteilt man schon vorher auf dem Fisch, so daß er nach Beendigung der Garzeit direkt aus dem Dämpftopf zu Tisch gebracht werden kann – fix und fertig dekorativ angerichtet.

Klargedämpfter Fisch

Die verschiedensten Fischsorten können klargedämpft werden, darunter Karpfen, Barsche, Brassen, Barben und Seezungen. Es ist jedoch besser, einen dickeren fleischigeren Fisch dafür zu wählen, statt der flacheren, dünneren Arten wie zum Beispiel Schollen, die sich eher zum Braten eignen.
Für den Chinesen ist ein guter Fisch etwa das, was für den Europäer ein stattlicher Braten ist: Er muß üppig und groß sein und sollte erst bei Tisch tranchiert werden.

Zutaten (für 4 bis 6 Personen, zusammen mit anderen Gerichten): 1 1/2 EL getrocknete Shrimps, 2 große getrocknete chinesische Champignons (Tongu-Pilze), 3 Scheiben Ingwerwurzel, 2 TL Salz, 1/2 TL Glutamat, 1 ganzer Fisch (etwa 1200 g), 6 Frühlingszwiebeln, 2 Knoblauchzehen, 3 EL Sojasauce, 2 EL Sherry, 3 TL Zucker, 3 EL *Hühnerbrühe*, 2 TL Maisstärke, 2 Scheiben Frühstücksspeck (oder durchwachsener Speck), Pfeffer aus der Mühle

Vorbereitung: Die getrockneten Shrimps 1 Stunde in Wasser einweichen. Die Pilze 30 Minuten in warmem Wasser quellen lassen, dann die Stiele entfernen und die Hüte in schmale Streifen schneiden.
Den Ingwer feinhacken und mit Salz und Glutamat vermischen. Den Fisch innen und außen damit einreiben, auf eine hitzebeständige Platte legen und 30 Minuten ziehen lassen.
Die Hälfte der Frühlingszwiebeln kleinschneiden, die übrigen in Stücke von 5 cm Länge hacken. Den Knoblauch zerkleinern und mit den Frühlingszwiebeln, der Sojasauce, dem Sherry, Zucker, der Brühe und der mit 2 Eßlöffeln Wasser verquirlten Stärke verrühren. Mit dieser Mischung den Fisch begießen und ihn mehrmals darin wenden. Den Speck in schmale Streifen schneiden. Nun die Shrimps über den Fisch streuen, Pilz- und Speckstreifen hübsch darauf anordnen und alles leicht mit Pfeffer würzen.

Zubereitung: Den fertig garnierten Fisch im Dämpftopf 20 bis 22 Minuten lang dämpfen.

Servieren: Die Fischplatte direkt aus dem Topf dampfend zu Tisch bringen – das ist besonders wirkungsvoll an einem Wintertag!

Obwohl dieses Gericht sehr einfach in der Zubereitung ist, zählt es doch nach Meinung vieler Feinschmecker unzweifelhaft zu den besten Fischgerichten der Welt.

Klargedämpfter Fisch mit Sub Gum-Garnitur
Abb. 23

Sub Gum bedeutet »10 verschiedene Zutaten«, aber wie viele chinesische Begriffe braucht man auch diesen nicht allzu genau nehmen – es geht natürlich auch mit nur 7 oder 8 Ingredienzen!

Zutaten (für 4 bis 6 Personen, zusammen mit anderen Gerichten): 3 Scheiben Ingwerwurzel, 2 TL Salz, 1/2 TL Glutamat, 1 ganzer Fisch (etwa 1200 g), 50 g getrocknete Bambussprossen, 4 Lilienknospen, 4 große getrocknete chinesische Champignons (Tongu-Pilze), 2 EL Wolkenohrpilze, 50 bis 75 g durchwachsenes Schweinefleisch, 2 junge Lauchstangen, 6 Frühlingszwiebeln, 75 g Wasserkastanien, 2 EL Schweineschmalz, 2 EL Sojasauce, 1 EL Sherry, 1 EL Essig, 2 TL Maisstärke, 2 EL *Hühnerbrühe*

Vorbereitung des Fischs: Den Ingwer sehr fein hacken und mit Salz und Glutamat vermischen. Den Fisch innen und außen damit einreiben und 30 Minuten marinieren.

Zubereitung des Fischs: Den Fisch auf eine feuerfeste Platte oder einen Teller legen und in starkem Dampf 20 bis 22 Minuten garen.

Vorbereitung des Sub Gum: Während der Fisch gart, die Garnitur herrichten. Die Bambussprossen 30 Minuten in heißem Wasser einweichen, abgießen und in schmale Streifen schneiden. Lilienknospen, Tongu- und Wolkenohrpilze getrennt voneinander in warmem Wasser ebenfalls 30 Minuten einweichen. Die Lilienknospen in 5 cm lange Stücke hacken. Die Stiele der Tongu-Pilze entfernen, die Hüte in feine Streifen hacken. Die Wolkenohrpilze gründlich ausspülen.
Das Schweinefleisch in feine Streifen teilen. Lauch und Frühlingszwiebeln in 5 cm lange Stücke kürzen. Die Wasserkastanien in Streifchen schneiden.

Zubereitung des Sub Gum: Das Schmalz in einer Pfanne erhitzen und das Schweinefleisch darin 1 $\frac{1}{2}$ Minuten auf stärkstem Feuer unter Rühren braten. Dann die übrigen festen Zutaten zufügen und alles miteinander 3 Minuten pfannenrühren. Zuletzt Sojasauce, Sherry, Essig, Maisstärke sowie Hühnerbrühe verquirlen, in die Pfanne gießen und unter Rühren köcheln, bis eine sämige Sauce entstanden ist.

Servieren: Den Fisch aus dem Dämpftopf nehmen, gleichmäßig mit der Sauce übergießen und mit den festen Bestandteilen hübsch garnieren.
Eine ziemlich einfache Zubereitung, die garantiert gelingt und dabei ausgesprochen reizvoll im Geschmack ist.

Gedämpfte Fischsteaks

Fisch wird nicht ausschließlich im Ganzen angeboten, sondern häufig bereits in Filets zerteilt oder quer in Koteletts geschnitten. Das folgende Rezept erklärt eine Art, solche Fischstücke zu dämpfen. Diese Methode wird auch für Plattfische wie Seezunge, Scholle oder Rotzunge angewendet.

Zutaten (für 4 bis 6 Personen, zusammen mit anderen Gerichten): 1 großes Fischfilet (etwa 1000 g), 2 TL Salz, 2 TL Zucker, 2 EL Sojasauce, 2 EL Sherry, 1 EL Pflanzenöl, 2 Scheiben Ingwerwurzel, 3 Frühlingszwiebeln, $\frac{1}{2}$ Zitrone, 50 g geräucherter Schinken

Vorbereitung: Das Fischfilet in ungefähr 5 cm große Vierecke schneiden und diese rundum mit Salz einreiben. Zucker, Sojasauce, Sherry und Öl verrühren. Die Fischstücke nebeneinander in eine flache feuerfeste Form legen, mit der Marinade übergießen, daß sie völlig davon bedeckt sind, und 30 Minuten ziehen lassen. Unterdessen den Ingwer feinhacken und die Frühlingszwiebeln in 5 cm lange Stücke teilen. Die Fischsteaks gleichmäßig damit bestreuen, mit dem Zitronensaft beträufeln und mit Schinkenstreifen dekorieren.

Zubereitung: Den Fisch in der feuerfesten Form für 20 bis 22 Minuten in den Dämpftopf stellen, danach sofort servieren.

Anmerkung der Übersetzerin: Je nachdem wie dick das Fischfilet ist, muß man die Garzeit etwas reduzieren, sonst wird das saftige Fischfleisch zu trocken. Rechnen Sie pro Zentimeter Stärke etwa 2 Minuten.

Klargeköchelter Fisch mit Sub Gum-Garnitur

Was die Zubereitung von Fisch angeht, ist das Klarköcheln dem Dämpfen vergleichbar. Nur wird Fisch selten für längere Zeit geköchelt – die Garzeit ist bei dieser Methode oft halb so lang wie beim Dämpfen.

Zutaten (für 4 bis 6 Personen, zusammen mit weiteren Gerichten): 1 ganzer Fisch (etwa 1200 g), 1 $\frac{1}{2}$ l Wasser, 4 Scheiben Ingwerwurzel, 1 EL Salz, 50 g getrocknete Bambussprossen, 4 Lilienknospen, 4 große getrocknete chinesische Champignons (Tongu-Pilze), 2 EL Wolkenohrpilze, 50 bis 75 g durchwachsenes Schweinefleisch, 2 junge Lauchstangen, 6 Frühlingszwiebeln, 75 g Wasserkastanien, 4 EL Schweineschmalz, 4 EL Sojasauce, 2 EL Sherry, 1 EL Essig, 2 $\frac{1}{2}$ TL Maisstärke, 2 $\frac{1}{2}$ EL *Hühnerbrühe*

Vorbereitung des Fischs: Den Fisch säubern, schuppen und auf beiden Seiten in Abständen von jeweils 3 cm schräg einkerben.

Zubereitung des Fischs: Das Wasser in einem Fischtopf oder einem ovalen Bräter erhitzen, dabei Ingwer und Salz zufügen, und heftig aufwallen lassen. Vorsichtig den Fisch so einlegen, daß er völlig mit Flüssigkeit bedeckt ist. Sobald das Wasser erneut aufkocht, den Topf mit einem Deckel verschließen und den Fisch auf mittlerem Feuer sanft ziehen lassen.
Danach eine Asbestmatte unter den Topf legen und die Hitze auf ein Minimum reduzieren. Den Fisch weitere 8 Minuten langsam garziehen lassen, dann vorsichtig herausheben und auf einer vorgewärmten Platte anrichten.

Vorbereitung des Sub Gum: Während der Fisch gart, die Garnitur zurichten. Dafür die Bambussprossen 30 Minuten einweichen und in feine Streifen schneiden. Lilienknospen, Tongu- und Wolkenohrpilze ebenfalls 30 Minuten lang getrennt voneinander einweichen. Die Lilienknospen in 5 cm lange Stücke hakken. Von den Tongu-Pilzen die Stiele entfernen, die Hüte in schmale Streifen teilen. Die Wolkenohrpilze gründlich ausspülen.
Das Schweinefleisch in dünne Streifen, den Lauch und die Frühlingszwiebeln in 5 cm lange Stücke und die Wasserkastanien in feine Streifchen schneiden.

Zubereitung des Sub Gum: Alle angeführten Zutaten im heißen Schmalz $3\frac{1}{2}$ bis 4 Minuten pfannenrühren. Dann Sojasauce, Sherry, Essig, Maisstärke und Hühnerbrühe miteinander verquirlen und dazugießen. Alles so lange unter Rühren köcheln, bis die Sauce dicklich wird.

Servieren: Die Sauce über die ganze Länge des Fischs geben, dabei die festen Bestandteile als Garnitur hübsch auf dem Fisch verteilen.

Anmerkung der Übersetzerin: Wahrscheinlich wird es besser sein, zuerst die *Sub Gum*-Garnitur zuzubereiten und dann erst den Fisch sanft garziehen zu lassen, denn der Garnitur macht eine geringfügig längere Garzeit nicht so viel aus wie dem empfindlichen Fisch. Achten Sie darauf, daß der Fisch keinesfalls richtig kocht, sondern stets deutlich unterhalb des Siedepunktes im heißen Wasser garzieht, sonst trocknet er aus und zerfällt in Stücke.

MEERES-FRÜCHTE UND KRUSTENTIERE

海味

Nicht alle Schalen- oder Krustentiere bezeichnet man in China als Meeresfrüchte. Die meisten Krebse und Krabben der chinesischen Speisetafel stammen nämlich nicht aus dem Meer, sondern sind Süßwassertiere aus Seen, Flüssen, Kanälen und Teichen. Süßwasserkrebse und -krabben gelten als süßer und delikater im Vergleich zu den weniger feinen Meeresfrüchten, die von den Küstenbewohnern gegessen werden.

Manche Schalentiere oder Meeresfrüchte verwendet man lieber getrocknet als Gewürz statt als Hauptbestandteil eines Gerichts. Es gibt beispielsweise nur wenige Abalonegerichte, weil man Abalone eigentlich nur in kleinen Mengen als Würzmittel gebraucht. Als Lebensmittel haben Abalonen keine große Bedeutung, sie sind lediglich Aromaspender.

Anmerkung der Übersetzerin: Dabei spielt sicherlich eine große Rolle, daß Abalone sehr teuer ist und in wirklich guter Qualität nur selten zu bekommen ist (siehe auch Glossar).

In China werden große Mengen Shrimps und Tintenfisch frisch zubereitet, doch gebraucht man einen Großteil getrocknet als Gewürz. Dasselbe gilt für Austern und die fleischigen Nüßchen von Jakobsmuscheln, denen man einen besonders feinen Geschmack nachsagt.

Da in der Chinesischen Küche das Miteinander-Verarbeiten unterschiedlichster Zutaten eine wichtige Rolle spielt, haben die oben genannten Ingredienzen eine doppelte Funktion. Sie sind deshalb in jedem chinesischen Lebensmittelgeschäft getrocknet zu kaufen und gehören unabdingbar in eine gut gefüllte chinesische Speisekammer. In jedem Fall muß man getrocknete Zutaten vor dem Zubereiten einweichen.

Andererseits müssen Meeresfrüchte und Krustentiere, die man frisch verarbeiten will, *sehr frisch* sein (denn wie bereits zuvor erklärt, kennt China erst seit kurzer Zeit Möglichkeiten des Kühlhaltens). Manche bereitet man gar zu, solange sie noch lebendig sind – zum Beispiel schmecken Austern am besten, wenn sie in ihrer eigenen Schale gegart werden. Früher hat man an der Küste Südchinas Bambusstäbe in die Austernbänke gesteckt und gewartet, bis sich genügend Austern daran angesetzt hatten. Zum »Ernten« zog man ganz einfach die Bambusstäbe voller Austern aus dem Wasser heraus. Ich kann mich noch gut an gemütliche Winterabende erinnern, an denen wir diese Austernstäbe über dem Feuer grillten (normalerweise hafteten immer 6 bis 12 Austern an einem Stab) und dem Geräusch der aufplatzenden Austernschalen lauschten. Ich glaube, diese Sitte ist sonst nirgendwo bekannt.

Frische lebendige Taschenkrebse, Hummer, Herzmuscheln, Garnelen oder Jakobsmuscheln werden überall dort gerne verarbeitet, wo man sie frisch haben kann. Sie dürfen nur eine ganz kurze Zeit gegart werden – meist pfannenrührt, dämpft oder fritiert man sie.

Leider gibt es heutzutage diese Meeresfrüchte und Krustentiere in vielen Teilen der Welt ausschließlich in Dosen oder höchstens tiefgefroren. Gefrorene Meeresfrüchte müssen zuvor vollständig auftauen und sorgfältig abtropfen, bevor sie auf chinesische Weise zubereitet werden.

Es gibt manche recht gute Dosenfabrikate für das Fleisch von Taschenkrebsen. Shrimps oder Garnelen indes sollte man, wenn sie schon nicht frisch zu bekommen sind, aus der Tiefkühltruhe kaufen.

Anmerkung der Übersetzerin: Achten Sie dabei unbedingt darauf, daß es sich um rohe Exemplare handelt (diese sind bei uns erst seit kurzer Zeit im Handel). Bereits gekochte Ware ist für alle diese Rezepte ungeeignet, selbst dann, wenn als Ausgangsprodukt gekochte Shrimps oder Garnelen verlangt werden: Sie sind immer viel zu lange gegart worden und deshalb trocken und zäh.

Da Vielfalt sozusagen der Schlüssel zur Chinesischen Küche ist, gehören zu einem chinesischen Menü mit vielen Gängen unbedingt ein oder zwei Gerichte aus Schalen- und Krustentieren, die sich durch ihr Aroma und einen stark ausgeprägten Eigengeschmack deutlich von anderen Zutaten unterscheiden.

Mit kleinen Mengen von Schalen- und Krustentieren *gewürzt* werden vor allem schnell-zubereitete Speisen; sie finden sich bei nahezu jeder chinesischen Mahlzeit (wenn sie nicht gerade nur zum notdürftigen Hungerstillen dient).

Abalone

Das gelblich-braune Fleisch der Abalone hat eine gummiartige Textur und ein ausgeprägt würziges Aroma. Normalerweise kauft man es in Dosen – nur selten findet man getrocknetes. Den Inhalt einer bereits geöffneten Dose füllen Sie am besten um; bewahren Sie den darin enthaltenen Saft auf und verwenden Sie ihn als zusätzliches Gewürz in Suppen, geschmorten oder gedünsteten Gerichten.

In welcher Form Abalone auch angeboten wird: Das Fleisch braucht in jedem Fall nur eine kurze Garzeit, im allgemeinen nicht mehr als ein paar Minuten. Wegen seiner etwas zähen Struktur muß man auf größeren Stücken lange herumkauen. Deshalb verwendet man Abalone selten als Hauptbestandteil eines Gerichts. Es gibt zwar ein oder zwei Rezepte, die ihr Fleisch als alleinige Zutat vorsehen, aber es schmeckt sehr viel interessanter, wenn man es zusammen mit anderen Ingredienzen zubereitet.

Anmerkung der Übersetzerin: Abalone (Seeohr) ist eine Tiefseemuschelart, die vorwiegend in den asiatischen Meeren lebt. Das kernige Fleisch ist frisch sehr teuer – man zahlt in Hongkong für das Kilogramm 500 Mark. Deshalb werden die wenigen Gerichte, in denen ausschließlich Abalonefleisch vorkommt, eigentlich nur sehr illustren Gästen zu ganz besonderen Anlässen angeboten. Ein Rezept, in dem die Abalone in würziger *Meistersauce* gegart wird, sieht vor, daß man das Fleisch auf mildestem Feuer stundenlang garziehen läßt. Nach einer extrem langen Garzeit verliert es nämlich seine Gummiartigkeit, ist zart und weich.

Pfannengerührte Abalone mit Pilzen und Bambussprossen

Zutaten (für 4 bis 8 Personen, zusammen mit anderen Gerichten): 6 getrocknete chinesische Champignons (Tongu-Pilze), 1 Dose Abalone (etwa 200 bis 400 g), 100 g Bambussprossen, 2 TL Maisstärke, 2 Frühlingszwiebeln, 3 EL Pflanzenöl, 1 EL Sojasauce, 2 TL Hoisinsauce, 1 EL Sherry

Vorbereitung: Die getrockneten Pilze in warmem Wasser 20 Minuten lang einweichen und abgießen, dabei 4 Eßlöffel Pilzwasser auffangen. Die Stiele entfernen, die Hüte vierteln.
Abalone und Bambussprossen in 2 mm dicke Scheiben schneiden. Die Stärke mit 2 Eßlöffeln Abalonewasser (aus der Dose) verrühren. Die Frühlingszwiebeln in 2 cm lange Stücke hacken.

Zubereitung: Das Öl in einer Pfanne erhitzen. Pilze und Bambussprossen darin auf mittlerem Feuer 2 Minuten pfannenrühren. Sojasauce, Hoisinsauce, Sherry und Pilzwasser zugießen und alles eine weitere Minute köcheln.
Dann die angerührte Stärke hineinrühren. Sobald die Sauce aufkocht und dicklich wird, Abalonescheiben und Frühlingszwiebeln zufügen. 2 Minuten köcheln, dabei ständig rühren; das Gericht auf einer hellfarbigen vorgewärmten Platte anrichten und unverzüglich auftragen.

Gedünstete Abalone mit Glasnudeln und feinen Gemüsen

Zutaten (für 6 bis 8 Personen, zusammen mit anderen Gerichten): 2 EL Wolkenohrpilze, 6 getrocknete chinesische Champignons (Tongu-Pilze), 75 g Glasnudeln, 2 Stangen Sellerie, 2 Lauchstangen, 100 g Brokkoli, 1 Dose Abalone (200 bis 400 g), 100 g Bambussprossen, 4 TL Maisstärke, 2 Frühlingszwiebeln, 4 EL Pflanzenöl, 1 TL Salz, 1 EL Sojasauce, 2 TL Hoisinsauce, 1 EL Sherry, $1/4$ l *Hühnerbrühe* (oder *Feine Brühe*)

Vorbereitung: Die Wolkenohrpilze 30 Minuten in warmem Wasser einweichen, dann ausspülen, dabei das Wasser zweimal wechseln. Die Tongu-Pilze ebenfalls 30 Minuten in warmem Wasser quellen lassen; 4 bis 5 Eßlöffel vom Einweichwasser aufbewahren. Die Stiele entfernen, die Hüte vierteln. Die Glasnudeln nur 10 Minuten lang in warmem Wasser einweichen und abtropfen lassen.
Sellerie, Lauch und Brokkolistiele in 3 bis 5 cm lange Stücke schneiden, die Brokkoliköpfchen in Röschen teilen. Abalone und Bambussprossen in 2 mm dicke Scheiben schneiden. Die gesamte Flüssigkeit aus der Abalone-Dose mit der Stärke verrühren. Die Frühlingszwiebeln in 2 cm lange Stücke hacken.

Zubereitung: Das Öl in einer Pfanne erhitzen, beide Pilzsorten und alles übrige Gemüse bis auf die Frühlingszwiebeln zufügen, mit dem Salz bestreuen und 2 Minuten unter Rühren braten. Mit Sojasauce, Hoisinsauce, Sherry und Pilzwasser angießen und 1 Minute köcheln, dann mit der mit dem Abalonewasser verquirlten Stärke auffüllen, die Nudeln und die Brühe hinzugeben.
Sobald die Sauce dicklich wird, Abalonescheiben und Frühlingszwiebeln in die Pfanne geben. Alles zusammen 10 Minuten sanft köcheln lassen.

Servieren: Das Gericht in einer großen Schüssel oder Terrine auftragen.

Geköcheltes Hühnchen mit Abalone

Hühnerfleisch harmoniert mit den meisten Meeresfrüchten, besonders aber mit Abalone. Es gibt eine ganze Reihe von Rezepten, in denen diese beiden Zutaten sehr wirkungsvoll miteinander verarbeitet werden. Das folgende ist ein Beispiel für die sogenannte »feuchte Zusammenstellung«.

Zutaten (für 8 bis 10 Personen, zusammen mit anderen Gerichten): 1 Huhn (etwa 1200 bis 1800 g), 1 kleine Dose Abalone (100 bis 120 g), 400 g Brokkoli, 2 Scheiben Ingwerwurzel, 2 TL Salz, 1 TL Glutamat, 4 EL Sherry

Vorbereitung: Das Hühnchen säubern. Die Abalone in etwa 5 mm dicke Scheiben schneiden. Den Brokkoli putzen, dabei welke und grobe Teile entfernen, und in Röschen brechen.

Zubereitung: Das Hühnchen für 3 Minuten in kochendes Wasser tauchen, dann herausheben, in einen großen Topf oder eine feuerfeste Form setzen und mit gut 1 Liter frischem Wasser bedecken; Ingwer und Salz zufügen.
Das Gefäß mit einem Deckel verschließen. Das Hühnchen bei mildester Hitze auf dem Herd oder im Ofen 1 Stunde garziehen lassen.
Danach Brokkoliröschen und Abalonescheiben rund um das Hühnchen in die Flüssigkeit legen. Den Abalonesaft aus der Dose, Glutamat und Sherry zufügen. Das Huhn zugedeckt weitere 30 Minuten köcheln lassen, dann in der Form oder in einer Suppenterrine auftragen.
Dieses Gericht sieht sehr hübsch aus, weil das Grün des Brokkoli gut mit dem Weiß des Hühnchens zusammenstimmt (statt Brokkoli kann man auch Chinakohl verwenden). Der Wohlgeschmack des Hühnchens wird durch die Abalone stark betont und gibt dem Gericht ein wundervolles, erlesenes Aroma.
Ein sehr üppiges Gericht, das oft für ein Festmahl zubereitet und in einer gewaltigen Terrine, der sogenannten »Ozean-Schale« (der größten Schüssel, die je auf eine chinesische Tafel gelangt), aufgetragen wird.

Weißgeschnittenes Huhn mit Abalone und Schinken

Hier ein elegantes Party-Gericht, das drei kontrastierende Aromen in sich vereinigt.

Zutaten (für 4 bis 8 Personen, zusammen mit anderen Gerichten): ½ l Wasser, 2 Scheiben Ingwerwurzel, 2 TL Salz, 120 g Hühnerbrust, 100 g Abalone, 100 g geräucherter Schinken, 1 EL Sherry, ½ EL Sojasauce, 2 TL Sesamöl

Vor- und Zubereitung: Das Wasser mit Ingwer und Salz in einem Topf aufkochen. Das Hühnerfleisch hineinlegen, auf milder Hitze 6 Minuten köcheln, her-

ausheben, abtropfen lassen und quer in 3 mm dicke Scheiben schneiden.
1 Eßlöffel Abalonewasser aufbewahren; das Abalonefleisch 2 Minuten im Hühnersud ziehen lassen, dann herausnehmen und in ebensolche Scheiben wie das Hühnerfleisch schneiden. Den Schinken in gleicher Weise aufschneiden. Hühnerfleisch-, Abalone- und Schinkenscheiben abwechselnd dachziegelartig auf einer weißen Platte anordnen.

Servieren: Unmittelbar vor dem Auftragen den Sherry mit dem Abalonewasser, der Sojasauce und dem Sesamöl verrühren und diese Sauce über die angerichteten Scheiben gießen.

Rotgekochte Abalone
mit Hühnerfleisch, Pilzen und Bambussprossen

Zutaten (für 6 bis 8 Personen, zusammen mit anderen Gerichten): 4 große getrocknete chinesische Champignons (Tongu-Pilze), 1 Hühnerbrust, 75 g Bambussprossen, 100 g Abalone, 2 EL Schweineschmalz, 1 Scheibe Ingwerwurzel, $1\frac{1}{4}$ EL Sojasauce, $\frac{1}{2}$ EL *Austernsauce*, $\frac{1}{2}$ EL Hoisinsauce, 1 EL Sherry, 1 TL Maisstärke, $\frac{1}{2}$ TL Sesamöl

Vorbereitung: Die Pilze in warmem Wasser 20 Minuten einweichen und abgießen, dabei 4 Eßlöffel Einweichwasser auffangen; die Stiele entfernen, die Hüte vierteln. Hühnerfleisch, Bambussprossen und Abalone in Scheiben von 3 mm Stärke schneiden.

Zubereitung: Das Schmalz in einer Pfanne erhitzen. Hühnerfleisch, Ingwer und Bambussprossen darin auf mittlerer Hitze 2 Minuten pfannenrühren. Abalone, Pilze, Sojasauce, Austernsauce, Hoisinsauce und Sherry zufügen und 2 Minuten weiterrühren.
Die Stärke mit dem Pilzwasser verquirlen und in die Pfanne gießen. Alles mit dem Sesamöl beträufeln und unter Rühren 5 Minuten sanft köcheln.

Servieren: Das Gericht auf einer vorgewärmten Platte anrichten. Es gilt als besondere Delikatesse und wird nur bei festlichen Anlässen serviert.

Bêche-de-Mer (Seegurke)

Bêche-de-Mer, zu deutsch Seegurke, gilt in China als Delikatesse. Man reicht sie deshalb nur bei wirklich festlichen Gelegenheiten. Sie hat kaum Eigengeschmack, kann aber wunderbar andere Aromen und Geschmäcker in sich aufnehmen. In der Konsistenz ist sie sehr interessant: geleeartig, aber fest. Seegurken sind im allgemeinen getrocknet im Handel und müssen vor dem Zubereiten lange eingeweicht werden.

Anmerkung der Übersetzerin: Ich möchte Ihnen beileibe nicht schon den Appetit verderben, bevor Sie jemals Seegurken probiert haben, doch kann ich vielleicht verhindern, daß Sie allzusehr erschrecken. Schließlich haben die Chinesen bei manchen Zutaten Vorlieben, die wir mit unserem europäischen Gaumen nicht recht nachvollziehen können. Seegurke schmeckt, wie schon gesagt wurde, nach nichts. Aber sie bewirkt im Mund ein Gefühl, als kaue man auf eingeweichten Fahrradschläuchen herum – ein eher unangenehmer Gaumenkitzel. Deshalb glaube ich nicht, daß sie sich auf unseren Tellern durchsetzen wird. Getrocknete Seegurken können Sie in gutsortierten Chinaläden kaufen (Bezugsquellennachweis im Anhang des Buches).

Rotgekochte Seegurke
mit Schweinefleisch, Pilzen und Bambussprossen

Zutaten (für 6 Personen, zusammen mit anderen Gerichten): 6 Stücke Bêche-de-Mer (etwa 400 g), 6 große getrocknete chinesische Champignons, 75 g Bambussprossen, 100 g mageres Schweinefleisch, 1 Frühlingszwiebel, 2 EL Schweineschmalz, 1 Scheibe Ingwerwurzel, 3 EL Sojasauce, 6 EL Sherry, 1 EL Maisstärke, $\frac{1}{8}$ l *Hühnerbrühe*, $\frac{1}{2}$ TL Glutamat, 1 TL Sesamöl

Vorbereitung: Die Seegurke über Nacht einweichen, am anderen Tag für 15 Minuten in kochendes Wasser werfen, dann abgießen. Nochmals abkochen, dann abtropfen lassen. Die Pilze 30 Minuten in warmem Wasser einweichen und abseihen, dabei $1/8$ Liter des Einweichwassers zurückbehalten. Die Pilzstiele entfernen, die Hüte halbieren. Die Bambussprossen in etwa 5 mm dicke Scheiben, das Schweinefleisch in streichholzfeine Streifen und die Frühlingszwiebeln in 1 cm lange Stücke schneiden.

Zubereitung: Das Schmalz in einer Pfanne erhitzen. Schweinefleisch und Ingwer darin 3 Minuten lang auf mittlerer Hitze pfannenrühren. Bambussprossen und Pilze zufügen und alles zusammen weitere 2 Minuten unter Rühren braten.
Dann mit Sojasauce, Sherry und Pilzwasser auffüllen, die Bêche-de-Mer in diese Sauce geben und auf mildem Feuer zugedeckt 40 Minuten köcheln lassen.
Nun die Stärke mit der Brühe anrühren, das Glutamat untermischen und diese Mixtur in die Pfanne kippen. Das Gericht nochmals 20 Minuten köcheln.

Servieren: Den Pfanneninhalt in einer tiefen feuerfesten Form anrichten, mit Sesamöl beträufeln, mit Frühlingszwiebeln bestreuen und für 30 Minuten in den Dämpftopf stellen.
Nach dem Dämpfen hat die Bêche-de-Mer einen schmelzenden Glanz und ist zart, aber doch fest – für den Feinschmecker ein Hochgenuß.

Schmetterlings-Seegurke

Zutaten (für 6 Personen, zusammen mit anderen Gerichten): 10 Stücke Bêche-de-Mer (Seegurke – etwa 400 g), 2 Eier, 25 g geräucherter Schinken, 50 g gegarte Hühnerbrust, 4 Frühlingszwiebeln, 50 g Bohnensprossen, 3 TL Maisstärke, 1 TL Glutamat, $1/2$ kleines Huhn, 400 g Schweinehaxe (Vorderhaxe), 2 Scheiben Ingwerwurzel, 3 TL Salz, 4 EL Sherry, 2 EL Schweineschmalz

Vorbereitung: Die Seegurkenstücke über Nacht einweichen, sorgfältig säubern und in Schmetterlingsform zuschneiden; dann in kochendes Wasser werfen und einweichen, bis die weiteren Vorbereitungen erledigt sind.
Die Eier hartkochen. Das Eigelb auslösen (und für ein anderes Rezept vorsehen), das Eiweiß in dünne Scheiben schneiden. Den Schinken und die Hühnerbrust in ebenfalls sehr feine Scheiben von etwa 3 mal 4 cm Größe schneiden. Die Frühlingszwiebeln in 3 cm lange Stücke hacken. Die Bohnensprossen mit der Stärke, dem Glutamat und 3 Eßlöffeln Wasser mischen.

Zubereitung: Das halbe Huhn und die Schweinehaxe 5 Minuten lang mit Wasser bedeckt kochen, dann das Wasser abgießen.
Hühnchen und Haxe in einen schweren Schmortopf oder eine geeignete feuerfeste Form legen. Mit knapp $1\ 1/2$ Liter Wasser auffüllen, 1 Scheibe Ingwer und die halbe Menge von Salz, Sherry und Frühlingszwiebeln zufügen. Den Topfinhalt aufkochen und auf sehr mildem Feuer 3 Stunden köcheln lassen (am besten eine Asbestplatte unterlegen). Diese »Suppe« durch ein Sieb filtern, sorgfältig entfetten und beiseite stellen.
Das Schmalz in einer tiefen Pfanne erhitzen, und die restlichen Frühlingszwiebeln mit der übrigen Ingwerscheibe darin 2 Minuten pfannenrühren; danach beides herausfischen und wegwerfen.
Nun die Seegurkenstückchen in das gewürzte Fett geben und 3 Minuten auf mittlerer Hitze braten, dabei ein paarmal wenden. Schinken- und Hühnerbrustscheiben, Eiweißringe und die beiseite gestellte Brühe zufügen. Den restlichen Sherry hineinträufeln, alles salzen und auf mildem Feuer 35 Minuten sanft köcheln. Zuletzt die Bohnensprossen-Mixtur zufügen und das Ganze weitere 2 Minuten schwach sieden lassen.

Servieren: Das Gericht in einer großen Schüssel oder Suppenterrine auftragen.

Herzmuscheln (Clams)

Im Gegensatz zur Bêche-de-Mer (Seegurke), die stets lange eingeweicht und mit verschiedenen Zutaten gekocht werden muß, braucht die Herzmuschel nur eine sehr kurze Garzeit. Man kann sie rasch dämpfen, köcheln, pochieren oder einfach mit kochendem Wasser überbrühen. In der Chinesischen Küche wird bei der Zubereitung von Herzmuscheln großer Wert auf Reinheit des Geschmacks gelegt. Ihre Raffinesse bekommen sie erst durch eine große Auswahl verschiedener Dips und Würzmischungen, die man stets zusammen mit ganz einfach gegarten Herzmuschelgerichten zu Tisch bringt.
Die folgenden Dips und Saucen eignen sich dazu am besten: *Soja-Senf-Dip*, *Soja-Sherry-Dip*, Ingwer-Soja-Essig-Dip, *Soja-Chili-Dip*, *Dip für Herzmuscheln*, *Pflaumensauce*, Hoisinsauce, Senf und Tomatensauce (siehe auch im Kapitel *Tischwürzen, Dips und Würzmischungen* – Seite 63).

Anmerkung der Übersetzerin: Diese etwa 2 bis 6 cm großen Muscheln mit glatter Schale von hell- bis mittelbraunen, oft in konzentrischen Ringen abgestuften Farbtönen gibt es bei uns kaum.
Ganz selten findet man sie in ausgesuchten Spezial- und Delikatessengeschäften. Meist werden sie aus Amerika importiert (obwohl sie auch in der Nordsee heimisch sind!), wo – vor allem in den Küstengebieten – große Mengen von Clams verzehrt werden. Übrigens essen die Amerikaner sie wie Austern: roh, mit etwas Zitronensaft beträufelt.
Die folgenden Rezepte werden Sie leider nur selten nachkochen können.

Gedämpfte Herzmuscheln
Abb. 25

Rechnen Sie 4 bis 6 Herzmuscheln pro Person, je nach Größe.

Vorbereitung: Die Muscheln unter fließendem Wasser sorgfältig abbürsten.

Zubereitung: Die Muscheln nebeneinander in eine flache feuerfeste Form legen und im Dämpftopf 7 bis 8 Minuten dämpfen, bis sich die Schalen öffnen.

Servieren: Vor jeden Gast ein Schälchen stellen, in dem er sich seine eigene Würzmischung aus dem großen Sortiment auf der Tafel selbst zusammenmischen kann. Man schneidet das Fleisch aus den Muscheln, taucht es nach Belieben in die verschiedenen Dips und Saucen und ißt es.

Herzmuscheln in Hühnerbrühe

Das Rezept stammt aus der Provinz Fukien, wo es besonders große Herzmuscheln gibt: Nur 2 dieser Riesenmuscheln reichen für 1 Person aus, wenn noch weitere Gänge vorgesehen sind!

Zutaten (für 4 Personen): 1700 g Herzmuscheln (etwa 200 bis 250 g schieres Muschelfleisch), $\frac{1}{2}$ Hühnchen (etwa 600 g), 100 g mageres Schweinefleisch, 2 Scheiben Ingwerwurzel, 6 EL Sherry, $1\frac{1}{2}$ EL helle Sojasauce, $\frac{1}{2}$ TL Glutamat, Pfeffer aus der Mühle

Vorbereitung: Das Muschelfleisch aus den Schalen lösen, die Innereien wegschneiden und alle Unreinheiten abstreifen – nur das schiere Fleisch wird verwendet. Jede Muschel halbieren und kurz wässern.
Das halbe Hühnchen in 4 Teile hacken. Das Schweinefleisch in 6 gleiche Stücke schneiden. Hühner- und Schweinefleisch mit siedendem Wasser bedeckt in einem Topf 3 Minuten kochen, dann das Wasser abgießen und wegschütten.

Zubereitung: Hühnerstücke, Schweinefleisch und Ingwer mit gut 1 Liter Wasser in einen Topf füllen und auf milder Hitze 2 Stunden lang sanft köcheln.

Kurz bevor die Brühe fertig ist, das Muschelfleisch in eine Schüssel füllen, mit kochendem Wasser abwällen und nach 1 Minute abgießen. Dann mit dem Sherry beträufeln und 1 Minute ziehen lassen; auch den Sherry abgießen.

Das Hühner- und Schweinefleisch aus der Flüssigkeit nehmen. Die Brühe sorgfältig entfetten, von Unreinheiten säubern und kurz aufkochen. $^1/_4$ Liter davon über das Muschelfleisch in die Schüssel gießen. Das Gericht mit der Sojasauce beträufeln, mit Glutamat und Pfeffer überstreuen und sofort servieren.

Herzmuscheln in Brühe ißt man in Fukien besonders gern im Herbst und schätzt sie dann als ausgesuchte Delikatesse.

Gedämpfte, mit Schweinefleisch gefüllte Herzmuscheln

Zutaten (für 4 Personen): 16 Herzmuscheln, 200 g durchwachsenes Schweinefleisch, 1 Scheibe Ingwerwurzel, 2 Frühlingszwiebeln, $^1/_2$ TL Salz, 1 EL Sojasauce, 1 TL Zucker, 1 EL Sherry

Vorbereitung: Die Muscheln 15 Minuten dämpfen. Unterdessen das Schweinefleisch sehr fein hacken. Das Muschelfleisch aus den Schalen lösen, grobhakken und mit dem Schweinefleisch mischen. Ingwer und Frühlingszwiebeln feinhacken und mit der Fleischmasse vermengen. Nun die übrigen Zutaten unterkneten und den Fleischteig abschmecken. Die Muschelschalen reinigen und jede Hälfte mit dem Teig füllen.

Zubereitung: Die Muschelhälften auf einer feuerfesten Platte anordnen und für 25 Minuten in heftigen Dampf stellen (oder 20 Minuten im auf 200 Grad vorgeheizten Ofen überbacken).

Servieren: Die Herzmuscheln mit einer Auswahl von Dips und Würzsaucen zu Tisch bringen.

Mit Schweinefleisch gefüllte, fritierte Herzmuscheln

Für 4 Personen.

Vorbereitung: Die Anweisungen befolgen, die im vorherigen Rezept gegeben wurden, jedoch zur Fleisch-Muschel-Mischung zusätzlich 1 Ei und $1\,^1/_2$ Eßlöffel Maisstärke geben.

Zubereitung: Jeweils 6 gefüllte Muschelhälften in einen Drahtkorb setzen, in siedendes Öl tauchen und 4 Minuten ausbacken. So fortfahren, bis alle Muscheln fritiert sind; gründlich abtropfen lassen und rasch auftragen. Nach Belieben mit Petersilienzweigen dekorieren.

Eine Würzmischung, die sehr gut zu dieser Zubereitung paßt, ist die *Salz-Zimt-Mischung* (Seite 66).

Taschenkrebse

In der Chinesischen Küche spielen Taschenkrebse eine ganz andere Rolle als Bêche-de-Mer oder Herzmuscheln. Man ißt sie in weitaus größeren Mengen. Und wenn man auch das Fleisch von Taschenkrebsen manchmal in kleiner Dosierung als Gewürz in andere Speisen mischt, verarbeitet man es doch meistens zu einem reinen Krebsgericht.

Es gibt in Peking sogar einige Restaurants, die nichts anderes als Taschenkrebse servieren – natürlich nur während der Saison. Dabei handelt es sich um Süßwasserkrebse, die einfach gedämpft werden.

In einem solchen Restaurant bekommt jeder Gast einen hölzernen Hammer, mit dem er die Schalen der Scheren und die Panzer der Krebse aufschlägt. Dann taucht er die Teile in die verschiedenen Dipsaucen, die auf dem Tisch bereit stehen, und beißt das Fleisch aus den Schalen oder saugt es aus den Scheren oder Beinen, die er mit der Hand zum Mund führt. (Wir Chinesen sind wahre Meister darin, alles, was dabei zwischen den Zähnen hängen bleibt, wieder herauszupulen!) Im allgemeinen knackt man die Scheren zum Schluß. Die beste Tunke für Taschenkrebse ist ein Essig-Ingwer-Dip (siehe *Dip für Taschenkrebse*, S. 68).

Anmerkung der Übersetzerin: Auch auf den Genuß von Taschenkrebsen müssen wir hierzulande weitgehend verzichten. Manchmal gibt es zwar wenige Exemplare in entsprechend gut sortierten Geschäften zu kaufen, aber sie sind fast immer bereits gekocht und deshalb ungeeignet für eine weitere Verarbeitung. Man braucht sie lebend – oder gar nicht.

Übrigens: Verwechseln Sie Taschenkrebse, die nicht nur in Salz-, sondern auch in Süßwasser leben und von denen es in Asien zahllose Sorten gibt, nicht mit den früher auch bei uns beheimateten Flußkrebsen (die heute fast ausschließlich aus der Türkei zu uns importiert werden, weil die hiesigen Mitte des vergangenen Jahrhunderts fast vollständig durch die Krebspest ausgerottet wurden).

Pfannengerührte Taschenkrebse in Eiersauce
Abb. 24

Zutaten (für 4 bis 6 Personen, zusammen mit anderen Gerichten): 3 bis 4 mittelgroße Taschenkrebse, 3 Scheiben Ingwerwurzel, 3 Knoblauchzehen, 3 Frühlingszwiebeln, 3 EL Schweineschmalz, 1 $^1/_2$ TL Salz, $^1/_8$ l *Eiersauce* (Seite 54)

Vorbereitung: Die glatten oberen Schalen der Taschenkrebse ablösen. Die Körper so vierteln, daß an jedem Stück ein Bein bleibt, das als »Griff« dienen kann. Die Schalen beiseite legen.
Ingwer und Knoblauch feinhacken. Die Frühlingszwiebeln in 1 cm dicke Scheiben hacken.

Zubereitung: Das Schmalz in einer großen Pfanne erhitzen. Salz, Ingwer, Knoblauch und Frühlingszwiebeln darin 30 Sekunden auf mittlerer Hitze pfannenrühren. Die Krebsviertel und die Schalen zufügen und auf nunmehr stärkstem Feuer unter stetem Rühren 3 Minuten braten.
Jetzt langsam die Eiersauce hineingießen. Dadurch entsteht eine Art Dampfexplosion: dieser von Ingwer, Knoblauch und Frühlingszwiebeln gewürzte Dampf durchdringt die Krebsstücke mit seinem Aroma. Die Pfanne mit einem Deckel verschließen. Die Krebse in dem überaus heftigen Dampf 1 Minute ziehen lassen und sofort auftragen.
Jetzt ist die Eiersauce außerordentlich würzig und paßt besonders gut zu Reis. Das Gericht sollte dampfheiß verspeist werden. In China ist es vor allem im südlichen Kanton sehr beliebt.

Einfach fritierte Taschenkrebse

Zutaten (für 4 bis 6 Personen, zusammen mit anderen Gerichten): 4 mittelgroße Taschenkrebse, 3 Scheiben Ingwerwurzel, 3 Frühlingszwiebeln, 2 Eier, 6 EL Mehl, 2 TL Salz, Öl zum Fritieren

Vorbereitung: Die Taschenkrebse 10 Minuten in Dampf garen, dann rasch unter fließendem Wasser abspülen und die oberen glatten Schalen ablösen. Die Körper mit dem Küchenbeil in 6 gleiche Stücke hakken, dabei an jedem Stück ein Bein als »Griff« belassen. Die Scheren leicht mit einem Holzhammer oder dem Griff des Küchenbeils anknacken.

Ingwer und Frühlingszwiebeln feinhacken. Die Eier mit dem Mehl und 2 Eßlöffeln Wasser zu einem glatten Teig verquirlen. Ingwer, Frühlingszwiebeln und Salz zufügen. Nun das fleischige Ende eines jeden Krebsstücks in diesen Teig tauchen, bis es völlig davon überzogen ist.

Zubereitung: Das Öl im Fritiertopf erhitzen. Jeweils 6 Krebsstücke in einen Ausbackkorb legen, 3 bis 3 1/2 Minuten auf starkem Feuer fritieren und auf einer vorgewärmten Platte warm halten. So fortfahren, bis alle Stücke ausgebacken sind.

Servieren: Die Krebse sehr heiß auftragen. Dazu eine Auswahl verschiedener Würzsaucen und Dips vorsehen.

Krebsreis
Abb. 25

Krebsreis ist ein typisches Küstengericht und besonders bei Kindern beliebt. Für westliche Kinder indes dürfte sein Genuß eine zweifelhafte Freude sein, weil die Gefahr besteht, daß ihnen beim Essen kleine Krebsschalenstückchen im Hals steckenbleiben – was chinesischen Kindern merkwürdigerweise höchst selten passiert.

Zutaten (für 6 bis 8 Personen, zusammen mit anderen Gerichten): 2 Frühlingszwiebeln, 2 Scheiben Ingwerwurzel, 4 EL Sherry, 3 EL *und* 3 TL Sojasauce, 2 große Taschenkrebse, 400 g Klebereis, 1 EL Pflanzenöl, 1/2 TL Salz, 1/2 TL Zucker

Vorbereitung: Die Frühlingszwiebeln und den Ingwer feinhacken und mit dem Sherry und 3 Eßlöffeln Sojasauce zu einer Marinade rühren. 1 Taschenkrebs mit dem Küchenbeil durch den Panzer in 4 bis 6 Stücke hacken, den anderen rundum aufknacken, mit der Marinade in eine große Schüssel füllen und darin wenden.

Den Reis so lange unter fließendem Wasser ausspülen, bis nur noch klares Wasser herausrinnt.

Zubereitung: Den Reis in einem Topf mit gut 1 1/2 Litern Wasser zum Kochen bringen und 5 Minuten quellen lassen, dann das Wasser wegkippen.

Die Krebsstücke auf dem Boden einer großen, mindestens 10 cm tiefen feuerfesten Form verteilen. Den vorgekochten Reis darübergeben und gleichmäßig in die Form drücken. Nun den Krebs mit den angebrochenen Schalen leicht in den Reis drücken.

Die verbliebene Marinade gründlich mit der restlichen Sojasauce, Öl, Salz sowie Zucker mischen und über Reis und Taschenkrebs träufeln. Die Form in einen Dämpftopf stellen und den Krebs-Reis 35 bis 40 Minuten dämpfen.

Servieren: Das Gericht in der Form auftragen. Wenn der obenauf liegende Krebs, der halb im aufgequollenen Reis eingegraben ist, gegessen ist, suchen alle Gäste (vor allem natürlich die Kinder) mit großem Vergnügen nach weiteren Krebsstücken, die noch unter dem Reis verborgen sind.

Feinschmecker, die Krebse lieben, schätzen das feine Aroma, das der Reis durch den Krebs annimmt, ebenso wie die übrige reizvolle Zusammenstellung des Gerichts.

Pfannengerührtes Krebsfleisch mit Schweinefleisch und Lauch

Zutaten (für 6 Personen, zusammen mit anderen Gerichten): 150 g mageres Schweinefleisch, 2 Scheiben Ingwerwurzel, 2 Knoblauchzehen, 3 Lauchstangen, 1 Ei, 3 EL Schweineschmalz, 1 TL Salz, 300 g ausgelöstes Krebsfleisch, 1 1/2 EL Sojasauce, 2 EL Sherry, 1 TL Zucker, 3/4 EL Maisstärke

Vorbereitung: Das Schweinefleisch und den Ingwer grobhacken. Den Knoblauch zerdrücken. Den Lauch in 1 cm dicke Ringe schneiden. Das Ei leicht verquirlen.

Zubereitung: Das Schmalz in einer Pfanne erhitzen. Ingwer, Knoblauch und Lauch darin auf stärkster Hitze 2 Minuten pfannenrühren und zugleich salzen. Das Schweinefleisch zufügen und 2 Minuten unter Rühren weiterbraten. Dann das Krebsfleisch dazugeben und (immer noch auf starkem Feuer) 2 Minuten lang zusammen mit den anderen Zutaten braten, dabei rühren.
Das verquirlte Ei in dünnem Strahl so in die Pfanne gießen, daß es sich gleichmäßig verteilt. Die Sojasauce mit dem Sherry, 2 Eßlöffeln Wasser, dem Zucker und der Stärke verschlagen und, sobald das Ei gestockt ist, ebenfalls zufügen. Alles auf nunmehr kleiner Flamme 1 1/2 Minuten vorsichtig mischen und erhitzen. Das fertige Gericht auf einer vorgewärmten Platte anrichten und rasch auftragen.

Anmerkung der Übersetzerin: Natürlich kann Krebsfleisch aus der Dose nur ein schwacher Ersatz sein. Wenn Sie schon darauf zurückgreifen müssen, dann wählen Sie unbedingt ein Fabrikat guter Qualität – sparen Sie dabei nicht, denn sonst stecken viele Schalen- und Grätenstückchen darin, die das Vergnügen trüben. Braten Sie das Dosenfleisch nicht 2 Minuten an, wie hier im Rezept angegeben: Es ist bereits gar und braucht nur zum Schluß im fertigen Gericht erwärmt zu werden.

Pfannengerührtes Krebsfleisch mit Eiern und Zwiebeln

Für 6 Personen (zusammen mit anderen Gerichten).

Vor- und Zubereitung: Halten Sie sich an die Anweisungen, die im vorherigen Rezept gegeben wurden, aber verwenden Sie nur jeweils die halbe Menge von Schweine- und Krebsfleisch, und fügen Sie statt des Lauchs 4 Frühlingszwiebeln hinzu, die Sie in 3 cm lange Stücke hacken. Sehen Sie 6 Eier statt des einen vor.
Zum Schluß benötigt man keine Saucenmischung, sondern beträufelt das Gericht lediglich mit je 1 Eßlöffel Sojasauce und Sherry. Bereits nach 1 Minute Mischen auf mildem Feuer kann man es auftragen.

Ein sehr einfaches und schnell zubereitetes Gericht, das zugleich sehr nahrhaft und wohlschmeckend ist.

Krebsfleisch in gedämpften Eiern

Zutaten (für 4 bis 6 Personen, zusammen mit anderen Gerichten): 3 Eier, 1/2 l *Hühner-* oder *Feine Brühe*, 1 TL Salz, 2 Frühlingszwiebeln, 100 bis 125 g Krebsfleisch, 1 EL Pflanzenöl, 25 g Schinken

Vorbereitung: Die Eier leicht verquirlen und in einer feuerfesten Schale mit der Brühe und dem Salz mischen. Die Frühlingszwiebeln in 3 cm lange Stücke hacken. Das Krebsfleisch in 2 Portionen teilen; die eine unter die Eier-Brühe rühren, die andere beiseite stellen.

Zubereitung: Den Schaleninhalt im Dämpftopf 25 Minuten sanft garen. Unterdessen das Öl in einer Pfanne erhitzen. Schinken, Frühlingszwiebeln und Krebsfleisch darin 1 1/2 Minuten zusammen pfannenrühren.

Servieren: Die Schale aus dem Dämpftopf heben. Die pfannengerührte Krebsfleischmischung auf der Oberfläche der gedämpften Zutaten verteilen. Das Gericht sofort in der Form zu Tisch bringen.

Krebsfleisch mit gedünstetem Sellerie und Spargel

Ein sehr attraktives Party-Gericht!

Zutaten (für 6 bis 8 Personen, zusammen mit anderen Gerichten): 200 g Stangensellerie, 200 g Spargelspitzen, 2 1/2 EL helle Sojasauce, 2 EL Krebswasser, 4 EL Weißwein, 1/4 l *Hühnerbrühe*, 2 Scheiben Ingwerwurzel, 1 EL Pflanzenöl, 1/2 TL Salz, 200 g Krebsfleisch, 1 EL Maisstärke, 1/2 TL Glutamat

Vor- und Zubereitung: Sellerie und Spargel getrennt in kochendem Wasser 5 Minuten blanchieren, abschrekken, abtropfen lassen und zusammen in einen Topf füllen. Sojasauce, Krebswasser und 2 Eßlöffel Weißwein sowie die Hälfte der Hühnerbrühe zufügen; aufwallen und zugedeckt etwa 20 Minuten kochen lassen. Dabei soll sich die Flüssigkeit um etwa die halbe Menge reduzieren. Während dieser Zeit die Gemüse mehrmals umwenden.
Das Öl in einer Pfanne erhitzen. Den feingehackten Ingwer, Salz und das Krebsfleisch zufügen und auf mittlerer Hitze 2 Minuten unter sanftem Rühren braten.
Die Stärke mit den Resten von Brühe und Wein verquirlen, mit dem Glutamat mischen und in die Pfanne gießen. Die Sauce 2 Minuten köcheln, bis sie dicklich wird. Die Hälfte des Pfanneninhalts zum Gemüse geben und alles 1 Minute lang erhitzen.

Servieren: Das Gemüse in einer tiefen Schüssel anrichten und das restliche Krebsfleisch mitsamt der Sauce darüber verteilen. Das Gericht sofort servieren.

Hummer

Hummer werden im Westen gern gegessen. In China jedoch spielen sie längst keine so große Rolle wie Taschenkrebse. Das liegt vor allem daran, daß sie schwieriger zu bekommen und deshalb auch sehr viel teurer sind. Man nennt Hummer im Chinesischen *Lung Hsia* oder Drachenkrebse.
Fast alle Taschenkrebsgerichte kann man auch mit Hummer zubereiten. Ausgenommen sind nur Speisen, in denen Krebsfleisch mit Eiern pfannengerührt wird, weil Hummerfleisch fest ist und nicht so gleichmäßig in Fasern auseinanderfällt wie Krebsfleisch.

Anmerkung der Übersetzerin: Kenneth Lo geht natürlich von lebenden Hummern aus, nicht von bereits vorgekochten, wie sie hierzulande häufig angeboten werden.
Übrigens findet man in den chinesischen Meeren nicht den echten Hummer, sondern ausschließlich Langusten (an den fehlenden Scheren und an den langen Fühlern zu erkennen).
Man macht sich in Europa viele Gedanken darüber, wie man Hummer, Krebse und andere Krustentiere auf humane Weise töten kann. Es ist bei uns in Deutschland unter Strafe verboten, ein solches Tier bei lebendigem Leib zu zerteilen oder sonstwie zu verarbeiten. Vielmehr ist vorgeschrieben, es zuvor in kochendes Wasser zu tauchen, bis es endgültig tot ist. (Darüber amüsieren sich die Köche Frankreichs, denen diese Tötungsart weder besonders tierfreundlich noch dem Wohlgeschmack zuträglich erscheint.) Daß sich über diese Frage sogar Wissenschaftler ihren gelehrten Kopf zerbrechen, konnte man in der Londoner »Times« vom 24. 10. 1975 nachlesen: »Dr. John R. Baker, Dozent für Zytologie an der Oxford University, stellte gestern nach zwei Jahren Forschungsarbeit (die ausschließlich während seiner Freizeit stattfand) seine Methode vor, wie man Krebse und

Hummer auf freundliche Art und Weise töten kann. Der Apparat, den Dr. Baker entwickelt hat, wurde vom Zentrum für Humanitäre Erziehung vorgeführt, das 2000 Pfund zu den Entwicklungskosten beigesteuert hat. Es handelt sich um einen kleinen Behälter aus Glas und Metall mit flachen Metallplatten an beiden Seiten, die an einen Stromkreis von 240 Volt angeschlossen werden. Dieser Tank wird mit einer schwachen Salzlösung gefüllt, in die man die zu tötenden Tiere versenkt. Darin würden sie durch Elektroschock betäubt und unbeweglich gemacht, erklärte Dr. Baker. Nunmehr könne man die bewußtlosen Tiere kochen, ohne daß sie irgendeinen Schmerz empfänden.« Dazu kann man nur sagen: Fröhliche Wissenschaft!

Fritierter Hummer (Languste)

Ein extravagantes Gericht von ganz erlesenem Geschmack!

Zutaten (für 4 bis 6 Personen, zusammen mit anderen Gerichten): 1 Scheibe Ingwerwurzel, 2 Frühlingszwiebeln, 1 Knoblauchzehe, 1 Ei, 4 EL Mehl, 2 EL Wasser, 1 TL Salz, 1 Hummer (bzw. Languste – etwa 750 g), Öl zum Fritieren

Vorbereitung: Ingwer, Frühlingszwiebeln und Knoblauch feinhacken. Das Ei mit Mehl, Wasser und Salz zu einem dünnen Teig verquirlen, dann Ingwer, Frühlingszwiebeln und Knoblauch hinzufügen.
Den Hummer (oder die Languste) längs durch den Panzer hindurch mit einem Küchenbeil halbieren. Jede Hälfte quer in 4 cm lange Stücke hacken (bei Hummer die Scheren ebenso zerkleinern). Jedes Stück durch den Teig ziehen.

Zubereitung: Das Öl in einem Fritiertopf erhitzen. Die Hälfte der Hummerstücke in einen Ausbackkorb legen und 3 Minuten im siedenden Öl fritieren. Mit den übrigen Stücken ebenso verfahren.

Servieren: Alle fritierten Hummerstücke kurz abtropfen lassen und rasch auf einer vorgewärmten Platte anrichten. Dazu eine Auswahl von Saucen und Dips vorsehen.

Pfannengerührter Hummer mit gehacktem Schweinefleisch

Bei diesem Rezept werden Hummerstücke in ihrem Panzer zusammen mit gehacktem Schweinefleisch gebraten. Man nennt diese Zubereitung »Kantonesischer Hummer«.

Zutaten (für 4 bis 6 Personen, zusammen mit anderen Gerichten): 1 Hummer (etwa 750 g), 100 g Schweinefleisch, 2 Scheiben Ingwerwurzel, 2 Knoblauchzehen, 2 Frühlingszwiebeln, 4 EL Pflanzenöl, 1 TL Salz, $1/8$ l *Hühnerbrühe*, 1 EL Sojasauce, 2 Eier, 2 EL Sherry, $3/4$ EL Maisstärke

Vorbereitung: Den Hummer längs mit einem Küchenbeil durch den Panzer hindurch halbieren. Jede Hälfte quer in 4 cm lange Stücke hacken; mit den Scheren ebenso verfahren.
Schweinefleisch, Ingwer und Knoblauch sehr fein hacken. Die Frühlingszwiebeln in 5 mm dicke Stücke schneiden.

Zubereitung: Das Öl in einer großen Pfanne erhitzen. Schweinefleisch, Knoblauch und Ingwer darin auf stärkstem Feuer 2 Minuten pfannenrühren und zugleich salzen. Dann die Hummerstücke mit den Frühlingszwiebeln zufügen und $2 1/2$ Minuten unter Rühren weiterbraten. Mit der Hühnerbrühe auffüllen, die Sojasauce hineinträufeln und alles zugedeckt 3 Minuten köcheln lassen.
Unterdessen das Ei leicht mit 1 Eßlöffel Wasser und dem Sherry verquirlen. In einem zweiten Schälchen die Stärke mit 5 Eßlöffeln Wasser glattrühren. Die Stärkemischung in die Pfanne gießen und so lange rühren, bis die Sauce dicklich wird. Zuletzt die Eier-Mixtur gleichmäßig über den Pfanneninhalt verteilen, umrühren und das Gericht sofort auf einer vorgewärmten Platte anrichten. Es paßt vorzüglich zu Wein oder gekochtem Reis.

Gedämpfter marinierter Hummer

Zutaten (für 4 bis 6 Personen, zusammen mit anderen Gerichten): 1 Hummer (etwa 750 g), 2 Scheiben Ingwerwurzel, 1 Knoblauchzehe, 2 Frühlingszwiebeln, 1 $\frac{1}{2}$ EL Sojasauce, 2 EL Sherry, 1 EL Pflanzenöl, 1 TL Zucker, 1 EL gehackter Schnittlauch

Vorbereitung: Den Hummer längs mit einem scharfen Küchenbeil durch den Panzer hindurch halbieren und die Hälften quer in jeweils 4 cm breite Stücke hacken. Mit den Scheren ebenso verfahren. Die Hummerstücke mit der Fleischseite nach oben nebeneinander auf einer passenden feuerfesten Platte anordnen. Ingwer, Knoblauch und Frühlingszwiebeln feinhacken und gründlich mit den übrigen Zutaten mischen. Die Hummerstücke mit dieser Marinade übergießen und 1 Stunde ziehen lassen.

Zubereitung: Die Hummerstücke auf der Platte in einen Dämpftopf setzen und 20 Minuten lang heftigem Dampf aussetzen, bis sie leuchtendrot geworden sind.

Servieren: Den Schnittlauch gleichmäßig über das Hummerfleisch streuen und das Gericht sofort zu Tisch bringen.

Pfannengerührter Hummer in süßsaurer Sauce

Zutaten (für 4 bis 6 Personen, zusammen mit anderen Gerichten): 1 Hummer (etwa 750 g), 2 Scheiben Ingwerwurzel, 2 Knoblauchzehen, 2 Frühlingszwiebeln, 2 EL Schweineschmalz, $\frac{1}{4}$ TL Salz, 3 EL *Hühnerbrühe*, $\frac{3}{4}$ EL Maisstärke, 1 EL Sojasauce, 1 EL Sherry, 1 $\frac{1}{2}$ EL Essig, 1 EL Tomatenpüree (oder -mark), 1 $\frac{1}{4}$ EL Zucker, 2 EL Wasser, 2 EL frisch gepreßter Orangensaft

Vorbereitung: Den Hummer samt Panzer längs mit einem scharfen Küchenbeil halbieren. Jede Hälfte quer in 4 cm breite Stücke hacken; mit den Scheren ebenso verfahren.
Ingwer und Knoblauch fein zerkleinern. Die Frühlingszwiebeln in 1 cm dicke Stückchen schneiden.

Zubereitung: Das Schmalz in einer Pfanne erhitzen. Ingwer, Knoblauch und Frühlingszwiebeln darin auf mittlerer Hitze 1 Minute unter Rühren anrösten, dabei salzen. Die Hummerstücke hinzufügen und 3 Minuten auf starkem Feuer pfannenrühren, dann mit der Hühnerbrühe beträufeln und weitere 30 Sekunden braten.
Die übrigen Zutaten zu einer glatten Sauce verrühren und in die Pfanne gießen. Jetzt alles zusammen 1 Minute unter sanftem Rühren köcheln und mischen. Das Gericht sofort auftragen.

Pfannengerührtes Hummerfleisch mit Hühnerbrust und Gemüse

Zutaten (für 6 bis 8 Personen, zusammen mit anderen Gerichten): 300 g Hummerfleisch, 200 g Hühnerbrust, 50 g Bambussprossen, 75 g Gurke, 2 Scheiben Ingwerwurzel, 2 Frühlingszwiebeln, 2 EL Pflanzenöl, $\frac{1}{2}$ TL Salz, 50 g frische Champignons, 1 $\frac{1}{2}$ EL helle Sojasauce, $\frac{1}{2}$ TL *Chili-Öl*, 6 EL *Hühnerbrühe*, 1 EL Maisstärke, $\frac{1}{2}$ TL Glutamat, 2 EL Sherry, 25 g feingehackter geräucherter Schinken

Vorbereitung: Das ausgelöste Hummerfleisch und die Hühnerbrust in Würfelchen von 1 cm Kantenlänge schneiden. Die Gurke sauberbürsten, aber nicht schälen. Bambussprossen und Gurke gleichfalls kleinwürfeln. Den Ingwer feinhacken, die Frühlingszwiebeln in 3 cm lange Stücke teilen.

Zubereitung: Das Öl in einer Pfanne erhitzen. Ingwer, Bambussprossen, Gurke und Hühnerfleisch zufügen, salzen und auf stärkstem Feuer 1 $\frac{1}{2}$ Minuten pfannenrühren. Dann das Hummerfleisch, die Pilze und die Frühlingszwiebeln zufügen und alles eine weitere Minute unter stetem Wenden braten. Sojasauce und Chili-Öl darüberträufeln und 30 Sekunden hineinmischen. Nun die Hühnerbrühe angießen und 2 Minuten köcheln lassen. Zuletzt die Stärke und das Glutamat gründlich mit dem Sherry und 2 Eßlöffeln Wasser verquirlen, in die Pfanne gießen und so lange rühren, bis die Sauce gebunden ist.

Servieren: Den Pfanneninhalt auf einer vorgewärmten Platte anrichten, mit dem gehackten Schinken bestreuen und sofort auftragen.

Pfannengerührter Hummer mit Weinsatzpaste

Dieses Rezept stammt aus Fukien, einer südöstlichen Küstenprovinz Chinas, wo sehr häufig mit roter Weinsatzpaste gekocht wird.

Zutaten (für 4 bis 6 Personen, zusammen mit anderen Gerichten): 1 Hummer (etwa 750 g), 2 Scheiben Ingwerwurzel, 2 Knoblauchzehen, 2 Frühlingszwiebeln, 3 EL Schweineschmalz, ¼ TL Salz, 1 EL Hoisinsauce, 2 EL Weinsatzpaste (oder *Weinsatzpasten-Ersatz*, siehe nachfolgendes Rezept)

Vorbereitung: Den Hummer samt Panzer mit einem Küchenbeil längs halbieren. Die Hälften quer in 4 cm breite Stücke hacken; die Scheren ebenso zerteilen. Ingwer und Knoblauch feinhacken. Die Frühlingszwiebeln in 1 cm dicke Abschnitte teilen.

Zubereitung: 2 Eßlöffel Schweineschmalz in einer Pfanne erhitzen. Ingwer, Knoblauch und Frühlingszwiebeln darin auf mittlerer Hitze unter Rühren 30 Sekunden anbraten, dabei salzen. Die Hummerstücke zufügen und auf nunmehr starkem Feuer 2 Minuten pfannenrühren, dann herausheben und warm stellen.
Das restliche Schmalz in der Pfanne zerlassen. Hoisinsauce und Weinsatzpaste darin glattrühren und auf mittlerer Hitze 30 Sekunden köcheln, bis sich Fett und Sauce gut vermischt haben.
Die Hummerstückchen wieder zurück in die Pfanne füllen und auf stärkster Hitze 30 Sekunden lang in der Sauce wenden. Das Gericht sofort servieren.

Weinsatzpasten-Ersatz

Wenn Sie nirgendwo Weinsatzpaste kaufen können, bereiten Sie nach folgendem Rezept einen Ersatz dafür zu.

Zutaten: 1 mittelgroße Zwiebel, 2 Knoblauchzehen, 2 Scheiben Ingwerwurzel, 2 EL Pflanzenöl, 1 EL Sojapaste, 1 TL Zucker, 1 EL Tomatenpüree (oder -mark), 1 TL roter Bohnenkäse, 1 EL Sherry, 2 TL Cognac

Vorbereitung: Zwiebel, Knoblauch und Ingwer sehr fein hacken.

Zubereitung: Zwiebel, Knoblauch und Ingwer in heißem Öl 2 Minuten unter Rühren andünsten. Dann alle Zutaten zufügen und 1 Minute lang gut daruntermischen. Die Paste abkühlen lassen und nach Rezept weiterverarbeiten (oder in Gläser füllen und im Kühlschrank aufbewahren).

Austerngerichte

Frische Austern kennt die chinesische Bevölkerung kaum, ausgenommen natürlich die Küstenbewohner. China ist ein so gigantisches kontinentales Land, daß früher, als es noch keine modernen Kühlsysteme gab, die leichtverderblichen Austern auf den langen Wegen ins Inland nicht frisch gehalten werden konnten. Deshalb kannten die meisten Chinesen nur getrocknete Austern, die bis heute hauptsächlich als Gewürz Verwendung finden.

Getrocknete Austern gehören also zu den Meeresfrüchten, die man zum Würzen von Speisen nimmt und deren wichtigste getrocknete Abalone und Tintenfische sind.

So ist es nicht verwunderlich, daß es nur wenige Rezepte gibt, in denen frische Austern vorkommen. Zwei der köstlichsten Zubereitungen sind *Austern-Omelett* und *Gegrillte Austern*. Die folgenden Rezepte geben einen kleinen Überblick über bekanntere, vielgekochte Austerngerichte.

Fritierte Austern im Teigmantel

Zutaten (für 4 bis 8 Personen, zusammen mit anderen Gerichten): 24 Austern, 3 Frühlingszwiebeln, Salz, Pfeffer aus der Mühle, Chilipfeffer (oder Cayennepfeffer), 2 Eier, 100 g Mehl, 6 EL Wasser, Pflanzenöl zum Fritieren

Vorbereitung: Die Frühlingszwiebeln sehr fein hacken. Die Austern aus den Schalen lösen, mit Salz, Pfeffer und Chilipfeffer würzen und mit der Hälfte der gehackten Frühlingszwiebeln bestreuen. Eier, Mehl und Wasser zu einem glatten Ausbackteig verrühren. Die Austern nacheinander durch diesen Teig ziehen, bis sie völlig davon eingehüllt sind.

Zubereitung: Das Öl im Fritiertopf erhitzen (oder fritieren Sie auf chinesische Art in einer Pfanne, die 2 cm hoch mit siedendem Öl gefüllt ist). Portionsweise die Austern ins heiße Fett gleiten lassen und $2\frac{1}{2}$ bis 3 Minuten goldbraun ausbacken. Mit einem Schaumlöffel herausheben und gut abtropfen lassen.

Servieren: Die Austern auf einer vorgewärmten Platte anrichten, mit den restlichen Frühlingszwiebeln bestreuen und sofort auftragen.

Anmerkung der Übersetzerin: Wenn Sie noch nie Austern geöffnet haben, sollten Sie folgendes beachten, damit diese Arbeit ohne Verletzungen vor sich geht: Besorgen Sie sich einen dicken (ausgedienten) Lederhandschuh; Rechtshänder brauchen einen linken, Linkshänder einen rechten. Streifen Sie den Handschuh über und nehmen Sie eine Auster mit der flachen Seite nach unten in die Hand. Fahren Sie nun mit einem spitzen, stabilen Messer, das eine nur kurze Klinge haben sollte, (oder mit einem speziellen Austernmesser) vom Scharnier her zwischen die beiden Schalen. Sobald das Messer eindringen kann, schneiden Sie, glatt in der flachen unteren Schale entlang fahrend, den Schließmuskel auf. Die Auster öffnet sich nun sofort.

Den kostbaren Saft, der in diesem Rezept nicht verwendet wird, können Sie – wenn Sie mögen – gleich als Belohnung für die Mühe schlürfen. Oder Sie sammeln ihn und bereiten eine kleine Sauce daraus zu: Feingehackte Schalotten in etwas Butter weich dünsten, mit trockenem Weißwein ablöschen und so lange köcheln, bis alle Flüssigkeit verdampft ist. 2 bis 3 Eßlöffel eiskalte Butter dazugeben und mit einem Schneebesen auf sanfter Hitze schaumigschlagen. Zum Schluß den Austernsaft daruntermischen, bis eine sämige Sauce entstanden ist.

Diese Sauce ist zwar ganz und gar nicht chinesisch, aber sie schmeckt köstlich zu den fritierten Austern. Und es wäre doch schade, den wertvollen Saft ungenutzt wegzukippen.

Fritierte Austern mit Speck

Für 4 bis 8 Personen (zusammen mit anderen Gerichten).

Vor- und Zubereitung: Nach dem vorherigen Rezept arbeiten, jedoch für den Teig 1 zusätzliches Ei und 25 g mehr Mehl vorsehen. Außerdem brauchen Sie 6 Scheiben Frühstücksspeck.
Jeden Speckstreifen über Kreuz in 4 gleich große Stücke schneiden. Austern und Speckstücke durch den Ausbackteig ziehen.
Das Öl im Fritiertopf erhitzen. Jede Auster in ein Speckstück wickeln und mit Hilfe von hölzernen Stäbchen (keinesfalls welche aus Plastik nehmen – Sie schmelzen im heißen Öl!) in das siedende Öl tauchen. So fortfahren, bis jeweils 6 eingepackte Austern zugleich im Öl schwimmen. Nach 3 Minuten hebt man sie mit einem Schaumlöffel heraus und läßt sie abtropfen.
Die fertigen Austern auf einer vorgewärmten Platte anrichten und mit gehackten Frühlingszwiebeln bestreuen. Der knusprige Speck gibt der zarten Auster einen ganz neuen Geschmack.

Austern mit Schweinefleisch, Gemüse und Glasnudeln

Hier wieder ein Gericht aus der Provinz Fukien, das der chinesischen Tradition folgt, frische mit getrockneten und eingelegten Zutaten zu kombinieren.

Zutaten (für 6 bis 10 Personen, zusammen mit anderen Gerichten): 12 getrocknete Austern, 6 Lilienknospen, 4 große getrocknete chinesische Champignons (Tongu-Pilze), 50 g Glasnudeln, 12 frische Austern, 75 g mageres Schweinefleisch, 75 g Bambussprossen, 100 g Stangensellerie, 100 g Brokkoli, 1 Romanasalat (Römischer Salat), 3 EL Pflanzenöl, ½ TL Salz, ½ l *Hühnerbrühe*, 2 EL Sojasauce, 2 EL Sherry, ½ EL Maisstärke, ½ TL Glutamat

Vorbereitung: Die getrockneten Austern 1 Stunde, die Lilienknospen und Pilze getrennt voneinander 30 Minuten und die Glasnudeln in einem vierten Schüsselchen 20 Minuten in warmem Wasser einweichen.
Von den Pilzen die Stiele entfernen, die Hüte in schmale Streifen schneiden. Die frischen Austern aus den Schalen lösen. Das Schweinefleisch und die Bambussprossen in streichholzfeine Streifen hacken. Sellerie, Brokkoli und Salat in 3 cm lange Stücke teilen.

Zubereitung: Das Öl in einem großen Topf erhitzen. Darin das Schweinefleisch und die Bambussprossen mit dem Salz 3 Minuten unter Rühren braten. Brokkoli und Sellerie zufügen und 2 Minuten mitbraten, dabei ständig mischen.
Dann mit der Brühe auffüllen, Lilienknospen, Pilze, Sojasauce, Sherry, die Nudeln und die getrockneten Austern in den Topf geben und alles zusammen auf mildem Feuer 20 Minuten köcheln.
Danach die frischen Austern hineingleiten lassen und die Salatstreifen zugeben, umrühren und die »Suppe« weitere 3 Minuten auf sanfter Hitze ziehen lassen.
Zuletzt die Stärke, das Glutamat und 4 Eßlöffel Wasser gut verquirlen und in den Topf rühren. Das Gericht nach 1 Minute in eine große Schüssel oder Suppenterrine umfüllen und sofort auftragen. Es schmeckt vorzüglich zu Reis.

Austern mit Schweinefleisch, Gemüse und Bohnenquark

Für 6 bis 10 Personen (zusammen mit anderen Gerichten).
Das Rezept für *Austern mit Schweinefleisch, Gemüse und Glasnudeln* wiederholen, statt der Glasnudeln jedoch 2 bis 3 Würfel frischen Bohnenquark in Scheiben schneiden und in die »Suppe« geben.

Rotgekochtes Schweinefleisch mit getrockneten Austern

Für 6 bis 10 Personen (zusammen mit anderen Gerichten).

Das Rezept für *Rotgekochte Schweinehaxe* (Seite 141) wiederholen, 10 eingeweichte und ausgespülte getrocknete Austern zwischen die Fleischstücke schichten und alles miteinander 1¾ Stunden leise köcheln lassen.

Zwar ist der Geschmack von Schweinefleisch mit Austern recht eigenartig, aber man gewöhnt sich schnell daran. Kenner genießen das volle Aroma des Schweinefleisches, das durch die Austern in unnachahmlicher Weise betont wird.

Jakobsmuscheln

Man verwendet Jakobsmuscheln (*Abb. 25*) sehr häufig getrocknet zum Würzen, obgleich das frische Muschelfleisch in der Konsistenz dem Fleisch von Herzmuscheln ähnelt und sich hervorragend zum Pfannenrühren eignet.

Als Gewürz nimmt man nicht das ganze aus der Schale gelöste Fleisch, sondern meist nur die feste Nuß. Deshalb haben die getrockneten bernsteingelben Jakobsmuscheln eine so ebenmäßige Form: Sie sind rund, etwa 1 cm dick und haben einen Durchmesser von 1 bis 3 cm. Ihr Aroma ist angeblich viel delikater als das aller anderen Arten von getrockneten Meeresfrüchten. Man gibt sie gern in alle Gerichte, die auf mildem Feuer sehr lange garziehen oder köcheln, wie dicke Suppen, Reisbrei- und Schmorgerichte.

Getrocknete Jakobsmuscheln muß man über Nacht einweichen. Wenn sie anderntags gegart und danach in schmale Streifen oder Scheiben geschnitten werden, kann man sie in den verschiedensten pfannengerührten Speisen verarbeiten.

Gedämpfte Jakobsmuscheln mit Schinken, Ingwer und Zwiebeln

Zutaten (für 4 bis 8 Personen, zusammen mit anderen Gerichten): 300 bis 400 g ausgelöstes Jakobsmuschelfleisch, 4 EL Sherry, 1 TL Zucker, 2 EL Sojasauce, 1 Scheibe Ingwerwurzel, 50 g geräucherter Schinken, 2 Frühlingszwiebeln

Vorbereitung: Jede Jakobsmuschelnuß vierteln und in Sherry, Zucker und Sojasauce 30 Minuten marinieren. Dann abtropfen lassen, dabei die Marinade auffangen.

Den Ingwer feinraspeln, Schinken und Frühlingszwiebeln grobhacken.

Zubereitung: Die Muschelstückchen hübsch auf einer feuerfesten Platte anrichten. Mit Ingwer, Schinken und Zwiebeln bestreuen, mit der Marinade beträufeln und 15 Minuten lang heftig dämpfen. Sofort servieren.

Anmerkung der Übersetzerin: Hierzulande wird meist nur ausgelöstes Jakobsmuschelfleisch tiefgefroren angeboten, das leider schon seinen Schmelz und alle Zartheit verloren hat. In ausgesuchten Fisch- oder Delikatessengeschäften gibt es zwar frische Jakobsmuscheln, aber selbst dann ist das Fleisch fast immer ausgelöst – weil das Auslösen eine ziemlich unappetitliche Angelegenheit ist:
Die Schale (die für eine bestimmte Benzinfirma als Markenemblem bekannt ist und die man gerne als Servierschale für kleine Ragouts verwendet) läßt sich zwar kinderleicht öffnen, aber der kostbare Inhalt ist in einer dicken Schlamm- und Dreckschicht versteckt. Man muß sich ein wenig überwinden, ihn da herauszuholen.
Das Muschelfleisch ist elfenbeinfarben bis zartrosa. Die feste Nuß ist stets von einem orangeroten Halbmond umgeben, dem sogenannten Corail (Rogen). Er gilt als besondere Delikatesse. Da er sehr hitzeempfindlich ist – er besteht aus reinem Eiweiß, das bereits bei etwas über 60 Grad zu gerinnen beginnt –, darf man ihn nur sehr kurz, 1 bis höchstens 2 Minuten, in heftigem Dampf belassen. Fügen Sie ihn deshalb erst unmittelbar vor Garzeitende hinzu.

Pfannengerührte Jakobsmuscheln mit Chinakohl und Pilzen

Zutaten (für 6 bis 8 Personen, zusammen mit anderen Gerichten): 4 große getrocknete chinesische Champignons (Tongu-Pilze), 200 g ausgelöste Jakobsmuscheln, 200 g Chinakohl (oder Stangensellerie), 2 EL Pflanzenöl, 2 Scheiben Ingwerwurzel, $1/2$ TL Salz, 1 EL helle Sojasauce, 2 EL Sherry, $1/2$ TL Glutamat, 4 EL *Hühnerbrühe*

Vorbereitung: Die Pilze in warmem Wasser 30 Minuten einweichen, dann die Stiele entfernen und die Hüte vierteln. Die Jakobsmuscheln ebenfalls vierteln. Den Chinakohl (oder den Sellerie) in 3 cm große Stücke schneiden, $1 1/2$ Minuten in kochendem Wasser blanchieren, abschrecken und abtropfen lassen.

Zubereitung: Das Öl in einer Pfanne erhitzen. Ingwer und Salz hineinstreuen. Nach 30 Sekunden die Jakobsmuscheln zufügen und 2 Minuten auf mittlerer Hitze pfannenrühren; herausheben und warm stellen. Den Ingwer aus der Pfanne fischen und wegwerfen.
Im verbliebenen Fett den Kohl oder Sellerie 3 Minuten unter Rühren braten, daraufhin die Pilze dazwischenstreuen und Sojasauce sowie 1 Eßlöffel Sherry darüberträufeln. Alles zusammen weitere 2 Minuten wenden und braten. Nun das Glutamat und die Hühnerbrühe zufügen. Das Ganze zugedeckt 5 Minuten köcheln. Zum Schluß die Jakobsmuscheln zurück in die Pfanne füllen und 1 Minute untermischen, dabei den restlichen Sherry zugeben. Das Gericht sofort servieren.

Pfannengerührte Jakobsmuscheln in roter Weinsatzpaste

Zutaten (für 4 bis 8 Personen, zusammen mit anderen Gerichten): 1 TL schwarze fermentierte Bohnen, 2 Scheiben Ingwerwurzel, 25 g geräucherter Schinken, 2 Frühlingszwiebeln, 3 EL Pflanzenöl, 2 EL Weinsatzpaste (oder *Weinsatzpasten-Ersatz* – Seite 314) 1 EL Hoisinsauce, 1 EL Sherry, 300 bis 400 g ausgelöste Jakobsmuscheln, $1/2$ TL Salz

Vorbereitung: Die schwarzen Bohnen 20 Minuten in Wasser einweichen, dann mit einer Gabel zerdrücken. Den Ingwer feinraspeln, Schinken und Frühlingszwiebeln grobhacken.

Zubereitung: Das Öl in einer Pfanne erhitzen. Ingwer, Frühlingszwiebeln und schwarze Bohnen darin 1 Minute auf mittlerer Hitze pfannenrühren. Dann die Weinsatzpaste, Hoisinsauce und den Sherry in die Pfanne gießen und alles 1 Minute lang unter Rühren vermischen, bis sich das Öl innig mit der Sauce verbunden hat.

Die Jakobsmuscheln zufügen, mit Salz sowie dem gehackten Schinken bestreuen und auf starkem Feuer 2½ Minuten vorsichtig wenden und gut mit der Sauce mischen. Das Gericht auf einer vorgewärmten Platte anrichten und unverzüglich auftragen.

Pfannengerührte Jakobsmuscheln mit Hühnerfleischwürfeln, Pilzen und Gurke

Zutaten (für 4 bis 8 Personen, zusammen mit anderen Gerichten): 4 große getrocknete chinesische Champignons (Tongu-Pilze), 300 g ausgelöste Jakobsmuscheln, 125 g Hühnerbrust, ¼ mittelgroße Gurke, 3 EL Pflanzenöl, 2 EL helle Sojasauce, 4 EL *Hühnerbrühe*, 1 EL Sherry, ½ EL Maisstärke, ½ TL Glutamat, Pfeffer aus der Mühle

Vorbereitung: Die Pilze 30 Minuten in warmem Wasser einweichen, dann die Stiele entfernen und die Hüte vierteln. Die Jakobsmuscheln, das Hühnerfleisch und die (ungeschälte) Gurke in Würfel von 5 mm Kantenlänge schneiden.

Zubereitung: Das Öl in einer großen Pfanne erhitzen. Gurke, Hühnerfleisch und Jakobsmuscheln zufügen. Auf stärkster Hitze 2 Minuten pfannenrühren, dann die Pilze in die Pfanne streuen und mit der Sojasauce beträufeln. Die Hitze auf mittlere Stärke reduzieren. Die Zutaten eine weitere Minute unter Rühren braten, mit der Hühnerbrühe und dem Sherry aufgießen und noch 1 Minute sanft köcheln.
Stärke, Pfeffer und Glutamat mit 3 Eßlöffeln Wasser verquirlen, in gleichmäßigem Strahl in die Pfanne laufen lassen und so lange rühren, bis die Flüssigkeit gebunden ist.
Das Gericht auf einer vorgewärmten Platte anrichten und sofort auftragen.

Gedämpfte getrocknete Jakobsmuscheln mit Chinakohl, Schinken und Hühnerbrühe

Zutaten (für 4 bis 8 Personen, zusammen mit anderen Gerichten): 12 getrocknete Jakobsmuscheln, 6 EL Sherry, 75 g geräucherter Schinken, 400 g Chinakohl (oder Stangensellerie), ¼ l *Hühnerbrühe*, ½ TL Salz, 2 EL helle Sojasauce, Pfeffer aus der Mühle

Vorbereitung: Die Jakobsmuscheln in 6 Eßlöffeln Wasser über Nacht einweichen, abseihen und das Einweichwasser auffangen; dann in einer Schüssel mit dem Sherry bedeckt 6 Stunden lang ziehen lassen, dabei alle 2 Stunden wenden. Den Sherry ebenfalls aufbewahren.
Den Schinken in dünne Streifen von 4 mal 1 cm Größe schneiden. Den Chinakohl längs halbieren, die gröberen Außenblätter entfernen, die Herzteile kurz in kochendem Wasser blanchieren und unter kaltem Wasser abschrecken.

Zubereitung: Den Kohl in einen Topf geben, mit der Brühe aufgießen, salzen, und Muschelwasser, Sherry sowie Sojasauce und Pfeffer zufügen. Die Brühe aufwallen lassen und den Kohl darin 2 Minuten köcheln, dabei einmal wenden.
Die Kohlhälften in eine flache, ovale feuerfeste Form legen. Die Flüssigkeit aus dem Topf darüberträufeln und die Jakobsmuscheln mit den Schinkenstreifen abwechselnd daraufschichten. Das Gericht im Dämpftopf 45 Minuten lang heftigem Dampf aussetzen und in der Form auftragen.

Tintenfisch

Tintenfisch gilt in China nicht unbedingt als der allerfeinste Speisefisch, aber er ist doch aus vielen Gründen empfehlenswert.
Erstens: Er ist sehr zahlreich und deshalb billig. (Daher wird er vor allem von der ärmeren Bevölkerung viel gegessen.) Zweitens: Tintenfisch ist in kürzester Zeit gar. Drittens: Er hat zwar kein so ausgeprägtes Aroma wie viele andere Meeresfrüchte, aber man kann ihn leicht mit allerlei Würzzutaten höchst geschmackvoll zubereiten und mit den unterschiedlichsten Ingredienzen zusammen verarbeiten. Viertens: Obwohl er in der Konsistenz sozusagen »weder Fisch noch Fleisch« ist, hat er eine gewisse Festigkeit, durch die er angenehm zu kauen ist. In dieser Eigenschaft paßt er vorzüglich zu gekochtem Reis.

Anmerkung der Übersetzerin: Auch Tintenfische bekommt man hierzulande fast nur aus der Tiefkühltruhe (es sei denn, man wohnt in einer Hafenstadt) – meist in Geschäften, in denen sich Gastarbeiter versorgen. Seine Qualität wird durch das Einfrieren kaum beeinträchtigt. Er muß natürlich vor dem Verarbeiten vollständig auftauen (am besten langsam bei Kühlschranktemperatur).
Prüfen Sie, ob er schon ausgenommen und küchenfertig ist. Falls nicht, packen Sie die Fangarme und drehen Sie sie vorsichtig, aber mit einer kräftigen Bewegung, aus dem sackartigen Körper heraus. Schneiden Sie die nun zum Vorschein kommenden Innereien und den Tintenbeutel mit einem scharfen Messer quer ab und teilen Sie das eßbare Fleisch (die Arme und den Körpersack), wie im Rezept vorgeschrieben, in Stücke.

Pfannengerührter frischer Tintenfisch mit Gemüse

Zutaten (für 4 bis 8 Personen, zusammen mit anderen Gerichten): 400 g frischer Tintenfisch, 2 Frühlingszwiebeln, 100 g Stangensellerie, 50 g Bambussprossen, 50 g feste Salatblätter, 3 EL Pflanzenöl, 2 Scheiben Ingwerwurzel, $\frac{1}{2}$ TL Salz, 1 EL Schweineschmalz, 1 EL Sojasauce, $\frac{1}{2}$ EL Hoisinsauce, $\frac{1}{2}$ EL *Austernsauce,* 1 EL Sherry, $\frac{1}{2}$ TL roter Bohnenkäse, 1 EL Maisstärke, $\frac{1}{2}$ TL Glutamat, 6 EL *Hühnerbrühe*

Vorbereitung: Den Tintenfisch in Streifen von 1 mal 4 cm Größe schneiden. Die Frühlingszwiebeln in 3 cm lange Stücke, Sellerie, Bambussprossen und Salatblätter in feine Streifen hacken.

Zubereitung: 2 Eßlöffel Öl in einer Pfanne erhitzen. Tintenfischstreifen, Frühlingszwiebeln und Ingwerscheiben mit dem Salz darin 3 Minuten auf stärkster Hitze pfannenrühren. Dann die Tintenfischstücke herausfischen und warm stellen. Den Ingwer wegwerfen.
Das restliche Öl in die Pfanne gießen. Sellerie, Bambussprossen und Salatstreifen darin 4 Minuten auf nunmehr mittlerer Hitze unter Rühren sanft braten, mit einer Schaumkelle herausheben und ebenfalls warm stellen.
Nun das Schweineschmalz in der Pfanne zerlassen. Die Saucen, den Sherry und den Bohnenkäse hineingeben, auflösen und aufkochen. Wenn das Fett und die Würzzutaten gut vermischt sind, die Tintenfische darin 1 Minute wenden, wieder herausheben und warm stellen. Jetzt sämtliche Gemüse ebenfalls in die Sauce mengen.
Zuletzt Stärke und Glutamat mit der Hühnerbrühe glattrühren und die Sauce damit andicken. Die Gemüse nochmals 2 Minuten unter stetem Wenden erhitzen, dann auf einer vorgewärmten Platte anrichten. Die Tintenfischstreifen darauf anordnen und das Gericht sofort servieren.

25 Krebsreis (S. 309); Gedämpfte Herzmuscheln (S. 306) und Jakobsmuscheln (S. 317)

Pfannengerührter frischer Tintenfisch mit rotgekochtem Schweinefleisch und Pilzen

Zutaten (für 5 bis 6 Personen, zusammen mit anderen Gerichten): 6 getrocknete chinesische Champignons (Tongu-Pilze), 400 g Tintenfisch, 100 g *Rotgekochte Schweinehaxe* (Seite 141), 2 Frühlingszwiebeln, 2 EL Pflanzenöl, 4 EL Sud vom rotgekochten Schweinefleisch, 1 EL Sherry, $^1/_2$ EL Sojasauce, $^1/_2$ EL Maisstärke

Vorbereitung: Die Pilze 30 Minuten in warmem Wasser einweichen, abseihen, und 4 bis 5 Eßlöffel Einweichwasser aufbewahren. Die Pilzstiele entfernen, die Hüte vierteln.
Die Tintenfische in Streifen von 1 mal 4 cm Größe schneiden. Das Schweinefleisch in sehr dünne Scheiben teilen. Die Frühlingszwiebeln in 3 cm lange Stücke hacken.

Zubereitung: Das Öl in einer Pfanne erhitzen. Tintenfischstreifen und Frühlingszwiebeln darin 1 Minute auf stärkster Hitze rasch pfannenrühren. Das Schweinefleisch samt Kochsud, die Pilze mit dem Einweichwasser, Sherry und Sojasauce zufügen. Alles zusammen 3 Minuten unter sanftem Rühren köcheln.
Zum Schluß die Stärke mit 3 Eßlöffeln Wasser verquirlen, in die Pfanne gießen und so lange rühren, bis die Sauce gebunden ist. Das Gericht sogleich auftragen.
Dieses einfache Gericht kann in wenigen Minuten hergestellt werden, wenn das erforderliche rotgekochte Schweinefleisch fertig zur Hand ist. Deshalb sieht man es häufig auf der chinesischen Tafel.

Rotgekochtes Schweinefleisch mit getrocknetem Tintenfisch

Für 4 bis 8 Personen (zusammen mit anderen Gerichten).
Im vorigen Rezept dienten das Schweinefleisch und sein Sud dem frischen Tintenfisch als Würze. In diesem Rezept jedoch ist es umgekehrt: Der üppige, goldbraune getrocknete Tintenfisch teilt dem Schweinefleisch sein Aroma mit. Die hier praktizierte Umkehrung zeigt wieder einmal den Einfallsreichtum und die Effektivität chinesischer Kochkultur.
Man sieht die appetitlich glänzenden getrockneten Tintenfische übrigens häufig als Auslage in den Schaufenstern chinesischer Restaurants und Lebensmittelgeschäfte.

Vor- und Zubereitung: 1 Rezept *Rotgekochte Schweinehaxe* (Seite 141) zubereiten. Außerdem 125 g getrockneten Tintenfisch über Nacht einweichen, dann in etwa 3 cm große Vierecke schneiden. Die Tintenfischstücke abwechselnd mit den Schweinefleischscheiben in einen geeigneten Topf schichten und vom Aufwallen an 1 $^3/_4$ Stunden auf milder Hitze köcheln. Der getrocknete Tintenfisch verleiht dem Schweinefleisch ein ganz besonders würziges Aroma – ein Aroma, das die Bewohner der Südostküste Chinas sehr lieben.
Der Geschmack von getrocknetem Tintenfisch ist dem von Anchovis sehr ähnlich. Man kann damit nicht nur Fleisch würzen, sondern auch frischen Tintenfisch aromatisieren.

26 Fritierte Phönixschwanz-Riesengarnelen (S. 328); Kantonesische Kristallshrimps (S. 330)

Haifischflossen

Haifischflossen sind, wie Seegurke, eine Delikatesse der chinesischen Haute Cuisine. Man reicht sie nur zu sehr festlichen Anlässen und großen Diners. Beide Zutaten haben eine erstaunlich ähnliche Konsistenz: aspik-artig, aber fest. Allerdings sind Haifischflossen in der Mitte etwas klebriger und an den Rändern, wo die dünnen Gräten sitzen, sehr viel knackiger, was sie noch interessanter erscheinen läßt als Seegurke. Beides bekommt man ausschließlich in getrockneter Form, deshalb muß man sowohl Haifischflossen als auch Seegurken sehr lange in immer wieder frischem Wasser einweichen, bevor man sie weiterverarbeiten kann.

In China gilt ein Haifischflossengericht als eine Art kulinarischer Scherz: Man braucht etwa 3 Tage für die Zubereitung – aber nur 3 Minuten zum Essen! Haifischflossen muß man so extrem lange einweichen und kochen, weil sie von Natur aus ungefähr so zäh wie ein Rhinozeroshorn sind. Damit sie zart und weich wie festes Aspik werden, dabei aber nicht in tausend Fasern zerfallen, muß man sehr vorsichtig mit ihnen umgehen. Da Haifischflossen anscheinend Neugier in der westlichen Welt erregen, will ich im folgenden ein wenig ins Detail gehen.

Gedünstete rotgekochte Haifischflossen

Zutaten (für 6 bis 10 Personen, zusammen mit anderen Gerichten): 400 g getrocknete Haifischflossen, 1 EL getrocknete Garnelen, 4 große getrocknete chinesische Champignons (Tongu-Pilze), 100 g Chinakohl, 50 g Bambussprossen, 1 Frühlingszwiebel, $^1/_4$ l *Hühnerbrühe*, 1 Scheibe Ingwerwurzel, 2 EL Schweineschmalz, $^1/_3$ TL Salz, 2 EL Sojasauce, 4 EL Weißwein, 6 EL Kochsud von rotgekochtem Fleisch, $^3/_4$ EL Maisstärke, $^1/_2$ TL Glutamat, 1 TL Sesamöl

Vorbereitung: Die Haifischflossen über Nacht einweichen. Die getrockneten Garnelen und die Pilze getrennt voneinander in warmem Wasser 30 Minuten einweichen, dann das Wasser wegkippen. Die Pilzstiele entfernen, die Hüte in schmale Streifen schneiden.
Den Chinakohl blanchieren, abschrecken und abtropfen lassen. Die Bambussprossen streifig schneiden. Die Frühlingszwiebel in 2 cm lange Stücke hacken.
Die Haifischflossen sorgfältig unter fließendem Wasser abschrubben und in gut 1 Liter Wasser 1 Stunde sanft köcheln; danach das Wasser wegschütten. Die Flossen erneut mit 1 Liter frischem Wasser bedecken, weitere 1 $^1/_2$ Stunden schwach kochen und gut abtropfen lassen.

Zubereitung: Die Hühnerbrühe in einem Topf aufkochen. Ingwer sowie eingeweichte Garnelen zufügen und 30 Minuten köcheln. Die Brühe durch ein Sieb filtern, die Garnelen und den Ingwer wegwerfen. Nun den Kohl in die Brühe legen und 15 Minuten garziehen lassen.
In einem zweiten Topf das Schmalz erhitzen. Die Frühlingszwiebelstücke, Bambussprossen und Pilze darin mit dem Salz 1 Minute unter Rühren braten. Sojasauce, Wein, Haifischflossen und Fleischsud zufügen, nach 3 Minuten die Hühnerbrühe und den Kohl dazugeben und alles zusammen 20 Minuten auf kleinem Feuer sanft köcheln.
Zuletzt die Stärke und das Glutamat mit 3 Eßlöffeln Wasser verquirlen, in die Flüssigkeit schütten und so lange rühren, bis diese gebunden ist. Das Ganze mit Sesamöl beträufeln.

Servieren: Das Gericht in einer großen Schüssel oder Suppenterrine anrichten, dabei die Haifischflossen obenauf legen.

Haifischflossen mit Krebseiern

Dieses Rezept stammt aus dem berühmten *Lee Ho Foo*-Restaurant in Kanton.

Zutaten (für 6 bis 10 Personen, zusammen mit anderen Gerichten): 1200 g roh-getrocknete Haifischflossen, 4 Scheiben Ingwerwurzel, 6 EL Schweineschmalz, 6 EL Weißwein, gut 2 l *Einfache Brühe*, 2 EL Sherry, gut 1 l *Feine Brühe*, 100 g Krebsfleisch, 1 ½ EL Maisstärke, 100 g Krebseier (Rogen), 2 EL sehr fein gehackter Schinken

Vorbereitung: Die Haifischflossen mit einem scharfen Messer rundum glattschneiden und 6 Stunden lang in Wasser einweichen, danach abgießen und abtropfen lassen. In eine feuerfeste Kasserolle schichten, mit gut 1 Liter Wasser bedecken und 1 Stunde auf mildem Feuer köcheln. Das Wasser wechseln und die Flossen eine weitere Stunde köcheln, dann unter fließendem Wasser abspülen und nötigenfalls abbürsten. Mit frischem Wasser bedeckt nochmals 2 Stunden sanft kochen lassen, ein zweites Mal abspülen, von Unreinheiten säubern und an den Rändern beschneiden. Die Haifischflossen nun in frischem Wasser 8 Stunden lang ganz sanft köcheln lassen. Jetzt sind sie endlich für die weitere Zubereitung vorbereitet.

Die Ingwerscheiben in 8 Eßlöffeln Wasser 6 Minuten schwach kochen, dann 1 Stunde darin ziehen lassen. Das parfümierte Wasser aufbewahren, die Ingwerscheiben wegwerfen.

2 Eßlöffel Schweineschmalz in einem schweren Topf erhitzen. Je 3 Eßlöffel Wein und Ingwerwasser sowie 1 Liter Einfache Brühe hineinschütten. Die Haifischflossen darin 30 Minuten köcheln. Zum guten Schluß setzt man sie noch einmal mit weiteren 2 Eßlöffeln Schmalz und den restlichen Mengen der anderen eben genannten Zutaten für weitere 30 Minuten aufs Feuer, läßt sie dann abtropfen und stellt sie warm.

Zubereitung: 1 Eßlöffel Schmalz in einem feuerfesten Keramiktopf auf mittlerem Feuer erhitzen. Sherry, Feine Brühe, Haifischflossen und Krebsfleisch zufügen und langsam zum Kochen bringen. Die Maisstärke mit 6 Eßlöffeln Wasser verquirlen und in die Suppe rühren. Nach 30 Sekunden den Topf vom Feuer ziehen.

Jetzt die Krebseier in die Suppe geben. Den Topf zurück auf die Herdplatte stellen. Sobald die Suppe wieder aufzuwallen beginnt, das noch übrige Schmalz hinzufügen (Schweineschmalz verwendet man in der Chinesischen Küche, um Speisen sanft-geschmeidig und glänzend zu machen).

Servieren: Den Topfinhalt in eine formschöne Suppenterrine füllen, mit dem feingehackten Schinken bestreuen und sofort servieren.

Man schätzt Haifischflossen nicht nur ihres würzigen Aromas wegen, sondern auch wegen ihrer festen Konsistenz.

Anmerkung der Übersetzerin: Die Krebseier geben dieser Suppe eine gewisse Bindung. Man kann sie nirgendwo gesondert kaufen – während der Saison (im Winter) finden sie sich in den weiblichen Krebsen. Notfalls können sie durch die entsprechende Menge Forellenrogen ersetzt werden, den man jedoch zuvor unter fließendem Wasser aus der ihn umhüllenden dünnen Haut herauswaschen muß.

Haifischflossen-Omelett

Zutaten (für 4 bis 8 Personen, zusammen mit anderen Gerichten): 100 g Haifischflossen, 3 getrocknete chinesische Champignons (Tongu-Pilze), 6 Eier, ½ TL Salz, 25 g Bambussprossen, 1 Scheibe Ingwerwurzel, 25 g Schinken, 1 EL Schweineschmalz, 1 EL Sojasauce, 3 EL Weißwein, 3 EL Pflanzenöl, 1 EL Sherry

Vorbereitung: Die Haifischflossen wie im Rezept für *Gedünstete rotgekochte Haifischflossen* angegeben vorbereiten. Die Pilze 20 Minuten in warmem Wasser einweichen, dann die Stiele entfernen und die Hüte in Streifchen schneiden. Die Eier leicht verquirlen und salzen. Bambussprossen, Ingwer und Schinken in feine Streifen hacken. Die Haifischflossen ebenfalls in kleine Schnitzel zerteilen.

Zubereitung: Das Schmalz in einer kleinen Pfanne erhitzen. Pilze, Bambussprossen und Ingwer darin 30 Sekunden auf starker Hitze pfannenrühren. Die Haifischflossen zufügen und mit Sojasauce und Wein beträufeln. Alles zusammen auf mittlerem Feuer 2 Minuten köcheln, dabei ständig rühren. Dann die Hitze auf kleinste Stufe reduzieren und die Flossen zugedeckt weitere 3 Minuten schwach kochen lassen.

Unterdessen das Öl in einer größeren Pfanne stark erhitzen und durch Schwenken gleichmäßig auf dem Pfannenboden verteilen. Nun bei verminderter Hitze die verquirlten Eier hineingießen und die Pfanne abermals schwenken, damit die Eiermischung gut darin breitläuft.

Nach 1 Minute die Haifischflossen in die Mitte des Omeletts geben und mit dem gehackten Schinken bestreuen. Den Eierkuchen mit Hilfe einer Palette von 2 Seiten her über der Füllung zusammenklappen. Dann das ganze Omelett mit Hilfe der Palette und eines Löffels vorsichtig umdrehen, mit Sherry beträufeln und sofort auftragen.

Shrimps (Krabben) und Garnelen

Wir machen in China keinen Unterschied zwischen Shrimps und Garnelen – beides heißt *Hsia*. Aber die *Hsia* von den schlammigen Küsten Chiles (hier unter dem Namen Pazifik-Garnelen oder Hummerkrabbenschwänze bekannt und in den Restaurants von Peking und Tientsin ebenso beliebt wie in den europäischen) sind etwa zehnmal größer als die kleinen Süßwasserkrabben aus den Flüssen und Seen des chinesischen Südens.

Shrimps und Garnelen sind höchst wichtige Nahrungsmittel für die Chinesen, zum einen, weil man sie praktisch überall und in großen Mengen bekommen kann, zum anderen, weil ihr zartes Fleisch vielseitig verwendbar ist und sich mit zahllosen anderen Ingredienzen kombinieren läßt, sowohl mit Fleisch als auch mit Gemüse. Nach Schweine- und Hühnerfleisch sind wohl Shrimps und Garnelen das gebräuchlichste Fleischprodukt in China.

In der ganzen Welt ist in den letzten Jahren die Nachfrage nach Shrimps und Garnelen sprunghaft angestiegen (man kann mittlerweile sogar von Lieferschwierigkeiten sprechen); in China indes sind sie schon seit Jahrhunderten bekannt und beliebt.

Im Gegensatz zu anderen Meeresfrüchten, deren Zubereitung viel Zeit und Mühe kostet oder die mit würzenden Zutaten kombiniert werden müssen, weil sie kaum Eigengeschmack haben, besitzen Shrimps und Garnelen ein köstliches Aroma und sind blitzschnell zubereitet. In ihrer natürlichen Form und Größe eignen sie sich geradezu hervorragend für die chinesische Kunst, unterschiedlichste Zutaten miteinander zu kombinieren: Sie brauchen nicht zugeschnitten zu werden.

Aus all den genannten Gründen erklärt sich die ungeheure Zahl von Shrimps- und Garnelenrezepten; die folgenden sind nur eine kleine Auswahl der beliebtesten. Shrimps und Garnelen sind in den meisten Fällen gegeneinander austauschbar, ausgenommen bei Gerichten, die ausdrücklich *große* Exemplare (also Garnelen) vorschreiben.

Anmerkung der Übersetzerin: Shrimps und Garnelen sind bei uns längst nicht in solchen Mengen (und zu so günstigem Preis) zu bekommen wie in Asien, und leider – wenn überhaupt – auch nicht in der entsprechenden Qualität. Lange Zeit gab es sie lediglich abgekocht, ausgelöst und tiefgefroren, wobei die Tatsache, daß sie gekocht waren, als der schlimmste Makel anzusehen war.
Mittlerweile aber kann man Shrimps, häufiger jedoch Garnelen oder die größeren Hummerkrabbenschwänze (oder Langustinenschwänze), endlich auch roh kaufen, freilich fast ausschließlich tiefgefroren. Doch beeinträchtigt das Tiefkühlen den Geschmack dieser Tiere im allgemeinen weniger als den der empfindlicheren Fische.
Verwenden Sie für die folgenden Rezepte Shrimps (nicht die winzigen Nordseekrabben, sie sind dafür ungeeignet), Garnelen, Hummerkrabben- oder Langustinenschwänze. Achten Sie jedoch darauf, daß diese frisch oder sorgfältig eingefroren sind – andernfalls entwickeln sie einen penetrant unangenehmen Geschmack nach Seife und Ammoniak. Makellose Shrimps oder Garnelen schmecken süß und haben ein kernig festes Fleisch.

Pfannengerührte Shrimps mit grünen Erbsen

Zutaten (für 4 bis 8 Personen, zusammen mit anderen Gerichten): 1 Scheibe Ingwerwurzel, $^1/_2$ EL Maisstärke, 4 EL *Hühnerbrühe,* 250 g ungeschälte Shrimps, 25 g Bambussprossen, 2 $^1/_2$ EL Pflanzenöl, $^1/_2$ TL Salz, 200 g ausgepahlte Erbsen, 1 EL Sherry, Pfeffer aus der Mühle

Vorbereitung: Den Ingwer feinhacken. Die Stärke mit der Brühe verquirlen. Die Shrimps (oder Garnelenschwänze) aus den Schalen lösen. Die Bambussprossen in 5 mm große Würfel hacken.

Zubereitung: 1 $^1/_2$ Eßlöffel Öl in einer Pfanne auf mittlerem Feuer erhitzen. Die Shrimps und den Ingwer darin mit dem Salz 1 Minute unter Rühren braten; herausheben und warm stellen.
Nun das restliche Öl in die Pfanne gießen. Bambussprossen und Erbsen darin auf stärkster Hitze 2 Minuten pfannenrühren. Dann die Garnelen zurück in die Pfanne füllen, mit der angerührten Stärke und dem Sherry aufgießen, alles pfeffern und 1 Minute unter sanftem Rühren köcheln, bis die Sauce dicklich wird. Sofort servieren und heiß essen.

Pfannengerührte Shrimps mit Bohnensprossen und Schinkenstreifen

Zutaten (für 4 bis 8 Personen, zusammen mit anderen Gerichten): 250 g ungeschälte Shrimps (oder Garnelenschwänze), 200 g Bohnensprossen, 25 g geräucherter Schinken, 2 Frühlingszwiebeln, 3 EL Pflanzenöl, $^1/_2$ TL Salz, 1 EL Sojasauce, 1 TL Zucker, 1 EL Essig, 1 EL Sherry

Vorbereitung: Die Shrimps aus den Schalen lösen. Die Bohnensprossen kurz blanchieren und abtropfen lassen. Den Schinken in feine Streifen schneiden. Die Frühlingszwiebeln in 3 cm lange Stücke hacken.

Zubereitung: 1 $^1/_2$ Eßlöffel Öl in einer Pfanne erhitzen. Shrimps und Zwiebeln mit dem Salz darin 1 Minute unter Rühren braten, herausheben und beiseite stellen.
Das restliche Öl in die Pfanne gießen und die Bohnensprossen darin rasch 1 Minute auf stärkstem Feuer braten. Sojasauce, Zucker sowie Essig zufügen und weitere 1 $^1/_2$ Minuten pfannenrühren. Dann Shrimps und Zwiebeln zurück in die Pfanne füllen. Alles zusammen nochmals 1 $^1/_2$ Minuten braten und mischen. Mit dem Sherry beträufeln und ein-, zweimal umrühren. Zuletzt mit dem Schinken bestreuen, sofort auf einer vorgewärmten Platte anrichten und auftragen.

Wie man an den letzten beiden Rezepten sehen kann, pfannenrührt man Shrimps (oder Garnelen) im allgemeinen mit einer oder zwei Gemüsesorten. Die folgenden Rezepte zeigen einige der beliebtesten Kombinationen. Die Shrimps (oder Garnelen) werden so ziemlich auf die gleiche Weise zubereitet, wie zuvor beschrieben: Zuerst brät man sie rasch mit einigen Zwiebel- oder Ingwerstückchen an, hebt sie heraus und stellt sie beiseite. Dann kommen die Gemüse in die Pfanne und werden – je nach Konsistenz – kürzer oder länger gebraten. Wenn nötig, fügt man etwas Wasser oder Brühe hinzu. Schließlich gibt man die Shrimps wieder in die Pfanne zurück und mischt alles auf mittlerer Hitze 1 bis 2 Minuten lang mit etwas Sherry, damit das Gericht ein kräftiges Aroma bekommt.

Mit Wasser verquirlte Maisstärke rührt man nur dann hinein, wenn der Geschmack einer der Zutaten speziell hervorgehoben werden und ihr Aroma sich der gesamten Sauce mitteilen soll. Falls man keine Stärke zugibt, bezeichnet man die Zubereitungsart als »Trockenbraten«.

Häufig verarbeitet man Shrimps oder Garnelen in den »trockengebratenen« Gerichten ungeschält. Wir Chinesen meinen nämlich, daß ungeschälte Krustentiere beim Braten ihren Eigengeschmack besser bewahren. Allerdings ist das Verzehren eines solchen Gerichts nur dann eine ungetrübte Freude, wenn man die Kunst beherrscht, Shrimps mit den Zähnen aus ihrer Schale zu lösen – das muß man unbedingt können, wenn man chinesisches Essen richtig genießen will.

Pfannengerührte Shrimps mit getrockneten Pilzen und Stangensellerie

Für 4 bis 8 Personen (zusammen mit anderen Gerichten).

Nach dem Rezept für *Pfannengerührte Shrimps mit grünen Erbsen* (Seite 325) vorgehen, statt der Erbsen und Bambussprossen jedoch 6 getrocknete chinesische Champignons (Tongu-Pilze) und 50 g Stangensellerie verwenden. Die Pilze 20 Minuten lang in warmem Wasser einweichen, dann die Stiele entfernen und die Hüte würfeln. Den Stangensellerie in 3 cm lange Stücke hacken. Die Gemüse ½ Minute länger pfannenrühren, bevor die angebratenen Shrimps wieder in die Pfanne kommen und mit den anderen Zutaten vermischt werden.

Pfannengerührte Shrimps mit Paprika, Tomaten und Wasserkastanien

Für 4 bis 8 Personen (zusammen mit anderen Gerichten).

Das Rezept für *Pfannengerührte Shrimps mit grünen Erbsen* (Seite 325) wiederholen, statt der Erbsen und Bambussprossen jedoch 1 mittelgroße grüne Paprikaschote (entkernt), 2 Wasserkastanien und 2 mittelgroße Tomaten (überbrüht und geschält) verwenden. Die beiden erstgenannten Zutaten in 5 mm, die Tomaten in 1 cm große Würfel hacken.
Zuerst Wasserkastanien- und Paprikawürfel 1 ½ Minuten pfannenrühren, bevor die Tomaten zugefügt werden. Es wird weniger Hühnerbrühe nötig sein, weil die Tomaten viel Flüssigkeit abgeben, die zusätzlich mit 1 Eßlöffel Sojasauce gewürzt wird.

Das Grün des Paprika, das Rot der Tomaten und das Rosa der Shrimps ergeben einen sehr hübschen Farbkontrast.

Pfannengerührte Shrimps mit Bohnenquark, Pilzen und feingehacktem Schweinefleisch

Zutaten (für 4 bis 8 Personen, zusammen mit anderen Gerichten): 2 Würfel Bohnenquark, 1 kleine Dose Champignons, 1 Frühlingszwiebel, ½ EL Maisstärke, ½ TL Glutamat, 6 EL *Hühnerbrühe*, 3 EL Pflanzenöl, 50 g durchwachsenes feingehacktes Schweinefleisch, 1 Scheibe Ingwerwurzel, ⅓ TL Salz, 200 g ausgelöste Shrimps, 1 EL Sojasauce, 1 EL Sherry, ½ EL *Austernsauce,* ½ EL Hoisinsauce, 1 TL Sesamöl

Vorbereitung: Jeden Bohnenquarkwürfel in 8 Stücke schneiden. Die Champignons abtropfen lassen, das Wasser wegschütten. Die Frühlingszwiebeln in etwa 3 cm lange Stücke hacken. Stärke, Glutamat und Brühe miteinander verquirlen.

Zubereitung: 1 ½ Eßlöffel Pflanzenöl in einer Pfanne erhitzen. Schweinefleisch und Ingwer darin mit dem Salz 2 Minuten auf stärkster Hitze pfannenrühren. Dann die Shrimps zufügen und weitere 1 ½ Minuten unter Rühren braten. Alles mit einer Schaumkelle aus der Pfanne heben und warm stellen.

Das restliche Öl in die Pfanne gießen und die Frühlingszwiebelstücke darin 15 Sekunden anrösten. Den Bohnenquark zufügen und unter vorsichtigem Rühren 2 Minuten mitbraten. Danach mit Sojasauce, Sherry, Austernsauce sowie Hoisinsauce auffüllen und die Pilze in die Pfanne streuen. Das Ganze eine weitere Minute unter Rühren köcheln.

Nun die angerührte Stärke hineingießen und das Fleisch mit den Shrimps wieder in die Pfanne geben. Alles zusammen 3 Minuten köcheln, dabei sanft rühren.

Das Gericht zum Schluß mit dem Sesamöl beträufeln und sogleich servieren.

Anmerkung der Übersetzerin: Wenn Sie statt der Dosenchampignons lieber frische verwenden wollen, diese erst einmal mit den Frühlingszwiebelstückchen zusammen 2 Minuten braten, bevor die übrigen Zutaten hinzukommen.

Einfach pfannengerührte Shrimps

Für dieses Rezept sollten Sie Shrimps oder Garnelenschwänze verwenden, die (vor dem Kochen) mindestens 5 cm lang sind. Sie brauchen ein knappes Pfund Garnelenfleisch.

Zutaten (für 4 bis 8 Personen, zusammen mit anderen Gerichten): 400 g schieres Garnelenfleisch, 1 TL Salz, 2 feingehackte Scheiben Ingwerwurzel, 4 EL Maisstärke, 2 Frühlingszwiebeln, 3 EL Pflanzenöl, 4 EL Weißwein

Vorbereitung: Die Shrimps (oder Garnelen) mit Salz und feingehacktem Ingwer mischen und 30 Minuten marinieren lassen; dann rundum mit der Stärke bestäuben (überschüssige Stärke abschütteln). Die Frühlingszwiebeln in 1 cm dicke Stücke hacken.

Zubereitung: Das Öl in einer großen Pfanne erhitzen und die Zwiebelstücke darin auf stärkstem Feuer unter ständigem Rühren 1 Minute braten. Die Shrimps zufügen und weitere 2 Minuten pfannenrühren. Beide Zutaten mit dem Wein beträufeln, nochmals 30 Sekunden rühren und das Gericht auf einer vorgewärmten Platte anrichten. Nach Möglichkeit sofort essen!

Einfach pfannengerührte Shrimps in der Schale
Abb. 31

Zutaten (für 4 bis 8 Personen, zusammen mit anderen Gerichten): 2 TL schwarze fermentierte Bohnen, 600 g große ungeschälte Shrimps (oder Garnelenschwänze), 2 Knoblauchzehen, 2 Scheiben Ingwerwurzel, 2 Frühlingszwiebeln, 3 EL Pflanzenöl, ½ TL Salz, ½ EL Sojasauce, 1 ½ EL Sherry, 2 EL *Hühnerbrühe*, ½ TL Zucker, Pfeffer aus der Mühle

Vorbereitung: Die schwarzen Bohnen 1 Stunde einweichen, dann abtropfen lassen. Die Shrimps sorgfältig mehrmals waschen; die Beine entfernen, ohne dabei die Schwänze zu beschädigen. Knoblauch, Ingwer und Frühlingszwiebeln feinhacken.

Zubereitung: Das Öl in einer Pfanne erhitzen, das Salz hineinstreuen und Bohnen, Knoblauch, Ingwer und Frühlingszwiebeln hinzufügen. Auf mittlerer Hitze 1 Minute heftig rühren, dabei alles gründlich mischen. Dann die Shrimps zugeben und auf nunmehr höchster Hitze 2 Minuten pfannenrühren.

Das Ganze mit Sojasauce, Sherry und Brühe beträufeln, mit Zucker und Pfeffer bestreuen und eine weitere Minute unter ständigem Rühren stark kochen lassen. Sofort servieren und gleich verspeisen.

Ein berühmtes großstädtisches Gericht, das in ganz China beliebt ist. Man kann nach diesem Rezept auch Riesengarnelen verarbeiten, die (ohne Kopf) etwa 7 bis 12 cm lang sind. In diesem Fall muß man die Bratzeit um 1 Minute verlängern.

Pfannengerührte ungeschälte Garnelen mit Weinsatzpaste

Für 4 bis 8 Personen (zusammen mit anderen Gerichten).
Das gleiche Rezept wie für *Einfach pfannengerührte Shrimps in der Schale,* nur statt der fermentierten Bohnen und der Sojasauce 2 Eßlöffel rote Weinsatzpaste und 1 Eßlöffel Hoisinsauce vorsehen.
Auch dieses trockengebratene Gericht ist wundervoll aromatisch und wird überall geschätzt.

Fritierte Phönixschwanz-Riesengarnelen
Abb. 26

Dieses Gericht trägt einen so phantasievollen Namen, weil das ungeschälte Schwanzende der Garnelen nicht von Teig umhüllt wird und sich beim Fritieren hellrot färbt. Es dient dem Gast praktischerweise als »Griff«, wenn er die Garnele zum Mund führt.
Solcherart zubereitete Garnelen findet man heute in den chinesischen Restaurants im Ausland sehr häufig, denn sie können problemlos auch von Europäern verzehrt werden. Trotzdem handelt es sich um original chinesische Küche!

Zutaten (für 4 bis 8 Personen, zusammen mit anderen Gerichten): 600 g frische ungeschälte Riesengarnelen, 1 Scheibe Ingwerwurzel, 2 Eier, 1 $1/2$ TL Salz, 90 g Mehl, 1 Prise Backpulver (etwa $1/4$ TL), Öl zum Fritieren

Vorbereitung: Die Garnelen bis auf das Schwanzende schälen, gründlich unter fließendem Wasser waschen und abtropfen lassen. Die Schwanzschale muß intakt bleiben, sollte aber von jeglichen dunklen Stellen gesäubert werden.
Den Ingwer feinhacken. Die Eier in einer Schüssel 15 Sekunden verquirlen und mit Salz, Ingwer, Mehl und Backpulver sowie 4 Eßlöffeln Wasser zu einem glatten Ausbackteig verrühren.

Zubereitung: Das Öl im Fritiertopf erhitzen. Jede Garnele am Schwanzende packen, durch den Teig ziehen und sofort in das siedende Öl tauchen. Jeweils 6 Garnelen auf einmal insgesamt 3 Minuten fritieren, dann mit einem Schaumlöffel herausheben und gut abtropfen lassen. Sobald die erste Portion ausgebacken ist, im heißen Ofen warm halten, damit sie knusprig bleibt, während alle übrigen Garnelen auf die gleiche Art fritiert werden.

Servieren: Die Garnelen auf einer vorgewärmten Platte servieren und nach Belieben mit Petersilie garnieren.
Als Tunken empfehlen sich hier die *Salz-und-Pfeffer-Mischung* (Seite 66) sowie die verschiedenen Dips für Hummerkrabben (Seite 69).

Fritierte Schmetterlingsgarnelen

Der Ausdruck »Schmetterling« bedeutet, daß die geschälten Garnelen vom Schwanzende her (das samt Schale unversehrt bleiben muß) der Innenkrümmung folgend längs mittendurch aufgeschlitzt werden, so daß sich die Hälften wie Flügel auseinanderklappen lassen.
Vor allem zum Füllen schneidet man Garnelen zuvor in Schmetterlingsform – die Chinesische Küche kennt zahllose Farcen für diesen Zweck. Ungefüllte Schmetterlingsgarnelen taucht man im allgemeinen vor dem Fritieren in einen Ausbackteig.

Zutaten (für 4 bis 8 Personen, zusammen mit anderen Gerichten): 1 Scheibe Ingwerwurzel, 1 Knoblauchzehe, 1 Frühlingszwiebel, 2 Eier, 3 EL Maisstärke, $1/2$ EL Mehl, 1 Prise Backpulver, 600 g ungeschälte frische Riesengarnelen, 200 g Paniermehl, Öl zum Fritieren, 1 Zitrone, Petersilienzweige

Vorbereitung: Ingwer, Knoblauch und Frühlingszwiebel feinhacken. Die Eier 15 Sekunden verquirlen, dann mit den gehackten Zutaten sowie Stärke, Mehl und Backpulver 30 Sekunden lang zu einem leichten Ausbackteig verschlagen.
Die Garnelen schälen, dabei jedoch am Schwanzende die Schale belassen, und wie zu Anfang beschrieben längs aufschlitzen. Nun faßt man sie am Schwanz,

taucht sie in den Teig und bestreut sie anschließend gut mit Paniermehl.

Zubereitung: Das Öl im Fritiertopf erhitzen. Jeweils 6 Garnelen hineingeben und 3 Minuten darin schwimmend ausbacken; mit einer Schaumkelle herausheben und abtropfen lassen. Sobald alle Garnelen fritiert sind, auf einer vorgewärmten Platte anrichten, mit Zitronenachteln und Petersilienzweigen dekorieren und sogleich auftragen.
Dazu die gleichen Dips und Würzmischungen reichen, die für *Fritierte Phönixschwanz-Riesengarnelen* empfohlen wurden.

Mit Schinken und Mandeln gefüllte fritierte Riesengarnelen

Zutaten (für 4 bis 8 Personen, zusammen mit anderen Gerichten): 500 g frische Riesengarnelen, 1 TL Salz, 25 g geräucherter Schinken, 2 EL blanchierte gehackte Mandeln, 2 EL gehackte Petersilie, 3 Eier, 3 EL Maisstärke, ½ EL Mehl, 1 Prise Backpulver, Öl zum Fritieren, Petersilie, 1 Zitrone

Vorbereitung: Die Garnelen (außer dem Schwanz) schälen, waschen, in Schmetterlingsform schneiden (siehe voriges Rezept), dabei den Schwanz unversehrt lassen, und mit dem Salz einreiben. Den Schinken grobhacken. Die Mandeln in einer trockenen Pfanne kurz goldbraun rösten. 1 Ei verquirlen und die Hälfte davon mit ½ Eßlöffel Stärke, den gehackten Mandeln und dem Schinken verrühren.
Jeweils 1 Teelöffel dieser Mischung zwischen die beiden »Schmetterlingsflügel« geben und die Flügel fest darüber zusammendrücken.
Die beiden übrigen Eier mit dem Eierrest verschlagen. Die restliche Stärke mit Mehl und Backpulver mischen. Die Garnelen nun zuerst im verquirlten Ei wenden, dann rundum mit der Stärke-Mischung bestäuben.

Zubereitung und Servieren: Das Öl im Fritiertopf erhitzen. Jeweils 6 gefüllte Garnelen auf einmal 3 Minuten lang schwimmend ausbacken.

Die fertigen Garnelen mit Petersilie und Zitronenachteln dekorieren, und eine Auswahl verschiedener Dips und Würzsaucen, darunter *Salz-und-Pfeffer-Mischung* (Seite 66) und *Dips für Hummerkrabben* (Seite 69), dazu reichen.

Garnelengefüllte Hummerkrabben

Sie passen vorzüglich als kleine Häppchen zum Wein oder als Vorspeise zu einem Festessen.

Zutaten (für 4 bis 8 Personen, zusammen mit anderen Gerichten): 1 EL getrocknete Garnelen, 600 g Riesengarnelen (Hummerkrabben), 1 Scheibe durchwachsener Speck, 2 Wasserkastanien, ½ TL Salz, 2 Eier, 3 EL Maisstärke, ½ EL Mehl, 1 Prise Backpulver

Vorbereitung: Die getrockneten Garnelen 2 Stunden lang einweichen, dann sehr fein hacken. Das Fleisch von 1 Riesengarnele grobhacken. Den Speck und die Wasserkastanien feinhacken. Die übrigen Riesengarnelen schälen und in Schmetterlingsform schneiden (siehe Seite 328).
Das feingehackte Fleisch der getrockneten Garnelen mit dem gehackten frischen Garnelenfleisch, dem Salz, dem Speck und den Wasserkastanien mischen, ½ verquirltes Ei sowie ½ Teelöffel Stärke hinzufügen und alles gründlich verkneten. Die Füllmasse zwischen die »Flügel« der Riesengarnelen streichen, die fest darüber zusammengedrückt werden.
Weiter genauso verfahren wie im vorigen Rezept angegeben. Die fertig ausgebackenen Hummerkrabben mit den dort empfohlenen Dips zu Tisch bringen.

Mit Krebsfleisch und Pilzen gefüllte fritierte Hummerkrabben

Für 4 bis 8 Personen (mit anderen Gerichten).
Das gleiche Rezept wie für *Garnelengefüllte Hummerkrabben*, für die Füllung jedoch 3 getrocknete chinesische Champignons und 3 Eßlöffel Krebsfleisch verwenden.

Die Pilze in warmem Wasser 40 Minuten einweichen, dann die Stiele entfernen. Die Hüte grobhacken und mit dem gehackten Krebsfleisch mischen. Die Riesengarnelen damit füllen und wie im vorigen Rezept angegeben weiterverarbeiten.

Anmerkung der Übersetzerin: Probieren Sie dieses Rezept bitte nicht mit Krebsfleisch aus der Dose (crab meat). Sie brauchen hierfür unbedingt rohes Krebsfleisch, weil sonst die Füllung nicht zusammenhält.

Garnelenomelett

Ein einfaches Gericht, das aber köstlich schmeckt und besonders gut zu Reis paßt.

Zutaten (für 4 bis 6 Personen, zusammen mit anderen Gerichten): 200 g ausgelöste Garnelen, 1 TL Salz, 6 Eier, Pfeffer aus der Mühle, 2 Frühlingszwiebeln, 5 EL Pflanzenöl, 1 EL Sherry

Vorbereitung: Die Garnelen quer in 3 Stücke schneiden und rundum mit $\frac{1}{2}$ Teelöffel Salz einreiben. Die Eier in einem Schälchen mit reichlich Pfeffer und dem restlichen Salz verquirlen. Die Frühlingszwiebeln in 1 cm dicke Stücke hacken.

Zubereitung: 2 Eßlöffel Öl in einer großen Pfanne erhitzen. Garnelenstücke und Frühlingszwiebeln darin auf stärkster Hitze $1\frac{1}{2}$ Minuten pfannenrühren, dann herausheben und warm stellen.
Das restliche Öl auf dem Pfannenboden verteilen. Die Eier hineingießen und durch Schwenken der Pfanne breitlaufen lassen. Nunmehr die Hitze stark zurücknehmen. Die Pfanne mehrmals schütteln, damit sich das Omelett vom Boden löst. Den Eierkuchen $1\frac{1}{4}$ Minuten stocken lassen, danach die Garnelen mit den Zwiebeln mittendarauf geben. Das Omelett von beiden Seiten mit Hilfe einer Palette darüber zusammenklappen, vorsichtig mit Hilfe einer Gabel oder einer weiteren Palette umdrehen und nochmals 45 Sekunden braten. Zum Schluß mit dem Sherry beträufeln und behutsam auf eine vorgewärmte Platte heben. Sofort auftragen und gleich verspeisen.

Kantonesische Kristallshrimps
Abb. 26

Zutaten (für 4 bis 8 Personen, zusammen mit anderen Gerichten): $1\frac{1}{2}$ EL Salz, $\frac{1}{2}$ l Wasser, 400 g frische ausgelöste Shrimps, $\frac{1}{2}$ EL Maisstärke (oder Wasserkastanienmehl), 2 EL *Hühnerbrühe,* 3 EL Weißwein, $\frac{1}{2}$ TL Glutamat, 2 Scheiben Ingwerwurzel, 2 Knoblauchzehen, 2 Frühlingszwiebeln, $2\frac{1}{2}$ EL Pflanzenöl, 1 EL Schweineschmalz

Vorbereitung: Das Salz im Wasser auflösen, die gewaschenen Shrimps hineinwerfen und für 2 Stunden in den Kühlschrank stellen. Dann abgießen, rasch unter fließendem Wasser abspülen und mit Küchenpapier sorgfältig abtrocknen.
Die Stärke (oder das Wasserkastanienmehl) mit der Hühnerbrühe, dem Weißwein und dem Glutamat glattrühren. Ingwer und Knoblauch feinhacken, die Frühlingszwiebeln in 5 mm dicke Stückchen teilen.

Zubereitung: Das Öl über starkem Feuer erhitzen. Ingwer, Knoblauch und Frühlingszwiebeln darin 30 Sekunden anbraten. Dann die Shrimps hinzufügen und 30 bis 40 Sekunden unter heftigem Rühren braten; herausheben, gut abtropfen lassen und warm stellen.
Das Schmalz in der Pfanne erhitzen. Wenn es geschmolzen ist, die Stärkemischung hineingießen und so lange unter sanftem Rühren köcheln, bis die Sauce gebunden und durchscheinend ist. Jetzt die Shrimps darin 30 Sekunden wenden und drehen, bis sie völlig davon überzogen sind und glänzen.
Das Gericht sofort auftragen und gleich essen.

Einfache Shrimpbällchen

Die Grundmischungen für Shrimpbällchen und Shrimpkuchen sind im Prinzip gleich – der Unterschied liegt lediglich in der Form.

Zutaten (für 16 Bällchen – zusammen mit anderen Gerichten für 4 bis 8 Personen): 400 g frische ausgelöste Shrimps, 100 g durchwachsenes Schweinefleisch, 50 g Wasserkastanien, 3 EL Maisstärke, 2 EL Sojasauce, 2 EL Sherry, ½ TL Salz, ¼ TL Zucker, 1 Ei, Öl zum Fritieren, Petersilienzweige

Vorbereitung: Shrimps, Schweinefleisch und Wasserkastanien sehr fein hacken und mit Stärke, Sojasauce, Sherry, Salz, Zucker und dem Ei zu einem festen Teig verkneten. Daraus walnußgroße Bällchen formen.

Zubereitung: Die Shrimpbällchen nebeneinander in einen Drahtkorb legen. Das Öl im Fritiertopf erhitzen und die Bällchen darin 1½ Minuten lang schwimmend ausbacken. Dann im Korb aus dem Öl heben und 2 Minuten abkühlen lassen (eine Pause, damit sie nicht zu dunkel werden). Nun nochmals 1 Minute fritieren, gut abtropfen lassen und auf einer vorgewärmten Platte anrichten. Mit Petersilie dekorieren und sogleich auftragen.
Als Dip paßt zu diesem Gericht gut die *Salz-und-Pfeffer-Mischung* (Seite 66).

Anmerkung der Übersetzerin: Abgesehen davon, daß natürlich jeder Chinese diese Arbeitsweise entrüstet ablehnen wird, können Sie Shrimps, Fleisch und Wasserkastanien ruhig im elektrischen Zerhacker zerkleinern oder durch die feinste Vorsatzscheibe des Fleischwolfs drehen.

Shrimpbällchen mit Spinat

Zutaten (für 16 Bällchen – zusammen mit anderen Gerichten für 6 bis 8 Personen): 1 Rezept *Einfache Shrimpbällchen*, 2 Knoblauchzehen, 400 g Spinat, 2 EL Pflanzenöl, ½ TL Salz, Pfeffer aus der Mühle, 1 EL Sojasauce, 1 EL Sherry

Vorbereitung: Die Shrimpbällchen nach Rezept zubereiten und fritieren. Den Knoblauch feinhacken. Den Spinat verlesen, dabei dickere Stiele entfernen, und die Blätter sorgfältig waschen.

Zubereitung: Das Öl in einer Pfanne erhitzen. Den Spinat mit dem Knoblauch darin unter stetem Wenden 2 Minuten auf höchster Hitze braten. Dann mit Salz, Pfeffer, Sojasauce sowie Sherry würzen und eine weitere Minute pfannenrühren.

Servieren: Den Spinat auf einer vorgewärmten Platte ausbreiten und die ausgebackenen Shrimpbällchen daraufsetzen. Das Gericht entweder sofort servieren oder bei Bedarf für 5 Minuten in den Dämpftopf stellen und wieder erwärmen.

Shrimptoasts

Sie passen sowohl als Vorspeise bei größeren festlichen Diners als auch für den Familientisch.
Für 6 bis 8 Personen (zusammen mit anderen Gerichten).

Vorbereitung: Nach dem Rezept *Einfache Shrimpbällchen* den Teig herstellen. Außerdem benötigt man noch 4 bis 5 dünne Weißbrotscheiben. Jede Brotscheibe vierteln und entrinden. Weiterhin 3 verquirlte Eier und 200 g Paniermehl oder Sesamsamen bereithalten.
Die Brotscheiben zentimeterdick mit dem Shrimpteig bestreichen, dann nacheinander im verquirlten Ei und im Paniermehl (oder in den Sesamsamen) wenden. Falls Sie Sesamsamen verwenden, streuen Sie sie großzügig vor allem über den Shrimpaufstrich, weil dieser dadurch ein sehr feines Aroma bekommt.

Zubereitung: Jeweils 4 Shrimpbrötchen zugleich in einen Ausbackkorb setzen, in das siedende Öl tauchen und 2½ bis 3 Minuten fritieren. Gut abtropfen lassen. Alle weiteren Brotscheiben genauso ausbacken.

Servieren: Die Shrimptoasts auf einer vorgewärmten Platte aufstapeln und nach Belieben mit Petersilie garnieren. Sofort auftragen und gleich verspeisen.
Aus der Knusprigkeit der Brotscheiben und der fleischigen Zartheit der Shrimp-Masse ergibt sich ein sehr reizvoller Kontrast. Und was das beste ist: Shrimptoasts sind ganz leicht zuzubereiten!

Shrimps auf kantonesische Art

Zutaten (für 4 bis 6 Personen, zusammen mit anderen Gerichten): 600 g ausgesucht frische ungeschälte Shrimps, 4 Frühlingszwiebeln, 3 Knoblauchzehen, 1 TL Salz, 3 Scheiben Ingwerwurzel, 4 bis 5 EL Weinessig, 4 bis 5 EL Sojasauce guter Qualität, 3 bis 4 EL Tomatensauce, 2 EL Chilisauce, 4 bis 5 EL chinesischer Wein (oder trockener Sherry)

Vorbereitung: Die Shrimps sorgsam abspülen und trockentupfen. Die Frühlingszwiebeln und den Knoblauch feinhacken, gründlich mit den Shrimps mischen, salzen und in einer Schüssel 2 Stunden lang ziehen lassen.

Den Ingwer feinhacken und in einem kleinen Saucenschälchen mit dem Essig mischen. Die übrigen Zutaten getrennt voneinander ebenfalls in Schälchen füllen und auf dem Tisch anordnen. Vor jedem Gast sollten zwei leere Saucenschälchen stehen: eines, in dem er sich Dips nach eigenem Geschmack rühren kann, das andere für die Shrimpschalen.

Zubereitung und Servieren: Die Shrimps in eine große feuerfeste Schüssel füllen, mit einem Kessel kochendem Wasser übergießen und 1 Minute darin ziehen, dann gut abtropfen lassen. Sofort in einer heißen Schüssel zu Tisch bringen.

Jeder Gast nimmt sich nun mit den Stäbchen oder den Fingern ein paar Shrimps, beißt den Kopf ab (oder entfernt ihn mit den Stäbchen) und taucht das Fleisch in die selbstgerührte Sauce. Das restliche Shrimpfleisch beißt und saugt man aus der Schale heraus. Der Reiz von Gerichten dieser Art liegt in ihrer einmaligen Frische.

Betrunkene Shrimps

Zutaten (für 6 bis 8 Personen, zusammen mit anderen Gerichten): 500 g frische Shrimps, 3 Scheiben Ingwerwurzel, 3 Frühlingszwiebeln, 3 EL Sherry, $1\frac{1}{2}$ EL Cognac, $1\frac{1}{2}$ TL Salz, $\frac{1}{6}$ TL schwarzer Pfeffer aus der Mühle, Saft von $\frac{1}{2}$ Zitrone, 2 TL Sesamöl, 1 EL gehackte Petersilie

Vor- und Zubereitung: Die Shrimps mehrmals unter fließendem Wasser waschen und Köpfe, Schwanzschalen sowie Beinchen entfernen, dabei immer wieder abspülen. Ingwer und Frühlingszwiebeln grobhacken und mit Sherry und Cognac verrühren. Die Shrimps in dieser Marinade wenden und 1 Stunde ziehen lassen.

Dann in eine flache Schale schichten, rundum mit Salz und Pfeffer einreiben und mit der durch ein Sieb gefilterten Marinade beträufeln. Die Schale in den Kühlschrank stellen und die Shrimps 3 Stunden marinieren; danach abgießen und die Marinade wegkippen.

Servieren: Die Shrimps mit Zitronensaft sowie Sesamöl besprenkeln, dekorativ auf einer weißen Platte anordnen, mit gehackter Petersilie bestreuen und servieren.

Dieses Gericht paßt vorzüglich zu Wein. Die besten Dips dazu sind Chilisauce, Senf, Hoisinsauce, Ingwer-Essig-Dip und Knoblauch-Essig-Dip (siehe auch das Kapitel *Tischwürzen, Dips und Würzmischungen*, Seite 63).

Da in China an Geflügel geradezu Überfluß herrscht, sind Eier natürlich ein universales Nahrungsmittel. Eierspeisen – meistens als Rührei – bringt man gerne zu Tisch, um die vorgesehene Speisenfolge zu strecken, wenn unerwartet Gäste eingetroffen sind. Und weil Chinesen sehr kommunikationsfreudig sind, kommen eigentlich immer wieder überraschend Gäste ins Haus, mit denen man nach altem Brauch seine Mahlzeit teilt – auch wenn sie nicht so reichlich sein sollte.

Pfannengerührte Eierspeisen sind im Handumdrehen hergestellt und können mit vielerlei Ingredienzien angereichert werden, so daß man sie bei Bedarf ganz nebenbei auf den Tisch zaubert. Aus diesem Grund gehören sie zu den Lieblingsgerichten derer, die keine große Vorratskammer besitzen.

Unter anderem serviert man auch gerne »Eier in Sauce« – hartgekochte Eier, die in *Meistersauce* geköchelt werden. Man schneidet diese im allgemeinen mit einem Faden in dünne Scheiben oder Viertel und richtet sie dann dekorativ auf einem Teller an. Das sattgelbe Eigelb kontrastiert sehr schön mit dem durch die Sauce braungefärbten Eiweiß. Da sich Eier, die in Sojasauce gekocht wurden, lange halten, nimmt man sie auch gerne als Reiseproviant mit oder kauft sie bei Straßenverkäufern oder auch an den Sampans (Wohnbooten), die dicht gedrängt um die großen Dampfer herumdümpeln, die im Hafen vor Anker liegen.

Wie wir schon im Kapitel über Schweinefleisch gesehen haben, gibt man hartgekochte Eier auch gern in die Sauce, damit sie eine Weile mit dem Fleisch zusammen köcheln und sich mit dem würzigen Aroma vollsaugen können. Meist verspeist man diese Eier nicht allesamt mit der Fleischmahlzeit, sondern verwahrt sie für spätere Gelegenheiten wie zum Beispiel für ein Frühstück.

Zum Frühstück ißt man indes am liebsten eingesalzene Eier. Meist handelt es sich dabei um hartgekochte Enteneier, die man ungeschält und unterschiedlich lange in einer Salzlösung hat ziehen lassen. Man schneidet sie durch die Schale hindurch in 4 bis 6 Stücke und richtet sie (mit Schale!) auf einem Teller an. Ihr ausgeprägter, salziger Geschmack ergibt einen reizvollen Kontrast zu *Reisbrei (Congee)*, dem normalen chinesischen Frühstück, das Mund und Gaumen erfrischt und die Körperfunktionen am frühen Morgen anregt.

Viele chinesische Gerichte sind darauf ausgerichtet, zusammen mit Reis serviert zu werden. Deshalb sind vor allem zwei Arten von Eierspeisen in China beliebt: würzige gedämpfte Eierpuddings und »Gelbfließende, in Öl gerührte Eier« *(Liu Huang T'sai)*.

Die letztgenannten unterscheiden sich vom normalen Rührei (wie es in der westlichen Küche bekannt ist) dadurch, daß man zum Schluß viel Schweineschmalz oder Öl in die Eiermischung rührt und außerdem stark würzt.

Das Öl im Rührei soll das Essen von Reis erleichtern (d. h. »den Gaumen schmieren«), eine wichtige Angelegenheit bei einer chinesischen Mahlzeit. Aus dem gleichen Grund dürfen chinesische Rühreier niemals so lange gebraten werden, daß die Eiermasse zu sehr stockt und fest wird: Sie müssen mindestens zum Teil noch flüssig sein, wenn die Pfanne vom Feuer genommen wird, denn mit flüssigem Ei rutscht der Reis besser.

Ein paar Tropfen gelber Wein oder trockener Sherry geben der Eierspeise ein wundervolles Aroma und sind eine Reminiszenz an vergangene Zeiten, wo man in Landgasthäusern ebenso wie in Gesellschaft und bei Hof eine üppige, vielseitige Küche pflegte.

Gedämpfte Eierpuddings, die stets würzig, nicht süß sind, schätzt man vor allem ihrer Leichtigkeit wegen. Meist verwendet man für eine große Schale Eierpudding nur wenige Eier, die mit etwas Brühe verquirlt werden. Der Pudding besteht zu etwa 10 Prozent aus Eiern, zu ungefähr 90 Prozent aus einer kräftigen Brühe. Trotzdem ist er nicht flüssig, sondern angenehm fest in der Konsistenz und besonders gut als Alten- und Krankenkost geeignet. Übrigens kann man Eierpudding in einem Dämpfkorb über den Topf setzen, in dem man den Reis gart.

In den chinesischen Restaurants im Westen sind *Fu Yung*-Gerichte Eierspeisen, die entweder pfannengerührt oder in Form von Omeletts und Soufflés zubereitet werden. In China hingegen bezeichnet *Fu Yung* ausschließlich Speisen aus einer Mischung von Eischnee mit püriertem Hühner- oder Schweinefleisch, die stets sehr leicht und bekömmlich sind.

Abschließend verdienen noch zwei berühmte Gerichte erwähnt zu werden: die *Tee-Eier* und die *Tausendjährigen Eier*. Tee-Eier bekommen ihre besondere geschmackliche Note, an die man sich erst gewöhnen muß, dadurch, daß die Eier zuerst hartgekocht und dann nochmals in stark gesalzenem Tee gekocht werden. Man knackt die Eierschalen vor dem Kochen rundum leicht an, damit der Tee einziehen kann.

Tausendjährige Eier sind nicht wirklich so alt. Es handelt sich dabei um Enteneier, die in einem Gemisch aus Limonensaft, Kiefernnadeln, Asche und Salz etwa 50 Tage lang konserviert werden. Man kann sie normalerweise in chinesischen Lebensmittelgeschäften kaufen: Sie sind von einer trockenen Schlammschicht voller Getreidespelzen umhüllt und sehen so aus, als stammten sie aus der *Tang*- oder *Han*-Dynastie. Wenn man die Lehmschicht abgewaschen und die Eierschalen abgepellt hat, kommt zuerst das grünlich-schwarze Eiweiß und innen ein gelblich-grünes Dotter zum Vorschein. Tausendjährige Eier schmecken durchdringend nach Käse. Aber wer sich einmal an dieses Aroma gewöhnt hat, wird finden, daß es mit nichts zu vergleichen ist!

Huang-Pu-Rührei

Es ist wahrscheinlich das bekannteste einfache Rühreigericht und stammt von den Bootbewohnern von Huang-Pu, einem Abschnitt des Perlflusses, der an der Stadt Kanton vorbeifließt. Obwohl ursprünglich eine »Kuli-Speise« – ein echtes Proletariergericht –, ist es mittlerweile überall derart beliebt, daß es auf den Speisekarten der berühmtesten Restaurants in Kwangtung zu finden ist, sehr zur Freude aller Feinschmecker.

Zutaten: 9 Eier, 1 TL Salz, 1 EL feingehackter Schnittlauch (oder Frühlingszwiebelgrün), $^3/_4$ TL Glutamat, 5 EL Pflanzenöl

Vorbereitung: Die Eier in einer Schüssel 10 Sekunden mit Hilfe von Stäbchen oder einer Gabel mit Salz, Schnittlauch und Glutamat verschlagen.

Zubereitung: 3 Eßlöffel Öl in einer glatten, mittelgroßen Pfanne auf mildem Feuer erhitzen. Warten, bis es sehr heiß ist, dann ein Drittel der Eiermischung hineingießen. Die Pfanne so schwenken und kippen, daß sich das Ei gleichmäßig auf dem Boden verteilt. Sobald die Schicht größtenteils gestockt ist, die Pfanne vom Feuer nehmen. Ein- oder zweimal rühren, dann mit einer Schaumkelle aus der Pfanne heben und auf einer vorgewärmten Platte beiseite stellen.

Einen weiteren Eßlöffel Öl in die Pfanne gießen und den beschriebenen Prozeß wiederholen. So fortfahren, bis die restliche Eiermasse aufgebraucht ist. Die fertigen Rührei-Omeletts jeweils aufeinanderstapeln: Dabei wechseln Schichten von gestocktem, festem Ei mit solchen aus weicher, halbflüssiger Eiermasse, und es entfaltet sich ein äußerst würziges Aroma. Der zarte Eigengeschmack der Eier harmoniert wundervoll mit dem Duft des frisch gehackten Schnittlauchs. Eine solche Eierspeise ist eine wirkliche Delikatesse – und kann doch im Nu in jeder Küche zubereitet werden.

Gemischtes Rührei

Zutaten (für 4 bis 6 Personen, zusammen mit anderen Gerichten): 4 mittelgroße getrocknete chinesische Champignons (Tongu-Pilze), 2 Frühlingszwiebeln, 8 Eier, 1 TL Salz, 4 EL Pflanzenöl, 100 g in feine Streifen geschnittenes Schweinefleisch, 75 g Bohnensprossen, 1 TL Zucker, $1^1/_2$ EL Sojasauce, 1 EL Sherry

Vorbereitung: Die Pilze in warmem Wasser 20 Minuten einweichen, dann die Stiele entfernen und die Hüte in feine Streifen schneiden. Die Frühlingszwiebeln in 2 cm lange Stücke hacken. Die Eier mit dem Salz in einer Schüssel 10 Sekunden lang verschlagen.

Zubereitung: 2 Eßlöffel Öl in einer Pfanne auf stärkster Hitze heiß werden lassen. Das Schweinefleisch darin 1 Minute pfannenrühren. Zwiebelstücke, Pilze sowie Bohnensprossen zufügen und 1 Minute unter Rühren mitbraten. Danach Zucker und Sojasauce darübergeben und alles nochmals 1 Minute braten, dabei ständig mischen; mit einem Schaumlöffel her-

27 Dotterblumen-Schweinefleisch (S. 341); Soja-Eier (S. 345); Tee-Eier (*Marmoreier* – S. 344); Tausendjährige Eier (S. 345)

Eier

ausheben und auf einer vorgewärmten Platte beiseite stellen.
Das restliche Öl auf mittlerer Flamme in der Pfanne erhitzen. Die verquirlten Eier auf einmal hineingießen und durch Schwenken gleichmäßig auf dem Pfannenboden verteilen. Sobald die Eiermasse zu einem Großteil gestockt ist, die auf dem Teller warm gehaltenen Zutaten zurück in die Pfanne füllen und ziemlich gleichmäßig auf dem Omelett ausbreiten. Nun zwei- oder dreimal umrühren. Das Rührei mit dem Sherry beträufeln, nochmals kurz mischen und sofort auf einer vorgewärmten Platte anrichten.
Nach Belieben können Sie das Rührei auch in ein gefülltes Omelett umwandeln, indem Sie die pfannengerührte Fleisch-Gemüse-Mischung nur in die Mitte geben, den Eierkuchen von zwei Seiten darüberschlagen, das Ganze vorsichtig umwenden, 7 bis 8 Sekunden backen und dann erst mit Sherry beträufeln. Sofort servieren! So bereitet man dieses Gericht vorwiegend in chinesischen Restaurants im Westen zu.
Oft und gern wird das Omelett auch unmittelbar vor dem Auftragen großzügig mit *Süßsaurer Sauce* (Seite 58) beträufelt. Diese Sauce paßt überhaupt vorzüglich zu Eierspeisen.

Rührei mit Schweinefleisch und Shrimps

Shrimps verarbeitet man sehr häufig in Eierspeisen und kombiniert sie dann mit Schweinefleisch.
Für 4 bis 6 Personen (zusammen mit anderen Gerichten).

Vorbereitung: Wie im vorhergehenden Rezept angegeben arbeiten, jedoch nur 50 g Schweinefleisch verwenden, dafür aber 100 g geschälte Shrimps zufügen. Statt der chinesischen Champignons 2 bis 3 Eßlöffel grüne Erbsen untermischen, weil die Pilze die Farbe beeinträchtigen können.

Rührei mit Schinkenstreifen

In der Chinesischen Küche verarbeitet man gerne die unterschiedlichsten Zutaten miteinander, darunter natürlich auch Eier, wodurch eine Vielzahl von verschiedenartigen Gerichten entsteht. Hier eines der beliebtesten.

Zutaten: 100 g gekochter Schinken, 8 Eier, $^1/_2$ TL Glutamat, 4 EL Pflanzenöl, 1 EL gehackter Schnittlauch oder Frühlingszwiebelgrün, 1 EL Sherry

Vorbereitung: Den Schinken in sehr feine Streifen von halber Streichholzlänge schneiden. Die Eier mit dem Glutamat in einer Schüssel 10 Sekunden lang schlagen.

Zubereitung: Das Öl in einer Pfanne auf mittlerer Flamme erhitzen. Wenn es ziemlich heiß ist, die Eier hineingießen und gleichmäßig mit Schnittlauch und Schinken bestreuen. Die Pfanne so rütteln und schwenken, daß sich die Eiermasse gleichmäßig auf dem Pfannenboden verteilt. Sobald die Eischicht gestockt ist, den Sherry darüberträufeln und die Pfanne vom Feuer ziehen. Einige Male umrühren.

Servieren: Dieses »Omelett« auf einer vorgewärmten Platte anrichten und sofort auftragen.

Rührei mit Schweinefleisch und Krebsfleisch

Krebsfleisch schmeckt noch mehr nach Fisch und Meerwasser als Shrimps, deshalb muß man unbedingt 2 gehackte Ingwerscheiben hinzufügen. Um den Farbkontrast zu erhalten, benutzt man entweder *helle* Sojasauce oder verzichtet ganz darauf und salzt statt dessen mit einem zusätzlichen $^3/_4$ Teelöffel Salz. Anstelle der Pilze im *Gemischten Rührei* werden hier Tomaten verwendet.

Zutaten (für 4 bis 6 Personen, zusammen mit anderen Gerichten): 2 Scheiben Ingwerwurzel, 3 Frühlingszwiebeln, 2 mittelgroße Tomaten, 6 Eier, 1 TL Salz, 4 EL Pflanzenöl, 50 g in Streifen geschnittenes Schweinefleisch, 100 g Krebsfleisch, 50 g Bohnensprossen, 1 TL Zucker, $^3/_4$ EL helle Sojasauce (oder $^3/_4$ TL Salz), 1 EL Sherry

Vorbereitung: Den Ingwer feinhacken. Die Frühlingszwiebeln in Stücke von 2 cm Länge schneiden. Die Tomaten überbrühen, häuten und vierteln. Die Eier mit 1 Teelöffel Salz in einer Schüssel 10 Sekunden lang verschlagen.

Zubereitung: 1 $^1/_2$ Eßlöffel Öl in einer Pfanne auf starkem Feuer erhitzen. Ingwer und Schweinefleisch darin 1 Minute unter Rühren braten. Dann das Krebsfleisch mit dem vorbereiteten Gemüse zufügen und eine weitere Minute pfannenrühren. Den Zucker dazugeben, salzen oder mit Sojasauce beträufeln. Die Zutaten 1 Minute wenden und mischen, dann herausheben und warm stellen.

Das restliche Öl in die Pfanne schütten. Sobald es heiß genug ist, die Eiermischung zugießen und langsam stocken lassen. Nun das Schweine- und Krebsfleisch mit dem Gemüse gleichmäßig darauf verteilen. Nach 10 Sekunden zwei-, dreimal umrühren. Das Gericht zum Schluß mit dem Sherry beträufeln, nochmals kurz mischen und sofort servieren.

Vegetarisches Rührei

Chinesische vegetarische Gerichte sind oft viel interessanter als ihre westlichen Gegenstücke. Man mischt Gemüse von verschiedenartiger Struktur und Farbe und brät sie mit getrockneten, eingesalzenen oder eingelegten Gemüsen und Würzsaucen zusammen. Zum Schluß träufelt man noch etwas Wein darüber, um die einzelnen Aromen zu verstärken.

Zutaten (für 4 bis 6 Personen, zusammen mit anderen Gerichten): 2 TL Wolkenohrpilze, 4 große getrocknete chinesische Champignons (Tongu-Pilze), 50 g Glasnudeln, 75 g Spinat, 1 Scheibe Ingwerwurzel, 2 Frühlingszwiebeln, 2 Stangen Sellerie, 3 Gurkenscheiben, 6 Eier, 1 TL Salz, 5 EL Pflanzenöl, 75 g Bohnensprossen, 2 EL helle Sojasauce, 1 EL Hoisinsauce, 1 EL Sherry, $^1/_2$ TL Glutamat

Vorbereitung: Die Wolkenohrpilze 30 Minuten in warmem Wasser einweichen, dann gründlich ausspülen. Die Tongu-Pilze ebenfalls in warmem Wasser 20 Minuten lang einweichen, abseihen und dabei 6 Eßlöffel vom Einweichwasser auffangen; die Stiele entfernen, die Hüte in feine Streifen hacken. Die Glasnudeln 10 Minuten in Wasser einweichen und abgießen.

Den Spinat putzen, dabei die groben Stiele entfernen, und die Blätter in 3 cm breite Streifen schneiden. Den Ingwer feinhacken. Die Frühlingszwiebeln in 3 cm lange Stücke, die Selleriestangen in 1 cm dicke Ringe teilen. Die Gurkenscheiben in streichholzfeine Streifchen schneiden. Die Eier mit dem Salz in einer Schüssel 10 Sekunden lang verschlagen.

Zubereitung: 3 Eßlöffel Öl in einer großen Pfanne erhitzen. Wenn es ziemlich heiß ist, die Eiermischung hineingießen und so lange stocken lassen, bis sie fest genug ist. Dann ein paarmal leicht umrühren, herausheben und warm stellen.

Erneut 1 $^1/_2$ Eßlöffel Öl in der Pfanne erhitzen. Ingwer und Zwiebeln darin 30 Sekunden pfannenrühren. Tongu-Pilze, Sellerie, Gurkenscheiben, Bohnensprossen, Wolkenohrpilze sowie die Hälfte der Sojasauce zufügen und 2 Minuten auf stärkstem Feuer braten, dabei unermüdlich rühren; aus der Pfanne heben und warm stellen.

Nunmehr das restliche Öl mit Spinat und Hoisinsauce in die Pfanne geben. 2 Minuten lang auf großer Flamme heftig rühren.

Schließlich Nudeln, Pilzwasser, restliche Sojasauce sowie alle angebratenen Gemüse in die Pfanne füllen. Alles auf stärkster Hitze aufkochen und mischen. Nach 30 Sekunden das Rührei zufügen, mit Sherry beträufeln und mit Glutamat bestreuen. Nochmals 30 Sekunden pfannenrühren und das Gericht sofort servieren.

Dieses außerordentlich wohlschmeckende Rührei wird auch Nicht-Vegetariern munden.

Chinesische Omeletts

Chinesische Omeletts sind so winzig (im Vergleich zu westlichen Omeletts), daß man für eine sättigende Mahlzeit 8 bis 10 Stück benötigt. Jedes Omelett besteht aus höchstens einem halben Ei und der Füllung.
Die Füllung kann aus den unterschiedlichsten Ingredienzen hergestellt werden, zum Beispiel aus denen, die man für Rührei verwendet, aber auch aus Zutaten wie Hummer, Austern, Riesengarnelen und natürlich Shrimps.
Man kocht oder brät die Zutaten im allgemeinen für sich und gibt sie erst dann auf das Omelett, wenn es eben gestockt, aber seine Oberfläche noch flüssig ist. Jetzt faltet man das Omelett von einer oder auch zwei Seiten über der Füllung zusammen und drückt es dabei leicht gegen den Pfannenrand, so daß es infolge seiner Feuchtigkeit fest zusammenklebt. Gießt man nun noch etwas siedendes Öl über die Nahtstellen, schließen sie sich dicht, und das Omelett kann gewendet und 20 bis 30 Sekunden auf der anderen Seite gebacken werden.
Gerade wegen ihrer Winzigkeit gelten chinesische Omeletts im Westen als etwas Besonderes. Meist sind sie mit einer Sauce garniert (z. B. mit *Süßsaurer Sauce*, einer Fleischsauce oder auch mit Chilisauce).

Austernomeletts

Austern gart man in China viel häufiger mit anderen Zutaten zusammen als im Westen. Vor allem in den Küstengebieten, wie zum Beispiel in Fukien, wo ich mehr als ein Jahrzehnt verbrachte, verarbeitet man sie gern mit Nudeln, Pfannkuchen und Suppen. Hier ein Rezept für ein Austernomelett. Wenn es auch sehr teuer ist, sollten Sie es doch einmal probieren!

Zutaten (für 4 bis 6 Personen, zusammen mit anderen Gerichten): 10 Austern, 100 g mageres Schweinefleisch, 2 Frühlingszwiebeln, 1 Scheibe Ingwerwurzel, 50 g Bambussprossen, 6 Eier, 1 TL Salz, 6 EL Milch, Pfeffer aus der Mühle, 6 $^{1}/_{2}$ EL Pflanzenöl, 2 TL Sojasauce, 1 TL Essig, 2 TL Sherry, $^{1}/_{2}$ TL Zucker, 2 TL Maisstärke

Vorbereitung: Die Austern aus den Schalen lösen, dabei 2 Eßlöffel Austernwasser auffangen. Das Schweinefleisch sehr fein zerkleinern. Frühlingszwiebeln, Ingwer und Bambussprossen feinhacken. Die Eier erst 10 Sekunden lang mit $^{1}/_{2}$ Teelöffel Salz verquirlen, dann weitere 5 Sekunden mit Milch und Pfeffer verschlagen.

Zubereitung: 3 Eßlöffel Öl in einer Pfanne erhitzen. Zwei Drittel des Fleisches, die Zwiebeln und den Ingwer darin mit $^{1}/_{2}$ Teelöffel Salz 3 Minuten unter Rühren braten. Dann Bambussprossen und Austern zufügen, weitere 2 Minuten pfannenrühren und die Mischung mit einem Schaumlöffel aus der Pfanne heben und warm stellen.
Die Pfanne mit Küchenpapier auswischen. Das restliche Öl darin erhitzen. 1 Schöpflöffel voll Eiermasse hineingießen und auf dem Pfannenboden verteilen. Sobald die Unterseite des Omeletts gestockt ist, 1 Eßlöffel der beiseite gestellten Füllung in die Mitte setzen. Das Omelett darüber zusammenfalten, mit einem Spachtel leicht an den Pfannenrand drücken und mit etwas heißem Öl beschöpfen, damit es sich nicht mehr öffnet. Dann umdrehen und von der zweiten Seite 20 Sekunden braten; sofort mit einer Schaumkelle herausheben und auf einer vorgewärmten Platte anrichten. Diesen Vorgang so lange wiederholen, bis Eiermasse und Füllung aufgebraucht sind.

Servieren: Während die fertigen Omeletts warm gehalten werden, alles Öl aus der Pfanne wegkippen. Nun das übrige Schweinefleisch im noch verbliebenen Ölrest 1 Minute pfannenrühren. Sojasauce, Essig, Sherry, Austernwasser, Zucker und die mit 2 Eßlöffeln Wasser verquirlte Stärke verschlagen. Das Fleisch damit ablöschen und rühren, bis die Sauce gebunden ist; über die Omeletts gießen und sofort auftragen.

Omeletts mit Krebsfleisch, Garnelen oder Hummer

Dank der sprichwörtlichen Flexibilität der Chinesischen Küche kann man natürlich statt mit Austern auch mit den oben angeführten Meeresfrüchten ein Omelett herstellen.
Für 4 bis 6 Personen (zusammen mit anderen Gerichten).

Zubereitung: Die Anweisungen befolgen, die im vorherigen Rezept gegeben wurden, die Austern jedoch durch Krebsfleisch, Garnelen oder Hummerfleisch ersetzen. Je nach Geschmack kann man diese Omeletts mit oder ohne Sauce zu Tisch bringen.

Einfache gelbfließende Eier

Man schätzt diese Eierspeise vor allem in Peking und im Norden. Wahrscheinlich wurde sie ursprünglich als Begleitung zu Reis kreiert. Gelbfließende Eier sind äußerst würzig und passen dank ihrer ölig-feuchten Konsistenz meist ideal zum trockenen Reis.

Zutaten (für 4 bis 6 Personen, zusammen mit anderen Gerichten): 4 Eigelb, 2 Eier, 1 TL Glutamat, $1\frac{1}{2}$ EL Maisstärke, 1 TL Salz, 2 EL Öl, 3 EL Schweineschmalz, 2 EL feingehackter geräucherter Schinken

Vorbereitung: Die Eigelb mit den Eiern und dem Glutamat 10 Sekunden verschlagen. Die Stärke mit 4 Eßlöffeln Wasser verquirlen und mit dem Salz unter die Eiermasse rühren.

Zubereitung: Das Öl und $1\frac{1}{2}$ Eßlöffel Schmalz in einem Topf erhitzen. Erst wenn es sehr heiß geworden ist, die Eiermasse hineingießen. Rasch in *einer* Richtung rühren und die Hitze stark zurücknehmen. Das restliche Schmalz zufügen und weiterhin stets in derselben Richtung rühren, bis die Masse dick und glänzend ist. In einer tiefen Schale anrichten, mit dem gehackten Schinken bestreuen und sofort auftragen.

Anmerkung der Übersetzerin: Auch hier – wie so oft beim chinesisch Kochen – wird es nötig sein, auf 2 Herdplatten zu arbeiten, es sei denn, man hat einen Gasherd, dessen Flammen man direkt beeinflussen kann.
Da Elektroplatten ihre Hitze sehr lange speichern, erhitzt man das Öl zuerst auf der einen, auf höchste Stufe eingeschalteten Herdplatte, gießt die Eiermischung hinein und zieht dann den Topf auf die zweite Platte, die nur auf kleiner Stufe beheizt sein soll.
Wenn man nicht so vorgeht, sondern die Eier auf starkem Feuer stocken läßt, wird die Masse statt cremig und sanft fest und flockig.

Feine gelbfließende Eier

Für 4 bis 6 Personen (zusammen mit anderen Gerichten).
Wie fast alle chinesischen Rezepte kann man auch das obige vielfältig variieren und anreichern:
1. Den gehackten Schinken schon vor dem Braten unter die Eiermasse ziehen.
2. 3 Eßlöffel gekochte Shrimps, 2 Eßlöffel gewürfelte Tongu-Pilze (natürlich zuvor eingeweicht) und 2 Eßlöffel eingeweichte und gründlich ausgespülte Wolkenohrpilze zum Schluß beifügen, wenn die Eiermasse fast schon fertig gestockt ist. Unmittelbar vor dem Auftragen noch 1 Eßlöffel Sherry unterrühren. Diese zusätzlichen Ingredienzen sorgen für eine sehr reizvolle Vielfalt von Strukturen und Aromen, ohne dabei die hauptsächliche Funktion des Gerichts als »Gleitmittel« für den Reis zu beeinträchtigen.

Einfache gedämpfte Eier

Zutaten (für 4 bis 6 Personen, zusammen mit anderen Gerichten): 3 Eier, 1 TL Salz, 1 TL Pflanzenöl, $\frac{1}{2}$ TL Glutamat, $\frac{1}{4}$ l Wasser, $\frac{1}{2}$ EL gehackter Schnittlauch (oder Frühlingszwiebelgrün), $\frac{1}{2}$ EL Sojasauce

Vorbereitung: Die Eier in einer feuerfesten Schale mit Salz, Öl und Glutamat 10 Sekunden lang verschlagen. Das Wasser zufügen und nochmals 5 Sekunden verquirlen.

Zubereitung: Die Schale in einen Dämpftopf oder einen Topf stellen, der etwa 3 cm hoch mit kochendem Wasser gefüllt ist. Die Eier 20 Minuten sanft dämpfen. Die Schale aus dem Topf heben und die Ei-Oberfläche, die nunmehr wie ein glänzender Pudding aussehen sollte, mit Schnittlauch bestreuen und mit Sojasauce beträufeln. Das Gericht in der Schale zu Tisch bringen.

Feine gedämpfte Eier

Zutaten (für 4 bis 6 Personen, zusammen mit anderen Gerichten): 3 Eier, 1 TL Salz, 1 TL Glutamat, 1 $1/2$ EL feingehackter geräucherter Schinken, 1 TL Pflanzenöl, $1/4$ l *Hühnerbrühe*, $1/8$ l Wasser, 2 EL Krebsfleisch (oder frische Shrimps), 1 EL gehackter Schnittlauch (oder Frühlingszwiebelgrün), 1 EL Sojasauce

Vorbereitung: Die Eier mit Salz, Glutamat, Schinken und Öl 10 Sekunden lang in einer feuerfesten Schale verschlagen. Mit der Brühe und dem Wasser auffüllen und nochmals gründlich verquirlen.

Zubereitung: Die Schale in einen Dämpftopf oder in einen 3 cm hoch mit Wasser gefüllten Topf stellen. Die Eiermasse 18 Minuten dämpfen, bis ihre Oberfläche gestockt ist.
Das Krebsfleisch oder die Shrimps darauf anordnen, mit Frühlingszwiebeln oder Schnittlauch bestreuen und mit Sojasauce beträufeln. Das Gericht erneut für 4 bis 5 Minuten in den Dampf stellen und in der Schale zu Tisch bringen.

Variation: In Stückchen zerteilten geräucherten Fisch wie Bückling oder Schellfisch vor dem Dämpfen unter die Eiermasse mischen. Das Gericht ebenfalls mit gehacktem Schinken und Schnittlauch dekorieren.

Dotterblumen-Schweinefleisch
Abb. 27

Zutaten (für 4 bis 6 Personen, zusammen mit anderen Gerichten): 2 EL Wolkenohrpilze, 300 g durchwachsenes Schweinefleisch, 1 Scheibe Ingwerwurzel, 50 g Bambussprossen, 2 Frühlingszwiebeln, 5 Eier, 1 TL Salz, 3 EL Pflanzenöl, 1 EL helle Sojasauce, 6 EL *Feine Brühe*, $1/2$ TL Glutamat, 1 EL Sherry, 2 TL Sesamöl

Vorbereitung: Die Wolkenohrpilze in warmem Wasser 30 Minuten einweichen, anschließend gründlich ausspülen, dabei das Wasser zweimal wechseln. Das Schweinefleisch in feine Streifen schneiden, ebenso den Ingwer und die Bambussprossen kleinhacken. Die Frühlingszwiebeln in 3 cm lange Stücke teilen. Die Eier 10 Sekunden lang mit $1/2$ Teelöffel Salz verschlagen.

Zubereitung: 2 Eßlöffel Öl in einer Pfanne erhitzen. Die Eiermischung hineingießen. Sobald sie zu stocken und fest zu werden beginnt, mit einem Löffel einige Male leicht umrühren; dann herausheben und beiseite stellen.
Das restliche Öl in der Pfanne erhitzen. Ingwer und Schweinefleisch darin mit dem Salz auf stärkster Hitze 2 Minuten unter Rühren braten. Bambussprossen, Pilze und Frühlingszwiebeln zufügen, mit Sojasauce beträufeln und 1 weitere Minute pfannenrühren.
Nun mit der Brühe auffüllen und mit Glutamat würzen. Alles 1 Minute unter sanftem Rühren kochen. Die Eiermasse zurück in die Pfanne geben, dabei in kleine Stücke teilen, und 30 Sekunden mit den anderen Zutaten mischen. Zuletzt mit Sherry und Sesamöl beträufeln. Das Gericht auf einer vorgewärmten Platte anrichten und sofort servieren.
Dotterblumen-Schweinefleisch ist vor allem in Nordchina sehr beliebt. Im Süden hingegen schätzt man es nicht so sehr.

Austernküchlein

Ich werde niemals die Austernküchlein vergessen, die von Straßenverkäufern für wenige Pfennige angeboten wurden, als ich noch ein Junge war. Vor allem in der Austernsaison waren sie unbeschreiblich köstlich. Austern gelten in den Küstenprovinzen durchaus als gewöhnliches Nahrungsmittel, das sich jeder leisten kann.

Austernküchlein, nach diesem Rezept zubereitet, haben in etwa die Form von flachen Berliner Ballen und sind ein wahrer Leckerbissen!

Zutaten (für 4 bis 6 Personen, zusammen mit anderen Gerichten): 15 Austern, 4 Frühlingszwiebeln, 5 Eier, ¾ TL Salz, Pfeffer aus der Mühle, 6 EL Mehl, 1 TL Backpulver, Pflanzenöl zum Ausbacken

Vorbereitung: Die Austern aus den Schalen lösen, dabei 6 Eßlöffel Austernwasser auffangen. Die Frühlingszwiebeln in 5 mm dicke Stückchen hacken. Die Eier in einer Schüssel 10 Sekunden verschlagen, salzen, pfeffern und die Frühlingszwiebeln darunterziehen. Das gesiebte Mehl mit dem Backpulver mischen und mit dem Austernwasser verquirlen, dann mit den Eiern gründlich zu einem Teig verrühren. Die Austern in diesem Teig 30 Minuten ruhen lassen.

Zubereitung: Das Öl in einem Fritiertopf oder einer tiefen Pfanne (sie sollte etwa 2 bis 3 cm hoch mit Öl gefüllt sein) sehr heiß werden lassen. Eine kleine Schöpfkelle voll Teig nehmen, dabei mindestens 1 bis 2 Austern mit erfassen und seitkant in das heiße Öl gleiten lassen. 15 Sekunden fritieren, bis das Austernküchlein an der Oberfläche schwimmt, dann umdrehen und weitere 30 Sekunden backen.

Mit einem Schaumlöffel herausheben und in einem Drahtkorb über der Pfanne abtropfen lassen. So fortfahren, bis alle Austernküchlein ausgebacken sind. Heiß servieren.

Dazu paßt vorzüglich ein Dip aus 3 Eßlöffeln Essig, 1 Teelöffel Chilisauce und 2 Eßlöffeln Sojasauce.

Diese Austernküchlein oder -waffeln habe ich im Westen noch nie gesehen, könnte mir aber vorstellen, daß für Austernliebhaber mit diesem Gericht ein Traum wahr wird! Die Küstenbewohner Chinas essen sie als kleinen Imbiß zwischendurch, meist zum Tee – und das heißt jederzeit zwischen den Mahlzeiten!

Garnelenküchlein

Für 4 bis 6 Personen (zusammen mit anderen Gerichten).

Zubereitung: Wie im Rezept für *Austernküchlein*, statt der Austern jedoch Riesengarnelen verwenden. Den Ersatz für das Austernwasser stellt man ganz leicht her, indem man die Garnelenschalen, -köpfe und -schwänze in etwas Wasser auskocht. Der im vorigen Rezept empfohlene Dip paßt hier ebensogut. Sehen Sie außerdem im Kapitel *Tischwürzen, Dips und Würzmischungen* (Seite 63) nach.

Gedämpfte Eier

Gedämpfte Eier (wie in den zwei Rezepten zuvor bereits gezeigt) sind in erster Linie als Garnitur zu Reis gedacht. Im Gegensatz zu *Gelbfließenden Eiern* sind sie sehr leicht und bekömmlich, weil sie nur aus 2 bis 3 Eiern und mit sehr wenig (oder ganz ohne) Öl hergestellt werden.
Im allgemeinen mischt man die verquirlten Eier mit einer bestimmten Menge Wasser oder Brühe, bevor man sie dämpft. Brühe ist zwar viel schmackhafter, trotzdem wird häufig Wasser wegen seiner Leichtigkeit vorgezogen. Gedämpfte Eier sind bestens als Alten- und Krankenkost geeignet.

Gedämpftes Eierdreierlei

Hier ein einfaches Gericht nach Hausfrauenart, das gerne als Abwechslung zum üblichen Rührei gereicht wird.

Zutaten (für 4 bis 6 Personen, zusammen mit anderen Gerichten): 2 Salzeier, 2 *Tausendjährige Eier*, 2 Frühlingszwiebeln, 3 frische Eier, $^1/_6$ l *Feine Brühe*, $^1/_2$ TL Salz, Pfeffer aus der Mühle, 1 TL Pflanzenöl, 1 EL gehackter geräucherter Schinken

Vorbereitung: Salz- und Tausendjährige Eier getrennt feinwürfeln. Die Frühlingszwiebeln in etwa 2 cm lange Stücke hacken. Die Eier in einer Schale verquirlen.

Zubereitung: Die gewürfelten Tausendjährigen Eier auf dem Boden einer feuerfesten Form verteilen. Die Salzeierwürfel mit dem verquirlten Ei mischen. Die Brühe mit Salz und Pfeffer erhitzen und zusammen mit dem Öl unter das verquirlte Ei rühren. Diese Mixtur über die Tausendjährigen Eier in der feuerfesten Form füllen.

Das Gericht im Dämpftopf (oder in einem 2 cm hoch mit Wasser gefüllten Topf) 20 Minuten dämpfen, danach mit den Frühlingszwiebeln und dem Schinken bestreuen und aus der Form servieren.

Anmerkung der Übersetzerin: Statt der Salzeier können Sie auf westliche Manier eingelegte Soleier verwenden.

Feine Spiegeleier in süßsaurer Sauce

Einfache Spiegeleier sind überall in der Welt bekannt. Wenn sie aber so delikat zubereitet werden wie manchmal in China, wird plötzlich ein außergewöhnliches Gericht daraus.

Zutaten (für 4 bis 6 Personen, zusammen mit anderen Gerichten): 6 kleine knackige Salatblätter, 12 EL *Süßsaure Sauce* (Seite 58), 6 EL Pflanzenöl, 6 Eier, 6 TL Sojasauce, Pfeffer aus der Mühle

Vor- und Zubereitung: Die Salatblätter auf einer großen Platte ausbreiten. Die Süßsaure Sauce in einem Töpfchen erhitzen.
Das Öl in einer Pfanne beinahe rauchend heiß werden lassen. 1 Ei auf einen gefetteten Teller schlagen und dabei aufpassen, daß es intakt bleibt, vorsichtig ins Öl gleiten lassen und zugedeckt genau 1 Minute braten. Dann mit 1 oder 2 Löffeln heißem Öl beschöpfen, damit das Eigelb einen Spiegel bekommt.
In die Mitte eines jeden Salatblattes etwas Süßsaure Sauce geben. Das fertig gebratene Ei mit dem Schaumlöffel oder einer Palette aus der Pfanne heben und auf diesen Saucenklecks setzen.
Nach und nach die übrigen Eier braten und ebenso anrichten, bis jedes Ei auf einem Saucenklecks inmitten eines Salatblatts schwimmt. Die Eidotter jeweils mit 1 Teelöffel Sojasauce beträufeln und pfeffern. Das Gericht sofort servieren. Es ist so farbenprächtig, daß man es durchaus auch zu einem Festessen auftragen kann.

Anmerkung der Übersetzerin: Hierzulande weiß kaum noch jemand, daß ein Setzei *Spiegelei* heißt, weil es im Ofen oder in einer gut verschlossenen Pfanne gebraten wird, bis sich ein weißlicher »Spiegel« über das leuchtendgelbe Eigelb legt. Dieses Rezept erinnert wieder an die alte Tradition.

Schweinefleischgefüllte Eier in süßsaurer Sauce

Zutaten (für 4 bis 6 Personen, zusammen mit anderen Gerichten): 6 große Eier, 100 g mageres Schweinefleisch, 2 TL Maisstärke, $^1/_2$ TL Salz, 1 Frühlingszwiebel, 1 Scheibe Ingwerwurzel, 1 $^1/_2$ EL Pflanzenöl, 1 EL Sojasauce, 2 TL Sherry, $^1/_8$ l *Süßsaure Sauce* (Seite 58); Petersilie und einige gekochte Shrimps zum Garnieren

Vor- und Zubereitung: Die Eier 10 Minuten hartkochen, abschrecken und schälen. Das Schweinefleisch sehr fein hacken, dann gründlich mit Stärke und Salz vermischen. Die Frühlingszwiebel und den Ingwer zerkleinern.
Das Öl in einer Pfanne erhitzen. Frühlingszwiebeln und Ingwer darin 30 Sekunden anrösten. Das Fleisch zufügen und unter stetem Rühren 2 Minuten braten. Sojasauce und Sherry darüberträufeln und 30 Sekunden untermischen.
Jedes Ei längs halbieren. Jeweils an der Unterseite ein kleines Stück glatt abschneiden, damit die Eierhälften fest liegen. Etwas Eigelb aus jeder Hälfte herauslöffeln und die Höhlung mit der Fleischmischung füllen. Das Eigelb als Garnitur wieder daraufgeben und gut mit den Händen festdrücken.
Die gefüllten Eierhälften nebeneinander auf eine feuerfeste Platte setzen und für 5 Minuten in den Dämpftopf stellen (oder im auf 200 Grad vorgeheizten Ofen einige Minuten überbacken). Kurz vor dem Servieren jede Eierhälfte mit 1 Eßlöffel Süßsaurer Sauce beträufeln oder mit Petersilie und jeweils einer Krabbe oder Garnele garnieren.

Im Eisentopf wachsende Eier

Ursprünglich wurde dieses Gericht in einem eisernen Topf hergestellt. Heute empfiehlt es sich aber, dafür eine feuerfeste Glasform mit Deckel zu verwenden, dann kann man die Eier tatsächlich wachsen sehen!

Zutaten (für 4 bis 6 Personen, zusammen mit anderen Gerichten): 6 Eier, 100 g fein zerkleinertes mageres Schweinefleisch, $^1/_2$ TL Salz, 1 EL Sojasauce, Pfeffer aus der Mühle, $^1/_4$ l Wasser, 1 EL zerlassenes Schweineschmalz (oder flüssige Butter), 1 EL gehackter Schnittlauch

Vorbereitung: Die Eier in einer großen Schüssel 10 Sekunden lang mit einer Gabel verquirlen. Alle anderen Zutaten zufügen, alles mit einem Schneebesen 15 Sekunden kräftig schlagen und gut mischen. Die Masse in eine feuerfeste gläserne Form gießen. Diese mit einem Deckel verschließen.

Zubereitung: Die Form auf die nur mittelheiße Herdplatte stellen, dabei eine Asbestmatte unterlegen. Nach 3 Minuten die Hitze auf kleinste Stufe schalten. Die Eiermasse 20 Minuten leise ziehen und stocken lassen: Sie beginnt langsam zu wachsen, bis sie schließlich fast am Deckel der Form anstößt. Sofort servieren, den Deckel jedoch erst bei Tisch abnehmen, um zu verhindern, daß das »Soufflé« zusammenfällt.

Anmerkung der Übersetzerin: Das Fleisch zerkleinern Sie am besten im elektrischen Zerhacker oder drehen es zweimal durch die feinste Vorsatzscheibe des Fleischwolfes.

Tee-Eier (Marmoreier)
Abb. 27

Zutaten (für 6 Personen): 6 Eier, 2 EL Teeblätter (Darjeeling oder Assam)

Vor- und Zubereitung: Die Eier 10 Minuten lang hartkochen, abschrecken, dann die Schale rundum leicht anknacksen, so daß Sprünge entstehen. Die Teeblätter in knapp $^1/_2$ Liter Wasser 5 Minuten kochen, bis der Tee sehr stark und dunkel ist. Die Eier in diese Lösung legen und 45 Minuten darin ziehen lassen, bis sie vollständig abgekühlt ist.

Wenn Sie später die Eier schälen, werden Sie sehen, daß sich der Tee entlang der Schalensprünge als Marmormuster auf dem Eiweiß abgezeichnet hat. Außerdem bekommen die Eier durch den Tee einen sehr ausgeprägten Geschmack.

Soja-Eier
Abb. 27 und 30

Für 4 bis 6 Personen (mit anderen Gerichten).
Soja-Eier stellt man her, indem man hartgekochte, geschälte Eier 15 bis 20 Minuten in Sojasauce köcheln läßt. Nach dem Abkühlen werden sie längs geviertelt oder in 6 Stücke geschnitten.
Man kann hartgekochte Eier auch im Sud von *Rotgekochter Schweinehaxe* (Seite 141) oder in *Meistersauce* (Seite 52) für die letzten 30 bis 40 Minuten mitköcheln lassen.

Tausendjährige Eier
Abb. 2, 27 und 30

Man kann unmöglich ein Eierkapitel abschließen, ohne die berühmten Tausendjährigen Eier zu behandeln. Diese Eier werden allerdings in China nur ganz selten zu Hause zubereitet. Dort kann man sie nämlich in jedem Lebensmittelgeschäft fertig kaufen. Auch in einigen westlichen Ländern findet man sie in den entsprechenden chinesischen Läden. In China nennt man sie unter anderem Kiefernblumen-Eier *(Sung Hwa Dan)*, vielleicht weil man für die Herstellung Kiefernnadelasche braucht.

Zutaten (für 4 bis 6 Personen, zusammen mit anderen Gerichten): 6 EL Salz, $1/2$ l Wasser, 30 EL Kiefernnadelasche, 6 EL Limettensaft, 24 Enteneier

Vor- und Zubereitung: In einer großen Schüssel das Salz im Wasser auflösen. Langsam die Asche sowie den Limettensaft hinzufügen und so lange rühren, bis eine dicke, matschige Masse entstanden ist (nehmen Sie zum Rühren einen Holzlöffel oder Ast).
Die Eier mit heißem Wasser abwaschen, dann jeweils 5 mm dick mit dem Aschenbrei umhüllen; sie müssen rundherum vollkommen davon bedeckt sein. Danach in trockenen Spelzen (von Reis oder anderem Getreide) wälzen, damit sie nicht aneinanderkleben.
Die so vorbereiteten Eier in einem großen irdenen Gefäß aufeinanderstapeln und den Topf mit einem Deckel verschließen. Nach 3 Tagen die Eier umschichten: die oben lagen, müssen nun nach unten und umgekehrt. Das Umordnen während der nächsten 15 Tage fünfmal wiederholen.
Nach dieser Zeit das Gefäß fest verschließen. Die Eier nunmehr 1 Monat lang stehenlassen. Am Ende der insgesamt 45 Tage sind die Tausendjährigen Eier fertig. Die Mischung aus Salz, Limettensaft und Asche hat inzwischen die Eier langsam »gegart« und wie eine Zeitmaschine 1000 Jahre auf 50 Tage verkürzt. In dem getrockneten Aschenmantel mit Spelzen sehen die Eier jetzt auch tatsächlich wie Antiquitäten aus!

Servieren: Wenn Sie die Eier verspeisen wollen, müssen Sie zuerst die Aschenschicht abwaschen, dann die Schalen rundum sanft aufklopfen und vorsichtig entfernen. Die Eier längs achteln oder vierteln. Sie müßten nun grünlich-schwarz gefärbt sein und im Geschmack an scharfen Käse erinnern. Es gibt in der gesamten westlichen Küche nichts Vergleichbares!

Anmerkung der Übersetzerin: Tatsächlich sind Tausendjährige Eier zunächst einmal höchst fremd für unseren Gaumen. Auch wirken das schwärzlich-grüne Eiweiß und das grüngelbe Dotter auf den ersten Blick nicht sehr animierend. Aber wenn man einmal davon gekostet hat, kann man nicht mehr davon lassen!
Leider ist es uns trotz des ausführlichen Rezepts kaum möglich, diese wundervollen Eier selber herzustellen, denn *Enten*eier kann man nicht kaufen.
Aber vielleicht kennen Sie einen Bauern, der Enten hat und Ihnen ein paar Eier gibt! Kiefernnadelasche ist ebenfalls nicht ganz leicht zu finden. Am besten gehen Sie in den Wald, schneiden sich Kiefernzweige ab, die Sie etwas trocknen lassen, und streifen dann die Nadeln ab. Verbrennen Sie diese in einem Eisengefäß zu Asche. Versuchen Sie Ihr Glück! Denn ich weiß kein Geschäft, in dem Sie fertige Tausendjährige Eier bekommen können.

Süßigkeiten und Snacks

Süßigkeiten oder Süßspeisen haben in China nicht die gleiche Funktion wie im Westen, wo sie eine Mahlzeit beschließen. Während eines chinesischen Essens erscheint zu keiner Zeit ein Dessert: auch zum Schluß serviert man nichts Süßes!

Man ißt Süßspeisen hauptsächlich bei zwei Gelegenheiten: Erstens reicht man sie während eines ausführlichen Essens zwischendurch; dann haben sie etwa die gleiche Funktion wie Suppen – sie sollen eine Unterbrechung in der endlosen Abfolge würziger Speisen sein. In vielen Fällen übernehmen Süßspeisen nicht nur die Aufgabe einer Suppe, sie *sind* wirklich suppenartig – nur eben süß! (Manche sind so dick, daß sie eher wie ein Pudding wirken).

Andererseits werden Süßspeisen zwischen den Mahlzeiten als kleiner Imbiß oder Snack verzehrt. Dabei handelt es sich meist um kleine Teigtäschchen oder Brötchen, die süß gefüllt sind. Manchmal sind sie mit Sesamsamen besprenkelt, das gibt ihnen ein besonderes Aroma. Sie werden entweder gedämpft oder fritiert; die fritierten nennt man »Knusperhappen«.

Verglichen mit der Fülle und enormen Auswahl westlicher Desserts sind chinesische Süßspeisen geradezu primitiv. Für den europäischen Feinschmecker dürften sie eigentlich nur von akademischem Interesse sein. Dennoch können manche Anrichtungen und Arbeitsweisen das westliche Süßspeisen-Konzept bereichern.

Auf der anderen Seite haben wir Chinesen eine reichhaltige Tradition, was Snacks angeht. Die meisten werden gedämpft, in Brühe gargezogen, geköchelt, gebraten, trockengebraten oder geröstet. Kuchen oder Torten gibt es in der Chinesischen Küche kaum, einfach deshalb, weil man in China nur ganz selten die dazu nötigen Backöfen zur Verfügung hat.

Pikante Snacks genießt man in China nicht nur zwischen den Mahlzeiten, sondern jederzeit, und zwar in den Teehäusern. Ein chinesisches Teehaus entspricht etwa einem europäischen Café oder einer Bar, wo faule Mitbürger, die Zeit und Geld genug haben, den ganzen Tag lang herumsitzen und an irgendeinem Leckerbissen knabbern können.

Mandeltee

Zutaten (für 4 bis 6 Personen): 150 g Mandeln, 100 g Reis, $^3/_4$ l Wasser, $3\,^1/_2$ bis 4 EL Zucker

Vorbereitung: Die Mandeln mit kochendem Wasser überbrühen und abziehen. Mit dem Reis zusammen in einen Mixer füllen und zu feinem Pulver mahlen, dabei nach und nach $^1/_2$ Liter Wasser zufügen, bis eine glatte, dünne Paste entsteht. Diese durch ein Sieb oder ein feines Tuch streichen, um alle noch verbliebenen Bröckchen aufzufangen, nochmals im Mixer pürieren und wieder durchpassieren. Dann den Zucker und $^1/_4$ Liter Wasser daruntermischen und das Gemisch glattrühren.

Zubereitung: Die Mischung in einen schweren Topf füllen und langsam zum Kochen bringen (Vorsicht, sie brennt leicht an!), dann eine Asbestplatte unter den Topf legen; unermüdlich rühren. Sobald die Masse zu dick wird, 2 Eßlöffel Wasser, Milch oder Sahne zufügen. Die Speise 30 Minuten auf mildem Feuer köcheln, dabei ständig rühren.

Servieren: Den Mandeltee in Portionsschälchen füllen.

Walnuß-Suppe

Zutaten (für 4 bis 6 Personen): 300 g Walnußkerne, 1 l Wasser, 4 EL Zucker, 100 g Reismehl

Vorbereitung: Die Nüsse mit kochendem Wasser überbrühen, von der dünnen braunen Haut befreien und im Mixer pulverisieren. Das Nußmehl mit $^3/_4$ Liter Wasser verrühren.

Zubereitung: Die Masse in einen Topf füllen und langsam zum Kochen bringen. 40 Minuten leise köcheln lassen, dann durch ein Sieb oder ein Tuch streichen. Nun Zucker und Reismehl darunterrühren. Die Mischung zurück in den Topf füllen, mit $^1/_4$ Liter Wasser verdünnen und unter ständigem Rühren langsam zum Kochen bringen. Eine Asbestmatte unter den Topf legen. Die Suppe 25 Minuten köcheln, dabei unermüdlich rühren. In Suppenschalen auftragen.

Lotussamen-Suppe

Zutaten (für 4 bis 6 Personen): 200 g getrocknete Lotussamen, 1 l Wasser, 200 g kandierte Lotussamen, 4 EL Zucker

Vorbereitung: Die getrockneten Lotussamen mit kochendem Wasser überbrühen, abziehen und im Mixer zu feinem Pulver zermahlen. $^3/_4$ Liter Wasser darunterrühren.

Zubereitung: Die Mischung in einen Topf füllen und auf mildem Feuer langsam zum Kochen bringen, dann eine Asbestplatte unterlegen. Die Suppe 30 Minuten ganz leise köcheln und durch ein Sieb streichen.
Die kandierten Lotussamen in einen zweiten Topf geben, mit $^1/_4$ Liter Wasser auffüllen und 20 Minuten köcheln. Danach die durchpassierte Lotusmilch dazugießen. Eine Asbestplatte auch unter diesen Topf legen. Das Gemisch sanft aufwallen lassen, mit dem Zucker süßen und auf mildester Hitze 15 Minuten unter andauerndem Rühren köcheln. In Suppenschalen zu Tisch bringen.
Als Variation kann man statt der kandierten Lotussamen (oder auch zusätzlich) kleingehackte Ananas aus der Dose verwenden.

Mandelquark

Zutaten (für 4 bis 6 Personen): 150 g Mandeln, 100 g Reis, $3^1/_2$ bis 4 EL Zucker, 1 Päckchen pulverisierte weiße Gelatine, $^1/_8$ l Kondensmilch

Vorbereitung: Wie im Rezept für *Mandeltee* (Seite 349) verfahren.

Zubereitung: Beim letzten Aufkochen kein Wasser mehr auffüllen; statt dessen die Gelatine in 4 Eßlöffeln Wasser auflösen, mit der Milch verquirlen und in die »Suppe« geben. 3 Minuten langsam rühren, damit auch wirklich alles aufgelöst ist, dann die Mischung in eine viereckige feuerfeste Schüssel gießen. 30 Minuten abkühlen lassen, für 3 Stunden in den Kühlschrank stellen und fest werden lassen.

Servieren: Den Quark stürzen, in mundgerechte Würfel schneiden und auf einer hübschen Platte anrichten. $1^1/_2$ EL Zucker in 6 Eßlöffeln Wasser auflösen und darüberträufeln.

Gefüllte Lotuswurzel in Sirup

Zutaten (für 4 bis 6 Personen): 1 große frische Lotuswurzel, 4 EL kandierte Lotussamen, 4 EL kandierte Kirschen, 2 EL Honig, 1 EL Zucker

Vorbereitung: Die Lotuswurzel in 4 Stücke schneiden und sorgfältig säubern. Lotussamen und Kirschen grobhacken und in die Löcher der Wurzelstücke füllen.

Zubereitung: Die gefüllten Wurzelstücke auf einer feuerfesten Platte anordnen und 1 Stunde dämpfen. Dann abkühlen lassen und 2 Stunden kalt stellen.

Servieren: Honig und Zucker mit 2 Eßlöffeln Wasser gründlich verrühren und diesen Sirup über die gedämpften Wurzelstücke gießen. Diese in 5 mm dicke Scheiben schneiden und sofort servieren.

Erdnußcreme

Zutaten (für 6 bis 8 Personen): 300 g Erdnußkerne, 100 g Reismehl, 6 EL Zucker

Vorbereitung: Die Erdnüsse in der trockenen Pfanne rösten, dann im Mixer puderzuckerfein zermahlen.

Zubereitung: Das Erdnußpulver in einem schweren Topf mit dem Reismehl mischen. Knapp $1^1/_2$ Liter Wasser dazugießen, umrühren und die Flüssigkeit langsam zum Kochen bringen. Nun eine Asbestplatte unter den Topf legen.

Das Gemisch unter ständigem Rühren so lange sanft köcheln, bis es dicklich wird. Dann mit dem Zucker süßen, nochmals schwach aufwallen lassen und weitere 5 Minuten rühren.

Servieren: Die Erdnußcreme wie Pudding in Schälchen anrichten. Als Europäer dürfen Sie noch etwas Sahne darübergießen!

Gezuckerte Kartoffelchips

Für uns Chinesen spielen Kartoffeln eine ganz andere Rolle als für Europäer. In Deutschland zum Beispiel zählen sie zu den Grundnahrungsmitteln. Da wir sie nicht so häufig essen, sehen wir sie eher als Zwischending zwischen Gemüse und Obst an (als echten *Erdapfel*!) und bereiten sie oft als Süßspeise zu.

Zutaten (für 4 bis 6 Personen): 600 g Kartoffeln, Öl zum Fritieren, 2 EL Butter, 3 EL Zucker

Vorbereitung: Die Kartoffeln schälen und in dünne Scheibchen schneiden.

Zubereitung: Die Kartoffelscheiben in heißem Öl 8 bis 10 Minuten bei mittlerer Hitze fritieren und gut abtropfen lassen. Die Butter in einer großen Pfanne schmelzen. Die Chips darin drehen und wenden, bis sie rundum von Butter überzogen sind.

Servieren: Die Chips portionsweise auf Tellern anrichten und mit dem Zucker bestreuen.
Sie können diese Chips auch nach dem Fritieren in einem Teig aus Ei und Mehl wenden und dann erst in der Butter kurz braten und mit Zucker bestreuen.

Kartoffelwürfel mit englischer Sauce

Zutaten (für 4 bis 6 Personen): 600 g Kartoffeln, 2 EL Butter, 3 EL Zucker, 1 Ei, $^1/_4$ l Milch

Vorbereitung: Die Kartoffeln schälen und in Stücke von der Größe eines Zuckerwürfels schneiden.

Zubereitung: Die Kartoffeln mit Wasser bedeckt 20 Minuten kochen und abgießen. Die Butter zufügen und die Kartoffelwürfel so lange darin wenden, bis alle von einer dünnen Fettschicht überzogen sind. Unterdessen aus Zucker, Ei und Milch eine dicke Sauce kochen (oder ein Päckchen Saucenpulver verwenden).

Servieren: Die Kartoffelwürfel mit der Sauce übergießen – als wären sie Ananasstücke.

Anmerkung der Übersetzerin: Für die Sauce das Ei im Wasserbad mit dem Zucker schaumig rühren. Die Milch aufkochen und kochendheiß in die Eiercreme gießen, dabei unermüdlich mit dem Handrührgerät oder dem Schneebesen schlagen. Die Sauce so lange vorsichtig unter stetem Rühren erhitzen, bis sie dick wird, aber auf keinen Fall kochen, weil sonst das Eigelb gerinnt.
Wie schon gesagt, können Sie statt dessen auch ein Päckchen Vanillinsauce verwenden und nach Packungsaufschrift anrühren.

Kartoffelcreme

Zutaten (für 6 bis 8 Personen): 1200 g Kartoffeln, 3 EL Butter, 5 EL Zucker

Vorbereitung: Die Kartoffeln schälen.

Zubereitung: Die Kartoffeln in einen Topf füllen, mit Wasser knapp bedecken und 1 Stunde lang sanft kochen. Falls dabei zuviel Wasser verkocht, immer wieder etwas nachgießen. Das Wasser abgießen. Nun die Kartoffeln mit der zugefügten Butter zu einer dicken Creme zerdrücken. Mit Zucker bestreuen und als eine Art Kartoffelpudding servieren.
Sie können die Creme noch mit etwas Vanille-Extrakt oder Bananenlikör und einem Schuß süßer Sahne verfeinern (eine Konzession der Chinesischen Küche an den westlichen Geschmack).

Anmerkung der Übersetzerin: Verwenden Sie für dieses Rezept möglichst mehlige Kartoffeln!

Gekochte Honigbirnen
Abb. 28

Hier ein sehr attraktives Dessert, das auch dem westlichen Gaumen munden wird.

Zutaten (für 6 Personen): 6 Birnen, 6 EL Zucker, 3 EL Honig, 2 EL Likör (Chinesischer Rosentau, Kirsch oder Crème de Menthe)

Vorbereitung: Die Birnen schälen, jedoch den Stiel als Griff daranlassen.

Zubereitung: Die Birnen nebeneinander mit dem Stiel nach oben in einen Topf setzen, knapp mit Wasser bedecken und 30 Minuten leise köcheln lassen, dann mit dem Zucker bestreuen und weitere 5 Minuten köcheln. Abgießen, dabei die Hälfte vom Sud beiseite stellen, den Rest aber wegschütten. Die Birnen 2 Stunden kalt stellen.
Honig und Likör mit dem Kochsud verrühren und gründlich mischen, bis sich der Honig vollständig aufgelöst hat; ebenfalls im Kühlschrank kalt stellen.

Servieren: Jede Birne in einem Portionsschälchen anrichten, natürlich mit dem Stiel nach oben, und mit dem Sirup beträufeln. Nach Belieben geschlagene Sahne dazu reichen.
Ein sehr erfrischendes Dessert nach dem »langen heißen Sommer« eines ausführlichen chinesischen Menüs mit vielen Gängen!

Eisgekühlte gefüllte Melone
Abb. 29

Bei diesem Rezept wird einfach gut gekühlter Obstsalat in eine ausgehöhlte Melone gefüllt – eine sehr attraktive Art, ein Dessert zu servieren! Der vollständige chinesische Name für dieses Rezept lautet »Gekühlte Melonenschüssel mit zehnerlei Inhalt«. Es ist aber nicht unbedingt nötig, tatsächlich 10 verschiedene Obstsorten für den Salat zu verwenden.

Zutaten: (für 4 bis 10 Personen): 1 große Wasser- oder Zuckermelone, 75 g *Mandelquark* (Seite 350), eine Auswahl frischer und eingemachter Früchte

Zubereitung: Von der Melone oben einen Deckel abschneiden. Nun vorsichtig mit einem Löffel das saftige Fleisch in möglichst großen Stücken aus der Frucht schaben und in gleichmäßige Dreiecke schneiden. Den Mandelquark in ebensolche Stücke zerteilen.
Die beiden Zutaten mit 6 oder mehr verschiedenen frischen und eingemachten Obstsorten (zum Beispiel Erdbeeren, Honigmelone, Kirschen, Pfirsichen, Birnen, Äpfeln, Ananas, Lychees, Trauben, Pflaumen usw.) vermischen, in die Melone füllen und mindestens 2 Stunden lang im Kühlschrank kalt stellen.

Servieren: Die Oberfläche des Obstsalates nach Belieben vor dem Auftragen mit Eiswürfeln bedecken.

Wenn man eine riesige Melone auftreibt und mit einigem Geschick dekorativ herrichtet, ist dieses Gericht ein wahrhaft erlesenes Dessert. Auf gleiche Weise kann man auch eine frische Ananasfrucht füllen.

Honigäpfel

Zutaten (für 4 bis 6 Personen): 4 Tafeläpfel, ½ TL Salz, 4 EL Mehl, 1 Prise Backpulver, 2 Eier, Öl zum Fritieren, 4 EL Honig, 4 EL Pflanzenöl, 2 EL Sesamsamen

Vorbereitung: Die Äpfel schälen, in 8 Schnitze teilen, vom Kerngehäuse befreien und mit Salz bestreuen. Das Mehl mit dem Backpulver, den Eiern und 2 Eßlöffeln Wasser zu einem Ausbackteig rühren.

Zubereitung: Die Apfelschnitze durch den Teig ziehen und 3 Minuten in heißem Öl (bei einer Temperatur von 190 Grad) schwimmend ausbacken.
Unterdessen das Öl in einer Pfanne erhitzen und den Honig darin schmelzen lassen. Die fritierten Apfelschnitze in dieser Mischung wenden, bis sie rundum davon überzogen sind; mit Sesamsamen bestreuen und sofort auftragen.

Anmerkung der Übersetzerin: Das Fritieröl ist heiß genug, wenn an einem hölzernen Kochlöffel, den Sie hineintauchen, dicke Bläschen emporsteigen und es hörbar aufschäumt, sobald die Apfelstücke hineinversenkt werden. Bei zu heißem Öl verbrennt die Außenschicht, während die Apfelstücke im Innern roh bleiben. Ist hingegen das Ausbackfett nicht heiß genug, gerät die Teighülle nicht – sie wird matschig und nimmt keine Farbe an.

Orangentee

Orangentee ist ein extrem einfaches Gericht, erfüllt aber seinen Zweck während einer chinesischen Speisenfolge, die sich über viele Gänge hinzieht: Die Säure der Orangen wirkt erfrischend und reinigt Mund und Gaumen für neue, nachfolgende Gemüse.

Zutaten (für 4 bis 8 Personen): 6 große Orangen, 6 EL Zucker, 1 1/2 EL Maisstärke, 3/4 l Wasser

Vorbereitung: Die Orangen halbieren. Nun mit einem scharfen Messer rundum die Schale etwas ablösen, das Fruchtfleisch herausschaben und in gleichmäßige kleine Stücke schneiden.

Zubereitung: Zucker, Stärke und Wasser in einem Topf aufkochen. Die Orangenstücke zufügen. Sobald die Mixtur erneut aufwallt, Topf vom Feuer ziehen.

Servieren: Man kann diesen Orangentee heiß oder gut gekühlt in kleinen Schälchen während eines Menüs mit vielen Gängen auftragen.

Anmerkung der Übersetzerin: Einfacher ist es, die Orangen zu filieren. Dafür die Früchte mit einem scharfen Messer so schälen, daß die dünne weiße Haut, die die Fruchtsegmente umhüllt, mit entfernt wird.
Nunmehr die einzelnen Fruchtsegmente zwischen den durchsichtigen Innenhäuten keilförmig herausschneiden (am besten über einer Schüssel, damit der heraustropfende Saft aufgefangen wird). Das hört sich viel schwieriger an, als es ist – probieren Sie's!

Pekingstaub

Dieses Dessert wurde von den europäischen Bewohnern Pekings in den zwanziger und dreißiger Jahren erfunden. Heute erweckt es wehmütige Erinnerungen an die gute alte Zeit.

Zutaten (für 5 bis 6 Personen): 1000 g Maronen, 1/6 TL Salz, 3 EL Zucker, 1/8 l Schlagsahne, 2 EL Puderzucker

Vorbereitung: Die Maronen auf der flachen Seite mit einem spitzen Messer kreuzweise einkerben.

Zubereitung: Die Maronen mit Wasser bedeckt 40 Minuten kochen. Dann abgießen, abkühlen lassen und von den Schalen befreien. Die Kerne im Mixer zu feinem Pulver zermahlen (oder durch die Mandelmühle drehen) und gut mit Salz und Zucker vermischen.

Servieren: Den »Staub« in 5 oder 6 Schälchen verteilen und zu glatten Pyramiden aufhäufen. Die Sahne steifschlagen, dabei den Puderzucker untermischen (falls Sie mögen, können Sie auch etwas Vanille-Extrakt zufügen). Jede Pyramide mit einem Klecks Sahne dekorieren. Sofort servieren.

Reis »Acht Kostbarkeiten«
Abb. 28

Dieses Gericht ist der traditionsreiche gedämpfte chinesische Pudding, in dem viele kandierte Früchte und Nüsse stecken. Man serviert es oft als Zwischengang während eines großen Banketts.

Zutaten (für 10 bis 12 Personen): 600 g Klebereis, 4 EL Schweineschmalz, 6 EL kandierte Früchte (Rosinen, Kirschen, Ingwer, Datteln, Pflaumen, getrocknete Lychees oder eine fertige Fruchtmischung), 4 EL Nüsse (Mandeln, Maronen, Walnüsse, Melonenkerne, Ginkgonüsse), 6 EL Zucker, 8 EL süße rote Bohnenpaste (oder pürierte Datteln)

30 **Frühstückstisch** *(von links nach rechts und oben nach unten):* Tausendjährige Eier (S. 345); geröstete Erdnüsse, roter Bohnenquark; Reisbrei *(Congee –* S. 102), Soja-Eier (S. 345); Chinesische Würstchen (S. 180), Fukien-Fleischwolle (S. 175); weißer Bohnenquark mit Sesampaste

Vorbereitung: Den Reis gar kochen oder dämpfen. Eine große feuerfeste Form von etwa 20 cm Durchmesser großzügig mit der Hälfte des Schweineschmalzes einfetten (das Schmalz muß kalt sein!). Nun kandierte Früchte und Nüsse so dekorativ wie möglich in die Fettschicht auf den Gefäßwänden drücken (sie bleiben dort haften). Die noch übrigen auf den Boden der Form streuen.
Den Reis mit dem Zucker und dem restlichen Schmalz gründlich mischen. Die Hälfte davon in die Form geben, dabei darauf achten, daß die an den Wänden haftenden Früchte nicht herunterfallen. Dann die süße Bohnenpaste auf der Reisschicht verteilen. Den restlichen Reis darübergeben und glattstreichen. Es müssen nur etwa 2 cm Platz bis zum Rand der Form frei bleiben, damit der Reispudding aufgehen kann.

Zubereitung: Die Schüssel mit Alufolie oder einem Tuch gut abdecken und in den Dämpftopf stellen. Den Reis für 60 bis 70 Minuten heftigem Dampf aussetzen.

Servieren: Den Pudding auf einen Teller stürzen und gleich zu Tisch bringen. Durch die Früchte und Nüsse, die seine Oberfläche und die Seiten dicht bedecken, sieht der Pudding sehr hübsch aus. Reis »Acht Kostbarkeiten« hat für die Chinesen ungefähr die gleiche Bedeutung wie der Christstollen für die Deutschen.

Langgezogene Apfelbonbons

Diese Süßigkeit ist vor allem in Peking beliebt und trägt ihren Namen zu Recht, weil Apfelschnitze in heißen Zuckersirup gelegt werden und beim Auseinandertrennen lange Sirupfäden ziehen, die sofort erstarren, wenn man die Bonbons rasch in eiskaltes Wasser taucht. Jedes Apfelstück ist danach in eine sehr süße, dünne Kruste eingehüllt.

Zutaten (für 4 bis 6 Personen): 4 knackige Äpfel, 1 Ei, 100 g Mehl, Öl zum Fritieren, 6 EL Zucker, 3 EL Pflanzenöl, 3 EL Sirup

Vorbereitung: Die Äpfel schälen, in 6 Teile schneiden und vom Kerngehäuse befreien. Alle Schnitze quer halbieren. Aus Ei, Mehl und $1/8$ Liter Wasser einen glatten Ausbackteig rühren. Jedes Apfelstück durch den Teig ziehen, bis es rundherum davon eingehüllt ist.

Zubereitung: Die Apfelstücke in heißem Öl 2 bis 3 Minuten schwimmend ausbacken, dann gut abtropfen lassen. Den Zucker mit dem Öl und 2 Eßlöffeln Wasser in einen Topf geben und auf milder Hitze 5 Minuten kochen, dabei ständig rühren. Den Sirup hinzufügen und weitere 2 Minuten rühren.
Nun die Apfelstücke in diese Lösung geben und so lange drehen und wenden, bis sie vollständig davon überzogen sind.

Servieren: Den Topf zu Tisch bringen; erst dort die Apfelstückchen mit einem Schöpflöffel rasch in eine große, mit Eiswasser gefüllte Schüssel tauchen und ebenso schnell wieder herausheben. Die Bonbons an die Gäste verteilen.
Falls Ihre Gäste mit Stäbchen zurechtkommen, können Sie die Apfelbonbons auch in einer gut vorgewärmten Schale in die Tischmitte stellen, dann kann sich jeder Gast selbst ein Stück herausholen und im Eiswasser abkühlen.
Wenn man die Apfelstückchen einzeln aus der Schüssel nimmt, zieht der Sirup lange Fäden, die beim Eintauchen in das kalte Wasser augenblicklich fest werden und wie Stacheln vom Apfel abstehen. Karamelhülle und -fäden sind sehr zart und knistern, wenn man darauf beißt. Die Knusprigkeit und Süße dieser gefüllten Bonbons dürfte für Europäer ein neues kulinarisches Erlebnis sein!
Langgezogene Apfelbonbons werden in vielen ausländischen China-Restaurants als Dessert gereicht.

Snacks

Als Snack oder »Kleinigkeit« (T'ien Hsin) serviert man in China grundsätzlich Nudelgerichte (die bereits im entsprechenden Kapitel abgehandelt wurden), Teigtäschchen (kleine, ravioliartige gefüllte Täschchen aus sehr dünnem Teig, die man entweder kocht, sanft in Brühe garziehen läßt oder dämpft), die größeren *Dampfbrötchen* (die praktisch schon eine eigene kleine Mahlzeit für sich sind) und *Pfannkuchen*.
In der Hauptsache füllt man Täschchen, Brötchen oder Pfannkuchen pikant – nur wenige sind süß. Das Zubereiten dieser »Kleinigkeiten« geschieht meist in vier Stufen: Teigherstellung, Teigausrollen, Zubereitung der Füllung und Garen.
Auf den folgenden Seiten finden Sie eine Auswahl von Rezepten für chinesische Teigtäschchen und Füllungen.

Chiao Tzu
(gekochte oder gedämpfte Teigtäschchen mit Füllung)

Von diesen Täschchen stellt man meistens gleich eine ganze Menge her – etwa 50 bis 100 Stück. Das Wikkeln und Formen dieser Täschchen ist geradezu eine Art Volksbelustigung in China. Während der Festsaison findet man überall Frauen unermüdlich mit dieser Arbeit beschäftigt, die sie verrichten, ohne dabei je auf ihre Hände zu sehen – wie strickende Europäerinnen. Für Kinder ist es ein Vergnügen, mitzuhelfen.

Zutaten (für etwa 30 Teigtäschchen): $^1/_4$ l Wasser, 300 g Mehl, 2 TL Backpulver, 1 Rezept beliebige Füllung (Seite 357f.), Sojasauce (oder Essig oder beides)

Vorbereitung: Das mit dem Backpulver gesiebte Mehl mit dem Wasser zu einem glatten Teig verkneten und mit einem feuchten Tuch bedeckt 30 Minuten ruhen lassen.
Den Teig dann zu einer Rolle von 35 cm Länge und 2 bis 3 cm Durchmesser formen und diese mit einem Messer quer in 5 mm dicke Scheiben schneiden. Die Scheibchen auf der mit Mehl bestäubten Arbeitsfläche auf etwa 7 cm Durchmesser ausrollen. Jeweils 1 gehäuften Teelöffel Füllung in die Mitte jeder Scheibe setzen. Den Teig zusammenfalten und gut zudrücken.

Zubereitung: Einen Topf mit etwa 4 Litern kochendem Wasser bereithalten. Die Teigtäschchen hineinwerfen. Sobald das Wasser wieder aufgewallt ist, die Täschchen 10 Sekunden kochen lassen, dann $^1/_4$ Liter kaltes Wasser zugießen. Diesen Vorgang im Verlauf von 10 Minuten dreimal wiederholen. Danach müßten die Täschchen gar sein. Mit einem Schaumlöffel herausheben und auf einer vorgewärmten Platte anrichten.

Servieren: Man taucht diese Täschchen für gewöhnlich in Sojasauce oder Essig (oder in eine Mischung aus beidem), bevor man sie verspeist. In Nordchina reicht man sie häufig als Hauptmahlzeit und rechnet dann 18 bis 24 Täschchen pro Person.
Das Kochwasser schüttet man übrigens nicht fort, man serviert es in kleinen Schälchen dazu. Da es überhaupt nicht gewürzt ist und deshalb völlig neutral schmeckt, ist es den Chinesen willkommen, um das Essen damit hinunterzuspülen, vor allem dann, wenn die Teigtäschchen mit salzig oder sauer eingelegtem Gemüse gefüllt sind. Für die »feineren« Gäste darf natürlich statt dessen *Hühnerbrühe* gereicht werden!

Man kann die Täschchen auch dämpfen. Dazu legt man sie nebeneinander in einen mit einem feuchten Mulltuch ausgelegten Dämpfeinsatz und stellt oder hängt diesen in einen entsprechenden Topf. In China haben wir für diesen Zweck spezielle Bambuskörbchen. Die Täschchen werden etwa 20 bis 25 Minuten (je nach Stärke des Dampfes) gegart.

Empfehlenswerte Füllungen: *Schweinefleisch mit Chinakohl, Shrimps, Krebsfleisch, Rindfleisch mit Wasserkastanien* (Rezepte Seite 357).

Kuo T'ieh
(dampfgebratene Teigtäschchen)   Abb. 31

Das Dampfbraten ist eine spezielle Garmethode aus Nordchina; Teigtäschchen, die auf diese besondere Art zubereitet werden, nennt man *Kuo T'ieh*.

Zutaten (für 30 Täschchen): $1/8$ l Wasser, 1 TL Zucker, 1 EL Sojasauce, 1 EL Essig, 2 EL Pflanzenöl

Vorbereitung: Die Teigtäschchen wie im vorigen Rezept angegeben herstellen. Wasser, Zucker, Sojasauce und Essig verrühren.

Zubereitung: Eine flache Pfanne mit dem Öl einstreichen und auf mittleres Feuer stellen. Die Täschchen darin nebeneinander anordnen und 4 bis 5 Minuten bewegungslos braten *(Tsien)*, bis sie sich auf der Unterseite braun färben, dabei die Pfanne sacht auf der Herdplatte hin und her schieben, damit die Hitze gleichmäßig wirkt.
Dann die Täschchen mit der Essig-Soja-Lösung besprenkeln und zugedeckt weitere 2 bis 3 Minuten garen.

Durch die unterschiedliche Hitzezufuhr bleiben die Teigtäschchen obenauf weich, innen saftig und werden unten knusprig. Dadurch sind *Kuo T'ieh* die wohl interessantesten Teigtäschchen der Welt. Man ißt sie mit Soja-Essig-Dips, die in kleinen Saucenschälchen auf dem Tisch bereitstehen.

Shao Mai
(gedämpfte offene Teigtäschchen)

Chiao Tzu und *Kuo T'ieh* sind vor allem im Norden Chinas beliebt. *Shao Mai* hingegen schätzt man im Süden des Landes, vor allem in Kanton. Da diese Täschchen oben offen bleiben, kann man sie nicht kochen, sondern muß sie dämpfen. Und weil man in Kanton besonders gerne Meeresfrüchte ißt, verwendet man für die Füllung häufig Shrimps, Garnelen oder Krebsfleisch.

Für ungefähr 36 Teigtäschchen.

Vorbereitung: Die Teighüllen wie im Rezept für *Chiao Tzu* angegeben herstellen, jedoch zusätzlich 1 großes Ei und 150 g Maisstärke zufügen.
Den durchgekneteten Teig zu einer 30 cm langen Rolle von 2 bis 3 cm Durchmesser formen und in etwa 1 cm dicke Scheiben schneiden. Diese auf 7 bis 8 cm Durchmesser dünn ausrollen.
Zeigefinger und Daumen der linken Hand zu einem Ring zusammenschließen. 1 Teigplatte darauflegen und mit der anderen Hand sanft in die entstandene Öffnung drücken. Das nun in der Mitte durchhängende Teigstück von unten mit den übrigen Fingern der linken Hand abstützen, und fertig ist ein kleiner Beutel, dessen Rand sicher auf Daumen und Zeigefinger haftet. Beim Füllen zieht sich die Beutelöffnung etwas zusammen, darum füllt man die Teigbeutel am besten mit Hilfe von Stäbchen oder mit dem Stiel eines hölzernen Löffels.

Zubereitung: Die fertig gefüllten Täschchen nebeneinander in den mit einem feuchten Quarktuch ausgelegten Dämpfeinsatz (oder -korb) legen und 15 bis 20 Minuten in heftigem Dampf garen.

Servieren: Häufig dekoriert man die *Shao Mai*, indem man eine kleine Garnele oben auf die Füllung setzt – das erweckt den Eindruck, als quelle der leckere Inhalt bereits aus der Teighülle heraus, und läßt einem das Wasser im Mund zusammenlaufen!

Anmerkung der Übersetzerin: Sie können solche Täschchen auch gleich in großen Mengen herstellen – damit sich überhaupt die Mühe lohnt – und einen Teil für später einfrieren.
Setzen Sie die rohen Teigtäschchen nebeneinander auf ein gefettetes Tablett oder Brett und gefrieren Sie sie vor, bis sie hart sind; danach können sie in geeignete Behälter gefüllt werden. Lassen Sie sie aber vor dem Dämpfen vollkommen auftauen, weil sie sonst innen noch steinhart gefroren sind, während der Teig bereits von Hitze und Feuchtigkeit aufgelöst ist.

Füllung aus Schweinefleisch mit Chinakohl

Zutaten (für 40 bis 50 Täschchen): 200 g Schweinefleisch, 200 g Chinakohl, 2 Frühlingszwiebeln, 1 Scheibe Ingwerwurzel, $\frac{1}{2}$ TL Salz, $\frac{1}{2}$ TL Glutamat, 1 EL Sojasauce, 2 TL Sesamöl

Zubereitung: Fleisch, Kohl, Frühlingszwiebeln und Ingwer feinhacken. In einer Schüssel mit den übrigen Zutaten gründlich mischen und 30 Minuten ziehen lassen, bevor man die Täschchen damit füllt.

Füllungen für Teigtäschchen können roh oder gekocht sein, doch sind die frisch bereiteten den rohen vorzuziehen. In Nordchina verarbeitet man vorwiegend Lamm- oder Schweinefleisch und Chinakohl, während man im Süden lieber Meeresfrüchte wie Shrimps, Garnelen und Krebsfleisch verwendet.

Shrimp- oder Krebsfleischfüllung

Zutaten (für 40 bis 50 Täschchen): 3 getrocknete chinesische Champignons, 200 g frische Shrimps (oder Krebsfleisch), 50 g Schweinefleisch, 2 Frühlingszwiebeln, 2 Scheiben Ingwerwurzel, $\frac{1}{2}$ TL Salz, $1\frac{1}{2}$ EL Sojasauce, 1 EL Sherry, 2 TL Sesamöl

Zubereitung: Die Pilze einweichen, dann die Stiele entfernen. Pilzhüte, Shrimps, Schweinefleisch, Frühlingszwiebeln und Ingwer feinhacken. Alle Zutaten in einer Schüssel innig vermischen und vor dem Weiterverarbeiten 30 Minuten ruhen lassen.

Rindfleischfüllung mit Wasserkastanien

Zutaten (für 40 bis 50 Täschchen): 200 g Rindfleisch, 50 g fettes Schweinefleisch, 100 g Wasserkastanien, 2 Frühlingszwiebeln, 1 Scheibe Ingwerwurzel, 50 g Wasserkresse, 1 EL Sojasauce, 1 EL *Austernsauce*, 1 TL Zucker, Pfeffer aus der Mühle, 1 Prise Salz, $\frac{1}{2}$ TL Glutamat, 2 TL Sesamöl

Zubereitung: Rind- und Schweinefleisch, Wasserkastanien, Frühlingszwiebeln, Ingwer und Wasserkresse feinhacken und in einer Schüssel mit den übrigen Zutaten gründlich mischen. Die Füllung vor dem Weiterverarbeiten 30 Minuten ruhen lassen.

Anmerkung der Übersetzerin: Sollten Sie einmal keine Zeit haben, den Teig für die Hüllen herzustellen, formen Sie aus dem Fleischteig walnußgroße Bällchen, setzen sie nebeneinander auf einen mit Sesamöl bepinselten Teller und dämpfen sie 10 bis 15 Minuten. Servieren Sie dazu *Soja-Chili-Dip* – fertig ist eine köstliche Vorspeise!

Han Tan

Diese kleinen Teigtäschchen heißen auf Kantonesisch *Wonton*.

Sie unterscheiden sich in der Zubereitung kaum von den zuvor beschriebenen, nur wird vergleichsweise sehr viel mehr Teig für das Einhüllen der Füllung verwendet. Dieser Teigmantel, der wie ein faltenreicher Rock um die Füllung drapiert ist, erinnert uns Chinesen an eine Wolke: *Han Tan* heißt in der wörtlichen Übersetzung »eine Wolke schlucken«!

Man reicht *Han Tans* entweder als Suppeneinlage oder fritiert sie und ißt sie als kleinen Snack zwischendurch. Fritierte *Han Tans* serviert man oft mit *Süßsaurer Sauce* (Seite 58).

Zutaten (für 30 Täschchen): 200 g Mehl, etwa 5 EL Wasser, 1 Ei

Zubereitung: Den *Han Tan*-Teig stellt man normalerweise aus 1 Teil Wasser und 3 Teilen Mehl her. Pro 200 g Mehl rechnet man 1 Ei. Daraus knetet man einen festen, aber geschmeidigen Teig und läßt ihn 30 Minuten ruhen.

Dann formt man ihn zu einer Rolle von 35 cm Länge und 2 bis 3 cm Durchmesser, schneidet 1 cm dicke Scheiben davon ab und rollt sie mit einem Nudelholz auf einer mehlbestäubten Fläche zu Küchlein von 9 cm Durchmesser aus. Diese nun nach Möglichkeit papierdünn auswellen und vierteln. Auf jedes Kreisviertel ein wenig Füllmasse geben und hineinwickeln. Wenn die beiden Teigenden dicht versiegelt sind, werden sie zu einer Art Ring zusammengezogen und gut aneinandergedrückt, so daß eine Doppelfaltung entsteht.

Hühnerfleischfüllung für Han Tans

Man kann natürlich für *Han Tans* die gleichen Füllungen verwenden wie für alle anderen Teigtäschchen. Da sie aber kleiner sind, nimmt man häufiger besonders delikate Zutaten wie Hühnerfleisch oder Bêche-de-Mer zum Füllen.

Zutaten (für 30 bis 40 *Han Tans*): 4 große getrocknete chinesische Champignons (Tongu-Pilze), 100 g Hühnerbrust, 2 Frühlingszwiebeln, 1 Scheibe Ingwerwurzel, 1 EL Sojasauce, $1/4$ TL Salz, 2 TL Sesamöl

Zubereitung: Die Pilze in warmem Wasser 30 Minuten einweichen, dann die Stiele entfernen. Pilzhüte, Hühnerfleisch, Frühlingszwiebeln und Ingwer feinhacken und in einer Schüssel mit allen übrigen Zutaten gründlich mischen. Die Masse vor dem Weiterverarbeiten 30 Minuten ruhen lassen.

Shrimp-Füllung mit Bêche-de-Mer

Zutaten (für 30 bis 40 *Han Tans*): 50 g Bêche-de-Mer (Seegurke), 100 g ausgelöste Shrimps, 50 g Hühnerfleisch, 1 Frühlingszwiebel, 2 Scheiben Ingwerwurzel, 1 EL Sojasauce, 1 EL Essig, Pfeffer aus der Mühle, 1 Prise Salz, $1 1/2$ TL Sesamöl

Zubereitung: Die Seegurke über Nacht einweichen, dann ebenso wie Shrimps und Hühnerfleisch, Frühlingszwiebeln und Ingwerwurzel sehr fein hacken und mit den übrigen Zutaten in einer Schüssel mischen. Die Masse vor dem Weiterverarbeiten 30 Minuten durchziehen lassen.

Süße Teigtäschchen

Es gibt unendlich viele verschiedene Arten von gefüllten süßen Teigtäschchen, die meist an Feiertagen hergestellt und verzehrt werden. Die zwei folgenden Rezepte sind die beliebtesten und bekanntesten.

T'ang Yuen
(süße Suppenbällchen)

Zutaten (für 10 bis 12 Personen): 100 g Tapioka, 250 g Klebereismehl, 3 EL brauner Zucker, 125 g süße schwarze Bohnenpaste, 2 EL Zucker, 3 Scheiben Ingwerwurzel

Vorbereitung: Die Tapioka mit Wasser bedeckt 4 Stunden einweichen, dann gut abtropfen lassen und mit dem Klebereismehl vermischen. Den Zucker gründlich mit der schwarzen Bohnenpaste verrühren. Ein Stück vom Reisteig abschneiden, zu einer etwa kirschgroßen Kugel formen und ein wenig abflachen. In die Mitte eine Vertiefung drücken und etwas süße Bohnenpaste hineinstopfen. Die Bohnenpaste sollte ungefähr ein Drittel der Teigmenge eines Teigbällchens ausmachen. Den Teig über der Füllung dicht verschließen und erneut zu einer ebenmäßigen Kugel formen. So fortfahren, bis Teig und Bohnenpaste aufgebraucht sind.

Zubereitung: Zucker und Ingwer in gut $1 1/2$ Liter Wasser aufkochen und 2 Minuten leise köcheln lassen. Die Bällchen behutsam in diese Flüssigkeit legen und 20 Minuten sanft köcheln, bis sie an der Oberfläche schwimmen.

Servieren: Die Bällchen auf Portionsschälchen verteilen, die zur Hälfte mit der Zuckerlösung gefüllt sind. Beißen Sie sehr vorsichtig in die Bällchen, denn die

Bohnenpaste im Innern hält ihre Hitze lange – man verbrennt sich deshalb leicht den Mund daran.

Yuan-Hsiao

Diese Teigbällchen sind auch unter dem Namen »Süße Neujahrsfest-Bällchen« bekannt. Interessant daran ist, daß sie im Gegensatz zu den anderen Täschchen und Bällchen nicht gewickelt werden.

Zutaten (für etwa 30 Stück): 75 g Walnüsse, 75 g Mandeln, 15 g Melonenkerne, 25 g Sesamsamen, 25 g grüner Speck, 8 EL Zucker, 600 g Klebereismehl

Vorbereitung: Walnüsse, Mandeln und Melonenkerne im Mixer pulverisieren (oder durch die Mandelmühle drehen). Die Sesamsamen in der trockenen Pfanne anrösten, dann ebenfalls zermahlen. Den Speck feinhacken. Alle Zutaten bis auf das Reismehl in einer Schüssel gründlich mischen. Nun Bällchen von gut 1 cm Durchmesser daraus formen und mit Wasser besprenkeln, um sie etwas anzufeuchten.
Das Klebereismehl auf 2 große Teller verteilen. Die Bällchen auf den einen Teller legen und diesen so anheben, daß sie darauf hin und her rollen und dabei rundum bemehlt werden. Nach einiger Zeit ist ihre Oberfläche zu trocken, um noch mehr Reismehl anzunehmen. Dann besprenkelt man sie erneut mit Wasser, damit sie wieder eingefeuchtet sind (oder legt sie in einen Drahtkorb und taucht sie in Wasser).
Jetzt werden die Bällchen im zweiten Mehlteller gewälzt, bis sie eine dicke Reismehlkruste haben. Normalerweise sind sie nach zwei- bis dreimaligem Rollen im Mehl kochfertig vorbereitet.

Zubereitung: In einem Topf gut 1 $^1/_2$ Liter Wasser zum Kochen bringen. Sobald es aufwallt, vorsichtig die Bällchen hineingleiten lassen und 5 Minuten kochen, dann $^1/_4$ Liter kaltes Wasser auffüllen.
Die *Yuan-Hsiaos* weitere 3 Minuten garen und mit einer Schaumkelle herausheben.

Servieren: Jeweils 4 oder 5 Bällchen in eine Portionsschale füllen und mit dem Kochsud bedecken.

Auch diesmal müssen Sie mit Vorsicht in die Bällchen beißen, denn sie sind innen glühendheiß. Einem Gerücht zufolge soll es Leute gegeben haben, die beim Verschlucken eines solchen Bällchens das Zeitliche segneten!

Dampfbrötchen

Es gibt zwei Arten von gedämpften chinesischen Brötchen: gefüllte und ungefüllte. Die ungefüllten ißt man als Beilage zu Fleisch, Fisch, Gemüse oder anderen pikanten Gerichten. Davon sind die *Man Tou* und die *Huan Chuan* am bekanntesten. *Man Tou* stellt man aus Weizenmehl her. Sie gelten in China nach Reis als das wichtigste Grundnahrungsmittel. Und in den Weizenanbaugebieten Nordchinas stehen sie sogar an erster Stelle. In jedem Speiselokal nördlich des Gelben Flusses liegen kleine dampfende Berge von *Man Tou* aus, von denen sich jeder Gast bedienen kann.

Hua Chuan, eine feinere Art von *Man Tou*, sind gedämpfte Brötchen aus mehreren aufgegangenen Hefeteigschichten. Sie werden häufiger bei festlichen Anlässen und in Restaurants serviert als zu häuslichen Mahlzeiten.

Man Tou
(einfache Dampfbrötchen)

Zutaten (für 10 bis 12 Stück): $^1/_6$ l (11 EL) Wasser, 1 $^1/_2$ EL Trockenhefe, 400 g Mehl

Vorbereitung: 6 Eßlöffel Wasser erwärmen, die Hefe darin auflösen und mit dem Mehl vermischen. Langsam das restliche Wasser zufügen und 7 bis 8 Minuten daraus einen festen, aber geschmeidigen Teig kneten. Die Teigschüssel mit einem Tuch abdecken und den Teig 2 Stunden lang an einem warmen Ort gehen lassen, bis sich sein Volumen verdoppelt hat. Danach knetet man ihn nochmals ein paar Minuten lang und läßt ihn dann erneut 2 Stunden gehen.
Den Teig zu einer 60 cm langen Rolle von etwa 5 cm Durchmesser formen. Davon mit einem scharfen Messer 5 cm dicke Scheiben abschneiden und zu flachbödigen runden Brötchen formen.

Zubereitung: Die Brötchen nebeneinander in den mit einem feuchten Tuch ausgelegten Dämpftopfeinsatz (Korb) legen und 15 bis 20 Minuten heftig dämpfen.

Servieren: Man ißt *Man Tou* zum Frühstück ebenso wie zum Mittag- und Abendessen.

Hua Chuan
(Blumenbrötchen)

Für 10 bis 12 Personen.

Vorbereitung: Den gleichen Teig wie für *Man Tou (Einfache Dampfbrötchen)* herstellen und halbieren. Jedes Stück 3 mm dünn ausrollen und jeweils mit $^1/_2$ Teelöffel Salz bestreuen und mit 1 Eßlöffel Sesamöl bepinseln.
Nun die beiden Teigflächen mit den eingeölten Seiten aufeinanderlegen und zu einer Rolle von etwa 3 bis 5 cm Durchmesser aufwickeln. Die Enden glattschneiden, dann die Rolle in 6 cm breite Stücke zerteilen. Die Mitte eines jeden Teigstücks mit Stäbchen so eindrücken, daß sich die beiden offenen Seiten noch mehr öffnen.

Zubereitung: Die Blumenbrötchen auf ein feuchtes Tuch in einen Dämpftopfeinsatz (Korb) legen und 15 Minuten heftig dämpfen.

Servieren: *Hua Chuan* gehören unbedingt zu allen rotgekochten Fleischgerichten und überhaupt zu allen schweren Speisen.

Pao Tzu
(gefüllte Dampfbrötchen) Abb. 10 und 13

Für 6 bis 10 Personen.
Es gibt *Pao Tzu* mit pikanter und mit süßer Füllung. Gefüllte Dampfbrötchen reicht man nicht zu den Mahlzeiten, sondern immer nur als kleinen Snack zwischendurch. Der Teig ist der gleiche wie für *Einfache Dampfbrötchen (Man Tou)*, mit dem einzigen Unterschied, daß man einen Eßlöffel Zucker unterknetet

– das macht die Brötchen leichter und bekömmlicher.

Da man die gefüllten Hefebrötchen ohne weitere Zutat ißt, statt sie in die würzigen Saucen eines Gemüse- oder Fleischgerichtes zu tauchen, müssen sie eine besonders delikate Füllung haben. Europäer mögen gefüllte Dampfbrötchen sicherlich lieber als einfache, ungefüllte.

Den Teig für *Pao Tzu* formt man ebenfalls zu einer Rolle von 5 cm Durchmesser und schneidet sie in dicke Scheiben. Diese rollt man zu Kreisflächen von etwa 8 cm Durchmesser aus und belegt sie mit der Hälfte bis zwei Drittel der Füllmasse. Nun schließt man den Teig über der Füllung zusammen und drückt ihn fest zu. Auf diese Weise wird die Füllung genau in der Mitte des unten abgeflachten Teigballs vollständig eingeschlossen. Jetzt setzt man die Teigstücke auf ein feuchtes Tuch in einen Dämpftopfeinsatz (Korb) und gart sie 25 Minuten in heftigem Dampf.

Man kann diese Brötchen mit allem möglichen rohen oder eingekochten Fleisch und Gemüse füllen.

Pikante Füllung für Pao Tzu I

Zutaten (für 30 bis 40 Brötchen): 400 g Schweinefleisch, 2 Frühlingszwiebeln, 600 g Chinakohl, 2 EL Sojasauce, 1 TL Salz, 2 TL Zucker, 2 TL Sesamöl

Zubereitung: Das Schweinefleisch grobhacken. Die Frühlingszwiebeln und den Kohl fein zerkleinern. Alle Zutaten in einer Schüssel gründlich mischen und 30 Minuten ziehen lassen, bevor sie weiterverarbeitet werden.

Pikante Füllung für Pao Tzu II

Zutaten (für 30 bis 40 Brötchen): 600 g *Gegrilltes Schweinefleisch nach kantonesischer Art* (Seite 147), 3 Frühlingszwiebeln, 2 EL Sojasauce, 1 TL Salz, 2 TL Zucker, 2 TL Sesamöl

Zubereitung: Das Schweinefleisch und die Frühlingszwiebeln feinhacken. Alle Zutaten in einer Schüssel gründlich mischen und vor dem Weiterverarbeiten 30 Minuten ziehen lassen.

Süße Füllung für Pao Tzu

Zutaten (für 30 bis 40 Brötchen): 50 g Sesamsamen, 150 g Walnußkerne, 100 g Mandeln, 50 g grüner Speck, 200 g Zucker, 1 EL Schweineschmalz

Zubereitung: Die Sesamsamen in einer trockenen Pfanne 1 Minute rösten, dann pulverisieren. Walnüsse und Mandeln im Mixer feinmahlen. Den Speck in winzige Würfel hacken. Alle Zutaten in einer Schüssel innig vermischen.

Gezuckerte schwarze Bohnenfüllung für Pao Tzu
Abb. 13

Zutaten (für etwa 40 Brötchen): 200 g Zucker, 300 g pürierte schwarze oder rote Bohnen, 4 EL Schweineschmalz

Zubereitung: Alle Zutaten in eine Pfanne füllen und auf mildem Feuer unter stetem Rühren 5 Minuten köcheln, abkühlen lassen und als Füllung verarbeiten.

Ping (Pfannkuchen)

Das chinesische Wort *Ping* bezeichnet nicht nur Pfannkuchen, sondern auch dicke Fladen, die in der trockenen Pfanne oder mit etwas Öl gebraten werden. Es gibt unendlich viele Arten von Pfannkuchen, die meisten jedoch sind äußerst schlicht mit Zwiebeln, geriebenem Rettich oder Sesamsamen zubereitet, die ihnen ein würziges, kräftiges oder durchdringendes Aroma geben.

Sie sind eigentlich nur aus der Not der Armen entstanden, aus einfachem Weizenmehl schmackhafte Gerichte zu machen. Im Lauf der Zeit haben sich zwar viele Chinesen daran gewöhnt, diese Pfannkuchen zu schätzen oder zu respektieren, aber sie essen sie nur dann mit wirklichem Genuß, wenn ein gutes und reichhaltiges Menü dazu serviert wird.

Für den westlichen Gaumen sind nur die im folgenden beschriebenen chinesischen Pfannkuchen interessant. Passende Füllungen finden Sie auf Seite 363.

Frühlingsrollen, Pfannkuchenrollen und Eierrollen

Im Grunde sind diese drei verschiedenen Pfannkuchen ein und dasselbe. Frühlingsrollen *sind* Pfannkuchenrollen! Man nennt sie in China nur deshalb Frühlingsrollen, weil man sie zum »alten« Neujahrstag serviert, der im allgemeinen in den Februar fällt – in manchen Teilen des Landes ist dann schon Frühling.

Eierrollen sind Pfannkuchenrollen, deren Teig mit etwas mehr Ei als üblich hergestellt wird. In den chinesischen Restaurants im Ausland sind sie etwa 12 bis 15 cm lang und 3 cm im Durchmesser, anders als in China, wo sie um einiges kleiner sind. In Amerika werden Frühlingsrollen in 3 Teile oder in etwa 4 cm breite Stücke geschnitten. Da wahrscheinlich im Ausland mehr Frühlingsrollen verzehrt werden als in China, ist auch die Übersee-Variante einer Erwähnung wert. Zur Unterscheidung würde ich die chinesische Version Frühlingsrolle, die westliche Art hingegen Eier- oder Pfannkuchenrolle nennen.

Eier- oder Frühlingsrollenhüllen
Abb. 31

Man stellt sie auf ähnliche Weise her wie normale Pfannkuchen, nur müssen sie hauchdünn sein und werden anschließend gefüllt.

Zutaten (für 12 bis 15 Stück): 200 g Mehl, $^1/_2$ TL Salz, 2 Eier, Öl

Vorbereitung: Das Mehl mit dem Salz vermischen. Die Eier verquirlen und dazugeben. Mit dem Schneebesen stets in *eine* Richtung rühren, dabei nach und nach $^1/_3$ Liter Wasser zufügen. Kräftig schlagen, bis ein glatter, dünnflüssiger Teig entstanden ist.

Zubereitung: Etwas Öl in einer Pfanne erhitzen, dabei die Pfanne drehen und schwenken, bis der Boden vollkommen von einer dünnen Ölschicht überzogen ist, und das überschüssige Öl abgießen. Den Teig nochmals umrühren, dann 2 Eßlöffel davon in die Pfannenmitte gießen; die Pfanne wiederum schwenken, damit der Teig sich gleichmäßig verteilt. Überschüssigen Teig abschütten.

Die Pfanne so lange auf milder Hitze stehenlassen, bis sich die Ränder des Pfannkuchens kräuseln und vom Pfannenrand lösen. Dann wird er mit einer Palette aus der Pfanne gehoben, auf einen Teller gelegt und mit einem feuchten Tuch abgedeckt. Diesen Arbeitsgang so oft wiederholen, bis aller Teig verbraucht ist. Die Pfanne zwischendurch immer wieder mit einem öligen Tuch auswischen oder mit einem Ölpinsel ausstreichen.

Das Wickeln der Rollen

2 Eßlöffel Füllung knapp unterhalb der Mitte der Länge nach auf den Pfannkuchen geben. Nun das nächstliegende untere Teigende darüberfalten, die

Seiten von rechts und links darüberschlagen und den Pfannkuchen zusammenrollen. Den Teigsaum gut festdrücken und mit etwas verquirltem Ei festkleben.

Das Fritieren der Rollen

Jeweils 4 bis 5 Rollen auf einmal in einen Drahtkorb legen und bei 190 Grad schwimmend ausbacken. Nach 2 Minuten den Topf für 1 Minute vom Feuer ziehen, dann erneut für weitere 2 Minuten auf die mittelheiße Flamme stellen. Statt dessen kann man die Rollen auch in der Pfanne in reichlich Öl von allen Seiten goldbraun braten.
Wird eine rohe Füllung verwendet, empfiehlt es sich, die Rollen vor dem Fritieren 10 Minuten in Dampf vorzugaren. In diesem Fall taucht man die gedämpften Rollen vor dem Ausbacken in einen dünnen Teig oder zieht sie durch verquirltes Ei.

Anmerkung der Übersetzerin: Das Fritieröl ist heiß genug, wenn an einem hineingetauchten hölzernen Kochlöffel dicke Bläschen emporsteigen und das Fett hörbar aufschäumt, sobald man die Rollen einlegt.

Fleischfüllungen für Eier- oder Frühlingsrollen

In der Regel gart man die Füllung zuerst, bevor man sie in die Teighülle packt, weil die Rollen viel zu dick sind, als daß Fleischzutaten während der 4 bis 5 Minuten Fritierzeit ausreichend gar werden können. Man kann fast alle pfannengerührten Gerichte als Füllung verwenden. Die folgenden Rezepte zeigen nur ein paar Kombinationsmöglichkeiten.

Hühnerfleischfüllung mit Gemüse

Zutaten (für 12 bis 15 Rollen): 3 getrocknete chinesische Champignons (Tongu-Pilze), 50 g Bambussprossen, 100 g Bohnensprossen, 2 Frühlingszwiebeln, 200 g Hühnerbrust (gekocht oder roh), 1 $^1/_2$ EL Pflanzenöl, $^1/_2$ TL Salz, 3 TL Sojasauce, 1 TL Zucker, 1 TL Maisstärke

Vorbereitung: Die getrockneten Pilze 30 Minuten in warmem Wasser einweichen, dann die Stiele entfernen. Pilzhüte und Bambussprossen in schmale Streifen schneiden. Die Bohnensprossen blanchieren und abschrecken. Die Frühlingszwiebeln feinhacken. Das Hühnerfleisch in dünne Streifen teilen.

Zubereitung: Das Öl in einer Pfanne erhitzen. Hühnerfleisch, Bambussprossen und Frühlingszwiebeln darin auf stärkster Hitze 1 Minute unter Rühren braten. Dann Bohnensprossen und Pilze zufügen und eine weitere Minute braten, dabei stetig rühren. Zum Schluß alle anderen Zutaten zufügen und 1 Minute lang gründlich untermischen; aus der Pfanne heben und in einem Sieb abtropfen lassen. Erst wenn die Mischung vollständig ausgekühlt ist, als Füllung für Eier- oder Frühlingsrollen verwenden.

Pfannengerührte Schweinefleischfüllung mit Gemüse

Für 12 bis 15 Rollen.

Zubereitung: Das gleiche Rezept wie das vorhergehende, statt des Hühnerfleisches jedoch 250 g streifig geschnittenes Schweinefleisch verwenden. Das Fleisch salzen und auf stärkstem Feuer 1 Minute pfannenrühren, bevor die übrigen Zutaten hinzugefügt werden. Ansonsten wie im vorigen Rezept vorgehen. Die Mischung gut abtropfen und abkühlen lassen, erst dann als Füllung verarbeiten.

Füllung aus gebratenem Schweinefleisch und gekochten Shrimps

Für 12 bis 15 Rollen.

Zubereitung: Die gleichen Gemüse und Gewürze wie im Rezept für die *Hühnerfleischfüllung mit Gemüse* verwenden. Die Gemüse auf mittlerer Hitze 2 Minuten pfannenrühren, dann 75 g gekochte Shrimps und 200 g in Streifen geschnittenes gebratenes Schweinefleisch zufügen. Alle Zutaten 1 Minute miteinander mischen, würzen und abschmecken.

DIE AUSWAHL DER SPEISEN

Um die verschiedenen Speisen für ein chinesisches Menü auszuwählen, bedarf es einiger Überlegung – auch für Chinesen. Die meisten Chinesen stellen sich ihre Speisen allerdings rein gewohnheitsmäßig zusammen, statt mit System und Methode an die Sache heranzugehen. Sie sind an ihre alltäglichen Mahlzeiten gewöhnt und freuen sich an einigen einfachen Grundgerichten.

Wenn ein größerer Anlaß gefeiert werden soll, dann stellen sie lediglich ein paar Speisen mehr als gewöhnlich auf die Tafel. Dabei lassen sie sich von der Jahreszeit leiten, suchen Speisen aus, die zu der speziellen Gelegenheit passen oder die dem Geschmack der geladenen Gäste entsprechen.

Natürlich hängt die Auswahl der Speisen auch davon ab, was auf dem Markt erhältlich ist. Bei einem kleinen zwanglosen Abendessen (*Abb. 31*) in einem Restaurant wird man beispielsweise ein Hühnergericht essen, ein Schweinefleischgericht, ein Fischgericht, ein Gericht mit Rind- oder Lammfleisch, ein Gericht mit Meeresfrüchten, ein Gemüsegericht, ein beliebiges weiteres Gericht und vielleicht noch eine Suppe oder auch zwei.

Bei einem größeren Essen können die bevorzugten Nahrungsmittel wie Huhn oder Schweinefleisch in mehreren Variationen vorkommen. Wenn das Huhn im Ganzen gegart wurde – zum Beispiel leise geköchelt – kann ein Teil davon als suppenähnliches Gericht gereicht werden, während der Rest kleingewürfelt in einer dicken, scharfen Sauce pfannengerührt wird, die aus eingekochter Sojasauce oder Sojapaste besteht.

Obwohl Huhn die Hauptzutat in diesen beiden Gerichten ist, haben sie doch dank der verschiedenen Arten des Zubereitens und Anrichtens einen ganz unterschiedlichen Charakter.

Schweinefleisch ist ein anderes Beispiel: Man kann es rotkochen und im Stück (2000 g!) servieren oder aber in schmale Streifen schneiden und mit Gemüse oder Glasnudeln zu einem Gericht verarbeiten, das mit dem vorigen nicht die geringste Ähnlichkeit hat.

Die Betonung liegt stets auf Unterschiedlichkeit und Kontrast. Nachdem verschiedene Gerichte mit Sauce gereicht wurden, sehnt man sich nach etwas Trockenem. Nach einer Folge von trockenen Gerichten möchte man gerne etwas Suppenähnliches essen. Kontraste und Unterschiede entstehen nicht nur durch die Verschiedenheit der Zutaten, sondern auch durch die immer wieder wechselnden Garmethoden. Das eröffnet Köchen, die mit Lust und Liebe bei der Sache sind, ungeahnte Möglichkeiten!

Bei einem formellen Festessen (*Abb. 32*) trägt man Gerichte und Speisen in reichlicher Fülle nacheinander auf. Der Speisenfolge liegt stets ein Muster zu Grunde: Im allgemeinen beginnt sie mit einer Auswahl von kalten Vorspeisen (oder einer großen Platte mit verschiedenen kalten Fleischsorten und anderen Ingredienzien). Dann folgen drei, vier oder fünf pfannengerührte Gerichte, entweder mit viel Sauce oder trocken und knusprig.

Nach diesem Gang kommen die Hauptgerichte auf den Tisch, darunter beispielsweise ein herrlicher Braten und ein langsam geköcheltes suppenartiges Gericht (z. B. *Suppe mit einer ganzen Ente*), ein Schmorgericht oder rotgekochtes Fleisch, vielleicht sogar ein im Ganzen gegarter Fisch wie der *Süßsaure Karpfen vom Gelben Fluß*.

Abgerundet wird ein solches Festessen durch eine Reihe von schlichten Speisen, die meist mit Reis aufgetragen werden. Sie bilden den Gegenpart zur Reichhaltigkeit der zuvor genossenen Gerichte. Manchmal serviert man auch gegen Ende der gesamten Speisenfolge frisches Obst.

Wenn ein Europäer chinesisches Essen bestellt, sollte er auf jeden Fall zu vermeiden suchen, ähnliche Speisen aufeinander folgen zu lassen: Am besten sucht er sich Gerichte aus, die unterschiedlich sind und Vielfalt gewährleisten. Wie schon gesagt, kann man diese Abwechslung nicht nur durch die Kombination verschiedenartiger Zutaten hervorrufen, sondern ebenso mit Hilfe von immer wieder anderen Garmethoden.

Zum Beispiel tut nach einem pfannengerührten Gericht ein knusprig fritiertes gut. Nach einem trocken gebratenen hingegen ist ein suppenartiges Gericht willkommen, und nach einer gedämpften Ente, die zart wie Aspik ist, dürfte es an der Zeit sein, kroßgebratenes Schweinefleisch zu essen. Auf Gerichte, die aus zerkleinerten Zutaten zusammengemischt sind, sollte ein im Ganzen gegarter Fisch, ein großes Stück Fleisch oder Geflügel folgen.

Abgesehen von den Garmethoden kann man Vielfalt und Gegensätzlichkeit auch durch die Art des Zuschnitts erreichen: Zutaten können grob- oder feingehackt sein, in große oder kleine Schnitze und Stücke geschnitten, in hauchdünne Scheiben oder in Weidenblattstreifen. Durchwachsenes Fleisch wird quer zu den Schichten durch die Haut in schmale Streifen zerteilt, die man gut in Knoblauch- und Essig-Dips eintunken oder pfannenrühren kann. Dickere Fleischstücke, die mit Fett durchsetzt sind, müssen wegen ihrer Größe und Beschaffenheit sehr lange garen, bis sie so zart sind, daß sie auf der Zunge zergehen.

Leider werden in den China-Restaurants im Ausland mehr als 90 Prozent aller angebotenen Speisen pfannengerührt. Diese Gerichte sind in 3 bis 4 Minuten fertig und sparen deshalb eine Menge Zeit. Dafür hat der Gast dann keine Möglichkeit, anders zubereitete Speisen zu wählen und kennenzulernen. Dank der enormen Auswahl chinesischer Gerichte überhaupt ist trotzdem eine gewisse Vielfalt bei der Menüzusammenstellung zu erreichen, und ein etwas über dem Durchschnitt stehendes chinesisches Restaurant müßte schon ein eindrucksvolles Sortiment an Gerichten bieten können.

Ebenfalls sehr wichtig für die Speisenwahl in einem chinesischen Restaurant im Westen ist die Feststellung, auf welche Art von Küche es spezialisiert ist, ob auf Peking-Küche oder auf Kanton-Küche, oder ob es sich um ein Durchschnittslokal handelt.

Im folgenden mache ich einige Vorschläge, wie man in jedem dieser drei Restaurant-Typen ein abwechslungsreiches Menü für 4 bis 6 Personen zusammenstellen kann.

Durchschnitts-Restaurant
(für 4 bis 6 Personen)

Menüvorschlag I

Gegrillte Schweinerippchen
Wasserkresse-Suppe mit Fischbällchen*
Fritierte Phönixschwanz-Riesengarnelen*
Pfannengerührte Rindfleischscheibchen mit grünem und rotem Paprika*
Süßsaures Schweinefleisch*
Einfache pfannengerührte Bohnensprossen
Gebratener Reis* (mit Schinken, Eiern, Zwiebeln und Erbsen)

Menüvorschlag II

Süßsaure Schweinerippchen*
Maissuppe mit Hühnerfleisch
Knusprige Garnelenbällchen
Gegrilltes Schweinefleisch nach kantonesischer Art*
Rindfleisch-*Chop Suey*
Gedünstetes oder pfannengerührtes Gemüse
Gebratener Reis*

* Gerichte, die durch ein Sternchen gekennzeichnet sind, können Sie nach Rezepten dieses Buches selber kochen.

31 **Familiäres Abendessen** *(von links nach rechts und oben nach unten):* Gedämpftes Huhn mit Chinakohl (S. 215), Gerichte der Eintracht (S. 134); Rotgekochte Schweinehaxe mit Spinat (S. 144), Einfach pfannengerührte Shrimps in der Schale (S. 327); Frühlingsrollen (S. 362), Gedämpfter Reis in Lotusblättern (S. 96); Kuo T'ieh *(dampfgebratene Teigtäschchen* – S. 356)

Peking-Restaurant
(für 4 bis 6 Personen)

Kantonesisches Restaurant
(für 4 bis 6 Personen)

Menüvorschlag I

Scharfsaure Suppe*
Fritiertes gewürfeltes Hühnerfleisch in Sojapaste*
Gedünstete Fischsteaks in Rotweinsauce*
Pfannengerührte Lammscheibchen mit Frühlings-
  zwiebeln*
Pekingente ($^1/_2$) mit Pfannkuchen*
Weißgedünsteter Chinakohl* (mit getrockneten
  Shrimps gewürzt)
Langgezogene Apfelbonbons*

Menüvorschlag I

Wonton-Suppe
Gegrilltes Schweinefleisch nach kantonesischer Art*
Gedämpfte frische Garnelen in der Schale mit scharfer
  Sauce
Rindfleischstreifen in Austernsauce* (oder
  Kantonesisches Steak)
Zitronenente
Pfannengerührter Brokkoli in Austernsauce

Menüvorschlag II

Kaiserliche Vorspeise (eine Platte mit kaltem Fleisch,
  Abalone, Garnelen, eingelegtem Gemüse usw.)
Pfannengerührte Schweinefleischwürfel mit
  Sojapaste*
Trockengebratene Riesengarnelen mit Knoblauchöl
Süßsaures Schweinefilet (nach Peking-Art)
Knusprige wohlriechende Ente* ($^1/_2$) mit Einfachen
  Dampfbrötchen*
Suppe mit einer ganzen Ente* (und Chinakohl)

Menüvorschlag II

Gurkensuppe mit Schweinefleischscheibchen *oder*
Abalonesuppe mit Fischbällchen*
Pikante pfannengerührte Steakscheibchen in
  Austernsauce*
In Stücke gehackte gelackte Ente (gegrillt)
Gedämpfter Barsch in Soja-Ingwer-Sauce
Pfannengerührtes Krebsfleisch mit Pilzen
Einfach pfannengerührte Zuckererbsen

32 **Festliches Diner** *(von links nach rechts und oben nach unten):* Gebratener Reis (S. 98); Hühnerfleischscheibchen mit Pilzen (S. 235), Hühnerfleischstreifchen mit Paprika (S. 244); Mixed Pickles, Gemalte Suppe (S. 90), Vorspeisenplatte mit kalten Fleischscheiben und Abalone; Falsche Garnelentoasts (S. 134), Knusprige wohlriechende Ente (S. 262), Weißgeschnittenes Huhn (S. 214)

Sie sehen an den vorstehenden Beispielen, daß stets ein paar langsam geköchelte und klargeköchelte Gerichte pfannengerührte Speisen ablösen. Um noch einmal zu wiederholen: In einem chinesischen Restaurant müssen Sie bei der Menüzusammenstellung unbedingt die Vielfalt der Materialien berücksichtigen: Nach Garnelen sollte zum Beispiel ein Hühnergericht folgen, dann Rind, Fisch, Schweinefleisch, Gemüse und so weiter.

Und wählen Sie, wann immer es möglich ist, auch zwischen unterschiedlichen Garmethoden: Nach zwei pfannengerührten Speisen ein gedämpftes Gericht oder ein langsam geköcheltes, rotgekochtes, gegrilltes, gedünstetes, geschmortes usw. Verschiedene Garmethoden sorgen stets für Unterschiede in Konsistenz und Aroma, und der Schlüssel zur chinesischen Küche ist Vielfalt und Kontrast.

Anmerkung der Übersetzerin: Leider hat das, was hierzulande in chinesischen Restaurants an Chinesischer Küche angeboten wird, mit Chinesischer Küche kaum noch etwas gemeinsam. Die Menüvorschläge weisen Gerichte auf, die auf den Speisekarten in deutschen China-Restaurants nicht zu finden sind, und wenn dort doch einmal ein Gericht mit gleichem Namen auftaucht, dann ähnelt es meistens dem chinesischen Original weder im Aussehen noch im Geschmack.

Warum das so ist, ist schwierig zu sagen, denn die meisten China-Restaurants werden ja tatsächlich von Chinesen geführt. Vielleicht liegt es unter anderem daran, daß die Köche rasch gemerkt haben, wie sie mit weniger Aufwand und Mühe bei ihren Gästen viel mehr Erfolg haben, als wenn sie ihnen Speisen vorsetzen, die ihnen fremd und ungewohnt sind. Pfannengerührtes Gemüse muß knackig sein und Biß haben. Das aber mögen die deutschen Gäste nicht, sie weisen es empört als halbroh zurück. Nimmt es dann Wunder, wenn der Koch die nächste Portion weichkocht, bevor er sie dem »kritischen« Gast vorsetzt?

Vielleicht hat es Sinn und Erfolg, wenn Sie, lieber Leser, mit den Menüvorschlägen von Kenneth Lo in Ihr China-Restaurant gehen und sie dem Wirt zeigen. Wenn er weiß, daß er einen Kenner vor sich hat, erklärt er sich möglicherweise dazu bereit, ausnahmsweise mal wirklich original chinesisch für Sie zu kochen. Und das sollten Sie ihm danken, indem Sie gehörig Mundpropaganda für ihn machen und ihm viele Gäste schicken, die ebenso denken wie Sie!

Uns allen wünsche ich, daß die chinesischen Restaurants in Deutschland besser werden.

ANHANG

Glossar

Abalone *(Seeohr):* eine Tiefseeschnecke, die vor allem im Pazifik, aber auch in den asiatischen Meeren vorkommt. Sie wird bis zu 10 cm groß. Die flache schwarzbraune Muschelschale ist innen mit irisierendem Perlmutt ausgeschlagen. Das gelblich-braune Muskelfleisch ist von sehr fester gummiartiger Konsistenz.
Abalone wird meist in Dosen angeboten (auch in China). Frische Abalonen gelten als hochbezahlte Delikatesse, die nur Ehrengästen vorbehalten ist. (Das Kilogramm kostet in Hongkong ungefähr 500 Mark!) In den meisten Fällen braucht Abalonefleisch nur eine sehr kurze Garzeit – es wird sonst leicht zäh und ledrig.
Abalonen aus der Dose halten sich wochenlang, wenn man sie in ein geeignetes Gefäß umfüllt und täglich das Wasser wechselt, von dem sie vollkommen bedeckt sein sollten. Getrocknete Abalonen, die man in der Chinesischen Küche gern als Gewürz verwendet, sind unbegrenzt haltbar. Vor dem Verarbeiten muß man sie in kaltem Wasser einweichen.

Algen *(Algenhaar, Speisealgen):* ein haarähnliches schwarzes Meergemüse, das vornehmlich als Suppeneinlage und für Gemüsegerichte verwendet wird. Es ist getrocknet im Handel und muß vor dem Verarbeiten in warmem Wasser eingeweicht werden (vgl. auch *Purpurtang*). *(Abb. 27*

Anispfeffer: siehe *Szechuan-Pfeffer*.

Austernsauce: eine Würzsauce, die man nach Rezept (Seite 65) frisch zubereitet oder fertig in Flaschen kauft. Für die Herstellung werden Austern in Sojasauce mit verschiedenen Gewürzen gekocht.
Die dickliche dunkelbraune Flüssigkeit wird zum Kochen und als Tischwürze verwendet. Fertige Austernsauce kann man inzwischen in vielen Feinkostläden, die exotische Lebensmittel führen, kaufen. Sie hält sich auch in der angebrochenen Flasche ohne Kühlung nahezu unbegrenzt.

Bambussprossen: die Schößlinge der Bambuspflanze, die zweimal im Jahr (Frühling und Winter) aus dem Wurzelstock hervorsprießen. Die Winterschößlinge sind feiner und werden bevorzugt. Bambussprossen kommen in Asien natürlich frisch auf den Markt und müssen erst aus den dunkelbraunen äußeren Blättern geschält werden, bevor man an den zarten, gelben inneren Kern gelangt. Bei uns gibt es sie nur in Dosen, jedoch in guter Qualität. Man schneidet die in großen Stücken konservierten Sprossen je nach Rezept in hauchdünne Scheiben, Streifen oder kleine Würfel. Aus der angebrochenen Dose halten sie sich etwa eine Woche, wenn man sie in ein passendes Gefäß umfüllt und das Wasser täglich wechselt, von dem sie vollständig bedeckt sein sollten. *(Abb. 7)*

Baumpilze: siehe *Wolkenohrpilze*.

Bêche-de-Mer *(Seegurke):* ein Meerestier, das tatsächlich die Form einer dicken Gurke hat und bis zu 40 cm lang ist. Auch auf chinesischen Märkten findet man sie fast ausschließlich getrocknet. Sie muß vor dem Verarbeiten mindestens 12 Stunden in kaltem Wasser einweichen. Seegurke gilt bei den Chinesen als begehrte Delikatesse, wohl hauptsächlich deswegen, weil man ihr aphrodisiakische Wirkung zuschreibt, denn Geschmack hat sie im Grunde nicht. Für den europäischen Gaumen ist ihre glibbrige und trotzdem zähe Konsistenz eigentlich eher unangenehm.

Bittermelone *(Balsamapfel, Bittergurke):* gurkenähnliches Gemüse mit stark verkrumpelter Oberfläche. Ihr leicht bitterer Geschmack ist sehr erfrischend. Man kann sie frisch oder in Dosen in den einschlägigen Spezialitätenläden kaufen. Notfalls ersetzt man sie durch frische (Gärtner-)Gurke und einige Pfefferminzblätter.

Bohnen, schwarze *(fermentierte, eingesalzene):* fermentierte, stark salzige, kleine schwarze Sojabohnen, die in Dosen oder in Plastik eingeschweißt verkauft werden, wie auch die *braunen fermentierten Sojabohnen*. Fermentierte Bohnen dienen als kräftiges Gewürz für viele pfannengerührte und Schmorgerichte. Sie müssen vor Gebrauch mindestens 15 Minuten eingeweicht werden.

Bohnenkäse: fermentierter Bohnenquark. Er hat einen durchdringenden käsigen Geschmack und wird oft als Gewürz verwendet. Meist ist er dunkelbraun. *Roter Bohnenkäse* hat seine Farbe durch Zusatz von Chili und schmeckt ziemlich scharf.

Bohnenpaste, braun (*Sojabohnenpaste, Sojapaste*): dicke Würzpaste aus fermentierten gelben Sojabohnen, Salz und Mehl. Für Fleisch, Suppen, Fisch und Gemüsegerichte. Ersatzweise kann man japanisches *Miso* nehmen, das in manchen Kaufhäusern und Naturkostläden erhältlich ist. (*Abb. 17 und 22*)

Bohnenpaste, rot (*süß*): aus roten Bohnen und Zucker hergestellt. Sie wird meist als Füllung für süße Dampfbrötchen und andere chinesische Süßigkeiten verwendet. Man kann sie in Dosen kaufen. Wenn man sie aus der geöffneten Dose in ein gut schließendes Glas umfüllt, hält sie sich auch ohne Kühlung monatelang.

Bohnenquark (*Tofu, Tahu, Tubu*): schnittfeste, puddingartige Masse aus der Milch von pürierten Sojabohnen, die durch Säurezusatz geronnen ist. Der nußartig-milde Bohnenquark weist kaum Eigengeschmack auf, kann aber andere Aromen gut annehmen. Er ist ein wichtiger Eiweißträger in der Chinesischen Küche, die keine Milchprodukte kennt, dabei leicht verdaulich und sehr nahrhaft. Er ist frisch (in Wasser oder vakuumverpackt), in Dosen oder als Trockenmasse erhältlich oder mit einer guten Anleitung auch leicht selbst herzustellen. Dosen-Bohnenquark sollte man in eine Schüssel umfüllen und täglich mit frischem Wasser bedecken, dann hält er sich im Kühlschrank einige Tage. Bohnenquark ist vielseitig verwendbar: frisch, gekocht, gebraten, fritiert und pfannengerührt. (*Abb. 2 und 30*)

Bohnenquarkstreifen: zentimeterstarke feste Streifen von gelblicher Farbe aus getrocknetem Bohnenquarksatz. Sie werden in der vegetarischen Küche sehr großzügig verwendet, aber auch für Fleisch- und Fischgerichte gebraucht. Vor dem Verarbeiten müssen sie eingeweicht werden.

Bohnensprossen (*Sojabohnenkeime*): die Spößlinge von Mungo- oder Sojabohnen (letztere sind sehr viel größer und intensiver im Geschmack). Ein angenehm knackiges Gemüse, das man roh oder kurz gebraten verwendet. Bei uns kann man sie mittlerweile häufig frisch kaufen und sollte diese stets der Dosenware vorziehen, die immer schlaff und kaum knackig ist. (Falls Sie doch auf Dosen-Keime zurückgreifen müssen: 2 Stunden in Eiswasser ziehen lassen, dabei das Wasser zweimal wechseln, so werden sie wieder straff!). Man kann sie leicht auf einer feuchtwarmen Unterlage (Mull, Watte, Erde, Ton) selber ziehen. (*Abb. 7*)
Sogar ohne den Keimapparat können Sie Sojabohnen ganz leicht zu Hause keinem lassen: Die Bohnen 24 Stunden einweichen, dann abgießen und auf einem Tuch oder auf Watte ausbreiten, die Sie gut (am besten mit lauwarmem Wasser) feucht halten. Achten Sie darauf, daß die Bohnen zwar feucht bleiben, aber nicht im Wasser liegen, sonst beginnen sie zu faulen, statt zu keimen. Nach 3 Tagen sind aus den Bohnen weißliche Keime herausgewachsen, die Sie nur noch in kaltem Wasser ausspülen müssen, wobei sich die grünen Bohnenhülsen ablösen und nach oben schwimmen. Die Bohnenhülsen entfernen und die Keime bald verwenden, denn auch im Kühlschrank beginnen sie nach einigen Tagen, braun und schlecht zu werden.

Champignons, getrocknete chinesische: siehe *Chinesische Champignons*.

Chili (oder *Chillie*): hierzulande auch oft unter dem (falschen) Namen Peperoni gehandelt. Chilischoten spielen vor allem in der Szechuan-Küche eine große Rolle, wo man gerne sehr scharf kocht. Chilis gehören zur Familie der Paprikagewächse (botanisch Capsicum), die aus zwei großen Zweigen besteht: Würz- und Gemüsepaprikas. Gemüsepaprika wird in der Chinesischen Küche genauso wie bei uns verwendet.

Von den Chilis findet man in Asien unendlich viele Sorten unterschiedlicher Schärfe: Die winzig kleinen sogenannten Vogelaugen-Chilis, nur knapp 2 cm lang, sind extrem scharf, dabei aber weich im Aroma, nicht beizend. Sie werden im allgemeinen nicht im Ganzen verwendet, sondern zermahlen und als Cayennepfeffer gebraucht. Die nächstgrößere Sorte ist 4 bis 5 cm lang und von harter, kratziger und höchst intensiver Schärfe, etwa der von Tabasco vergleichbar.

Die am meisten verwendete Chilisorte ist jedoch eine eher schlanke, bis zu 8 oder gar 10 cm lange Schote, die zwar recht ausgeprägt scharf ist, aber voll im Aroma und weich im Geschmack. In der Szechuan-Küche greift man am liebsten darauf zurück und verarbeitet meist die getrocknete Schote, die stets intensiver schmeckt als die frische. Was man bei uns an getrockneten Chilischoten bekommt, stammt meist aus Lateinamerika. Dabei handelt es sich um beizende kleine Schoten, denen die weiche Aromafülle fehlt. Da sich aber getrocknete Chilis praktisch unbegrenzt halten, können Sie sich, wenn Sie einmal die angenehmeren größeren finden (in gutsortierten Chinaläden beispielsweise), gleich einen Riesenvorrat anlegen. Bewahren Sie Chilis in gut schließenden Gläsern auf, dann halten sie ewig.

Frisch gibt es auch die kleinen, sehr scharfen aus Thailand, Indonesien und anderen Ländern des Fernen Ostens. Überall erhältlich sind die milden Peperoncini, die sich ebenfalls gut für die Chinesische Küche eignen. Ob grün oder rot, ist immer eine Frage der Reife: Jede Paprika- oder Chilischote ist zunächst grün und färbt sich nach dem Ausreifen langsam rot (oft findet man auch grüne Schoten, die sich an manchen Stellen bereits rot gefärbt haben). Auf die Schärfe hat dies jedoch für den europäischen Gaumen kaum wahrnehmbaren Einfluß.

Ob getrocknet oder frisch: In jedem Fall muß man Chilischoten vor Gebrauch sorgfältig entkernen, denn in den Kernen steckt die intensivste Schärfe und zumeist auch ein unangenehm bitterer Beigeschmack. Ganz wichtig: wenn Sie mit Chilis hantiert haben, waschen Sie sich anschließend gründlich, am besten mehrmals, die Hände. Fassen Sie sich nicht ins Auge oder berühren Sie gar Ihr Baby: an Ihren Händen hat sich nämlich eine beizende Säure abgesetzt, und es schmerzt höllisch, wenn sie auf empfindliche Körperstellen kommt.

Falls im Rezept getrocknete Chilis vorgeschrieben sind, Sie aber nur frische Schoten haben, dann legen Sie sie über Nacht in den auf 50 Grad eingestellten Backofen. Am nächsten Morgen sind sie genau richtig. (*Abb. 2 und 7*)

Chili-Öl: durch Chilischoten rotgefärbtes, extrem scharfes Öl, das für viele pikante Saucen gebraucht wird. Wenn Sie nicht mit der nach dem Rezept auf Seite 65 zubereiteten Menge hinreichen, hier ein Vorratsrezept: Rösten Sie in einer trockenen Pfanne eine Handvoll entkernte Chilischoten unter Rühren an. Gießen Sie mit $^1/_2$ Liter Erdnußöl auf und erhitzen Sie es bis knapp vor den Rauchpunkt. Lassen Sie das Chili-Öl langsam auskühlen und füllen Sic es – durch ein Sieb gefiltert – in eine dunkle Flasche. Es hält sich monatelang und kann als Gewürz in vielen Gerichten verwendet werden.

Chilisauce: scharfe Sauce aus kleinen Chilischoten, die Sie fertig kaufen müssen. Nehmen Sie möglichst ein chinesisches Fabrikat, denn was normalerweise unter dieser Bezeichnung verkauft wird, ist meist auf den deutschen Geschmack zugeschnitten – häufig handelt es sich um nichts anderes als eine höchst mäßige Tomatensauce, die süßlich-scharf schmeckt. Achten Sie also darauf, daß auf der Flasche als Ursprungsort Hongkong, Singapur, die Volksrepublik China oder ein anderes fernöstliches Land angegeben ist. Chilisauce verwendet man als Gewürz beim Kochen oder auch als Tischsauce.

Chinesische Champignons (*Tongu-Pilze, schwarze Pilze,* japanisch *Shitake*): sehr aromatische, kräftig würzende Pilze. Sie werden ausschließlich getrocknet verkauft und müssen deshalb vor dem Verarbeiten 30 Minuten in warmem Wasser eingeweicht werden. Das Einweichwasser (möglichst knapp bemessen!) wird häufig als Kochflüssigkeit verwendet (am besten durch ein feines Tuch filtern). In jedem Fall muß man die Stiele entfernen, denn sie bleiben immer zäh. Tongu-Pilze bester Qualität haben große, dickfleischige Hüte, deren schwärzlich-braune Oberfläche von hellen Adern durchzogen ist. Sie sind recht teuer, sogar in China.

Chinesische Datteln: kleine rote Früchte, die stets getrocknet angeboten werden. Sie können nicht durch die hier angebotenen (meist kalifornischen) Datteln ersetzt werden. Eher sind sie Backpflaumen vergleichbar. Man verwendet sie vor allem bei Süßspeisen. Vor dem Verarbeiten muß man sie einweichen.

Chinesische Mandarinenschale: siehe *Mandarinenschale*.

Chinesische Petersilie: siehe *Koriandergrün*.

Chinesische Würstchen: geräucherte Schweinewürstchen mit hohem Fettanteil, oft mit Speisefarbe rötlich gefärbt. Sie sind 10 bis 20 cm lang und sehr schlank. Man kann sie nicht durch hier übliche Würstchen ersetzen, weil ein leicht süßlicher Geschmack für sie charakteristisch ist. Bei uns sind sie selten im Handel (auf Grund von Zollbestimmungen), eher schon im europäischen Ausland, z. B. in Holland und natürlich in London. (*Abb. 5 und 30*)

Chinesischer gelber Wein: ein goldgelber Reiswein, der in der Chinesischen Küche sehr viel zum Kochen verwendet wird. Er ähnelt ein wenig dem Sherry, sowohl im Alkoholgrad wie im Geschmack. Deshalb können Sie ihn sehr leicht durch Medium dry Sherry (Amontillado) ersetzen (oder auch durch japanischen süßen *Mirin*). In China pflegt man diesen Reiswein auch zum Essen zu trinken, meist warm aus kleinen Schälchen. Der beste gelbe Wein ist der *Shao Chiu*, er wird in Shaohsing hergestellt. Man lagert ihn mindestens 7, besser noch bis zu 15 Jahren – dann gilt er als Kostbarkeit.

Dämpftopf: In der Chinesischen Küche wird viel und häufig gedämpft. Die Chinesen haben dafür Bambuskörbchen mit geflochtenem Boden und Deckel (*Abb. 1*), die sie einfach übereinander in den mit etwas Wasser gefüllten *Wok* setzen, der dicht verschlossen wird. Im aufsteigenden Dampf, der die Korbböden durchdringt, gart nun das Nahrungsmittel (oder sogar verschiedene, wenn mehrere Körbe aufgestapelt sind).
Solche Bambuskörbe sind hierzulande selten aufzutreiben. Man kann sich aber ganz leicht behelfen: Entweder nehmen Sie einen Dampfdrucktopf, dessen Ventil Sie allerdings außer Kraft setzen müssen. Oder Sie legen das Gargut auf einen feuerfesten Teller, den Sie auf eine umgestülpte Tasse in einen geeigneten Topf setzen, der 3 cm hoch mit Flüssigkeit gefüllt sein muß. Wird im Rezept angegeben, daß im verschlossenen Behälter gedämpft werden soll, so decken Sie Teller und Gargut mit Alufolie gründlich ab. Damit der Dampf richtig zirkulieren kann, muß der Dämpftopf natürlich stets mit einem genau passenden Deckel verschlossen sein.

Datteln: siehe *Chinesische Datteln*.

Eingelegtes Gemüse (*Szechuan-Gemüse, Szechuan-Pickles*): verschiedene eingesalzene und in Sojasauce fermentierte Gemüse wie Gurke, Kohl, Rüben und Ingwer. Es wird in Dosen oder getrocknet verkauft. Getrocknetes, eingelegtes Gemüse muß vor Gebrauch eingeweicht werden. Das eingelegte Gemüse gibt Speisen ein ganz eigenes, salzig-pikantes Aroma. Szechuan-Pickles sind mit rotem Chili gewürzt und sehr scharf.

Essig: Chinesischer Essig wird stets aus Reis destilliert; es gibt vier verschiedene Sorten. In jedem Fall hat er weniger Säure als hiesiger: nämlich etwa 3 bis 4 Prozent (deutscher Essig hat mindestens 5 Prozent). Wenn Sie die im Rezept angegebene Menge durch deutschen Essig ersetzen, müssen Sie deshalb stets etwas sparsamer sein. Der bei uns gebräuchlichste Reisessig ist dunkel, sehr mild und aromatisch. In Chinaläden finden Sie häufig statt des chinesischen Essigs einen Reisessig aus Japan, den Sie unbesorgt als Ersatz verwenden können. Die übrigen chinesischen Essigsorten sind: *schwarzer Essig* (sehr durchdringend im Aroma), *roter Essig* (wird nicht nur zum Säuern, sondern auch zum Färben benutzt) und *süßer Essig* (stark süß, aber dennoch deutlich sauer, häufig in Schmorgerichten gebraucht).

Feine Brühe: Rezept siehe Seite 74. Sie ist die Grundbrühe für die feine Chinesische Küche. Notfalls kann sie durch normale *Hühnerbrühe* ersetzt werden, aber bitte niemals durch gekörnte Brühe aus der Tüte!

Feuertopf: eine Art asiatischer Fonduetopf aus Kupfer, Messing oder einem anderen leitfähigen Metall. Der Topf sitzt als Wanne rund um einen kegelförmigen Kamin, der von unten mit Holzkohle befeuert wird. In die Wanne wird die Brühe gefüllt, in der sich die Gäste Fleisch, Gemüse und Nudeln, die auf dem Tisch bereitstehen, nach Belieben garen. (*Abb. 1 und 17*)
Solche Töpfe gibt es ab DM 150,– in China- oder Küchenläden auch bei uns zu kaufen. Wer die Ausgabe scheut, kann sich auch gut mit einer Gugelhupfform aus Metall (Kupfer, Messing, Aluminium usw.) mit gewölbter, oben offener Spitze (Kamin) behelfen, die jedoch innen nicht beschichtet sein darf. Diese Gugelhupfform erfüllt auf einem Rechaud denselben Zweck: Die Brühe kocht an der Innenseite, rund um den »Kamin« also, stärker als außen – deshalb kann man Zutaten mit unterschiedlicher Garzeit gleichzeitig einfüllen.

Fünf-Gewürz-Pulver: fertige Gewürzmischung aus Sternanis, Zimt, Fenchelsamen, Nelken und Anispfeffer. Es sollte in einem dicht schließenden Glas an einem dunklen Ort aufbewahrt werden, damit die fein pulverisierten Gewürze ihre Kraft nicht verlieren.

Gelber Wein: siehe *Chinesischer gelber Wein*.

Gemüse, chinesische eingelegte: siehe *Chinesische eingelegte Gemüse*.

Ginkgo-Nüsse: pflaumenähnliche Früchte des Ginkgo-Baums. Sie werden bei uns in Dosen oder getrocknet angeboten, allerdings selten und nur in gutsortierten Feinkost- und Chinaläden. Getrocknete Ginkgo-Nüsse muß man vor Gebrauch einweichen.

Glasnudeln: sehr feine durchscheinende Nudeln aus dem Mehl von Mungo-, Sojabohnen oder Reis. Sie sollten vor Gebrauch eingeweicht werden. Man braucht sie jedoch nicht zu kochen. Sie sind an sich geschmacklos, nehmen aber Aroma und Würze anderer Zutaten in sich auf. Deshalb passen sie gut in Gerichte mit viel Sauce.

Glutamat: kristallines Pulver, das aus Reis, Weizenkleber oder Zuckerrüben gewonnen wird. Es hat keinen Eigengeschmack, vermag aber das Aroma anderer Zutaten zu heben und zu steigern (man nennt es deshalb auch oft Aromapulver).
Glutamat ist sehr umstritten. Mediziner haben bei übermäßigem Gebrauch von Glutamat das sogenannte »chinesische Syndrom« festgestellt: Manche Menschen reagieren allergisch auf gewisse Substanzen, die darin enthalten sind, und bekommen Kopfschmerzen und andere Beschwerden davon. Allzu großzügiger Gebrauch von Glutamat läßt auch sämtliche Speisen gleich schmecken, statt einzelne Aromen zu betonen. Im Grunde kann man auf jegliches Glutamat verzichten, wenn man makellos frische Zutaten verwendet.

Goldene Nadeln: siehe *Lilienknospen*.

Haifischflossen: chinesische Delikatesse. Haifischflossen werden ausschließlich getrocknet angeboten. Sie bedürfen einer langwierigen und zeitraubenden Zubereitung.

Hoisinsauce: dunkelbraune Würzsauce aus gelben Sojabohnen, Sojasauce, Sojapaste, Knoblauch, Zucker und Essig. Ihr süßlich-pikantes Aroma gibt erst im Nachgeschmack eine gewisse Schärfe frei. Vermischt mit anderen Saucen reicht man sie gern als Dip. Bei vielen Zubereitungen wird sie zum Kochen verwendet. Hoisinsauce gibt es in gutsortierten Feinkost- und natürlich Chinaläden. (*Abb. 2*)

Hühnerschmalz *(-fett):* wird häufig in der Chinesischen Küche als würzendes Bratfett benötigt. Kaufen Sie deshalb stets möglichst fette Hühner. Wenn Sie daraus Brühe kochen und erkalten lassen, können Sie das Fett leicht als feste Schicht abheben, oder sammeln Sie das beim Braten ausgelassene (ungebräunte) Schmalz.

Ingweröl: Erdnußöl, das mit frischem feingehackten Ingwer erhitzt wurde. Es wird als Würzöl in kleinen Mengen verwendet.

Ingwerwasser: Feingehackten Ingwer in etwas Wasser auskochen und die Flüssigkeit durch ein Sieb filtern. Das Wasser ist als Würze für pfannengerührte Gerichte zu verwenden.

Ingwerwurzel: die vielfach verzweigte, knollige Wurzel einer asiatischen Staudenpflanze. Frischer Ingwer wird in nahezu jedem chinesischen Gericht in kleiner Dosierung (jeweils etwa 2 dünne Scheibchen) verwendet. Die äußere braune Haut muß vor Gebrauch abgeschabt werden. Das gelbliche Fruchtfleisch sollte saftig und zart sein, dann ist es frisch. Ältere Ingwerwurzeln (wie sie hier leider häufig zum Verkauf ausliegen) sind faserig und trocken. Charakteristisch für frischen Ingwer ist der leicht scharfe, fruchtig-frische Geschmack.
Falls Sie bei Ihrem Gemüsehändler knackig pralle Ingwerwurzeln finden sollten, dann kaufen Sie gleich einen größeren Vorrat ein. Vergraben Sie die Wurzeln in einem großen Blumentopf voll guter Erde und achten Sie darauf, daß diese nicht austrocknet. So halten sich die Wurzeln monatelang frisch. Und wenn Sie Glück haben und der Topf nicht zu trocken, aber warm steht, beginnen sie sogar auszutreiben. *(Abb. 7)*

Kaoliang-Schnaps: chinesischer Reisschnaps, der getrunken oder zum Kochen verwendet wird. Man kann ihn durch Cognac ersetzen.

Klebereis: siehe *Reis*

Klebereismehl: aus *Klebereis* hergestelltes *Reismehl*.

Kokosmilch: aus Kokosraspeln und Wasser gewonnene milchige Flüssigkeit. Sie findet in der Chinesischen Küche nur selten Verwendung. Es handelt sich dabei nicht um den klaren oder milchigen Saft aus dem Innern einer frischen Kokosnuß; man muß sie vielmehr auf folgende Weise herstellen: Das frisch ausgelöste Fleisch einer Kokosnuß feinreiben oder im elektrischen Zerhacker zerkleinern, mit kochendem Wasser überbrühen, 10 Minuten ziehen lassen und dann durch ein feines Tuch fest ausdrücken. Die weiße »Milch«, die dabei austritt, verwendet man zum Kochen, Würzen oder für Drinks. Je nach Kokosflocken- und Wassermenge ist die gewonnene Kokosmilch dikker oder dünner. Nehmen Sie hierfür möglichst keine fertig gekauften Kokosflocken, wie man sie bei uns zur Weihnachtsbäckerei gebraucht: Sie sind bereits zu trocken und geben keinen Saft mehr ab.

Koriandergrün *(chinesische Petersilie, Cilantro):* Blätter aus den Samen der Korianderpflanze. In China wird es ebenso häufig gebraucht wie bei uns Petersilie, daher die Bezeichnung »chinesische Petersilie«. Dieses Würzkraut hat ein sehr intensives, ganz eigenes Aroma. Man bekommt es leider nur selten auf unseren Märkten, und dann vorwiegend in Großstädten. Aber es läßt sich kinderleicht im Blumentopf auf der Fensterbank wie im Garten ziehen: Säen Sie die Samenkörner (genau die gleichen, die Sie sonst zum Würzen verwenden) nicht zu dicht aus und bedecken Sie sie mit einer hauchdünnen Erdschicht. Halten Sie die Erde feucht. Nach einer Woche schon zeigen sich die ersten Keimblättchen. Spätestens nach 3 Wochen können Sie das Kraut ernten. Stehen die Pflänzchen warm und sonnig, schießen sie bald aus und tragen Früchte – diese Samen können Sie wieder neu aussäen, damit Sie immer genügend Vorrat haben.
Koriandergrün ist übrigens nicht nur in China ein weitverbreitetes Würzkraut, sondern in ganz Asien und auch im arabischen Raum beliebt. In Mexiko nennt man es Cilantro.

Lilienknospen *(goldene Nadeln, Lilienblüten):* die goldfarbenen, bis zu 8 cm langen Knospen der Tigerlilie. Sie sind getrocknet im Handel und müssen vor Gebrauch eingeweicht werden.
Lilienknospen duften ein wenig nach Moschus und geben den Speisen ein ganz eigenes Aroma, das sich durch nichts ersetzen läßt. Sie spielen vor allem in der vegetarischen Küche eine Rolle. Für Chinesen ist ihre feste Konsistenz besonders reizvoll, weil sie einen wirksamen Kontrast zur Knackigkeit anderer Gemüsezutaten bildet. *(Abb. 7)*

Lotusblätter: die großen Blätter der Wasserlilie. In China verwendet man sie, je nach Rezept frisch oder getrocknet, meist zum Einwickeln von empfindlichen Speisen, die dadurch nicht nur geschützt werden, sondern gleichzeitig ein ganz neues Aroma bekommen. Deshalb kann man sie nur teilweise durch Alufolie ersetzen. Besonders gern hüllt man Hühnchen zum Dämpfen in Lotusblätter – dadurch bleiben sie saftig und werden mit dem Lotusaroma imprägniert. Lotusblätter sind nur in sehr gut sortierten Chinaläden oder im Ausland zu bekommen. *(Abb. 7)*

Lotussamen *(Lotusnüsse):* die sehr würzigen Samen (bzw. Früchte) der Wasserlilie. Sie sind knapp 1 cm groß und oval. Hier gibt es sie meist in Dosen, dann sind sie bereits geschält und kurz abgekocht, so daß sie ohne weitere Vorbereitung verarbeitet werden können. *(Abb. 2)*

Lotussamen, kandierte: die Samen der Wasserlilie, in Zucker gekocht und kandiert. Sie finden in Süßspeisen und manchen Füllungen Verwendung.

Lotuswurzel: Wurzel der Lotuspflanze, von knackiger Konsistenz und leicht süßlichem Geschmack. Sie ist frisch, in Dosen und getrocknet erhältlich, seltener auch kandiert. Lotuswurzeln aus Dosen bleiben im Kühlschrank eine Woche frisch, wenn man sie in ein passendes Gefäß umfüllt und täglich mit frischem Wasser bedeckt. Getrocknete Lotuswurzeln halten sich unbegrenzt. Sie müssen vor Gebrauch eingeweicht werden. *(Abb. 7)*

Lychees *(Litschis, Licheepflaumen):* weiße, saftige Früchte mit harter, krumpeliger, karmesinroter Schale und dunkelbraunem, glänzendem Kern. Das Fruchtfleisch ist fast durchscheinend und von säuerlicher Süße. Lychees bekommt man in guten Obstgeschäften und auf großen Märkten frisch, vielerorts jedoch nur in Dosen (in einen süßen Sirup eingelegt).

Mahjongstein: domino-ähnlicher Spielstein aus einem typisch chinesischen Spiel von etwa der Größe einer flachen Streichholzschachtel. Mahjongsteingröße wird in der Chinesischen Küche manchmal als Maß angegeben, wenn es darum geht, Fleisch oder Fisch in eine bestimmte Form zuzuschneiden.

Maisstärke: aus reifen Maiskörnern gewonnenes, sehr feines neutrales Stärkemehl. Es wird in der Chinesischen Küche vor allem zum Saucendicken verwendet, aber auch dazu, bestimmten Teigsorten eine glasige Beschaffenheit zu geben. Maisstärkeprodukte sind Gustin, Maizena und Mondamin. Ersatzweise kann Kartoffelmehl genommen werden.

Mandarinenschale: sonnengetrocknete, rotbraune Schalen von Mandarinen, meist in Stücke gebrochen. Man kann sie in chinesischen Läden fertig kaufen. Am besten sollen sie sein, wenn sie mindestens 7 Jahre alt sind. Falls Sie keine Mandarinenschalen dieser Art bekommen können, trocknen Sie selbst welche: Breiten Sie Mandarinenschalen (nur ungewachste) auf einem Backblech aus und lassen Sie sie im auf 50 Grad vorgeheizten Backofen) mindestens 24 Stunden trocknen (besser noch länger). Bewahren Sie die Schalen in gut schließenden Gläsern auf, und verwenden Sie sie als Gewürz in rotgekochten Gerichten. Mandarinenschale erster Qualität ist übrigens auch in China ziemlich teuer!

Mange Tout: siehe *Zuckererbsen.*

Melonenkerne: die getrockneten Samenkerne der Wassermelone. Die Chinesen essen Melonenkerne wie wir Erdnüsse – zum Drink, zum Tee, zum Wein. Man verwendet sie auch viel für Süßspeisen und Süßigkeiten.

Mow Tai-Schnaps *(Mao T'ai):* ein Schnaps, der aus Hirse gebrannt wird und sehr stark ist. Er gilt als Kostbarkeit und wird vor allem zu festlichen Anlässen getrunken. (Mao und Nixon sollen sich damit zugeprostet haben, als sie sich zum ersten Mal trafen – sicherlich haben auch andere Politiker in China davon kosten dürfen.)

Palette *(Pfannenmesser):* ein Küchengerät, das hier nicht sehr geläufig ist. Es handelt sich dabei um eine Art Messer mit langer, breiter Schneide, die jedoch an beiden Seiten stumpf ist und eine abgeschnittene Spitze hat. Man benötigt es sehr häufig, um Fleisch-, Fischstücke und ähnliches aus der Pfanne zu heben. Hierfür ist eine Palette besser geeignet als ein Schaumlöffel oder ein Bratenwender, weil die Klinge sehr biegsam ist und man deshalb leichter unter die Bratstücke fahren kann, ohne sie zu verletzen.

Pflanzenöl: In der chinesischen Küche wird mit Pflanzenöl gekocht und gebraten. Meist nimmt man das zwar neutrale, aber dennoch würzige Erdnußöl. Sie können jedoch statt dessen auch Maiskeimöl, Sojaöl, Traubenkernöl usw. verwenden.

Pflaumensauce: pikante, leicht süßliche, dickliche Sauce aus Pflaumen, Aprikosen, Chilis oder Pfeffer, Essig und Zucker. Sie dient als Gewürz beim Kochen oder als Tischsauce – vor allem zur berühmten *Pekingente*. Man bereitet sie nach Rezept (Seite 65) selbst zu oder kauft sie fertig in Flaschen. Auch ohne Kühlung hält sie sich in der geöffneten Flasche monatelang. Sie ist in Chinaläden und gutsortierten Feinkostläden mit Exotika-Abteilung zu bekommen.

Pilze, getrocknete *(schwarze, chinesische):* siehe *Chinesische Champignons*.

Purpurtang *(Seetang,* japanisch *Nori):* Meergemüse von dunkelpurpurner Farbe. Purpurtang (wie auch der japanische dunkelgrüne, schimmernde Tang) ist getrocknet in Form von papierdünnen, spröden Blättern erhältlich. Er wird eingeweicht oder geröstet verwendet und verleiht Speisen ein zartes Meeraroma. Außerdem ist er stark mineralhaltig und nährstoffreich (vgl. auch *Algen*).

Reis: Chinesischer Reis ist entgegen sämtlichen anderslautenden Meinungen immer etwas klebrig, niemals körnig! Schließlich essen die Chinesen mit Stäbchen, und selbst der geschickteste Chinese wäre bei jenem Korn-für-Korn-Reis, wie wir ihn kennen und bevorzugen, hilflos. Die Reiskörner müssen zwar duftig und flockig sein, aber aneinanderhaften; sie dürfen nicht vollkommen voneinander getrennt einzeln vom Löffel fallen. Kaufen Sie also niemals *parboiled* oder ähnlich vorbehandelten Reis (meist amerikanischer Herkunft), sondern möglichst echten fernöstlichen. Oder greifen Sie auf den schlichten, in einfaches Cellophan verpackten *Siam-* oder *Patnareis* zurück, der ebenfalls besser schmeckt.

Klebereis: eine Reissorte mit hohem Stärkeanteil, ähnlich dem rundkörnigen Milchreis, den wir in der deutschen Küche verwenden. Er wird für Süßspeisen und Füllungen verwendet und kann durch Milchreis ersetzt werden.

Reismehl: zu feinem Pulver zermahlener Reis. Man kann es in Chinaläden fertig kaufen, aber auch mit Hilfe eines elektrischen Zerhackers oder einer Getreidemühle selber herstellen. Wegen seiner großen Quellfähigkeit findet es häufig Verwendung in Süßspeisen u. ä.

Reismehl: zu feinem Pulver zermahlener Reis. Man kann es in Chinaläden fertig kaufen, aber auch mit Hilfe eines elektrischen Zerhackers oder einer Getreidemühle selber herstellen. Wegen seiner großen Quellfähigkeit findet es häufig Verwendung in Süßspeisen u.ä.

Reispapier: Sieht tatsächlich aus wie durchscheinendes Papier. Die runden getrockneten Blätter werden aus dem Mark eines bestimmten Baumes hergestellt (lateinischer Name: *aralia papyrifera*). Man weicht die Blätter in Wasser oder Reiswein ein und verwendet sie zum Einwickeln von Fleischfarce, Gemüse, Frühlingsrollenfüllung usw. Die gewickelten eßbaren Päckchen dämpft oder fritiert man vor dem Verzehren.

Reisstäbchen *(Stäbchennudeln):* spaghettiartige Nudeln aus Reismehl.

Seetang: siehe *Purpurtang*.

Seegurke: siehe *Bêche-de-Mer*.

Seerosenblätter: die getrockneten Blätter von Seerosen. Sie haben die gleiche Funktion wie Lotusblätter.

Senfpulver: Vor allem bei Dips braucht man in der Chinesischen Küche häufig Senf, der jedoch nicht sehr viel mit dem bei uns üblichen Senf zu tun hat. Man rührt ihn vielmehr je nach Rezept aus Senfpulver an. Sie können Senfpulver als Gewürz in guten Lebensmittelgeschäften kaufen.

Sesamöl: dunkelgelbes, dickes Öl aus Sesamsamen, das ausschließlich zum Würzen genommen wird (wenige Tropfen werden über die fertige Speise geträufelt). Es hat ein stark nussiges, kräftiges, leicht erdiges Aroma, das typisch für die Chinesische Küche ist. Hierzulande ist es mittlerweile nicht nur in Chinaläden, sondern auch in gutsortierten Feinkostläden zu bekommen.
Falls Sie es nicht finden: Rösten Sie 4 Eßlöffel Sesamsamen in $^1/_4$ Liter Erdnußöl so lange auf milder Hitze, bis die Samen dunkelbraun geworden sind. Filtern Sie das Öl durch ein feines Sieb und bewahren Sie es in dunklen Flaschen auf.

Sesampaste: eine Art Nußbutter aus fein zerstoßenen hellen oder schwarzen Sesamsamen. In der Chinesischen Küche wird sie vorwiegend zum Kochen verwendet. Sesampaste ist unter dem Namen *Tahini* in vielen Naturkostläden erhältlich. Sie kann auch durch Erdnußbutter ersetzt werden, was aber den Charakter des betreffenden Gerichts verändert.

Sherry: ein brauchbarer Ersatz für den chinesischen gelben Wein. Verwenden Sie, wenn nicht anders angegeben, den Medium dry Sherry (Amontillado). Da die Chinesen ohnehin viel mit Zucker würzen, ist die Süße des Sherrys sehr willkommen.

Shrimpsauce: eine fertig käufliche Würzsauce aus einem Konzentrat von Shrimps, die in Sojasauce gekocht wurden. Sie wird zum Kochen verwendet oder dient, vermischt mit anderen Zutaten, als Tischwürze. Bei uns ist sie kaum erhältlich, kann aber notfalls durch die mit Krabben aromatisierte Sojasauce (aus der VR China) ersetzt werden.

Sojabohnenkeime: siehe *Bohnensprossen*.

Sojabohnenquark: siehe *Bohnenquark*.

Sojapaste: siehe *Bohnenpaste, braun*.

Sojasauce: würziger Extrakt aus fermentierten Sojabohnen, Getreide und Gewürzen. Sie ist unentbehrlicher Bestandteil der Chinesischen Küche. Der erste Aufguß der fermentierten Bohnen ergibt eine dunkle, schwere, ziemlich dicke und sehr kräftig schmeckende Sauce. Aus dem zweiten entsteht eine mittelbraune, immer noch recht salzige Sauce, die am häufigsten benutzt wird. Eine dritte, viel leichtere, helle Sauce gewinnt man aus dem letzten Aufguß. Sie wird für helle Speisen genommen, die sich nicht durch eine dunkle Sojasauce verfärben sollen. Außerdem gibt es noch eine Reihe mit Pilzen, Shrimps usw. gewürzter Sojasaucen.
Kaufen Sie Sojasauce möglichst nur in Chinaläden. Anderenfalls achten Sie darauf, daß sie in Hongkong, Singapur, der Volksrepublik China, Taiwan oder Thailand hergestellt wurde. Alle anderen – zum Beispiel die im Westen hergestellte »indonesische« Sojasauce (Conimex) oder japanische Sojasauce (Kikkoman) – sind für die Chinesische Küche ungeeignet, weil sie einen anderen Geschmack haben.
Völlig indiskutabel ist das, was von deutschen Firmen unter der Bezeichnung Sojasauce angeboten wird. Es hat nicht mehr die geringste Ähnlichkeit mit dem Original. Falls Sie so etwas in der Küche stehen haben, gebrauchen Sie es lieber für etwas anderes, aber nicht zum Chinesisch-Kochen.

Speisealgen: siehe *Algen*.

Sternanis: sternförmige dunkelbraune Samenkapseln, in deren einzelnen Gliedern längliche Samenkörnchen stecken. Sternanis hat ein sehr eigenwilliges Aroma, das deutlich an Anis erinnert und typisch für chinesische Schmorgerichte ist. Er kann durch nichts ersetzt werden, doch gibt es ihn im Gewürzprogramm nahezu jeder guten Würzmittelfirma.

Szechuan-Gemüse (*-Pickles*): siehe *Eingelegtes Gemüse*.

Szechuan-Pfeffer (*Anispfeffer*): ein Gewürz, das vor allem in der Szechuan-Küche eine große Rolle spielt. Die stecknadelkopfgroßen, karmesinroten Pfefferbeeren schmecken zunächst einmal nach nichts, wenn man sie auf die Zunge legt und zerbeißt. Aber schon nach wenigen Sekunden scheinen sie im Mund aromatisch zu explodieren – ein sehr starkes, pfeffriges Aroma wird frei, das jedoch mit dem von normalem Pfeffer nicht zu vergleichen ist.

Szechuan-Pfeffer finden Sie nur in Chinaläden. Sie müssen ihn jedoch vor Gebrauch vorbehandeln: Rösten Sie die Beeren in einer trockenen Pfanne auf milder Hitze so lange an, bis sie einen starken Duft verströmen und beginnen, sich schwarz zu färben. Nach dem Abkühlen füllen Sie den Pfeffer in ein gut schließendes Glas oder Porzellangefäß. Mahlen Sie die jeweils nötige Menge stets frisch in der Mühle oder zerstoßen Sie sie in einem Mörser.

Tofu: siehe *Bohnenquark*.

Tomatensauce: kein Tomaten-Ketchup, sondern frische gehäutete und entkernte Tomaten, die sehr fein gehackt und mit Salz, Pfeffer und einigen Tropfen Sojasauce aromatisiert werden. Falls es sich um sehr wäßrige Tomaten handelt, das frisch pürierte Fleisch in einem Sieb gründlich abtropfen lassen und mit etwas Tomatenmark verrühren.

Tongu-Pilze: siehe *Chinesische Champignons*.

Tsa T'sai: siehe *Eingelegtes Gemüse*.

Wasserkastanien (*Wassernüsse*): zwiebelförmige Stiele einer Sumpfbinsenpflanze. Sie sehen tatsächlich aus wie Kastanien. Wenn man die schwarzbraune harte Schale entfernt hat, kommt ein glasig-weißer Fruchtkern zum Vorschein, der auch nach langer Garzeit knackig bleibt. Chinesen schätzen Wasserkastanien vor allem dieser Konsistenz wegen. Hierzulande gibt es sie leider nur in Dosen. (In Paris und London kann man durchaus auch frische finden und mit nach Hause nehmen.) In der geöffneten Dose halten sich Wasserkastanien bei guter Kühlung einige Tage. Man muß sie jedoch täglich mit frischem Wasser bedecken.

Wein: Chinesischer Wein wird meist aus Reis hergestellt, obwohl die Chinesen auch Traubenwein kennen. In den Regionen um Kansu und Shensi in Zentralchina wachsen herrliche Trauben, aus denen man bereits seit dem siebten Jahrhundert vor Christus Wein keltert. Trotzdem werden die meisten alkoholischen Getränke aus Reis destilliert. Wein trinkt man zum Essen in großen Mengen. Allerdings dürfen – seit der europäische und amerikanische Einfluß deutlich wird – auf keiner Festtafel Whisky und Cognac fehlen. Chincsische Reis- wie auch Traubenweine sind meist sehr süß und haben wenig Ähnlichkeit mit dem, was wir unter Wein verstehen. In chinesischen Läden finden Sie oft eine größere Auswahl von Weinen. Leider sind sie nicht ganz billig, aber dennoch sollten Sie einmal das Angebot durchprobieren.

Weinsatzpaste: eine cremeartige Würzpaste, die aus der Maische von Rotwein hergestellt wird. In Deutschland ist sie kaum zu finden. Auf den Seiten 224 und 314 finden Sie deshalb Rezepte, nach denen Sie sich brauchbaren Ersatz selber anrühren können.

Wolkenohrpilze: (*Mu-Err, Baumpilze, chinesische Morcheln*): getrocknete schwarze lappige Pilze, die an Baumstämmen wachsen. Sie müssen vor Gebrauch eingeweicht und anschließend immer sehr gründlich ausgespült werden, weil sich oft Sand zwischen den »Ohren« absetzt. Die Wolkenohrpilze quellen nach dem Einweichen um mindestens das Doppelte ihrer ursprünglichen Größe. Deshalb verwendet man sie meist nur in kleinen Mengen. Sehr große Exemplare hackt man nach dem Kochen grob oder zerkrümelt sie bereits vor dem Einweichen. (*Abb. 2*)

Zur gleichen Familie gehören die *weißen Wolkenohrpilze*: sie haben die gleiche verschlungene Form, sind jedoch an der Unterseite seidig und hell-glänzend. Sie sind etwas aromatischer und deshalb teurer.

Zuckererbsen (*Schnee-Erbsen, Mange Tout*): Erbsensorte, die sehr jung geerntet wird und die man mitsamt der Schotenhülse ißt. Zuckererbsen müssen immer taufrisch sein, sonst sind sie nicht knackig und saftig, sondern auch nach langer Garzeit zäh.

Bezugsquellennachweis

In vielen Großstädten gibt es inzwischen auf chinesische Zutaten spezialisierte Läden – meist von Asiaten geführt, die für sich und ihre Landsleute die notwendigen Ingredienzen importieren.

Aber auch in den guten Kaufhäusern, in manchen Supermärkten und in ausgesuchten Feinkost- oder Delikateßgeschäften gibt es mittlerweile eine Fülle original chinesischer Lebensmittel. Achten Sie immer darauf, daß als Herstellungsort Hongkong, Singapur, Taiwan, Thailand, Indonesien oder die Volksrepublik China auf dem Etikett angegeben sind. Dann können Sie sicher sein, daß die Produkte authentisch und nicht auf den deutschen Geschmack geschönt oder verändert sind.

Folgende Geschäfte sind auf chinesische Zutaten spezialisiert, die meisten senden Ihnen das Gewünschte auch zu (nach PLZ geordnet):

Bam's Shop, Florastr. 18, 1 Berlin 41
China-Shop, Wildfeldstr. 37, 1 Berlin 30
Chinesische Gewürzboutique, Kantstr. 134,
   1 Berlin 12, Tel. 030/31 75 99
Insulinde, Krumme Str. 70, 1 Berlin 12,
   Tel. 030/31 02 10
Kiem-Laden, Kurfürstendamm 147, 1 Berlin 31,
   Tel. 030/891 62 80
Toko Tan, Bayreuther Str. 44, 1 Berlin 30,
   Tel. 030/21 32 65 8
Kim Food-Import, Barmbeker Markt 37,
   2 Hamburg 76, Tel. 040/29 71 88
Toko Makmur, Hofweg 46, 2 Hamburg 76,
   Tel. 040/22 99 7 44
Typhoon Trade Center, Millerntorplatz 1, 2 Hamburg 4, Tel. 040/31 24 44 (großes Sortiment)
China-Shop Lung-Fung, Andreaestr. 7, 3 Hannover 1
Ostasiatica, Raschplatz 1 L, 3 Hannover 1,
   Tel. 05 11/33 20 01
Toko Bandung, Rebenring 5, 33 Braunschweig
Feinkost-Heinecke Delikatessenimport aus Asien,
   Kornmarkt 11, 336 Osterode am Harz,
   Tel. 0 55 22/22 26

Asia-Laden, Bachstr. 156, 4 Düsseldorf-Bilk,
   Tel. 02 11/31 71 92 (ab 16.30 Uhr)
China-Center, Immermannstr. 40, 4 Düsseldorf 1,
   Tel. 02 11/35 68 13
China-Import Chung Wah Hang, Immermannstr. 34,
   4 Düsseldorf 1, Tel. 02 11/35 74 46
Deutsche Nippon-Kan GmbH, Oststr. 57, 4 Düsseldorf 1,
   Tel. 02 11/36 34 67, und Barbarossaplatz 2, 4 Düsseldorf-Oberkassel, Tel. 02 11/57 38 85
Tropic Asien-Importe Siegfried M. Dempf, Spiekerhof 32,
   44 Münster, Tel. 02 51/5 59 44 (nur Einzelhandel)
Florentino Perono, Amsterdamer Str. 75, 5 Köln 60,
   Tel. 02 21/76 18 02
Toko Eurasia, Alexanderstr. 75, 51 Aachen,
   Tel. 02 41/2 06 54 (Groß- und Einzelhandel)
Asia-Shop, Thomas-Mann-Str. 33, 53 Bonn,
   Tel. 02 28/63 90 33
Toko Senang Beli, Wurzerstr. 116, 53 Bonn-Bad Godesberg, Tel. 02 28/35 27 96
Deutsche Nippon-Kan GmbH, Sandgasse 6, 6 Frankfurt/Main 1, Tel. 06 11/28 24 91
Drache, Kurt-Schumacher-Str. 2, 6 Frankfurt/Main 1
Mandju Japanische Lebensmittel, Sandgasse,
   6 Frankfurt/Main
Thai Food, Klingerstr. 2–4, 6 Frankfurt/Main
Toko Djaja, Raimundistr. 3a, 65 Mainz,
   Tel. 0 61 31/67 30 25
China-Emporium (Taj Mahal), E 2 / 9–10, 68 Mannheim 1
China-Emporium, Rohrbacher Str. 6, 69 Heidelberg
Bambussprosse, Marienstr. 11, 7 Stuttgart 1
Dong-A (Dr. Kang), Bebelstr. 54b, 7 Stuttgart 1,
   Tel. 07 11/63 20 89
Fa. Alois Dallmayer, Dienerstr. 15, 8 München 2,
   Tel. 0 89/22 81 11
Feinkost Käfer, Prinzregentenstr. 73, 8 München 80,
   Tel. 0 89/47 60 11
Nguyen-Khac, Schrobenhausener Str. 36,
   8 München 21, Tel. 0 89/57 64 30
Taiping shop, Gabelsberger Str. 17, 8 München 2,
   Tel. 0 89/28 23 23
Toko Bali (Breitenberger), Westenrieder Str. 80,
   8 München 2

Abbildungsverzeichnis

1 Kochgeräte (gegenüber Seite 48)
2 Zutaten (Seite 49)
3 Pekinger sojawürzige Fleischsauce mit Nudeln und feinen Gemüsen; Gegrilltes Schweinefleisch nach kantonesischer Art (Seite 64)
4 Eierblumensuppe mit Rindfleischscheibchen und Tomaten; Scharfsaure Suppe (Seite 65)
5 Reis mit chinesischen Würstchen (Seite 112)
6 Geschmorte Nudeln mit Austern; Gebratene Nudeln mit Schweinefleisch und Gemüse (Seite 113)
7 Gemüse (Seite 128)
8 Durch Benetzen gebratene Bohnensprossen (Seite 129)
9 Korallenkohl; Rotgekochter Chinakohl; Weißgedünsteter Chinakohl (Seite 144)
10 Rotgekochte Schweinehaxe; Pao Tzu (Seite 145)
11 Gedünstete Schweinerippchen mit Paprikastreifen; Pfannengerührte Rindfleischstreifen mit Frühlingszwiebeln und Möhren; Gekochter Reis (Seite 160)
12 Rasch gebratene Schweinenieren mit Stangensellerie und Wolkenohrpilzen (Seite 161)
13 Pfannengerührte Rindfleischstreifen mit jungem Lauch; Pao Tzu (Dampfbrötchen) mit süßer Füllung (Seite 176)
14 Rotgekochter Ochsenschwanz; Gemüsereis (Seite 177)
15 Langsam geköcheltes Lammfleisch nach Art von Lung Fu Ssi (Seite 192)
16 Lammfleischgelee (Seite 193)
17 Mongolischer Feuertopf aus Peking (Seite 208)
18 Salzvergrabenes Hühnchen; Salz- und Pfeffer-Mischung (Seite 208)
19 Destilliertes Hühnchen; Gespaltenes Hühnerfleisch mit grünen Bohnen (Seite 224)
20 Knusprige wohlriechende Hühnerbeine (Seite 225)
21 Hühnchen mit Mandarinenschale (Seite 272)
22 Pekingente mit Pfannkuchen, Frühlingszwiebeln, Gurkenstreifen und Sojapaste (Seite 273)
23 Klargedämpfter Fisch mit Sub Gum-Garnitur (Seite 288)
24 Pfannengerührte Taschenkrebse in Eiersauce; Dip für Taschenkrebse (Seite 289)
25 Krebsreis; Gedämpfte Herzmuscheln und Jakobsmuscheln (Seite 320)
26 Fritierte Phönixschwanz-Riesengarnelen; Kantonesische Kristallshrimps (Seite 321)
27 Dotterblumen-Schweinefleisch; Soja-Eier; Tee-Eier (Marmoreier); Tausendjährige Eier (Seite 336)
28 Gekochte Honigbirnen; Reis »Acht Kostbarkeiten« (Seite 337)
29 Eisgekühlte gefüllte Melone (Seite 352)
30 Frühstückstisch (Seite 353)
31 Familiäres Abendessen (Seite 368)
32 Festliches Diner (Seite 369)

Bildnachweis

Die Fotografien wurden gemacht von
Rex Bamber: Abb. 1, 2, 4, 6, 7, 11, 13, 17, 18, 22, 23, 24, 27, 30, und von
Robert Golden (Neuaufnahmen für die deutsche Ausgabe): Abb. 3, 5, 8, 9, 10, 12, 14, 15, 16, 19, 20, 21, 25, 26, 28, 29.

Register

A
Aal
–, doppelt gebratener 290
– mit gedämpftem Huhn 215
Abalone
–, gedünstete, mit Glasnudeln und feinen Gemüsen 302
– mit geköcheltem Hühnchen 303
– mit rotgekochtem Schweinefleisch 145
– mit weißgeschnittenem Huhn und Schinken 303
–, pfannengerührte, mit Pilzen und Bambussprossen 302
–, rotgekochte, mit Hühnerfleisch, Pilzen und Bambussprossen 304
»Acht Kostbarkeiten«
–, Ente 256
– –, gedämpfte fritierte 264
–, gedämpftes Huhn 225
–, heißer Salat 126
–, Reis 353
Algenhaarsuppe 85
Ananas
– in Entenscheibchensalat 265
– mit Hühnerfleischscheibchen 236
Ao (Anbraten-und-Stark-Kochen oder -Braten) 32
Äpfel, Honig- 352
Apfelbonbons, langgezogene 354
Austern
–, fritierte, im Teigmantel 315
–, fritierte, mit Speck 316
–, getrocknete, mit rotgekochtem Schweinefleisch 317
-küchlein 342
– mit geschmorten Nudeln 114
– mit Schweinefleisch, Gemüse und Bohnenquark 316
– mit Schweinefleisch, Gemüse und Glasnudeln 316
-omeletts 339
-sauce 65
– –, pfannengerührte Schweinefleischscheibchen mit 165
– –, pikante pfannengerührte Steakscheibchen in 190
– –, Rindfleischbällchen mit 188

B
Bambussprossen
–, doppelt gebratene 128
– mit Hühnerfleischscheibchen 237
– mit Hühnerfleischstreifen 244
– mit rotgekochtem Schweinefleisch 145
– mit rotgekochter Abalone, Hühnerfleisch und Pilzen 304
– mit rotgekochter Seegurke, Schweinefleisch und Pilzen 304

Bambussprossen
–, pfannengerührt
– – mit Abalone und Pilzen 302
– – mit Schweinefleischscheibchen 162
– – mit Schweinefleischstreifen und Möhren 168
–, rotgekochte, nach *Szechuan*-Art 128
–, Seidenfaden-, in Hühnercreme 131
Bêche-de-Mer s. Seegurke
Betrunkene Ente 261
Betrunkene Shrimps 332
Betrunkener Fisch 293
Betrunkenes Hühnchen 220
Betrunkenes Schweinefleisch 154
Bettlerhuhn 221
Birnen, Honig-, gekochte 352
Birnenschinken mit Honigsauce 178
Blumenbrötchen *(Hua Chuan)* 360
Blumenkohl
–, *Fu-Yung*- 131
– mit gedämpftem Schweinehackfleisch 169
– mit Hühner-*Fu-Yung* 248
–, pfannengerührt
– – mit Rindfleischscheibchen 192
– – mit Schinkenscheibchen 179
– – mit Schweinefleischscheibchen 161
Bohnen
-füllung, gezuckerte schwarze (für *Pao Tzu*) 361
–, grüne, mit gespaltenem Hühnerfleisch 242
–, grüne, pfannengerührt mit Rindfleischstreifen und Glasnudeln 194
–, Huhnsamtspeise mit 249
Bohnenquark
–, fritierter, Dip für 69
– mit Austern, Schweinefleisch und Gemüse 316
–, pfannengerührt
– – mit gebratenem Schweinefleisch
– – mit Shrimps, feingehacktem Schweinefleisch und Pilzen 326
-streifen, pfannengerührt mit feingeschnittenem Schweinefleisch und Brokkoli 169
– und Schweinefleisch in klarer Suppe 79
Bohnensprossen
–, durch Benetzen gebratene 127
– in Schweinerippchensuppe 77
– mit Hühnerfleischstreifchen 244
–, pfannengerührt mit Schweinefleischstreifen 166
–, pfannengerührt mit Shrimps und Schinkenstreifen 325
Bonbons, Apfel-, langgezogene 354
Bratente
– in Reisbrei 103

Bratente
–, kantonesische 258
–, Mandarinenschalen-Marinade für 61
Brathühnchen, chinesisches 213
Brathühnchen, eingewickeltes gefülltes 220
Braune-Bohnen-Marinade (für Schweinefleisch, Rippchen oder Fisch) 60
Brokkoli
– mit gespaltenem Hühnerfleisch 243
– mit Hühner-*Fu-Yung* 248
–, pfannengerührt mit feingeschnittenem Schweinefleisch und Bohnenquarkstreifen 169
– und geschmortes Fleisch mit Glasnudeln 118
Brötchen
–, Blumen- *(Hua Chuan)* 360
–, Dampf-, einfache *(Man Tou)* 360
–, Dampf-, gefüllte *(Pao Tzu)* 360
–, Lotusblatt- 268
Brühe
–, einfache 76
–, feine 74
–, Gemüse- 124
–, Hühner- 75
–, klare 75
–, Rinder- 80
–, weiße 76
Brustkern, gedämpfter 187

C

Cellophan (Anmerkung) 251
Cha (Schwimmend-in-Fett-Ausbacken) 30
Cha Shao, kantonesisches (Am-Spieß-Braten) 27
Ch'ao (Rasch-Braten, Pfannenrühren) 30
Ch'eng (Offen-Dämpfen) 28
Chiang (Marinieren in Sojasauce) 35
Chiao Tzu (gekochte oder gedämpfte Teigtäschchen mit Füllung) 355
Chiaow (Marinieren mit Weinsatzpaste) 35
Chien (Langsam-Trocken-Braten) 31
Chili
-Dip, Soja- 67
-Marinade 60
-Öl 65
-schoten, pfannengerührt mit Rindfleischstreifen und Paprika 193
Ch'in (Kochen bei schwindender Flüssigkeitshitze) 26
Chinakohl
– als Korallenkohl 130
– als Senfkohl 125
–, Drei-Feen-Salat mit 125
-Füllung (für *Pao Tzu*) 361
-Füllung mit Schweinefleisch (für Teigtäschchen) 357
– mit Garnelen und grünem Paprika 125
– mit gedämpftem Huhn 215
– mit gedämpften getrockneten Jakobsmuscheln, Schinken und Hühnerbrühe 319
– mit Hühnerfleischstreifchen 245
– mit weißgeköchelter Ente und Schinken 261
–, pfannengerührt mit Jakobsmuscheln und Pilzen 318
–, pfannengerührt mit Schweinefleischscheibchen 161

Chinakohl
–, rotgekochter 129
–, Schweinerippchensuppe mit 77
-suppe mit Fleischbällchen 77
–, Suppentopf mit 76
–, süßsaurer 129
–, weißgedünsteter 130
Chinesische Schweineschnitzelchen 151
Chinesische Würstchen 180
Chinesischer Feuertopf 86
Chinesischer Möhrensalat 126
Chinesisches Brathühnchen 213
Ching Kiang-Löwenköpfe 171
Chips, Kartoffel-, gezuckerte 351
Chow (Rasch-Braten, Pfannenrühren) 30
Chü (Anbraten-und-langsam-Köcheln oder -Dünsten) 33
Chu (In-Wasser-Kochen) 25
Ch'uan (In-Wasser-oder-Brühe-Garen) 26
Chüeh (Anbraten-und-Dünsten) 33
Congee s. Reisbrei
Coq au vin, chinesischer 218
Coq au vin, rotchinesischer 222
Creme
–, Erdnuß- 350
–, Kartoffel- 351
-suppe mit Kutteln 83
Croûtons s. Knisterreis
Curry
-Fleischstreifen, pfannengerührte, mit Frühlingszwiebeln 167
-huhn 231
-Lammfleisch 204
-Schweinefleisch, gedünstetes, mit Kartoffeln 153

D

Dachziegelfisch 285
Dampfbrötchen *(Man Tou* und *Pao Tzu)* 360
Destilliertes Hühnchen 219
Doppelt gebratene Bambussprossen 128
Doppelt gebratener Aal 290
Doppelt gekochtes Schweinefleisch 150
Doppelt-knackige Suppe 80
Dotterblumen-Schweinefleisch 341
Drei-Feen-Salat 125
Dreierlei, Eier-, gedämpftes 343
Dreierlei-Streifen-Suppe 90
»Dreierlei Weiß«, gedünstetes 130
»Dreifacher Winter«, pfannengerührte Steakscheibchen mit 190
Dreifarbiges gerührtes Hühner-*Fu-Yung* 246
Dressings s. Salatsaucen
Durch Benetzen gebratene Bohnensprossen 127

E

Eichhörnchen-Fisch 285
Eier
-blumensuppe mit Rindfleischscheibchen und Tomaten 82
-blumensuppe mit Schweinefleisch 79
-dreierlei, gedämpftes 343
-Dressing (chinesische Mayonnaise) 63

Eier
–, gedämpfte
––, einfache 340
––, feine 341
––, mit Krebsfleisch 310
–, gelbfließende, einfache 340
–, gelbfließende, feine 340
–, im Eisentopf wachsende 344
–, Marmor- 344
– mit Schweinefüßchen in Sauce 172
–, pfannengerührt mit Krebsfleisch und Zwiebeln 310
-rollen 362
––, Fleischfüllungen für 363
––, Fritieren der 363
––-hüllen 362
––, Wickeln der 362
–, Rühr-
––, gemischte 336
––, *Huang-Pu-* 336
––, mit Schinkenstreifen 337
––, mit Schweinefleisch und Krebsfleisch 337
––, mit Schweinefleisch und Shrimps 337
––, vegetarische 338
-sauce
–– (für gekochtes oder gedämpftes Huhn) 56
–– (für Hummer, Taschenkrebse und Hummerkrabben) 54
––, Long-Life-Nudeln in 113
––, pfannengerührte Taschenkrebse in 308
–, schweinefleischgefüllte, in süßsaurer Sauce 344
–, Soja- 345
–, Spiegel-, feine, in süßsaurer Sauce 343
–, tausendjährige 345
–, Tee- 344
–, verlorene, auf gekochtem Reis 100
Eierkürbis mit Gemüsefüllung 136
Einfache Brühe 76
Eingewickeltes gefülltes Brathühnchen 220
Eintracht, Gericht der 134
Eisgekühlte gefüllte Melone 352
Englische Sauce, Kartoffelwürfel mit 351
Ente
– »Acht Kostbarkeiten« 256
–, betrunkene 261
–, Brat-, in Reisbrei 103
–, Brat-, kantonesische 258
–, Familien-, kantonesische, mit Wirsing und Zwiebeln 257
–, fritiert-gedämpfte, nach Westsee-Art 263
–, ganze, in Suppe 90
–, gedämpfte fritierte, »Acht Kostbarkeiten« 264
–, in Wein geköchelte 261
–, knusprige wohlriechende, I 262
–, knusprige wohlriechende, II 263
–, Mandarinenschalen-Marinade für 61
–, Peking- 266
––, Pfannkuchen für 268
–, Pfeffer- 266
–, Pflaumen-Dip für 68
–, rotgekochte 256
––, trockengebratene 256
–, Salz-, *Nanking-* 266

Ente
–, Soja-, *Hangchow-* 259
–, Soja-, rotgewürzte 258
–, süßsaure 264
–, weißgeköchelte, mit Schinken und Chinakohl 261
–, weißgeköchelte, mit Schinken und Lauch 262
Entenfleisch, gegrilltes, und Gemüse, mit gebratenen Nudeln 116
Entenscheibchensalat mit Ananas 265
Entenscheiben, pfannengerührte, mit feinen Gemüsen 260
Entenstreifen, pfannengerührte, mit Ingwer 260
Entenstreifensalat mit Lychees 265
Erbsen
–, grüne, mit gekochtem Reis 100
–, grüne, pfannengerührt mit Shrimps 325
–, Zucker-, mit Hühnerfleischscheibchen 241
–, Zucker-, pfannengerührt mit Schweinefleischscheibchen 163
Erdnußcreme 350
Essig
-Dressing, Sesam- 62
-Dressing, Soja-, I 61
-Dressing, Soja-, II 62
-Sauce, Soja- 55
-sauce, rotgeköchelter Fisch in 283

F
Falsche Garnelentoasts 134
Familienente, kantonesische, mit Wirsing und Zwiebeln 257
Feine Brühe 74
Feng (Einsalzen-und-Trocknen) 35
Feuertopf
–, chinesischer 86
–, Fisch- 87
– mit zehnerlei Zutaten 119
–, mongolischer, aus Peking 205
Fisch
-bällchen, gedünstete 292
-bällchen in Brühe 292
–, betrunkener 293
–, Braune-Bohnen-Marinade für 60
-cremesuppe, knisternde 84
-Dachziegel- 285
–, Eichhörnchen- 285
–, gefüllter, fritiert und gedünstet 286
–, geräucherter 291
–– und gesalzener, mit Hühnerfleischscheibchen 239
–, klargedämpfter 295
––, mit *Sub Gum*-Garnitur 295
–, klargeköchelter, mit *Sub Gum*-Garnitur 296
–, rotgeköchelter, in Essigsauce 283
–, rotgekochter 281
––, mit Gemüse 281
-Sandwichs, fritierte 289
–, süßsaure Sauce für 58
Fischchen, fritierte frische 284
Fische, rotgekochte kleine 282
Fischscheibchen, gebratene
–, in süßsaurer Sauce 288

Fischscheibchen, gebratene
–, in weißer Sauce 288
–, mit Hühnerfleisch und Paprika 289
Fischsteaks
–, gedämpfte 296
–, gedünstete, in Rotweinsauce 287
–, Salz-, fritierte frische 285
Fischstreifen, gebackene, in Selleriesalat 291
Fischstücke, rotgekochte 282
Flachgeklopftes Hühnchen 223
Fleischsorten 45
Fleischbällchen
–, fritierte 170
–, gedämpfte, in süßsaurer Sauce 188
–, gedämpfte, mit Austernsauce 188
–, gedämpfte, mit *Szechuan*-Kohl 188
– in Chinakohlsuppe 77
– mit Spinat 170
Fleisch
-füllungen für Eier- oder Frühlingsrollen 363
-pudding, gestürzter, aus Schweinefleisch 147
-pudding, gestürzter, nach Art von *Kweichow,* aus salzig-saurem Schweinefleisch 148
-sauce, Nudeln in 112
-sauce, Pekinger sojawürzige 52
-und-Gemüse-Sauce, feine 53
-wolle, *Fukien*- 175
Frische Erbsensuppe mit Kutteln 80
Fritieren von Teigrollen 363
Fritiert-gedämpfte Ente nach Westsee-Art 263
Fritierte
– Austern im Teigmantel 315
– Austern mit Speck 316
– Fisch-Sandwichs 289
– Fleischbällchen 170
– frische Fischchen 284
– frische Salz-Fischsteaks 285
– Languste 312
– Phönixschwanz-Riesengarnelen 328
– Salz-und-Pfeffer-Rippchen 159
– Schmetterlingsgarnelen 328
– Schweinerippchen 159
– Täubchen 270
– wohlriechende Täubchen 270
Fritierter Hummer 312
Fritiertes Hühnchen in acht Stücken 228
Fritiertes mariniertes Hühnchen 229
Froschschenkel
–, gebraten gedämpfte 274
–, pfannengerührte, mit Paprika 273
–, *Szechuan*-, nach Hausfrauenart 274
Fruchtsauce, kantonesische Hühnerfleischscheibchen in 240
Frühlingsrollen 362
–, Fleischfüllungen für 363
–, Fritieren der 363
-hüllen 362
–, vegetarische 134
–, Wickeln der 362
Frühlingszwiebeln
–, gefüllter Fisch mit Schweinefleisch, Lauch und 286

Frühlingszwiebeln
– in Huhn 217
– in Rinderbrühe 81
– mit Hühnerfleischscheibchen und Schweineleber 240
–, pfannengerührt
–– mit Curry-Fleischstreifen 167
–– mit Krebsfleisch und Eiern 310
–– mit Lammscheibchen 202
–– mit Rindfleischstreifen und Möhren 193
–– mit Schweinefleischstreifen und Zwiebeln 166
–, rasch gebraten mit Schinkenscheibchen 179
Fukien-Fleischwolle 175
Füllung
– aus gebratenem Schweinefleisch und gekochten Shrimps (für Teigrollen) 363
–, gezuckerte schwarze Bohnen- (für *Pao Tzu*)
–, Hühnerfleisch-, mit Gemüse (für Teigrollen) 363
–, pikante (für *Pao Tzu*) 361
–, Schweinefleisch-, mit Gemüse (für Teigrollen) 363
–, süße, für *Pao Tzu*
Füllungen, Fleisch-, für Eier- oder Frühlingsrollen 363
Fünf-gewürfelte-Zutaten-Suppe 84
Fünf-Weiden-Sauce (für Fisch) 54
–, scharfe 54
Fu-Yung
-Blumenkohl 131
–, Hühner-, dreifarbiges gerührtes 246
–, Hühner-, mit Blumenkohl 248
–, Hühner-, mit Brokkoli 248
-Hühnerfleischscheiben 247
-Spitzkohlherzen 132

G
Garmethoden *(He Hou)* 24
    Backen, durch-Vergraben- *(Wei)* 34
    Braten
    –, am-Spieß- *(Cha Shao)* 27
    –, durch-Benetzen- *(Ling)* 31
    –, durch-Strahlhitze- *(Hung)* 34
    –, durch-Vergraben- *(Wei)* 34
    –, explosiv- *(Pao II)* 30
    –, im-Crescendo- *(Pao II)* 30
    –, im-Ofen- *(K'ao)* 33
    –, in-Sauce- *(Hua, Liu)* 31
    –, langsam-, Trocken- *(Chien)* 31
    –, ohne-Bewegung- *(T'ieh)* 32
    –, rasch- *(Ch'ao, Chow)* 30
    –, schnell-bei-großer-Hitze- *(Pao II)* 30
    -und-Dämpfen, stürzen *(K'ou)* 35
    -und-Dünsten *(Chüeh)* 33
    -und-kalt-Vermischen *(Ts'ang)* 33
    -und-Köcheln *(P'eng)* 29
    -und-langsam-Köcheln oder -Dünsten *(Chü)* 33
    -und-schnell-Dämpfen *(Pien)* 32
    -und-stark-Kochen oder -Braten *(Ao)* 32
    Dämpfen
    –, offen- *(Ch'eng)* 28
    -und-Braten *(Pa)* 35
    –, verschlossen- *(Tun)* 28
    Dünsten *(Wen)* 33

Garmethoden *(He Hou)*
　Dünsten *(Wen)*
　　–, in-sehr-wenig-Flüssigkeit- *(Chü)* 33
　　-und-kalt-Vermischen *(Ts'ang)* 33
　Einsalzen *(Yien)* 35
　　-und-Trocknen *(Feng)* 35
　Fritieren
　　–, einfach- *(Cha)* 30
　　–, im-Teigmantel- *(T'a)* 33
　　–, langsam-bei-milder-Hitze- *(Yung)* 30
　　–, sanft- *(Cha)* 30
　　–, trocken- *(Cha)* 30
　Grillen, am-Spieß- *(Hung)* 34
　Kochen
　　–, bei-langsam-nachlassender-Temperatur-in-Wasser- *(Ch'in)* 26
　　–, bei-schwindender-Brühehitze- *(Ch'in)* 26
　　–, bei-schwindender-Ölhitze- *(Ch'in)* 26
　　–, in-dicker-Suppe- *(Hui)* 29
　　–, in-kräftiger-Brühe- *(Lu)* 28
　　–, in-reichlich-Wasser- *(Pao I)* 27
　　–, in-Wasser- oder -Brühe- *(Ch'uan)* 26
　　–, schnell- *(He, T'ang, T'ang P'ao)* 25 f.
　　– –, am-Tisch- *(Shuan)* 26
　　– –, in-Brühe- *(Tang Pao)* 31
　　– –, in-Öl- *(Yiu Pao)* 31
　Marinieren *(Tsui)* 35
　　–, mit-Sojasauce- *(Chiang)* 35
　　–, mit-Weinsatzpaste- *(Chiaow)* 35
　Pfannenrühren *(Ch'ao, Chow)* 30
　　–, heiß-Mischen-durch- *(Pan)* 29
　Räuchern *(Hsün)* 34
　　–, mit-Sägemehl- *(Yen)* 34
　　–, mit-Teeblättern- *(Hsüng)* 34
　Schmoren *(Men)* 27
　　–, in-sehr-wenig-Flüssigkeit- *(Chü)* 33
　　–, langsam- *(Shao)* 27
　Vorkochen *(Ch'uan)* 27
Garnelen
　–, frische, und Gemüse mit gebratenen Nudeln 116
　–, fritierte Schmetterlings- 328
　-gefüllte Hummerkrabben 329
　–, getrocknete, in Chinakohl mit grünem Paprika 125
　– in gebratenem Reis 98
　-küchlein 342
　-omelett 330
　–, pfannengerührte ungeschälte, mit Weinsatzpaste 328
　–, Riesen-, fritierte Phönixschwanz- 328
　–, Riesen-, mit Schinken und Mandeln gefüllte fritierte 329
　-sauce, Nudeln in 113
　-toasts, falsche 134
Garnierter Reis 100
Gebackene Fischstreifen in Selleriesalat 291
Gebraten gedämpfte Froschschenkel 274
Gebratene Fischscheibchen s. Fischscheibchen
Gebratene Nudeln s. Nudeln
Gebratener Spinat mit Gemüsebrühe 127
Gedämpfte Eier s. Eier
Gedämpfte
　– Fischsteaks 296

Gedämpfte
　– fritierte Ente »Acht Kostbarkeiten« 264
　– getrocknete Jakobsmuscheln mit Chinakohl, Schinken und Hühnerbrühe 319
　– Hackfleischtorte 170
　– Herzmuscheln 306
　– Jakobsmuscheln mit Schinken, Ingwer und Zwiebeln 317
　–, mit Schweinefleisch gefüllte Herzmuscheln 307
　– Nudeln s. Nudeln
　– Rindfleischbällchen s. Rindfleisch
　– Täubchen 271
Gedämpfter
　– Brustkern 187
　– gebratener Puter 272
　– marinierter Hummer 313
　– Reis s. Reis
　– Schinken 177
Gedämpftes
　– Huhn s. Huhn
　– Lamm 202
　– Lebergehacktes 174
　– Rindfleisch s. Rindfleisch
　– Schweinehackfleisch mit Blumenkohl 169
Gedünstete
　– Abalone mit Glasnudeln und feinen Gemüsen 302
　– Fischbällchen 292
　– Fischsteaks in Rotweinsauce 287
　– Hühnerfleischscheibchen mit Schweinekutteln 239
　– rotgekochte Haifischflossen 322
　– Schweinerippchen mit Paprikastreifchen 157
　– Tongu-Pilze mit Knisterreis 135
Gedünstetes
　– Curry-Schweinefleisch mit Kartoffeln 153
　– »Dreierlei Weiß« 130
　– Hühnchen mit Maronen 234
Geflügel, süßsaure Sauce für 58
Gefüllte
　– Dampfbrötchen *(Pao Tzu)* 360
　– Gurke 136
　– Lotuswurzel in Sirup 350
Gefüllter Fisch, fritiert und gedünstet 286
Gegrilltes Rindfleisch 195
Gegrilltes Schweinefleisch nach kantonesischer Art 147
Geköcheltes Hühnchen mit Abalone 303
Gekochte Honigbirnen 352
Gekochte Nudeln s. Nudeln
Gekochter Reis s. Reis
Gelbfließende Eier 340
Gelee, Lammfleisch- 203
Gemalte Suppe 90
Gemischtes Rührei 336
Gemüse
　-brühe 124
　– –, gebratener Spinat mit 127
　–, feine, mit gedünsteter Abalone und Glasnudeln 302
　–, feine, pfannengerührt mit Entenscheiben 260
　-füllung in Eierkürbis 136
　-füllung mit Hühnerfleisch (für Teigrollen) 363
　-füllung mit Schweinefleisch (für Teigrollen) 363
　– mit Austern, Schweinefleisch und Bohnenquark 316

Gemüse
- mit rotgekochtem Fisch 281
-, pfannengerührt
-- mit frischem Tintenfisch 320
-- mit Hummer- und Hühnerfleisch 313
-reis 99
-, rohes, und Sesampaste oder Erdnußbutter mit heißen Nudeln 118
-, rohes, und Sojapaste mit heißen Nudeln 117
-salat, großer *Lo-Han-* 126
-salat, kalter 127
-sauce 51
--, Fünf-Weiden 54
--, scharfe Fünf-Weiden- (für Fisch) 54
--, Soja- 55
-sorten 45
-, süßsaure Sauce für 59
- und frische Shrimps oder Garnelen mit gebratenen Nudeln 116
- und gegrilltes Enten- oder Hühnerfleisch mit gebratenen Nudeln 116
- und Hühnerfleisch, mit gebratenen Nudeln 116
- und Hühnerfleisch, mit Suppennudeln 111
- und Rindfleischstreifen, mit gebratenen Nudeln 116
- und Schweinefleisch, mit gebratenen Nudeln 115
-und-Schweinelebersuppe, klare 78
Geräucherte Schweinerippchen 159
Geräucherter Fisch 291
Geräuchertes Rindfleisch 196
Gericht der Eintracht 134
Geschmorte Nudeln s. Nudeln
Geschmortes Rindfleisch mit Sternanis 184
Gespaltenes Hühnerfleisch s. Hühnerfleisch
Gestürztes Huhn 233
Gestürztes Schweinefleisch 147
Gewürfeltes Hühnerfleisch in Sojapaste 227
Gezuckerte Kartoffelchips 351
Gezuckerte schwarze Bohnenfüllung (für *Pao Tzu*) 361
Glasnudeln
- in Purpurtangsuppe 85
- mit Austern, Schweinefleisch und Gemüse 316
- mit gedünsteter Abalone und feinen Gemüsen 302
- mit geschmortem Fleisch und Gemüse 118
-, pfannengerührt
-- mit Rindfleischstreifen und grünen Bohnen 194
-- mit Schweinefleischscheibchen und Lilienknospen 163
-- mit Schweinefleischstreifen 168
- und Gemüse von »Ursprünglicher Köstlichkeit« 143
Glückliche Familie 173
Golddukatenhuhn 241
Grillfleisch, mongolisches, nach Pekinger Art 206
Großer *Lo-Han*-Gemüsesalat 126
Gurke
-, gefüllte 136
- mit gespaltenem Hühnerfleisch 243
- mit Hühnerfleischscheibchen 236
-, pfannengerührt mit Jakobsmuscheln, Hühnerfleischwürfeln und Pilzen 319
Gurkenstreifen in Schweinerippchensuppe 77

Gurkenstreifen, süßsauer eingelegte 136

H
Hackfleischtorte, gedämpfte 170
Haifischflossen
-, gedünstete rotgekochte 322
- mit Krebseiern 323
-omelett 323
-suppe mit Krebseiern 88
Han Tan (Teigtäschchen) 357
Hangchow-Sojaente 259
He (Schnell-Kochen) 26
He Hou (Garmethoden) 24
Heiße Nudeln s. Nudeln
Heißer Salat »Acht Kostbarkeiten« 126
Herzmuscheln
-, Dip für 69
-, fritierte, mit Schweinefleisch gefüllte 307
-, gedämpfte 306
--, mit Schweinefleisch gefüllte 307
- in Hühnerbrühe 306
Hoisinsauce 65
- für Schweinefleisch 68
Honig
-äpfel 352
-birnen, gekochte 352
-marinade (für Schweinefleisch und Rippchen) 60
-sauce, Birnenschinken mit 178
Hsün (Räuchern) 34
Hsüng (Räuchern mit Teeblättern) 34
Hua (In-Sauce-Braten) 32
Hua Chuan (Blumenbrötchen) 360
Huang-Pu-Rührei 336
Huhn
-, Bettler- 221
-, Chili-, scharfes 230
-, Curry- 231
-, ganzes, in Suppe 89
-, gedämpftes
--, »Acht Kostbarkeiten« 225
--, in gemahlenem Reis 231
--, mit Chinakohl 215
--, mit Südschlange 215
-, gestürztes 233
-, Golddukaten- 241
-, Pfeffer-, knuspriges 213
-, rotgekochtes 212
-, Samt-, mit Maiskörnern 247
- Samtspeise mit Bohnen 249
- Samtspeise, rot-weiß-schwarze 249
-, Vagabunden- 216
-, weißgeschnittenes 214
--, mit Abalone und Schinken 303
-, windgetrocknetes 214
-, zwiebelgefülltes 217
Hühnchen
-, betrunkenes 220
-, Brat-, chinesisches 213
-, Brat-, eingewickeltes gefülltes 220
-, destilliertes 219

Hühnchen
-, flachgeklopftes 223
-, fritiertes, in acht Stücken 228
-, fritiertes mariniertes 229
-, gedünstetes, kantonesisches 233
-, gedünstetes, mit Maronen 234
-, geköcheltes, mit Abalone 303
- in scharfer Ingwersauce 229
-, Knusper-, kantonesisches 221
-, Knusper-, wohlriechendes (I u. II) 217
-, Kristall-, kaltes 218
-, Kristall-, kantonesisches 232
-, Melonen- 222
- mit chinesischen Würstchen 233
- mit Mandarinenschale 237
- mit Weinsatzpaste 224
--, pikante Rettiche für 224
-, munteres *(Hung Doo)* 232
- nach Art der königlichen Konkubinen 218
-, salzvergrabenes 216
-- kantonesisches 216
-, *Tsinan-*, rotgekochtes 223
-, zweimal-gebratenes-und-mariniertes 219
Hühnerbeine, knusprige wohlriechende 230
Hühnerbrühe 75
-, Dreierlei-Streifen-Suppe aus 90
-, Fischbällchen in 292
-, gedämpfte getrocknete Jakobsmuscheln, Chinakohl und Schinken mit 319
-, Herzmuscheln in 306
-, *Shao Shing-*Suppe aus 83
Hühnercreme mit Bambussprossen 131
Hühnerfleisch
-füllung für *Han Tans* 358
-füllung mit Gemüse (für Teigrollen) 363
-, gegrilltes, und Gemüse, mit gebratenen Nudeln 116
-, gespaltenes
--, mit Brokkoli 243
--, mit grünen Bohnen 242
--, mit Gurke 243
--, mit Lauch 243
--, mit Romanasalat 243
--, mit Spargel 243
-, gewürfeltes, in Sojapaste 227
- in gebratenem Reis 98
- in Reisbrei 102
-, Meistersauce aus 52
- mit Fischscheibchen und Paprika 289
- mit rotgekochter Abalone, Pilzen und Bambussprossen 304
-, pfannengerührt mit Hummerfleisch und Gemüse 313
- und Gemüse mit gebratenen Nudeln 116
- und Gemüse mit Suppennudeln 111
- und Schinken in pfannengerührtem Spinat 127
- und Schinken mit Suppennudeln 111
-röllchen in Cellophan 250
-scheibchen
--, gedünstete, mit Schweinekutteln 239
--, gedünstete, pikante, mit Stangensellerie, nach Hausfrauenart 240

Hühnerfleisch
-scheibchen
--, kantonesische, in Fruchtsauce 240
-- mit Ananas 236
-- mit Bambussprossen 237
-- mit geräuchertem und gesalzenem Fisch 239
-- mit Gurke 236
-- mit Paprika 238
-- mit Pilzen 235
-- mit Schweineleber und Frühlingszwiebeln 240
-- mit Zuckererbsen 241
-scheiben, *Fu-Yung-* 247
-Sellerie-Salat 245
-streifchen
-- mit Bambussprossen 244
-- mit Bohnensprossen 244
-- mit Chinakohl oder Stangensellerie 245
-- mit Paprika 244
-würfel
-- in Sojapaste 227
-- mit gemahlenen Erdnüssen 227
-- mit Innereien 227
--, pfannengerührt mit Jakobsmuscheln, Pilzen und Gurke 319
--, säuerliche 226
-würfelchen, *Kung-Po-* 226
Hühner-*Fu-Yung*
-, dreifarbiges gerührtes 246
- mit Blumenkohl 248
- mit Brokkoli 248
Hühnergerichte, Dips für 66
Hühnersauce, einfache 51
Hühnerschmalzsauce, Karpfen in 287
Hühnerschnitten, pfannengebratene 238
Hühnerstückchen, panierte fritierte 229
Hui (Bei-Hitze-Zusammengeben-in-dicker-Suppe) 29
Hummer
-fleisch, pfannengerührtes, mit Hühnerbrust und Gemüse 313
-, fritierter 312
-, gedämpfter marinierter 313
- in gebratenem Reis 98
-, pfannengerührter
--, in süßsaurer Sauce 313
--, mit gehacktem Schweinefleisch 312
--, mit Weinsatzpaste 314
-sauce, Nudeln in 118
Hummerkrabben
-, Dip für 68
-, fritierte, Dip für 69
-, garnelengefüllte 329
-, mit Krebsfleisch und Pilzen gefüllte 329
-, verschiedene Dips für 69
-bällchen, fritierte, Dip für 69
Hung (Braten oder Grillen) 34
Hung Doo (munteres Hühnchen) 232

I

Im Eisentopf wachsende Eier 344
In Brühe gebrutzelte Rindfleischscheibchen 194

In Brühe gebrutzelte Rindfleischscheibchen
– mit Nieren 195
In Meistersauce geköcheltes Schweinefleisch 154
In Obstsaft gedünstete Täubchen 270
In Wein geköchelte Ente 261
Ingwer-Knoblauch-Marinade 60
Ingwersauce, scharfe, Hühnchen in 229
Innereien mit Hühnerfleischwürfeln 227

J
Jakobsmuscheln
–, gedämpfte, mit Schinken, Ingwer und Zwiebeln 317
–, gedämpfte getrocknete, mit Chinakohl, Schinken und Hühnerbrühe 319
–, pfannengerührte
– –, in roter Weinsatzpaste 318
– –, mit Chinakohl und Pilzen 318
– –, mit Hühnerfleischwürfeln, Pilzen und Gurke 319

K
Kaldaunen s. Kutteln
Kalter eingesalzener, weißgeschnittener Puter 273
Kalter Gemüsesalat 127
Kaltes Kristallhühnchen 218
Kantonesisch gegrilltes Schweinefleisch 147
Kantonesische Art, Shrimps auf 332
Kantonesische
– Bratente 258
– Familienente mit Wirsing und Zwiebeln 257
– Hühnerfleischscheibchen in Fruchtsauce 240
– Kristallshrimps 330
– süßsaure Sauce 58
Kantonesisches
– *Cha Shao* (Am-Spieß-Braten) 27
– gedünstetes Hühnchen 233
– Knusperhühnchen 221
– Kristallhühnchen 232
– salzvergrabenes Hühnchen 216
K'ao (Im-Ofen-Braten) 33
Karpfen
–, in Hühnerschmalzsauce gedünstet 287
–, süßsaurer, vom Gelben Fluß 284
Kartoffelchips, gezuckerte 351
Kartoffelcreme 351
Kartoffeln mit gedünstetem Curry-Schweinefleisch 153
Kartoffelwürfel mit englischer Sauce 351
Klare Brühe 75
Klare Suppe
– mit Gemüse und Schweineleber 78
– mit Nierenscheibchen 78
– mit Schweinefleisch und Bohnenquark 79
– mit Schweinefleisch und Pilzen 79
– mit Schweinefleisch und Rübchen 78
Klargedämpfter Fisch 295
– mit *Sub Gum*-Garnitur 295
Klargeköchelter Fisch mit *Sub Gum*-Garnitur 296
Knisternde Fischcremesuppe 84
Knisterreis 104
– mit gedünsteten Tongu-Pilzen 135
Knusperhühnchen, kantonesisches 221

Knusperhühnchen, wohlriechendes (I u. II) 217
Knusprige wohlriechende
– Ente I 262
– Ente II 263
– Hühnerbeine 230
Knuspriger Schweinebraten 155
Knuspriges Pfefferhuhn 213
Kohlrübe mit rotgekochtem Rindfleisch 184
Korallenkohl 130
K'ou (Braten-und-Dämpfen-und-Stürzen) 35
Krebs
-eier, Haifischflossen mit 323
-eier in Haifischflossensuppe 88
-fleisch
– –füllung (für Teigtäschchen) 357
– –füllung, fritierte Hummerkrabben mit Pilzen und 329
– – in gedämpften Eiern 310
– – mit gedünstetem Sellerie und Spargel 310
– – mit Schweinehackfleisch, *Ching Kiang*-Löwenköpfe aus 171
– –, pfannengerührtes, mit Eiern und Zwiebeln 310
– –, pfannengerührtes, mit Schweinefleisch und Lauch 309
– –-Rührei mit Schweinefleisch 357
-reis 309
Kristall
-hühnchen, kaltes 218
-hühnchen, kantonesisches 232
-shrimps, kantonesische 330
-suppe mit weißen Wolkenohrpilzen 83
Küchlein, Austern- 342
Küchlein, Garnelen- 342
Kung-Po-gebratene Nieren 173
Kung-Po-Hühnerfleischwürfelchen 226
Kuo T'ieh (dampfgebratene Teigtäschchen) 356
Kürbis in Rinderbrühe 81
Kutteln
– in Cremesuppe 83
– in frischer Erbsensuppe 80
– mit gedünsteten Hühnerfleischscheibchen 239
–, rotgekochte 177

L
Lamm
-fleisch
– –, Curry- 204
– –-Feuertopf, mongolischer, aus Peking 205
– –-gelee 203
– –, langsam geköcheltes, nach Art von *Lung Fu Ssi* 203
– –, mongolisch gegrilltes, nach Pekinger Art 206
– –, *Pai Kwei*-dreimal-gegartes, nach Art von *Lung Fu Ssi* 207
– –, rotgekochtes 201
– – –, *Tung-Po*- 201
– –-trio, pfannengerührtes 204
–, gedämpftes 202
-nieren, in Brühe gebrutzelte, mit Rindfleischscheibchen 195
-scheibchen, pfannengerührte, mit Frühlingszwiebeln 202
-streifchen, pfannengerührte, mit Ingwer und Lauch 202

Langgezogene Apfelbonbons 354
Langsam geköcheltes Lammfleisch nach Art von *Lung Fu Ssi* 203
Langsam geköcheltes Rindfleisch nach moslemischer Art 185
Langsam gekochte Schweinerippchensuppe mit Möhren 77
Languste, fritierte 312
Lauch
- mit gespaltenem Hühnerfleisch 243
- mit weißgeköchelter Ente und Schinken 262
-, pfannengerührt
-- mit Krebs- und Schweinefleisch 309
-- mit Lammstreifchen und Ingwer 202
- mit Rindfleischstreifen 193
- mit Schweinefleischscheibchen 162
-, rasch gebraten mit Schweinefleischstreifen und *Szechuan*-Pickles 168
-Shrimpschalen-Zwiebel-Suppe 85
Leber
-gehacktes, gedämpftes 174
- mit Hühnerfleischscheibchen und Frühlingszwiebeln 240
-, rasch gebratene 174
-und-Gemüse-Suppe, klare 78
Lilienknospen, pfannengerührt mit Schweinefleischscheibchen und Glasnudeln 163
Ling (Durch-Benetzen-Braten) 31
Liu (In-Sauce-Braten) 31
Lo-Han-Gemüsesalat, großer 126
Long-Life-Nudeln in Eiersauce 113
Lotusblatt-Brötchen 268
Lotussamen-Suppe 350
Lotuswurzel, gefüllte, in Sirup 350
Lotuswurzeln, süßsaure 135
Löwenköpfe 170
-, *Ching Kiang*- 171
Lu (In-kräftiger-Brühe-Garen) 28
Lung Fu Ssi-langsam geköcheltes Lammfleisch 203
Lung Fu Ssi-Pai Kwei-dreimal-gegartes Lammfleisch 207
Lychee-Fleisch 175
Lychees in Entenstreifensalat 265

M
Maiskörner, Samthuhn mit 247
Man Tou (einfache Dampfbrötchen) 360
Mandarinenschalen-Marinade (für Bratente) 61
Mandelquark 350
Mandeltee 349
Marinade
-, Braune-Bohnen- 60
-, einfache (für Schweinefleisch) 59
--, mit Ingwer und Knoblauch 60
--, pikant 60
-, feine 60
-, Honig- 60
-, Mandarinenschalen- 61
-, pikante 60
-, Rote-Bohnenkäse-, mit Sojasauce 61
Marmor-Eier 344
Maronen mit gedünstetem Hühnchen 234
Maronen mit rotgekochtem Schweinefleisch 144

Meeresfrüchte, Dip für 68
Meistersauce 52
-, Schweinefleisch in 154
Melone, eisgekühlte gefüllte 352
Melonenhühnchen 222
Men (Schmoren) 27
Mit Krebsfleisch und Pilzen gefüllte fritierte Hummerkrabben 329
Mit Schinken und Mandeln gefüllte fritierte Riesengarnelen 329
Mit Schweinefleisch gefüllte, fritierte Herzmuscheln 307
Möhren
- in langsam gekochter Schweinerippchensuppe 77
- in Rinderbrühe 81
- mit rotgekochtem Schweinefleisch 145
-, pfannengerührt mit Rindfleischstreifen und Frühlingszwiebeln 193
-, pfannengerührt mit Schweinefleischstreifen und Bambussprossen 168
-salat, chinesischer 126
Mongolischer Feuertopf aus Peking 205
Mongolisches Grillfleisch nach Pekinger Art 206
Moslem-Art, langsam geköcheltes Rindfleisch nach 185

N
Nanking-Salzente 266
Natron (Anmerkung) 259
Nieren
-, in Brühe gebrutzelt mit Rindfleischscheibchen 195
-, *Kung-Po*-gebratene 173
-, rasch gebratene, mit Stangensellerie und Wolkenohrpilzen 172
-scheibchen in klarer Suppe 78
Nudelgerichte 107
Nudeln
-, gebratene
--, mit frischen Shrimps (oder Garnelen) und Gemüse 116
--, mit gegrilltem Enten- oder Hühnerfleisch und Gemüse 116
--, mit Rindfleischstreifen und Gemüse 116
--, mit Schweinefleisch und Gemüse 115
--, Variationen von 117
-, gedämpfte 109
-, gekochte 109
-, geschmorte, mit Austern 114
-, heiße, mit Sesampaste oder Erdnußbutter und rohem Gemüse 118
-, heiße, mit Sojapaste und rohem Gemüse 117
- in Fleischsauce 112
- in Hummersauce 118
- in Sauce 112
- in Shrimp- oder Garnelensauce 113
-, Long-Life-, in Eiersauce 113

O
Ochsenschwanz, rotgekochter 196
Ochsenschwanzsuppe aus *Szechuan* 88
Ofen, chinesischer (Anmerkung) 34
Omelett
-, chinesisches, süßsaure Sauce für 59

Omelett
–, Garnelen- 330
–, Haifischflossen- 323
Omeletts, Austern- 339
Orangentee 353

P

Pa (Dämpfen-und-Braten) 35
Pai Kwei-dreimal-gegartes Lammfleisch nach Art von *Lung Fu Ssi* 207
Pan (Bei-Hitze-Mischen-und-Rühren) 29
Panierte fritierte Hühnerstückchen 229
Pao I (In-reichlich-Wasser-Garen) 27
Pao II (Bei-großer-Hitze-Schnell-Garen) 30
Pao T'Sai (scharf eingelegter Weißkohl) 124
Pao Tzu (gefüllte Dampfbrötchen) 360
–, gezuckerte schwarze Bohnenfüllung für 361
–, pikante Füllung für 361
–, süße Füllung für 361
Paprika
– in Chinakohl mit Garnelen 125
– mit Fischscheibchen und Hühnerfleisch 289
– mit Hühnerfleischscheibchen 238
– mit Hühnerfleischstreifchen 244
–, pfannengerührt
–– mit Froschschenkeln 273
–– mit Rindfleischscheibchen 192
–– mit Rindfleischstreifen und Chilischoten 193
–– mit Schweinefleischstreifen 167
–– mit Shrimps, Tomaten und Wasserkastanien 326
Pekingente 266
–, Pfannkuchen für 268
Pekinger mongolisches Grillfleisch 206
Pekinger sojawürzige Fleischsauce 52
Pekingstaub 353
P'eng (Anbraten-und-Köcheln) 29
Pfannengebratene Hühnerschnitten 238
Pfannengericht aus scharfgewürzten Rindfleischstreifen, Paprika und Chilischoten 193
Pfannengerührte
– Abalone mit Pilzen und Bambussprossen 302
– Entengerichte s. Ente
– Froschschenkel mit Paprika 273
– Hummergerichte s. Hummer
– Jakobsmuscheln s. Jakobsmuscheln
– Lammfleischgerichte s. Lamm
– Rindfleischgerichte s. Rindfleisch
– Schweinefleischgerichte s. Schweinefleisch
– Shrimps s. Shrimps
– Taschenkrebse in Eiersauce 308
– ungeschälte Garnelen mit Weinsatzpaste 328
Pfannengerührter Schinken s. Schinken
Pfannengerührter Spinat s. Spinat
Pfannengerührter Tintenfisch s. Tintenfisch
Pfannengerührtes Krebsfleisch mit Eiern und Zwiebeln 310
Pfannengerührtes Krebsfleisch mit Schweinefleisch und Lauch 309
Pfannkuchen 268
-rollen s. Eierrollen

Pfeffer
-ente 266
-huhn, knuspriges 213
-steaks, scharfe 197
Pflaumen
-Dip (für Ente) 68
-sauce 65
–– für Schweinefleisch 68
Phönixschwanz-Riesengarnelen, fritierte 328
Pien (Anbraten-und-Schnell-Dämpfen) 32
Pikant beschichtete Tomatenscheiben 135
Pikante
– Füllungen für *Pao Tzu* 361
– gedünstete Hühnerfleischscheibchen mit Stangensellerie nach Hausfrauenart 240
– Marinade 60
– pfannengerührte Steakscheibchen in Austernsauce 190
– Rettiche für Hühnchen mit Weinsatzpaste 224
– sojawürzige Sauce 55
Pikantes rotgeköcheltes Rindfleisch 185
Pilze
–, gedünstete, mit Knisterreis 135
– in Täubchenschmortopf 271
– mit Hühnerfleischscheibchen 235
– mit rotgekochter Abalone, Hühnerfleisch und Bambussprossen 304
– mit rotgekochter Seegurke, Schweinefleisch und Bambussprossen 304
–, pfannengerührt
–– mit Abalone und Bambussprossen 302
–– mit frischem Tintenfisch und rotgekochtem Schweinefleisch 321
–– mit Jakobsmuscheln, Hühnerfleischwürfeln und Gurke 319
–– mit Jakobsmuscheln und Chinakohl 318
–– mit Schweinefleischscheibchen 162
–– mit Shrimps, Bohnenquark und feingehacktem Schweinefleisch 326
–– mit Shrimps und Stangensellerie 326
– und Schweinefleisch in klarer Suppe 79
Pilzfüllung, fritierte Hummerkrabben mit Krebsfleisch- und 329
Pilzsauce (für Nudeln oder Reis) 52
Pilzsauce, feine 57
Pökelrindfleisch mit Spitzkohlherzen 132
Purpurtangsuppe mit Glasnudeln 85
Puter
–, gedämpfter gebratener 272
–, kalter eingesalzener, weißgeschnittener 273

R

Rasch gebratene Schinkenscheibchen mit Frühlingszwiebeln 179
Rasch gebratenes Schweinefleisch s. Schweinefleisch
Rasch trockengebratene Rindfleischstreifen 189
Reis
– »Acht Kostbarkeiten« 353
-brei *(Congee)* 97, 102
––, einfacher 102

Reisbrei
– – mit gebratener Ente oder gebratenem Schweinefleisch 103
– – mit Hühnerfleisch 102
– – mit Rindfleisch 103
– – mit Schweinerippchen 103
– –, *Sampan*- 103
–, gebratener 97f.
– –, mit Hühnerfleisch 98
– –, mit Shrimps, Garnelen oder Hummer 98
– –, Variationen von 98f.
–, gedämpfter 96
–, gekochter 95, 99
– –, garnierter 100f.
– –, mit chinesischen Würstchen 100
– –, mit Gemüse 99
– –, mit grünen Erbsen 100
– –, mit verlorenen Eiern 100
–, gemahlener, gedämpftes Huhn mit 231
–, Knister- 104
–, Krebs- 309
Rettiche, pikante, für Hühnchen mit Weinsatzpaste 224
Riesengarnelen, gefüllte, mit Schinken und Mandeln 329
Riesengarnelen, Phönixschwanz-, fritierte 328
Rinderbrühe 80
– mit Filetscheibchen und Wasserkresse 82
– mit Filetstreifen und Gurke 81
– mit Filetstreifen und scharfem *Szechuan*-Gemüse 82
– mit Frühlingszwiebeln 81
– mit Kürbis 81
– mit Möhren 81
– mit Rübchen 81
Rinderbrustkern, gedämpfter 187
Rinderfilet
-scheibchen und Wasserkresse in Rinderbrühe 82
-streifen und Gurke in Rinderbrühe 81
-streifen und scharfes *Szechuan*-Gemüse in Rinderbrühe 82
Rindersteaks, scharf gepfefferte 197
Rindersteakscheibchen, pfannengerührte
– mit »Dreifachem Winter« 190
– mit Tomaten 191
–, pikante, in Austernsauce 190
Rindfleisch
-bällchen, gedämpfte
– –, in süßsaurer Sauce 188
– –, mit Austernsauce 188
– –, mit *Szechuan*-Kohl 188
–, eingesalzenes, mit Spitzkohlherzen 132
–, Einsalzen von (Anmerkung) 132
-füllung mit Wasserkastanien (für Teigtäschchen) 357
–, gegrilltes 195
–, geräuchertes 196
–, geschmortes, mit Sternanis 184
– in Reisbrei 103
–, langsam gedämpftes 187
–, langsam geköcheltes, nach moslemischer Art 185
–, Meistersauce aus 52
–, rotgeköcheltes 185
– –, pikantes 185
–, rotgekochtes 183

Rindfleisch
–, rotgekochtes, mit Kohlrübe 184
– –, mit Suppennudeln 111
– –, mit Tomaten 184
– –, und Gemüse, mit Glasnudeln 118
-sauce mit Tomaten 50
-scheibchen
– –, gedämpfte 186
– –, in Brühe gebrutzelte 194
– – –, mit Nieren 195
– –, pfannengerührte, mit Blumenkohl 192
– –, pfannengerührte mit grünem und rotem Paprika 192
– – und Tomaten in Eierblumensuppe 82
-streifen
– –, pfannengerührte
– – –, mit Frühlingszwiebeln und Möhren 193
– – –, mit Glasnudeln und grünen Bohnen 194
– – –, mit jungem Lauch 193
– – –, mit Paprika und Chilischoten 193
– – –, mit Stangensellerie 192
– – –, mit Zwiebeln 192
– –, rasch trockengebratene 189
– – und Gemüse, mit gebratenen Nudeln 116
Rippchen s. Schweinerippchen
Romanasalat mit gespaltenem Hühnerfleisch 243
Rot-weiß-schwarze Huhn-Samtspeise 249
Rotchinesischer Coq au vin 222
Rote-Bohnenkäse-Marinade mit Sojasauce (für Schweinefleisch und Rippchen) 61
Rotgedämpftes Schweinefleisch 144
Rotgedünstete Schweinekoteletts 153
Rotgeköchelter Fisch in Essigsauce 283
Rotgeköcheltes Rindfleisch 185
Rotgekochte
– Abalone mit Hühnerfleisch, Pilzen und Bambussprossen 304
– Bambussprossen nach *Szechuan*-Art 128
– Ente 256
– Fischstücke 282
– kleine Fische 282
– Schweinefleischwürfel 142
– Schweinehaxe 141
– – mit Suppennudeln 111
– – mit Spinat 144
– Schweinekoteletts 152
– Schweinekutteln 177
– Seegurke mit Schweinefleisch, Pilzen und Bambussprossen 304
– Zitronentäubchen 269
Rotgekochter
– Chinakohl 129
– Fisch 281
– – mit Gemüse 281
– Ochsenschwanz 196
Rotgekochtes
– Huhn 212
– Hühnchen, *Tsinan*- 223
– Lammfleisch 201
– Rindfleisch s. Rindfleisch
– Schweinefleisch s. Schweinefleisch

395

Rotgeschmortes Schweinefleisch 143
Rotgewürzte Sojaente 258
Rotkochen (Anmerkung) 142
Rotweinsauce, gedünstete Fischsteaks in 287
Rübchen in Rinderbrühe 81
Rübchen-und-Schweinefleisch-Suppe, klare 78
Rührei
–, gemischtes 336
–, *Huang-Pu-* 336
– mit Schinkenstreifen 337
– mit Schweinefleisch und Krebsfleisch 337
– mit Schweinefleisch und Shrimps 337
–, vegetarisches 338

S
Salat
–, Entenscheibchen-, mit Ananas 265
–, Entenstreifen-, mit Lychees 265
–, pfannengerührt mit Schweinefleischscheibchen 163
Salate, chinesische 126f.
Salz
-ente, Nanking- 266
-Fischsteaks, fritierte frische 285
-und-Pfeffer-Mischung 66
-und-Pfeffer-Rippchen, fritierte 159
-vergrabenes Hühnchen 216
-Zimt-Mischung 66
Salzig-saures gestürztes Schweinefleisch nach Art von *Kweichow* 148
Sampan-Reisbrei 103
Samthuhn mit Maiskörnern 247
Samtspeise, Huhn-, mit Bohnen 249
Samtspeise, Huhn-, rot-weiß-schwarze 249
Sandwichs, Fisch-, fritierte 289
Sauce, einfache (für Fisch) 53
Säuerliche Hühnerfleischwürfel 226
Scharfe
– Fünf-Weiden-Sauce 54
– *Kung-Po*-gebratene Nieren 173
– Pfeffersteaks 197
– Senfsauce 66
– süßsaure Sauce 59
Scharfes Chilihuhn 230
Scharfsaure Suppe 89
Schinken
–, Birnen-, mit Honigsauce 178
-dukaten auf Toast 177
-füllung, fritierte Riesengarnelen mit 329
–, gedämpfter 177
– mit gedämpften getrockneten Jakobsmuscheln, Chinakohl und Hühnerbrühe 319
– mit weißgeköchelter Ente und Chinakohl 261
– mit weißgeköchelter Ente und Lauch 262
– mit weißgeschnittenem Huhn und Abalone 303
-sauce 51
-scheibchen
– –, pfannengerührte
– – –, mit Blumenkohl 179
– – –, mit Spinat 179
– – –, mit Stangensellerie 178

Schinken
-scheibchen
– –, rasch gebratene, mit Frühlingszwiebeln 179
-streifen in Rührei 337
-streifen, pfannengerührt mit Shrimps und Bohnensprossen 325
– und Hühnerfleisch in pfannengerührtem Spinat 127
– und Hühnerfleisch mit Suppennudeln 111
Schmetterlingsgarnelen, fritierte 328
Schmetterlings-Seegurke 305
Schwalbennestersuppe 87
Schweinebraten 155
-füllung mit gekochten Shrimps (für Teigrollen) 363
– in Reisbrei 103
–, knuspriger 155
Schweinefleisch
–, betrunkenes 154
–, Dips für 68
–, doppelt gekochtes 150
–, Dotterblumen- 341
–, feingeschnittenes, mit Bohnenquarkstreifen und Brokkoli 169
-füllung
– –, fritierte Herzmuscheln mit 307
– –, gedämpfte Herzmuscheln mit 307
– – mit Chinakohl (für Teigtäschchen) 357
– – mit Zwiebeln, Fisch mit 286
– –, pfannengerührte, mit Gemüse (für Teigrollen) 363
–, gedünstetes, mit Curry und Kartoffeln 153
-gefüllte Eier in süßsaurer Sauce 344
–, gegrilltes, nach kantonesischer Art 147
–, gestürztes 147
–, Hoisinsauce für 68
– in Eierblumensuppe 79
–, in Meistersauce geköcheltes 154
–, kantonesisch gegrilltes, und Spinat, mit Suppennudeln 110
–, Lychee- 175
–, Marinaden für 59ff.
– mit Austern, Gemüse und Bohnenquark 316
– mit Austern, Gemüse und Glasnudeln 316
– mit rotgekochter Seegurke, Pilzen und Bambussprossen 304
–, pfannengerührt mit Krebsfleisch und Lauch 309
–, pfannengerührtes gebratenes, mit Bohnenquark 164
–, rotgedämpftes 144
–, rotgekochtes 143
– –, mit Abalone 145
– –, mit Bambussprossen 145
– –, mit Bohnenkäse 152
– –, mit getrocknetem Tintenfisch 321
– – – und Lilienknospen 145
– –, mit getrockneten Austern 317
– –, mit Maronen 144
– –, mit Möhren 145
– –, pfannengerührt mit frischem Tintenfisch und Pilzen 321
–, salzig-saures gestürztes, nach Art von *Kweichow* 148
-sauce
– –, einfache 50
– –, feine 50

Schweinefleisch
-sauce
-- mit Gemüse 53
--, Pekinger sojawürzige 52
-scheibchen
--, pfannengerührte
---, mit Austernsauce 165
---, mit Bambussprossen 162
---, mit Blumenkohl 161
---, mit Chinakohl 161
---, mit Lilienknospen und Glasnudeln 163
---, mit Salat 163
---, mit Zuckererbsen 163
--, rasch gebratene 165
-scheiben, pfannengerührte, mit *Szechuan*-Pickles 164
-scheiben, weißgekochte 147
-streifen
-- mit Paprika 167
--, pfannengerührte
---, mit Bohnensprossen 166
---, mit Curry und Frühlingszwiebeln 167
---, mit Glasnudeln 168
---, mit Möhren und Bambussprossen 168
---, mit Spargelspitzen 167
---, mit Stangensellerie 167
---, mit Zwiebeln und Frühlingszwiebeln 166
--, rasch gebratene, mit Lauch und *Szechuan*-Pickles 168
-, süßsaures 149
-, *Tung-Po*- 151
- und Bohnenquark in klarer Suppe 79
- und Gemüse mit gebratenen Nudeln 115
- und Pilze in klarer Suppe 79
-und-Rübchen-Suppe, klare 78
-, versengtes 146
- »Vier Glückseligkeiten« 150
- von »Ursprünglicher Köstlichkeit« 143
-- mit Nudeln und Gemüse 143
-, weißgekochtes, mit Anchovis 146
-wolle, *Fukien*- 175
-würfel, pfannengerührte, mit Sojapaste 149
-würfel, rotgekochte 142
Schweinefüßchen
- mit Eiern in Sauce 172
-, süßsaure 172
Schweinehackfleisch
-bällchen, fritierte 170
-bällchen mit Spinat 170
-, *Ching Kiang*-Löwenköpfe aus 171
-, gedämpftes, mit Blumenkohl 169
-, Löwenköpfe aus 171
-, pfannengerührt mit Hummer 312
-, pfannengerührt mit Shrimps, Bohnenquark und Pilzen 326
-torte, gedämpfte 170
Schweinehaxe
-, rotgekochte 141
--, mit Spinat 144
--, mit Suppennudeln 111
--, und Gemüse, mit Suppennudeln 118
Schweinekoteletts, rotgedünstete 153

Schweinekoteletts, rotgekochte 152
Schweinekutteln
- in frischer Erbsensuppe 80
- mit gedünsteten Hühnerfleischscheibchen 239
-, rotgekochte 177
Schweineleber
- mit Hühnerfleischscheibchen und Frühlingszwiebeln 240
-, rasch gebratene 174
-und-Gemüse-Suppe, klare 78
Schweinenieren
- in klarer Suppe 78
-, *Kung-Po*-gebratene 173
-, rasch gebratene, mit Stangensellerie und Wolkenohrpilzen 172
Schweinerippchen 157
-, fritierte 159
-- Salz-und-Pfeffer- 159
-, gedünstete, mit Paprikastreifen 157
-, geräucherte 159
- in Cellophan 176
- in Reisbrei 103
-, Marinaden für 60 f.
- mit rotem Bohnenkäse 158
- mit schwarzen Bohnen 157
--, nach Art der Überseechinesen 157
-suppe
-- mit Bohnensprossen 77
-- mit Chinakohl 77
-- mit Gurkenstreifen 77
--, süßsaure 158
--, süßsaure Sauce für 58
Schweineschnitzelchen, chinesische 151
Seegurke
-, rotgekochte, mit Schweinefleisch, Pilzen und Bambussprossen 304
-, Schmetterlings- 305
-Shrimpfüllung (für *Han Tans*) 358
Seezungenstreifen auf gedünsteten Spitzkohlherzen 133
Seidenfaden-Bambussprossen in Hühnercreme 131
Sellerie
- mit gedünstetem Krebsfleisch und Spargel 310
- mit Hühnerfleischstreifchen 245
-, pfannengerührt
-- mit Rindfleischstreifen 192
-- mit Schinkenscheibchen 178
-- mit Schweinefleischstreifen 167
-- mit Shrimps und Pilzen 326
-, rasch gebraten mit Schweinenieren und Wolkenohrpilzen 172
-salat, gebackene Fischstreifen in 291
-sauce, Soja- 55
Senf
-Dip, Soja- 67
-Dressing 62
-kohl 125
-sauce, scharfe 66
Sesam-Essig-Dressing 62
Shao (Langsam-Schmoren) 27
Shao Mai (gedämpfte offene Teigtäschchen) 356
Shao Shing-Suppe 83

Shrimpbällchen, einfache 330
Shrimpbällchen mit Spinat 331
Shrimpfüllung (für Teigtäschchen) 357
– mit Bêche-de-Mer (für *Han Tans*) 358
Shrimps
– auf kantonesische Art 332
–, betrunkene 332
–, frische, und Gemüse, mit gebratenen Nudeln 116
–, gekochte, mit gebratenem Schweinefleisch (für Teigrollen) 363
– in gebratenem Reis 98
–, Kristall-, kantonesische 330
–, pfannengerührte
– –, einfach 327
– – –, in der Schale 327
– –, mit Bohnenquark, Pilzen und feingehacktem Schweinefleisch 326
– –, mit Bohnensprossen und Schinkenstreifen 325
– –, mit getrockneten Pilzen und Stangensellerie 326
– –, mit grünen Erbsen 325
– –, mit Paprika, Tomaten und Wasserkastanien 326
–, Rührei mit Schweinefleisch und 337
Shrimpsauce, Nudeln in 113
Shrimpschalen-Lauch-und-Zwiebel-Suppe 85
Shrimptoasts 331
Shuan (Schnell-Kochen am Tisch) 26
Sojabohnenquark s. Bohnenquark
Soja
-Chili-Dip 67
-Dip mit Knoblauch und Ingwer 67
-Dressing (scharf) 62
-Eier 345
-ente, *Hangchow-* 259
-ente, rotgewürzte 258
-Essig-Dressing I 61
-Essig-Dressing II 62
-Essig-Sauce 55
-Gemüse-Sauce 55
-Öl-Dip (für Hühnchen) 66
– – mit Ingwer 67
– – mit Knoblauch 67
– – mit Zwiebeln 67
-paste, gewürfeltes Hühnerfleisch in 227
-paste, heiße Nudeln mit rohem Gemüse und 117
-Selleriesauce 55
-Senf-Dip 67
-Sesam-Dip 68
-Sherry-Dip 68
-würzige Fleischsauce, Pekinger 52
-würzige Sauce 56
– –, pikante 55
-Zwiebel-Dressing 62
Spargel
– mit gedünstetem Krebsfleisch und Sellerie 310
– mit gespaltenem Hühnerfleisch 243
–, pfannengerührt mit Schweinefleischstreifen 167
Speck, fritierte Austern mit 316
Spiegeleier, feine, in süßsaurer Sauce 343
Spinat
-bällchen 133

Spinat
–, gebratener, mit Gemüsebrühe 127
– mit Fleischbällchen 170
– mit rotgekochter Schweinehaxe 144
–, pfannengerührt mit Schinkenscheibchen 179
–, pfannengerührter, mit Hühnerfleisch und Schinken 127
–, Shrimpbällchen mit 331
– und kantonesisch gegrilltes Schweinefleisch mit Suppennudeln 110
Spitzkohlherzen, *Fu-Yung-* 132
Spitzkohlherzen, gedünstete, mit Seezungenstreifen 133
Stangensellerie s. Sellerie
Steakscheibchen, pfannengerührte
–, mit »Dreifachem Winter« 190
–, mit Tomaten 191
–, pikante, in Austernsauce 190
Sub Gum-Garnitur
–, klargedämpfter Fisch mit 295
–, klargeköchelter Fisch mit 296
Südschlange mit gedämpftem Huhn 215
Suppe mit einem ganzen Huhn 89
Suppe mit einer ganzen Ente 90
Suppenbällchen, süße *(T'ang Yuen)* 358
Suppennudeln 110
– mit *Cha Shao*-gegrilltem Schweinefleisch und Spinat 110
– mit Hühnerfleisch und Gemüse 111
– mit rotgekochtem Rind- oder Schweinefleisch 111
Suppentopf mit Chinakohl 76
Süße Füllung für *Pao Tzu* 361
Süßsauer eingelegte Gurkenstreifen 136
Süßsaure
– Ente 264
– Lotuswurzeln 135
– Sauce
– –, einfache 58
– –, feine 58
– –, feine Spiegeleier in 343
– – für ein chinesisches Omelett 59
– – für Fisch 58
– – für Geflügel 58
– – für Gemüse 59
– – für Schweinerippchen 58
– –, gebratene Fischscheibchen in 288
– –, gedämpfte Rindfleischbällchen in 188
– –, kantonesische 58
– –, pfannengerührter Hummer in 313
– –, scharfe 59
– –, schweinefleischgefüllte Eier in 344
– Schweinefüßchen 172
– Schweinerippchen 158
Süßsaurer Chinakohl 129
Süßsaurer Karpfen vom Gelben Fluß 284
Süßsaures Schweinefleisch 149
Szechuan
-Art, rotgekochte Bohnensprossen nach 128
-Froschschenkel nach Hausfrauenart 274
-Kohl, gedämpfte Rindfleischbällchen mit 188
-Pickles, pfannengerührt mit Schweinefleischscheiben 164

Szechuan
-Pickles, rasch gebraten mit Schweinefleischstreifen und Lauch 168

T
T'a (Im-Teigmantel-Fritieren) 33
T'ang (Schnell-Kochen) 25
T'ang P'ao (Schnell-Kochen) 25
Tang Pao (Schnell-Kochen-in-Brühe) 31
T'ang Yuen (süße Suppenbällchen) 358
Taschenkrebse
–, Dip für 68
–, einfach fritierte 308
–, pfannengerührte, in Eiersauce 308
Täubchen
–, fritierte 270
– – wohlriechende 270
–, gedämpfte 271
–, in Obstsaft gedünstete 270
-schmortopf mit Pilzen 271
–, Zitronen-, rotgekochte 269
Tausendjährige Eier 345
Tee
-Eier 344
–, Mandel- 349
–, Orangen- 353
Teig
-bällchen *(Yuan-Hsiao)* 359
-rollen s. Eier- oder Frühlingsrollen
-täschchen, dampfgebratene *(Kuo T'ieh)* 356
-täschchen, gedämpfte offene *(Shao Mai)* 356
-täschchen, gekochte oder gedämpfte, mit Füllung *(Chiao Tzu)* 355
T'ieh (Ohne-Bewegung-Braten) 32
Tintenfisch
–, getrockneter, mit rotgekochtem Schweinefleisch 321
–, pfannengerührter frischer, mit Gemüse 320
–, pfannengerührter frischer, mit rotgekochtem Schweinefleisch und Pilzen 321
Toast mit Schinkendukaten 177
Toasts, Shrimp- 331
Tomaten
– in Rindfleischsauce 50
– mit rotgekochtem Rindfleisch 184
–, pfannengerührt mit Shrimps, Paprika und Wasserkastanien 326
–, pfannengerührt mit Steakscheibchen 191
-scheiben, pikant beschichtete 135
– und Rindfleischscheibchen in Eierblumensuppe 82
Tongu-Pilze, gedünstete, mit Knisterreis 135
Trockengebratene rotgekochte Ente 256
Ts'ang (Braten- oder Dünsten-und-Kalt-Vermischen) 33
Tsinan-rotgekochtes Hühnchen 223
Tsui (Marinieren) 35
Tun (Verschlossen-Dämpfen) 28
Tung-Po
-rotgekochtes Lammfleisch 201
-Schweinefleisch 151

V
Vagabundenhuhn 216
Vegetarische Frühlingsrollen 134
Vegetarisches Rührei 338
Versengtes Schweinefleisch 146
»Vier Glückseligkeiten«, Schweinefleisch 150

W
Walnuß-Suppe 349
Wasserkastanien
– in Rindfleischfüllung (für Teigtäschchen) 357
–, pfannengerührt mit Shrimps, Paprika und Tomaten 326
Wei (Durch-Vergraben-Backen) 34
Weinsatzpaste
–, Hühnchen mit 224
–, pfannengerührte Jakobsmuscheln in 318
–, pfannengerührte ungeschälte Garnelen in 328
–, pfannengerührter Hummer in 314
Weinsatzpasten-Ersatz 314
Weiße
– Brühe 76
– Sauce 57
– –, gebratene Fischscheibchen in 288
– Wolkenohrpilze in Kristallsuppe 83
Weißgedünsteter Chinakohl 130
Weißgeköchelte Ente mit Schinken und Chinakohl 261
Weißgeköchelte Ente mit Schinken und Lauch 262
Weißgekochte Schweinefleischscheiben 147
Weißgekochtes Schweinefleisch mit Anchovis 146
Weißgeschnittener Puter, kalter eingesalzener 273
Weißgeschnittenes Huhn 214
– mit Abalone und Schinken 303
Weißkohl, scharf eingelegter *(Pao T'Sai)* 124
Wen (Dünsten) 33
Westsee-Art, fritiert-gedämpfte Ente nach 263
Windgetrocknetes Huhn 214
Wirsing mit kantonesischer Familienente 257
Wohlriechende
– Ente, knusprige, I 262
– Ente, knusprige, II 263
– Täubchen, fritierte 270
Wohlriechendes Knusperhühnchen (I u. II) 217
Wolkenohrpilze
–, rasch gebraten mit Schweinenieren und Stangensellerie 172
–, weiße, in Kristallsuppe 83
Wonton s. *Han Tan*
Würstchen, chinesische 180
– in gekochtem Reis 100
– mit Hühnchen 233
Würzpasten 47
Würzzutaten, getrocknete oder eingesalzene 46f.

Y
Yen (Räuchern mit Sägemehl) 34
Yien (Einsalzen) 35
Yiu Pao (Schnell-Kochen-in-Öl) 31
Yuan-Hsiao (Teigbällchen) 359
Yung (Langsam-Ausbacken-bei-milder-Hitze) 30

Z

Zehnerlei-Zutaten-Feuertopf 119
Zitronentäubchen, rotgekochte 269
Zuckererbsen s. Erbsen
Zweimal-gebratenes-und-mariniertes Hühnchen 219

Zwiebel-Dressing, Soja- 62
Zwiebelgefülltes Huhn 217
Zwiebeln, pfannengerührt mit Rindfleischstreifen 192
Zwiebeln, Soja-Öl-Dip mit 67